U0679165

常用电力
法律法规手册

（上）

主编　李善武　韩晓光　李绚丽

山东人民出版社

国家一级出版社　全国百佳图书出版单位

编委会成员名单

目 录
CONTENTS

上 册

一、法 律

一、法　律

序 言

中华人民共和国电力法

（1995 年 12 月 28 日第八届全国人民代表大会常务委员会第十七次会议通过　根据 2009 年 8 月 27 日第十一届全国人民代表大会常务委员会第十次会议《关于修改部分法律的决定》第一次修正　根据 2015 年 4 月 24 日第十二届全国人民代表大会常务委员会第十四次会议《关于修改〈中华人民共和国电力法〉等六部法律的决定》第二次修正）

第一章　总　则

第一条　为了保障和促进电力事业的发展，维护电力投资者、经营者和使用者的合法权益，保障电力安全运行，制定本法。

第二条　本法适用于中华人民共和国境内的电力建设、生产、供应和使用活动。

第三条　电力事业应当适应国民经济和社会发展的需要，适当超前发展。国家鼓励、引导国内外的经济组织和个人依法投资开发电源，兴办电力生产企业。

电力事业投资，实行谁投资、谁收益的原则。

第四条　电力设施受国家保护。

禁止任何单位和个人危害电力设施安全或者非法侵占、使用电能。

第五条　电力建设、生产、供应和使用应当依法保护环境，采用新技术，减少有害物质排放，防治污染和其他公害。

国家鼓励和支持利用可再生能源和清洁能源发电。

第六条　国务院电力管理部门负责全国电力事业的监督管理。国务院有关部门在各自的职责范围内负责电力事业的监督管理。

县级以上地方人民政府经济综合主管部门是本行政区域内的电力管理部门,负责电力事业的监督管理。县级以上地方人民政府有关部门在各自的职责范围内负责电力事业的监督管理。

第七条 电力建设企业、电力生产企业、电网经营企业依法实行自主经营、自负盈亏,并接受电力管理部门的监督。

第八条 国家帮助和扶持少数民族地区、边远地区和贫困地区发展电力事业。

第九条 国家鼓励在电力建设、生产、供应和使用过程中,采用先进的科学技术和管理方法,对在研究、开发、采用先进的科学技术和管理方法等方面作出显著成绩的单位和个人给予奖励。

第二章 电力建设

第十条 电力发展规划应当根据国民经济和社会发展的需要制定,并纳入国民经济和社会发展计划。电力发展规划,应当体现合理利用能源、电源与电网配套发展、提高经济效益和有利于环境保护的原则。

第十一条 城市电网的建设与改造规划,应当纳入城市总体规划。城市人民政府应当按照规划,安排变电设施用地、输电线路走廊和电缆通道。

任何单位和个人不得非法占用变电设施用地、输电线路走廊和电缆通道。

第十二条 国家通过制定有关政策,支持、促进电力建设。

地方人民政府应当根据电力发展规划,因地制宜,采取多种措施开发电源,发展电力建设。

第十三条 电力投资者对其投资形成的电力,享有法定权益。并网运行的,电力投资者有优先使用权;未并网的自备电厂,电力投资者自行支配使用。

第十四条 电力建设项目应当符合电力发展规划,符合国家电力产业政策。

电力建设项目不得使用国家明令淘汰的电力设备和技术。

第十五条　输变电工程、调度通信自动化工程等电网配套工程和环境保护工程,应当与发电工程项目同时设计、同时建设、同时验收、同时投入使用。

第十六条　电力建设项目使用土地,应当依照有关法律、行政法规的规定办理;依法征收土地的,应当依法支付土地补偿费和安置补偿费,做好迁移居民的安置工作。

电力建设应当贯彻切实保护耕地、节约利用土地的原则。

地方人民政府对电力事业依法使用土地和迁移居民,应当予以支持和协助。

第十七条　地方人民政府应当支持电力企业为发电工程建设勘探水源和依法取水、用水。电力企业应当节约用水。

第三章　电力生产与电网管理

第十八条　电力生产与电网运行应当遵循安全、优质、经济的原则。

电网运行应当连续、稳定,保证供电可靠性。

第十九条　电力企业应当加强安全生产管理,坚持安全第一、预防为主的方针,建立、健全安全生产责任制度。

电力企业应当对电力设施定期进行检修和维护,保证其正常运行。

第二十条　发电燃料供应企业、运输企业和电力生产企业应当依照国务院有关规定或者合同约定供应、运输和接卸燃料。

第二十一条　电网运行实行统一调度、分级管理。任何单位和个人不得非法干预电网调度。

第二十二条　国家提倡电力生产企业与电网、电网与电网并网运行。具有独立法人资格的电力生产企业要求将生产的电力并网运行的,电网经营企业应当接受。

并网运行必须符合国家标准或者电力行业标准。

并网双方应当按照统一调度、分级管理和平等互利、协商一致的原则,签订并网协议,确定双方的权利和义务;并网双方达不成协议的,由省级以上电力管理部门协调决定。

第二十三条 电网调度管理办法,由国务院依照本法的规定制定。

第四章 电力供应与使用

第二十四条 国家对电力供应和使用,实行安全用电、节约用电、计划用电的管理原则。

电力供应与使用办法由国务院依照本法的规定制定。

第二十五条 供电企业在批准的供电营业区内向用户供电。

供电营业区的划分,应当考虑电网的结构和供电合理性等因素。一个供电营业区内只设立一个供电营业机构。

省、自治区、直辖市范围内的供电营业区的设立、变更,由供电企业提出申请,经省、自治区、直辖市人民政府电力管理部门会同同级有关部门审查批准后,由省、自治区、直辖市人民政府电力管理部门发给《供电营业许可证》。跨省、自治区、直辖市的供电营业区的设立、变更,由国务院电力管理部门审查批准并发给《供电营业许可证》。

第二十六条 供电营业区内的供电营业机构,对本营业区内的用户有按照国家规定供电的义务;不得违反国家规定对其营业区内申请用电的单位和个人拒绝供电。

申请新装用电、临时用电、增加用电容量、变更用电和终止用电,应当依照规定的程序办理手续。

供电企业应当在其营业场所公告用电的程序、制度和收费标准,并提供用户须知资料。

第二十七条 电力供应与使用双方应当根据平等自愿、协商一致的原则,按照国务院制定的电力供应与使用办法签订供用电合同,确定双方的权利和义务。

第二十八条　供电企业应当保证供给用户的供电质量符合国家标准。对公用供电设施引起的供电质量问题,应当及时处理。

用户对供电质量有特殊要求的,供电企业应当根据其必要性和电网的可能,提供相应的电力。

第二十九条　供电企业在发电、供电系统正常的情况下,应当连续向用户供电,不得中断。因供电设施检修、依法限电或者用户违法用电等原因,需要中断供电时,供电企业应当按照国家有关规定事先通知用户。

用户对供电企业中断供电有异议的,可以向电力管理部门投诉;受理投诉的电力管理部门应当依法处理。

第三十条　因抢险救灾需要紧急供电时,供电企业必须尽速安排供电,所需供电工程费用和应付电费依照国家有关规定执行。

第三十一条　用户应当安装用电计量装置。用户使用的电力电量,以计量检定机构依法认可的用电计量装置的记录为准。

用户受电装置的设计、施工安装和运行管理,应当符合国家标准或者电力行业标准。

第三十二条　用户用电不得危害供电、用电安全和扰乱供电、用电秩序。

对危害供电、用电安全和扰乱供电、用电秩序的,供电企业有权制止。

第三十三条　供电企业应当按照国家核准的电价和用电计量装置的记录,向用户计收电费。供电企业查电人员和抄表收费人员进入用户,进行用电安全检查或者抄表收费时,应当出示有关证件。

用户应当按照国家核准的电价和用电计量装置的记录,按时交纳电费;对供电企业查电人员和抄表收费人员依法履行职责,应当提供方便。

第三十四条　供电企业和用户应当遵守国家有关规定,采取有效措施,做好安全用电、节约用电和计划用电工作。

第五章 电价与电费

第三十五条 本法所称电价,是指电力生产企业的上网电价、电网间的互供电价、电网销售电价。

电价实行统一政策,统一定价原则,分级管理。

第三十六条 制定电价,应当合理补偿成本,合理确定收益,依法计入税金,坚持公平负担,促进电力建设。

第三十七条 上网电价实行同网同质同价。具体办法和实施步骤由国务院规定。

电力生产企业有特殊情况需另行制定上网电价的,具体办法由国务院规定。

第三十八条 跨省、自治区、直辖市电网和省级电网内的上网电价,由电力生产企业和电网经营企业协商提出方案,报国务院物价行政主管部门核准。

独立电网内的上网电价,由电力生产企业和电网经营企业协商提出方案,报有管理权的物价行政主管部门核准。

地方投资的电力生产企业所生产的电力,属于在省内各地区形成独立电网的或者自发自用的,其电价可以由省、自治区、直辖市人民政府管理。

第三十九条 跨省、自治区、直辖市电网和独立电网之间、省级电网和独立电网之间的互供电价,由双方协商提出方案,报国务院物价行政主管部门或者其授权的部门核准。

独立电网与独立电网之间的互供电价,由双方协商提出方案,报有管理权的物价行政主管部门核准。

第四十条 跨省、自治区、直辖市电网和省级电网的销售电价,由电网经营企业提出方案,报国务院物价行政主管部门或者其授权的部门核准。

独立电网的销售电价,由电网经营企业提出方案,报有管理权的物价行政主管部门核准。

第四十一条 国家实行分类电价和分时电价。分类标准和分时办法由国务院确定。

对同一电网内的同一电压等级、同一用电类别的用户,执行相同的电价标准。

第四十二条　用户用电增容收费标准,由国务院物价行政主管部门会同国务院电力管理部门制定。

第四十三条　任何单位不得超越电价管理权限制定电价。供电企业不得擅自变更电价。

第四十四条　禁止任何单位和个人在电费中加收其他费用;但是,法律、行政法规另有规定的,按照规定执行。

地方集资办电在电费中加收费用的,由省、自治区、直辖市人民政府依照国务院有关规定制定办法。

禁止供电企业在收取电费时,代收其他费用。

第四十五条　电价的管理办法,由国务院依照本法的规定制定。

第六章　农村电力建设和农业用电

第四十六条　省、自治区、直辖市人民政府应当制定农村电气化发展规划,并将其纳入当地电力发展规划及国民经济和社会发展计划。

第四十七条　国家对农村电气化实行优惠政策,对少数民族地区、边远地区和贫困地区的农村电力建设给予重点扶持。

第四十八条　国家提倡农村开发水能资源,建设中、小型水电站,促进农村电气化。

国家鼓励和支持农村利用太阳能、风能、地热能、生物质能和其他能源进行农村电源建设,增加农村电力供应。

第四十九条　县级以上地方人民政府及其经济综合主管部门在安排用电指标时,应当保证农业和农村用电的适当比例,优先保证农村排涝、抗旱和农业季节性生产用电。

电力企业应当执行前款的用电安排,不得减少农业和农村用电指标。

第五十条　农业用电价格按照保本、微利的原则确定。

农民生活用电与当地城镇居民生活用电应当逐步实行相同的电价。

第五十一条 农业和农村用电管理办法,由国务院依照本法的规定制定。

第七章 电力设施保护

第五十二条 任何单位和个人不得危害发电设施、变电设施和电力线路设施及其有关辅助设施。

在电力设施周围进行爆破及其他可能危及电力设施安全的作业的,应当按照国务院有关电力设施保护的规定,经批准并采取确保电力设施安全的措施后,方可进行作业。

第五十三条 电力管理部门应当按照国务院有关电力设施保护的规定,对电力设施保护区设立标志。

任何单位和个人不得在依法划定的电力设施保护区内修建可能危及电力设施安全的建筑物、构筑物,不得种植可能危及电力设施安全的植物,不得堆放可能危及电力设施安全的物品。

在依法划定电力设施保护区前已经种植的植物妨碍电力设施安全的,应当修剪或者砍伐。

第五十四条 任何单位和个人需要在依法划定的电力设施保护区内进行可能危及电力设施安全的作业时,应当经电力管理部门批准并采取安全措施后,方可进行作业。

第五十五条 电力设施与公用工程、绿化工程和其他工程在新建、改建或者扩建中相互妨碍时,有关单位应当按照国家有关规定协商,达成协议后方可施工。

第八章 监督检查

第五十六条 电力管理部门依法对电力企业和用户执行电力法律、行政法规的情况进行监督检查。

第五十七条 电力管理部门根据工作需要,可以配备电力监督检查人员。

电力监督检查人员应当公正廉洁，秉公执法，熟悉电力法律、法规，掌握有关电力专业技术。

第五十八条　电力监督检查人员进行监督检查时，有权向电力企业或者用户了解有关执行电力法律、行政法规的情况，查阅有关资料，并有权进入现场进行检查。

电力企业和用户对执行监督检查任务的电力监督检查人员应当提供方便。

电力监督检查人员进行监督检查时，应当出示证件。

第九章　法律责任

第五十九条　电力企业或者用户违反供用电合同，给对方造成损失的，应当依法承担赔偿责任。

电力企业违反本法第二十八条、第二十九条第一款的规定，未保证供电质量或者未事先通知用户中断供电，给用户造成损失的，应当依法承担赔偿责任。

第六十条　因电力运行事故给用户或者第三人造成损害的，电力企业应当依法承担赔偿责任。

电力运行事故由下列原因之一造成的，电力企业不承担赔偿责任：

（一）不可抗力；

（二）用户自身的过错。

因用户或者第三人的过错给电力企业或者其他用户造成损害的，该用户或者第三人应当依法承担赔偿责任。

第六十一条　违反本法第十一条第二款的规定，非法占用变电设施用地、输电线路走廊或者电缆通道的，由县级以上地方人民政府责令限期改正；逾期不改正的，强制清除障碍。

第六十二条　违反本法第十四条规定，电力建设项目不符合电力发展规划、产业政策的，由电力管理部门责令停止建设。

违反本法第十四条规定，电力建设项目使用国家明令淘汰的电力设备和技术的,由电力管理部门责令停止使用,没收国家明令淘汰的电力设备,并处五万元以下的罚款。

第六十三条 违反本法第二十五条规定,未经许可,从事供电或者变更供电营业区的,由电力管理部门责令改正,没收违法所得,可以并处违法所得五倍以下的罚款。

第六十四条 违反本法第二十六条、第二十九条规定,拒绝供电或者中断供电的,由电力管理部门责令改正,给予警告;情节严重的,对有关主管人员和直接责任人员给予行政处分。

第六十五条 违反本法第三十二条规定,危害供电、用电安全或者扰乱供电、用电秩序的,由电力管理部门责令改正,给予警告;情节严重或者拒绝改正的,可以中止供电,可以并处五万元以下的罚款。

第六十六条 违反本法第三十三条、第四十三条、第四十四条规定,未按照国家核准的电价和用电计量装置的记录向用户计收电费、超越权限制定电价或者在电费中加收其他费用的,由物价行政主管部门给予警告,责令返还违法收取的费用,可以并处违法收取费用五倍以下的罚款;情节严重的,对有关主管人员和直接责任人员给予行政处分。

第六十七条 违反本法第四十九条第二款规定,减少农业和农村用电指标的,由电力管理部门责令改正;情节严重的,对有关主管人员和直接责任人员给予行政处分;造成损失的,责令赔偿损失。

第六十八条 违反本法第五十二条第二款和第五十四条规定,未经批准或者未采取安全措施在电力设施周围或者在依法划定的电力设施保护区内进行作业,危及电力设施安全的,由电力管理部门责令停止作业、恢复原状并赔偿损失。

第六十九条 违反本法第五十三条规定,在依法划定的电力设施保护区内修建建筑物、构筑物或者种植植物、堆放物品,危及电力设施安全的,由当地人民政府责令强制拆除、砍伐或者清除。

第七十条 有下列行为之一,应当给予治安管理处罚的,

由公安机关依照治安管理处罚法的有关规定予以处罚;构成犯罪的,依法追究刑事责任:

（一）阻碍电力建设或者电力设施抢修,致使电力建设或者电力设施抢修不能正常进行的;

（二）扰乱电力生产企业、变电所、电力调度机构和供电企业的秩序,致使生产、工作和营业不能正常进行的;

（三）殴打、公然侮辱履行职务的查电人员或者抄表收费人员的;

（四）拒绝、阻碍电力监督检查人员依法执行职务的。

第七十一条　盗窃电能的,由电力管理部门责令停止违法行为,追缴电费并处应交电费五倍以下的罚款;构成犯罪的,依照刑法有关规定追究刑事责任。

第七十二条　盗窃电力设施或者以其他方法破坏电力设施,危害公共安全的,依照刑法有关规定追究刑事责任。

第七十三条　电力管理部门的工作人员滥用职权、玩忽职守、徇私舞弊,构成犯罪的,依法追究刑事责任;尚不构成犯罪的,依法给予行政处分。

第七十四条　电力企业职工违反规章制度、违章调度或者不服从调度指令,造成重大事故的,依照刑法有关规定追究刑事责任。

电力企业职工故意延误电力设施抢修或者抢险救灾供电,造成严重后果的,依照刑法有关规定追究刑事责任。

电力企业的管理人员和查电人员、抄表收费人员勒索用户、以电谋私,构成犯罪的,依法追究刑事责任;尚不构成犯罪的,依法给予行政处分。

第十章　附　则

第七十五条　本法自 1996 年 4 月 1 日起施行。

中华人民共和国民法通则

(1986年4月12日第六届全国人民代表大会第四次会议通过 根据2009年8月27日第十一届全国人民代表大会常务委员会第十次会议《关于修改部分法律的决定》修正)

第一章 基本原则

第一条 为了保障公民、法人的合法的民事权益,正确调整民事关系,适应社会主义现代化建设事业发展的需要,根据宪法和我国实际情况,总结民事活动的实践经验,制定本法。

第二条 中华人民共和国民法调整平等主体的公民之间、法人之间、公民和法人之间的财产关系和人身关系。

第三条 当事人在民事活动中的地位平等。

第四条 民事活动应当遵循自愿、公平、等价有偿、诚实信用的原则。

第五条 公民、法人的合法的民事权益受法律保护,任何组织和个人不得侵犯。

第六条 民事活动必须遵守法律,法律没有规定的,应当遵守国家政策。

第七条 民事活动应当尊重社会公德,不得损害社会公共利益,扰乱社会经济秩序

第八条 在中华人民共和国领域内的民事活动,适用中华人民共和国法律,法律另有规定的除外。

本法关于公民的规定,适用于在中华人民共和国领域内的外国人、无国籍人,法律另有规定的除外。

第二章　公民(自然人)

第一节　民事权利能力和民事行为能力

第九条　公民从出生时起到死亡时止,具有民事权利能力,依法享有民事权利,承担民事义务。

第十条　公民的民事权利能力一律平等。

第十一条　十八周岁以上的公民是成年人,具有完全民事行为能力,可以独立进行民事活动,是完全民事行为能力人。

十六周岁以上不满十八周岁的公民,以自己的劳动收入为主要生活来源的,视为完全民事行为能力人。

第十二条　十周岁以上的未成年人是限制民事行为能力人,可以进行与他的年龄、智力相适应的民事活动;其他民事活动由他的法定代理人代理,或者征得他的法定代理人的同意。

不满十周岁的未成年人是无民事行为能力人,由他的法定代理人代理民事活动。

第十三条　不能辨认自己行为的精神病人是无民事行为能力人,由他的法定代理人代理民事活动。

不能完全辨认自己行为的精神病人是限制民事行为能力人,可以进行与他的精神健康状况相适应的民事活动;其他民事活动由他的法定代理人代理,或者征得他的法定代理人的同意。

第十四条　无民事行为能力人、限制民事行为能力人的监护人是他的法定代理人。

第十五条　公民以他的户籍所在地的居住地为住所,经常居住地与住所不一致的,经常居住地视为住所。

第二节　监　护

第十六条　未成年人的父母是未成年人的监护人。

未成年人的父母已经死亡或者没有监护能力的,由下列人员中有监护能力的人担任监护人:

(一)祖父母、外祖父母;

(二)兄、姐;

(三)关系密切的其他亲属、朋友愿意承担监护责任,经未成年人的父、母的所在单位或者未成年人住所地的居民委员会、村民委员会同意的。

对担任监护人有争议的,由未成年人的父、母的所在单位或者未成年人住所地的居民委员会、村民委员会在近亲属中指定。对指定不服提起诉讼的,由人民法院裁决。

没有第一款、第二款规定的监护人的,由未成年人的父、母的所在单位或者未成年人住所地的居民委员会、村民委员会或者民政部门担任监护人。

第十七条 无民事行为能力或者限制民事行为能力的精神病人,由下列人员担任监护人:

(一)配偶;

(二)父母;

(三)成年子女

(四)其他近亲属;

(五)关系密切的其他亲属、朋友愿意承担监护责任,经精神病人的所在单位或者住所地的居民委员会、村民委员会同意的。

对担任监护人有争议的,由精神病人的所在单位或者住所地的居民委员会、村民委员会在近亲属中指定。对指定不服提起诉讼的,由人民法院裁决。

没有第一款规定的监护人的,由精神病人的所在单位或者住所地的居民委员会、村民委员会或者民政部门担任监护人。

第十八条 监护人应当履行监护职责,保护被监护人的人身、财产及其他合法权益,除为被监护人的利益外,不得处理被监护人的财产。

监护人依法履行监护的权利,受法律保护。

监护人不履行监护职责或者侵害被监护人的合法权益的,应当承担责任;给被监护人造成财产损失的,应当赔偿损失。人民法院可以根据有关人员或者有关单位的申请,撤销监护人的资格。

第十九条　精神病人的利害关系人,可以向人民法院申请宣告精神病人为无民事行为能力人或者限制民事行为能力人。

被人民法院宣告为无民事行为能力人或者限制民事行为能力人的,根据他健康恢复的状况,经本人或者利害关系人申请,人民法院可以宣告他为限制民事行为能力人或者完全民事行为能力人。

第三节　宣告失踪和宣告死亡

第二十条　公民下落不明满二年的,利害关系人可以向人民法院申请宣告他为失踪人。

战争期间下落不明的,下落不明的时间从战争结束之日起计算。

第二十一条　失踪人的财产由他的配偶、父母、成年子女或者关系密切的其他亲属、朋友代管。代管有争议的,没有以上规定的人或者以上规定的人无能力代管的,由人民法院指定的人代管。

失踪人所欠税款、债务和应付的其他费用,由代管人从失踪人的财产中支付。

第二十二条　被宣告失踪的人重新出现或者确知他的下落,经本人或者利害关系人申请,人民法院应当撤销对他的失踪宣告。

第二十三条　公民有下列情形之一的,利害关系人可以向人民法院申请宣告他死亡:

(一)下落不明满四年的;

(二)因意外事故下落不明,从事故发生之日起满二年的。

战争期间下落不明的,下落不明的时间从战争结束之日起计算。

第二十四条 被宣告死亡的人重新出现或者确知他没有死亡,经本人或者利害关系人申请,人民法院应当撤销对他的死亡宣告。

有民事行为能力人在被宣告死亡期间实施的民事法律行为有效。

第二十五条 被撤销死亡宣告的人有权请求返还财产。依照继承法取得他的财产的公民或者组织,应当返还原物;原物不存在的,给予适当补偿。

第四节　个体工商户,农村承包经营户

第二十六条 公民在法律允许的范围内,依法经核准登记,从事工商业经营的,为个体工商户。个体工商户可以起字号。

第二十七条 农村集体经济组织的成员,在法律允许的范围内,按照承包合同规定从事商品经营的,为农村承包经营户。

第二十八条 个体工商户,农村承包经营户的合法权益,受法律保护。

第二十九条 个体工商户,农村承包经营户的债务,个人经营的,以个人财产承担;家庭经营的,以家庭财产承担。

第五节　个人合伙

第三十条 个人合伙是指两个以上公民按照协议,各自提供资金、实物、技术等,合伙经营、共同劳动。

第三十一条 合伙人应当对出资数额、盈余分配、债务承担、入伙、退伙、合伙终止等事项,订立书面协议。

第三十二条 合伙人投入的财产,由合伙人统一管理和使用。合伙经营积累的财产,归合伙人共有。

第三十三条 个人合伙可以起字号,依法经核准登记,在核准登记的经营范围内从事经营。

第三十四条　个人合伙的经营活动,由合伙人共同决定,合伙人有执行或监督的权利。

合伙人可以推举负责人。合伙负责人和其他人员的经营活动,由全体合伙人承担民事责任。

第三十五条　合伙的债务,由合伙人按照出资比例或者协议的约定,以各自的财产承担清偿责任。

合伙人对合伙的债务承担连带责任,法律另有规定的除外。偿还合伙债务超过自己应当承担数额的合伙人,有权向其他合伙人追偿。

第三章　法　人

第一节　一般规定

第三十六条　法人是具有民事权利能力和民事行为能力,依法独立享有民事权利和承担民事义务的组织。

法人的民事权利能力和民事行为能力,从法人成立时产生,到法人终止时消灭。

第三十七条　法人应当具备下列条件:

(一)依法成立;

(二)有必要的财产或者经费;

(三)有自己的名称、组织机构和场所;

(四)能够独立承担民事责任。

第三十八条　依照法律或者法人组织章程规定,代表法人行使职权的负责人,是法人的法定代表人。

第三十九条　法人以它的主要办事机构所在地为住所。

第四十条　法人终止,应当依法进行清算,停止清算范围外的活动。

第二节　企业法人

第四十一条　全民所有制企业、集体所有制企业有符合国家规定的资金数额,有组织章程、组织机构和场所,能够独立承担民事责任,经主管机关核准登记,取得法人资格。

在中华人民共和国领域内设立的中外合资经营企业,中外合作经营企业和外资企业,具备法人条件的,依法经工商行政管理机关核准登记,取得中国法人资格。

第四十二条 企业法人应当在核准登记的经营范围内从事经营。

第四十三条 企业法人对它的法定代表人和其他工作人员的经营活动,承担民事责任。

第四十四条 企业法人分立、合并或者有其他重要事项变更,应当向登记机关办理登记并公告。

企业法人分立、合并,它的权利和义务由变更后的法人享有和承担。

第四十五条 企业法人由于下列原因之一终止:

(一)依法被撤销;

(二)解散;

(三)依法宣告破产;

(四)其他原因。

第四十六条 企业法人终止,应当向登记机关办理注销登记并公告。

第四十七条 企业法人解散,应当成立清算组织,进行清算。企业法人被撤销、被宣告破产的,应当由主管机关或者人民法院组织有关机关和有关人员成立清算组织,进行清算。

第四十八条 全民所有制企业法人以国家授予它经营管理的财产承担民事责任。集体所有制企业法人以企业所有的财产承担民事责任。中外合资经营企业法人、中外合作经营企业法人和外资企业法人以企业所有的财产承担民事责任,法律另有规定的除外。

第四十九条 企业法人有下列情形之一的,除法人承担责任外,对法定代表人可以给予行政处分、罚款,构成犯罪的,依法追究刑事责任:

(一)超出登记机关核准登记的经营范围从事非法经

营的；

（二）向登记机关、税务机关隐瞒真实情况、弄虚作假的；

（三）抽逃资金、隐匿财产逃避债务的；

（四）解散、被撤销、被宣告破产后，擅自处理财产的；

（五）变更、终止时不及时申请办理登记和公告，使利害关系人遭受重大损失的；

（六）从事法律禁止的其他活动，损害国家利益或者社会公共利益的。

第三节　机关、事业单位和社会团体法人

第五十条　有独立经费的机关从成立之日起，具有法人资格。

具备法人条件的事业单位、社会团体，依法不需要办理法人登记的，从成立之日起，具有法人资格；依法需要办理法人登记的，经核准登记，取得法人资格。

第四节　联　营

第五十一条　企业之间或者企业、事业单位之间联营，组成新的经济实体，独立承担民事责任，具备法人条件的，经主管机关核准登记，取得法人资格。

第五十二条　企业之间或者企业、事业单位之间联营，共同经营、不具备法人条件的，由联营各方按照出资比例或者协议的约定，以各自所有的或者经营管理的财产承担民事责任。依照法律的规定或者协议的约定负连带责任的，承担连带责任。

第五十三条　企业之间或者企业、事业单位之间联营，按照合同的约定各自独立经营的，它的权利和义务由合同约定，各自承担民事责任。

第四章　民事法律行为和代理

第一节　民事法律行为

第五十四条　民事法律行为是公民或者法人设立、变更、终止民事权利和民事义务的合法行为。

第五十五条　民事法律行为应当具备下列条件：

（一）行为人具有相应的民事行为能力；

（二）意思表示真实；

（三）不违反法律或者社会公共利益。

第五十六条　民事法律行为可以采用书面形式、口头形式或者其他形式。法律规定用特定形式的，应当依照法律规定。

第五十七条　民事法律行为从成立时起具有法律约束力。行为人非依法律规定或者取得对方同意，不得擅自变更或者解除。

第五十八条　下列民事行为无效：

（一）无民事行为能力人实施的；

（二）限制民事行为能力人依法不能独立实施的；

（三）一方以欺诈、胁迫的手段或者乘人之危，使对方在违背真实意思的情况下所为的；

（四）恶意串通，损害国家、集体或者第三人利益的；

（五）违反法律或者社会公共利益的；

（六）以合法形式掩盖非法目的的；

无效的民事行为，从行为开始起就没有法律约束力。

第五十九条　下列民事行为，一方有权请求人民法院或者仲裁机关予以变更或者撤销：

（一）行为人对行为内容有重大误解的；

（二）显失公平的。

被撤销的民事行为从行为开始起无效。

第六十条　民事行为部分无效，不影响其他部分的效力的,其他部分仍然有效。

第六十一条　民事行为被确认为无效或者被撤销后,当事人因该行为取得的财产,应当返还给受损失的一方。有过错的一方应当赔偿对方因此所受的损失,双方都有过错的,应当各自承担相应的责任。

双方恶意串通,实施民事行为损害国家的、集体的或者第三人的利益的,应当追缴双方取得的财产,收归国家、集体所有或者返还第三人。

第六十二条　民事法律行为可以附条件,附条件的民事法律行为在符合所附条件时生效。

第二节　代　理

第六十三条　公民、法人可以通过代理人实施民事法律行为。

代理人在代理权限内,以被代理人的名义实施民事法律行为。被代理人对代理人的代理行为,承担民事责任。

依照法律规定或者按照双方当事人约定,应当由本人实施的民事法律行为,不得代理。

第六十四条　代理包括委托代理、法定代理和指定代理。

委托代理人按照被代理人的委托行使代理权,法定代理人依照法律的规定行使代理权,指定代理人按照人民法院或者指定单位的指定行使代理权。

第六十五条　民事法律行为的委托代理,可以用书面形式,也可以用口头形式。法律规定用书面形式的,应当用书面形式。

书面委托代理的授权委托书应当载明代理人的姓名或者名称、代理事项、权限和期间,并由委托人签名或者盖章。

委托书授权不明的,被代理人应当向第三人承担民事责任,代理人负连带责任。

第六十六条　没有代理权、超越代理权或者代理权终止后的行为,只有经过被代理人的追认,被代理人才承担民事责任。未经追认的行为,由行为人承担民事责任。本人知道他人以本人名义实施民事行为而不作否认表示的,视为同意。

代理人不履行职责而给被代理人造成损害的,应当承担民事责任。

代理人和第三人串通、损害被代理人的利益的,由代理人和第三人负连带责任。

第三人知道行为人没有代理权、超越代理权或者代理权已终止还与行为人实施民事行为给他人造成损害的,由第三人和行为人负连带责任。

第六十七条 代理人知道被委托代理的事项违法仍然进行代理活动的,或者被代理人知道代理人的代理行为违法不表示反对的,由被代理人和代理人负连带责任。

第六十八条 委托代理人为被代理人的利益需要转托他人代理的,应当事先取得被代理人的同意。事先没有取得被代理人同意的,应当在事后及时告诉被代理人,如果被代理人不同意,由代理人对自己所转托的人的行为负民事责任,但在紧急情况下,为了保护被代理人的利益而转托他人代理的除外。

第六十九条 有下列情形之一的,委托代理终止:

(一)代理期间届满或者代理事务完成;

(二)被代理人取消委托或者代理人辞去委托;

(三)代理人死亡;

(四)代理人丧失民事行为能力;

(五)作为被代理人或者代理人的法人终止。

第七十条 有下列情形之一的,法定代理或者指定代理终止:

(一)被代理人取得或者恢复民事行为能力;

(二)被代理人或者代理人死亡;

(三)代理人丧失民事行为能力;

(四)指定代理的人民法院或者指定单位取消指定;

(五)由其他原因引起的被代理人和代理人之间的监护关系消灭。

第五章　民事权利

第一节　财产所有权和与财产所有权有关的财产权

第七十一条　财产所有权是指所有人依法对自己的财产享有占有、使用、收益和处分的权利。

第七十二条　财产所有权的取得,不得违反法律规定。按照合同或者其他合法方式取得财产的,财产所有权从财产交付时起转移,法律另有规定或者当事人另有约定的除外。

第七十三条　国家财产属于全民所有。

国家财产神圣不可侵犯,禁止任何组织或者个人侵占、哄抢、私分、截留、破坏。

第七十四条　劳动群众集体组织的财产属于劳动群众集体所有,包括:

(一)法律规定为集体所有的土地和森林、山岭、草原、荒地、滩涂等;

(二)集体经济组织的财产;

(三)集体所有的建筑物、水库、农田水利设施和教育、科学、文化、卫生、体育等设施;

(四)集体所有的其他财产。

集体所有的土地依照法律属于村农民集体所有,由村农业生产合作社等农业集体经济组织或者村民委员会经营、管理。已经属于乡(镇)农民集体经济组织所有的,可以属于乡(镇)农民集体所有。

集体所有的财产受法律保护,禁止任何组织或者个人侵占、哄抢、私分、破坏或者非法查封、扣押、冻结、没收。

第七十五条　公民的个人财产,包括公民的合法收入、房屋、储蓄、生活用品、文物、图书资料、林木、牲畜和法律允许公民所有的生产资料以及其他合法财产。

公民的合法财产受法律保护,禁止任何组织或者个人侵占、哄抢、破坏或者非法查封、扣押、冻结、没收。

第七十六条 公民依法享有财产继承权。

第七十七条 社会团体包括宗教团体的合法财产受法律保护。

第七十八条 财产可以由两个以上的公民、法人共有。

共有分为按份共有和共同共有。按份共有人按照各自的份额,对共有财产分享权利,分担义务。共同共有人对共有财产享有权利,承担义务。

按份共有财产的每个共有人有权要求将自己的份额分出或者转让。但在出售时,其他共有人在同等条件下,有优先购买的权利。

第七十九条 所有人不明的埋藏物、隐藏物,归国家所有。接收单位应当对上缴的单位或者个人,给予表扬或者物质奖励。

拾得遗失物、漂流物或者失散的饲养动物,应当归还失主,因此而支出的费用由失主偿还。

第八十条 国家所有的土地,可以依法由全民所有制单位使用,也可以依法确定由集体所有制单位使用,国家保护它的使用、收益的权利;使用单位有管理、保护、合理利用的义务。

公民、集体依法对集体所有的或者国家所有由集体使用的土地的承包经营权,受法律保护。承包双方的权利和义务,依照法律由承包合同规定。

土地不得买卖、出租、抵押或者以其他形式非法转让。

第八十一条 国家所有的森林、山岭、草原、荒地、滩涂、水面等自然资源,可以依法由全民所有制单位使用,也可以依法确定由集体所有制单位使用,国家保护它的使用、收益的权利;使用单位有管理、保护、合理利用的义务。

国家所有的矿藏,可以依法由全民所有制单位和集体所有制单位开采,也可以依法由公民采挖。国家保护合法的采矿权。

公民、集体依法对集体所有的或者国家所有由集体使用森林、山岭、草原、荒地、滩涂、水面的承包经营权,受法律保护。承包双方的权利和义务,依照法律由承包合同规定。

国家所有的矿藏、水流,国家所有的和法律规定属于集体所有的林地、山岭、草原、荒地、滩涂不得买卖、出租、抵押或者以其他形式非法转让。

第八十二条　全民所有制企业对国家授予它经营管理的财产依法享有经营权,受法律保护。

第八十三条　不动产的相邻各方,应当按照有利生产、方便生活、团结互助、公平合理的精神,正确处理截水、排水、通行、通风、采光等方面的相邻关系。给相邻方造成妨碍或者损失的,应当停止侵害,排除妨碍,赔偿损失。

第二节　债　权

第八十四条　债是按照合同的约定或者依照法律的规定,在当事人之间产生的特定的权利和义务关系。享有权利的人是债权人,负有义务的人是债务人。

债权人有权要求债务人按照合同的约定或者依照法律的规定履行义务。

第八十五条　合同是当事人之间设立、变更、终止民事关系的协议。依法成立的合同,受法律保护。

第八十六条　债权人为二人以上的,按照确定的份额分享权利。债务人为二人以上的,按照确定的份额分担义务。

第八十七条　债权人或者债务人一方人数为二人以上的,依照法律的规定或者当事人的约定,享有连带权利的每个债权人,都有权要求债务人履行义务;负有连带义务的每个债务人,都负有清偿全部债务的义务,履行了义务的人,有权要求其他负有连带义务的人偿付他应当承担的份额。

第八十八条　合同的当事人应当按照合同的约定,全部履行自己的义务。

合同中有关质量、期限、地点或者价款约定不明确,按照合同有关条款内容不能确定,当事人又不能通过协商达成协议的,适用下列规定:

（一）质量要求不明确的，按照国家质量标准履行，没有国家质量标准的，按照通常标准履行。

（二）履行期限不明确的，债务人可以随时向债权人履行义务，债权人也可以随时要求债务人履行义务，但应当给对方必要的准备时间。

（三）履行地点不明确，给付货币的，在接受给付一方的所在地履行，其他标的在履行义务一方的所在地履行。

（四）价款约定不明确，按照国家规定的价格履行；没有国家规定价格的，参照市场价格或者同类物品的价格或者同类劳务的报酬标准履行。

合同对专利申请权没有约定的，完成发明创造的当事人享有申请权。

合同对科技成果的使用权没有约定的，当事人都有使用的权利。

第八十九条 依照法律的规定或者按照当事人的约定，可以采用下列方式担保债务的履行：

（一）保证人向债权人保证债务人履行债务，债务人不履行债务的，按照约定由保证人履行或者承担连带责任；保证人履行债务后，有权向债务人追偿。

（二）债务人或者第三人可以提供一定的财产作为抵押物。债务人不履行债务的，债权人有权依照法律的规定以抵押物折价或者以变卖抵押物的价款优先得到偿还。

（三）当事人一方在法律规定的范围内可以向对方给付定金。债务人履行债务后，定金应当抵作价款或者收回。给付定金的一方不履行债务的，无权要求返还定金；接受定金的一方不履行债务的，应当双倍返还定金。

（四）按照合同约定一方占有对方的财产，对方不按照合同给付应付款项超过约定期限的，占有人有权留置该财产，依照法律的规定以留置财产折价或者以变卖该财产的价款优先得到偿还。

第九十条 合法的借贷关系受法律保护。

第九十一条 合同一方将合同的权利、义务全部或者部分转让给第三人的,应当取得合同另一方的同意,并不得牟利。依照法律规定应当由国家批准的合同,需经原批准机关批准。但是,法律另有规定或者原合同另有约定的除外。

第九十二条　没有合法根据,取得不当利益,造成他人损失的,应当将取得的不当利益返还受损失的人。

第九十三条　没有法定的或者约定的义务,为避免他人利益受损失进行管理或者服务的,有权要求受益人偿付由此而支付的必要费用。

第三节　知识产权

第九十四条　公民、法人享有著作权(版权),依法有署名、发表、出版、获得报酬等权利。

第九十五条　公民、法人依法取得的专利权受法律保护。

第九十六条　法人、个体工商户、个人合伙依法取得商标专用权受法律保护。

第九十七条　公民对自己的发现享有发现权。发现人有权申请领取发现证书、奖金或者其他奖励。

公民对自己的发明或者其他科技成果,有权申请领取荣誉证书、奖金或者其他奖励。

第四节　人身权

第九十八条　公民享有生命健康权。

第九十九条　公民享有姓名权,有权决定、使用和依照规定改变自己的姓名,禁止他人干涉、盗用、假冒。

法人、个体工商户、个人合伙享有名称权。企业法人、个体工商户、个人合伙有权使用、依法转让自己的名称。

第一百条　公民享有肖像权,未经本人同意,不得以营利为目的使用公民的肖像。

第一百零一条　公民、法人享有名誉权,公民的人格尊严受法律保护,禁止用侮辱、诽谤等方式损害公民、法人的名誉。

第一百零二条 公民、法人享有荣誉权,禁止非法剥夺公民、法人的荣誉称号。

第一百零三条 公民享有婚姻自主权,禁止买卖、包办婚姻和其他干涉婚姻自由的行为。

第一百零四条 婚姻、家庭、老人、母亲和儿童受法律保护。残疾人的合法权益受法律保护。

第一百零五条 妇女享有同男子平等的民事权利。

第六章 民事责任

第一节 一般规定

第一百零六条 公民、法人违反合同或者不履行其他义务的,应当承担民事责任。

公民、法人由于过错侵害国家的、集体的财产,侵害他人财产、人身的应当承担民事责任。

没有过错,但法律规定应当承担民事责任的,应当承担民事责任。

第一百零七条 因不可抗力不能履行合同或者造成他人损害的,不承担民事责任,法律另有规定的除外。

第一百零八条 债务应当清偿。暂时无力偿还的,经债权人同意或者人民法院裁决,可以由债务人分期偿还。有能力偿还拒不偿还的,由人民法院判决强制偿还。

第一百零九条 因防止、制止国家的、集体的财产或者他人的财产、人身遭受侵害而使自己受到损害的,由侵害人承担赔偿责任,受益人也可以给予适当的补偿。

第一百一十条 对承担民事责任的公民、法人需要追究行政责任的,应当追究行政责任;构成犯罪的,对公民、法人的法定代表人应当依法追究刑事责任。

第二节　违反合同的民事责任

第一百一十一条　当事人一方不履行合同义务或者履行合同义务不符合约定条件的，另一方有权要求履行或者采取补救措施，并有权要求赔偿损失。

第一百一十二条　当事人一方违反合同的赔偿责任，应当相当于另一方因此所受到的损失。

当事人可以在合同中约定，一方违反合同时，向另一方支付一定数额的违约金；也可以在合同中约定对于违反合同而产生的损失赔偿额的计算方法。

第一百一十三条　当事人双方都违反合同的，应当分别承担各自应负的民事责任。

第一百一十四条　当事人一方因另一方违反合同受到损失的，应当及时采取措施防止损失的扩大；没有及时采取措施致使损失扩大的，无权就扩大的损失要求赔偿。

第一百一十五条　合同的变更或者解除，不影响当事人要求赔偿损失的权利。

第一百一十六条　当事人一方由于上级机关的原因，不能履行合同义务的，应当按照合同约定向另一方赔偿损失或者采取其补救措施，再由上级机关对它因此受到的损失负责处理。

第三节　侵权的民事责任

第一百一十七条　侵占国家的、集体的财产或者他人财产的，应当返还财产，不能返还财产的，应当折价赔偿。

损坏国家的、集体的财产或者他人财产的，应当恢复原状或者折价赔偿。

受害人因此遭受其他重大损失的，侵害人并应当赔偿损失。

第一百一十八条　公民、法人的著作权（版权）、专利权、商标专用权、发现权、发明权和其他科技成果权受到剽窃、篡改、假冒等侵害的,有权要求停止侵害,消除影响,赔偿损失。

第一百一十九条 侵害公民身体造成伤害的,应当赔偿医疗费、因误工减少的收入、残废者生活补助费等费用;造成死亡的,并应当支付丧葬费、死者生前扶养的人必要的生活费等费用。

第一百二十条 公民的姓名权、肖像权、名誉权、荣誉权受到侵害的,有权要求停止侵害,恢复名誉,消除影响,赔礼道歉,并可以要求赔偿损失。

法人的名称权、名誉权、荣誉权受到侵害的,适用前款规定。

第一百二十一条 国家机关或者国家机关工作人员在执行职务,侵犯公民、法人的合法权益造成损害的,应当承担民事责任。

第一百二十二条 因产品质量不合格造成他人财产、人身损害的,产品制造者、销售者应当依法承担民事责任。运输者、仓储者对此负有责任的,产品制造者、销售者有权要求赔偿损失。

第一百二十三条 从事高空、高压、易燃、易爆、剧毒、放射性、高速运输工具等对周围环境有高度危险的作业造成他人损害的,应当承担民事责任;如果能够证明损害是由受害人故意造成的,不承担民事责任。

第一百二十四条 违反国家保护环境防止污染的规定,污染环境造成他人损害的,应当依法承担民事责任。

第一百二十五条 在公共场所、道旁或者通道上挖坑、修缮安装地下设施等,没有设置明显标志和采取安全措施造成他人损害的,施工人应当承担民事责任。

第一百二十六条 建筑物或者其他设施以及建筑物上的搁置物、悬挂物发生倒塌、脱落、坠落造成他人损害的,它的所有人或者管理人应当承担民事责任,但能够证明自己没有过错的除外。

第一百二十七条 饲养的动物造成他人损害的,动物饲养人或者管理人应当承担民事责任;由于受害人的过错造成损害的,动物饲养或者管理人不承担民事责任;由于第三人的过错造成损害的,第三人应当承担民事责任。

第一百二十八条　因正当防卫造成损害的,不承担民事责任。正当防卫超过必要的限度,造成不应有的损害的,应当承担适当的民事责任。

第一百二十九条　因紧急避险造成损害的,由引起险情发生的人承担民事责任。如果危险是由自然原因引起的,紧急避险人不承担民事责任或者承担适当的民事责任。因紧急避险采取措施不当或者超过必要的限度,造成不应有的损害的,紧急避险人应当承担适当的民事责任。

第一百三十条　二人以上共同侵权造成他人损害的,应当承担连带责任。

第一百三十一条　受害人对于损害的发生也有过错的,可以减轻侵害人的民事责任。

第一百三十二条　当事人对造成损害都没有过错的,可以根据实际情况,由当事人分担民事责任。

第一百三十三条　无民事行为能力人、限制民事行为能力人造成他人损害的,由监护人承担民事责任。监护人尽了监护责任的,可以适当减轻他的民事责任。

有财产的无民事行为能力人、限制民事行为能力人造成他人损害的,从本人财产中支付赔偿费用。不足部分,由监护人适当赔偿,但单位担任监护人的除外。

第四节　承担民事责任的方式

第一百三十四条　承担民事责任的方式主要有:

(一)停止侵害;

(二)排除妨碍;

(三)消除危险;

(四)返还财产;

(五)恢复原状;

（六）修理、重作、更换；

（七）赔偿损失；

（八）支付违约金；

（九）消除影响、恢复名誉；

（十）赔礼道歉。

以上承担民事责任的方式，可以单独适用，也可以合并适用。

人民法院审理民事案件，除适用上述规定外，还可以予以训诫、责令具结悔过，收缴进行非法活动的财物和非法所得，并可以依照法律规定处以罚款、拘留。

第七章 诉讼时效

第一百三十五条 向人民法院请求保护民事权利的诉讼时效期间为二年，法律另有规定的除外。

第一百三十六条 下列的诉讼时效期间为一年：

（一）身体受到伤害要求赔偿的；

（二）出售质量不合格的商品未声明的；

（三）延付或者拒付租金的；

（四）寄存财物被丢失或者损毁的。

第一百三十七条 诉讼时效期间从知道或者应当知道权利被侵害时起计算。但是，从权利被侵害之日起超过二十年的，人民法院不予保护。有特殊情况的，人民法院可以延长诉讼时效期间。

第一百三十八条 超过诉讼时效期间，当事人自愿履行的，不受诉讼时效限制。

第一百三十九条 在诉讼时效期间的最后六个月内，因不可抗力或者其他障碍不能行使请求权的，诉讼时效中止。从中止时效的原因消除之日起，诉讼时效期间继续计算。

第一百四十条 诉讼时效因提起诉讼、当事人一方提出要求或者同意履行义务而中断。从中断时起，诉讼时效期间重新计算。

第一百四十一条　法律对诉讼时效另有规定的,依照法律规定。

第八章　涉外民事关系的法律适用

第一百四十二条　涉外民事关系的法律适用,依照本章的规定确定。

中华人民共和国缔结或者参加的国际条约同中华人民共和国的民事法律有不同规定的,适用国际条约的规定,但中华人民共和国声明保留的条款除外。

中华人民共和国法律和中华人民共和国缔结或者参加的国际条约没有规定的,可以适用国际惯例。

第一百四十三条　中华人民共和国公民定居国外的,他的民事行为能力可以适用定居国法律。

第一百四十四条　不动产的所有权,适用不动产所在地法律。

第一百四十五条　涉外合同的当事人可以选择处理合同争议所适用的法律,法律另有规定的除外。涉外合同的当事人没有选择的,适用与合同有最密切联系的国家的法律。

第一百四十六条　侵权行为的损害赔偿,适用侵权行为地法律。当事人双方国籍相同或者在同一国家有住所的,也可以适用当事人本国法律或者住所地法律。

中华人民共和国法律不认为在中华人民共和国领域外发生的行为是侵权行为的,不作为侵权行为处理。

第一百四十七条　中华人民共和国公民和外国人结婚适用婚姻缔结地法律,离婚适用受理案件的法院所在地法律。

第一百四十八条　抚养适用与被抚养人有最密切联系的国家的法律。

第一百四十九条　遗产的法定继承,动产适用被继承人死亡时住所地法律,不动产适用不动产所在地法律。

第一百五十条　依照本章规定适用外国法律或者国际惯例的,不得违背中华人民共和国的社会公共利益。

第九章　附　则

第一百五十一条　民族自治地方的人民代表大会可以根据本法规定的原则，结合当地民族的特点，制定变通的或者补充的单行条例或者规定。自治区人民代表大会制定的，依照法律规定报全国人民代表大会常务委员会批准或者备案；自治州、自治县人民代表大会制定的，报省、自治区人民代表大会常务委员会批准。

第一百五十二条　本法生效以前，经省、自治区、直辖市以上主管机关批准开办的全民所有制企业，已经向工商行政管理机关登记的，可以不再办理法人登记，即具有法人资格。

第一百五十三条　本法所称的"不可抗力"，是指不能预见、不能避免并不能克服的客观情况。

第一百五十四条　民法所称的期间按照公历年、月、日、小时计算。

规定按照小时计算期间的，从规定时开始计算。规定按照日、月、年计算期间的，开始的当天不算入，从下一天开始计算。

期间的最后一天是星期日或者其他法定休假日的，以休假日的次日为期间的最后一天。

期间的最后一天的截止时间为二十四点。有业务时间的，到停止业务活动的时间截止。

第一百五十五条　民法所称的"以上"、"以下"、"以内"、"届满"，包括本数；所称的"不满"、"以外"，不包括本数。

第一百五十六条　本法自一九八七年一月一日起施行。

中华人民共和国物权法

(2007 年 3 月 16 日第十届全国人民代表大会第五次会议
通过　2007 年 3 月 16 日中华人民共和国主席令第六十二号
公布　自 2007 年 10 月 1 日起施行)

第一编　总　则

第一章　基本原则

第一条　为了维护国家基本经济制度,维护社会主义市场经济秩序,明确物的归属,发挥物的效用,保护权利人的物权,根据宪法,制定本法。

第二条　因物的归属和利用而产生的民事关系,适用本法。

本法所称物,包括不动产和动产。法律规定权利作为物权客体的,依照其规定。

本法所称物权,是指权利人依法对特定的物享有直接支配和排他的权利,包括所有权、用益物权和担保物权。

第三条　国家在社会主义初级阶段,坚持公有制为主体、多种所有制经济共同发展的基本经济制度。

国家巩固和发展公有制经济,鼓励、支持和引导非公有制经济的发展。

国家实行社会主义市场经济,保障一切市场主体的平等法律地位和发展权利。

第四条　国家、集体、私人的物权和其他权利人的物权受法律保护,任何单位和个人不得侵犯。

第五条 物权的种类和内容，由法律规定。

第六条 不动产物权的设立、变更、转让和消灭，应当依照法律规定登记。动产物权的设立和转让，应当依照法律规定交付。

第七条 物权的取得和行使，应当遵守法律，尊重社会公德，不得损害公共利益和他人合法权益。

第八条 其他相关法律对物权另有特别规定的，依照其规定。

第二章　物权的设立、变更、转让和消灭

第一节　不动产登记

第九条 不动产物权的设立、变更、转让和消灭，经依法登记，发生效力；未经登记，不发生效力，但法律另有规定的除外。

依法属于国家所有的自然资源，所有权可以不登记。

第十条 不动产登记，由不动产所在地的登记机构办理。

国家对不动产实行统一登记制度。统一登记的范围、登记机构和登记办法，由法律、行政法规规定。

第十一条 当事人申请登记，应当根据不同登记事项提供权属证明和不动产界址、面积等必要材料。

第十二条 登记机构应当履行下列职责：

（一）查验申请人提供的权属证明和其他必要材料；

（二）就有关登记事项询问申请人；

（三）如实、及时登记有关事项；

（四）法律、行政法规规定的其他职责。

申请登记的不动产的有关情况需要进一步证明的，登记机构可以要求申请人补充材料，必要时可以实地查看。

第十三条 登记机构不得有下列行为：

（一）要求对不动产进行评估；

（二）以年检等名义进行重复登记；

（三）超出登记职责范围的其他行为。

第十四条　不动产物权的设立、变更、转让和消灭,依照法律规定应当登记的,自记载于不动产登记簿时发生效力。

第十五条　当事人之间订立有关设立、变更、转让和消灭不动产物权的合同,除法律另有规定或者合同另有约定外,自合同成立时生效;未办理物权登记的,不影响合同效力。

第十六条　不动产登记簿是物权归属和内容的根据。不动产登记簿由登记机构管理。

第十七条　不动产权属证书是权利人享有该不动产物权的证明。不动产权属证书记载的事项,应当与不动产登记簿一致;记载不一致的,除有证据证明不动产登记簿确有错误外,以不动产登记簿为准。

第十八条　权利人、利害关系人可以申请查询、复制登记资料,登记机构应当提供。

第十九条　权利人、利害关系人认为不动产登记簿记载的事项错误的,可以申请更正登记。不动产登记簿记载的权利人书面同意更正或者有证据证明登记确有错误的,登记机构应当予以更正。

不动产登记簿记载的权利人不同意更正的,利害关系人可以申请异议登记。登记机构予以异议登记的,申请人在异议登记之日起十五日内不起诉,异议登记失效。异议登记不当,造成权利人损害的,权利人可以向申请人请求损害赔偿。

第二十条　当事人签订买卖房屋或者其他不动产物权的协议,为保障将来实现物权,按照约定可以向登记机构申请预告登记。预告登记后,未经预告登记的权利人同意,处分该不动产的,不发生物权效力。

预告登记后,债权消灭或者自能够进行不动产登记之日起三个月内未申请登记的,预告登记失效。

第二十一条　当事人提供虚假材料申请登记,给他人造成损害的,应当承担赔偿责任。

因登记错误,给他人造成损害的,登记机构应当承担赔偿责任。登记机构赔偿后,可以向造成登记错误的人追偿。

第二十二条　不动产登记费按件收取,不得按照不动产的面积、体积或者价款的比例收取。具体收费标准由国务院有关部门会同价格主管部门规定。

第二节　动产交付

第二十三条　动产物权的设立和转让，自交付时发生效力，但法律另有规定的除外。

第二十四条　船舶、航空器和机动车等物权的设立、变更、转让和消灭，未经登记，不得对抗善意第三人。

第二十五条　动产物权设立和转让前，权利人已经依法占有该动产的，物权自法律行为生效时发生效力。

第二十六条　动产物权设立和转让前，第三人依法占有该动产的，负有交付义务的人可以通过转让请求第三人返还原物的权利代替交付。

第二十七条　动产物权转让时，双方又约定由出让人继续占有该动产的，物权自该约定生效时发生效力。

第三节　其他规定

第二十八条　因人民法院、仲裁委员会的法律文书或者人民政府的征收决定等，导致物权设立、变更、转让或者消灭的，自法律文书或者人民政府的征收决定等生效时发生效力。

第二十九条　因继承或者受遗赠取得物权的，自继承或者受遗赠开始时发生效力。

第三十条　因合法建造、拆除房屋等事实行为设立或者消灭物权的，自事实行为成就时发生效力。

第三十一条　依照本法第二十八条至第三十条规定享有不动产物权的，处分该物权时，依照法律规定需要办理登记的，未经登记，不发生物权效力。

第三章　物权的保护

第三十二条　物权受到侵害的,权利人可以通过和解、调解、仲裁、诉讼等途径解决。

第三十三条　因物权的归属、内容发生争议的,利害关系人可以请求确认权利。

第三十四条　无权占有不动产或者动产的,权利人可以请求返还原物。

第三十五条　妨害物权或者可能妨害物权的,权利人可以请求排除妨害或者消除危险。

第三十六条　造成不动产或者动产毁损的,权利人可以请求修理、重作、更换或者恢复原状。

第三十七条　侵害物权,造成权利人损害的,权利人可以请求损害赔偿,也可以请求承担其他民事责任。

第三十八条　本章规定的物权保护方式,可以单独适用,也可以根据权利被侵害的情形合并适用。

侵害物权,除承担民事责任外,违反行政管理规定的,依法承担行政责任;构成犯罪的,依法追究刑事责任。

第二编　所有权

第四章　一般规定

第三十九条　所有权人对自己的不动产或者动产,依法享有占有、使用、收益和处分的权利。

第四十条　所有权人有权在自己的不动产或者动产上设立用益物权和担保物权。用益物权人、担保物权人行使权利,不得损害所有权人的权益。

第四十一条　法律规定专属于国家所有的不动产和动

产,任何单位和个人不能取得所有权。

第四十二条 为了公共利益的需要,依照法律规定的权限和程序可以征收集体所有的土地和单位、个人的房屋及其他不动产。

征收集体所有的土地,应当依法足额支付土地补偿费、安置补助费、地上附着物和青苗的补偿费等费用,安排被征地农民的社会保障费用,保障被征地农民的生活,维护被征地农民的合法权益。

征收单位、个人的房屋及其他不动产,应当依法给予拆迁补偿,维护被征收人的合法权益;征收个人住宅的,还应当保障被征收人的居住条件。

任何单位和个人不得贪污、挪用、私分、截留、拖欠征收补偿费等费用。

第四十三条 国家对耕地实行特殊保护,严格限制农用地转为建设用地,控制建设用地总量。不得违反法律规定的权限和程序征收集体所有的土地。

第四十四条 因抢险、救灾等紧急需要,依照法律规定的权限和程序可以征用单位、个人的不动产或者动产。被征用的不动产或者动产使用后,应当返还被征用人。单位、个人的不动产或者动产被征用或者征用后毁损、灭失的,应当给予补偿。

第五章 国家所有权和集体所有权、私人所有权

第四十五条 法律规定属于国家所有的财产,属于国家所有即全民所有。

国有财产由国务院代表国家行使所有权;法律另有规定的,依照其规定。

第四十六条 矿藏、水流、海域属于国家所有。

第四十七条 城市的土地,属于国家所有。法律规定属于国家所有的农村和城市郊区的土地,属于国家所有。

第四十八条 森林、山岭、草原、荒地、滩涂等自然资源,

属于国家所有,但法律规定属于集体所有的除外。

第四十九条　法律规定属于国家所有的野生动植物资源,属于国家所有。

第五十条　无线电频谱资源属于国家所有。

第五十一条　法律规定属于国家所有的文物,属于国家所有。

第五十二条　国防资产属于国家所有。

铁路、公路、电力设施、电信设施和油气管道等基础设施,依照法律规定为国家所有的,属于国家所有。

第五十三条　国家机关对其直接支配的不动产和动产,享有占有、使用以及依照法律和国务院的有关规定处分的权利。

第五十四条　国家举办的事业单位对其直接支配的不动产和动产,享有占有、使用以及依照法律和国务院的有关规定收益、处分的权利。

第五十五条　国家出资的企业,由国务院、地方人民政府依照法律、行政法规规定分别代表国家履行出资人职责,享有出资人权益。

第五十六条　国家所有的财产受法律保护,禁止任何单位和个人侵占、哄抢、私分、截留、破坏。

第五十七条　履行国有财产管理、监督职责的机构及其工作人员,应当依法加强对国有财产的管理、监督,促进国有财产保值增值,防止国有财产损失;滥用职权,玩忽职守,造成国有财产损失的,应当依法承担法律责任。

违反国有财产管理规定,在企业改制、合并分立、关联交易等过程中,低价转让、合谋私分、擅自担保或者以其他方式造成国有财产损失的,应当依法承担法律责任。

第五十八条　集体所有的不动产和动产包括:

(一)法律规定属于集体所有的土地和森林、山岭、草原、荒地、滩涂;

(二)集体所有的建筑物、生产设施、农田水利设施;

(三)集体所有的教育、科学、文化、卫生、体育等设施;

（四）集体所有的其他不动产和动产。

第五十九条 农民集体所有的不动产和动产,属于本集体成员集体所有。

下列事项应当依照法定程序经本集体成员决定:

（一）土地承包方案以及将土地发包给本集体以外的单位或者个人承包;

（二）个别土地承包经营权人之间承包地的调整;

（三）土地补偿费等费用的使用、分配办法;

（四）集体出资的企业的所有权变动等事项;

（五）法律规定的其他事项。

第六十条 对于集体所有的土地和森林、山岭、草原、荒地、滩涂等,依照下列规定行使所有权:

（一）属于村农民集体所有的,由村集体经济组织或者村民委员会代表集体行使所有权;

（二）分别属于村内两个以上农民集体所有的,由村内各该集体经济组织或者村民小组代表集体行使所有权;

（三）属于乡镇农民集体所有的,由乡镇集体经济组织代表集体行使所有权。

第六十一条 城镇集体所有的不动产和动产,依照法律、行政法规的规定由本集体享有占有、使用、收益和处分的权利。

第六十二条 集体经济组织或者村民委员会、村民小组应当依照法律、行政法规以及章程、村规民约向本集体成员公布集体财产的状况。

第六十三条 集体所有的财产受法律保护,禁止任何单位和个人侵占、哄抢、私分、破坏。

集体经济组织、村民委员会或者其负责人做出的决定侵害集体成员合法权益的,受侵害的集体成员可以请求人民法院予以撤销。

第六十四条 私人对其合法的收入、房屋、生活用品、生产工具、原材料等不动产和动产享有所有权。

第六十五条 私人合法的储蓄、投资及其收益受法律保护。

国家依照法律规定保护私人的继承权及其他合法权益。

第六十六条　私人的合法财产受法律保护,禁止任何单位和个人侵占、哄抢、破坏。

第六十七条　国家、集体和私人依法可以出资设立有限责任公司、股份有限公司或者其他企业。国家、集体和私人所有的不动产或者动产,投到企业的,由出资人按照约定或者出资比例享有资产收益、重大决策以及选择经营管理者等权利并履行义务。

第六十八条　企业法人对其不动产和动产依照法律、行政法规以及章程享有占有、使用、收益和处分的权利。

企业法人以外的法人,对其不动产和动产的权利,适用有关法律、行政法规以及章程的规定。

第六十九条　社会团体依法所有的不动产和动产,受法律保护。

第六章　业主的建筑物区分所有权

第七十条　业主对建筑物内的住宅、经营性用房等专有部分享有所有权,对专有部分以外的共有部分享有共有和共同管理的权利。

第七十一条　业主对其建筑物专有部分享有占有、使用、收益和处分的权利。业主行使权利不得危及建筑物的安全,不得损害其他业主的合法权益。

第七十二条　业主对建筑物专有部分以外的共有部分,享有权利,承担义务;不得以放弃权利不履行义务。

业主转让建筑物内的住宅、经营性用房,其对共有部分享有的共有和共同管理的权利一并转让。

第七十三条　建筑区划内的道路,属于业主共有,但属于城镇公共道路的除外。建筑区划内的绿地,属于业主共有,但属于城镇公共绿地或者明示属于个人的除外。建筑区划内的其他公共场所、公用设施和物业服务用房,属于业主共有。

第七十四条 建筑区划内,规划用于停放汽车的车位、车库应当首先满足业主的需要。

建筑区划内,规划用于停放汽车的车位、车库的归属,由当事人通过出售、附赠或者出租等方式约定。

占用业主共有的道路或者其他场地用于停放汽车的车位,属于业主共有。

第七十五条 业主可以设立业主大会,选举业主委员会。

地方人民政府有关部门应当对设立业主大会和选举业主委员会给予指导和协助。

第七十六条 下列事项由业主共同决定:

(一)制定和修改业主大会议事规则;

(二)制定和修改建筑物及其附属设施的管理规约;

(三)选举业主委员会或者更换业主委员会成员;

(四)选聘和解聘物业服务企业或者其他管理人;

(五)筹集和使用建筑物及其附属设施的维修资金;

(六)改建、重建建筑物及其附属设施;

(七)有关共有和共同管理权利的其他重大事项。

决定前款第五项和第六项规定的事项,应当经专有部分占建筑物总面积三分之二以上的业主且占总人数三分之二以上的业主同意。决定前款其他事项,应当经专有部分占建筑物总面积过半数的业主且占总人数过半数的业主同意。

第七十七条 业主不得违反法律、法规以及管理规约,将住宅改变为经营性用房。业主将住宅改变为经营性用房的,除遵守法律、法规以及管理规约外,应当经有利害关系的业主同意。

第七十八条 业主大会或者业主委员会的决定,对业主具有约束力。

业主大会或者业主委员会做出的决定侵害业主合法权益的,受侵害的业主可以请求人民法院予以撤销。

第七十九条 建筑物及其附属设施的维修资金,属于业主共有。经业主共同决定,可以用于电梯、水箱等共有部分的维修。维修资金的筹集、使用情况应当公布。

第八十条　建筑物及其附属设施的费用分摊、收益分配等事项,有约定的,按照约定;没有约定或者约定不明确的,按照业主专有部分占建筑物总面积的比例确定。

第八十一条　业主可以自行管理建筑物及其附属设施,也可以委托物业服务企业或者其他管理人管理。

对建设单位聘请的物业服务企业或者其他管理人,业主有权依法更换。

第八十二条　物业服务企业或者其他管理人根据业主的委托管理建筑区划内的建筑物及其附属设施,并接受业主的监督。

第八十三条　业主应当遵守法律、法规以及管理规约。

业主大会和业主委员会,对任意弃置垃圾、排放污染物或者噪声、违反规定饲养动物、违章搭建、侵占通道、拒付物业费等损害他人合法权益的行为,有权依照法律、法规以及管理规约,要求行为人停止侵害、消除危险、排除妨害、赔偿损失。业主对侵害自己合法权益的行为,可以依法向人民法院提起诉讼。

第七章　相邻关系

第八十四条　不动产的相邻权利人应当按照有利生产、方便生活、团结互助、公平合理的原则,正确处理相邻关系。

第八十五条　法律、法规对处理相邻关系有规定的,依照其规定;法律、法规没有规定的,可以按照当地习惯。

第八十六条　不动产权利人应当为相邻权利人用水、排水提供必要的便利。

对自然流水的利用,应当在不动产的相邻权利人之间合理分配。对自然流水的排放,应当尊重自然流向。

第八十七条　不动产权利人对相邻权利人因通行等必须利用其土地的,应当提供必要的便利。

第八十八条　不动产权利人因建造、修缮建筑物以及铺设电线、电缆、水管、暖气和燃气管线等必须利用相邻土地、建筑物的,该土地、建筑物的权利人应当提供必要的便利。

第八十九条 建造建筑物,不得违反国家有关工程建设标准,妨碍相邻建筑物的通风、采光和日照。

第九十条 不动产权利人不得违反国家规定弃置固体废物,排放大气污染物、水污染物、噪声、光、电磁波辐射等有害物质。

第九十一条 不动产权利人挖掘土地、建造建筑物、铺设管线以及安装设备等,不得危及相邻不动产的安全。

第九十二条 不动产权利人因用水、排水、通行、铺设管线等利用相邻不动产的,应当尽量避免对相邻的不动产权利人造成损害;造成损害的,应当给予赔偿。

第八章 共 有

第九十三条 不动产或者动产可以由两个以上单位、个人共有。共有包括按份共有和共同共有。

第九十四条 按份共有人对共有的不动产或者动产按照其份额享有所有权。

第九十五条 共同共有人对共有的不动产或者动产共同享有所有权。

第九十六条 共有人按照约定管理共有的不动产或者动产;没有约定或者约定不明确的,各共有人都有管理的权利和义务。

第九十七条 处分共有的不动产或者动产以及对共有的不动产或者动产作重大修缮的,应当经占份额三分之二以上的按份共有人或者全体共同共有人同意,但共有人之间另有约定的除外。

第九十八条 对共有物的管理费用以及其他负担,有约定的,按照约定;没有约定或者约定不明确的,按份共有人按照其份额负担,共同共有人共同负担。

第九十九条 共有人约定不得分割共有的不动产或者动产,以维持共有关系的,应当按照约定,但共有人有重大理由需要分割的,可以请求分割;没有约定或者约定不明确的,按份共有人可以随时请求分割,共同共有人在共有的基础丧失或者有重大理由需要分割时可以请求分割。因分割对其他共有人造成损害的,应当给予赔偿。

第一百条　共有人可以协商确定分割方式。达不成协议,共有的不动产或者动产可以分割并且不会因分割减损价值的,应当对实物予以分割;难以分割或者因分割会减损价值的,应当对折价或者拍卖、变卖取得的价款予以分割。

共有人分割所得的不动产或者动产有瑕疵的,其他共有人应当分担损失。

第一百零一条　按份共有人可以转让其享有的共有的不动产或者动产份额。其他共有人在同等条件下享有优先购买的权利。

第一百零二条　因共有的不动产或者动产产生的债权债务,在对外关系上,共有人享有连带债权、承担连带债务,但法律另有规定或者第三人知道共有人不具有连带债权债务关系的除外;在共有人内部关系上,除共有人另有约定外,按份共有人按照份额享有债权、承担债务,共同共有人共同享有债权、承担债务。偿还债务超过自己应当承担份额的按份共有人,有权向其他共有人追偿。

第一百零三条　共有人对共有的不动产或者动产没有约定为按份共有或者共同共有,或者约定不明确的,除共有人具有家庭关系等外,视为按份共有。

第一百零四条　按份共有人对共有的不动产或者动产享有的份额,没有约定或者约定不明确的,按照出资额确定;不能确定出资额的,视为等额享有。

第一百零五条　两个以上单位、个人共同享有用益物权、担保物权的,参照本章规定。

第九章　所有权取得的特别规定

第一百零六条　无处分权人将不动产或者动产转让给受

让人的,所有权人有权追回;除法律另有规定外,符合下列情形的,受让人取得该不动产或者动产的所有权:

(一)受让人受让该不动产或者动产时是善意的;

(二)以合理的价格转让;

(三)转让的不动产或者动产依照法律规定应当登记的已经登记,不需要登记的已经交付给受让人。

受让人依照前款规定取得不动产或者动产的所有权的,原所有权人有权向无处分权人请求赔偿损失。

当事人善意取得其他物权的,参照前两款规定。

第一百零七条 所有权人或者其他权利人有权追回遗失物。该遗失物通过转让被他人占有的,权利人有权向无处分权人请求损害赔偿,或者自知道或者应当知道受让人之日起二年内向受让人请求返还原物,但受让人通过拍卖或者向具有经营资格的经营者购得该遗失物的,权利人请求返还原物时应当支付受让人所付的费用。权利人向受让人支付所付费用后,有权向无处分权人追偿。

第一百零八条 善意受让人取得动产后,该动产上的原有权利消灭,但善意受让人在受让时知道或者应当知道该权利的除外。

第一百零九条 拾得遗失物,应当返还权利人。拾得人应当及时通知权利人领取,或者送交公安等有关部门。

第一百一十条 有关部门收到遗失物,知道权利人的,应当及时通知其领取;不知道的,应当及时发布招领公告。

第一百一十一条 拾得人在遗失物送交有关部门前,有关部门在遗失物被领取前,应当妥善保管遗失物。因故意或者重大过失致使遗失物毁损、灭失的,应当承担民事责任。

第一百一十二条 权利人领取遗失物时,应当向拾得人或者有关部门支付保管遗失物等支出的必要费用。

权利人悬赏寻找遗失物的,领取遗失物时应当按照承诺履行义务。

拾得人侵占遗失物的,无权请求保管遗失物等支出的费用,也无权请求权利人按照承诺履行义务。

第一百一十三条　遗失物自发布招领公告之日起六个月内无人认领的,归国家所有。

第一百一十四条　拾得漂流物、发现埋藏物或者隐藏物的,参照拾得遗失物的有关规定。文物保护法等法律另有规定的,依照其规定。

第一百一十五条　主物转让的,从物随主物转让,但当事人另有约定的除外。

第一百一十六条　天然孳息,由所有权人取得;既有所有权人又有用益物权人的,由用益物权人取得。当事人另有约定的,按照约定。

法定孳息,当事人有约定的,按照约定取得;没有约定或者约定不明确的,按照交易习惯取得。

第三编　用益物权

第十章　一般规定

第一百一十七条　用益物权人对他人所有的不动产或者动产,依法享有占有、使用和收益的权利。

第一百一十八条　国家所有或者国家所有由集体使用以及法律规定属于集体所有的自然资源,单位、个人依法可以占有、使用和收益。

第一百一十九条　国家实行自然资源有偿使用制度,但法律另有规定的除外。

第一百二十条　用益物权人行使权利,应当遵守法律有关保护和合理开发利用资源的规定。所有权人不得干涉用益物权人行使权利。

第一百二十一条　因不动产或者动产被征收、征用致使用益物权消灭或者影响用益物权行使的,用益物权人有权依照本法第四十二条、第四十四条的规定获得相应补偿。

第一百二十二条　依法取得的海域使用权受法律保护。

第一百二十三条　依法取得的探矿权、采矿权、取水权和使用水域、滩涂从事养殖、捕捞的权利受法律保护。

第十一章　土地承包经营权

第一百二十四条　农村集体经济组织实行家庭承包经营为基础、统分结合的双层经营体制。

农民集体所有和国家所有由农民集体使用的耕地、林地、草地以及其他用于农业的土地，依法实行土地承包经营制度。

第一百二十五条　土地承包经营权人依法对其承包经营的耕地、林地、草地等享有占有、使用和收益的权利，有权从事种植业、林业、畜牧业等农业生产。

第一百二十六条　耕地的承包期为三十年。草地的承包期为三十年至五十年。林地的承包期为三十年至七十年；特殊林木的林地承包期，经国务院林业行政主管部门批准可以延长。

前款规定的承包期届满，由土地承包经营权人按照国家有关规定继续承包。

第一百二十七条　土地承包经营权自土地承包经营权合同生效时设立。

县级以上地方人民政府应当向土地承包经营权人发放土地承包经营权证、林权证、草原使用权证，并登记造册，确认土地承包经营权。

第一百二十八条　土地承包经营权人依照农村土地承包法的规定，有权将土地承包经营权采取转包、互换、转让等方式流转。流转的期限不得超过承包期的剩余期限。未经依法批准，不得将承包地用于非农建设。

第一百二十九条　土地承包经营权人将土地承包经营权互换、转让，当事人要求登记的，应当向县级以上地方人民政府申请土地承包经营权变更登记；未经登记，不得对抗善意第三人。

第一百三十条 承包期内发包人不得调整承包地。

因自然灾害严重毁损承包地等特殊情形,需要适当调整承包的耕地和草地的,应当依照农村土地承包法等法律规定办理。

第一百三十一条 承包期内发包人不得收回承包地。农村土地承包法等法律另有规定的,依照其规定。

第一百三十二条 承包地被征收的,土地承包经营权人有权依照本法第四十二条第二款的规定获得相应补偿。

第一百三十三条 通过招标、拍卖、公开协商等方式承包荒地等农村土地,依照农村土地承包法等法律和国务院的有关规定,其土地承包经营权可以转让、入股、抵押或者以其他方式流转。

第一百三十四条 国家所有的农用地实行承包经营的,参照本法的有关规定。

第十二章 建设用地使用权

第一百三十五条 建设用地使用权人依法对国家所有的土地享有占有、使用和收益的权利,有权利用该土地建造建筑物、构筑物及其附属设施。

第一百三十六条 建设用地使用权可以在土地的地表、地上或者地下分别设立。新设立的建设用地使用权,不得损害已设立的用益物权。

第一百三十七条 设立建设用地使用权,可以采取出让或者划拨等方式。

工业、商业、旅游、娱乐和商品住宅等经营性用地以及同一土地有两个以上意向用地者的,应当采取招标、拍卖等公开竞价的方式出让。

严格限制以划拨方式设立建设用地使用权。采取划拨方式的,应当遵守法律、行政法规关于土地用途的规定。

第一百三十八条 采取招标、拍卖、协议等出让方式设立建设用地使用权的,当事人应当采取书面形式订立建设用地使用权出让合同。

建设用地使用权出让合同一般包括下列条款：

（一）当事人的名称和住所；

（二）土地界址、面积等；

（三）建筑物、构筑物及其附属设施占用的空间；

（四）土地用途；

（五）使用期限；

（六）出让金等费用及其支付方式；

（七）解决争议的方法。

第一百三十九条 设立建设用地使用权的，应当向登记机构申请建设用地使用权登记。建设用地使用权自登记时设立。登记机构应当向建设用地使用权人发放建设用地使用权证书。

第一百四十条 建设用地使用权人应当合理利用土地，不得改变土地用途；需要改变土地用途的，应当依法经有关行政主管部门批准。

第一百四十一条 建设用地使用权人应当依照法律规定以及合同约定支付出让金等费用。

第一百四十二条 建设用地使用权人建造的建筑物、构筑物及其附属设施的所有权属于建设用地使用权人，但有相反证据证明的除外。

第一百四十三条 建设用地使用权人有权将建设用地使用权转让、互换、出资、赠与或者抵押，但法律另有规定的除外。

第一百四十四条 建设用地使用权转让、互换、出资、赠与或者抵押的，当事人应当采取书面形式订立相应的合同。使用期限由当事人约定，但不得超过建设用地使用权的剩余期限。

第一百四十五条 建设用地使用权转让、互换、出资或者赠与的，应当向登记机构申请变更登记。

第一百四十六条 建设用地使用权转让、互换、出资或者赠与的，附着于该土地上的建筑物、构筑物及其附属设施一并处分。

第一百四十七条 建筑物、构筑物及其附属设施转让、互换、出资或者赠与的,该建筑物、构筑物及其附属设施占用范围内的建设用地使用权一并处分。

第一百四十八条 建设用地使用权期间届满前,因公共利益需要提前收回该土地的,应当依照本法第四十二条的规定对该土地上的房屋及其他不动产给予补偿,并退还相应的出让金。

第一百四十九条 住宅建设用地使用权期间届满的,自动续期。

非住宅建设用地使用权期间届满后的续期,依照法律规定办理。该土地上的房屋及其他不动产的归属,有约定的,按照约定;没有约定或者约定不明确的,依照法律、行政法规的规定办理。

第一百五十条 建设用地使用权消灭的,出让人应当及时办理注销登记。登记机构应当收回建设用地使用权证书。

第一百五十一条 集体所有的土地作为建设用地的,应当依照土地管理法等法律规定办理。

第十三章　宅基地使用权

第一百五十二条 宅基地使用权人依法对集体所有的土地享有占有和使用的权利,有权依法利用该土地建造住宅及其附属设施。

第一百五十三条 宅基地使用权的取得、行使和转让,适用土地管理法等法律和国家有关规定。

第一百五十四条 宅基地因自然灾害等原因灭失的,宅基地使用权消灭。对失去宅基地的村民,应当重新分配宅基地。

第一百五十五条 已经登记的宅基地使用权转让或者消灭的,应当及时办理变更登记或者注销登记。

第十四章　地役权

第一百五十六条　地役权人有权按照合同约定,利用他人的不动产,以提高自己的不动产的效益。

前款所称他人的不动产为供役地,自己的不动产为需役地。

第一百五十七条　设立地役权,当事人应当采取书面形式订立地役权合同。

地役权合同一般包括下列条款:

(一)当事人的姓名或者名称和住所;

(二)供役地和需役地的位置;

(三)利用目的和方法;

(四)利用期限;

(五)费用及其支付方式;

(六)解决争议的方法。

第一百五十八条　地役权自地役权合同生效时设立。当事人要求登记的,可以向登记机构申请地役权登记;未经登记,不得对抗善意第三人。

第一百五十九条　供役地权利人应当按照合同约定,允许地役权人利用其土地,不得妨害地役权人行使权利。

第一百六十条　地役权人应当按照合同约定的利用目的和方法利用供役地,尽量减少对供役地权利人物权的限制。

第一百六十一条　地役权的期限由当事人约定,但不得超过土地承包经营权、建设用地使用权等用益物权的剩余期限。

第一百六十二条　土地所有权人享有地役权或者负担地役权的,设立土地承包经营权、宅基地使用权时,该土地承包经营权人、宅基地使用权人继续享有或者负担已设立的地役权。

第一百六十三条　土地上已设立土地承包经营权、建设用地使用权、宅基地使用权等权利的,未经用益物权人同意,土地所有权人不得设立地役权。

第一百六十四条　地役权不得单独转让。土地承包经营权、建设用地使用权等转让的，地役权一并转让，但合同另有约定的除外。

第一百六十五条　地役权不得单独抵押。土地承包经营权、建设用地使用权等抵押的，在实现抵押权时，地役权一并转让。

第一百六十六条　需役地以及需役地上的土地承包经营权、建设用地使用权部分转让时，转让部分涉及地役权的，受让人同时享有地役权。

第一百六十七条　供役地以及供役地上的土地承包经营权、建设用地使用权部分转让时，转让部分涉及地役权的，地役权对受让人具有约束力。

第一百六十八条　地役权人有下列情形之一的，供役地权利人有权解除地役权合同，地役权消灭：

（一）违反法律规定或者合同约定，滥用地役权；

（二）有偿利用供役地，约定的付款期间届满后在合理期限内经两次催告未支付费用。

第一百六十九条　已经登记的地役权变更、转让或者消灭的，应当及时办理变更登记或者注销登记。

第四编　担保物权

第十五章　一般规定

第一百七十条　担保物权人在债务人不履行到期债务或者发生当事人约定的实现担保物权的情形，依法享有就担保财产优先受偿的权利，但法律另有规定的除外。

第一百七十一条　债权人在借贷、买卖等民事活动中，为保障实现其债权，需要担保的，可以依照本法和其他法律的规定设立担保物权。

第三人为债务人向债权人提供担保的,可以要求债务人提供反担保。反担保适用本法和其他法律的规定。

第一百七十二条 设立担保物权,应当依照本法和其他法律的规定订立担保合同。担保合同是主债权债务合同的从合同。主债权债务合同无效,担保合同无效,但法律另有规定的除外。

担保合同被确认无效后,债务人、担保人、债权人有过错的,应当根据其过错各自承担相应的民事责任。

第一百七十三条 担保物权的担保范围包括主债权及其利息、违约金、损害赔偿金、保管担保财产和实现担保物权的费用。当事人另有约定的,按照约定。

第一百七十四条 担保期间,担保财产毁损、灭失或者被征收等,担保物权人可以就获得的保险金、赔偿金或者补偿金等优先受偿。被担保债权的履行期未届满的,也可以提存该保险金、赔偿金或者补偿金等。

第一百七十五条 第三人提供担保,未经其书面同意,债权人允许债务人转移全部或者部分债务的,担保人不再承担相应的担保责任。

第一百七十六条 被担保的债权既有物的担保又有人的担保的,债务人不履行到期债务或者发生当事人约定的实现担保物权的情形,债权人应当按照约定实现债权;没有约定或者约定不明确,债务人自己提供物的担保的,债权人应当先就该物的担保实现债权;第三人提供物的担保的,债权人可以就物的担保实现债权,也可以要求保证人承担保证责任。提供担保的第三人承担担保责任后,有权向债务人追偿。

第一百七十七条 有下列情形之一的,担保物权消灭:

(一)主债权消灭;

(二)担保物权实现;

(三)债权人放弃担保物权;

(四)法律规定担保物权消灭的其他情形。

第一百七十八条 担保法与本法的规定不一致的,适用本法。

第十六章　抵押权

第一节　一般抵押权

第一百七十九条　为担保债务的履行,债务人或者第三人不转移财产的占有,将该财产抵押给债权人的,债务人不履行到期债务或者发生当事人约定的实现抵押权的情形,债权人有权就该财产优先受偿。

前款规定的债务人或者第三人为抵押人,债权人为抵押权人,提供担保的财产为抵押财产。

第一百八十条　债务人或者第三人有权处分的下列财产可以抵押:

(一)建筑物和其他土地附着物;

(二)建设用地使用权;

(三)以招标、拍卖、公开协商等方式取得的荒地等土地承包经营权;

(四)生产设备、原材料、半成品、产品;

(五)正在建造的建筑物、船舶、航空器;

(六)交通运输工具;

(七)法律、行政法规未禁止抵押的其他财产。

抵押人可以将前款所列财产一并抵押。

第一百八十一条　经当事人书面协议,企业、个体工商户、农业生产经营者可以将现有的以及将有的生产设备、原材料、半成品、产品抵押,债务人不履行到期债务或者发生当事人约定的实现抵押权的情形,债权人有权就实现抵押权时的动产优先受偿。

第一百八十二条　以建筑物抵押的,该建筑物占用范围内的建设用地使用权一并抵押。以建设用地使用权抵押的,该土地上的建筑物一并抵押。

抵押人未依照前款规定一并抵押的,未抵押的财产视为一并抵押。

第一百八十三条 乡镇、村企业的建设用地使用权不得单独抵押。以乡镇、村企业的厂房等建筑物抵押的,其占用范围内的建设用地使用权一并抵押。

第一百八十四条 下列财产不得抵押:

(一)土地所有权;

(二)耕地、宅基地、自留地、自留山等集体所有的土地使用权,但法律规定可以抵押的除外;

(三)学校、幼儿园、医院等以公益为目的的事业单位、社会团体的教育设施、医疗卫生设施和其他社会公益设施;

(四)所有权、使用权不明或者有争议的财产;

(五)依法被查封、扣押、监管的财产;

(六)法律、行政法规规定不得抵押的其他财产。

第一百八十五条 设立抵押权,当事人应当采取书面形式订立抵押合同。

抵押合同一般包括下列条款:

(一)被担保债权的种类和数额;

(二)债务人履行债务的期限;

(三)抵押财产的名称、数量、质量、状况、所在地、所有权归属或者使用权归属;

(四)担保的范围。

第一百八十六条 抵押权人在债务履行期届满前,不得与抵押人约定债务人不履行到期债务时抵押财产归债权人所有。

第一百八十七条 以本法第一百八十条第一款第一项至第三项规定的财产或者第五项规定的正在建造的建筑物抵押的,应当办理抵押登记。抵押权自登记时设立。

第一百八十八条 以本法第一百八十条第一款第四项、第六项规定的财产或者第五项规定的正在建造的船舶、航空器抵押的,抵押权自抵押合同生效时设立;未经登记,不得对抗善意第三人。

第一百八十九条 企业、个体工商户、农业生产经营者以本法第一百八十一条规定的动产抵押的,应当向抵押人住所地的工商行政管理部门办理登记。抵押权自抵押合同生效时设立；未经登记，不得对抗善意第三人。

依照本法第一百八十一条规定抵押的，不得对抗正常经营活动中已支付合理价款并取得抵押财产的买受人。

第一百九十条　订立抵押合同前抵押财产已出租的，原租赁关系不受该抵押权的影响。抵押权设立后抵押财产出租的，该租赁关系不得对抗已登记的抵押权。

第一百九十一条　抵押期间，抵押人经抵押权人同意转让抵押财产的，应当将转让所得的价款向抵押权人提前清偿债务或者提存。转让的价款超过债权数额的部分归抵押人所有，不足部分由债务人清偿。

抵押期间，抵押人未经抵押权人同意，不得转让抵押财产，但受让人代为清偿债务消灭抵押权的除外。

第一百九十二条　抵押权不得与债权分离而单独转让或者作为其他债权的担保。债权转让的，担保该债权的抵押权一并转让，但法律另有规定或者当事人另有约定的除外。

第一百九十三条　抵押人的行为足以使抵押财产价值减少的，抵押权人有权要求抵押人停止其行为。抵押财产价值减少的，抵押权人有权要求恢复抵押财产的价值，或者提供与减少的价值相应的担保。抵押人不恢复抵押财产的价值也不提供担保的，抵押权人有权要求债务人提前清偿债务。

第一百九十四条　抵押权人可以放弃抵押权或者抵押权的顺位。抵押权人与抵押人可以协议变更抵押权顺位以及被担保的债权数额等内容，但抵押权的变更，未经其他抵押权人书面同意，不得对其他抵押权人产生不利影响。

债务人以自己的财产设定抵押，抵押权人放弃该抵押权、抵押权顺位或者变更抵押权的，其他担保人在抵押权人丧失优先受偿权益的范围内免除担保责任，但其他担保人承诺仍然提供担保的除外。

第一百九十五条　债务人不履行到期债务或者发生当事人约定的实现抵押权的情形，抵押权人可以与抵押人协议以抵押财产折价或者以拍卖、变卖该抵押财产所得的价款优先受偿。协议损害其他债权人利益的,其他债权人可以在知道或者应当知道撤销事由之日起一年内请求人民法院撤销该协议。

抵押权人与抵押人未就抵押权实现方式达成协议的,抵押权人可以请求人民法院拍卖、变卖抵押财产。

抵押财产折价或者变卖的,应当参照市场价格。

第一百九十六条 依照本法第一百八十一条规定设定抵押的,抵押财产自下列情形之一发生时确定:

(一)债务履行期届满,债权未实现;

(二)抵押人被宣告破产或者被撤销;

(三)当事人约定的实现抵押权的情形;

(四)严重影响债权实现的其他情形。

第一百九十七条 债务人不履行到期债务或者发生当事人约定的实现抵押权的情形,致使抵押财产被人民法院依法扣押的,自扣押之日起抵押权人有权收取该抵押财产的天然孳息或者法定孳息,但抵押权人未通知应当清偿法定孳息的义务人的除外。

前款规定的孳息应当先充抵收取孳息的费用。

第一百九十八条 抵押财产折价或者拍卖、变卖后,其价款超过债权数额的部分归抵押人所有,不足部分由债务人清偿。

第一百九十九条 同一财产向两个以上债权人抵押的,拍卖、变卖抵押财产所得的价款依照下列规定清偿:

(一)抵押权已登记的,按照登记的先后顺序清偿;顺序相同的,按照债权比例清偿;

(二)抵押权已登记的先于未登记的受偿;

(三)抵押权未登记的,按照债权比例清偿。

第二百条 建设用地使用权抵押后,该土地上新增的建筑物不属于抵押财产。该建设用地使用权实现抵押权时,应当将该土地上新增的建筑物与建设用地使用权一并处分,但新增建筑物所得的价款,抵押权人无权优先受偿。

第二百零一条 依照本法第一百八十条第一款第三项规

定的土地承包经营权抵押的,或者依照本法第一百八十三条规定以乡镇、村企业的厂房等建筑物占用范围内的建设用地使用权一并抵押的,实现抵押权后,未经法定程序,不得改变土地所有权的性质和土地用途。

第二百零二条 抵押权人应当在主债权诉讼时效期间行使抵押权;未行使的,人民法院不予保护。

第二节 最高额抵押权

第二百零三条 为担保债务的履行,债务人或者第三人对一定期间内将要连续发生的债权提供担保财产的,债务人不履行到期债务或者发生当事人约定的实现抵押权的情形,抵押权人有权在最高债权额限度内就该担保财产优先受偿。

最高额抵押权设立前已经存在的债权,经当事人同意,可以转入最高额抵押担保的债权范围。

第二百零四条 最高额抵押担保的债权确定前,部分债权转让的,最高额抵押权不得转让,但当事人另有约定的除外。

第二百零五条 最高额抵押担保的债权确定前,抵押权人与抵押人可以通过协议变更债权确定的期间、债权范围以及最高债权额,但变更的内容不得对其他抵押权人产生不利影响。

第二百零六条 有下列情形之一的,抵押权人的债权确定:

(一)约定的债权确定期间届满;

(二)没有约定债权确定期间或者约定不明确,抵押权人或者抵押人自最高额抵押权设立之日起满二年后请求确定债权;

(三)新的债权不可能发生;

(四)抵押财产被查封、扣押;

(五)债务人、抵押人被宣告破产或者被撤销;

(六)法律规定债权确定的其他情形。

第二百零七条　最高额抵押权除适用本节规定外,适用本章第一节一般抵押权的规定。

第十七章　质　权

第一节　动产质权

第二百零八条　为担保债务的履行,债务人或者第三人将其动产出质给债权人占有的,债务人不履行到期债务或者发生当事人约定的实现质权的情形,债权人有权就该动产优先受偿。

前款规定的债务人或者第三人为出质人,债权人为质权人,交付的动产为质押财产。

第二百零九条　法律、行政法规禁止转让的动产不得出质。

第二百一十条　设立质权,当事人应当采取书面形式订立质权合同。

质权合同一般包括下列条款:

(一)被担保债权的种类和数额;

(二)债务人履行债务的期限;

(三)质押财产的名称、数量、质量、状况;

(四)担保的范围;

(五)质押财产交付的时间。

第二百一十一条　质权人在债务履行期届满前,不得与出质人约定债务人不履行到期债务时质押财产归债权人所有。

第二百一十二条　质权自出质人交付质押财产时设立。

第二百一十三条　质权人有权收取质押财产的孳息,但合同另有约定的除外。

前款规定的孳息应当先充抵收取孳息的费用。

第二百一十四条　质权人在质权存续期间,未经出质人同意,擅自使用、处分质押财产,给出质人造成损害的,应当承担赔偿责任。

第二百一十五条　质权人负有妥善保管质押财产的义务;因保管不善致使质押财产毁损、灭失的,应当承担赔偿责任。

质权人的行为可能使质押财产毁损、灭失的,出质人可以要求质权人将质押财产提存,或者要求提前清偿债务并返还质押财产。

第二百一十六条　因不能归责于质权人的事由可能使质押财产毁损或者价值明显减少,足以危害质权人权利的,质权人有权要求出质人提供相应的担保;出质人不提供的,质权人可以拍卖、变卖质押财产,并与出质人通过协议将拍卖、变卖所得的价款提前清偿债务或者提存。

第二百一十七条　质权人在权权存续期间,未经出质人同意转质,造成质押财产毁损、灭失的,应当向出质人承担赔偿责任。

第二百一十八条　质权人可以放弃质权。债务人以自己的财产出质,质权人放弃该质权的,其他担保人在质权人丧失优先受偿权益的范围内免除担保责任,但其他担保人承诺仍然提供担保的除外。

第二百一十九条　债务人履行债务或者出质人提前清偿所担保的债权的,质权人应当返还质押财产。

债务人不履行到期债务或者发生当事人约定的实现质权的情形,质权人可以与出质人协议以质押财产折价,也可以就拍卖、变卖质押财产所得的价款优先受偿。

质押财产折价或者变卖的,应当参照市场价格。

第二百二十条　出质人可以请求质权人在债务履行期届满后及时行使质权;质权人不行使的,出质人可以请求人民法院拍卖、变卖质押财产。

出质人请求质权人及时行使质权,因质权人怠于行使权利造成损害的,由质权人承担赔偿责任。

第二百二十一条　质押财产折价或者拍卖、变卖后,其价款超过债权数额的部分归出质人所有,不足部分由债务人清偿。

第二百二十二条 出质人与质权人可以协议设立最高额质权。

最高额质权除适用本节有关规定外,参照本法第十六章第二节最高额抵押权的规定。

第二节 权利质权

第二百二十三条 债务人或者第三人有权处分的下列权利可以出质:

(一)汇票、支票、本票;

(二)债券、存款单;

(三)仓单、提单;

(四)可以转让的基金份额、股权;

(五)可以转让的注册商标专用权、专利权、著作权等知识产权中的财产权;

(六)应收账款;

(七)法律、行政法规规定可以出质的其他财产权利。

第二百二十四条 以汇票、支票、本票、债券、存款单、仓单、提单出质的,当事人应当订立书面合同。质权自权利凭证交付质权人时设立;没有权利凭证的,质权自有关部门办理出质登记时设立。

第二百二十五条 汇票、支票、本票、债券、存款单、仓单、提单的兑现日期或者提货日期先于主债权到期的,质权人可以兑现或者提货,并与出质人协议将兑现的价款或者提取的货物提前清偿债务或者提存。

第二百二十六条 以基金份额、股权出质的,当事人应当订立书面合同。以基金份额、证券登记结算机构登记的股权出质的,质权自证券登记结算机构办理出质登记时设立;以其他股权出质的,质权自工商行政管理部门办理出质登记时设立。

基金份额、股权出质后,不得转让,但经出质人与质权人协商同意的除外。出质人转让基金份额、股权所得的价款,应当向质权人提前清偿债务或者提存。

第二百二十七条　以注册商标专用权、专利权、著作权等知识产权中的财产权出质的,当事人应当订立书面合同。质权自有关主管部门办理出质登记时设立。

知识产权中的财产权出质后,出质人不得转让或者许可他人使用,但经出质人与质权人协商同意的除外。出质人转让或者许可他人使用出质的知识产权中的财产权所得的价款,应当向质权人提前清偿债务或者提存。

第二百二十八条　以应收账款出质的,当事人应当订立书面合同。质权自信贷征信机构办理出质登记时设立。

应收账款出质后,不得转让,但经出质人与质权人协商同意的除外。出质人转让应收账款所得的价款,应当向质权人提前清偿债务或者提存。

第二百二十九条　权利质权除适用本节规定外,适用本章第一节动产质权的规定。

第十八章　留置权

第二百三十条　债务人不履行到期债务,债权人可以留置已经合法占有的债务人的动产,并有权就该动产优先受偿。

前款规定的债权人为留置权人,占有的动产为留置财产。

第二百三十一条　债权人留置的动产,应当与债权属于同一法律关系,但企业之间留置的除外。

第二百三十二条　法律规定或者当事人约定不得留置的动产,不得留置。

第二百三十三条　留置财产为可分物的,留置财产的价值应当相当于债务的金额。

第二百三十四条　留置权人负有妥善保管留置财产的义务;因保管不善致使留置财产毁损、灭失的,应当承担赔偿责任。

第二百三十五条　留置权人有权收取留置财产的孳息。

前款规定的孳息应当先充抵收取孳息的费用。

第二百三十六条 留置权人与债务人应当约定留置财产后的债务履行期间;没有约定或者约定不明确的,留置权人应当给债务人两个月以上履行债务的期间,但鲜活易腐等不易保管的动产除外。债务人逾期未履行的,留置权人可以与债务人协议以留置财产折价,也可以就拍卖、变卖留置财产所得的价款优先受偿。

留置财产折价或者变卖的,应当参照市场价格。

第二百三十七条 债务人可以请求留置权人在债务履行期届满后行使留置权;留置权人不行使的,债务人可以请求人民法院拍卖、变卖留置财产。

第二百三十八条 留置财产折价或者拍卖、变卖后,其价款超过债权数额的部分归债务人所有,不足部分由债务人清偿。

第二百三十九条 同一动产上已设立抵押权或者质权,该动产又被留置的,留置权人优先受偿。

第二百四十条 留置权人对留置财产丧失占有或者留置权人接受债务人另行提供担保的,留置权消灭。

第五编 占 有

第十九章 占 有

第二百四十一条 基于合同关系等产生的占有,有关不动产或者动产的使用、收益、违约责任等,按照合同约定;合同没有约定或者约定不明确的,依照有关法律规定。

第二百四十二条 占有人因使用占有的不动产或者动产,致使该不动产或者动产受到损害的,恶意占有人应当承担赔偿责任。

第二百四十三条 不动产或者动产被占有人占有的,权利人可以请求返还原物及其孳息,但应当支付善意占有人因维护该不动产或者动产支出的必要费用。

第二百四十四条　占有的不动产或者动产毁损、灭失,该不动产或者动产的权利人请求赔偿的,占有人应当将因毁损、灭失取得的保险金、赔偿金或者补偿金等返还给权利人;权利人的损害未得到足够弥补的,恶意占有人还应当赔偿损失。

第二百四十五条　占有的不动产或者动产被侵占的,占有人有权请求返还原物;对妨害占有的行为,占有人有权请求排除妨害或者消除危险;因侵占或者妨害造成损害的,占有人有权请求损害赔偿。

占有人返还原物的请求权,自侵占发生之日起一年内未行使的,该请求权消灭。

附　则

第二百四十六条　法律、行政法规对不动产统一登记的范围、登记机构和登记办法作出规定前,地方性法规可以依照本法有关规定作出规定。

第二百四十七条　本法自 2007 年 10 月 1 日起施行。

中华人民共和国侵权责任法

(2009 年 12 月 26 日第十一届全国人民代表大会常务委员会第十二次会议通过)

第一章 一般规定

第一条 为保护民事主体的合法权益,明确侵权责任,预防并制裁侵权行为,促进社会和谐稳定,制定本法。

第二条 侵害民事权益,应当依照本法承担侵权责任。

本法所称民事权益,包括生命权、健康权、姓名权、名誉权、荣誉权、肖像权、隐私权、婚姻自主权、监护权、所有权、用益物权、担保物权、著作权、专利权、商标专用权、发现权、股权、继承权等人身、财产权益。

第三条 被侵权人有权请求侵权人承担侵权责任。

第四条 侵权人因同一行为应当承担行政责任或者刑事责任的,不影响依法承担侵权责任。

因同一行为应当承担侵权责任和行政责任、刑事责任,侵权人的财产不足以支付的,先承担侵权责任。

第五条 其他法律对侵权责任另有特别规定的,依照其规定。

第二章 责任构成和责任方式

第六条 行为人因过错侵害他人民事权益,应当承担侵权责任。

根据法律规定推定行为人有过错,行为人不能证明自己没有过错的,应当承担侵权责任。

第七条 行为人损害他人民事权益,不论行为人有无过错,法律规定应当承担侵权责任的,依照其规定。

第八条　二人以上共同实施侵权行为,造成他人损害的,应当承担连带责任。

第九条　教唆、帮助他人实施侵权行为的,应当与行为人承担连带责任。

教唆、帮助无民事行为能力人、限制民事行为能力人实施侵权行为的,应当承担侵权责任;该无民事行为能力人、限制民事行为能力人的监护人未尽到监护责任的,应当承担相应的责任。

第十条　二人以上实施危及他人人身、财产安全的行为,其中一人或者数人的行为造成他人损害,能够确定具体侵权人的,由侵权人承担责任;不能确定具体侵权人的,行为人承担连带责任。

第十一条　二人以上分别实施侵权行为造成同一损害,每个人的侵权行为都足以造成全部损害的,行为人承担连带责任。

第十二条　二人以上分别实施侵权行为造成同一损害,能够确定责任大小的,各自承担相应的责任;难以确定责任大小的,平均承担赔偿责任。

第十三条　法律规定承担连带责任的,被侵权人有权请求部分或者全部连带责任人承担责任。

第十四条　连带责任人根据各自责任大小确定相应的赔偿数额;难以确定责任大小的,平均承担赔偿责任。

支付超出自己赔偿数额的连带责任人,有权向其他连带责任人追偿。

第十五条　承担侵权责任的方式主要有:

(一)停止侵害;

(二)排除妨碍;

(三)消除危险;

(四)返还财产;

(五)恢复原状;

(六)赔偿损失;

（七）赔礼道歉；

（八）消除影响、恢复名誉。

以上承担侵权责任的方式，可以单独适用，也可以合并适用。

第十六条 侵害他人造成人身损害的，应当赔偿医疗费、护理费、交通费等为治疗和康复支出的合理费用，以及因误工减少的收入。造成残疾的，还应当赔偿残疾生活辅助具费和残疾赔偿金。造成死亡的，还应当赔偿丧葬费和死亡赔偿金。

第十七条 因同一侵权行为造成多人死亡的，可以以相同数额确定死亡赔偿金。

第十八条 被侵权人死亡的，其近亲属有权请求侵权人承担侵权责任。被侵权人为单位，该单位分立、合并的，承继权利的单位有权请求侵权人承担侵权责任。

被侵权人死亡的，支付被侵权人医疗费、丧葬费等合理费用的人有权请求侵权人赔偿费用，但侵权人已支付该费用的除外。

第十九条 侵害他人财产的，财产损失按照损失发生时的市场价格或者其他方式计算。

第二十条 侵害他人人身权益造成财产损失的，按照被侵权人因此受到的损失赔偿；被侵权人的损失难以确定，侵权人因此获得利益的，按照其获得的利益赔偿；侵权人因此获得的利益难以确定，被侵权人和侵权人就赔偿数额协商不一致，向人民法院提起诉讼的，由人民法院根据实际情况确定赔偿数额。

第二十一条 侵权行为危及他人人身、财产安全的，被侵权人可以请求侵权人承担停止侵害、排除妨碍、消除危险等侵权责任。

第二十二条 侵害他人人身权益，造成他人严重精神损害的，被侵权人可以请求精神损害赔偿。

第二十三条 因防止、制止他人民事权益被侵害而使自己受到损害的，由侵权人承担责任。侵权人逃逸或者无力承担责任，被侵权人请求补偿的，受益人应当给予适当补偿。

第二十四条　受害人和行为人对损害的发生都没有过错的,可以根据实际情况,由双方分担损失。

第二十五条　损害发生后,当事人可以协商赔偿费用的支付方式。协商不一致的,赔偿费用应当一次性支付;一次性支付确有困难的,可以分期支付,但应当提供相应的担保。

第三章　不承担责任和减轻责任的情形

第二十六条　被侵权人对损害的发生也有过错的,可以减轻侵权人的责任。

第二十七条　损害是因受害人故意造成的,行为人不承担责任。

第二十八条　损害是因第三人造成的,第三人应当承担侵权责任。

第二十九条　因不可抗力造成他人损害的,不承担责任。法律另有规定的,依照其规定。

第三十条　因正当防卫造成损害的,不承担责任。正当防卫超过必要的限度,造成不应有的损害的,正当防卫人应当承担适当的责任。

第三十一条　因紧急避险造成损害的,由引起险情发生的人承担责任。如果危险是由自然原因引起的,紧急避险人不承担责任或者给予适当补偿。紧急避险采取措施不当或者超过必要的限度,造成不应有的损害的,紧急避险人应当承担适当的责任。

第四章　关于责任主体的特殊规定

第三十二条　无民事行为能力人、限制民事行为能力人造成他人损害的,由监护人承担侵权责任。监护人尽到监护责任的,可以减轻其侵权责任。

有财产的无民事行为能力人、限制民事行为能力人造成他人损害的,从本人财产中支付赔偿费用。不足部分,由监护人赔偿。

　　第三十三条　完全民事行为能力人对自己的行为暂时没有意识或者失去控制造成他人损害有过错的,应当承担侵权责任;没有过错的,根据行为人的经济状况对受害人适当补偿。

　　完全民事行为能力人因醉酒、滥用麻醉药品或者精神药品对自己的行为暂时没有意识或者失去控制造成他人损害的,应当承担侵权责任。

　　第三十四条　用人单位的工作人员因执行工作任务造成他人损害的,由用人单位承担侵权责任。

　　劳务派遣期间,被派遣的工作人员因执行工作任务造成他人损害的,由接受劳务派遣的用工单位承担侵权责任;劳务派遣单位有过错的,承担相应的补充责任。

　　第三十五条　个人之间形成劳务关系,提供劳务一方因劳务造成他人损害的,由接受劳务一方承担侵权责任。提供劳务一方因劳务自己受到损害的,根据双方各自的过错承担相应的责任。

　　第三十六条　网络用户、网络服务提供者利用网络侵害他人民事权益的,应当承担侵权责任。

　　网络用户利用网络服务实施侵权行为的,被侵权人有权通知网络服务提供者采取删除、屏蔽、断开链接等必要措施。网络服务提供者接到通知后未及时采取必要措施的,对损害的扩大部分与该网络用户承担连带责任。

　　网络服务提供者知道网络用户利用其网络服务侵害他人民事权益,未采取必要措施的,与该网络用户承担连带责任。

　　第三十七条　宾馆、商场、银行、车站、娱乐场所等公共场所的管理人或者群众性活动的组织者,未尽到安全保障义务,造成他人损害的,应当承担侵权责任。

　　因第三人的行为造成他人损害的,由第三人承担侵权责任;管理人或者组织者未尽到安全保障义务的,承担相应的补充责任。

　　第三十八条　无民事行为能力人在幼儿园、学校或者其他教育机构学习、生活期间受到人身损害的,幼儿园、学校或者其他教育机构应当承担责任,但能够证明尽到教育、管理职责的,不承担责任。

第三十九条　限制民事行为能力人在学校或者其他教育机构学习、生活期间受到人身损害,学校或者其他教育机构未尽到教育、管理职责的,应当承担责任。

第四十条　无民事行为能力人或者限制民事行为能力人在幼儿园、学校或者其他教育机构学习、生活期间,受到幼儿园、学校或者其他教育机构以外的人员人身损害的,由侵权人承担侵权责任;幼儿园、学校或者其他教育机构未尽到管理职责的,承担相应的补充责任。

第五章　产品责任

第四十一条　因产品存在缺陷造成他人损害的,生产者应当承担侵权责任。

第四十二条　因销售者的过错使产品存在缺陷,造成他人损害的,销售者应当承担侵权责任。

销售者不能指明缺陷产品的生产者也不能指明缺陷产品的供货者的,销售者应当承担侵权责任。

第四十三条　因产品存在缺陷造成损害的,被侵权人可以向产品的生产者请求赔偿,也可以向产品的销售者请求赔偿。

产品缺陷由生产者造成的,销售者赔偿后,有权向生产者追偿。

因销售者的过错使产品存在缺陷的,生产者赔偿后,有权向销售者追偿。

第四十四条　因运输者、仓储者等第三人的过错使产品存在缺陷,造成他人损害的,产品的生产者、销售者赔偿后,有权向第三人追偿。

第四十五条　因产品缺陷危及他人人身、财产安全的,被侵权人有权请求生产者、销售者承担排除妨碍、消除危险等侵权责任。

第四十六条 产品投入流通后发现存在缺陷的,生产者、销售者应当及时采取警示、召回等补救措施。未及时采取补救措施或者补救措施不力造成损害的,应当承担侵权责任。

第四十七条 明知产品存在缺陷仍然生产、销售,造成他人死亡或者健康严重损害的,被侵权人有权请求相应的惩罚性赔偿。

第六章　机动车交通事故责任

第四十八条 机动车发生交通事故造成损害的,依照道路交通安全法的有关规定承担赔偿责任。

第四十九条 因租赁、借用等情形机动车所有人与使用人不是同一人时,发生交通事故后属于该机动车一方责任的,由保险公司在机动车强制保险责任限额范围内予以赔偿。不足部分,由机动车使用人承担赔偿责任;机动车所有人对损害的发生有过错的,承担相应的赔偿责任。

第五十条 当事人之间已经以买卖等方式转让并交付机动车但未办理所有权转移登记,发生交通事故后属于该机动车一方责任的,由保险公司在机动车强制保险责任限额范围内予以赔偿。不足部分,由受让人承担赔偿责任。

第五十一条 以买卖等方式转让拼装或者已达到报废标准的机动车,发生交通事故造成损害的,由转让人和受让人承担连带责任。

第五十二条 盗窃、抢劫或者抢夺的机动车发生交通事故造成损害的,由盗窃人、抢劫人或者抢夺人承担赔偿责任。保险公司在机动车强制保险责任限额范围内垫付抢救费用的,有权向交通事故责任人追偿。

第五十三条 机动车驾驶人发生交通事故后逃逸,该机动车参加强制保险的,由保险公司在机动车强制保险责任限额范围内予以赔偿;机动车不明或者该机动车未参加强制保险,需要支付被侵权人人身伤亡的抢救、丧葬等费用的,由道路交通事故社会救助基金垫付。道路交通事故社会救助基金垫付后,其管理机构有权向交通事故责任人追偿。

第七章　医疗损害责任

第五十四条　患者在诊疗活动中受到损害,医疗机构及其医务人员有过错的,由医疗机构承担赔偿责任。

第五十五条　医务人员在诊疗活动中应当向患者说明病情和医疗措施。需要实施手术、特殊检查、特殊治疗的,医务人员应当及时向患者说明医疗风险、替代医疗方案等情况,并取得其书面同意;不宜向患者说明的,应当向患者的近亲属说明,并取得其书面同意。

医务人员未尽到前款义务,造成患者损害的,医疗机构应当承担赔偿责任。

第五十六条　因抢救生命垂危的患者等紧急情况,不能取得患者或者其近亲属意见的,经医疗机构负责人或者授权的负责人批准,可以立即实施相应的医疗措施。

第五十七条　医务人员在诊疗活动中未尽到与当时的医疗水平相应的诊疗义务,造成患者损害的,医疗机构应当承担赔偿责任。

第五十八条　患者有损害,因下列情形之一的,推定医疗机构有过错:

(一)违反法律、行政法规、规章以及其他有关诊疗规范的规定;

(二)隐匿或者拒绝提供与纠纷有关的病历资料;

(三)伪造、篡改或者销毁病历资料。

第五十九条　因药品、消毒药剂、医疗器械的缺陷,或者输入不合格的血液造成患者损害的,患者可以向生产者或者血液提供机构请求赔偿,也可以向医疗机构请求赔偿。患者向医疗机构请求赔偿的,医疗机构赔偿后,有权向负有责任的生产者或者血液提供机构追偿。

第六十条　患者有损害,因下列情形之一的,医疗机构不承担赔偿责任：

（一）患者或者其近亲属不配合医疗机构进行符合诊疗规范的诊疗；

（二）医务人员在抢救生命垂危的患者等紧急情况下已经尽到合理诊疗义务；

（三）限于当时的医疗水平难以诊疗。

前款第一项情形中，医疗机构及其医务人员也有过错的，应当承担相应的赔偿责任。

第六十一条　医疗机构及其医务人员应当按照规定填写并妥善保管住院志、医嘱单、检验报告、手术及麻醉记录、病理资料、护理记录、医疗费用等病历资料。

患者要求查阅、复制前款规定的病历资料的，医疗机构应当提供。

第六十二条　医疗机构及其医务人员应当对患者的隐私保密。泄露患者隐私或者未经患者同意公开其病历资料，造成患者损害的，应当承担侵权责任。

第六十三条　医疗机构及其医务人员不得违反诊疗规范实施不必要的检查。

第六十四条　医疗机构及其医务人员的合法权益受法律保护。干扰医疗秩序，妨害医务人员工作、生活的，应当依法承担法律责任。

第八章　环境污染责任

第六十五条　因污染环境造成损害的，污染者应当承担侵权责任。

第六十六条　因污染环境发生纠纷，污染者应当就法律规定的不承担责任或者减轻责任的情形及其行为与损害之间不存在因果关系承担举证责任。

第六十七条　两个以上污染者污染环境，污染者承担责任的大小，根据污染物的种类、排放量等因素确定。

第六十八条　因第三人的过错污染环境造成损害的，被侵权人可以向污染者请求赔偿，也可以向第三人请求赔偿。污染者赔偿后，有权向第三人追偿。

第九章　高度危险责任

第六十九条　从事高度危险作业造成他人损害的，应当承担侵权责任。

第七十条　民用核设施发生核事故造成他人损害的，民用核设施的经营者应当承担侵权责任，但能够证明损害是因战争等情形或者受害人故意造成的，不承担责任。

第七十一条　民用航空器造成他人损害的，民用航空器的经营者应当承担侵权责任，但能够证明损害是因受害人故意造成的，不承担责任。

第七十二条　占有或者使用易燃、易爆、剧毒、放射性等高度危险物造成他人损害的，占有人或者使用人应当承担侵权责任，但能够证明损害是因受害人故意或者不可抗力造成的，不承担责任。被侵权人对损害的发生有重大过失的，可以减轻占有人或者使用人的责任。

第七十三条　从事高空、高压、地下挖掘活动或者使用高速轨道运输工具造成他人损害的，经营者应当承担侵权责任，但能够证明损害是因受害人故意或者不可抗力造成的，不承担责任。被侵权人对损害的发生有过失的，可以减轻经营者的责任。

第七十四条　遗失、抛弃高度危险物造成他人损害的，由所有人承担侵权责任。所有人将高度危险物交由他人管理的，由管理人承担侵权责任；所有人有过错的，与管理人承担连带责任。

第七十五条　非法占有高度危险物造成他人损害的，由非法占有人承担侵权责任。所有人、管理人不能证明对防止他人非法占有尽到高度注意义务的，与非法占有人承担连带责任。

第七十六条　未经许可进入高度危险活动区域或者高度

危险物存放区域受到损害,管理人已经采取安全措施并尽到警示义务的,可以减轻或者不承担责任。

第七十七条　承担高度危险责任,法律规定赔偿限额的,依照其规定。

第十章　饲养动物损害责任

第七十八条　饲养的动物造成他人损害的,动物饲养人或者管理人应当承担侵权责任,但能够证明损害是因被侵权人故意或者重大过失造成的,可以不承担或者减轻责任。

第七十九条　违反管理规定,未对动物采取安全措施造成他人损害的,动物饲养人或者管理人应当承担侵权责任。

第八十条　禁止饲养的烈性犬等危险动物造成他人损害的,动物饲养人或者管理人应当承担侵权责任。

第八十一条　动物园的动物造成他人损害的,动物园应当承担侵权责任,但能够证明尽到管理职责的,不承担责任。

第八十二条　遗弃、逃逸的动物在遗弃、逃逸期间造成他人损害的,由原动物饲养人或者管理人承担侵权责任。

第八十三条　因第三人的过错致使动物造成他人损害的,被侵权人可以向动物饲养人或者管理人请求赔偿,也可以向第三人请求赔偿。动物饲养人或者管理人赔偿后,有权向第三人追偿。

第八十四条　饲养动物应当遵守法律,尊重社会公德,不得妨害他人生活。

第十一章　物件损害责任

第八十五条　建筑物、构筑物或者其他设施及其搁置物、悬挂物发生脱落、坠落造成他人损害,所有人、管理人或者使用人不能证明自己没有过错的,应当承担侵权责任。所有人、管理人或者使用人赔偿后,有其他责任人的,有权向其他责任人追偿。

第八十六条　建筑物、构筑物或者其他设施倒塌造成他人损害的,由建设单位与施工单位承担连带责任。建设单位、施工单位赔偿后,有其他责任人的,有权向其他责任人追偿。

因其他责任人的原因,建筑物、构筑物或者其他设施倒塌造成他人损害的,由其他责任人承担侵权责任。

第八十七条　从建筑物中抛掷物品或者从建筑物上坠落的物品造成他人损害,难以确定具体侵权人的,除能够证明自己不是侵权人的外,由可能加害的建筑物使用人给予补偿。

第八十八条　堆放物倒塌造成他人损害,堆放人不能证明自己没有过错的,应当承担侵权责任。

第八十九条　在公共道路上堆放、倾倒、遗撒妨碍通行的物品造成他人损害的,有关单位或者个人应当承担侵权责任。

第九十条　因林木折断造成他人损害,林木的所有人或者管理人不能证明自己没有过错的,应当承担侵权责任。

第九十一条　在公共场所或者道路上挖坑、修缮安装地下设施等,没有设置明显标志和采取安全措施造成他人损害的,施工人应当承担侵权责任。

窨井等地下设施造成他人损害,管理人不能证明尽到管理职责的,应当承担侵权责任。

第十二章　附　则

第九十二条　本法自 2010 年 7 月 1 日起施行。

中华人民共和国合同法

（1999 年 3 月 15 日第九届全国人民代表大会第二次会议通过　1999 年 3 月 15 日中华人民共和国主席令第十五号公布　自 1999 年 10 月 1 日起施行）

总　则

第一章　一般规定

第一条　为了保护合同当事人的合法权益，维护社会经济秩序，促进社会主义现代化建设，制定本法。

第二条　本法所称合同是平等主体的自然人、法人、其他组织之间设立、变更、终止民事权利义务关系的协议。

婚姻、收养、监护等有关身份关系的协议，适用其他法律的规定。

第三条　合同当事人的法律地位平等，一方不得将自己的意志强加给另一方。

第四条　当事人依法享有自愿订立合同的权利，任何单位和个人不得非法干预。

第五条　当事人应当遵循公平原则确定各方的权利和义务。

第六条　当事人行使权利、履行义务应当遵循诚实信用原则。

第七条　当事人订立、履行合同，应当遵守法律、行政法规，尊重社会公德，不得扰乱社会经济秩序，损害社会公共利益。

第八条　依法成立的合同，对当事人具有法律约束力。当事人应当按照约定履行自己的义务，不得擅自变更或者解除合同。

依法成立的合同,受法律保护。

第二章　合同的订立

第九条　当事人订立合同,应当具有相应的民事权利能力和民事行为能力。

当事人依法可以委托代理人订立合同。

第十条　当事人订立合同,有书面形式、口头形式和其他形式。

法律、行政法规规定采用书面形式的,应当采用书面形式。当事人约定采用书面形式的,应当采用书面形式。

第十一条　书面形式是指合同书、信件和数据电文(包括电报、电传、传真、电子数据交换和电子邮件)等可以有形地表现所载内容的形式。

第十二条　合同的内容由当事人约定,一般包括以下条款:

(一)当事人的名称或者姓名和住所;

(二)标的;

(三)数量;

(四)质量;

(五)价款或者报酬;

(六)履行期限、地点和方式;

(七)违约责任;

(八)解决争议的方法。

当事人可以参照各类合同的示范文本订立合同。

第十三条　当事人订立合同,采取要约、承诺方式。

第十四条　要约是希望和他人订立合同的意思表示,该意思表示应当符合下列规定:

(一)内容具体确定;

(二)表明经受要约人承诺,要约人即受该意思表示约束。

第十五条　要约邀请是希望他人向自己发出要约的意思表示。寄送的价目表、拍卖公告、招标公告、招股说明书、商业广告等为要约邀请。

商业广告的内容符合要约规定的,视为要约。

第十六条 要约到达受要约人时生效。

采用数据电文形式订立合同,收件人指定特定系统接收数据电文的,该数据电文进入该特定系统的时间,视为到达时间;未指定特定系统的,该数据电文进入收件人的任何系统的首次时间,视为到达时间。

第十七条 要约可以撤回。撤回要约的通知应当在要约到达受要约人之前或者与要约同时到达受要约人。

第十八条 要约可以撤销。撤销要约的通知应当在受要约人发出承诺通知之前到达受要约人。

第十九条 有下列情形之一的,要约不得撤销:

(一)要约人确定了承诺期限或者以其他形式明示要约不可撤销;

(二)受要约人有理由认为要约是不可撤销的,并已经为履行合同作了准备工作。

第二十条 有下列情形之一的,要约失效:

(一)拒绝要约的通知到达要约人;

(二)要约人依法撤销要约;

(三)承诺期限届满,受要约人未作出承诺;

(四)受要约人对要约的内容作出实质性变更。

第二十一条 承诺是受要约人同意要约的意思表示。

第二十二条 承诺应当以通知的方式作出,但根据交易习惯或者要约表明可以通过行为作出承诺的除外。

第二十三条 承诺应当在要约确定的期限内到达要约人。

要约没有确定承诺期限的,承诺应当依照下列规定到达:

(一)要约以对话方式作出的,应当即时作出承诺,但当事人另有约定的除外;

(二)要约以非对话方式作出的,承诺应当在合理期限内到达。

第二十四条 要约以信件或者电报作出的,承诺期限自信件载明的日期或者电报交发之日开始计算。信件未载明日期的,自投寄该信件的邮戳日期开始计算。要约以电话、传真等快速通讯方式作出的,承诺期限自要约到达受要约人时开始计算。

第二十五条　承诺生效时合同成立。

第二十六条　承诺通知到达要约人时生效。承诺不需要通知的,根据交易习惯或者要约的要求作出承诺的行为时生效。

采用数据电文形式订立合同的,承诺到达的时间适用本法第十六条第二款的规定。

第二十七条　承诺可以撤回。撤回承诺的通知应当在承诺通知到达要约人之前或者与承诺通知同时到达要约人。

第二十八条　受要约人超过承诺期限发出承诺的,除要约人及时通知受要约人该承诺有效的以外,为新要约。

第二十九条　受要约人在承诺期限内发出承诺,按照通常情形能够及时到达要约人,但因其他原因承诺到达要约人时超过承诺期限的,除要约人及时通知受要约人因承诺超过期限不接受该承诺的以外,该承诺有效。

第三十条　承诺的内容应当与要约的内容一致。受要约人对要约的内容作出实质性变更的,为新要约。有关合同标的、数量、质量、价款或者报酬、履行期限、履行地点和方式、违约责任和解决争议方法等的变更,是对要约内容的实质性变更。

第三十一条　承诺对要约的内容作出非实质性变更的,除要约人及时表示反对或者要约表明承诺不得对要约的内容作出任何变更的以外,该承诺有效,合同的内容以承诺的内容为准。

第三十二条　当事人采用合同书形式订立合同的,自双方当事人签字或者盖章时合同成立。

第三十三条　当事人采用信件、数据电文等形式订立合同的,可以在合同成立之前要求签订确认书。签订确认书时合同成立。

第三十四条　承诺生效的地点为合同成立的地点。

采用数据电文形式订立合同的,收件人的主营业地为合同成立的地点;没有主营业地的,其经常居住地为合同成立的地点。当事人另有约定的,按照其约定。

第三十五条 当事人采用合同书形式订立合同的,双方当事人签字或者盖章的地点为合同成立的地点。

第三十六条 法律、行政法规规定或者当事人约定采用书面形式订立合同,当事人未采用书面形式但一方已经履行主要义务,对方接受的,该合同成立。

第三十七条 采用合同书形式订立合同,在签字或者盖章之前,当事人一方已经履行主要义务,对方接受的,该合同成立。

第三十八条 国家根据需要下达指令性任务或者国家订货任务的,有关法人、其他组织之间应当依照有关法律、行政法规规定的权利和义务订立合同。

第三十九条 采用格式条款订立合同的,提供格式条款的一方应当遵循公平原则确定当事人之间的权利和义务,并采取合理的方式提请对方注意免除或者限制其责任的条款,按照对方的要求,对该条款予以说明。

格式条款是当事人为了重复使用而预先拟定,并在订立合同时未与对方协商的条款。

第四十条 格式条款具有本法第五十二条和第五十三条规定情形的,或者提供格式条款一方免除其责任、加重对方责任、排除对方主要权利的,该条款无效。

第四十一条 对格式条款的理解发生争议的,应当按照通常理解予以解释。对格式条款有两种以上解释的,应当作出不利于提供格式条款一方的解释。格式条款和非格式条款不一致的,应当采用非格式条款。

第四十二条 当事人在订立合同过程中有下列情形之一,给对方造成损失的,应当承担损害赔偿责任:

(一)假借订立合同,恶意进行磋商;

(二)故意隐瞒与订立合同有关的重要事实或者提供虚假情况;

（三）有其他违背诚实信用原则的行为。

第四十三条　当事人在订立合同过程中知悉的商业秘密,无论合同是否成立,不得泄露或者不正当地使用。泄露或者不正当地使用该商业秘密给对方造成损失的,应当承担损害赔偿责任。

第三章　合同的效力

第四十四条　依法成立的合同,自成立时生效。

法律、行政法规规定应当办理批准、登记等手续生效的,依照其规定。

第四十五条　当事人对合同的效力可以约定附条件。附生效条件的合同,自条件成就时生效。附解除条件的合同,自条件成就时失效。

当事人为自己的利益不正当地阻止条件成就的,视为条件已成就;不正当地促成条件成就的,视为条件不成就。

第四十六条　当事人对合同的效力可以约定附期限。附生效期限的合同,自期限届至时生效。附终止期限的合同,自期限届满时失效。

第四十七条　限制民事行为能力人订立的合同,经法定代理人追认后,该合同有效,但纯获利益的合同或者与其年龄、智力、精神健康状况相适应而订立的合同,不必经法定代理人追认。

相对人可以催告法定代理人在一个月内予以追认。法定代理人未作表示的,视为拒绝追认。合同被追认之前,善意相对人有撤销的权利。撤销应当以通知的方式作出。

第四十八条　行为人没有代理权、超越代理权或者代理权终止后以被代理人名义订立的合同,未经被代理人追认,对被代理人不发生效力,由行为人承担责任。

相对人可以催告被代理人在一个月内予以追认。被代理人未作表示的,视为拒绝追认。合同被追认之前,善意相对人有撤销的权利。撤销应当以通知的方式作出。

第四十九条 行为人没有代理权、超越代理权或者代理权终止后以被代理人名义订立合同,相对人有理由相信行为人有代理权的,该代理行为有效。

第五十条 法人或者其他组织的法定代表人、负责人超越权限订立的合同,除相对人知道或者应当知道其超越权限的以外,该代表行为有效。

第五十一条 无处分权的人处分他人财产,经权利人追认或者无处分权的人订立合同后取得处分权的,该合同有效。

第五十二条 有下列情形之一的,合同无效:

(一)一方以欺诈、胁迫的手段订立合同,损害国家利益;

(二)恶意串通,损害国家、集体或者第三人利益;

(三)以合法形式掩盖非法目的;

(四)损害社会公共利益;

(五)违反法律、行政法规的强制性规定。

第五十三条 合同中的下列免责条款无效:

(一)造成对方人身伤害的;

(二)因故意或者重大过失造成对方财产损失的。

第五十四条 下列合同,当事人一方有权请求人民法院或者仲裁机构变更或者撤销:

(一)因重大误解订立的;

(二)在订立合同时显失公平的。

一方以欺诈、胁迫的手段或者乘人之危,使对方在违背真实意思的情况下订立的合同,受损害方有权请求人民法院或者仲裁机构变更或者撤销。

当事人请求变更的,人民法院或者仲裁机构不得撤销。

第五十五条 有下列情形之一的,撤销权消灭:

(一)具有撤销权的当事人自知道或者应当知道撤销事由之日起一年内没有行使撤销权;

(二)具有撤销权的当事人知道撤销事由后明确表示或者以自己的行为放弃撤销权。

第五十六条 无效的合同或者被撤销的合同自始没有法律约束力。合同部分无效,不影响其他部分效力的,其他部分仍然有效。

第五十七条 合同无效、被撤销或者终止的,不影响合同中独立存在的有关解决争议方法的条款的效力。

第五十八条 合同无效或者被撤销后,因该合同取得的财产,应当予以返还;不能返还或者没有必要返还的,应当折价补偿。有过错的一方应当赔偿对方因此所受到的损失,双方都有过错的,应当各自承担相应的责任。

第五十九条 当事人恶意串通,损害国家、集体或者第三人利益的,因此取得的财产收归国家所有或者返还集体、第三人。

第四章　合同的履行

第六十条 当事人应当按照约定全面履行自己的义务。

当事人应当遵循诚实信用原则,根据合同的性质、目的和交易习惯履行通知、协助、保密等义务。

第六十一条 合同生效后,当事人就质量、价款或者报酬、履行地点等内容没有约定或者约定不明确的,可以协议补充;不能达成补充协议的,按照合同有关条款或者交易习惯确定。

第六十二条 当事人就有关合同内容约定不明确,依照本法第六十一条的规定仍不能确定的,适用下列规定:

(一)质量要求不明确的,按照国家标准、行业标准履行;没有国家标准、行业标准的,按照通常标准或者符合合同目的的特定标准履行。

(二)价款或者报酬不明确的,按照订立合同时履行地的市场价格履行;依法应当执行政府定价或者政府指导价的,按照规定履行。

(三)履行地点不明确,给付货币的,在接受货币一方所在地履行;交付不动产的,在不动产所在地履行;其他标的,在履行义务一方所在地履行。

(四)履行期限不明确的,债务人可以随时履行,债权人也可以随时要求履行,但应当给对方必要的准备时间。

(五)履行方式不明确的,按照有利于实现合同目的的方式履行。

(六)履行费用的负担不明确的,由履行义务一方负担。

第六十三条 执行政府定价或者政府指导价的,在合同约定的交付期限内政府价格调整时,按照交付时的价格计价。逾期交付标的物的,遇价格上涨时,按照原价格执行;价格下降时,按照新价格执行。逾期提取标的物或者逾期付款的,遇价格上涨时,按照新价格执行;价格下降时,按照原价格执行。

第六十四条 当事人约定由债务人向第三人履行债务的,债务人未向第三人履行债务或者履行债务不符合约定,应当向债权人承担违约责任。

第六十五条 当事人约定由第三人向债权人履行债务,第三人不履行债务或者履行债务不符合约定,债务人应当向债权人承担违约责任。

第六十六条 当事人互负债务,没有先后履行顺序的,应当同时履行。一方在对方履行之前有权拒绝其履行要求。一方在对方履行债务不符合约定时,有权拒绝其相应的履行要求。

第六十七条 当事人互负债务,有先后履行顺序,先履行一方未履行的,后履行一方有权拒绝其履行要求。先履行一方履行债务不符合约定的,后履行一方有权拒绝其相应的履行要求。

第六十八条 应当先履行债务的当事人,有确切证据证明对方有下列情形之一的,可以中止履行:

(一)经营状况严重恶化;

(二)转移财产、抽逃资金,以逃避债务;

(三)丧失商业信誉;

(四)有丧失或者可能丧失履行债务能力的其他情形。

当事人没有确切证据中止履行的,应当承担违约责任。

第六十九条 当事人依照本法第六十八条的规定中止履行的,应当及时通知对方。对方提供适当担保时,应当恢复履行。中止履行后,对方在合理期限内未恢复履行能力并且未提供适当担保的,中止履行的一方可以解除合同。

第七十条　债权人分立、合并或者变更住所没有通知债务人,致使履行债务发生困难的,债务人可以中止履行或者将标的物提存。

第七十一条　债权人可以拒绝债务人提前履行债务,但提前履行不损害债权人利益的除外。

债务人提前履行债务给债权人增加的费用,由债务人负担。

第七十二条　债权人可以拒绝债务人部分履行债务,但部分履行不损害债权人利益的除外。

债务人部分履行债务给债权人增加的费用,由债务人负担。

第七十三条　因债务人怠于行使其到期债权,对债权人造成损害的,债权人可以向人民法院请求以自己的名义代位行使债务人的债权,但该债权专属于债务人自身的除外。

代位权的行使范围以债权人的债权为限。债权人行使代位权的必要费用,由债务人负担。

第七十四条　因债务人放弃其到期债权或者无偿转让财产,对债权人造成损害的,债权人可以请求人民法院撤销债务人的行为。债务人以明显不合理的低价转让财产,对债权人造成损害,并且受让人知道该情形的,债权人也可以请求人民法院撤销债务人的行为。

撤销权的行使范围以债权人的债权为限。债权人行使撤销权的必要费用,由债务人负担。

第七十五条　撤销权自债权人知道或者应当知道撤销事由之日起一年内行使。自债务人的行为发生之日起五年内没有行使撤销权的,该撤销权消灭。

第七十六条　合同生效后,当事人不得因姓名、名称的变更或者法定代表人、负责人、承办人的变动而不履行合同义务。

第五章 合同的变更和转让

第七十七条 当事人协商一致,可以变更合同。

法律、行政法规规定变更合同应当办理批准、登记等手续的,依照其规定。

第七十八条 当事人对合同变更的内容约定不明确的,推定为未变更。

第七十九条 债权人可以将合同的权利全部或者部分转让给第三人,但有下列情形之一的除外:

(一)根据合同性质不得转让;

(二)按照当事人约定不得转让;

(三)依照法律规定不得转让。

第八十条 债权人转让权利的,应当通知债务人。未经通知,该转让对债务人不发生效力。

债权人转让权利的通知不得撤销,但经受让人同意的除外。

第八十一条 债权人转让权利的,受让人取得与债权有关的从权利,但该从权利专属于债权人自身的除外。

第八十二条 债务人接到债权转让通知后,债务人对让与人的抗辩,可以向受让人主张。

第八十三条 债务人接到债权转让通知时,债务人对让与人享有债权,并且债务人的债权先于转让的债权到期或者同时到期的,债务人可以向受让人主张抵销。

第八十四条 债务人将合同的义务全部或者部分转移给第三人的,应当经债权人同意。

第八十五条 债务人转移义务的,新债务人可以主张原债务人对债权人的抗辩。

第八十六条 债务人转移义务的,新债务人应当承担与主债务有关的从债务,但该从债务专属于原债务人自身的除外。

第八十七条 法律、行政法规规定转让权利或者转移义务应当办理批准、登记等手续的,依照其规定。

第八十八条　当事人一方经对方同意,可以将自己在合同中的权利和义务一并转让给第三人。

第八十九条　权利和义务一并转让的,适用本法第七十九条、第八十一条至第八十三条、第八十五条至第八十七条的规定。

第九十条　当事人订立合同后合并的,由合并后的法人或者其他组织行使合同权利,履行合同义务。当事人订立合同后分立的,除债权人和债务人另有约定的以外,由分立的法人或者其他组织对合同的权利和义务享有连带债权,承担连带债务。

第六章　合同的权利义务终止

第九十一条　有下列情形之一的,合同的权利义务终止:

(一)债务已经按照约定履行;

(二)合同解除;

(三)债务相互抵销;

(四)债务人依法将标的物提存;

(五)债权人免除债务;

(六)债权债务同归于一人;

(七)法律规定或者当事人约定终止的其他情形。

第九十二条　合同的权利义务终止后,当事人应当遵循诚实信用原则,根据交易习惯履行通知、协助、保密等义务。

第九十三条　当事人协商一致,可以解除合同。

当事人可以约定一方解除合同的条件。解除合同的条件成就时,解除权人可以解除合同。

第九十四条　有下列情形之一的,当事人可以解除合同:

(一)因不可抗力致使不能实现合同目的;

(二)在履行期限届满之前,当事人一方明确表示或者以自己的行为表明不履行主要债务;

(三)当事人一方迟延履行主要债务,经催告后在合理期

限内仍未履行;

（四）当事人一方迟延履行债务或者有其他违约行为致使不能实现合同目的;

（五）法律规定的其他情形。

第九十五条 法律规定或者当事人约定解除权行使期限,期限届满当事人不行使的,该权利消灭。

法律没有规定或者当事人没有约定解除权行使期限,经对方催告后在合理期限内不行使的,该权利消灭。

第九十六条 当事人一方依照本法第九十三条第二款、第九十四条的规定主张解除合同的,应当通知对方。合同自通知到达对方时解除。对方有异议的,可以请求人民法院或者仲裁机构确认解除合同的效力。

法律、行政法规规定解除合同应当办理批准、登记等手续的,依照其规定。

第九十七条 合同解除后,尚未履行的,终止履行;已经履行的,根据履行情况和合同性质,当事人可以要求恢复原状、采取其他补救措施,并有权要求赔偿损失。

第九十八条 合同的权利义务终止,不影响合同中结算和清理条款的效力。

第九十九条 当事人互负到期债务,该债务的标的物种类、品质相同的,任何一方可以将自己的债务与对方的债务抵销,但依照法律规定或者按照合同性质不得抵销的除外。

当事人主张抵销的,应当通知对方。通知自到达对方时生效。抵销不得附条件或者附期限。

第一百条 当事人互负债务,标的物种类、品质不相同的,经双方协商一致,也可以抵销。

第一百零一条 有下列情形之一,难以履行债务的,债务人可以将标的物提存:

（一）债权人无正当理由拒绝受领;

（二）债权人下落不明;

（三）债权人死亡未确定继承人或者丧失民事行为能力未确定监护人;

（四）法律规定的其他情形。

标的物不适于提存或者提存费用过高的,债务人依法可以拍卖或者变卖标的物,提存所得的价款。

第一百零二条　标的物提存后,除债权人下落不明的以外,债务人应当及时通知债权人或者债权人的继承人、监护人。

第一百零三条　标的物提存后,毁损、灭失的风险由债权人承担。提存期间,标的物的孳息归债权人所有。提存费用由债权人负担。

第一百零四条　债权人可以随时领取提存物,但债权人对债务人负有到期债务的,在债权人未履行债务或者提供担保之前,提存部门根据债务人的要求应当拒绝其领取提存物。

债权人领取提存物的权利,自提存之日起五年内不行使而消灭,提存物扣除提存费用后归国家所有。

第一百零五条　债权人免除债务人部分或者全部债务的,合同的权利义务部分或者全部终止。

第一百零六条　债权和债务同归于一人的,合同的权利义务终止,但涉及第三人利益的除外。

第七章　违约责任

第一百零七条　当事人一方不履行合同义务或者履行合同义务不符合约定的,应当承担继续履行、采取补救措施或者赔偿损失等违约责任。

第一百零八条　当事人一方明确表示或者以自己的行为表明不履行合同义务的,对方可以在履行期限届满之前要求其承担违约责任。

第一百零九条　当事人一方未支付价款或者报酬的,对方可以要求其支付价款或者报酬。

第一百一十条　当事人一方不履行非金钱债务或者履行非金钱债务不符合约定的,对方可以要求履行,但有下列情形之一的除外:

（一）法律上或者事实上不能履行；

（二）债务的标的不适于强制履行或者履行费用过高；

（三）债权人在合理期限内未要求履行。

第一百一十一条 质量不符合约定的，应当按照当事人的约定承担违约责任。对违约责任没有约定或者约定不明确，依照本法第六十一条的规定仍不能确定的，受损害方根据标的的性质以及损失的大小，可以合理选择要求对方承担修理、更换、重作、退货、减少价款或者报酬等违约责任。

第一百一十二条 当事人一方不履行合同义务或者履行合同义务不符合约定的，在履行义务或者采取补救措施后，对方还有其他损失的，应当赔偿损失。

第一百一十三条 当事人一方不履行合同义务或者履行合同义务不符合约定，给对方造成损失的，损失赔偿额应当相当于因违约所造成的损失，包括合同履行后可以获得的利益，但不得超过违反合同一方订立合同时预见到或者应当预见到的因违反合同可能造成的损失。

经营者对消费者提供商品或者服务有欺诈行为的，依照《中华人民共和国消费者权益保护法》的规定承担损害赔偿责任。

第一百一十四条 当事人可以约定一方违约时应当根据违约情况向对方支付一定数额的违约金，也可以约定因违约产生的损失赔偿额的计算方法。

约定的违约金低于造成的损失的，当事人可以请求人民法院或者仲裁机构予以增加；约定的违约金过分高于造成的损失的，当事人可以请求人民法院或者仲裁机构予以适当减少。

当事人就迟延履行约定违约金的，违约方支付违约金后，还应当履行债务。

第一百一十五条 当事人可以依照《中华人民共和国担保法》约定一方向对方给付定金作为债权的担保。债务人履行债务后，定金应当抵作价款或者收回。给付定金的一方不履行约定的债务的，无权要求返还定金；收受定金的一方不履行约定的债务的,应当双倍返还定金。

第一百一十六条　当事人既约定违约金,又约定定金的,一方违约时,对方可以选择适用违约金或者定金条款。

第一百一十七条　因不可抗力不能履行合同的,根据不可抗力的影响,部分或者全部免除责任,但法律另有规定的除外。当事人迟延履行后发生不可抗力的,不能免除责任。

本法所称不可抗力,是指不能预见、不能避免并不能克服的客观情况。

第一百一十八条　当事人一方因不可抗力不能履行合同的,应当及时通知对方,以减轻可能给对方造成的损失,并应当在合理期限内提供证明。

第一百一十九条　当事人一方违约后,对方应当采取适当措施防止损失的扩大;没有采取适当措施致使损失扩大的,不得就扩大的损失要求赔偿。

当事人因防止损失扩大而支出的合理费用,由违约方承担。

第一百二十条　当事人双方都违反合同的,应当各自承担相应的责任。

第一百二十一条　当事人一方因第三人的原因造成违约的,应当向对方承担违约责任。当事人一方和第三人之间的纠纷,依照法律规定或者按照约定解决。

第一百二十二条　因当事人一方的违约行为,侵害对方人身、财产权益的,受损害方有权选择依照本法要求其承担违约责任或者依照其他法律要求其承担侵权责任。

第八章　其他规定

第一百二十三条　其他法律对合同另有规定的,依照其规定。

第一百二十四条　本法分则或者其他法律没有明文规定的合同,适用本法总则的规定,并可以参照本法分则或者其他法律最相类似的规定。

第一百二十五条 当事人对合同条款的理解有争议的，应当按照合同所使用的词句、合同的有关条款、合同的目的、交易习惯以及诚实信用原则，确定该条款的真实意思。

合同文本采用两种以上文字订立并约定具有同等效力的，对各文本使用的词句推定具有相同含义。各文本使用的词句不一致的，应当根据合同的目的予以解释。

第一百二十六条 涉外合同的当事人可以选择处理合同争议所适用的法律，但法律另有规定的除外。涉外合同的当事人没有选择的，适用与合同有最密切联系的国家的法律。

在中华人民共和国境内履行的中外合资经营企业合同、中外合作经营企业合同、中外合作勘探开发自然资源合同，适用中华人民共和国法律。

第一百二十七条 工商行政管理部门和其他有关行政主管部门在各自的职权范围内，依照法律、行政法规的规定，对利用合同危害国家利益、社会公共利益的违法行为，负责监督处理；构成犯罪的，依法追究刑事责任。

第一百二十八条 当事人可以通过和解或者调解解决合同争议。

当事人不愿和解、调解或者和解、调解不成的，可以根据仲裁协议向仲裁机构申请仲裁。涉外合同的当事人可以根据仲裁协议向中国仲裁机构或者其他仲裁机构申请仲裁。当事人没有订立仲裁协议或者仲裁协议无效的，可以向人民法院起诉。当事人应当履行发生法律效力的判决、仲裁裁决、调解书；拒不履行的，对方可以请求人民法院执行。

第一百二十九条 因国际货物买卖合同和技术进出口合同争议提起诉讼或者申请仲裁的期限为四年，自当事人知道或者应当知道其权利受到侵害之日起计算。因其他合同争议提起诉讼或者申请仲裁的期限，依照有关法律的规定。

分　则

第九章　买卖合同

第一百三十条　买卖合同是出卖人转移标的物的所有权于买受人，买受人支付价款的合同。

第一百三十一条　买卖合同的内容除依照本法第十二条的规定以外，还可以包括包装方式、检验标准和方法、结算方式、合同使用的文字及其效力等条款。

第一百三十二条　出卖的标的物，应当属于出卖人所有或者出卖人有权处分。

法律、行政法规禁止或者限制转让的标的物，依照其规定。

第一百三十三条　标的物的所有权自标的物交付时起转移，但法律另有规定或者当事人另有约定的除外。

第一百三十四条　当事人可以在买卖合同中约定买受人未履行支付价款或者其他义务的，标的物的所有权属于出卖人。

第一百三十五条　出卖人应当履行向买受人交付标的物或者交付提取标的物的单证，并转移标的物所有权的义务。

第一百三十六条　出卖人应当按照约定或者交易习惯向买受人交付提取标的物单证以外的有关单证和资料。

第一百三十七条　出卖具有知识产权的计算机软件等标的物的，除法律另有规定或者当事人另有约定的以外，该标的物的知识产权不属于买受人。

第一百三十八条　出卖人应当按照约定的期限交付标的物。约定交付期间的，出卖人可以在该交付期间内的任何时间交付。

第一百三十九条　当事人没有约定标的物的交付期限或者约定不明确的，适用本法第六十一条、第六十二条第四项的规定。

第一百四十条 标的物在订立合同之前已为买受人占有的,合同生效的时间为交付时间。

第一百四十一条 出卖人应当按照约定的地点交付标的物。

当事人没有约定交付地点或者约定不明确,依照本法第六十一条的规定仍不能确定的,适用下列规定:

(一)标的物需要运输的,出卖人应当将标的物交付给第一承运人以运交给买受人;

(二)标的物不需要运输,出卖人和买受人订立合同时知道标的物在某一地点的,出卖人应当在该地点交付标的物;不知道标的物在某一地点的,应当在出卖人订立合同时的营业地交付标的物。

第一百四十二条 标的物毁损、灭失的风险,在标的物交付之前由出卖人承担,交付之后由买受人承担,但法律另有规定或者当事人另有约定的除外。

第一百四十三条 因买受人的原因致使标的物不能按照约定的期限交付的,买受人应当自违反约定之日起承担标的物毁损、灭失的风险。

第一百四十四条 出卖人出卖交由承运人运输的在途标的物,除当事人另有约定的以外,毁损、灭失的风险自合同成立时起由买受人承担。

第一百四十五条 当事人没有约定交付地点或者约定不明确,依照本法第一百四十一条第二款第一项的规定标的物需要运输的,出卖人将标的物交付给第一承运人后,标的物毁损、灭失的风险由买受人承担。

第一百四十六条 出卖人按照约定或者依照本法第一百四十一条第二款第二项的规定将标的物置于交付地点,买受人违反约定没有收取的,标的物毁损、灭失的风险自违反约定之日起由买受人承担。

第一百四十七条 出卖人按照约定未交付有关标的物的单证和资料的,不影响标的物毁损、灭失风险的转移。

第一百四十八条　因标的物质量不符合质量要求,致使不能实现合同目的的,买受人可以拒绝接受标的物或者解除合同。买受人拒绝接受标的物或者解除合同的,标的物毁损、灭失的风险由出卖人承担。

第一百四十九条　标的物毁损、灭失的风险由买受人承担的,不影响因出卖人履行债务不符合约定,买受人要求其承担违约责任的权利。

第一百五十条　出卖人就交付的标的物,负有保证第三人不得向买受人主张任何权利的义务,但法律另有规定的除外。

第一百五十一条　买受人订立合同时知道或者应当知道第三人对买卖的标的物享有权利的,出卖人不承担本法第一百五十条规定的义务。

第一百五十二条　买受人有确切证据证明第三人可能就标的物主张权利的,可以中止支付相应的价款,但出卖人提供适当担保的除外。

第一百五十三条　出卖人应当按照约定的质量要求交付标的物。出卖人提供有关标的物质量说明的,交付的标的物应当符合该说明的质量要求。

第一百五十四条　当事人对标的物的质量要求没有约定或者约定不明确,依照本法第六十一条的规定仍不能确定的,适用本法第六十二条第一项的规定。

第一百五十五条　出卖人交付的标的物不符合质量要求的,买受人可以依照本法第一百一十一条的规定要求承担违约责任。

第一百五十六条　出卖人应当按照约定的包装方式交付标的物。对包装方式没有约定或者约定不明确,依照本法第六十一条的规定仍不能确定的,应当按照通用的方式包装,没有通用方式的,应当采取足以保护标的物的包装方式。

第一百五十七条　买受人收到标的物时应当在约定的检验期间内检验。没有约定检验期间的,应当及时检验。

第一百五十八条　当事人约定检验期间的,买受人应当在检验期间内将标的物的数量或者质量不符合约定的情形通知出卖人。买受人怠于通知的,视为标的物的数量或者质量符合约定。

当事人没有约定检验期间的,买受人应当在发现或者应当发现标的物的数量或者质量不符合约定的合理期间内通知出卖人。买受人在合理期间内未通知或者自标的物收到之日起两年内未通知出卖人的,视为标的物的数量或者质量符合约定,但对标的物有质量保证期的,适用质量保证期,不适用该两年的规定。

出卖人知道或者应当知道提供的标的物不符合约定的,买受人不受前两款规定的通知时间的限制。

第一百五十九条 买受人应当按照约定的数额支付价款。对价款没有约定或者约定不明确的,适用本法第六十一条、第六十二条第二项的规定。

第一百六十条 买受人应当按照约定的地点支付价款。对支付地点没有约定或者约定不明确,依照本法第六十一条的规定仍不能确定的,买受人应当在出卖人的营业地支付,但约定支付价款以交付标的物或者交付提取标的物单证为条件的,在交付标的物或者交付提取标的物单证的所在地支付。

第一百六十一条 买受人应当按照约定的时间支付价款。对支付时间没有约定或者约定不明确,依照本法第六十一条的规定仍不能确定的,买受人应当在收到标的物或者提取标的物单证的同时支付。

第一百六十二条 出卖人多交标的物的,买受人可以接收或者拒绝接收多交的部分。买受人接收多交部分的,按照合同的价格支付价款;买受人拒绝接收多交部分的,应当及时通知出卖人。

第一百六十三条 标的物在交付之前产生的孳息,归出卖人所有,交付之后产生的孳息,归买受人所有。

第一百六十四条 因标的物的主物不符合约定而解除合同的,解除合同的效力及于从物。因标的物的从物不符合约定被解除的,解除的效力不及于主物。

第一百六十五条　标的物为数物,其中一物不符合约定的,买受人可以就该物解除,但该物与他物分离使标的物的价值显受损害的,当事人可以就数物解除合同。

第一百六十六条　出卖人分批交付标的物的,出卖人对其中一批标的物不交付或者交付不符合约定,致使该批标的物不能实现合同目的的,买受人可以就该批标的物解除。

出卖人不交付其中一批标的物或者交付不符合约定,致使今后其他各批标的物的交付不能实现合同目的的,买受人可以就该批以及今后其他各批标的物解除。

买受人如果就其中一批标的物解除,该批标的物与其他各批标的物相互依存的,可以就已经交付和未交付的各批标的物解除。

第一百六十七条　分期付款的买受人未支付到期价款的金额达到全部价款的五分之一的,出卖人可以要求买受人支付全部价款或者解除合同。

出卖人解除合同的,可以向买受人要求支付该标的物的使用费。

第一百六十八条　凭样品买卖的当事人应当封存样品,并可以对样品质量予以说明。出卖人交付的标的物应当与样品及其说明的质量相同。

第一百六十九条　凭样品买卖的买受人不知道样品有隐蔽瑕疵的,即使交付的标的物与样品相同,出卖人交付的标的物的质量仍然应当符合同种物的通常标准。

第一百七十条　试用买卖的当事人可以约定标的物的试用期间。对试用期间没有约定或者约定不明确,依照本法第六十一条的规定仍不能确定的,由出卖人确定。

第一百七十一条　试用买卖的买受人在试用期内可以购买标的物,也可以拒绝购买。试用期间届满,买受人对是否购买标的物未作表示的,视为购买。

第一百七十二条　招标投标买卖的当事人的权利和义务以及招标投标程序等,依照有关法律、行政法规的规定。

第一百七十三条　拍卖的当事人的权利和义务以及拍卖

程序等,依照有关法律、行政法规的规定。

第一百七十四条 法律对其他有偿合同有规定的,依照其规定;没有规定的,参照买卖合同的有关规定。

第一百七十五条 当事人约定易货交易,转移标的物的所有权的,参照买卖合同的有关规定。

第十章 供用电、水、气、热力合同

第一百七十六条 供用电合同是供电人向用电人供电,用电人支付电费的合同。

第一百七十七条 供用电合同的内容包括供电的方式、质量、时间,用电容量、地址、性质,计量方式,电价、电费的结算方式,供用电设施的维护责任等条款。

第一百七十八条 供用电合同的履行地点,按照当事人约定;当事人没有约定或者约定不明确的,供电设施的产权分界处为履行地点。

第一百七十九条 供电人应当按照国家规定的供电质量标准和约定安全供电。供电人未按照国家规定的供电质量标准和约定安全供电,造成用电人损失的,应当承担损害赔偿责任。

第一百八十条 供电人因供电设施计划检修、临时检修、依法限电或者用电人违法用电等原因,需要中断供电时,应当按照国家有关规定事先通知用电人。未事先通知用电人中断供电,造成用电人损失的,应当承担损害赔偿责任。

第一百八十一条 因自然灾害等原因断电,供电人应当按照国家有关规定及时抢修。未及时抢修,造成用电人损失的,应当承担损害赔偿责任。

第一百八十二条 用电人应当按照国家有关规定和当事人的约定及时交付电费。用电人逾期不交付电费的,应当按照约定支付违约金。经催告用电人在合理期限内仍不交付电费和违约金的,供电人可以按照国家规定的程序中止供电。

第一百八十三条 用电人应当按照国家有关规定和当事

人的约定安全用电。用电人未按照国家有关规定和当事人的约定安全用电,造成供电人损失的,应当承担损害赔偿责任。

第一百八十四条　供用水、供用气、供用热力合同,参照供用电合同的有关规定。

第十一章　赠与合同

第一百八十五条　赠与合同是赠与人将自己的财产无偿给予受赠人,受赠人表示接受赠与的合同。

第一百八十六条　赠与人在赠与财产的权利转移之前可以撤销赠与。

具有救灾、扶贫等社会公益、道德义务性质的赠与合同或者经过公证的赠与合同,不适用前款规定。

第一百八十七条　赠与的财产依法需要办理登记等手续的,应当办理有关手续。

第一百八十八条　具有救灾、扶贫等社会公益、道德义务性质的赠与合同或者经过公证的赠与合同,赠与人不交付赠与的财产的,受赠人可以要求交付。

第一百八十九条　因赠与人故意或者重大过失致使赠与的财产毁损、灭失的,赠与人应当承担损害赔偿责任。

第一百九十条　赠与可以附义务。

赠与附义务的,受赠人应当按照约定履行义务。

第一百九十一条　赠与的财产有瑕疵的,赠与人不承担责任。附义务的赠与,赠与的财产有瑕疵的,赠与人在附义务的限度内承担与出卖人相同的责任。

赠与人故意不告知瑕疵或者保证无瑕疵,造成受赠人损失的,应当承担损害赔偿责任。

第一百九十二条　受赠人有下列情形之一的,赠与人可以撤销赠与:

(一)严重侵害赠与人或者赠与人的近亲属;

(二)对赠与人有扶养义务而不履行;

(三)不履行赠与合同约定的义务。

赠与人的撤销权,自知道或者应当知道撤销原因之日起一年内行使。

第一百九十三条 因受赠人的违法行为致使赠与人死亡或者丧失民事行为能力的,赠与人的继承人或者法定代理人可以撤销赠与。

赠与人的继承人或者法定代理人的撤销权,自知道或者应当知道撤销原因之日起六个月内行使。

第一百九十四条 撤销权人撤销赠与的,可以向受赠人要求返还赠与的财产。

第一百九十五条 赠与人的经济状况显著恶化,严重影响其生产经营或者家庭生活的,可以不再履行赠与义务。

第十二章 借款合同

第一百九十六条 借款合同是借款人向贷款人借款,到期返还借款并支付利息的合同。

第一百九十七条 借款合同采用书面形式,但自然人之间借款另有约定的除外。

借款合同的内容包括借款种类、币种、用途、数额、利率、期限和还款方式等条款。

第一百九十八条 订立借款合同,贷款人可以要求借款人提供担保。担保依照《中华人民共和国担保法》的规定。

第一百九十九条 订立借款合同,借款人应当按照贷款人的要求提供与借款有关的业务活动和财务状况的真实情况。

第二百条 借款的利息不得预先在本金中扣除。利息预先在本金中扣除的,应当按照实际借款数额返还借款并计算利息。

第二百零一条 贷款人未按照约定的日期、数额提供借款,造成借款人损失的,应当赔偿损失。

借款人未按照约定的日期、数额收取借款的,应当按照约定的日期、数额支付利息。

第二百零二条　贷款人按照约定可以检查、监督借款的使用情况。借款人应当按照约定向贷款人定期提供有关财务会计报表等资料。

第二百零三条　借款人未按照约定的借款用途使用借款的，贷款人可以停止发放借款、提前收回借款或者解除合同。

第二百零四条　办理贷款业务的金融机构贷款的利率，应当按照中国人民银行规定的贷款利率的上下限确定。

第二百零五条　借款人应当按照约定的期限支付利息。对支付利息的期限没有约定或者约定不明确，依照本法第六十一条的规定仍不能确定，借款期间不满一年的，应当在返还借款时一并支付；借款期间一年以上的，应当在每届满一年时支付，剩余期间不满一年的，应当在返还借款时一并支付。

第二百零六条　借款人应当按照约定的期限返还借款。对借款期限没有约定或者约定不明确，依照本法第六十一条的规定仍不能确定的，借款人可以随时返还；贷款人可以催告借款人在合理期限内返还。

第二百零七条　借款人未按照约定的期限返还借款的，应当按照约定或者国家有关规定支付逾期利息。

第二百零八条　借款人提前偿还借款的，除当事人另有约定的以外，应当按照实际借款的期间计算利息。

第二百零九条　借款人可以在还款期限届满之前向贷款人申请展期。贷款人同意的，可以展期。

第二百一十条　自然人之间的借款合同，自贷款人提供借款时生效。

第二百一十一条　自然人之间的借款合同对支付利息没有约定或者约定不明确的，视为不支付利息。自然人之间的借款合同约定支付利息的，借款的利率不得违反国家有关限制借款利率的规定。

第十三章　租赁合同

第二百一十二条　租赁合同是出租人将租赁物交付承租

人使用、收益,承租人支付租金的合同。

第二百一十三条 租赁合同的内容包括租赁物的名称、数量、用途、租赁期限、租金及其支付期限和方式、租赁物维修等条款。

第二百一十四条 租赁期限不得超过二十年。超过二十年的,超过部分无效。

租赁期间届满,当事人可以续订租赁合同,但约定的租赁期限自续订之日起不得超过二十年。

第二百一十五条 租赁期限六个月以上的,应当采用书面形式。当事人未采用书面形式的,视为不定期租赁。

第二百一十六条 出租人应当按照约定将租赁物交付承租人,并在租赁期间保持租赁物符合约定的用途。

第二百一十七条 承租人应当按照约定的方法使用租赁物。对租赁物的使用方法没有约定或者约定不明确,依照本法第六十一条的规定仍不能确定的,应当按照租赁物的性质使用。

第二百一十八条 承租人按照约定的方法或者租赁物的性质使用租赁物,致使租赁物受到损耗的,不承担损害赔偿责任。

第二百一十九条 承租人未按照约定的方法或者租赁物的性质使用租赁物,致使租赁物受到损失的,出租人可以解除合同并要求赔偿损失。

第二百二十条 出租人应当履行租赁物的维修义务,但当事人另有约定的除外。

第二百二十一条 承租人在租赁物需要维修时可以要求出租人在合理期限内维修。出租人未履行维修义务的,承租人可以自行维修,维修费用由出租人负担。因维修租赁物影响承租人使用的,应当相应减少租金或者延长租期。

第二百二十二条 承租人应当妥善保管租赁物,因保管不善造成租赁物毁损、灭失的,应当承担损害赔偿责任。

第二百二十三条 承租人经出租人同意,可以对租赁物进行改善或者增设他物。

　　承租人未经出租人同意,对租赁物进行改善或者增设他物的,出租人可以要求承租人恢复原状或者赔偿损失。

　　第二百二十四条　承租人经出租人同意,可以将租赁物转租给第三人。承租人转租的,承租人与出租人之间的租赁合同继续有效,第三人对租赁物造成损失的,承租人应当赔偿损失。

　　承租人未经出租人同意转租的,出租人可以解除合同。

　　第二百二十五条　在租赁期间因占有、使用租赁物获得的收益,归承租人所有,但当事人另有约定的除外。

　　第二百二十六条　承租人应当按照约定的期限支付租金。对支付期限没有约定或者约定不明确,依照本法第六十一条的规定仍不能确定,租赁期间不满一年的,应当在租赁期间届满时支付;租赁期间一年以上的,应当在每届满一年时支付,剩余期间不满一年的,应当在租赁期间届满时支付。

　　第二百二十七条　承租人无正当理由未支付或者迟延支付租金的,出租人可以要求承租人在合理期限内支付。承租人逾期不支付的,出租人可以解除合同。

　　第二百二十八条　因第三人主张权利,致使承租人不能对租赁物使用、收益的,承租人可以要求减少租金或者不支付租金。

　　第三人主张权利的,承租人应当及时通知出租人。

　　第二百二十九条　租赁物在租赁期间发生所有权变动的,不影响租赁合同的效力。

　　第二百三十条　出租人出卖租赁房屋的,应当在出卖之前的合理期限内通知承租人,承租人享有以同等条件优先购买的权利。

　　第二百三十一条　因不可归责于承租人的事由,致使租赁物部分或者全部毁损、灭失的,承租人可以要求减少租金或者不支付租金;因租赁物部分或者全部毁损、灭失,致使不能实现合同目的的,承租人可以解除合同。

　　第二百三十二条　当事人对租赁期限没有约定或者约定不明确,依照本法第六十一条的规定仍不能确定的,视为不定期租赁。当事人可以随时解除合同,但出租人解除合同应当在合理期限之前通知承租人。

第二百三十三条 租赁物危及承租人的安全或者健康的,即使承租人订立合同时明知该租赁物质量不合格,承租人仍然可以随时解除合同。

第二百三十四条 承租人在房屋租赁期间死亡的,与其生前共同居住的人可以按照原租赁合同租赁该房屋。

第二百三十五条 租赁期间届满,承租人应当返还租赁物。返还的租赁物应当符合按照约定或者租赁物的性质使用后的状态。

第二百三十六条 租赁期间届满,承租人继续使用租赁物,出租人没有提出异议的,原租赁合同继续有效,但租赁期限为不定期。

第十四章 融资租赁合同

第二百三十七条 融资租赁合同是出租人根据承租人对出卖人、租赁物的选择,向出卖人购买租赁物,提供给承租人使用,承租人支付租金的合同。

第二百三十八条 融资租赁合同的内容包括租赁物名称、数量、规格、技术性能、检验方法、租赁期限、租金构成及其支付期限和方式、币种、租赁期间届满租赁物的归属等条款。

融资租赁合同应当采用书面形式。

第二百三十九条 出租人根据承租人对出卖人、租赁物的选择订立的买卖合同,出卖人应当按照约定向承租人交付标的物,承租人享有与受领标的物有关的买受人的权利。

第二百四十条 出租人、出卖人、承租人可以约定,出卖人不履行买卖合同义务的,由承租人行使索赔的权利。承租人行使索赔权利的,出租人应当协助。

第二百四十一条 出租人根据承租人对出卖人、租赁物的选择订立的买卖合同,未经承租人同意,出租人不得变更与承租人有关的合同内容。

第二百四十二条 出租人享有租赁物的所有权。承租人破产的,租赁物不属于破产财产。

第二百四十三条 融资租赁合同的租金,除当事人另有约定的以外,应当根据购买租赁物的大部分或者全部成本以及出租人的合理利润确定。

第二百四十四条 租赁物不符合约定或者不符合使用目的的,出租人不承担责任,但承租人依赖出租人的技能确定租赁物或者出租人干预选择租赁物的除外。

第二百四十五条 出租人应当保证承租人对租赁物的占有和使用。

第二百四十六条 承租人占有租赁物期间,租赁物造成第三人的人身伤害或者财产损害的,出租人不承担责任。

第二百四十七条 承租人应当妥善保管、使用租赁物。

承租人应当履行占有租赁物期间的维修义务。

第二百四十八条 承租人应当按照约定支付租金。承租人经催告后在合理期限内仍不支付租金的,出租人可以要求支付全部租金;也可以解除合同,收回租赁物。

第二百四十九条 当事人约定租赁期间届满租赁物归承租人所有,承租人已经支付大部分租金,但无力支付剩余租金,出租人因此解除合同收回租赁物的,收回的租赁物的价值超过承租人欠付的租金以及其他费用的,承租人可以要求部分返还。

第二百五十条 出租人和承租人可以约定租赁期间届满租赁物的归属。对租赁物的归属没有约定或者约定不明确,依照本法第六十一条的规定仍不能确定的,租赁物的所有权归出租人。

第十五章　承揽合同

第二百五十一条 承揽合同是承揽人按照定作人的要求完成工作,交付工作成果,定作人给付报酬的合同。

承揽包括加工、定作、修理、复制、测试、检验等工作。

第二百五十二条 承揽合同的内容包括承揽的标的、数量、质量、报酬、承揽方式、材料的提供、履行期限、验收标准和方法等条款。

第二百五十三条 承揽人应当以自己的设备、技术和劳力，完成主要工作，但当事人另有约定的除外。

承揽人将其承揽的主要工作交由第三人完成的，应当就该第三人完成的工作成果向定作人负责；未经定作人同意的，定作人也可以解除合同。

第二百五十四条 承揽人可以将其承揽的辅助工作交由第三人完成。承揽人将其承揽的辅助工作交由第三人完成的，应当就该第三人完成的工作成果向定作人负责。

第二百五十五条 承揽人提供材料的，承揽人应当按照约定选用材料，并接受定作人检验。

第二百五十六条 定作人提供材料的，定作人应当按照约定提供材料。承揽人对定作人提供的材料，应当及时检验，发现不符合约定时，应当及时通知定作人更换、补齐或者采取其他补救措施。

承揽人不得擅自更换定作人提供的材料，不得更换不需要修理的零部件。

第二百五十七条 承揽人发现定作人提供的图纸或者技术要求不合理的，应当及时通知定作人。因定作人怠于答复等原因造成承揽人损失的，应当赔偿损失。

第二百五十八条 定作人中途变更承揽工作的要求，造成承揽人损失的，应当赔偿损失。

第二百五十九条 承揽工作需要定作人协助的，定作人有协助的义务。

定作人不履行协助义务致使承揽工作不能完成的，承揽人可以催告定作人在合理期限内履行义务，并可以顺延履行期限；定作人逾期不履行的，承揽人可以解除合同。

第二百六十条 承揽人在工作期间，应当接受定作人必要的监督检验。定作人不得因监督检验妨碍承揽人的正常工作。

　　第二百六十一条　承揽人完成工作的,应当向定作人交付工作成果,并提交必要的技术资料和有关质量证明。定作人应当验收该工作成果。

　　第二百六十二条　承揽人交付的工作成果不符合质量要求的,定作人可以要求承揽人承担修理、重作、减少报酬、赔偿损失等违约责任。

　　第二百六十三条　定作人应当按照约定的期限支付报酬。对支付报酬的期限没有约定或者约定不明确,依照本法第六十一条的规定仍不能确定的,定作人应当在承揽人交付工作成果时支付;工作成果部分交付的,定作人应当相应支付。

　　第二百六十四条　定作人未向承揽人支付报酬或者材料费等价款的,承揽人对完成的工作成果享有留置权,但当事人另有约定的除外。

　　第二百六十五条　承揽人应当妥善保管定作人提供的材料以及完成的工作成果,因保管不善造成毁损、灭失的,应当承担损害赔偿责任。

　　第二百六十六条　承揽人应当按照定作人的要求保守秘密,未经定作人许可,不得留存复制品或者技术资料。

　　第二百六十七条　共同承揽人对定作人承担连带责任,但当事人另有约定的除外。

　　第二百六十八条　定作人可以随时解除承揽合同,造成承揽人损失的,应当赔偿损失。

第十六章　建设工程合同

　　第二百六十九条　建设工程合同是承包人进行工程建设,发包人支付价款的合同。

　　建设工程合同包括工程勘察、设计、施工合同。

　　第二百七十条　建设工程合同应当采用书面形式。

　　第二百七十一条　建设工程的招标投标活动,应当依照有关法律的规定公开、公平、公正进行。

第二百七十二条 发包人可以与总承包人订立建设工程合同，也可以分别与勘察人、设计人、施工人订立勘察、设计、施工承包合同。发包人不得将应当由一个承包人完成的建设工程肢解成若干部分发包给几个承包人。

总承包人或者勘察、设计、施工承包人经发包人同意，可以将自己承包的部分工作交由第三人完成。第三人就其完成的工作成果与总承包人或者勘察、设计、施工承包人向发包人承担连带责任。承包人不得将其承包的全部建设工程转包给第三人或者将其承包的全部建设工程肢解以后以分包的名义分别转包给第三人。

禁止承包人将工程分包给不具备相应资质条件的单位。禁止分包单位将其承包的工程再分包。建设工程主体结构的施工必须由承包人自行完成。

第二百七十三条 国家重大建设工程合同，应当按照国家规定的程序和国家批准的投资计划、可行性研究报告等文件订立。

第二百七十四条 勘察、设计合同的内容包括提交有关基础资料和文件（包括概预算）的期限、质量要求、费用以及其他协作条件等条款。

第二百七十五条 施工合同的内容包括工程范围、建设工期、中间交工工程的开工和竣工时间、工程质量、工程造价、技术资料交付时间、材料和设备供应责任、拨款和结算、竣工验收、质量保修范围和质量保证期、双方相互协作等条款。

第二百七十六条 建设工程实行监理的，发包人应当与监理人采用书面形式订立委托监理合同。发包人与监理人的权利和义务以及法律责任，应当依照本法委托合同以及其他有关法律、行政法规的规定。

第二百七十七条 发包人在不妨碍承包人正常作业的情况下，可以随时对作业进度、质量进行检查。

第二百七十八条 隐蔽工程在隐蔽以前，承包人应当通知发包人检查。发包人没有及时检查的，承包人可以顺延工程日期，并有权要求赔偿停工、窝工等损失。

第二百七十九条　建设工程竣工后,发包人应当根据施工图纸及说明书、国家颁发的施工验收规范和质量检验标准及时进行验收。验收合格的,发包人应当按照约定支付价款,并接收该建设工程。

建设工程竣工经验收合格后,方可交付使用;未经验收或者验收不合格的,不得交付使用。

第二百八十条　勘察、设计的质量不符合要求或者未按照期限提交勘察、设计文件拖延工期,造成发包人损失的,勘察人、设计人应当继续完善勘察、设计,减收或者免收勘察、设计费并赔偿损失。

第二百八十一条　因施工人的原因致使建设工程质量不符合约定的,发包人有权要求施工人在合理期限内无偿修理或者返工、改建。经过修理或者返工、改建后,造成逾期交付的,施工人应当承担违约责任。

第二百八十二条　因承包人的原因致使建设工程在合理使用期限内造成人身和财产损害的,承包人应当承担损害赔偿责任。

第二百八十三条　发包人未按照约定的时间和要求提供原材料、设备、场地、资金、技术资料的,承包人可以顺延工程日期,并有权要求赔偿停工、窝工等损失。

第二百八十四条　因发包人的原因致使工程中途停建、缓建的,发包人应当采取措施弥补或者减少损失,赔偿承包人因此造成的停工、窝工、倒运、机械设备调迁、材料和构件积压等损失和实际费用。

第二百八十五条　因发包人变更计划,提供的资料不准确,或者未按照期限提供必需的勘察、设计工作条件而造成勘察、设计的返工、停工或者修改设计,发包人应当按照勘察人、设计人实际消耗的工作量增付费用。

第二百八十六条　发包人未按照约定支付价款的,承包人可以催告发包人在合理期限内支付价款。发包人逾期不支付的,除按照建设工程的性质不宜折价、拍卖的以外,承包人可以与发包人协议将该工程折价,也可以申请人民法院将该工程依法拍卖。建设工程的价款就该工程折价或者拍卖的价款优先受偿。

第二百八十七条 本章没有规定的,适用承揽合同的有关规定。

第十七章 运输合同

第一节 一般规定

第二百八十八条 运输合同是承运人将旅客或者货物从起运地点运输到约定地点,旅客、托运人或者收货人支付票款或者运输费用的合同。

第二百八十九条 从事公共运输的承运人不得拒绝旅客、托运人通常、合理的运输要求。

第二百九十条 承运人应当在约定期间或者合理期间内将旅客、货物安全运输到约定地点。

第二百九十一条 承运人应当按照约定的或者通常的运输路线将旅客、货物运输到约定地点。

第二百九十二条 旅客、托运人或者收货人应当支付票款或者运输费用。承运人未按照约定路线或者通常路线运输增加票款或者运输费用的,旅客、托运人或者收货人可以拒绝支付增加部分的票款或者运输费用。

第二节 客运合同

第二百九十三条 客运合同自承运人向旅客交付客票时成立,但当事人另有约定或者另有交易习惯的除外。

第二百九十四条 旅客应当持有效客票乘运。旅客无票乘运、超程乘运、越级乘运或者持失效客票乘运的,应当补交票款,承运人可以按照规定加收票款。旅客不交付票款的,承运人可以拒绝运输。

第二百九十五条　旅客因自己的原因不能按照客票记载的时间乘坐的,应当在约定的时间内办理退票或者变更手续。逾期办理的,承运人可以不退票款,并不再承担运输义务。

第二百九十六条　旅客在运输中应当按照约定的限量携带行李。超过限量携带行李的,应当办理托运手续。

第二百九十七条　旅客不得随身携带或者在行李中夹带易燃、易爆、有毒、有腐蚀性、有放射性以及有可能危及运输工具上人身和财产安全的危险物品或者其他违禁物品。

旅客违反前款规定的,承运人可以将违禁物品卸下、销毁或者送交有关部门。旅客坚持携带或者夹带违禁物品的,承运人应当拒绝运输。

第二百九十八条　承运人应当向旅客及时告知有关不能正常运输的重要事由和安全运输应当注意的事项。

第二百九十九条　承运人应当按照客票载明的时间和班次运输旅客。承运人迟延运输的,应当根据旅客的要求安排改乘其他班次或者退票。

第三百条　承运人擅自变更运输工具而降低服务标准的,应当根据旅客的要求退票或者减收票款;提高服务标准的,不应当加收票款。

第三百零一条　承运人在运输过程中,应当尽力救助患有急病、分娩、遇险的旅客。

第三百零二条　承运人应当对运输过程中旅客的伤亡承担损害赔偿责任,但伤亡是旅客自身健康原因造成的或者承运人证明伤亡是旅客故意、重大过失造成的除外。

前款规定适用于按照规定免票、持优待票或者经承运人许可搭乘的无票旅客。

第三百零三条　在运输过程中旅客自带物品毁损、灭失,承运人有过错的,应当承担损害赔偿责任。

旅客托运的行李毁损、灭失的,适用货物运输的有关规定。

第三节　货运合同

第三百零四条　托运人办理货物运输,应当向承运人准确表明收货人的名称或者姓名或者凭指示的收货人,货物的名称、性质、重量、数量,收货地点等有关货物运输的必要情况。

因托运人申报不实或者遗漏重要情况,造成承运人损失的,托运人应当承担损害赔偿责任。

第三百零五条　货物运输需要办理审批、检验等手续的,托运人应当将办理完有关手续的文件提交承运人。

第三百零六条　托运人应当按照约定的方式包装货物。对包装方式没有约定或者约定不明确的,适用本法第一百五十六条的规定。

托运人违反前款规定的,承运人可以拒绝运输。

第三百零七条　托运人托运易燃、易爆、有毒、有腐蚀性、有放射性等危险物品的,应当按照国家有关危险物品运输的规定对危险物品妥善包装,作出危险物标志和标签,并将有关危险物品的名称、性质和防范措施的书面材料提交承运人。

托运人违反前款规定的,承运人可以拒绝运输,也可以采取相应措施以避免损失的发生,因此产生的费用由托运人承担。

第三百零八条　在承运人将货物交付收货人之前,托运人可以要求承运人中止运输、返还货物、变更到达地或者将货物交给其他收货人,但应当赔偿承运人因此受到的损失。

第三百零九条　货物运输到达后,承运人知道收货人的,应当及时通知收货人,收货人应当及时提货。收货人逾期提货的,应当向承运人支付保管费等费用。

第三百一十条　收货人提货时应当按照约定的期限检验货物。对检验货物的期限没有约定或者约定不明确,依照本法第六十一条的规定仍不能确定的,应当在合理期限内检验货物。收货人在约定的期限或者合理期限内对货物的数量、毁损等未提出异议的,视为承运人已经按照运输单证的记载交付的初步证据。

第三百一十一条　承运人对运输过程中货物的毁损、灭失承担损害赔偿责任,但承运人证明货物的毁损、灭失是因不可抗力、货物本身的自然性质或者合理损耗以及托运人、收货人的过错造成的,不承担损害赔偿责任。

第三百一十二条　货物的毁损、灭失的赔偿额,当事人有约定的,按照其约定;没有约定或者约定不明确,依照本法第六十一条的规定仍不能确定的,按照交付或者应当交付时货物到达地的市场价格计算。法律、行政法规对赔偿额的计算方法和赔偿限额另有规定的,依照其规定。

第三百一十三条　两个以上承运人以同一运输方式联运的,与托运人订立合同的承运人应当对全程运输承担责任。损失发生在某一运输区段的,与托运人订立合同的承运人和该区段的承运人承担连带责任。

第三百一十四条　货物在运输过程中因不可抗力灭失,未收取运费的,承运人不得要求支付运费;已收取运费的,托运人可以要求返还。

第三百一十五条　托运人或者收货人不支付运费、保管费以及其他运输费用的,承运人对相应的运输货物享有留置权,但当事人另有约定的除外。

第三百一十六条　收货人不明或者收货人无正当理由拒绝受领货物的,依照本法第一百零一条的规定,承运人可以提存货物。

第四节　多式联运合同

第三百一十七条　多式联运经营人负责履行或者组织履行多式联运合同,对全程运输享有承运人的权利,承担承运人的义务。

第三百一十八条　多式联运经营人可以与参加多式联运的各区段承运人就多式联运合同的各区段运输约定相互之间

的责任,但该约定不影响多式联运经营人对全程运输承担的义务。

第三百一十九条 多式联运经营人收到托运人交付的货物时,应当签发多式联运单据。按照托运人的要求,多式联运单据可以是可转让单据,也可以是不可转让单据。

第三百二十条 因托运人托运货物时的过错造成多式联运经营人损失的,即使托运人已经转让多式联运单据,托运人仍然应当承担损害赔偿责任。

第三百二十一条 货物的毁损、灭失发生于多式联运的某一运输区段的,多式联运经营人的赔偿责任和责任限额,适用调整该区段运输方式的有关法律规定。货物毁损、灭失发生的运输区段不能确定的,依照本章规定承担损害赔偿责任。

第十八章 技术合同

第一节 一般规定

第三百二十二条 技术合同是当事人就技术开发、转让、咨询或者服务订立的确立相互之间权利和义务的合同。

第三百二十三条 订立技术合同,应当有利于科学技术的进步,加速科学技术成果的转化、应用和推广。

第三百二十四条 技术合同的内容由当事人约定,一般包括以下条款:

(一)项目名称;

(二)标的的内容、范围和要求;

(三)履行的计划、进度、期限、地点、地域和方式;

(四)技术情报和资料的保密;

(五)风险责任的承担;

(六)技术成果的归属和收益的分成办法;

(七)验收标准和方法;

(八)价款、报酬或者使用费及其支付方式;

(九)违约金或者损失赔偿的计算方法;

（十）解决争议的方法；

（十一）名词和术语的解释。

与履行合同有关的技术背景资料、可行性论证和技术评价报告、项目任务书和计划书、技术标准、技术规范、原始设计和工艺文件，以及其他技术文档，按照当事人的约定可以作为合同的组成部分。

技术合同涉及专利的，应当注明发明创造的名称、专利申请人和专利权人、申请日期、申请号、专利号以及专利权的有效期限。

第三百二十五条　技术合同价款、报酬或者使用费的支付方式由当事人约定，可以采取一次总算、一次总付或者一次总算、分期支付，也可以采取提成支付或者提成支付附加预付入门费的方式。

约定提成支付的，可以按照产品价格、实施专利和使用技术秘密后新增的产值、利润或者产品销售额的一定比例提成，也可以按照约定的其他方式计算。提成支付的比例可以采取固定比例、逐年递增比例或者逐年递减比例。

约定提成支付的，当事人应当在合同中约定查阅有关会计账目的办法。

第三百二十六条　职务技术成果的使用权、转让权属于法人或者其他组织的，法人或者其他组织可以就该项职务技术成果订立技术合同。法人或者其他组织应当从使用和转让该项职务技术成果所取得的收益中提取一定比例，对完成该项职务技术成果的个人给予奖励或者报酬。法人或者其他组织订立技术合同转让职务技术成果时，职务技术成果的完成人享有以同等条件优先受让的权利。

职务技术成果是执行法人或者其他组织的工作任务，或者主要是利用法人或者其他组织的物质技术条件所完成的技术成果。

第三百二十七条　非职务技术成果的使用权、转让权属于完成技术成果的个人，完成技术成果的个人可以就该项非职务技术成果订立技术合同。

第三百二十八条 完成技术成果的个人有在有关技术成果文件上写明自己是技术成果完成者的权利和取得荣誉证书、奖励的权利。

第三百二十九条 非法垄断技术、妨碍技术进步或者侵害他人技术成果的技术合同无效。

第二节 技术开发合同

第三百三十条 技术开发合同是指当事人之间就新技术、新产品、新工艺或者新材料及其系统的研究开发所订立的合同。

技术开发合同包括委托开发合同和合作开发合同。

技术开发合同应当采用书面形式。

当事人之间就具有产业应用价值的科技成果实施转化订立的合同,参照技术开发合同的规定。

第三百三十一条 委托开发合同的委托人应当按照约定支付研究开发经费和报酬;提供技术资料、原始数据;完成协作事项;接受研究开发成果。

第三百三十二条 委托开发合同的研究开发人应当按照约定制定和实施研究开发计划;合理使用研究开发经费;按期完成研究开发工作,交付研究开发成果,提供有关的技术资料和必要的技术指导,帮助委托人掌握研究开发成果。

第三百三十三条 委托人违反约定造成研究开发工作停滞、延误或者失败的,应当承担违约责任。

第三百三十四条 研究开发人违反约定造成研究开发工作停滞、延误或者失败的,应当承担违约责任。

第三百三十五条 合作开发合同的当事人应当按照约定进行投资,包括以技术进行投资;分工参与研究开发工作;协作配合研究开发工作。

第三百三十六条 合作开发合同的当事人违反约定造成研究开发工作停滞、延误或者失败的,应当承担违约责任。

第三百三十七条 因作为技术开发合同标的的技术已经

由他人公开,致使技术开发合同的履行没有意义的,当事人可以解除合同。

第三百三十八条　在技术开发合同履行过程中,因出现无法克服的技术困难,致使研究开发失败或者部分失败的,该风险责任由当事人约定。没有约定或者约定不明确,依照本法第六十一条的规定仍不能确定的,风险责任由当事人合理分担。

当事人一方发现前款规定的可能致使研究开发失败或者部分失败的情形时,应当及时通知另一方并采取适当措施减少损失。没有及时通知并采取适当措施,致使损失扩大的,应当就扩大的损失承担责任。

第三百三十九条　委托开发完成的发明创造,除当事人另有约定的以外,申请专利的权利属于研究开发人。研究开发人取得专利权的,委托人可以免费实施该专利。

研究开发人转让专利申请权的,委托人享有以同等条件优先受让的权利。

第三百四十条　合作开发完成的发明创造,除当事人另有约定的以外,申请专利的权利属于合作开发的当事人共有。当事人一方转让其共有的专利申请权的,其他各方享有以同等条件优先受让的权利。

合作开发的当事人一方声明放弃其共有的专利申请权的,可以由另一方单独申请或者由其他各方共同申请。申请人取得专利权的,放弃专利申请权的一方可以免费实施该专利。

合作开发的当事人一方不同意申请专利的,另一方或者其他各方不得申请专利。

第三百四十一条　委托开发或者合作开发完成的技术秘密成果的使用权、转让权以及利益的分配办法,由当事人约定。没有约定或者约定不明确,依照本法第六十一条的规定仍不能确定的,当事人均有使用和转让的权利,但委托开发的研究开发人不得在向委托人交付研究开发成果之前,将研究开发成果转让给第三人。

第三节　技术转让合同

第三百四十二条　技术转让合同包括专利权转让、专利申请权转让、技术秘密转让、专利实施许可合同。

技术转让合同应当采用书面形式。

第三百四十三条　技术转让合同可以约定让与人和受让人实施专利或者使用技术秘密的范围，但不得限制技术竞争和技术发展。

第三百四十四条　专利实施许可合同只在该专利权的存续期间内有效。专利权有效期限届满或者专利权被宣布无效的，专利权人不得就该专利与他人订立专利实施许可合同。

第三百四十五条　专利实施许可合同的让与人应当按照约定许可受让人实施专利，交付实施专利有关的技术资料，提供必要的技术指导。

第三百四十六条　专利实施许可合同的受让人应当按照约定实施专利，不得许可约定以外的第三人实施该专利；并按照约定支付使用费。

第三百四十七条　技术秘密转让合同的让与人应当按照约定提供技术资料，进行技术指导，保证技术的实用性、可靠性，承担保密义务。

第三百四十八条　技术秘密转让合同的受让人应当按照约定使用技术，支付使用费，承担保密义务。

第三百四十九条　技术转让合同的让与人应当保证自己是所提供的技术的合法拥有者，并保证所提供的技术完整、无误、有效，能够达到约定的目标。

第三百五十条　技术转让合同的受让人应当按照约定的范围和期限，对让与人提供的技术中尚未公开的秘密部分，承担保密义务。

第三百五十一条　让与人未按照约定转让技术的，应当返还部分或者全部使用费，并应当承担违约责任；实施专利或者使用技术秘密超越约定的范围的，违反约定擅自许可第三人实施该项专利或者使用该项技术秘密的,应当停止违约行为,承担违约责任;违反约定的保密义务的,应当承担违约责任。

第三百五十二条　受让人未按照约定支付使用费的,应当补交使用费并按照约定支付违约金;不补交使用费或者支付违约金的,应当停止实施专利或者使用技术秘密,交还技术资料,承担违约责任;实施专利或者使用技术秘密超越约定的范围的,未经征得许可人同意擅自许可第三人实施该专利或者使用该技术秘密的,应当停止违约行为,承担违约责任;违反约定的保密义务的,应当承担违约责任。

第三百五十三条　受让人按照约定实施专利、使用技术秘密侵害他人合法权益的,由让与人承担责任,但当事人另有约定的除外。

第三百五十四条　当事人可以按照互利的原则,在技术转让合同中约定实施专利、使用技术秘密后续改进的技术成果的分享办法。没有约定或者约定不明确,依照本法第六十一条的规定仍不能确定的,一方后续改进的技术成果,其他各方无权分享。

第三百五十五条　法律、行政法规对技术进出口合同或者专利、专利申请合同另有规定的,依照其规定。

第四节　技术咨询合同和技术服务合同

第三百五十六条　技术咨询合同包括就特定技术项目提供可行性论证、技术预测、专题技术调查、分析评价报告等合同。

技术服务合同是指当事人一方以技术知识为另一方解决特定技术问题所订立的合同,不包括建设工程合同和承揽合同。

第三百五十七条　技术咨询合同的委托人应当按照约定阐明咨询的问题,提供技术背景材料及有关技术资料、数据;接受受托人的工作成果,支付报酬。

第三百五十八条 技术咨询合同的受托人应当按照约定的期限完成咨询报告或者解答问题;提出的咨询报告应当达到约定的要求。

第三百五十九条 技术咨询合同的委托人未按照约定提供必要的资料和数据,影响工作进度和质量,不接受或者逾期接受工作成果的,支付的报酬不得追回,未支付的报酬应当支付。

技术咨询合同的受托人未按期提出咨询报告或者提出的咨询报告不符合约定的,应当承担减收或者免收报酬等违约责任。

技术咨询合同的委托人按照受托人符合约定要求的咨询报告和意见做出决策所造成的损失,由委托人承担,但当事人另有约定的除外。

第三百六十条 技术服务合同的委托人应当按照约定提供工作条件,完成配合事项;接受工作成果并支付报酬。

第三百六十一条 技术服务合同的受托人应当按照约定完成服务项目,解决技术问题,保证工作质量,并传授解决技术问题的知识。

第三百六十二条 技术服务合同的委托人不履行合同义务或者履行合同义务不符合约定,影响工作进度和质量,不接受或者逾期接受工作成果的,支付的报酬不得追回,未支付的报酬应当支付。

技术服务合同的受托人未按照合同约定完成服务工作的,应当承担免收报酬等违约责任。

第三百六十三条 在技术咨询合同、技术服务合同履行过程中,受托人利用委托人提供的技术资料和工作条件完成的新的技术成果,属于受托人。委托人利用受托人的工作成果完成的新的技术成果,属于委托人。当事人另有约定的,按照其约定。

第三百六十四条 法律、行政法规对技术中介合同、技术培训合同另有规定的,依照其规定。

第十九章　保管合同

第三百六十五条　保管合同是保管人保管寄存人交付的保管物,并返还该物的合同。

第三百六十六条　寄存人应当按照约定向保管人支付保管费。

当事人对保管费没有约定或者约定不明确,依照本法第六十一条的规定仍不能确定的,保管是无偿的。

第三百六十七条　保管合同自保管物交付时成立,但当事人另有约定的除外。

第三百六十八条　寄存人向保管人交付保管物的,保管人应当给付保管凭证,但另有交易习惯的除外。

第三百六十九条　保管人应当妥善保管保管物。

当事人可以约定保管场所或者方法。除紧急情况或者为了维护寄存人利益的以外,不得擅自改变保管场所或者方法。

第三百七十条　寄存人交付的保管物有瑕疵或者按照保管物的性质需要采取特殊保管措施的,寄存人应当将有关情况告知保管人。寄存人未告知,致使保管物受损失的,保管人不承担损害赔偿责任;保管人因此受损失的,除保管人知道或者应当知道并且未采取补救措施的以外,寄存人应当承担损害赔偿责任。

第三百七十一条　保管人不得将保管物转交第三人保管,但当事人另有约定的除外。

保管人违反前款规定,将保管物转交第三人保管,对保管物造成损失的,应当承担损害赔偿责任。

第三百七十二条　保管人不得使用或者许可第三人使用保管物,但当事人另有约定的除外。

第三百七十三条　第三人对保管物主张权利的,除依法对保管物采取保全或者执行的以外,保管人应当履行向寄存人返还保管物的义务。

第三人对保管人提起诉讼或者对保管物申请扣押的,保管人应当及时通知寄存人。

第三百七十四条 保管期间，因保管人保管不善造成保管物毁损、灭失的，保管人应当承担损害赔偿责任，但保管是无偿的，保管人证明自己没有重大过失的，不承担损害赔偿责任。

第三百七十五条 寄存人寄存货币、有价证券或者其他贵重物品的，应当向保管人声明，由保管人验收或者封存。寄存人未声明的，该物品毁损、灭失后，保管人可以按照一般物品予以赔偿。

第三百七十六条 寄存人可以随时领取保管物。

当事人对保管期间没有约定或者约定不明确的，保管人可以随时要求寄存人领取保管物；约定保管期间的，保管人无特别事由，不得要求寄存人提前领取保管物。

第三百七十七条 保管期间届满或者寄存人提前领取保管物的，保管人应当将原物及其孳息归还寄存人。

第三百七十八条 保管人保管货币的，可以返还相同种类、数量的货币。保管其他可替代物的，可以按照约定返还相同种类、品质、数量的物品。

第三百七十九条 有偿的保管合同，寄存人应当按照约定的期限向保管人支付保管费。

当事人对支付期限没有约定或者约定不明确，依照本法第六十一条的规定仍不能确定的，应当在领取保管物的同时支付。

第三百八十条 寄存人未按照约定支付保管费以及其他费用的，保管人对保管物享有留置权，但当事人另有约定的除外。

第二十章　仓储合同

第三百八十一条 仓储合同是保管人储存存货人交付的仓储物，存货人支付仓储费的合同。

第三百八十二条 仓储合同自成立时生效。

第三百八十三条　储存易燃、易爆、有毒、有腐蚀性、有放射性等危险物品或者易变质物品,存货人应当说明该物品的性质,提供有关资料。

存货人违反前款规定的,保管人可以拒收仓储物,也可以采取相应措施以避免损失的发生,因此产生的费用由存货人承担。

保管人储存易燃、易爆、有毒、有腐蚀性、有放射性等危险物品的,应当具备相应的保管条件。

第三百八十四条　保管人应当按照约定对入库仓储物进行验收。保管人验收时发现入库仓储物与约定不符合的,应当及时通知存货人。保管人验收后,发生仓储物的品种、数量、质量不符合约定的,保管人应当承担损害赔偿责任。

第三百八十五条　存货人交付仓储物的,保管人应当给付仓单。

第三百八十六条　保管人应当在仓单上签字或者盖章。仓单包括下列事项:

(一)存货人的名称或者姓名和住所;

(二)仓储物的品种、数量、质量、包装、件数和标记;

(三)仓储物的损耗标准;

(四)储存场所;

(五)储存期间;

(六)仓储费;

(七)仓储物已经办理保险的,其保险金额、期间以及保险人的名称;

(八)填发人、填发地和填发日期。

第三百八十七条　仓单是提取仓储物的凭证。存货人或者仓单持有人在仓单上背书并经保管人签字或者盖章的,可以转让提取仓储物的权利。

第三百八十八条　保管人根据存货人或者仓单持有人的要求,应当同意其检查仓储物或者提取样品。

第三百八十九条　保管人对入库仓储物发现有变质或者其他损坏的,应当及时通知存货人或者仓单持有人。

第三百九十条 保管人对入库仓储物发现有变质或者其他损坏,危及其他仓储物的安全和正常保管的,应当催告存货人或者仓单持有人做出必要的处置。因情况紧急,保管人可以做出必要的处置,但事后应当将该情况及时通知存货人或者仓单持有人。

第三百九十一条 当事人对储存期间没有约定或者约定不明确的,存货人或者仓单持有人可以随时提取仓储物,保管人也可以随时要求存货人或者仓单持有人提取仓储物,但应当给予必要的准备时间。

第三百九十二条 储存期间届满,存货人或者仓单持有人应当凭仓单提取仓储物。存货人或者仓单持有人逾期提取的,应当加收仓储费;提前提取的,不减收仓储费。

第三百九十三条 储存期间届满,存货人或者仓单持有人不提取仓储物的,保管人可以催告其在合理期限内提取,逾期不提取的,保管人可以提存仓储物。

第三百九十四条 储存期间,因保管人保管不善造成仓储物毁损、灭失的,保管人应当承担损害赔偿责任。

因仓储物的性质、包装不符合约定或者超过有效储存期造成仓储物变质、损坏的,保管人不承担损害赔偿责任。

第三百九十五条 本章没有规定的,适用保管合同的有关规定。

第二十一章 委托合同

第三百九十六条 委托合同是委托人和受托人约定,由受托人处理委托人事务的合同。

第三百九十七条 委托人可以特别委托受托人处理一项或者数项事务,也可以概括委托受托人处理一切事务。

第三百九十八条 委托人应当预付处理委托事务的费用。受托人为处理委托事务垫付的必要费用,委托人应当偿还该费用及其利息。

第三百九十九条 受托人应当按照委托人的指示处理委

托事务。需要变更委托人指示的,应当经委托人同意;因情况紧急,难以和委托人取得联系的,受托人应当妥善处理委托事务,但事后应当将该情况及时报告委托人。

第四百条　受托人应当亲自处理委托事务。经委托人同意,受托人可以转委托。转委托经同意的,委托人可以就委托事务直接指示转委托的第三人,受托人仅就第三人的选任及其对第三人的指示承担责任。转委托未经同意的,受托人应当对转委托的第三人的行为承担责任,但在紧急情况下受托人为维护委托人的利益需要转委托的除外。

第四百零一条　受托人应当按照委托人的要求,报告委托事务的处理情况。委托合同终止时,受托人应当报告委托事务的结果。

第四百零二条　受托人以自己的名义,在委托人的授权范围内与第三人订立的合同,第三人在订立合同时知道受托人与委托人之间的代理关系的,该合同直接约束委托人和第三人,但有确切证据证明该合同只约束受托人和第三人的除外。

第四百零三条　受托人以自己的名义与第三人订立合同时,第三人不知道受托人与委托人之间的代理关系的,受托人因第三人的原因对委托人不履行义务,受托人应当向委托人披露第三人,委托人因此可以行使受托人对第三人的权利,但第三人与受托人订立合同时如果知道该委托人就不会订立合同的除外。

受托人因委托人的原因对第三人不履行义务,受托人应当向第三人披露委托人,第三人因此可以选择受托人或者委托人作为相对人主张其权利,但第三人不得变更选定的相对人。

委托人行使受托人对第三人的权利的,第三人可以向委托人主张其对受托人的抗辩。第三人选定委托人作为其相对人的,委托人可以向第三人主张其对受托人的抗辩以及受托人对第三人的抗辩。

第四百零四条　受托人处理委托事务取得的财产,应当转交给委托人。

第四百零五条 受托人完成委托事务的,委托人应当向其支付报酬。因不可归责于受托人的事由,委托合同解除或者委托事务不能完成的,委托人应当向受托人支付相应的报酬。当事人另有约定的,按照其约定。

第四百零六条 有偿的委托合同,因受托人的过错给委托人造成损失的,委托人可以要求赔偿损失。无偿的委托合同,因受托人的故意或者重大过失给委托人造成损失的,委托人可以要求赔偿损失。

受托人超越权限给委托人造成损失的,应当赔偿损失。

第四百零七条 受托人处理委托事务时,因不可归责于自己的事由受到损失的,可以向委托人要求赔偿损失。

第四百零八条 委托人经受托人同意,可以在受托人之外委托第三人处理委托事务。因此给受托人造成损失的,受托人可以向委托人要求赔偿损失。

第四百零九条 两个以上的受托人共同处理委托事务的,对委托人承担连带责任。

第四百一十条 委托人或者受托人可以随时解除委托合同。因解除合同给对方造成损失的,除不可归责于该当事人的事由以外,应当赔偿损失。

第四百一十一条 委托人或者受托人死亡、丧失民事行为能力或者破产的,委托合同终止,但当事人另有约定或者根据委托事务的性质不宜终止的除外。

第四百一十二条 因委托人死亡、丧失民事行为能力或者破产,致使委托合同终止将损害委托人利益的,在委托人的继承人、法定代理人或者清算组织承受委托事务之前,受托人应当继续处理委托事务。

第四百一十三条 因受托人死亡、丧失民事行为能力或者破产,致使委托合同终止的,受托人的继承人、法定代理人或者清算组织应当及时通知委托人。因委托合同终止将损害委托人利益的,在委托人做出善后处理之前,受托人的继承人、法定代理人或者清算组织应当采取必要措施。

第二十二章　行纪合同

第四百一十四条　行纪合同是行纪人以自己的名义为委托人从事贸易活动,委托人支付报酬的合同。

第四百一十五条　行纪人处理委托事务支出的费用,由行纪人负担,但当事人另有约定的除外。

第四百一十六条　行纪人占有委托物的,应当妥善保管委托物。

第四百一十七条　委托物交付给行纪人时有瑕疵或者容易腐烂、变质的,经委托人同意,行纪人可以处分该物;和委托人不能及时取得联系的,行纪人可以合理处分。

第四百一十八条　行纪人低于委托人指定的价格卖出或者高于委托人指定的价格买入的,应当经委托人同意。未经委托人同意,行纪人补偿其差额的,该买卖对委托人发生效力。

行纪人高于委托人指定的价格卖出或者低于委托人指定的价格买入的,可以按照约定增加报酬。没有约定或者约定不明确,依照本法第六十一条的规定仍不能确定的,该利益属于委托人。

委托人对价格有特别指示的,行纪人不得违背该指示卖出或者买入。

第四百一十九条　行纪人卖出或者买入具有市场定价的商品,除委托人有相反的意思表示的以外,行纪人自己可以作为买受人或者出卖人。

行纪人有前款规定情形的,仍然可以要求委托人支付报酬。

第四百二十条　行纪人按照约定买入委托物,委托人应当及时受领。经行纪人催告,委托人无正当理由拒绝受领的,行纪人依照本法第一百零一条的规定可以提存委托物。

委托物不能卖出或者委托人撤回出卖,经行纪人催告,委托人不取回或者不处分该物的,行纪人依照本法第一百零一条的规定可以提存委托物。

第四百二十一条　行纪人与第三人订立合同的,行纪人对该合同直接享有权利、承担义务。

第三人不履行义务致使委托人受到损害的,行纪人应当承担损害赔偿责任,但行纪人与委托人另有约定的除外。

第四百二十二条　行纪人完成或者部分完成委托事务的,委托人应当向其支付相应的报酬。委托人逾期不支付报酬的,行纪人对委托物享有留置权,但当事人另有约定的除外。

第四百二十三条　本章没有规定的,适用委托合同的有关规定。

第二十三章　居间合同

第四百二十四条　居间合同是居间人向委托人报告订立合同的机会或者提供订立合同的媒介服务,委托人支付报酬的合同。

第四百二十五条　居间人应当就有关订立合同的事项向委托人如实报告。

居间人故意隐瞒与订立合同有关的重要事实或者提供虚假情况,损害委托人利益的,不得要求支付报酬并应当承担损害赔偿责任。

第四百二十六条　居间人促成合同成立后,委托人应当按照约定支付报酬。对居间人的报酬没有约定或者约定不明确,依照本法第六十一条的规定仍不能确定的,根据居间人的劳务合理确定。因居间人提供订立合同的媒介服务而促成合同成立的,由该合同的当事人平均负担居间人的报酬。

居间人促成合同成立的,居间活动的费用,由居间人负担。

第四百二十七条　居间人未促成合同成立的,不得要求支付报酬,但可以要求委托人支付从事居间活动支出的必要费用。

附　则

　　第四百二十八条　本法自 1999 年 10 月 1 日起施行,《中华人民共和国经济合同法》、《中华人民共和国涉外经济合同法》、《中华人民共和国技术合同法》同时废止。

中华人民共和国劳动合同法

（2007年6月29日第十届全国人民代表大会常务委员会第二十八次会议通过 根据2012年12月28日第十一届全国人民代表大会常务委员会第三十次会议《关于修改〈中华人民共和国劳动合同法〉的决定》修正 主席令第73号）

第一章 总 则

第一条 为了完善劳动合同制度，明确劳动合同双方当事人的权利和义务，保护劳动者的合法权益，构建和发展和谐稳定的劳动关系，制定本法。

第二条 中华人民共和国境内的企业、个体经济组织、民办非企业单位等组织（以下称用人单位）与劳动者建立劳动关系，订立、履行、变更、解除或者终止劳动合同，适用本法。

国家机关、事业单位、社会团体和与其建立劳动关系的劳动者，订立、履行、变更、解除或者终止劳动合同，依照本法执行。

第三条 订立劳动合同，应当遵循合法、公平、平等自愿、协商一致、诚实信用的原则。

依法订立的劳动合同具有约束力，用人单位与劳动者应当履行劳动合同约定的义务。

第四条 用人单位应当依法建立和完善劳动规章制度，保障劳动者享有劳动权利、履行劳动义务。

用人单位在制定、修改或者决定有关劳动报酬、工作时间、休息休假、劳动安全卫生、保险福利、职工培训、劳动纪律以及劳动定额管理等直接涉及劳动者切身利益的规章制度或者重大事项时，应当经职工代表大会或者全体职工讨论，提出方案和意见，与工会或者职工代表平等协商确定。

在规章制度和重大事项决定实施过程中,工会或者职工认为不适当的,有权向用人单位提出,通过协商予以修改完善。

用人单位应当将直接涉及劳动者切身利益的规章制度和重大事项决定公示,或者告知劳动者。

第五条　县级以上人民政府劳动行政部门会同工会和企业方面代表,建立健全协调劳动关系三方机制,共同研究解决有关劳动关系的重大问题。

第六条　工会应当帮助、指导劳动者与用人单位依法订立和履行劳动合同,并与用人单位建立集体协商机制,维护劳动者的合法权益。

第二章　劳动合同的订立

第七条　用人单位自用工之日起即与劳动者建立劳动关系。用人单位应当建立职工名册备查。

第八条　用人单位招用劳动者时,应当如实告知劳动者工作内容、工作条件、工作地点、职业危害、安全生产状况、劳动报酬,以及劳动者要求了解的其他情况;用人单位有权了解劳动者与劳动合同直接相关的基本情况,劳动者应当如实说明。

第九条　用人单位招用劳动者,不得扣押劳动者的居民身份证和其他证件,不得要求劳动者提供担保或者以其他名义向劳动者收取财物。

第十条　建立劳动关系,应当订立书面劳动合同。

已建立劳动关系,未同时订立书面劳动合同的,应当自用工之日起一个月内订立书面劳动合同。

用人单位与劳动者在用工前订立劳动合同的,劳动关系自用工之日起建立。

第十一条　用人单位未在用工的同时订立书面劳动合同,与劳动者约定的劳动报酬不明确的,新招用的劳动者的劳动报酬按照集体合同规定的标准执行;没有集体合同或者集体合同未规定的,实行同工同酬。

第十二条 劳动合同分为固定期限劳动合同、无固定期限劳动合同和以完成一定工作任务为期限的劳动合同。

第十三条 固定期限劳动合同,是指用人单位与劳动者约定合同终止时间的劳动合同。

用人单位与劳动者协商一致,可以订立固定期限劳动合同。

第十四条 无固定期限劳动合同,是指用人单位与劳动者约定无确定终止时间的劳动合同。

用人单位与劳动者协商一致,可以订立无固定期限劳动合同。有下列情形之一,劳动者提出或者同意续订、订立劳动合同的,除劳动者提出订立固定期限劳动合同外,应当订立无固定期限劳动合同:

(一)劳动者在该用人单位连续工作满十年的;

(二)用人单位初次实行劳动合同制度或者国有企业改制重新订立劳动合同时,劳动者在该用人单位连续工作满十年且距法定退休年龄不足十年的;

(三)连续订立二次固定期限劳动合同,且劳动者没有本法第三十九条和第四十条第一项、第二项规定的情形,续订劳动合同的。

用人单位自用工之日起满一年不与劳动者订立书面劳动合同的,视为用人单位与劳动者已订立无固定期限劳动合同。

第十五条 以完成一定工作任务为期限的劳动合同,是指用人单位与劳动者约定以某项工作的完成为合同期限的劳动合同。

用人单位与劳动者协商一致,可以订立以完成一定工作任务为期限的劳动合同。

第十六条 劳动合同由用人单位与劳动者协商一致,并经用人单位与劳动者在劳动合同文本上签字或者盖章生效。

劳动合同文本由用人单位和劳动者各执一份。

第十七条 劳动合同应当具备以下条款:

(一)用人单位的名称、住所和法定代表人或者主要负责人；

（二）劳动者的姓名、住址和居民身份证或者其他有效身份证件号码；

（三）劳动合同期限；

（四）工作内容和工作地点；

（五）工作时间和休息休假；

（六）劳动报酬；

（七）社会保险；

（八）劳动保护、劳动条件和职业危害防护；

（九）法律、法规规定应当纳入劳动合同的其他事项。

劳动合同除前款规定的必备条款外，用人单位与劳动者可以约定试用期、培训、保守秘密、补充保险和福利待遇等其他事项。

第十八条　劳动合同对劳动报酬和劳动条件等标准约定不明确，引发争议的，用人单位与劳动者可以重新协商；协商不成的，适用集体合同规定；没有集体合同或者集体合同未规定劳动报酬的，实行同工同酬；没有集体合同或者集体合同未规定劳动条件等标准的，适用国家有关规定。

第十九条　劳动合同期限三个月以上不满一年的，试用期不得超过一个月；劳动合同期限一年以上不满三年的，试用期不得超过二个月；三年以上固定期限和无固定期限的劳动合同，试用期不得超过六个月。

同一用人单位与同一劳动者只能约定一次试用期。

以完成一定工作任务为期限的劳动合同或者劳动合同期限不满三个月的，不得约定试用期。

试用期包含在劳动合同期限内。劳动合同仅约定试用期的，试用期不成立，该期限为劳动合同期限。

第二十条　劳动者在试用期的工资不得低于本单位相同岗位最低档工资或者劳动合同约定工资的百分之八十，并不得低于用人单位所在地的最低工资标准。

第二十一条　在试用期中，除劳动者有本法第三十九条和第四十条第一项、第二项规定的情形外，用人单位不得解除劳动合同。用人单位在试用期解除劳动合同的,应当向劳动者说明理由。

第二十二条　用人单位为劳动者提供专项培训费用,对其进行专业技术培训的,可以与该劳动者订立协议,约定服务期。

劳动者违反服务期约定的,应当按照约定向用人单位支付违约金。违约金的数额不得超过用人单位提供的培训费用。用人单位要求劳动者支付的违约金不得超过服务期尚未履行部分所应分摊的培训费用。

用人单位与劳动者约定服务期的,不影响按照正常的工资调整机制提高劳动者在服务期期间的劳动报酬。

第二十三条　用人单位与劳动者可以在劳动合同中约定保守用人单位的商业秘密和与知识产权相关的保密事项。

对负有保密义务的劳动者,用人单位可以在劳动合同或者保密协议中与劳动者约定竞业限制条款,并约定在解除或者终止劳动合同后,在竞业限制期限内按月给予劳动者经济补偿。劳动者违反竞业限制约定的,应当按照约定向用人单位支付违约金。

第二十四条　竞业限制的人员限于用人单位的高级管理人员、高级技术人员和其他负有保密义务的人员。竞业限制的范围、地域、期限由用人单位与劳动者约定,竞业限制的约定不得违反法律、法规的规定。

在解除或者终止劳动合同后,前款规定的人员到与本单位生产或者经营同类产品、从事同类业务的有竞争关系的其他用人单位,或者自己开业生产或者经营同类产品、从事同类业务的竞业限制期限,不得超过二年。

第二十五条　除本法第二十二条和第二十三条规定的情形外,用人单位不得与劳动者约定由劳动者承担违约金。

第二十六条　下列劳动合同无效或者部分无效:

(一)以欺诈、胁迫的手段或者乘人之危,使对方在违背真实意思的情况下订立或者变更劳动合同的;

(二)用人单位免除自己的法定责任、排除劳动者权利的;

(三)违反法律、行政法规强制性规定的。

对劳动合同的无效或者部分无效有争议的,由劳动争议仲裁机构或者人民法院确认。

第二十七条　劳动合同部分无效,不影响其他部分效力的,其他部分仍然有效。

第二十八条　劳动合同被确认无效,劳动者已付出劳动的,用人单位应当向劳动者支付劳动报酬。劳动报酬的数额,参照本单位相同或者相近岗位劳动者的劳动报酬确定。

第三章　劳动合同的履行和变更

第二十九条　用人单位与劳动者应当按照劳动合同的约定,全面履行各自的义务。

第三十条　用人单位应当按照劳动合同约定和国家规定,向劳动者及时足额支付劳动报酬。

用人单位拖欠或者未足额支付劳动报酬的,劳动者可以依法向当地人民法院申请支付令,人民法院应当依法发出支付令。

第三十一条　用人单位应当严格执行劳动定额标准,不得强迫或者变相强迫劳动者加班。用人单位安排加班的,应当按照国家有关规定向劳动者支付加班费。

第三十二条　劳动者拒绝用人单位管理人员违章指挥、强令冒险作业的,不视为违反劳动合同。

劳动者对危害生命安全和身体健康的劳动条件,有权对用人单位提出批评、检举和控告。

第三十三条　用人单位变更名称、法定代表人、主要负责人或者投资人等事项,不影响劳动合同的履行。

第三十四条　用人单位发生合并或者分立等情况,原劳动合同继续有效,劳动合同由承继其权利和义务的用人单位继续履行。

第三十五条　用人单位与劳动者协商一致,可以变更劳动合同约定的内容。变更劳动合同,应当采用书面形式。

变更后的劳动合同文本由用人单位和劳动者各执一份。

第四章　劳动合同的解除和终止

第三十六条　用人单位与劳动者协商一致，可以解除劳动合同。

第三十七条　劳动者提前三十日以书面形式通知用人单位，可以解除劳动合同。劳动者在试用期内提前三日通知用人单位，可以解除劳动合同。

第三十八条　用人单位有下列情形之一的，劳动者可以解除劳动合同：

（一）未按照劳动合同约定提供劳动保护或者劳动条件的；

（二）未及时足额支付劳动报酬的；

（三）未依法为劳动者缴纳社会保险费的；

（四）用人单位的规章制度违反法律、法规的规定，损害劳动者权益的；

（五）因本法第二十六条第一款规定的情形致使劳动合同无效的；

（六）法律、行政法规规定劳动者可以解除劳动合同的其他情形。

用人单位以暴力、威胁或者非法限制人身自由的手段强迫劳动者劳动的，或者用人单位违章指挥、强令冒险作业危及劳动者人身安全的，劳动者可以立即解除劳动合同，不需事先告知用人单位。

第三十九条　劳动者有下列情形之一的，用人单位可以解除劳动合同：

（一）在试用期间被证明不符合录用条件的；

（二）严重违反用人单位的规章制度的；

（三）严重失职，营私舞弊，给用人单位造成重大损害的；

（四）劳动者同时与其他用人单位建立劳动关系，对完成本单位的工作任务造成严重影响，或者经用人单位提出，拒不改正的；

（五）因本法第二十六条第一款第一项规定的情形致使劳动合同无效的；

（六）被依法追究刑事责任的。

第四十条　有下列情形之一的，用人单位提前三十日以书面形式通知劳动者本人或者额外支付劳动者一个月工资后，可以解除劳动合同：

（一）劳动者患病或者非因工负伤，在规定的医疗期满后不能从事原工作，也不能从事由用人单位另行安排的工作的；

（二）劳动者不能胜任工作，经过培训或者调整工作岗位，仍不能胜任工作的；

（三）劳动合同订立时所依据的客观情况发生重大变化，致使劳动合同无法履行，经用人单位与劳动者协商，未能就变更劳动合同内容达成协议的。

第四十一条　有下列情形之一，需要裁减人员二十人以上或者裁减不足二十人但占企业职工总数百分之十以上的，用人单位提前三十日向工会或者全体职工说明情况，听取工会或者职工的意见后，裁减人员方案经向劳动行政部门报告，可以裁减人员：

（一）依照企业破产法规定进行重整的；

（二）生产经营发生严重困难的；

（三）企业转产、重大技术革新或者经营方式调整，经变更劳动合同后，仍需裁减人员的；

（四）其他因劳动合同订立时所依据的客观经济情况发生重大变化，致使劳动合同无法履行的。

裁减人员时，应当优先留用下列人员：

（一）与本单位订立较长期限的固定期限劳动合同的；

（二）与本单位订立无固定期限劳动合同的；

（三）家庭无其他就业人员，有需要扶养的老人或者未成年人的。

用人单位依照本条第一款规定裁减人员，在六个月内重新招用人员的，应当通知被裁减的人员，并在同等条件下优先招用被裁减的人员。

第四十二条 劳动者有下列情形之一的,用人单位不得依照本法第四十条、第四十一条的规定解除劳动合同:

(一)从事接触职业病危害作业的劳动者未进行离岗前职业健康检查,或者疑似职业病病人在诊断或者医学观察期间的;

(二)在本单位患职业病或者因工负伤并被确认丧失或者部分丧失劳动能力的;

(三)患病或者非因工负伤,在规定的医疗期内的;

(四)女职工在孕期、产期、哺乳期的;

(五)在本单位连续工作满十五年,且距法定退休年龄不足五年的;

(六)法律、行政法规规定的其他情形。

第四十三条 用人单位单方解除劳动合同,应当事先将理由通知工会。用人单位违反法律、行政法规规定或者劳动合同约定的,工会有权要求用人单位纠正。用人单位应当研究工会的意见,并将处理结果书面通知工会。

第四十四条 有下列情形之一的,劳动合同终止:

(一)劳动合同期满的;

(二)劳动者开始依法享受基本养老保险待遇的;

(三)劳动者死亡,或者被人民法院宣告死亡或者宣告失踪的;

(四)用人单位被依法宣告破产的;

(五)用人单位被吊销营业执照、责令关闭、撤销或者用人单位决定提前解散的;

(六)法律、行政法规规定的其他情形。

第四十五条 劳动合同期满,有本法第四十二条规定情形之一的,劳动合同应当续延至相应的情形消失时终止。但是,本法第四十二条第二项规定丧失或者部分丧失劳动能力劳动者的劳动合同的终止,按照国家有关工伤保险的规定执行。

第四十六条 有下列情形之一的,用人单位应当向劳动者支付经济补偿：

（一）劳动者依照本法第三十八条规定解除劳动合同的；

（二）用人单位依照本法第三十六条规定向劳动者提出解除劳动合同并与劳动者协商一致解除劳动合同的；

（三）用人单位依照本法第四十条规定解除劳动合同的；

（四）用人单位依照本法第四十一条第一款规定解除劳动合同的；

（五）除用人单位维持或者提高劳动合同约定条件续订劳动合同，劳动者不同意续订的情形外，依照本法第四十四条第一项规定终止固定期限劳动合同的；

（六）依照本法第四十四条第四项、第五项规定终止劳动合同的；

（七）法律、行政法规规定的其他情形。

第四十七条　经济补偿按劳动者在本单位工作的年限，每满一年支付一个月工资的标准向劳动者支付。六个月以上不满一年的，按一年计算；不满六个月的，向劳动者支付半个月工资的经济补偿。

劳动者月工资高于用人单位所在直辖市、设区的市级人民政府公布的本地区上年度职工月平均工资三倍的，向其支付经济补偿的标准按职工月平均工资三倍的数额支付，向其支付经济补偿的年限最高不超过十二年。

本条所称月工资是指劳动者在劳动合同解除或者终止前十二个月的平均工资。

第四十八条　用人单位违反本法规定解除或者终止劳动合同，劳动者要求继续履行劳动合同的，用人单位应当继续履行；劳动者不要求继续履行劳动合同或者劳动合同已经不能继续履行的，用人单位应当依照本法第八十七条规定支付赔偿金。

第四十九条　国家采取措施，建立健全劳动者社会保险关系跨地区转移接续制度。

第五十条　用人单位应当在解除或者终止劳动合同时出具解除或者终止劳动合同的证明，并在十五日内为劳动者办理档案和社会保险关系转移手续。

劳动者应当按照双方约定,办理工作交接。用人单位依照本法有关规定应当向劳动者支付经济补偿的,在办结工作交接时支付。

用人单位对已经解除或者终止的劳动合同的文本,至少保存二年备查。

第五章　特别规定

第一节　集体合同

第五十一条　企业职工一方与用人单位通过平等协商,可以就劳动报酬、工作时间、休息休假、劳动安全卫生、保险福利等事项订立集体合同。集体合同草案应当提交职工代表大会或者全体职工讨论通过。

集体合同由工会代表企业职工一方与用人单位订立;尚未建立工会的用人单位,由上级工会指导劳动者推举的代表与用人单位订立。

第五十二条　企业职工一方与用人单位可以订立劳动安全卫生、女职工权益保护、工资调整机制等专项集体合同。

第五十三条　在县级以下区域内,建筑业、采矿业、餐饮服务业等行业可以由工会与企业方面代表订立行业性集体合同,或者订立区域性集体合同。

第五十四条　集体合同订立后,应当报送劳动行政部门;劳动行政部门自收到集体合同文本之日起十五日内未提出异议的,集体合同即行生效。

依法订立的集体合同对用人单位和劳动者具有约束力。行业性、区域性集体合同对当地本行业、本区域的用人单位和劳动者具有约束力。

第五十五条　集体合同中劳动报酬和劳动条件等标准不得低于当地人民政府规定的最低标准;用人单位与劳动者订立的劳动合同中劳动报酬和劳动条件等标准不得低于集体合

同规定的标准。

第五十六条　用人单位违反集体合同,侵犯职工劳动权益的,工会可以依法要求用人单位承担责任;因履行集体合同发生争议,经协商解决不成的,工会可以依法申请仲裁、提起诉讼。

第二节　劳务派遣

第五十七条　经营劳务派遣业务应当具备下列条件:

(一)注册资本不得少于人民币二百万元;

(二)有与开展业务相适应的固定的经营场所和设施;

(三)有符合法律、行政法规规定的劳务派遣管理制度;

(四)法律、行政法规规定的其他条件。

经营劳务派遣业务,应当向劳动行政部门依法申请行政许可;经许可的,依法办理相应的公司登记。未经许可,任何单位和个人不得经营劳务派遣业务。

第五十八条　劳务派遣单位是本法所称用人单位,应当履行用人单位对劳动者的义务。劳务派遣单位与被派遣劳动者订立的劳动合同,除应当载明本法第十七条规定的事项外,还应当载明被派遣劳动者的用工单位以及派遣期限、工作岗位等情况。

劳务派遣单位应当与被派遣劳动者订立二年以上的固定期限劳动合同,按月支付劳动报酬;被派遣劳动者在无工作期间,劳务派遣单位应当按照所在地人民政府规定的最低工资标准,向其按月支付报酬。

第五十九条　劳务派遣单位派遣劳动者应当与接受以劳务派遣形式用工的单位(以下称用工单位)订立劳务派遣协议。劳务派遣协议应当约定派遣岗位和人员数量、派遣期限、劳动报酬和社会保险费的数额与支付方式以及违反协议的责任。

用工单位应当根据工作岗位的实际需要与劳务派遣单位确定派遣期限,不得将连续用工期限分割订立数个短期劳务派遣协议。

第六十条 劳务派遣单位应当将劳务派遣协议的内容告知被派遣劳动者。

劳务派遣单位不得克扣用工单位按照劳务派遣协议支付给被派遣劳动者的劳动报酬。

劳务派遣单位和用工单位不得向被派遣劳动者收取费用。

第六十一条 劳务派遣单位跨地区派遣劳动者的,被派遣劳动者享有的劳动报酬和劳动条件,按照用工单位所在地的标准执行。

第六十二条 用工单位应当履行下列义务:

(一)执行国家劳动标准,提供相应的劳动条件和劳动保护;

(二)告知被派遣劳动者的工作要求和劳动报酬;

(三)支付加班费、绩效奖金,提供与工作岗位相关的福利待遇;

(四)对在岗被派遣劳动者进行工作岗位所必需的培训;

(五)连续用工的,实行正常的工资调整机制。

用工单位不得将被派遣劳动者再派遣到其他用人单位。

第六十三条 被派遣劳动者享有与用工单位的劳动者同工同酬的权利。用工单位应当按照同工同酬原则,对被派遣劳动者与本单位同类岗位的劳动者实行相同的劳动报酬分配办法。用工单位无同类岗位劳动者的,参照用工单位所在地相同或者相近岗位劳动者的劳动报酬确定。

劳务派遣单位与被派遣劳动者订立的劳动合同和与用工单位订立的劳务派遣协议,载明或者约定的向被派遣劳动者支付的劳动报酬应当符合前款规定。

第六十四条 被派遣劳动者有权在劳务派遣单位或者用工单位依法参加或者组织工会,维护自身的合法权益。

第六十五条 被派遣劳动者可以依照本法第三十六条、第三十八条的规定与劳务派遣单位解除劳动合同。

被派遣劳动者有本法第三十九条和第四十条第一项、第二项规定情形的,用工单位可以将劳动者退回劳务派遣单位,劳务派遣单位依照本法有关规定,可以与劳动者解除劳动合同。

第六十六条　劳动合同用工是我国的企业基本用工形式。劳务派遣用工是补充形式,只能在临时性、辅助性或者替代性的工作岗位上实施。

前款规定的临时性工作岗位是指存续时间不超过六个月的岗位;辅助性工作岗位是指为主营业务岗位提供服务的非主营业务岗位;替代性工作岗位是指用工单位的劳动者因脱产学习、休假等原因无法工作的一定期间内,可以由其他劳动者替代工作的岗位。

用工单位应当严格控制劳务派遣用工数量,不得超过其用工总量的一定比例,具体比例由国务院劳动行政部门规定。

第六十七条　用人单位不得设立劳务派遣单位向本单位或者所属单位派遣劳动者。

第三节　非全日制用工

第六十八条　非全日制用工,是指以小时计酬为主,劳动者在同一用人单位一般平均每日工作时间不超过四小时,每周工作时间累计不超过二十四小时的用工形式。

第六十九条　非全日制用工双方当事人可以订立口头协议。

从事非全日制用工的劳动者可以与一个或者一个以上用人单位订立劳动合同;但是,后订立的劳动合同不得影响先订立的劳动合同的履行。

第七十条　非全日制用工双方当事人不得约定试用期。

第七十一条　非全日制用工双方当事人任何一方都可以随时通知对方终止用工。终止用工,用人单位不向劳动者支付经济补偿。

第七十二条　非全日制用工小时计酬标准不得低于用人单位所在地人民政府规定的最低小时工资标准。

非全日制用工劳动报酬结算支付周期最长不得超过十五日。

第六章　监督检查

第七十三条　国务院劳动行政部门负责全国劳动合同制度实施的监督管理。

县级以上地方人民政府劳动行政部门负责本行政区域内劳动合同制度实施的监督管理。

县级以上各级人民政府劳动行政部门在劳动合同制度实施的监督管理工作中,应当听取工会、企业方面代表以及有关行业主管部门的意见。

第七十四条　县级以上地方人民政府劳动行政部门依法对下列实施劳动合同制度的情况进行监督检查:

(一)用人单位制定直接涉及劳动者切身利益的规章制度及其执行的情况;

(二)用人单位与劳动者订立和解除劳动合同的情况;

(三)劳务派遣单位和用工单位遵守劳务派遣有关规定的情况;

(四)用人单位遵守国家关于劳动者工作时间和休息休假规定的情况;

(五)用人单位支付劳动合同约定的劳动报酬和执行最低工资标准的情况;

(六)用人单位参加各项社会保险和缴纳社会保险费的情况;

(七)法律、法规规定的其他劳动监察事项。

第七十五条　县级以上地方人民政府劳动行政部门实施监督检查时,有权查阅与劳动合同、集体合同有关的材料,有权对劳动场所进行实地检查,用人单位和劳动者都应当如实提供有关情况和材料。

劳动行政部门的工作人员进行监督检查,应当出示证件,依法行使职权,文明执法。

第七十六条　县级以上人民政府建设、卫生、安全生产监督管理等有关主管部门在各自职责范围内,对用人单位执行劳动合同制度的情况进行监督管理。

第七十七条　劳动者合法权益受到侵害的,有权要求有关部门依法处理,或者依法申请仲裁、提起诉讼。

第七十八条　工会依法维护劳动者的合法权益,对用人单位履行劳动合同、集体合同的情况进行监督。用人单位违反劳动法律、法规和劳动合同、集体合同的,工会有权提出意见或者要求纠正;劳动者申请仲裁、提起诉讼的,工会依法给予支持和帮助。

第七十九条　任何组织或者个人对违反本法的行为都有权举报,县级以上人民政府劳动行政部门应当及时核实、处理,并对举报有功人员给予奖励。

第七章　法律责任

第八十条　用人单位直接涉及劳动者切身利益的规章制度违反法律、法规规定的,由劳动行政部门责令改正,给予警告;给劳动者造成损害的,应当承担赔偿责任。

第八十一条　用人单位提供的劳动合同文本未载明本法规定的劳动合同必备条款或者用人单位未将劳动合同文本交付劳动者的,由劳动行政部门责令改正;给劳动者造成损害的,应当承担赔偿责任。

第八十二条　用人单位自用工之日起超过一个月不满一年未与劳动者订立书面劳动合同的,应当向劳动者每月支付二倍的工资。

用人单位违反本法规定不与劳动者订立无固定期限劳动合同的,自应当订立无固定期限劳动合同之日起向劳动者每月支付二倍的工资。

第八十三条　用人单位违反本法规定与劳动者约定试用期的,由劳动行政部门责令改正;违法约定的试用期已经履行的,由用人单位以劳动者试用期满月工资为标准,按已经履行的超过法定试用期的期间向劳动者支付赔偿金。

第八十四条 用人单位违反本法规定,扣押劳动者居民身份证等证件的,由劳动行政部门责令限期退还劳动者本人,并依照有关法律规定给予处罚。

用人单位违反本法规定,以担保或者其他名义向劳动者收取财物的,由劳动行政部门责令限期退还劳动者本人,并以每人五百元以上两千元以下的标准处以罚款;给劳动者造成损害的,应当承担赔偿责任。

劳动者依法解除或者终止劳动合同,用人单位扣押劳动者档案或者其他物品的,依照前款规定处罚。

第八十五条 用人单位有下列情形之一的,由劳动行政部门责令限期支付劳动报酬、加班费或者经济补偿;劳动报酬低于当地最低工资标准的,应当支付其差额部分;逾期不支付的,责令用人单位按应付金额百分之五十以上百分之一百以下的标准向劳动者加付赔偿金:

(一)未按照劳动合同的约定或者国家规定及时足额支付劳动者劳动报酬的;

(二)低于当地最低工资标准支付劳动者工资的;

(三)安排加班不支付加班费的;

(四)解除或者终止劳动合同,未依照本法规定向劳动者支付经济补偿的。

第八十六条 劳动合同依照本法第二十六条规定被确认无效,给对方造成损害的,有过错的一方应当承担赔偿责任。

第八十七条 用人单位违反本法规定解除或者终止劳动合同的,应当依照本法第四十七条规定的经济补偿标准的二倍向劳动者支付赔偿金。

第八十八条 用人单位有下列情形之一的,依法给予行政处罚;构成犯罪的,依法追究刑事责任;给劳动者造成损害的,应当承担赔偿责任:

(一)以暴力、威胁或者非法限制人身自由的手段强迫劳动的;

(二)违章指挥或者强令冒险作业危及劳动者人身安

全的；

（三）侮辱、体罚、殴打、非法搜查或者拘禁劳动者的；

（四）劳动条件恶劣、环境污染严重，给劳动者身心健康造成严重损害的。

第八十九条　用人单位违反本法规定未向劳动者出具解除或者终止劳动合同的书面证明，由劳动行政部门责令改正；给劳动者造成损害的，应当承担赔偿责任。

第九十条　劳动者违反本法规定解除劳动合同，或者违反劳动合同中约定的保密义务或者竞业限制，给用人单位造成损失的，应当承担赔偿责任。

第九十一条　用人单位招用与其他用人单位尚未解除或者终止劳动合同的劳动者，给其他用人单位造成损失的，应当承担连带赔偿责任。

第九十二条　违反本法规定，未经许可，擅自经营劳务派遣业务的，由劳动行政部门责令停止违法行为，没收违法所得，并处违法所得一倍以上五倍以下的罚款；没有违法所得的，可以处五万元以下的罚款。

劳务派遣单位、用工单位违反本法有关劳务派遣规定的，由劳动行政部门责令限期改正；逾期不改正的，以每人五千元以上一万元以下的标准处以罚款，对劳务派遣单位，吊销其劳务派遣业务经营许可证。用工单位给被派遣劳动者造成损害的，劳务派遣单位与用工单位承担连带赔偿责任。

第九十三条　对不具备合法经营资格的用人单位的违法犯罪行为，依法追究法律责任；劳动者已经付出劳动的，该单位或者其出资人应当依照本法有关规定向劳动者支付劳动报酬、经济补偿、赔偿金；给劳动者造成损害的，应当承担赔偿责任。

第九十四条　个人承包经营违反本法规定招用劳动者，给劳动者造成损害的，发包的组织与个人承包经营者承担连带赔偿责任。

第九十五条　劳动行政部门和其他有关主管部门及其工作人员玩忽职守、不履行法定职责，或者违法行使职权，给劳动者或者用人单位造成损害的,应当承担赔偿责任;对直接负责的主管人员和其他直接责任人员,依法给予行政处分;构成犯罪的,依法追究刑事责任。

第八章　附　则

第九十六条　事业单位与实行聘用制的工作人员订立、履行、变更、解除或者终止劳动合同,法律、行政法规或者国务院另有规定的,依照其规定;未作规定的,依照本法有关规定执行。

第九十七条　本法施行前已依法订立且在本法施行之日存续的劳动合同,继续履行;本法第十四条第二款第三项规定连续订立固定期限劳动合同的次数,自本法施行后续订固定期限劳动合同时开始计算。

本法施行前已建立劳动关系,尚未订立书面劳动合同的,应当自本法施行之日起一个月内订立。

本法施行之日存续的劳动合同在本法施行后解除或者终止,依照本法第四十六条规定应当支付经济补偿的,经济补偿年限自本法施行之日起计算;本法施行前按照当时有关规定,用人单位应当向劳动者支付经济补偿的,按照当时有关规定执行。

第九十八条　本法自 2008 年 1 月 1 日起施行。

中华人民共和国行政诉讼法

(1989年4月4日第七届全国人民代表大会第二次会议通过　根据2014年11月1日第十二届全国人民代表大会常务委员会第十一次会议《关于修改〈中华人民共和国行政诉讼法〉的决定》修正)

第一章　总　则

第一条　为保证人民法院公正、及时审理行政案件，解决行政争议，保护公民、法人和其他组织的合法权益，监督行政机关依法行使职权，根据宪法，制定本法。

第二条　公民、法人或者其他组织认为行政机关和行政机关工作人员的行政行为侵犯其合法权益，有权依照本法向人民法院提起诉讼。

前款所称行政行为，包括法律、法规、规章授权的组织作出的行政行为。

第三条　人民法院应当保障公民、法人和其他组织的起诉权利，对应当受理的行政案件依法受理。

行政机关及其工作人员不得干预、阻碍人民法院受理行政案件。

被诉行政机关负责人应当出庭应诉。不能出庭的，应当委托行政机关相应的工作人员出庭。

第四条　人民法院依法对行政案件独立行使审判权，不受行政机关、社会团体和个人的干涉。

人民法院设行政审判庭，审理行政案件。

第五条　人民法院审理行政案件，以事实为根据，以法律为准绳。

第六条　人民法院审理行政案件，对行政行为是否合法进行审查。

第七条 人民法院审理行政案件，依法实行合议、回避、公开审判和两审终审制度。

第八条 当事人在行政诉讼中的法律地位平等。

第九条 各民族公民都有用本民族语言、文字进行行政诉讼的权利。

在少数民族聚居或者多民族共同居住的地区，人民法院应当用当地民族通用的语言、文字进行审理和发布法律文书。

人民法院应当对不通晓当地民族通用的语言、文字的诉讼参与人提供翻译。

第十条 当事人在行政诉讼中有权进行辩论。

第十一条 人民检察院有权对行政诉讼实行法律监督。

第二章 受案范围

第十二条 人民法院受理公民、法人或者其他组织提起的下列诉讼：

（一）对行政拘留、暂扣或者吊销许可证和执照、责令停产停业、没收违法所得、没收非法财物、罚款、警告等行政处罚不服的；

（二）对限制人身自由或者对财产的查封、扣押、冻结等行政强制措施和行政强制执行不服的；

（三）申请行政许可，行政机关拒绝或者在法定期限内不予答复，或者对行政机关作出的有关行政许可的其他决定不服的；

（四）对行政机关作出的关于确认土地、矿藏、水流、森林、山岭、草原、荒地、滩涂、海域等自然资源的所有权或者使用权的决定不服的；

（五）对征收、征用决定及其补偿决定不服的；

（六）申请行政机关履行保护人身权、财产权等合法权益的法定职责，行政机关拒绝履行或者不予答复的；

（七）认为行政机关侵犯其经营自主权或者农村土地承包

经营权、农村土地经营权的；

（八）认为行政机关滥用行政权力排除或者限制竞争的；

（九）认为行政机关违法集资、摊派费用或者违法要求履行其他义务的；

（十）认为行政机关没有依法支付抚恤金、最低生活保障待遇或者社会保险待遇的；

（十一）认为行政机关不依法履行、未按照约定履行或者违法变更、解除政府特许经营协议、土地房屋征收补偿协议等协议的；

（十二）认为行政机关侵犯其他人身权、财产权等合法权益的。

除前款规定外，人民法院受理法律、法规规定可以提起诉讼的其他行政案件。

第十三条　人民法院不受理公民、法人或者其他组织对下列事项提起的诉讼：

（一）国防、外交等国家行为；

（二）行政法规、规章或者行政机关制定、发布的具有普遍约束力的决定、命令；

（三）行政机关对行政机关工作人员的奖惩、任免等决定；

（四）法律规定由行政机关最终裁决的行政行为。

第三章　管　辖

第十四条　基层人民法院管辖第一审行政案件。

第十五条　中级人民法院管辖下列第一审行政案件：

（一）对国务院部门或者县级以上地方人民政府所作的行政行为提起诉讼的案件；

（二）海关处理的案件；

（三）本辖区内重大、复杂的案件；

（四）其他法律规定由中级人民法院管辖的案件。

第十六条　高级人民法院管辖本辖区内重大、复杂的第一审行政案件。

第十七条 最高人民法院管辖全国范围内重大、复杂的第一审行政案件。

第十八条 行政案件由最初作出行政行为的行政机关所在地人民法院管辖。经复议的案件,也可以由复议机关所在地人民法院管辖。

经最高人民法院批准,高级人民法院可以根据审判工作的实际情况,确定若干人民法院跨行政区域管辖行政案件。

第十九条 对限制人身自由的行政强制措施不服提起的诉讼,由被告所在地或者原告所在地人民法院管辖。

第二十条 因不动产提起的行政诉讼,由不动产所在地人民法院管辖。

第二十一条 两个以上人民法院都有管辖权的案件,原告可以选择其中一个人民法院提起诉讼。原告向两个以上有管辖权的人民法院提起诉讼的,由最先立案的人民法院管辖。

第二十二条 人民法院发现受理的案件不属于本院管辖的,应当移送有管辖权的人民法院,受移送的人民法院应当受理。受移送的人民法院认为受移送的案件按照规定不属于本院管辖的,应当报请上级人民法院指定管辖,不得再自行移送。

第二十三条 有管辖权的人民法院由于特殊原因不能行使管辖权的,由上级人民法院指定管辖。

人民法院对管辖权发生争议,由争议双方协商解决。协商不成的,报它们的共同上级人民法院指定管辖。

第二十四条 上级人民法院有权审理下级人民法院管辖的第一审行政案件。

下级人民法院对其管辖的第一审行政案件,认为需要由上级人民法院审理或者指定管辖的,可以报请上级人民法院决定。

第四章 诉讼参加人

第二十五条 行政行为的相对人以及其他与行政行为有

利害关系的公民、法人或者其他组织,有权提起诉讼。

有权提起诉讼的公民死亡,其近亲属可以提起诉讼。

有权提起诉讼的法人或者其他组织终止,承受其权利的法人或者其他组织可以提起诉讼。

第二十六条　公民、法人或者其他组织直接向人民法院提起诉讼的,作出行政行为的行政机关是被告。

经复议的案件,复议机关决定维持原行政行为的,作出原行政行为的行政机关和复议机关是共同被告;复议机关改变原行政行为的,复议机关是被告。

复议机关在法定期限内未作出复议决定,公民、法人或者其他组织起诉原行政行为的,作出原行政行为的行政机关是被告;起诉复议机关不作为的,复议机关是被告。

两个以上行政机关作出同一行政行为的,共同作出行政行为的行政机关是共同被告。

行政机关委托的组织所作的行政行为,委托的行政机关是被告。

行政机关被撤销或者职权变更的,继续行使其职权的行政机关是被告。

第二十七条　当事人一方或者双方为二人以上,因同一行政行为发生的行政案件,或者因同类行政行为发生的行政案件、人民法院认为可以合并审理并经当事人同意的,为共同诉讼。

第二十八条　当事人一方人数众多的共同诉讼,可以由当事人推选代表人进行诉讼。代表人的诉讼行为对其所代表的当事人发生效力,但代表人变更、放弃诉讼请求或者承认对方当事人的诉讼请求,应当经被代表的当事人同意。

第二十九条　公民、法人或者其他组织同被诉行政行为有利害关系但没有提起诉讼,或者同案件处理结果有利害关系的,可以作为第三人申请参加诉讼,或者由人民法院通知参加诉讼。

人民法院判决第三人承担义务或者减损第三人权益的,第三人有权依法提起上诉。

第三十条 没有诉讼行为能力的公民,由其法定代理人代为诉讼。法定代理人互相推诿代理责任的,由人民法院指定其中一人代为诉讼。

第三十一条 当事人、法定代理人,可以委托一至二人作为诉讼代理人。

下列人员可以被委托为诉讼代理人:

(一)律师、基层法律服务工作者;

(二)当事人的近亲属或者工作人员;

(三)当事人所在社区、单位以及有关社会团体推荐的公民。

第三十二条 代理诉讼的律师,有权按照规定查阅、复制本案有关材料,有权向有关组织和公民调查,收集与本案有关的证据。对涉及国家秘密、商业秘密和个人隐私的材料,应当依照法律规定保密。

当事人和其他诉讼代理人有权按照规定查阅、复制本案庭审材料,但涉及国家秘密、商业秘密和个人隐私的内容除外。

第五章 证 据

第三十三条 证据包括:

(一)书证;

(二)物证;

(三)视听资料;

(四)电子数据;

(五)证人证言;

(六)当事人的陈述;

(七)鉴定意见;

(八)勘验笔录、现场笔录。

以上证据经法庭审查属实,才能作为认定案件事实的根据。

第三十四条 被告对作出的行政行为负有举证责任,应当提供作出该行政行为的证据和所依据的规范性文件。

被告不提供或者无正当理由逾期提供证据，视为没有相应证据。但是，被诉行政行为涉及第三人合法权益，第三人提供证据的除外。

第三十五条　在诉讼过程中，被告及其诉讼代理人不得自行向原告、第三人和证人收集证据。

第三十六条　被告在作出行政行为时已经收集了证据，但因不可抗力等正当事由不能提供的，经人民法院准许，可以延期提供。

原告或者第三人提出了其在行政处理程序中没有提出的理由或者证据的，经人民法院准许，被告可以补充证据。

第三十七条　原告可以提供证明行政行为违法的证据。原告提供的证据不成立的，不免除被告的举证责任。

第三十八条　在起诉被告不履行法定职责的案件中，原告应当提供其向被告提出申请的证据。但有下列情形之一的除外：

（一）被告应当依职权主动履行法定职责的；

（二）原告因正当理由不能提供证据的。

在行政赔偿、补偿的案件中，原告应当对行政行为造成的损害提供证据。因被告的原因导致原告无法举证的，由被告承担举证责任。

第三十九条　人民法院有权要求当事人提供或者补充证据。

第四十条　人民法院有权向有关行政机关以及其他组织、公民调取证据。但是，不得为证明行政行为的合法性调取被告作出行政行为时未收集的证据。

第四十一条　与本案有关的下列证据，原告或者第三人不能自行收集的，可以申请人民法院调取：

（一）由国家机关保存而须由人民法院调取的证据；

（二）涉及国家秘密、商业秘密和个人隐私的证据；

（三）确因客观原因不能自行收集的其他证据。

第四十二条　在证据可能灭失或者以后难以取得的情况

下,诉讼参加人可以向人民法院申请保全证据,人民法院也可以主动采取保全措施。

第四十三条 证据应当在法庭上出示,并由当事人互相质证。对涉及国家秘密、商业秘密和个人隐私的证据,不得在公开开庭时出示。

人民法院应当按照法定程序,全面、客观地审查核实证据。对未采纳的证据应当在裁判文书中说明理由。

以非法手段取得的证据,不得作为认定案件事实的根据。

第六章 起诉和受理

第四十四条 对属于人民法院受案范围的行政案件,公民、法人或者其他组织可以先向行政机关申请复议,对复议决定不服的,再向人民法院提起诉讼;也可以直接向人民法院提起诉讼。

法律、法规规定应当先向行政机关申请复议,对复议决定不服再向人民法院提起诉讼的,依照法律、法规的规定。

第四十五条 公民、法人或者其他组织不服复议决定的,可以在收到复议决定书之日起十五日内向人民法院提起诉讼。复议机关逾期不作决定的,申请人可以在复议期满之日起十五日内向人民法院提起诉讼。法律另有规定的除外。

第四十六条 公民、法人或者其他组织直接向人民法院提起诉讼的,应当自知道或者应当知道作出行政行为之日起六个月内提出。法律另有规定的除外。

因不动产提起诉讼的案件自行政行为作出之日起超过二十年,其他案件自行政行为作出之日起超过五年提起诉讼的,人民法院不予受理。

第四十七条 公民、法人或者其他组织申请行政机关履行保护其人身权、财产权等合法权益的法定职责,行政机关在接到申请之日起两个月内不履行的,公民、法人或者其他组织可以向人民法院提起诉讼。法律、法规对行政机关履行职责的期限另有规定的,从其规定。

公民、法人或者其他组织在紧急情况下请求行政机关履行保护其人身权、财产权等合法权益的法定职责，行政机关不履行的，提起诉讼不受前款规定期限的限制。

第四十八条　公民、法人或者其他组织因不可抗力或者其他不属于其自身的原因耽误起诉期限的，被耽误的时间不计算在起诉期限内。

公民、法人或者其他组织因前款规定以外的其他特殊情况耽误起诉期限的，在障碍消除后十日内，可以申请延长期限，是否准许由人民法院决定。

第四十九条　提起诉讼应当符合下列条件：

（一）原告是符合本法第二十五条规定的公民、法人或者其他组织；

（二）有明确的被告；

（三）有具体的诉讼请求和事实根据；

（四）属于人民法院受案范围和受诉人民法院管辖。

第五十条　起诉应当向人民法院递交起诉状，并按照被告人数提出副本。

书写起诉状确有困难的，可以口头起诉，由人民法院记入笔录，出具注明日期的书面凭证，并告知对方当事人。

第五十一条　人民法院在接到起诉状时对符合本法规定的起诉条件的，应当登记立案。

对当场不能判定是否符合本法规定的起诉条件的，应当接收起诉状，出具注明收到日期的书面凭证，并在七日内决定是否立案。不符合起诉条件的，作出不予立案的裁定。裁定书应当载明不予立案的理由。原告对裁定不服的，可以提起上诉。

起诉状内容欠缺或者有其他错误的，应当给予指导和释明，并一次性告知当事人需要补正的内容。不得未经指导和释明即以起诉不符合条件为由不接收起诉状。

对于不接收起诉状、接收起诉状后不出具书面凭证，以及不一次性告知当事人需要补正的起诉状内容的，当事人可以向上级人民法院投诉，上级人民法院应当责令改正，并对直接负责的主管人员和其他直接责任人员依法给予处分。

第五十二条 人民法院既不立案,又不作出不予立案裁定的,当事人可以向上一级人民法院起诉。上一级人民法院认为符合起诉条件的,应当立案、审理,也可以指定其他下级人民法院立案、审理。

第五十三条 公民、法人或者其他组织认为行政行为所依据的国务院部门和地方人民政府及其部门制定的规范性文件不合法,在对行政行为提起诉讼时,可以一并请求对该规范性文件进行审查。

前款规定的规范性文件不含规章。

第七章 审理和判决

第一节 一般规定

第五十四条 人民法院公开审理行政案件,但涉及国家秘密、个人隐私和法律另有规定的除外。

涉及商业秘密的案件,当事人申请不公开审理的,可以不公开审理。

第五十五条 当事人认为审判人员与本案有利害关系或者有其他关系可能影响公正审判,有权申请审判人员回避。

审判人员认为自己与本案有利害关系或者有其他关系,应当申请回避。

前两款规定,适用于书记员、翻译人员、鉴定人、勘验人。

院长担任审判长时的回避,由审判委员会决定;审判人员的回避,由院长决定;其他人员的回避,由审判长决定。当事人对决定不服的,可以申请复议一次。

第五十六条 诉讼期间,不停止行政行为的执行。但有下列情形之一的,裁定停止执行:

(一)被告认为需要停止执行的;

(二)原告或者利害关系人申请停止执行,人民法院认为该行政行为的执行会造成难以弥补的损失,并且停止执行不

损害国家利益、社会公共利益的;

（三）人民法院认为该行政行为的执行会给国家利益、社会公共利益造成重大损害的;

（四）法律、法规规定停止执行的。

当事人对停止执行或者不停止执行的裁定不服,可以申请复议一次。

第五十七条　人民法院对起诉行政机关没有依法支付抚恤金、最低生活保障金和工伤、医疗社会保险金的案件,权利义务关系明确、不先予执行将严重影响原告生活的,可以根据原告的申请,裁定先予执行。

当事人对先予执行裁定不服,可以申请复议一次。复议期间不停止裁定的执行。

第五十八条　经人民法院传票传唤,原告无正当理由拒不到庭,或者未经法庭许可中途退庭的,可以按照撤诉处理;被告无正当理由拒不到庭,或者未经法庭许可中途退庭的,可以缺席判决。

第五十九条　诉讼参与人或者其他人有下列行为之一的,人民法院可以根据情节轻重,予以训诫、责令具结悔过或者处一万元以下的罚款、十五日以下的拘留;构成犯罪的,依法追究刑事责任:

（一）有义务协助调查、执行的人,对人民法院的协助调查决定、协助执行通知书,无故推拖、拒绝或者妨碍调查、执行的;

（二）伪造、隐藏、毁灭证据或者提供虚假证明材料,妨碍人民法院审理案件的;

（三）指使、贿买、胁迫他人作伪证或者威胁、阻止证人作证的;

（四）隐藏、转移、变卖、毁损已被查封、扣押、冻结的财产的;

（五）以欺骗、胁迫等非法手段使原告撤诉的;

（六）以暴力、威胁或者其他方法阻碍人民法院工作人员执行职务,或者以哄闹、冲击法庭等方法扰乱人民法院工作秩

序的;

（七）对人民法院审判人员或者其他工作人员、诉讼参与人、协助调查和执行的人员恐吓、侮辱、诽谤、诬陷、殴打、围攻或者打击报复的。

人民法院对有前款规定的行为之一的单位，可以对其主要负责人或者直接责任人员依照前款规定予以罚款、拘留;构成犯罪的，依法追究刑事责任。

罚款、拘留须经人民法院院长批准。当事人不服的，可以向上一级人民法院申请复议一次。复议期间不停止执行。

第六十条 人民法院审理行政案件，不适用调解。但是，行政赔偿、补偿以及行政机关行使法律、法规规定的自由裁量权的案件可以调解。

调解应当遵循自愿、合法原则，不得损害国家利益、社会公共利益和他人合法权益。

第六十一条 在涉及行政许可、登记、征收、征用和行政机关对民事争议所作的裁决的行政诉讼中，当事人申请一并解决相关民事争议的，人民法院可以一并审理。

在行政诉讼中，人民法院认为行政案件的审理需以民事诉讼的裁判为依据的，可以裁定中止行政诉讼。

第六十二条 人民法院对行政案件宣告判决或者裁定前，原告申请撤诉的，或者被告改变其所作的行政行为，原告同意并申请撤诉的，是否准许，由人民法院裁定。

第六十三条 人民法院审理行政案件，以法律和行政法规、地方性法规为依据。地方性法规适用于本行政区域内发生的行政案件。

人民法院审理民族自治地方的行政案件，并以该民族自治地方的自治条例和单行条例为依据。

人民法院审理行政案件，参照规章。

第六十四条 人民法院在审理行政案件中，经审查认为本法第五十三条规定的规范性文件不合法的，不作为认定行政行为合法的依据，并向制定机关提出处理建议。

第六十五条 人民法院应当公开发生法律效力的判决

书、裁定书,供公众查阅,但涉及国家秘密、商业秘密和个人隐私的内容除外。

第六十六条　人民法院在审理行政案件中,认为行政机关的主管人员、直接责任人员违法违纪的,应当将有关材料移送监察机关、该行政机关或者其上一级行政机关;认为有犯罪行为的,应当将有关材料移送公安、检察机关。

人民法院对被告经传票传唤无正当理由拒不到庭,或者未经法庭许可中途退庭的,可以将被告拒不到庭或者中途退庭的情况予以公告,并可以向监察机关或者被告的上一级行政机关提出依法给予其主要负责人或者直接责任人员处分的司法建议。

第二节　第一审普通程序

第六十七条　人民法院应当在立案之日起五日内,将起诉状副本发送被告。被告应当在收到起诉状副本之日起十五日内向人民法院提交作出行政行为的证据和所依据的规范性文件,并提出答辩状。人民法院应当在收到答辩状之日起五日内,将答辩状副本发送原告。

被告不提出答辩状的,不影响人民法院审理。

第六十八条　人民法院审理行政案件,由审判员组成合议庭,或者由审判员、陪审员组成合议庭。合议庭的成员,应当是三人以上的单数。

第六十九条　行政行为证据确凿,适用法律、法规正确,符合法定程序的,或者原告申请被告履行法定职责或者给付义务理由不成立的,人民法院判决驳回原告的诉讼请求。

第七十条　行政行为有下列情形之一的,人民法院判决撤销或者部分撤销,并可以判决被告重新作出行政行为:

(一)主要证据不足的;

(二)适用法律、法规错误的;

(三)违反法定程序的;

(四)超越职权的;

（五）滥用职权的；

（六）明显不当的。

第七十一条 人民法院判决被告重新作出行政行为的，被告不得以同一的事实和理由作出与原行政行为基本相同的行政行为。

第七十二条 人民法院经过审理，查明被告不履行法定职责的，判决被告在一定期限内履行。

第七十三条 人民法院经过审理，查明被告依法负有给付义务的，判决被告履行给付义务。

第七十四条 行政行为有下列情形之一的，人民法院判决确认违法，但不撤销行政行为：

（一）行政行为依法应当撤销，但撤销会给国家利益、社会公共利益造成重大损害的；

（二）行政行为程序轻微违法，但对原告权利不产生实际影响的。

行政行为有下列情形之一，不需要撤销或者判决履行的，人民法院判决确认违法：

（一）行政行为违法，但不具有可撤销内容的；

（二）被告改变原违法行政行为，原告仍要求确认原行政行为违法的；

（三）被告不履行或者拖延履行法定职责，判决履行没有意义的。

第七十五条 行政行为有实施主体不具有行政主体资格或者没有依据等重大且明显违法情形，原告申请确认行政行为无效的，人民法院判决确认无效。

第七十六条 人民法院判决确认违法或无效的，可以同时判决责令被告采取补救措施；给原告造成损失的，依法判决被告承担赔偿责任。

第七十七条 行政处罚明显不当，或者其他行政行为涉及对款额的确定、认定确有错误的，人民法院可以判决变更。

人民法院判决变更，不得加重原告的义务或者减损原告的权益。但利害关系人同为原告，且诉讼请求相反的除外。

第七十八条　被告不依法履行、未按照约定履行或者违法变更、解除本法第十二条第一款第十一项规定的协议的,人民法院判决被告承担继续履行、采取补救措施或者赔偿损失等责任。

被告变更、解除本法第十二条第一款第十一项规定的协议合法,但未依法给予补偿的,人民法院判决给予补偿。

第七十九条　复议机关与作出原行政行为的行政机关为共同被告的案件,人民法院应当对复议决定和原行政行为一并作出裁判。

第八十条　人民法院对公开审理和不公开审理的案件,一律公开宣告判决。

当庭宣判的,应当在十日内发送判决书;定期宣判的,宣判后立即发给判决书。

宣告判决时,必须告知当事人上诉权利、上诉期限和上诉的人民法院。

第八十一条　人民法院应当在立案之日起六个月内作出第一审判决。有特殊情况需要延长的,由高级人民法院批准,高级人民法院审理第一审案件需要延长的,由最高人民法院批准。

第三节　简易程序

第八十二条　人民法院审理下列第一审行政案件,认为事实清楚、权利义务关系明确、争议不大的,可以适用简易程序:

(一)被诉行政行为是依法当场作出的;

(二)案件涉及款额二千元以下的;

(三)属于政府信息公开案件的。

除前款规定以外的第一审行政案件,当事人各方同意适用简易程序的,可以适用简易程序。

发回重审、按照审判监督程序再审的案件不适用简易程序。

第八十三条 适用简易程序审理的行政案件,由审判员一人独任审理,并应当在立案之日起四十五日内审结。

第八十四条 人民法院在审理过程中,发现案件不宜适用简易程序的,裁定转为普通程序。

第四节 第二审程序

第八十五条 当事人不服人民法院第一审判决的,有权在判决书送达之日起十五日内向上一级人民法院提起上诉。当事人不服人民法院第一审裁定的,有权在裁定书送达之日起十日内向上一级人民法院提起上诉。逾期不提起上诉的,人民法院的第一审判决或者裁定发生法律效力。

第八十六条 人民法院对上诉案件,应当组成合议庭,开庭审理。经过阅卷、调查和询问当事人,对没有提出新的事实、证据或者理由,合议庭认为不需要开庭审理的,也可以不开庭审理。

第八十七条 人民法院审理上诉案件,应当对原审人民法院的判决、裁定和被诉行政行为进行全面审查。

第八十八条 人民法院审理上诉案件,应当在收到上诉状之日起三个月内作出终审判决。有特殊情况需要延长的,由高级人民法院批准,高级人民法院审理上诉案件需要延长的,由最高人民法院批准。

第八十九条 人民法院审理上诉案件,按照下列情形,分别处理:

(一)原判决、裁定认定事实清楚,适用法律、法规正确的,判决或者裁定驳回上诉,维持原判决、裁定;

(二)原判决、裁定认定事实错误或者适用法律、法规错误的,依法改判、撤销或者变更;

(三)原判决认定基本事实不清、证据不足的,发回原审人民法院重审,或者查清事实后改判;

(四)原判决遗漏当事人或者违法缺席判决等严重违反法定程序的,裁定撤销原判决,发回原审人民法院重审。

原审人民法院对发回重审的案件作出判决后,当事人提起上诉的,第二审人民法院不得再次发回重审。

人民法院审理上诉案件,需要改变原审判决的,应当同时对被诉行政行为作出判决。

第五节　审判监督程序

第九十条　当事人对已经发生法律效力的判决、裁定,认为确有错误的,可以向上一级人民法院申请再审,但判决、裁定不停止执行。

第九十一条　当事人的申请符合下列情形之一的,人民法院应当再审:

(一)不予立案或者驳回起诉确有错误的;

(二)有新的证据,足以推翻原判决、裁定的;

(三)原判决、裁定认定事实的主要证据不足、未经质证或者系伪造的;

(四)原判决、裁定适用法律、法规确有错误的;

(五)违反法律规定的诉讼程序,可能影响公正审判的;

(六)原判决、裁定遗漏诉讼请求的;

(七)据以作出原判决、裁定的法律文书被撤销或者变更的;

(八)审判人员在审理该案件时有贪污受贿、徇私舞弊、枉法裁判行为的。

第九十二条　各级人民法院院长对本院已经发生法律效力的判决、裁定,发现有本法第九十一条规定情形之一,或者发现调解违反自愿原则或者调解书内容违法,认为需要再审的,应当提交审判委员会讨论决定。

最高人民法院对地方各级人民法院已经发生法律效力的判决、裁定,上级人民法院对下级人民法院已经发生法律效力的判决、裁定,发现有本法第九十一条规定情形之一,或者发现调解违反自愿原则或者调解书内容违法的,有权提审或者指令下级人民法院再审。

第九十三条 最高人民检察院对各级人民法院已经发生法律效力的判决、裁定,上级人民检察院对下级人民法院已经发生法律效力的判决、裁定,发现有本法第九十一条规定情形之一,或者发现调解书损害国家利益、社会公共利益的,应当提出抗诉。

地方各级人民检察院对同级人民法院已经发生法律效力的判决、裁定,发现有本法第九十一条规定情形之一,或者发现调解书损害国家利益、社会公共利益的,可以向同级人民法院提出检察建议,并报上级人民检察院备案;也可以提请上级人民检察院向同级人民法院提出抗诉。

各级人民检察院对审判监督程序以外的其他审判程序中审判人员的违法行为,有权向同级人民法院提出检察建议。

第八章 执 行

第九十四条 当事人必须履行人民法院发生法律效力的判决、裁定、调解书。

第九十五条 公民、法人或者其他组织拒绝履行判决、裁定、调解书的,行政机关或者第三人可以向第一审人民法院申请强制执行,或者由行政机关依法强制执行。

第九十六条 行政机关拒绝履行判决、裁定、调解书的,第一审人民法院可以采取下列措施:

(一)对应当归还的罚款或者应当给付的款额,通知银行从该行政机关的账户内划拨;

(二)在规定期限内不履行的,从期满之日起,对该行政机关负责人按日处五十元至一百元的罚款;

(三)将行政机关拒绝履行的情况予以公告;

(四)向监察机关或者该行政机关的上一级行政机关提出司法建议。接受司法建议的机关,根据有关规定进行处理,并将处理情况告知人民法院;

(五)拒不履行判决、裁定、调解书,社会影响恶劣的,可以对该行政机关直接负责的主管人员和其他直接责任人员予以拘留;情节严重,构成犯罪的,依法追究刑事责任。

第九十七条　公民、法人或者其他组织对行政行为在法定期间不提起诉讼又不履行的,行政机关可以申请人民法院强制执行,或者依法强制执行。

第九章　涉外行政诉讼

第九十八条　外国人、无国籍人、外国组织在中华人民共和国进行行政诉讼,适用本法。法律另有规定的除外。

第九十九条　外国人、无国籍人、外国组织在中华人民共和国进行行政诉讼,同中华人民共和国公民、组织有同等的诉讼权利和义务。

外国法院对中华人民共和国公民、组织的行政诉讼权利加以限制的,人民法院对该国公民、组织的行政诉讼权利,实行对等原则。

第一百条　外国人、无国籍人、外国组织在中华人民共和国进行行政诉讼,委托律师代理诉讼的,应当委托中华人民共和国律师机构的律师。

第十章　附　则

第一百零一条　人民法院审理行政案件,关于期间、送达、财产保全、开庭审理、调解、中止诉讼、终结诉讼、简易程序、执行等,以及人民检察院对行政案件受理、审理、裁判、执行的监督,本法没有规定的,适用《中华人民共和国民事诉讼法》的相关规定。

第一百零二条　人民法院审理行政案件,应当收取诉讼费用。诉讼费用由败诉方承担,双方都有责任的由双方分担。收取诉讼费用的具体办法另行规定。

第一百零三条　本法自 1990 年 10 月 1 日起施行。

中华人民共和国民事诉讼法

（1991 年 4 月 9 日第七届全国人民代表大会第四次会议通过　根据 2007 年 10 月 28 日第十届全国人民代表大会常务委员会第三十次会议《关于修改〈中华人民共和国民事诉讼法〉的决定》第一次修正　根据 2012 年 8 月 31 日第十一届全国人民代表大会常务委员会第二十八次会议《关于修改〈中华人民共和国民事诉讼法〉的决定》第二次修正）

第一编　总　则

第一章　任务、适用范围和基本原则

第一条　中华人民共和国民事诉讼法以宪法为根据，结合我国民事审判工作的经验和实际情况制定。

第二条　中华人民共和国民事诉讼法的任务，是保护当事人行使诉讼权利，保证人民法院查明事实，分清是非，正确适用法律，及时审理民事案件，确认民事权利义务关系，制裁民事违法行为，保护当事人的合法权益，教育公民自觉遵守法律，维护社会秩序、经济秩序，保障社会主义建设事业顺利进行。

第三条　人民法院受理公民之间、法人之间、其他组织之间以及他们相互之间因财产关系和人身关系提起的民事诉讼，适用本法的规定。

第四条　凡在中华人民共和国领域内进行民事诉讼，必须遵守本法。

第五条　外国人、无国籍人、外国企业和组织在人民法院

起诉、应诉,同中华人民共和国公民、法人和其他组织有同等的诉讼权利义务。

外国法院对中华人民共和国公民、法人和其他组织的民事诉讼权利加以限制的,中华人民共和国人民法院对该国公民、企业和组织的民事诉讼权利,实行对等原则。

第六条　民事案件的审判权由人民法院行使。

人民法院依照法律规定对民事案件独立进行审判,不受行政机关、社会团体和个人的干涉。

第七条　人民法院审理民事案件,必须以事实为根据,以法律为准绳。

第八条　民事诉讼当事人有平等的诉讼权利。人民法院审理民事案件,应当保障和便利当事人行使诉讼权利,对当事人在适用法律上一律平等。

第九条　人民法院审理民事案件,应当根据自愿和合法的原则进行调解;调解不成的,应当及时判决。

第十条　人民法院审理民事案件,依照法律规定实行合议、回避、公开审判和两审终审制度。

第十一条　各民族公民都有用本民族语言、文字进行民事诉讼的权利。

在少数民族聚居或者多民族共同居住的地区,人民法院应当用当地民族通用的语言、文字进行审理和发布法律文书。

人民法院应当对不通晓当地民族通用的语言、文字的诉讼参与人提供翻译。

第十二条　人民法院审理民事案件时,当事人有权进行辩论。

第十三条　民事诉讼应当遵循诚实信用原则。

当事人有权在法律规定的范围内处分自己的民事权利和诉讼权利。

第十四条　人民检察院有权对民事诉讼实行法律监督。

第十五条　机关、社会团体、企业事业单位对损害国家、集体或者个人民事权益的行为,可以支持受损害的单位或者个人向人民法院起诉。

第十六条　民族自治地方的人民代表大会根据宪法和本法的原则,结合当地民族的具体情况,可以制定变通或者补充的规定。自治区的规定,报全国人民代表大会常务委员会批准。自治州、自治县的规定,报省或者自治区的人民代表大会常务委员会批准,并报全国人民代表大会常务委员会备案。

第二章　管　辖

第一节　级别管辖

第十七条　基层人民法院管辖第一审民事案件,但本法另有规定的除外。

第十八条　中级人民法院管辖下列第一审民事案件:

(一)重大涉外案件;

(二)在本辖区有重大影响的案件;

(三)最高人民法院确定由中级人民法院管辖的案件。

第十九条　高级人民法院管辖在本辖区有重大影响的第一审民事案件。

第二十条　最高人民法院管辖下列第一审民事案件:

(一)在全国有重大影响的案件;

(二)认为应当由本院审理的案件。

第二节　地域管辖

第二十一条　对公民提起的民事诉讼,由被告住所地人民法院管辖;被告住所地与经常居住地不一致的,由经常居住地人民法院管辖。

对法人或者其他组织提起的民事诉讼,由被告住所地人民法院管辖。

同一诉讼的几个被告住所地、经常居住地在两个以上人民法院辖区的,各该人民法院都有管辖权。

第二十二条　下列民事诉讼,由原告住所地人民法院管

辖;原告住所地与经常居住地不一致的,由原告经常居住地人民法院管辖:

(一)对不在中华人民共和国领域内居住的人提起的有关身份关系的诉讼;

(二)对下落不明或者宣告失踪的人提起的有关身份关系的诉讼;

(三)对被采取强制性教育措施的人提起的诉讼;

(四)对被监禁的人提起的诉讼。

第二十三条　因合同纠纷提起的诉讼,由被告住所地或者合同履行地人民法院管辖。

第二十四条　因保险合同纠纷提起的诉讼,由被告住所地或者保险标的物所在地人民法院管辖。

第二十五条　因票据纠纷提起的诉讼,由票据支付地或者被告住所地人民法院管辖。

第二十六条　因公司设立、确认股东资格、分配利润、解散等纠纷提起的诉讼,由公司住所地人民法院管辖。

第二十七条　因铁路、公路、水上、航空运输和联合运输合同纠纷提起的诉讼,由运输始发地、目的地或者被告住所地人民法院管辖。

第二十八条　因侵权行为提起的诉讼,由侵权行为地或者被告住所地人民法院管辖。

第二十九条　因铁路、公路、水上和航空事故请求损害赔偿提起的诉讼,由事故发生地或者车辆、船舶最先到达地、航空器最先降落地或者被告住所地人民法院管辖。

第三十条　因船舶碰撞或者其他海事损害事故请求损害赔偿提起的诉讼,由碰撞发生地、碰撞船舶最先到达地、加害船舶被扣留地或者被告住所地人民法院管辖。

第三十一条　因海难救助费用提起的诉讼,由救助地或者被救助船舶最先到达地人民法院管辖。

第三十二条　因共同海损提起的诉讼,由船舶最先到达地、共同海损理算地或者航程终止地的人民法院管辖。

第三十三条　下列案件,由本条规定的人民法院专属管辖：

（一）因不动产纠纷提起的诉讼，由不动产所在地人民法院管辖；

（二）因港口作业中发生纠纷提起的诉讼，由港口所在地人民法院管辖；

（三）因继承遗产纠纷提起的诉讼，由被继承人死亡时住所地或者主要遗产所在地人民法院管辖。

第三十四条 合同或者其他财产权益纠纷的当事人可以书面协议选择被告住所地、合同履行地、合同签订地、原告住所地、标的物所在地等与争议有实际联系的地点的人民法院管辖，但不得违反本法对级别管辖和专属管辖的规定。

第三十五条 两个以上人民法院都有管辖权的诉讼，原告可以向其中一个人民法院起诉；原告向两个以上有管辖权的人民法院起诉的，由最先立案的人民法院管辖。

第三节　移送管辖和指定管辖

第三十六条 人民法院发现受理的案件不属于本院管辖的，应当移送有管辖权的人民法院，受移送的人民法院应当受理。受移送的人民法院认为受移送的案件依照规定不属于本院管辖的，应当报请上级人民法院指定管辖，不得再自行移送。

第三十七条 有管辖权的人民法院由于特殊原因，不能行使管辖权的，由上级人民法院指定管辖。

人民法院之间因管辖权发生争议，由争议双方协商解决；协商解决不了的，报请它们的共同上级人民法院指定管辖。

第三十八条 上级人民法院有权审理下级人民法院管辖的第一审民事案件；确有必要将本院管辖的第一审民事案件交下级人民法院审理的，应当报请其上级人民法院批准。

下级人民法院对它所管辖的第一审民事案件，认为需要由上级人民法院审理的，可以报请上级人民法院审理。

第三章　审判组织

第三十九条　人民法院审理第一审民事案件,由审判员、陪审员共同组成合议庭或者由审判员组成合议庭。合议庭的成员人数,必须是单数。

适用简易程序审理的民事案件,由审判员一人独任审理。

陪审员在执行陪审职务时,与审判员有同等的权利义务。

第四十条　人民法院审理第二审民事案件,由审判员组成合议庭。合议庭的成员人数,必须是单数。

发回重审的案件,原审人民法院应当按照第一审程序另行组成合议庭。

审理再审案件,原来是第一审的,按照第一审程序另行组成合议庭;原来是第二审的或者是上级人民法院提审的,按照第二审程序另行组成合议庭。

第四十一条　合议庭的审判长由院长或者庭长指定审判员一人担任;院长或者庭长参加审判的,由院长或者庭长担任。

第四十二条　合议庭评议案件,实行少数服从多数的原则。评议应当制作笔录,由合议庭成员签名。评议中的不同意见,必须如实记入笔录。

第四十三条　审判人员应当依法秉公办案。

审判人员不得接受当事人及其诉讼代理人请客送礼。

审判人员有贪污受贿,徇私舞弊,枉法裁判行为的,应当追究法律责任;构成犯罪的,依法追究刑事责任。

第四章　回　避

第四十四条　审判人员有下列情形之一的,应当自行回避,当事人有权用口头或者书面方式申请他们回避:

(一)是本案当事人或者当事人、诉讼代理人近亲属的;

(二)与本案有利害关系的;

（三）与本案当事人、诉讼代理人有其他关系，可能影响对案件公正审理的。

审判人员接受当事人、诉讼代理人请客送礼，或者违反规定会见当事人、诉讼代理人的，当事人有权要求他们回避。

审判人员有前款规定的行为的，应当依法追究法律责任。

前三款规定，适用于书记员、翻译人员、鉴定人、勘验人。

第四十五条 当事人提出回避申请，应当说明理由，在案件开始审理时提出；回避事由在案件开始审理后知道的，也可以在法庭辩论终结前提出。

被申请回避的人员在人民法院作出是否回避的决定前，应当暂停参与本案的工作，但案件需要采取紧急措施的除外。

第四十六条 院长担任审判长时的回避，由审判委员会决定；审判人员的回避，由院长决定；其他人员的回避，由审判长决定。

第四十七条 人民法院对当事人提出的回避申请，应当在申请提出的三日内，以口头或者书面形式作出决定。申请人对决定不服的，可以在接到决定时申请复议一次。复议期间，被申请回避的人员，不停止参与本案的工作。人民法院对复议申请，应当在三日内作出复议决定，并通知复议申请人。

第五章　诉讼参加人

第一节　当事人

第四十八条 公民、法人和其他组织可以作为民事诉讼的当事人。

法人由其法定代表人进行诉讼。其他组织由其主要负责人进行诉讼。

第四十九条 当事人有权委托代理人，提出回避申请，收集、提供证据，进行辩论，请求调解，提起上诉，申请执行。

当事人可以查阅本案有关材料，并可以复制本案有关材料和法律文书。查阅、复制本案有关材料的范围和办法由最高人民法院规定。

当事人必须依法行使诉讼权利,遵守诉讼秩序,履行发生法律效力的判决书、裁定书和调解书。

第五十条　双方当事人可以自行和解。

第五十一条　原告可以放弃或者变更诉讼请求。被告可以承认或者反驳诉讼请求,有权提起反诉。

第五十二条　当事人一方或者双方为二人以上,其诉讼标的是共同的,或者诉讼标的是同一种类、人民法院认为可以合并审理并经当事人同意的,为共同诉讼。

共同诉讼的一方当事人对诉讼标的有共同权利义务的,其中一人的诉讼行为经其他共同诉讼人承认,对其他共同诉讼人发生效力;对诉讼标的没有共同权利义务的,其中一人的诉讼行为对其他共同诉讼人不发生效力。

第五十三条　当事人一方人数众多的共同诉讼,可以由当事人推选代表人进行诉讼。代表人的诉讼行为对其所代表的当事人发生效力,但代表人变更、放弃诉讼请求或者承认对方当事人的诉讼请求,进行和解,必须经被代表的当事人同意。

第五十四条　诉讼标的是同一种类、当事人一方人数众多在起诉时人数尚未确定的,人民法院可以发出公告,说明案件情况和诉讼请求,通知权利人在一定期间向人民法院登记。

向人民法院登记的权利人可以推选代表人进行诉讼;推选不出代表人的,人民法院可以与参加登记的权利人商定代表人。

代表人的诉讼行为对其所代表的当事人发生效力,但代表人变更、放弃诉讼请求或者承认对方当事人的诉讼请求,进行和解,必须经被代表的当事人同意。

人民法院作出的判决、裁定,对参加登记的全体权利人发生效力。未参加登记的权利人在诉讼时效期间提起诉讼的,适用该判决、裁定。

第五十五条　对污染环境、侵害众多消费者合法权益等损害社会公共利益的行为,法律规定的机关和有关组织可以向人民法院提起诉讼。

第五十六条 对当事人双方的诉讼标的,第三人认为有独立请求权的,有权提起诉讼。

对当事人双方的诉讼标的,第三人虽然没有独立请求权,但案件处理结果同他有法律上的利害关系的,可以申请参加诉讼,或者由人民法院通知他参加诉讼。人民法院判决承担民事责任的第三人,有当事人的诉讼权利义务。

前两款规定的第三人,因不能归责于本人的事由未参加诉讼,但有证据证明发生法律效力的判决、裁定、调解书的部分或者全部内容错误,损害其民事权益的,可以自知道或者应当知道其民事权益受到损害之日起六个月内,向作出该判决、裁定、调解书的人民法院提起诉讼。人民法院经审理,诉讼请求成立的,应当改变或者撤销原判决、裁定、调解书;诉讼请求不成立的,驳回诉讼请求。

第二节 诉讼代理人

第五十七条 无诉讼行为能力人由他的监护人作为法定代理人代为诉讼。法定代理人之间互相推诿代理责任的,由人民法院指定其中一人代为诉讼。

第五十八条 当事人、法定代理人可以委托一至二人作为诉讼代理人。

下列人员可以被委托为诉讼代理人:

(一)律师、基层法律服务工作者;

(二)当事人的近亲属或者工作人员;

(三)当事人所在社区、单位以及有关社会团体推荐的公民。

第五十九条 委托他人代为诉讼,必须向人民法院提交由委托人签名或者盖章的授权委托书

授权委托书必须记明委托事项和权限。诉讼代理人代为承认、放弃、变更诉讼请求,进行和解,提起反诉或者上诉,必须有委托人的特别授权。

侨居在国外的中华人民共和国公民从国外寄交或者托交的授权委托书，必须经中华人民共和国驻该国的使领馆证明；没有使领馆的，由与中华人民共和国有外交关系的第三国驻该国的使领馆证明，再转由中华人民共和国驻该第三国使领馆证明，或者由当地的爱国华侨团体证明。

第六十条　诉讼代理人的权限如果变更或者解除，当事人应当书面告知人民法院，并由人民法院通知对方当事人。

第六十一条　代理诉讼的律师和其他诉讼代理人有权调查收集证据，可以查阅本案有关材料。查阅本案有关材料的范围和办法由最高人民法院规定。

第六十二条　离婚案件有诉讼代理人的，本人除不能表达意思的以外，仍应出庭；确因特殊情况无法出庭的，必须向人民法院提交书面意见。

第六章　证　据

第六十三条　证据包括：

（一）当事人的陈述；

（二）书证；

（三）物证；

（四）视听资料；

（五）电子数据；

（六）证人证言；

（七）鉴定意见；

（八）勘验笔录。

证据必须查证属实，才能作为认定事实的根据。

第六十四条　当事人对自己提出的主张，有责任提供证据。

当事人及其诉讼代理人因客观原因不能自行收集的证据，或者人民法院认为审理案件需要的证据，人民法院应当调查收集。

人民法院应当按照法定程序，全面地、客观地审查核实证据。

第六十五条 当事人对自己提出的主张应当及时提供证据。

人民法院根据当事人的主张和案件审理情况,确定当事人应当提供的证据及其期限。当事人在该期限内提供证据确有困难的,可以向人民法院申请延长期限,人民法院根据当事人的申请适当延长。当事人逾期提供证据的,人民法院应当责令其说明理由;拒不说明理由或者理由不成立的,人民法院根据不同情形可以不予采纳该证据,或者采纳该证据但予以训诫、罚款。

第六十六条 人民法院收到当事人提交的证据材料,应当出具收据,写明证据名称、页数、份数、原件或者复印件以及收到时间等,并由经办人员签名或者盖章。

第六十七条 人民法院有权向有关单位和个人调查取证,有关单位和个人不得拒绝。

人民法院对有关单位和个人提出的证明文书,应当辨别真伪,审查确定其效力。

第六十八条 证据应当在法庭上出示,并由当事人互相质证。对涉及国家秘密、商业秘密和个人隐私的证据应当保密,需要在法庭出示的,不得在公开开庭时出示。

第六十九条 经过法定程序公证证明的法律事实和文书,人民法院应当作为认定事实的根据,但有相反证据足以推翻公证证明的除外。

第七十条 书证应当提交原件。物证应当提交原物。提交原件或者原物确有困难的,可以提交复制品、照片、副本、节录本。

提交外文书证,必须附有中文译本。

第七十一条 人民法院对视听资料,应当辨别真伪,并结合本案的其他证据,审查确定能否作为认定事实的根据。

第七十二条 凡是知道案件情况的单位和个人,都有义务出庭作证。有关单位的负责人应当支持证人作证。

不能正确表达意思的人,不能作证。

第七十三条　经人民法院通知,证人应当出庭作证。有下列情形之一的,经人民法院许可,可以通过书面证言、视听传输技术或者视听资料等方式作证:

(一)因健康原因不能出庭的;

(二)因路途遥远,交通不便不能出庭的;

(三)因自然灾害等不可抗力不能出庭的;

(四)其他有正当理由不能出庭的。

第七十四条　证人因履行出庭作证义务而支出的交通、住宿、就餐等必要费用以及误工损失,由败诉一方当事人负担。当事人申请证人作证的,由该当事人先行垫付;当事人没有申请,人民法院通知证人作证的,由人民法院先行垫付。

第七十五条　人民法院对当事人的陈述,应当结合本案的其他证据,审查确定能否作为认定事实的根据。

当事人拒绝陈述的,不影响人民法院根据证据认定案件事实。

第七十六条　当事人可以就查明事实的专门性问题向人民法院申请鉴定。当事人申请鉴定的,由双方当事人协商确定具备资格的鉴定人;协商不成的,由人民法院指定。

当事人未申请鉴定,人民法院对专门性问题认为需要鉴定的,应当委托具备资格的鉴定人进行鉴定。

第七十七条　鉴定人有权了解进行鉴定所需要的案件材料,必要时可以询问当事人、证人。

鉴定人应当提出书面鉴定意见,在鉴定书上签名或者盖章。

第七十八条　当事人对鉴定意见有异议或者人民法院认为鉴定人有必要出庭的,鉴定人应当出庭作证。经人民法院通知,鉴定人拒不出庭作证的,鉴定意见不得作为认定事实的根据;支付鉴定费用的当事人可以要求返还鉴定费用。

第七十九条　当事人可以申请人民法院通知有专门知识的人出庭,就鉴定人作出的鉴定意见或者专业问题提出意见。

第八十条　勘验物证或者现场,勘验人必须出示人民法院的证件,并邀请当地基层组织或者当事人所在单位派人参加。当事人或者当事人的成年家属应当到场,拒不到场的,不影响勘验的进行。

有关单位和个人根据人民法院的通知,有义务保护现场,协助勘验工作。

勘验人应当将勘验情况和结果制作笔录,由勘验人、当事人和被邀参加人签名或者盖章。

第八十一条 在证据可能灭失或者以后难以取得的情况下,当事人可以在诉讼过程中向人民法院申请保全证据,人民法院也可以主动采取保全措施。

因情况紧急,在证据可能灭失或者以后难以取得的情况下,利害关系人可以在提起诉讼或者申请仲裁前向证据所在地、被申请人住所地或者对案件有管辖权的人民法院申请保全证据。

证据保全的其他程序,参照适用本法第九章保全的有关规定。

第七章 期间、送达

第一节 期 间

第八十二条 期间包括法定期间和人民法院指定的期间。

期间以时、日、月、年计算。期间开始的时和日,不计算在期间内。

期间届满的最后一日是节假日的,以节假日后的第一日为期间届满的日期。

期间不包括在途时间,诉讼文书在期满前交邮的,不算过期。

第八十三条 当事人因不可抗拒的事由或者其他正当理由耽误期限的,在障碍消除后的十日内,可以申请顺延期限,是否准许,由人民法院决定。

第二节　送　达

第八十四条　送达诉讼文书必须有送达回证,由受送达人在送达回证上记明收到日期,签名或者盖章。

受送达人在送达回证上的签收日期为送达日期。

第八十五条　送达诉讼文书,应当直接送交受送达人。受送达人是公民的,本人不在交他的同住成年家属签收;受送达人是法人或者其他组织的,应当由法人的法定代表人、其他组织的主要负责人或者该法人、组织负责收件的人签收;受送达人有诉讼代理人的,可以送交其代理人签收;受送达人已向人民法院指定代收人的,送交代收人签收。

受送达人的同住成年家属,法人或者其他组织的负责收件的人,诉讼代理人或者代收人在送达回证上签收的日期为送达日期。

第八十六条　受送达人或者他的同住成年家属拒绝接收诉讼文书的,送达人可以邀请有关基层组织或者所在单位的代表到场,说明情况,在送达回证上记明拒收事由和日期,由送达人、见证人签名或者盖章,把诉讼文书留在受送达人的住所;也可以把诉讼文书留在受送达人的住所,并采用拍照、录像等方式记录送达过程,即视为送达。

第八十七条　经受送达人同意,人民法院可以采用传真、电子邮件等能够确认其收悉的方式送达诉讼文书,但判决书、裁定书、调解书除外。

采用前款方式送达的,以传真、电子邮件等到达受送达人特定系统的日期为送达日期。

第八十八条　直接送达诉讼文书有困难的,可以委托其他人民法院代为送达,或者邮寄送达。邮寄送达的,以回执上注明的收件日期为送达日期。

第八十九条　受送达人是军人的,通过其所在部队团以上单位的政治机关转交。

第九十条　受送达人被监禁的,通过其所在监所转交。

受送达人被采取强制性教育措施的,通过其所在强制性教育机构转交。

第九十一条 代为转交的机关、单位收到诉讼文书后,必须立即交受送达人签收,以在送达回证上的签收日期,为送达日期。

第九十二条 受送达人下落不明,或者用本节规定的其他方式无法送达的,公告送达。自发出公告之日起,经过六十日,即视为送达。

公告送达,应当在案卷中记明原因和经过。

第八章 调 解

第九十三条 人民法院审理民事案件,根据当事人自愿的原则,在事实清楚的基础上,分清是非,进行调解。

第九十四条 人民法院进行调解,可以由审判员一人主持,也可以由合议庭主持,并尽可能就地进行。

人民法院进行调解,可以用简便方式通知当事人、证人到庭。

第九十五条 人民法院进行调解,可以邀请有关单位和个人协助。被邀请的单位和个人,应当协助人民法院进行调解。

第九十六条 调解达成协议,必须双方自愿,不得强迫。调解协议的内容不得违反法律规定。

第九十七条 调解达成协议,人民法院应当制作调解书。调解书应当写明诉讼请求、案件的事实和调解结果。

调解书由审判人员、书记员署名,加盖人民法院印章,送达双方当事人。

调解书经双方当事人签收后,即具有法律效力。

第九十八条 下列案件调解达成协议,人民法院可以不制作调解书:

(一)调解和好的离婚案件;

(二)调解维持收养关系的案件;

（三）能够即时履行的案件；

（四）其他不需要制作调解书的案件。

对不需要制作调解书的协议，应当记入笔录，由双方当事人、审判人员、书记员签名或者盖章后，即具有法律效力。

第九十九条　调解未达成协议或者调解书送达前一方反悔的，人民法院应当及时判决。

第九章　保全和先予执行

第一百条　人民法院对于可能因当事人一方的行为或者其他原因，使判决难以执行或者造成当事人其他损害的案件，根据对方当事人的申请，可以裁定对其财产进行保全、责令其作出一定行为或者禁止其作出一定行为；当事人没有提出申请的，人民法院在必要时也可以裁定采取保全措施。

人民法院采取保全措施，可以责令申请人提供担保，申请人不提供担保的，裁定驳回申请。

人民法院接受申请后，对情况紧急的，必须在四十八小时内作出裁定；裁定采取保全措施的，应当立即开始执行。

第一百零一条　利害关系人因情况紧急，不立即申请保全将会使其合法权益受到难以弥补的损害的，可以在提起诉讼或者申请仲裁前向被保全财产所在地、被申请人住所地或者对案件有管辖权的人民法院申请采取保全措施。申请人应当提供担保，不提供担保的，裁定驳回申请。

人民法院接受申请后，必须在四十八小时内作出裁定；裁定采取保全措施的，应当立即开始执行。

申请人在人民法院采取保全措施后三十日内不依法提起诉讼或者申请仲裁的，人民法院应当解除保全。

第一百零二条　保全限于请求的范围，或者与本案有关的财物。

第一百零三条　财产保全采取查封、扣押、冻结或者法律规定的其他方法。人民法院保全财产后，应当立即通知被保全财产的人。

财产已被查封、冻结的,不得重复查封、冻结。

第一百零四条 财产纠纷案件,被申请人提供担保的,人民法院应当裁定解除保全。

第一百零五条 申请有错误的,申请人应当赔偿被申请人因保全所遭受的损失。

第一百零六条 人民法院对下列案件,根据当事人的申请,可以裁定先予执行:

(一)追索赡养费、扶养费、抚育费、抚恤金、医疗费用的;

(二)追索劳动报酬的;

(三)因情况紧急需要先予执行的。

第一百零七条 人民法院裁定先予执行的,应当符合下列条件:

(一)当事人之间权利义务关系明确,不先予执行将严重影响申请人的生活或者生产经营的;

(二)被申请人有履行能力。

人民法院可以责令申请人提供担保,申请人不提供担保的,驳回申请。申请人败诉的,应当赔偿被申请人因先予执行遭受的财产损失。

第一百零八条 当事人对保全或者先予执行的裁定不服的,可以申请复议一次。复议期间不停止裁定的执行。

第十章 对妨害民事诉讼的强制措施

第一百零九条 人民法院对必须到庭的被告,经两次传票传唤,无正当理由拒不到庭的,可以拘传。

第一百一十条 诉讼参与人和其他人应当遵守法庭规则。

人民法院对违反法庭规则的人,可以予以训诫,责令退出法庭或者予以罚款、拘留。

人民法院对哄闹、冲击法庭,侮辱、诽谤、威胁、殴打审判人员,严重扰乱法庭秩序的人,依法追究刑事责任;情节较轻的,予以罚款、拘留。

第一百一十一条 诉讼参与人或者其他人有下列行为之一的,人民法院可以根据情节轻重予以罚款、拘留;构成犯罪的,依法追究刑事责任:

（一）伪造、毁灭重要证据,妨碍人民法院审理案件的;

（二）以暴力、威胁、贿买方法阻止证人作证或者指使、贿买、胁迫他人作伪证的;

（三）隐藏、转移、变卖、毁损已被查封、扣押的财产,或者已被清点并责令其保管的财产,转移已被冻结的财产的;

（四）对司法工作人员、诉讼参加人、证人、翻译人员、鉴定人、勘验人、协助执行的人,进行侮辱、诽谤、诬陷、殴打或者打击报复的;

（五）以暴力、威胁或者其他方法阻碍司法工作人员执行职务的;

（六）拒不履行人民法院已经发生法律效力的判决、裁定的。

人民法院对有前款规定的行为之一的单位,可以对其主要负责人或者直接责任人员予以罚款、拘留;构成犯罪的,依法追究刑事责任。

第一百一十二条 当事人之间恶意串通,企图通过诉讼、调解等方式侵害他人合法权益的,人民法院应当驳回其请求,并根据情节轻重予以罚款、拘留;构成犯罪的,依法追究刑事责任。

第一百一十三条 被执行人与他人恶意串通,通过诉讼、仲裁、调解等方式逃避履行法律文书确定的义务的,人民法院应当根据情节轻重予以罚款、拘留;构成犯罪的,依法追究刑事责任。

第一百一十四条 有义务协助调查、执行的单位有下列行为之一的,人民法院除责令其履行协助义务外,并可以予以罚款:

（一）有关单位拒绝或者妨碍人民法院调查取证的;

（二）有关单位接到人民法院协助执行通知书后,拒不协助查询、扣押、冻结、划拨、变价财产的;

（三）有关单位接到人民法院协助执行通知书后，拒不协助扣留被执行人的收入、办理有关财产权证照转移手续、转交有关票证、证照或者其他财产的；

（四）其他拒绝协助执行的。

人民法院对有前款规定的行为之一的单位，可以对其主要负责人或者直接责任人员予以罚款；对仍不履行协助义务的，可以予以拘留；并可以向监察机关或者有关机关提出予以纪律处分的司法建议。

第一百一十五条 对个人的罚款金额，为人民币十万元以下。对单位的罚款金额，为人民币五万元以上一百万元以下。

拘留的期限，为十五日以下。

被拘留的人，由人民法院交公安机关看管。在拘留期间，被拘留人承认并改正错误的，人民法院可以决定提前解除拘留。

第一百一十六条 拘传、罚款、拘留必须经院长批准。

拘传应当发拘传票。

罚款、拘留应当用决定书。对决定不服的，可以向上一级人民法院申请复议一次。复议期间不停止执行。

第一百一十七条 采取对妨害民事诉讼的强制措施必须由人民法院决定。任何单位和个人采取非法拘禁他人或者非法私自扣押他人财产追索债务的，应当依法追究刑事责任，或者予以拘留、罚款。

第十一章 诉讼费用

第一百一十八条 当事人进行民事诉讼，应当按照规定交纳案件受理费。财产案件除交纳案件受理费外，并按照规定交纳其他诉讼费用。

当事人交纳诉讼费用确有困难的，可以按照规定向人民法院申请缓交、减交或者免交。

收取诉讼费用的办法另行制定。

第二编　审判程序

第十二章　第一审普通程序

第一节　起诉和受理

第一百一十九条　起诉必须符合下列条件：

（一）原告是与本案有直接利害关系的公民、法人和其他组织；

（二）有明确的被告；

（三）有具体的诉讼请求和事实、理由；

（四）属于人民法院受理民事诉讼的范围和受诉人民法院管辖。

第一百二十条　起诉应当向人民法院递交起诉状，并按照被告人数提出副本。

书写起诉状确有困难的，可以口头起诉，由人民法院记入笔录，并告知对方当事人。

第一百二十一条　起诉状应当记明下列事项：

（一）原告的姓名、性别、年龄、民族、职业、工作单位、住所、联系方式，法人或者其他组织的名称、住所和法定代表人或者主要负责人的姓名、职务、联系方式；

（二）被告的姓名、性别、工作单位、住所等信息，法人或者其他组织的名称、住所等信息；

（三）诉讼请求和所根据的事实与理由；

（四）证据和证据来源，证人姓名和住所。

第一百二十二条　当事人起诉到人民法院的民事纠纷，适宜调解的，先行调解，但当事人拒绝调解的除外。

第一百二十三条　人民法院应当保障当事人依照法律规定享有的起诉权利。对符合本法第一百一十九条的起诉，必须受理。符合起诉条件的,应当在七日内立案,并通知当事人;不符合起诉条件的,应当在七日内作出裁定书,不予受理;原告对裁定不服的,可以提起上诉。

第一百二十四条 人民法院对下列起诉,分别情形,予以处理:

(一)依照行政诉讼法的规定,属于行政诉讼受案范围的,告知原告提起行政诉讼;

(二)依照法律规定,双方当事人达成书面仲裁协议申请仲裁、不得向人民法院起诉的,告知原告向仲裁机构申请仲裁;

(三)依照法律规定,应当由其他机关处理的争议,告知原告向有关机关申请解决;

(四)对不属于本院管辖的案件,告知原告向有管辖权的人民法院起诉;

(五)对判决、裁定、调解书已经发生法律效力的案件,当事人又起诉的,告知原告申请再审,但人民法院准许撤诉的裁定除外;

(六)依照法律规定,在一定期限内不得起诉的案件,在不得起诉的期限内起诉的,不予受理;

(七)判决不准离婚和调解和好的离婚案件,判决、调解维持收养关系的案件,没有新情况、新理由,原告在六个月内又起诉的,不予受理。

第二节 审理前的准备

第一百二十五条 人民法院应当在立案之日起五日内将起诉状副本发送被告,被告应当在收到之日起十五日内提出答辩状。答辩状应当记明被告的姓名、性别、年龄、民族、职业、工作单位、住所、联系方式;法人或者其他组织的名称、住所和法定代表人或者主要负责人的姓名、职务、联系方式。人民法院应当在收到答辩状之日起五日内将答辩状副本发送原告。

被告不提出答辩状的,不影响人民法院审理。

第一百二十六条　人民法院对决定受理的案件,应当在受理案件通知书和应诉通知书中向当事人告知有关的诉讼权利义务,或者口头告知。

第一百二十七条　人民法院受理案件后,当事人对管辖权有异议的,应当在提交答辩状期间提出。人民法院对当事人提出的异议,应当审查。异议成立的,裁定将案件移送有管辖权的人民法院;异议不成立的,裁定驳回。

当事人未提出管辖异议,并应诉答辩的,视为受诉人民法院有管辖权,但违反级别管辖和专属管辖规定的除外。

第一百二十八条　合议庭组成人员确定后,应当在三日内告知当事人。

第一百二十九条　审判人员必须认真审核诉讼材料,调查收集必要的证据。

第一百三十条　人民法院派出人员进行调查时,应当向被调查人出示证件。

调查笔录经被调查人校阅后,由被调查人、调查人签名或者盖章。

第一百三十一条　人民法院在必要时可以委托外地人民法院调查。

委托调查,必须提出明确的项目和要求。受委托人民法院可以主动补充调查。

受委托人民法院收到委托书后,应当在三十日内完成调查。因故不能完成的,应当在上述期限内函告委托人民法院。

第一百三十二条　必须共同进行诉讼的当事人没有参加诉讼的,人民法院应当通知其参加诉讼。

第一百三十三条　人民法院对受理的案件,分别情形,予以处理:

(一)当事人没有争议,符合督促程序规定条件的,可以转入督促程序;

(二)开庭前可以调解的,采取调解方式及时解决纠纷;

(三)根据案件情况,确定适用简易程序或者普通程序;

（四）需要开庭审理的,通过要求当事人交换证据等方式,明确争议焦点。

第三节　开庭审理

第一百三十四条　人民法院审理民事案件,除涉及国家秘密、个人隐私或者法律另有规定的以外,应当公开进行。

离婚案件,涉及商业秘密的案件,当事人申请不公开审理的,可以不公开审理。

第一百三十五条　人民法院审理民事案件,根据需要进行巡回审理,就地办案。

第一百三十六条　人民法院审理民事案件,应当在开庭三日前通知当事人和其他诉讼参与人。公开审理的,应当公告当事人姓名、案由和开庭的时间、地点。

第一百三十七条　开庭审理前,书记员应当查明当事人和其他诉讼参与人是否到庭,宣布法庭纪律。

开庭审理时,由审判长核对当事人,宣布案由,宣布审判人员、书记员名单,告知当事人有关的诉讼权利义务,询问当事人是否提出回避申请。

第一百三十八条　法庭调查按照下列顺序进行：

（一）当事人陈述；

（二）告知证人的权利义务,证人作证,宣读未到庭的证人证言；

（三）出示书证、物证、视听资料和电子数据；

（四）宣读鉴定意见；

（五）宣读勘验笔录。

第一百三十九条　当事人在法庭上可以提出新的证据。

当事人经法庭许可,可以向证人、鉴定人、勘验人发问。

当事人要求重新进行调查、鉴定或者勘验的,是否准许,由人民法院决定。

第一百四十条　原告增加诉讼请求,被告提出反诉,第三人提出与本案有关的诉讼请求,可以合并审理。

第一百四十一条　法庭辩论按照下列顺序进行：

（一）原告及其诉讼代理人发言；

（二）被告及其诉讼代理人答辩；

（三）第三人及其诉讼代理人发言或者答辩；

（四）互相辩论。

法庭辩论终结，由审判长按照原告、被告、第三人的先后顺序征询各方最后意见。

第一百四十二条　法庭辩论终结，应当依法作出判决。判决前能够调解的，还可以进行调解，调解不成的，应当及时判决。

第一百四十三条　原告经传票传唤，无正当理由拒不到庭的，或者未经法庭许可中途退庭的，可以按撤诉处理；被告反诉的，可以缺席判决。

第一百四十四条　被告经传票传唤，无正当理由拒不到庭的，或者未经法庭许可中途退庭的，可以缺席判决。

第一百四十五条　宣判前，原告申请撤诉的，是否准许，由人民法院裁定。

人民法院裁定不准许撤诉的，原告经传票传唤，无正当理由拒不到庭的，可以缺席判决。

第一百四十六条　有下列情形之一的，可以延期开庭审理：

（一）必须到庭的当事人和其他诉讼参与人有正当理由没有到庭的；

（二）当事人临时提出回避申请的；

（三）需要通知新的证人到庭，调取新的证据，重新鉴定、勘验，或者需要补充调查的；

（四）其他应当延期的情形。

第一百四十七条　书记员应当将法庭审理的全部活动记入笔录，由审判人员和书记员签名。

法庭笔录应当当庭宣读，也可以告知当事人和其他诉讼参与人当庭或者在五日内阅读。当事人和其他诉讼参与人认为对自己的陈述记录有遗漏或者差错的，有权申请补正。如果不予补正,应当将申请记录在案。

法庭笔录由当事人和其他诉讼参与人签名或者盖章。拒绝签名盖章的,记明情况附卷。

第一百四十八条 人民法院对公开审理或者不公开审理的案件,一律公开宣告判决。

当庭宣判的,应当在十日内发送判决书;定期宣判的,宣判后立即发给判决书。

宣告判决时,必须告知当事人上诉权利、上诉期限和上诉的法院。

宣告离婚判决,必须告知当事人在判决发生法律效力前不得另行结婚。

第一百四十九条 人民法院适用普通程序审理的案件,应当在立案之日起六个月内审结。有特殊情况需要延长的,由本院院长批准,可以延长六个月;还需要延长的,报请上级人民法院批准。

第四节 诉讼中止和终结

第一百五十条 有下列情形之一的,中止诉讼:

(一)一方当事人死亡,需要等待继承人表明是否参加诉讼的;

(二)一方当事人丧失诉讼行为能力,尚未确定法定代理人的;

(三)作为一方当事人的法人或者其他组织终止,尚未确定权利义务承受人的;

(四)一方当事人因不可抗拒的事由,不能参加诉讼的;

(五)本案必须以另一案的审理结果为依据,而另一案尚未审结的;

(六)其他应当中止诉讼的情形。

中止诉讼的原因消除后,恢复诉讼。

第一百五十一条 有下列情形之一的,终结诉讼:

(一)原告死亡,没有继承人,或者继承人放弃诉讼权利的；

（二）被告死亡，没有遗产，也没有应当承担义务的人的；

（三）离婚案件一方当事人死亡的；

（四）追索赡养费、扶养费、抚育费以及解除收养关系案件的一方当事人死亡的。

第五节　判决和裁定

第一百五十二条　判决书应当写明判决结果和作出该判决的理由。判决书内容包括：

（一）案由、诉讼请求、争议的事实和理由；

（二）判决认定的事实和理由、适用的法律和理由；

（三）判决结果和诉讼费用的负担；

（四）上诉期间和上诉的法院。

判决书由审判人员、书记员署名，加盖人民法院印章。

第一百五十三条　人民法院审理案件，其中一部分事实已经清楚，可以就该部分先行判决。

第一百五十四条　裁定适用于下列范围：

（一）不予受理；

（二）对管辖权有异议的；

（三）驳回起诉；

（四）保全和先予执行；

（五）准许或者不准许撤诉；

（六）中止或者终结诉讼；

（七）补正判决书中的笔误；

（八）中止或者终结执行；

（九）撤销或者不予执行仲裁裁决；

（十）不予执行公证机关赋予强制执行效力的债权文书；

（十一）其他需要裁定解决的事项。

对前款第一项至第三项裁定，可以上诉。

裁定书应当写明裁定结果和作出该裁定的理由。裁定书由审判人员、书记员署名，加盖人民法院印章。口头裁定的，记入笔录。

第一百五十五条 最高人民法院的判决、裁定,以及依法不准上诉或者超过上诉期没有上诉的判决、裁定,是发生法律效力的判决、裁定。

第一百五十六条 公众可以查阅发生法律效力的判决书、裁定书,但涉及国家秘密、商业秘密和个人隐私的内容除外。

第十三章 简易程序

第一百五十七条 基层人民法院和它派出的法庭审理事实清楚、权利义务关系明确、争议不大的简单的民事案件,适用本章规定。

基层人民法院和它派出的法庭审理前款规定以外的民事案件,当事人双方也可以约定适用简易程序。

第一百五十八条 对简单的民事案件,原告可以口头起诉。

当事人双方可以同时到基层人民法院或者它派出的法庭,请求解决纠纷。基层人民法院或者它派出的法庭可以当即审理,也可以另定日期审理。

第一百五十九条 基层人民法院和它派出的法庭审理简单的民事案件,可以用简便方式传唤当事人和证人、送达诉讼文书、审理案件,但应当保障当事人陈述意见的权利。

第一百六十条 简单的民事案件由审判员一人独任审理,并不受本法第一百三十六条、第一百三十八条、第一百四十一条规定的限制。

第一百六十一条 人民法院适用简易程序审理案件,应当在立案之日起三个月内审结。

第一百六十二条 基层人民法院和它派出的法庭审理符合本法第一百五十七条第一款规定的简单的民事案件,标的额为各省、自治区、直辖市上年度就业人员年平均工资百分之三十以下的,实行一审终审。

第一百六十三条　人民法院在审理过程中,发现案件不宜适用简易程序的,裁定转为普通程序。

第十四章　第二审程序

第一百六十四条　当事人不服地方人民法院第一审判决的,有权在判决书送达之日起十五日内向上一级人民法院提起上诉。

当事人不服地方人民法院第一审裁定的,有权在裁定书送达之日起十日内向上一级人民法院提起上诉。

第一百六十五条　上诉应当递交上诉状。上诉状的内容,应当包括当事人的姓名,法人的名称及其法定代表人的姓名或者其他组织的名称及其主要负责人的姓名;原审人民法院名称、案件的编号和案由;上诉的请求和理由。

第一百六十六条　上诉状应当通过原审人民法院提出,并按照对方当事人或者代表人的人数提出副本。

当事人直接向第二审人民法院上诉的,第二审人民法院应当在五日内将上诉状移交原审人民法院。

第一百六十七条　原审人民法院收到上诉状,应当在五日内将上诉状副本送达对方当事人,对方当事人在收到之日起十五日内提出答辩状。人民法院应当在收到答辩状之日起五日内将副本送达上诉人。对方当事人不提出答辩状的,不影响人民法院审理。

原审人民法院收到上诉状、答辩状,应当在五日内连同全部案卷和证据,报送第二审人民法院。

第一百六十八条　第二审人民法院应当对上诉请求的有关事实和适用法律进行审查。

第一百六十九条　第二审人民法院对上诉案件,应当组成合议庭,开庭审理。经过阅卷、调查和询问当事人,对没有提出新的事实、证据或者理由,合议庭认为不需要开庭审理的,可以不开庭审理。

第二审人民法院审理上诉案件,可以在本院进行,也可以到案件发生地或者原审人民法院所在地进行。

第一百七十条 第二审人民法院对上诉案件,经过审理,按照下列情形,分别处理:

(一)原判决、裁定认定事实清楚,适用法律正确的,以判决、裁定方式驳回上诉,维持原判决、裁定;

(二)原判决、裁定认定事实错误或者适用法律错误的,以判决、裁定方式依法改判、撤销或者变更;

(三)原判决认定基本事实不清的,裁定撤销原判决,发回原审人民法院重审,或者查清事实后改判;

(四)原判决遗漏当事人或者违法缺席判决等严重违反法定程序的,裁定撤销原判决,发回原审人民法院重审。

原审人民法院对发回重审的案件作出判决后,当事人提起上诉的,第二审人民法院不得再次发回重审。

第一百七十一条 第二审人民法院对不服第一审人民法院裁定的上诉案件的处理,一律使用裁定。

第一百七十二条 第二审人民法院审理上诉案件,可以进行调解。调解达成协议,应当制作调解书,由审判人员、书记员署名,加盖人民法院印章。调解书送达后,原审人民法院的判决即视为撤销。

第一百七十三条 第二审人民法院判决宣告前,上诉人申请撤回上诉的,是否准许,由第二审人民法院裁定。

第一百七十四条 第二审人民法院审理上诉案件,除依照本章规定外,适用第一审普通程序。

第一百七十五条 第二审人民法院的判决、裁定,是终审的判决、裁定。

第一百七十六条 人民法院审理对判决的上诉案件,应当在第二审立案之日起三个月内审结。有特殊情况需要延长的,由本院院长批准。

人民法院审理对裁定的上诉案件,应当在第二审立案之日起三十日内作出终审裁定。

第十五章　特别程序

第一节　一般规定

第一百七十七条　人民法院审理选民资格案件、宣告失踪或者宣告死亡案件、认定公民无民事行为能力或者限制民事行为能力案件、认定财产无主案件、确认调解协议案件和实现担保物权案件，适用本章规定。本章没有规定的，适用本法和其他法律的有关规定。

第一百七十八条　依照本章程序审理的案件，实行一审终审。选民资格案件或者重大、疑难的案件，由审判员组成合议庭审理；其他案件由审判员一人独任审理。

第一百七十九条　人民法院在依照本章程序审理案件的过程中，发现本案属于民事权益争议的，应当裁定终结特别程序，并告知利害关系人可以另行起诉。

第一百八十条　人民法院适用特别程序审理的案件，应当在立案之日起三十日内或者公告期满后三十日内审结。有特殊情况需要延长的，由本院院长批准。但审理选民资格的案件除外。

第二节　选民资格案件

第一百八十一条　公民不服选举委员会对选民资格的申诉所作的处理决定，可以在选举日的五日以前向选区所在地基层人民法院起诉。

第一百八十二条　人民法院受理选民资格案件后，必须在选举日前审结。

审理时，起诉人、选举委员会的代表和有关公民必须参加。

人民法院的判决书，应当在选举日前送达选举委员会和起诉人，并通知有关公民。

第三节　宣告失踪、宣告死亡案件

第一百八十三条　公民下落不明满二年,利害关系人申请宣告其失踪的,向下落不明人住所地基层人民法院提出。

申请书应当写明失踪的事实、时间和请求,并附有公安机关或者其他有关机关关于该公民下落不明的书面证明。

第一百八十四条　公民下落不明满四年,或者因意外事故下落不明满二年,或者因意外事故下落不明,经有关机关证明该公民不可能生存,利害关系人申请宣告其死亡的,向下落不明人住所地基层人民法院提出。

申请书应当写明下落不明的事实、时间和请求,并附有公安机关或者其他有关机关关于该公民下落不明的书面证明。

第一百八十五条　人民法院受理宣告失踪、宣告死亡案件后,应当发出寻找下落不明人的公告。宣告失踪的公告期间为三个月,宣告死亡的公告期间为一年。因意外事故下落不明,经有关机关证明该公民不可能生存的,宣告死亡的公告期间为三个月。

公告期间届满,人民法院应当根据被宣告失踪、宣告死亡的事实是否得到确认,作出宣告失踪、宣告死亡的判决或者驳回申请的判决。

第一百八十六条　被宣告失踪、宣告死亡的公民重新出现,经本人或者利害关系人申请,人民法院应当作出新判决,撤销原判决。

第四节　认定公民无民事行为能力、限制民事行为能力案件

第一百八十七条　申请认定公民无民事行为能力或者限制民事行为能力,由其近亲属或者其他利害关系人向该公民住所地基层人民法院提出。

申请书应当写明该公民无民事行为能力或者限制民事行

为能力的事实和根据。

第一百八十八条　人民法院受理申请后,必要时应当对被请求认定为无民事行为能力或者限制民事行为能力的公民进行鉴定。申请人已提供鉴定意见的,应当对鉴定意见进行审查。

第一百八十九条　人民法院审理认定公民无民事行为能力或者限制民事行为能力的案件,应当由该公民的近亲属为代理人,但申请人除外。近亲属互相推诿的,由人民法院指定其中一人为代理人。该公民健康情况许可的,还应当询问本人的意见。

人民法院经审理认定申请有事实根据的,判决该公民为无民事行为能力或者限制民事行为能力人;认定申请没有事实根据的,应当判决予以驳回。

第一百九十条　人民法院根据被认定为无民事行为能力人、限制民事行为能力人或者他的监护人的申请,证实该公民无民事行为能力或者限制民事行为能力的原因已经消除的,应当作出新判决,撤销原判决。

第五节　认定财产无主案件

第一百九十一条　申请认定财产无主,由公民、法人或者其他组织向财产所在地基层人民法院提出。

申请书应当写明财产的种类、数量以及要求认定财产无主的根据。

第一百九十二条　人民法院受理申请后,经审查核实,应当发出财产认领公告。公告满一年无人认领的,判决认定财产无主,收归国家或者集体所有。

第一百九十三条　判决认定财产无主后,原财产所有人或者继承人出现,在民法通则规定的诉讼时效期间可以对财产提出请求,人民法院审查属实后,应当作出新判决,撤销原判决。

第六节　确认调解协议案件

第一百九十四条　申请司法确认调解协议,由双方当事人依照人民调解法等法律,自调解协议生效之日起三十日内,共同向调解组织所在地基层人民法院提出。

第一百九十五条　人民法院受理申请后,经审查,符合法律规定的,裁定调解协议有效,一方当事人拒绝履行或者未全部履行的,对方当事人可以向人民法院申请执行;不符合法律规定的,裁定驳回申请,当事人可以通过调解方式变更原调解协议或者达成新的调解协议,也可以向人民法院提起诉讼。

第七节　实现担保物权案件

第一百九十六条　申请实现担保物权,由担保物权人以及其他有权请求实现担保物权的人依照物权法等法律,向担保财产所在地或者担保物权登记地基层人民法院提出。

第一百九十七条　人民法院受理申请后,经审查,符合法律规定的,裁定拍卖、变卖担保财产,当事人依据该裁定可以向人民法院申请执行;不符合法律规定的,裁定驳回申请,当事人可以向人民法院提起诉讼。

第十六章　审判监督程序

第一百九十八条　各级人民法院院长对本院已经发生法律效力的判决、裁定、调解书,发现确有错误,认为需要再审的,应当提交审判委员会讨论决定。

最高人民法院对地方各级人民法院已经发生法律效力的判决、裁定、调解书,上级人民法院对下级人民法院已经发生法律效力的判决、裁定、调解书,发现确有错误的,有权提审或者指令下级人民法院再审。

第一百九十九条　当事人对已经发生法律效力的判决、

裁定,认为有错误的,可以向上一级人民法院申请再审;当事人一方人数众多或者当事人双方为公民的案件,也可以向原审人民法院申请再审。当事人申请再审的,不停止判决、裁定的执行。

　　第二百条　当事人的申请符合下列情形之一的,人民法院应当再审:

　　(一)有新的证据,足以推翻原判决、裁定的;

　　(二)原判决、裁定认定的基本事实缺乏证据证明的;

　　(三)原判决、裁定认定事实的主要证据是伪造的;

　　(四)原判决、裁定认定事实的主要证据未经质证的;

　　(五)对审理案件需要的主要证据,当事人因客观原因不能自行收集,书面申请人民法院调查收集,人民法院未调查收集的;

　　(六)原判决、裁定适用法律确有错误的;

　　(七)审判组织的组成不合法或者依法应当回避的审判人员没有回避的;

　　(八)无诉讼行为能力人未经法定代理人代为诉讼或者应当参加诉讼的当事人,因不能归责于本人或者其诉讼代理人的事由,未参加诉讼的;

　　(九)违反法律规定,剥夺当事人辩论权利的;

　　(十)未经传票传唤,缺席判决的;

　　(十一)原判决、裁定遗漏或者超出诉讼请求的;

　　(十二)据以作出原判决、裁定的法律文书被撤销或者变更的;

　　(十三)审判人员审理该案件时有贪污受贿,徇私舞弊,枉法裁判行为的。

　　第二百零一条　当事人对已经发生法律效力的调解书,提出证据证明调解违反自愿原则或者调解协议的内容违反法律的,可以申请再审。经人民法院审查属实的,应当再审。

　　第二百零二条　当事人对已经发生法律效力的解除婚姻关系的判决、调解书,不得申请再审。

　　第二百零三条　当事人申请再审的,应当提交再审申请书等材料。人民法院应当自收到再审申请书之日起五日内将再审申请书副本发送对方当事人。对方当事人应当自收到再审申请书副本之日起十五日内提交书面意见;不提交书面意见的,不影响人民法院审查。人民法院可以要求申请人和对方当事人补充有关材料,询问有关事项。

第二百零四条 人民法院应当自收到再审申请书之日起三个月内审查,符合本法规定的,裁定再审;不符合本法规定的,裁定驳回申请。有特殊情况需要延长的,由本院院长批准。

因当事人申请裁定再审的案件由中级人民法院以上的人民法院审理,但当事人依照本法第一百九十九条的规定选择向基层人民法院申请再审的除外。最高人民法院、高级人民法院裁定再审的案件,由本院再审或者交其他人民法院再审,也可以交原审人民法院再审。

第二百零五条 当事人申请再审,应当在判决、裁定发生法律效力后六个月内提出;有本法第二百条第一项、第三项、第十二项、第十三项规定情形的,自知道或者应当知道之日起六个月内提出。

第二百零六条 按照审判监督程序决定再审的案件,裁定中止原判决、裁定、调解书的执行,但追索赡养费、扶养费、抚育费、抚恤金、医疗费用、劳动报酬等案件,可以不中止执行。

第二百零七条 人民法院按照审判监督程序再审的案件,发生法律效力的判决、裁定是由第一审法院作出的,按照第一审程序审理,所作的判决、裁定,当事人可以上诉;发生法律效力的判决、裁定是由第二审法院作出的,按照第二审程序审理,所作的判决、裁定,是发生法律效力的判决、裁定;上级人民法院按照审判监督程序提审的,按照第二审程序审理,所作的判决、裁定是发生法律效力的判决、裁定。

人民法院审理再审案件,应当另行组成合议庭。

第二百零八条 最高人民检察院对各级人民法院已经发生法律效力的判决、裁定,上级人民检察院对下级人民法院已经发生法律效力的判决、裁定,发现有本法第二百条规定情形之一的,或者发现调解书损害国家利益、社会公共利益的,应当提出抗诉。

地方各级人民检察院对同级人民法院已经发生法律效力的判决、裁定,发现有本法第二百条规定情形之一的,或者发现调解书损害国家利益、社会公共利益的,可以向同级人民法院提出检察建议,并报上级人民检察院备案;也可以提请上级人民检察院向同级人民法院提出抗诉。

各级人民检察院对审判监督程序以外的其他审判程序中审判人员的违法行为,有权向同级人民法院提出检察建议。

第二百零九条　有下列情形之一的,当事人可以向人民检察院申请检察建议或者抗诉:

(一)人民法院驳回再审申请的;

(二)人民法院逾期未对再审申请作出裁定的;

(三)再审判决、裁定有明显错误的。

人民检察院对当事人的申请应当在三个月内进行审查,作出提出或者不予提出检察建议或者抗诉的决定。当事人不得再次向人民检察院申请检察建议或者抗诉。

第二百一十条　人民检察院因履行法律监督职责提出检察建议或者抗诉的需要,可以向当事人或者案外人调查核实有关情况。

第二百一十一条　人民检察院提出抗诉的案件,接受抗诉的人民法院应当自收到抗诉书之日起三十日内作出再审的裁定;有本法第二百条第一项至第五项规定情形之一的,可以交下一级人民法院再审,但经该下一级人民法院再审的除外。

第二百一十二条　人民检察院决定对人民法院的判决、裁定、调解书提出抗诉的,应当制作抗诉书。

第二百一十三条　人民检察院提出抗诉的案件,人民法院再审时,应当通知人民检察院派员出席法庭。

第十七章 督促程序

第二百一十四条 债权人请求债务人给付金钱、有价证券,符合下列条件的,可以向有管辖权的基层人民法院申请支付令:

(一)债权人与债务人没有其他债务纠纷的;

(二)支付令能够送达债务人的。

申请书应当写明请求给付金钱或者有价证券的数量和所根据的事实、证据。

第二百一十五条 债权人提出申请后,人民法院应当在五日内通知债权人是否受理。

第二百一十六条 人民法院受理申请后,经审查债权人提供的事实、证据,对债权债务关系明确、合法的,应当在受理之日起十五日内向债务人发出支付令;申请不成立的,裁定予以驳回。

债务人应当自收到支付令之日起十五日内清偿债务,或者向人民法院提出书面异议。

债务人在前款规定的期间不提出异议又不履行支付令的,债权人可以向人民法院申请执行。

第二百一十七条 人民法院收到债务人提出的书面异议后,经审查,异议成立的,应当裁定终结督促程序,支付令自行失效。

支付令失效的,转入诉讼程序,但申请支付令的一方当事人不同意提起诉讼的除外。

第十八章 公示催告程序

第二百一十八条 按照规定可以背书转让的票据持有人,因票据被盗、遗失或者灭失,可以向票据支付地的基层人民法院申请公示催告。依照法律规定可以申请公示催告的其他事项,适用本章规定。

　　申请人应当向人民法院递交申请书,写明票面金额、发票人、持票人、背书人等票据主要内容和申请的理由、事实。

　　第二百一十九条　人民法院决定受理申请,应当同时通知支付人停止支付,并在三日内发出公告,催促利害关系人申报权利。公示催告的期间,由人民法院根据情况决定,但不得少于六十日。

　　第二百二十条　支付人收到人民法院停止支付的通知,应当停止支付,至公示催告程序终结。

　　公示催告期间,转让票据权利的行为无效。

　　第二百二十一条　利害关系人应当在公示催告期间向人民法院申报。

　　人民法院收到利害关系人的申报后,应当裁定终结公示催告程序,并通知申请人和支付人。

　　申请人或者申报人可以向人民法院起诉。

　　第二百二十二条　没有人申报的,人民法院应当根据申请人的申请,作出判决,宣告票据无效。判决应当公告,并通知支付人。自判决公告之日起,申请人有权向支付人请求支付。

　　第二百二十三条　利害关系人因正当理由不能在判决前向人民法院申报的,自知道或者应当知道判决公告之日起一年内,可以向作出判决的人民法院起诉。

第三编　执行程序

第十九章　一般规定

　　第二百二十四条　发生法律效力的民事判决、裁定,以及刑事判决、裁定中的财产部分,由第一审人民法院或者与第一审人民法院同级的被执行的财产所在地人民法院执行。

　　法律规定由人民法院执行的其他法律文书,由被执行人住所地或者被执行的财产所在地人民法院执行。

第二百二十五条 当事人、利害关系人认为执行行为违反法律规定的,可以向负责执行的人民法院提出书面异议。当事人、利害关系人提出书面异议的,人民法院应当自收到书面异议之日起十五日内审查,理由成立的,裁定撤销或者改正;理由不成立的,裁定驳回。当事人、利害关系人对裁定不服的,可以自裁定送达之日起十日内向上一级人民法院申请复议。

第二百二十六条 人民法院自收到申请执行书之日起超过六个月未执行的,申请执行人可以向上一级人民法院申请执行。上一级人民法院经审查,可以责令原人民法院在一定期限内执行,也可以决定由本院执行或者指令其他人民法院执行。

第二百二十七条 执行过程中,案外人对执行标的提出书面异议的,人民法院应当自收到书面异议之日起十五日内审查,理由成立的,裁定中止对该标的的执行;理由不成立的,裁定驳回。案外人、当事人对裁定不服,认为原判决、裁定错误的,依照审判监督程序办理;与原判决、裁定无关的,可以自裁定送达之日起十五日内向人民法院提起诉讼。

第二百二十八条 执行工作由执行员进行。

采取强制执行措施时,执行员应当出示证件。执行完毕后,应当将执行情况制作笔录,由在场的有关人员签名或者盖章。

人民法院根据需要可以设立执行机构。

第二百二十九条 被执行人或者被执行的财产在外地的,可以委托当地人民法院代为执行。受委托人民法院收到委托函件后,必须在十五日内开始执行,不得拒绝。执行完毕后,应当将执行结果及时函复委托人民法院;在三十日内如果还未执行完毕,也应当将执行情况函告委托人民法院。

受委托人民法院自收到委托函件之日起十五日内不执行的,委托人民法院可以请求受委托人民法院的上级人民法院指令受委托人民法院执行。

第二百三十条　在执行中,双方当事人自行和解达成协议的,执行员应当将协议内容记入笔录,由双方当事人签名或者盖章。

申请执行人因受欺诈、胁迫与被执行人达成和解协议,或者当事人不履行和解协议的,人民法院可以根据当事人的申请,恢复对原生效法律文书的执行。

第二百三十一条　在执行中,被执行人向人民法院提供担保,并经申请执行人同意的,人民法院可以决定暂缓执行及暂缓执行的期限。被执行人逾期仍不履行的,人民法院有权执行被执行人的担保财产或者担保人的财产。

第二百三十二条　作为被执行人的公民死亡的,以其遗产偿还债务。作为被执行人的法人或者其他组织终止的,由其权利义务承受人履行义务。

第二百三十三条　执行完毕后,据以执行的判决、裁定和其他法律文书确有错误,被人民法院撤销的,对已被执行的财产,人民法院应当作出裁定,责令取得财产的人返还;拒不返还的,强制执行。

第二百三十四条　人民法院制作的调解书的执行,适用本编的规定。

第二百三十五条　人民检察院有权对民事执行活动实行法律监督。

第二十章　执行的申请和移送

第二百三十六条　发生法律效力的民事判决、裁定,当事人必须履行。一方拒绝履行的,对方当事人可以向人民法院申请执行,也可以由审判员移送执行员执行。

调解书和其他应当由人民法院执行的法律文书,当事人必须履行。一方拒绝履行的,对方当事人可以向人民法院申请执行。

第二百三十七条　对依法设立的仲裁机构的裁决,一方当事人不履行的,对方当事人可以向有管辖权的人民法院申请执行。受申请的人民法院应当执行。

被申请人提出证据证明仲裁裁决有下列情形之一的,经人民法院组成合议庭审查核实,裁定不予执行:

（一）当事人在合同中没有订有仲裁条款或者事后没有达成书面仲裁协议的;

（二）裁决的事项不属于仲裁协议的范围或者仲裁机构无权仲裁的;

（三）仲裁庭的组成或者仲裁的程序违反法定程序的;

（四）裁决所根据的证据是伪造的;

（五）对方当事人向仲裁机构隐瞒了足以影响公正裁决的证据的;

（六）仲裁员在仲裁该案时有贪污受贿,徇私舞弊,枉法裁决行为的。

人民法院认定执行该裁决违背社会公共利益的,裁定不予执行。

裁定书应当送达双方当事人和仲裁机构。

仲裁裁决被人民法院裁定不予执行的,当事人可以根据双方达成的书面仲裁协议重新申请仲裁,也可以向人民法院起诉。

第二百三十八条 对公证机关依法赋予强制执行效力的债权文书,一方当事人不履行的,对方当事人可以向有管辖权的人民法院申请执行,受申请的人民法院应当执行。

公证债权文书确有错误的,人民法院裁定不予执行,并将裁定书送达双方当事人和公证机关。

第二百三十九条 申请执行的期间为二年。申请执行时效的中止、中断,适用法律有关诉讼时效中止、中断的规定。

前款规定的期间,从法律文书规定履行期间的最后一日起计算;法律文书规定分期履行的,从规定的每次履行期间的最后一日起计算;法律文书未规定履行期间的,从法律文书生效之日起计算。

第二百四十条 执行员接到申请执行书或者移交执行书,应当向被执行人发出执行通知,并可以立即采取强制执行措施。

第二十一章　执行措施

第二百四十一条　被执行人未按执行通知履行法律文书确定的义务,应当报告当前以及收到执行通知之日前一年的财产情况。被执行人拒绝报告或者虚假报告的,人民法院可以根据情节轻重对被执行人或者其法定代理人、有关单位的主要负责人或者直接责任人员予以罚款、拘留。

第二百四十二条　被执行人未按执行通知履行法律文书确定的义务,人民法院有权向有关单位查询被执行人的存款、债券、股票、基金份额等财产情况。人民法院有权根据不同情形扣押、冻结、划拨、变价被执行人的财产。人民法院查询、扣押、冻结、划拨、变价的财产不得超出被执行人应当履行义务的范围。

人民法院决定扣押、冻结、划拨、变价财产,应当作出裁定,并发出协助执行通知书,有关单位必须办理。

第二百四十三条　被执行人未按执行通知履行法律文书确定的义务,人民法院有权扣留、提取被执行人应当履行义务部分的收入。但应当保留被执行人及其所扶养家属的生活必需费用。

人民法院扣留、提取收入时,应当作出裁定,并发出协助执行通知书,被执行人所在单位、银行、信用合作社和其他有储蓄业务的单位必须办理。

第二百四十四条　被执行人未按执行通知履行法律文书确定的义务,人民法院有权查封、扣押、冻结、拍卖、变卖被执行人应当履行义务部分的财产。但应当保留被执行人及其所扶养家属的生活必需品。

采取前款措施,人民法院应当作出裁定。

第二百四十五条　人民法院查封、扣押财产时,被执行人是公民的,应当通知被执行人或者他的成年家属到场;被执行人是法人或者其他组织的,应当通知其法定代表人或者主要负责人到场。拒不到场的,不影响执行。被执行人是公民的,其工作单位或者财产所在地的基层组织应当派人参加。

对被查封、扣押的财产,执行员必须造具清单,由在场人签名或者盖章后,交被执行人一份。被执行人是公民的,也可以交他的成年家属一份。

第二百四十六条 被查封的财产,执行员可以指定被执行人负责保管。因被执行人的过错造成的损失,由被执行人承担。

第二百四十七条 财产被查封、扣押后,执行员应当责令被执行人在指定期间履行法律文书确定的义务。被执行人逾期不履行的,人民法院应当拍卖被查封、扣押的财产;不适于拍卖或者当事人双方同意不进行拍卖的,人民法院可以委托有关单位变卖或者自行变卖。国家禁止自由买卖的物品,交有关单位按照国家规定的价格收购。

第二百四十八条 被执行人不履行法律文书确定的义务,并隐匿财产的,人民法院有权发出搜查令,对被执行人及其住所或者财产隐匿地进行搜查。

采取前款措施,由院长签发搜查令。

第二百四十九条 法律文书指定交付的财物或者票证,由执行员传唤双方当事人当面交付,或者由执行员转交,并由被交付人签收。

有关单位持有该项财物或者票证的,应当根据人民法院的协助执行通知书转交,并由被交付人签收。

有关公民持有该项财物或者票证的,人民法院通知其交出。拒不交出的,强制执行。

第二百五十条 强制迁出房屋或者强制退出土地,由院长签发公告,责令被执行人在指定期间履行。被执行人逾期不履行的,由执行员强制执行。

强制执行时,被执行人是公民的,应当通知被执行人或者他的成年家属到场;被执行人是法人或者其他组织的,应当通知其法定代表人或者主要负责人到场。拒不到场的,不影响执行。被执行人是公民的,其工作单位或者房屋、土地所在地的基层组织应当派人参加。执行员应当将强制执行情况记入笔录,由在场人签名或者盖章。

强制迁出房屋被搬出的财物,由人民法院派人运至指定处所,交给被执行人。被执行人是公民的,也可以交给他的成年家属。因拒绝接收而造成的损失,由被执行人承担。

第二百五十一条　在执行中,需要办理有关财产权证照转移手续的,人民法院可以向有关单位发出协助执行通知书,有关单位必须办理。

第二百五十二条　对判决、裁定和其他法律文书指定的行为,被执行人未按执行通知履行的,人民法院可以强制执行或者委托有关单位或者其他人完成,费用由被执行人承担。

第二百五十三条　被执行人未按判决、裁定和其他法律文书指定的期间履行给付金钱义务的,应当加倍支付迟延履行期间的债务利息。被执行人未按判决、裁定和其他法律文书指定的期间履行其他义务的,应当支付迟延履行金。

第二百五十四条　人民法院采取本法第二百四十二条、第二百四十三条、第二百四十四条规定的执行措施后,被执行人仍不能偿还债务的,应当继续履行义务。债权人发现被执行人有其他财产的,可以随时请求人民法院执行。

第二百五十五条　被执行人不履行法律文书确定的义务的,人民法院可以对其采取或者通知有关单位协助采取限制出境,在征信系统记录、通过媒体公布不履行义务信息以及法律规定的其他措施。

第二十二章　执行中止和终结

第二百五十六条　有下列情形之一的,人民法院应当裁定中止执行:

(一)申请人表示可以延期执行的;

(二)案外人对执行标的提出确有理由的异议的;

(三)作为一方当事人的公民死亡,需要等待继承人继承权利或者承担义务的;

（四）作为一方当事人的法人或者其他组织终止,尚未确定权利义务承受人的;

（五）人民法院认为应当中止执行的其他情形。

中止的情形消失后,恢复执行。

第二百五十七条 有下列情形之一的,人民法院裁定终结执行:

（一）申请人撤销申请的;

（二）据以执行的法律文书被撤销的;

（三）作为被执行人的公民死亡,无遗产可供执行,又无义务承担人的;

（四）追索赡养费、扶养费、抚育费案件的权利人死亡的;

（五）作为被执行人的公民因生活困难无力偿还借款,无收入来源,又丧失劳动能力的;

（六）人民法院认为应当终结执行的其他情形。

第二百五十八条 中止和终结执行的裁定,送达当事人后立即生效。

第四编 涉外民事诉讼程序的特别规定

第二十三章 一般原则

第二百五十九条 在中华人民共和国领域内进行涉外民事诉讼,适用本编规定。本编没有规定的,适用本法其他有关规定。

第二百六十条 中华人民共和国缔结或者参加的国际条约同本法有不同规定的,适用该国际条约的规定,但中华人民共和国声明保留的条款除外。

第二百六十一条 对享有外交特权与豁免的外国人、外国组织或者国际组织提起的民事诉讼,应当依照中华人民共和国有关法律和中华人民共和国缔结或者参加的国际条约的规定办理。

第二百六十二条　人民法院审理涉外民事案件,应当使用中华人民共和国通用的语言、文字。当事人要求提供翻译的,可以提供,费用由当事人承担。

第二百六十三条　外国人、无国籍人、外国企业和组织在人民法院起诉、应诉,需要委托律师代理诉讼的,必须委托中华人民共和国的律师。

第二百六十四条　在中华人民共和国领域内没有住所的外国人、无国籍人、外国企业和组织委托中华人民共和国律师或者其他人代理诉讼,从中华人民共和国领域外寄交或者托交的授权委托书,应当经所在国公证机关证明,并经中华人民共和国驻该国使领馆认证,或者履行中华人民共和国与该所在国订立的有关条约中规定的证明手续后,才具有效力。

第二十四章　管　辖

第二百六十五条　因合同纠纷或者其他财产权益纠纷,对在中华人民共和国领域内没有住所的被告提起的诉讼,如果合同在中华人民共和国领域内签订或者履行,或者诉讼标的物在中华人民共和国领域内,或者被告在中华人民共和国领域内有可供扣押的财产,或者被告在中华人民共和国领域内设有代表机构,可以由合同签订地、合同履行地、诉讼标的物所在地、可供扣押财产所在地、侵权行为地或者代表机构住所地人民法院管辖。

第二百六十六条　因在中华人民共和国履行中外合资经营企业合同、中外合作经营企业合同、中外合作勘探开发自然资源合同发生纠纷提起的诉讼,由中华人民共和国人民法院管辖。

第二十五章　送达、期间

第二百六十七条　人民法院对在中华人民共和国领域内没有住所的当事人送达诉讼文书,可以采用下列方式:

（一）依照受送达人所在国与中华人民共和国缔结或者共同参加的国际条约中规定的方式送达；

（二）通过外交途径送达；

（三）对具有中华人民共和国国籍的受送达人，可以委托中华人民共和国驻受送达人所在国的使领馆代为送达；

（四）向受送达人委托的有权代其接受送达的诉讼代理人送达；

（五）向受送达人在中华人民共和国领域内设立的代表机构或者有权接受送达的分支机构、业务代办人送达；

（六）受送达人所在国的法律允许邮寄送达的，可以邮寄送达，自邮寄之日起满三个月，送达回证没有退回，但根据各种情况足以认定已经送达的，期间届满之日视为送达；

（七）采用传真、电子邮件等能够确认受送达人收悉的方式送达；

（八）不能用上述方式送达的，公告送达，自公告之日起满三个月，即视为送达。

第二百六十八条 被告在中华人民共和国领域内没有住所的，人民法院应当将起诉状副本送达被告，并通知被告在收到起诉状副本后三十日内提出答辩状。被告申请延期的，是否准许，由人民法院决定。

第二百六十九条 在中华人民共和国领域内没有住所的当事人，不服第一审人民法院判决、裁定的，有权在判决书、裁定书送达之日起三十日内提起上诉。被上诉人在收到上诉状副本后，应当在三十日内提出答辩状。当事人不能在法定期间提起上诉或者提出答辩状，申请延期的，是否准许，由人民法院决定。

第二百七十条 人民法院审理涉外民事案件的期间，不受本法第一百四十九条、第一百七十六条规定的限制。

第二十六章 仲 裁

第二百七十一条 涉外经济贸易、运输和海事中发生的纠纷,当事人在合同中订有仲裁条款或者事后达成书面仲裁协议,提交中华人民共和国涉外仲裁机构或者其他仲裁机构仲裁的,当事人不得向人民法院起诉。

当事人在合同中没有订有仲裁条款或者事后没有达成书面仲裁协议的,可以向人民法院起诉。

第二百七十二条　当事人申请采取保全的,中华人民共和国的涉外仲裁机构应当将当事人的申请,提交被申请人住所地或者财产所在地的中级人民法院裁定。

第二百七十三条　经中华人民共和国涉外仲裁机构裁决的,当事人不得向人民法院起诉。一方当事人不履行仲裁裁决的,对方当事人可以向被申请人住所地或者财产所在地的中级人民法院申请执行。

第二百七十四条　对中华人民共和国涉外仲裁机构作出的裁决,被申请人提出证据证明仲裁裁决有下列情形之一的,经人民法院组成合议庭审查核实,裁定不予执行:

(一)当事人在合同中没有订有仲裁条款或者事后没有达成书面仲裁协议的;

(二)被申请人没有得到指定仲裁员或者进行仲裁程序的通知,或者由于其他不属于被申请人负责的原因未能陈述意见的;

(三)仲裁庭的组成或者仲裁的程序与仲裁规则不符的;

(四)裁决的事项不属于仲裁协议的范围或者仲裁机构无权仲裁的。

人民法院认定执行该裁决违背社会公共利益的,裁定不予执行。

第二百七十五条　仲裁裁决被人民法院裁定不予执行的,当事人可以根据双方达成的书面仲裁协议重新申请仲裁,也可以向人民法院起诉。

第二十七章　司法协助

第二百七十六条　根据中华人民共和国缔结或者参加的

国际条约,或者按照互惠原则,人民法院和外国法院可以相互请求,代为送达文书、调查取证以及进行其他诉讼行为。

外国法院请求协助的事项有损于中华人民共和国的主权、安全或者社会公共利益的,人民法院不予执行。

第二百七十七条 请求和提供司法协助,应当依照中华人民共和国缔结或者参加的国际条约所规定的途径进行;没有条约关系的,通过外交途径进行。

外国驻中华人民共和国的使领馆可以向该国公民送达文书和调查取证,但不得违反中华人民共和国的法律,并不得采取强制措施。

除前款规定的情况外,未经中华人民共和国主管机关准许,任何外国机关或者个人不得在中华人民共和国领域内送达文书、调查取证。

第二百七十八条 外国法院请求人民法院提供司法协助的请求书及其所附文件,应当附有中文译本或者国际条约规定的其他文字文本。

人民法院请求外国法院提供司法协助的请求书及其所附文件,应当附有该国文字译本或者国际条约规定的其他文字文本。

第二百七十九条 人民法院提供司法协助,依照中华人民共和国法律规定的程序进行。外国法院请求采用特殊方式的,也可以按照其请求的特殊方式进行,但请求采用的特殊方式不得违反中华人民共和国法律。

第二百八十条 人民法院作出的发生法律效力的判决、裁定,如果被执行人或者其财产不在中华人民共和国领域内,当事人请求执行的,可以由当事人直接向有管辖权的外国法院申请承认和执行,也可以由人民法院依照中华人民共和国缔结或者参加的国际条约的规定,或者按照互惠原则,请求外国法院承认和执行。

中华人民共和国涉外仲裁机构作出的发生法律效力的仲裁裁决,当事人请求执行的,如果被执行人或者其财产不在中华人民共和国领域内,应当由当事人直接向有管辖权的外国法院申请承认和执行。

第二百八十一条　外国法院作出的发生法律效力的判决、裁定，需要中华人民共和国人民法院承认和执行的，可以由当事人直接向中华人民共和国有管辖权的中级人民法院申请承认和执行，也可以由外国法院依照该国与中华人民共和国缔结或者参加的国际条约的规定，或者按照互惠原则，请求人民法院承认和执行。

第二百八十二条　人民法院对申请或者请求承认和执行的外国法院作出的发生法律效力的判决、裁定，依照中华人民共和国缔结或者参加的国际条约，或者按照互惠原则进行审查后，认为不违反中华人民共和国法律的基本原则或者国家主权、安全、社会公共利益的，裁定承认其效力，需要执行的，发出执行令，依照本法的有关规定执行。违反中华人民共和国法律的基本原则或者国家主权、安全、社会公共利益的，不予承认和执行。

第二百八十三条　国外仲裁机构的裁决，需要中华人民共和国人民法院承认和执行的，应当由当事人直接向被执行人住所地或者其财产所在地的中级人民法院申请，人民法院应当依照中华人民共和国缔结或者参加的国际条约，或者按照互惠原则办理。

第二百八十四条　本法自公布之日起施行，《中华人民共和国民事诉讼法（试行）》同时废止。

中华人民共和国刑事诉讼法

(1979 年 7 月 1 日第五届全国人民代表大会第二次会议通过　根据 1996 年 3 月 17 日第八届全国人民代表大会第四次会议《关于修改〈中华人民共和国刑事诉讼法〉的决定》第一次修正　根据 2012 年 3 月 14 日第十一届全国人民代表大会第五次会议《关于修改〈中华人民共和国刑事诉讼法〉的决定》第二次修正)

第一编　总　则

第一章　任务和基本原则

第一条　为了保证刑法的正确实施,惩罚犯罪,保护人民,保障国家安全和社会公共安全,维护社会主义社会秩序,根据宪法,制定本法。

第二条　中华人民共和国刑事诉讼法的任务,是保证准确、及时地查明犯罪事实,正确应用法律,惩罚犯罪分子,保障无罪的人不受刑事追究,教育公民自觉遵守法律,积极同犯罪行为作斗争,维护社会主义法制,尊重和保障人权,保护公民的人身权利、财产权利、民主权利和其他权利,保障社会主义建设事业的顺利进行。

第三条　对刑事案件的侦查、拘留、执行逮捕、预审,由公安机关负责。检察、批准逮捕、检察机关直接受理的案件的侦查、提起公诉,由人民检察院负责。审判由人民法院负责。除法律特别规定的以外,其他任何机关、团体和个人都无权行使这些权力。

人民法院、人民检察院和公安机关进行刑事诉讼,必须严格遵守本法和其他法律的有关规定。

第四条　国家安全机关依照法律规定,办理危害国家安全的刑事案件,行使与公安机关相同的职权。

第五条　人民法院依照法律规定独立行使审判权,人民检察院依照法律规定独立行使检察权,不受行政机关、社会团体和个人的干涉。

第六条　人民法院、人民检察院和公安机关进行刑事诉讼,必须依靠群众,必须以事实为根据,以法律为准绳。对于一切公民,在适用法律上一律平等,在法律面前,不允许有任何特权。

第七条　人民法院、人民检察院和公安机关进行刑事诉讼,应当分工负责,互相配合,互相制约,以保证准确有效地执行法律。

第八条　人民检察院依法对刑事诉讼实行法律监督。

第九条　各民族公民都有用本民族语言文字进行诉讼的权利。人民法院、人民检察院和公安机关对于不通晓当地通用的语言文字的诉讼参与人,应当为他们翻译。

在少数民族聚居或者多民族杂居的地区,应当用当地通用的语言进行审讯,用当地通用的文字发布判决书、布告和其他文件。

第十条　人民法院审判案件,实行两审终审制。

第十一条　人民法院审判案件,除本法另有规定的以外,一律公开进行。被告人有权获得辩护,人民法院有义务保证被告人获得辩护。

第十二条　未经人民法院依法判决,对任何人都不得确定有罪。

第十三条　人民法院审判案件,依照本法实行人民陪审员陪审的制度。

第十四条　人民法院、人民检察院和公安机关应当保障犯罪嫌疑人、被告人和其他诉讼参与人依法享有的辩护权和其他诉讼权利。

诉讼参与人对于审判人员、检察人员和侦查人员侵犯公民诉讼权利和人身侮辱的行为,有权提出控告。

第十五条 有下列情形之一的,不追究刑事责任,已经追究的,应当撤销案件,或者不起诉,或者终止审理,或者宣告无罪:

(一)情节显著轻微、危害不大,不认为是犯罪的;

(二)犯罪已过追诉时效期限的;

(三)经特赦令免除刑罚的;

(四)依照刑法告诉才处理的犯罪,没有告诉或者撤回告诉的;

(五)犯罪嫌疑人、被告人死亡的;

(六)其他法律规定免予追究刑事责任的。

第十六条 对于外国人犯罪应当追究刑事责任的,适用本法的规定。

对于享有外交特权和豁免权的外国人犯罪应当追究刑事责任的,通过外交途径解决。

第十七条 根据中华人民共和国缔结或者参加的国际条约,或者按照互惠原则,我国司法机关和外国司法机关可以相互请求刑事司法协助。

第二章 管 辖

第十八条 刑事案件的侦查由公安机关进行,法律另有规定的除外。

贪污贿赂犯罪,国家工作人员的渎职犯罪,国家机关工作人员利用职权实施的非法拘禁、刑讯逼供、报复陷害、非法搜查的侵犯公民人身权利的犯罪以及侵犯公民民主权利的犯罪,由人民检察院立案侦查。对于国家机关工作人员利用职权实施的其他重大的犯罪案件,需要由人民检察院直接受理的时候,经省级以上人民检察院决定,可以由人民检察院立案侦查。

自诉案件,由人民法院直接受理。

第十九条　基层人民法院管辖第一审普通刑事案件,但是依照本法由上级人民法院管辖的除外。

第二十条　中级人民法院管辖下列第一审刑事案件:

(一)危害国家安全、恐怖活动案件;

(二)可能判处无期徒刑、死刑的案件。

第二十一条　高级人民法院管辖的第一审刑事案件,是全省(自治区、直辖市)性的重大刑事案件。

第二十二条　最高人民法院管辖的第一审刑事案件,是全国性的重大刑事案件。

第二十三条　上级人民法院在必要的时候,可以审判下级人民法院管辖的第一审刑事案件;下级人民法院认为案情重大、复杂需要由上级人民法院审判的第一审刑事案件,可以请求移送上一级人民法院审判。

第二十四条　刑事案件由犯罪地的人民法院管辖。如果由被告人居住地的人民法院审判更为适宜的,可以由被告人居住地的人民法院管辖。

第二十五条　几个同级人民法院都有权管辖的案件,由最初受理的人民法院审判。在必要的时候,可以移送主要犯罪地的人民法院审判。

第二十六条　上级人民法院可以指定下级人民法院审判管辖不明的案件,也可以指定下级人民法院将案件移送其他人民法院审判。

第二十七条　专门人民法院案件的管辖另行规定。

第三章　回　避

第二十八条　审判人员、检察人员、侦查人员有下列情形之一的,应当自行回避,当事人及其法定代理人也有权要求他们回避:

(一)是本案的当事人或者是当事人的近亲属的;

(二)本人或者他的近亲属和本案有利害关系的;

(三)担任过本案的证人、鉴定人、辩护人、诉讼代理人的;

（四）与本案当事人有其他关系,可能影响公正处理案件的。

第二十九条 审判人员、检察人员、侦查人员不得接受当事人及其委托的人的请客送礼,不得违反规定会见当事人及其委托的人。

审判人员、检察人员、侦查人员违反前款规定的,应当依法追究法律责任。当事人及其法定代理人有权要求他们回避。

第三十条 审判人员、检察人员、侦查人员的回避,应当分别由院长、检察长、公安机关负责人决定;院长的回避,由本院审判委员会决定;检察长和公安机关负责人的回避,由同级人民检察院检察委员会决定。

对侦查人员的回避作出决定前,侦查人员不能停止对案件的侦查。

对驳回申请回避的决定,当事人及其法定代理人可以申请复议一次。

第三十一条 本章关于回避的规定适用于书记员、翻译人员和鉴定人。

辩护人、诉讼代理人可以依照本章的规定要求回避、申请复议。

第四章　辩护与代理

第三十二条 犯罪嫌疑人、被告人除自己行使辩护权以外,还可以委托一至二人作为辩护人。下列的人可以被委托为辩护人:

（一）律师;

（二）人民团体或者犯罪嫌疑人、被告人所在单位推荐的人;

（三）犯罪嫌疑人、被告人的监护人、亲友。

正在被执行刑罚或者依法被剥夺、限制人身自由的人,不得担任辩护人。

第三十三条　犯罪嫌疑人自被侦查机关第一次讯问或者采取强制措施之日起,有权委托辩护人;在侦查期间,只能委托律师作为辩护人。被告人有权随时委托辩护人。

侦查机关在第一次讯问犯罪嫌疑人或者对犯罪嫌疑人采取强制措施的时候,应当告知犯罪嫌疑人有权委托辩护人。人民检察院自收到移送审查起诉的案件材料之日起三日以内,应当告知犯罪嫌疑人有权委托辩护人。人民法院自受理案件之日起三日以内,应当告知被告人有权委托辩护人。犯罪嫌疑人、被告人在押期间要求委托辩护人的,人民法院、人民检察院和公安机关应当及时转达其要求。

犯罪嫌疑人、被告人在押的,也可以由其监护人、近亲属代为委托辩护人。

辩护人接受犯罪嫌疑人、被告人委托后,应当及时告知办理案件的机关。

第三十四条　犯罪嫌疑人、被告人因经济困难或者其他原因没有委托辩护人的,本人及其近亲属可以向法律援助机构提出申请。对符合法律援助条件的,法律援助机构应当指派律师为其提供辩护。

犯罪嫌疑人、被告人是盲、聋、哑人,或者是尚未完全丧失辨认或者控制自己行为能力的精神病人,没有委托辩护人的,人民法院、人民检察院和公安机关应当通知法律援助机构指派律师为其提供辩护。

犯罪嫌疑人、被告人可能被判处无期徒刑、死刑,没有委托辩护人的,人民法院、人民检察院和公安机关应当通知法律援助机构指派律师为其提供辩护。

第三十五条　辩护人的责任是根据事实和法律,提出犯罪嫌疑人、被告人无罪、罪轻或者减轻、免除其刑事责任的材料和意见,维护犯罪嫌疑人、被告人的诉讼权利和其他合法权益。

第三十六条　辩护律师在侦查期间可以为犯罪嫌疑人提供法律帮助;代理申诉、控告;申请变更强制措施;向侦查机关了解犯罪嫌疑人涉嫌的罪名和案件有关情况,提出意见。

第三十七条 辩护律师可以同在押的犯罪嫌疑人、被告人会见和通信。其他辩护人经人民法院、人民检察院许可，也可以同在押的犯罪嫌疑人、被告人会见和通信。

辩护律师持律师执业证书、律师事务所证明和委托书或者法律援助公函要求会见在押的犯罪嫌疑人、被告人的，看守所应当及时安排会见，至迟不得超过四十八小时。

危害国家安全犯罪、恐怖活动犯罪、特别重大贿赂犯罪案件，在侦查期间辩护律师会见在押的犯罪嫌疑人，应当经侦查机关许可。上述案件，侦查机关应当事先通知看守所。

辩护律师会见在押的犯罪嫌疑人、被告人，可以了解案件有关情况，提供法律咨询等；自案件移送审查起诉之日起，可以向犯罪嫌疑人、被告人核实有关证据。辩护律师会见犯罪嫌疑人、被告人时不被监听。

辩护律师同被监视居住的犯罪嫌疑人、被告人会见、通信，适用第一款、第三款、第四款的规定。

第三十八条 辩护律师自人民检察院对案件审查起诉之日起，可以查阅、摘抄、复制本案的案卷材料。其他辩护人经人民法院、人民检察院许可，也可以查阅、摘抄、复制上述材料。

第三十九条 辩护人认为在侦查、审查起诉期间公安机关、人民检察院收集的证明犯罪嫌疑人、被告人无罪或者罪轻的证据材料未提交的，有权申请人民检察院、人民法院调取。

第四十条 辩护人收集的有关犯罪嫌疑人不在犯罪现场、未达到刑事责任年龄、属于依法不负刑事责任的精神病人的证据，应当及时告知公安机关、人民检察院。

第四十一条 辩护律师经证人或者其他有关单位和个人同意，可以向他们收集与本案有关的材料，也可以申请人民检察院、人民法院收集、调取证据，或者申请人民法院通知证人出庭作证。

辩护律师经人民检察院或者人民法院许可，并且经被害人或者其近亲属、被害人提供的证人同意，可以向他们收集与本案有关的材料。

第四十二条　辩护人或者其他任何人,不得帮助犯罪嫌疑人、被告人隐匿、毁灭、伪造证据或者串供,不得威胁、引诱证人作伪证以及进行其他干扰司法机关诉讼活动的行为。

违反前款规定的,应当依法追究法律责任,辩护人涉嫌犯罪的,应当由办理辩护人所承办案件的侦查机关以外的侦查机关办理。辩护人是律师的,应当及时通知其所在的律师事务所或者所属的律师协会。

第四十三条　在审判过程中,被告人可以拒绝辩护人继续为他辩护,也可以另行委托辩护人辩护。

第四十四条　公诉案件的被害人及其法定代理人或者近亲属,附带民事诉讼的当事人及其法定代理人,自案件移送审查起诉之日起,有权委托诉讼代理人。自诉案件的自诉人及其法定代理人,附带民事诉讼的当事人及其法定代理人,有权随时委托诉讼代理人。

人民检察院自收到移送审查起诉的案件材料之日起三日以内,应当告知被害人及其法定代理人或者其近亲属、附带民事诉讼的当事人及其法定代理人有权委托诉讼代理人。人民法院自受理自诉案件之日起三日以内,应当告知自诉人及其法定代理人、附带民事诉讼的当事人及其法定代理人有权委托诉讼代理人。

第四十五条　委托诉讼代理人,参照本法第三十二条的规定执行。

第四十六条　辩护律师对在执业活动中知悉的委托人的有关情况和信息,有权予以保密。但是,辩护律师在执业活动中知悉委托人或者其他人,准备或者正在实施危害国家安全、公共安全以及严重危害他人人身安全的犯罪的,应当及时告知司法机关。

第四十七条　辩护人、诉讼代理人认为公安机关、人民检察院、人民法院及其工作人员阻碍其依法行使诉讼权利的,有权向同级或者上一级人民检察院申诉或者控告。人民检察院对申诉或者控告应当及时进行审查,情况属实的,通知有关机关予以纠正。

第五章 证 据

第四十八条 可以用于证明案件事实的材料,都是证据。

证据包括:

(一)物证;

(二)书证;

(三)证人证言;

(四)被害人陈述;

(五)犯罪嫌疑人、被告人供述和辩解;

(六)鉴定意见;

(七)勘验、检查、辨认、侦查实验等笔录;

(八)视听资料、电子数据。

证据必须经过查证属实,才能作为定案的根据。

第四十九条 公诉案件中被告人有罪的举证责任由人民检察院承担,自诉案件中被告人有罪的举证责任由自诉人承担。

第五十条 审判人员、检察人员、侦查人员必须依照法定程序,收集能够证实犯罪嫌疑人、被告人有罪或者无罪、犯罪情节轻重的各种证据。严禁刑讯逼供和以威胁、引诱、欺骗以及其他非法方法收集证据,不得强迫任何人证实自己有罪。必须保证一切与案件有关或者了解案情的公民,有客观地充分地提供证据的条件,除特殊情况外,可以吸收他们协助调查。

第五十一条 公安机关提请批准逮捕书、人民检察院起诉书、人民法院判决书,必须忠实于事实真相。故意隐瞒事实真相的,应当追究责任。

第五十二条 人民法院、人民检察院和公安机关有权向有关单位和个人收集、调取证据。有关单位和个人应当如实提供证据。

行政机关在行政执法和查办案件过程中收集的物证、书证、视听资料、电子数据等证据材料,在刑事诉讼中可以作为证据使用。

对涉及国家秘密、商业秘密、个人隐私的证据,应当保密。

凡是伪造证据、隐匿证据或者毁灭证据的,无论属于何方,必须受法律追究。

第五十三条　对一切案件的判处都要重证据,重调查研究,不轻信口供。只有被告人供述,没有其他证据的,不能认定被告人有罪和处以刑罚;没有被告人供述,证据确实、充分的,可以认定被告人有罪和处以刑罚。

证据确实、充分,应当符合以下条件:

(一)定罪量刑的事实都有证据证明;

(二)据以定案的证据均经法定程序查证属实;

(三)综合全案证据,对所认定事实已排除合理怀疑。

第五十四条　采用刑讯逼供等非法方法收集的犯罪嫌疑人、被告人供述和采用暴力、威胁等非法方法收集的证人证言、被害人陈述,应当予以排除。收集物证、书证不符合法定程序,可能严重影响司法公正的,应当予以补正或者作出合理解释;不能补正或作出合理解释的,对该证据应当予以排除。

在侦查、审查起诉、审判时发现有应当排除的证据的,应当依法予以排除,不得作为起诉意见、起诉决定和判决的依据。

第五十五条　人民检察院接到报案、控告、举报或者发现侦查人员以非法方法收集证据的,应当进行调查核实。对于确有以非法方法收集证据情形的,应当提出纠正意见;构成犯罪的,依法追究刑事责任。

第五十六条　法庭审理过程中,审判人员认为可能存在本法第五十四条规定的以非法方法收集证据情形的,应当对证据收集的合法性进行法庭调查。

当事人及其辩护人、诉讼代理人有权申请人民法院对以非法方法收集的证据依法予以排除。申请排除以非法方法收集的证据的,应当提供相关线索或者材料。

第五十七条　在对证据收集的合法性进行法庭调查的过

程中,人民检察院应当对证据收集的合法性加以证明。

现有证据材料不能证明证据收集的合法性的,人民检察院可以提请人民法院通知有关侦查人员或者其他人员出庭说明情况;人民法院可以通知有关侦查人员或者其他人员出庭说明情况。有关侦查人员或者其他人员也可以要求出庭说明情况。经人民法院通知,有关人员应当出庭。

第五十八条 对于经过法庭审理,确认或者不能排除存在本法第五十四条规定的以非法方法收集证据情形的,对有关证据应当予以排除。

第五十九条 证人证言必须在法庭上经过公诉人、被害人和被告人、辩护人双方质证并且查实以后,才能作为定案的根据。法庭查明证人有意作伪证或者隐匿罪证的时候,应当依法处理。

第六十条 凡是知道案件情况的人,都有作证的义务。

生理上、精神上有缺陷或者年幼,不能辨别是非、不能正确表达的人,不能作证人。

第六十一条 人民法院、人民检察院和公安机关应当保障证人及其近亲属的安全。

对证人及其近亲属进行威胁、侮辱、殴打或者打击报复,构成犯罪的,依法追究刑事责任;尚不够刑事处罚的,依法给予治安管理处罚。

第六十二条 对于危害国家安全犯罪、恐怖活动犯罪、黑社会性质的组织犯罪、毒品犯罪等案件,证人、鉴定人、被害人因在诉讼中作证,本人或者其近亲属的人身安全面临危险的,人民法院、人民检察院和公安机关应当采取以下一项或者多项保护措施:

(一)不公开真实姓名、住址和工作单位等个人信息;

(二)采取不暴露外貌、真实声音等出庭作证措施;

(三)禁止特定的人员接触证人、鉴定人、被害人及其近亲属;

(四)对人身和住宅采取专门性保护措施;

(五)其他必要的保护措施。

证人、鉴定人、被害人认为因在诉讼中作证,本人或者其近亲属的人身安全面临危险的,可以向人民法院、人民检察院、公安机关请求予以保护。

人民法院、人民检察院、公安机关依法采取保护措施,有关单位和个人应当配合。

第六十三条　证人因履行作证义务而支出的交通、住宿、就餐等费用,应当给予补助。证人作证的补助列入司法机关业务经费,由同级政府财政予以保障。

有工作单位的证人作证,所在单位不得克扣或者变相克扣其工资、奖金及其他福利待遇。

第六章　强制措施

第六十四条　人民法院、人民检察院和公安机关根据案件情况,对犯罪嫌疑人、被告人可以拘传、取保候审或者监视居住。

第六十五条　人民法院、人民检察院和公安机关对有下列情形之一的犯罪嫌疑人、被告人,可以取保候审:

(一)可能判处管制、拘役或者独立适用附加刑的;

(二)可能判处有期徒刑以上刑罚,采取取保候审不致发生社会危险性的;

(三)患有严重疾病、生活不能自理,怀孕或者正在哺乳自己婴儿的妇女,采取取保候审不致发生社会危险性的;

(四)羁押期限届满,案件尚未办结,需要采取取保候审的。

取保候审由公安机关执行。

第六十六条　人民法院、人民检察院和公安机关决定对犯罪嫌疑人、被告人取保候审,应当责令犯罪嫌疑人、被告人提出保证人或者交纳保证金。

第六十七条　保证人必须符合下列条件:

(一)与本案无牵连;

(二)有能力履行保证义务;

（三）享有政治权利,人身自由未受到限制;

（四）有固定的住处和收入。

第六十八条 保证人应当履行以下义务:

（一）监督被保证人遵守本法第六十九条的规定;

（二）发现被保证人可能发生或者已经发生违反本法第六十九条规定的行为的,应当及时向执行机关报告。

被保证人有违反本法第六十九条规定的行为,保证人未履行保证义务的,对保证人处以罚款,构成犯罪的,依法追究刑事责任。

第六十九条 被取保候审的犯罪嫌疑人、被告人应当遵守以下规定:

（一）未经执行机关批准不得离开所居住的市、县;

（二）住址、工作单位和联系方式发生变动的,在二十四小时以内向执行机关报告;

（三）在传讯的时候及时到案;

（四）不得以任何形式干扰证人作证;

（五）不得毁灭、伪造证据或者串供。

人民法院、人民检察院和公安机关可以根据案件情况,责令被取保候审的犯罪嫌疑人、被告人遵守以下一项或者多项规定:

（一）不得进入特定的场所;

（二）不得与特定的人员会见或者通信;

（三）不得从事特定的活动;

（四）将护照等出入境证件、驾驶证件交执行机关保存。

被取保候审的犯罪嫌疑人、被告人违反前两款规定,已交纳保证金的,没收部分或者全部保证金,并且区别情形,责令犯罪嫌疑人、被告人具结悔过、重新交纳保证金、提出保证人,或者监视居住、予以逮捕。

对违反取保候审规定,需要予以逮捕的,可以对犯罪嫌疑人、被告人先行拘留。

第七十条 取保候审的决定机关应当综合考虑保证诉讼活动正常进行的需要,被取保候审人的社会危险性,案件的性质、情节,可能判处刑罚的轻重,被取保候审人的经济状况等情况,确定保证金的数额。

提供保证金的人应当将保证金存入执行机关指定银行的专门账户。

第七十一条 犯罪嫌疑人、被告人在取保候审期间未违反本法第六十九条规定的,取保候审结束的时候,凭解除取保候审的通知或者有关法律文书到银行领取退还的保证金。

第七十二条 人民法院、人民检察院和公安机关对符合逮捕条件,有下列情形之一的犯罪嫌疑人、被告人,可以监视居住:

(一)患有严重疾病、生活不能自理的;

(二)怀孕或者正在哺乳自己婴儿的妇女;

(三)系生活不能自理的人的唯一扶养人;

(四)因为案件的特殊情况或者办理案件的需要,采取监视居住措施更为适宜的;

(五)羁押期限届满,案件尚未办结,需要采取监视居住措施的。

对符合取保候审条件,但犯罪嫌疑人、被告人不能提出保证人,也不交纳保证金的,可以监视居住。

监视居住由公安机关执行。

第七十三条 监视居住应当在犯罪嫌疑人、被告人的住处执行;无固定住处的,可以在指定的居所执行。对于涉嫌危害国家安全犯罪、恐怖活动犯罪、特别重大贿赂犯罪,在住处执行可能有碍侦查的,经上一级人民检察院或者公安机关批准,也可以在指定的居所执行。但是,不得在羁押场所、专门的办案场所执行。

指定居所监视居住的,除无法通知的以外,应当在执行监视居住后二十四小时以内,通知被监视居住人的家属。

被监视居住的犯罪嫌疑人、被告人委托辩护人,适用本法第三十三条的规定。

人民检察院对指定居所监视居住的决定和执行是否合法实行监督。

第七十四条 指定居所监视居住的期限应当折抵刑期。被判处管制的,监视居住一日折抵刑期一日;被判处拘役、有期徒刑的,监视居住二日折抵刑期一日。

第七十五条 被监视居住的犯罪嫌疑人、被告人应当遵守以下规定:

(一)未经执行机关批准不得离开执行监视居住的处所;

(二)未经执行机关批准不得会见他人或者通信;

(三)在传讯的时候及时到案;

(四)不得以任何形式干扰证人作证;

(五)不得毁灭、伪造证据或者串供;

(六)将护照等出入境证件、身份证件、驾驶证件交执行机关保存。

被监视居住的犯罪嫌疑人、被告人违反前款规定,情节严重的,可以予以逮捕;需要予以逮捕的,可以对犯罪嫌疑人、被告人先行拘留。

第七十六条 执行机关对被监视居住的犯罪嫌疑人、被告人,可以采取电子监控、不定期检查等监视方法对其遵守监视居住规定的情况进行监督;在侦查期间,可以对被监视居住的犯罪嫌疑人的通信进行监控。

第七十七条 人民法院、人民检察院和公安机关对犯罪嫌疑人、被告人取保候审最长不得超过十二个月,监视居住最长不得超过六个月。

在取保候审、监视居住期间,不得中断对案件的侦查、起诉和审理。对于发现不应当追究刑事责任或者取保候审、监视居住期限届满的,应当及时解除取保候审、监视居住。解除取保候审、监视居住,应当及时通知被取保候审、监视居住人和有关单位。

第七十八条 逮捕犯罪嫌疑人、被告人,必须经过人民检察院批准或者人民法院决定,由公安机关执行。

第七十九条 对有证据证明有犯罪事实,可能判处徒刑以上刑罚的犯罪嫌疑人、被告人,采取取保候审尚不足以防止发生下列社会危险性的,应当予以逮捕:

（一）可能实施新的犯罪的；

（二）有危害国家安全、公共安全或者社会秩序的现实危险的；

（三）可能毁灭、伪造证据，干扰证人作证或者串供的；

（四）可能对被害人、举报人、控告人实施打击报复的；

（五）企图自杀或者逃跑的。

对有证据证明有犯罪事实，可能判处十年有期徒刑以上刑罚的，或者有证据证明有犯罪事实，可能判处徒刑以上刑罚，曾经故意犯罪或者身份不明的，应当予以逮捕。

被取保候审、监视居住的犯罪嫌疑人、被告人违反取保候审、监视居住规定，情节严重的，可以予以逮捕。

第八十条　公安机关对于现行犯或者重大嫌疑分子，如果有下列情形之一的，可以先行拘留：

（一）正在预备犯罪、实行犯罪或者在犯罪后即时被发觉的；

（二）被害人或者在场亲眼看见的人指认他犯罪的；

（三）在身边或者住处发现有犯罪证据的；

（四）犯罪后企图自杀、逃跑或者在逃的；

（五）有毁灭、伪造证据或者串供可能的；

（六）不讲真实姓名、住址，身份不明的；

（七）有流窜作案、多次作案、结伙作案重大嫌疑的。

第八十一条　公安机关在异地执行拘留、逮捕的时候，应当通知被拘留、逮捕人所在地的公安机关，被拘留、逮捕人所在地的公安机关应当予以配合。

第八十二条　对于有下列情形的人，任何公民都可以立即扭送公安机关、人民检察院或者人民法院处理：

（一）正在实行犯罪或者在犯罪后即时被发觉的；

（二）通缉在案的；

（三）越狱逃跑的；

（四）正在被追捕的。

第八十三条　公安机关拘留人的时候，必须出示拘留证。

拘留后，应当立即将被拘留人送看守所羁押，至迟不得超过二十四小时。除无法通知或者涉嫌危害国家安全犯罪、恐怖活动犯罪通知可能有碍侦查的情形以外,应当在拘留后二十四小时以内,通知被拘留人的家属。有碍侦查的情形消失以后,应当立即通知被拘留人的家属。

第八十四条 公安机关对被拘留的人,应当在拘留后的二十四小时以内进行讯问。在发现不应当拘留的时候,必须立即释放,发给释放证明。

第八十五条 公安机关要求逮捕犯罪嫌疑人的时候,应当写出提请批准逮捕书,连同案卷材料、证据,一并移送同级人民检察院审查批准。必要的时候,人民检察院可以派人参加公安机关对于重大案件的讨论。

第八十六条 人民检察院审查批准逮捕,可以讯问犯罪嫌疑人;有下列情形之一的,应当讯问犯罪嫌疑人:

(一)对是否符合逮捕条件有疑问的;

(二)犯罪嫌疑人要求向检察人员当面陈述的;

(三)侦查活动可能有重大违法行为的。

人民检察院审查批准逮捕,可以询问证人等诉讼参与人,听取辩护律师的意见;辩护律师提出要求的,应当听取辩护律师的意见。

第八十七条 人民检察院审查批准逮捕犯罪嫌疑人由检察长决定。重大案件应当提交检察委员会讨论决定。

第八十八条 人民检察院对于公安机关提请批准逮捕的案件进行审查后,应当根据情况分别作出批准逮捕或者不批准逮捕的决定。对于批准逮捕的决定,公安机关应当立即执行,并且将执行情况及时通知人民检察院。对于不批准逮捕的,人民检察院应当说明理由,需要补充侦查的,应当同时通知公安机关。

第八十九条 公安机关对被拘留的人,认为需要逮捕的,应当在拘留后的三日以内,提请人民检察院审查批准。在特殊情况下,提请审查批准的时间可以延长一日至四日。

对于流窜作案、多次作案、结伙作案的重大嫌疑分子,提请审查批准的时间可以延长至三十日。

人民检察院应当自接到公安机关提请批准逮捕书后的七日以内,作出批准逮捕或者不批准逮捕的决定。人民检察院不批准逮捕的,公安机关应当在接到通知后立即释放,并且将执行情况及时通知人民检察院。对于需要继续侦查,并且符合取保候审、监视居住条件的,依法取保候审或者监视居住。

第九十条　公安机关对人民检察院不批准逮捕的决定,认为有错误的时候,可以要求复议,但是必须将被拘留的人立即释放。如果意见不被接受,可以向上一级人民检察院提请复核。上级人民检察院应当立即复核,作出是否变更的决定,通知下级人民检察院和公安机关执行。

第九十一条　公安机关逮捕人的时候,必须出示逮捕证。

逮捕后,应当立即将被逮捕人送看守所羁押。除无法通知的以外,应当在逮捕后二十四小时以内,通知被逮捕人的家属。

第九十二条　人民法院、人民检察院对于各自决定逮捕的人,公安机关对于经人民检察院批准逮捕的人,都必须在逮捕后的二十四小时以内进行讯问。在发现不应当逮捕的时候,必须立即释放,发给释放证明。

第九十三条　犯罪嫌疑人、被告人被逮捕后,人民检察院仍应当对羁押的必要性进行审查。对不需要继续羁押的,应当建议予以释放或者变更强制措施。有关机关应当在十日以内将处理情况通知人民检察院。

第九十四条　人民法院、人民检察院和公安机关如果发现对犯罪嫌疑人、被告人采取强制措施不当的,应当及时撤销或者变更。公安机关释放被逮捕的人或者变更逮捕措施的,应当通知原批准的人民检察院。

第九十五条　犯罪嫌疑人、被告人及其法定代理人、近亲属或者辩护人有权申请变更强制措施。人民法院、人民检察院和公安机关收到申请后,应当在三日以内作出决定;不同意变更强制措施的,应当告知申请人,并说明不同意的理由。

第九十六条　犯罪嫌疑人、被告人被羁押的案件,不能在本法规定的侦查羁押、审查起诉、一审、二审期限内办结的,对犯罪嫌疑人、被告人应当予以释放;需要继续查证、审理的,对犯罪嫌疑人、被告人可以取保候审或者监视居住。

第九十七条 人民法院、人民检察院或者公安机关对被采取强制措施法定期限届满的犯罪嫌疑人、被告人,应当予以释放、解除取保候审、监视居住或者依法变更强制措施。犯罪嫌疑人、被告人及其法定代理人、近亲属或者辩护人对于人民法院、人民检察院或者公安机关采取强制措施法定期限届满的,有权要求解除强制措施。

第九十八条 人民检察院在审查批准逮捕工作中,如果发现公安机关的侦查活动有违法情况,应当通知公安机关予以纠正,公安机关应当将纠正情况通知人民检察院。

第七章 附带民事诉讼

第九十九条 被害人由于被告人的犯罪行为而遭受物质损失的,在刑事诉讼过程中,有权提起附带民事诉讼。被害人死亡或者丧失行为能力的,被害人的法定代理人、近亲属有权提起附带民事诉讼。

如果是国家财产、集体财产遭受损失的,人民检察院在提起公诉的时候,可以提起附带民事诉讼。

第一百条 人民法院在必要的时候,可以采取保全措施,查封、扣押或者冻结被告人的财产。附带民事诉讼原告人或者人民检察院可以申请人民法院采取保全措施。人民法院采取保全措施,适用民事诉讼法的有关规定。

第一百零一条 人民法院审理附带民事诉讼案件,可以进行调解,或者根据物质损失情况作出判决、裁定。

第一百零二条 附带民事诉讼应当同刑事案件一并审判,只有为了防止刑事案件审判的过分迟延,才可以在刑事案件审判后,由同一审判组织继续审理附带民事诉讼。

第八章　期间、送达

第一百零三条　期间以时、日、月计算。

期间开始的时和日不算在期间以内。

法定期间不包括路途上的时间。上诉状或者其他文件在期满前已经交邮的,不算过期。

期间的最后一日为节假日的,以节假日后的第一日为期满日期,但犯罪嫌疑人、被告人或者罪犯在押期间,应当至期满之日为止,不得因节假日而延长。

第一百零四条　当事人由于不能抗拒的原因或者有其他正当理由而耽误期限的,在障碍消除后五日以内,可以申请继续进行应当在期满以前完成的诉讼活动。

前款申请是否准许,由人民法院裁定。

第一百零五条　送达传票、通知书和其他诉讼文件应当交给收件人本人;如果本人不在,可以交给他的成年家属或者所在单位的负责人员代收。

收件人本人或者代收人拒绝接收或者拒绝签名、盖章的时候,送达人可以邀请他的邻居或者其他见证人到场,说明情况,把文件留在他的住处,在送达证上记明拒绝的事由、送达的日期,由送达人签名,即认为已经送达。

第九章　其他规定

第一百零六条　本法下列用语的含意是:

(一)"侦查"是指公安机关、人民检察院在办理案件过程中,依照法律进行的专门调查工作和有关的强制性措施;

(二)"当事人"是指被害人、自诉人、犯罪嫌疑人、被告人、附带民事诉讼的原告人和被告人;

(三)"法定代理人"是指被代理人的父母、养父母、监护人和负有保护责任的机关、团体的代表;

(四)"诉讼参与人"是指当事人、法定代理人、诉讼代理人、辩护人、证人、鉴定人和翻译人员；

（五）"诉讼代理人"是指公诉案件的被害人及其法定代理人或者近亲属、自诉案件的自诉人及其法定代理人委托代为参加诉讼的人和附带民事诉讼的当事人及其法定代理人委托代为参加诉讼的人；

（六）"近亲属"是指夫、妻、父、母、子、女、同胞兄弟姊妹。

第二编 立案、侦查和提起公诉

第一章 立 案

第一百零七条 公安机关或者人民检察院发现犯罪事实或者犯罪嫌疑人，应当按照管辖范围，立案侦查。

第一百零八条 任何单位和个人发现有犯罪事实或者犯罪嫌疑人，有权利也有义务向公安机关、人民检察院或者人民法院报案或者举报。

被害人对侵犯其人身、财产权利的犯罪事实或者犯罪嫌疑人，有权向公安机关、人民检察院或者人民法院报案或者控告。

公安机关、人民检察院或者人民法院对于报案、控告、举报，都应当接受。对于不属于自己管辖的，应当移送主管机关处理，并且通知报案人、控告人、举报人；对于不属于自己管辖而又必须采取紧急措施的，应当先采取紧急措施，然后移送主管机关。

犯罪人向公安机关、人民检察院或者人民法院自首的，适用第三款规定。

第一百零九条 报案、控告、举报可以用书面或者口头提出。接受口头报案、控告、举报的工作人员，应当写成笔录，经宣读无误后，由报案人、控告人、举报人签名或者盖章。

接受控告、举报的工作人员，应当向控告人、举报人说明诬告应负的法律责任。但是，只要不是捏造事实，伪造证据，即使控告、举报的事实有出入，甚至是错告的，也要和诬告严格加以区别。

公安机关、人民检察院或者人民法院应当保障报案人、控告人、举报人及其近亲属的安全。报案人、控告人、举报人如果不愿公开自己的姓名和报案、控告、举报的行为，应当为他保守秘密。

第一百一十条　人民法院、人民检察院或者公安机关对于报案、控告、举报和自首的材料，应当按照管辖范围，迅速进行审查，认为有犯罪事实需要追究刑事责任的时候，应当立案；认为没有犯罪事实，或者犯罪事实显著轻微，不需要追究刑事责任的时候，不予立案，并且将不立案的原因通知控告人。控告人如果不服，可以申请复议。

第一百一十一条　人民检察院认为公安机关对应当立案侦查的案件而不立案侦查的，或者被害人认为公安机关对应当立案侦查的案件而不立案侦查，向人民检察院提出的，人民检察院应当要求公安机关说明不立案的理由。人民检察院认为公安机关不立案理由不能成立的，应当通知公安机关立案，公安机关接到通知后应当立案。

第一百一十二条　对于自诉案件，被害人有权向人民法院直接起诉。被害人死亡或者丧失行为能力的，被害人的法定代理人、近亲属有权向人民法院起诉。人民法院应当依法受理。

第二章　侦　查

第一节　一般规定

第一百一十三条　公安机关对已经立案的刑事案件，应当进行侦查，收集、调取犯罪嫌疑人有罪或者无罪、罪轻或者罪重的证据材料。对现行犯或者重大嫌疑分子可以依法先行拘留，对符合逮捕条件的犯罪嫌疑人，应当依法逮捕。

第一百一十四条　公安机关经过侦查，对有证据证明有犯罪事实的案件,应当进行预审,对收集、调取的证据材料予以核实。

第一百一十五条 当事人和辩护人、诉讼代理人、利害关系人对于司法机关及其工作人员有下列行为之一的,有权向该机关申诉或者控告:

(一)采取强制措施法定期限届满,不予以释放、解除或者变更的;

(二)应当退还取保候审保证金不退还的;

(三)对与案件无关的财物采取查封、扣押、冻结措施的;

(四)应当解除查封、扣押、冻结不解除的;

(五)贪污、挪用、私分、调换、违反规定使用查封、扣押、冻结的财物的。

受理申诉或者控告的机关应当及时处理。对处理不服的,可以向同级人民检察院申诉;人民检察院直接受理的案件,可以向上一级人民检察院申诉。人民检察院对申诉应当及时进行审查,情况属实的,通知有关机关予以纠正。

第二节 讯问犯罪嫌疑人

第一百一十六条 讯问犯罪嫌疑人必须由人民检察院或者公安机关的侦查人员负责进行。讯问的时候,侦查人员不得少于二人。

犯罪嫌疑人被送交看守所羁押以后,侦查人员对其进行讯问,应当在看守所内进行。

第一百一十七条 对不需要逮捕、拘留的犯罪嫌疑人,可以传唤到犯罪嫌疑人所在市、县内的指定地点或者到他的住处进行讯问,但是应当出示人民检察院或者公安机关的证明文件。对在现场发现的犯罪嫌疑人,经出示工作证件,可以口头传唤,但应当在讯问笔录中注明。

传唤、拘传持续的时间不得超过十二小时;案情特别重大、复杂,需要采取拘留、逮捕措施的,传唤、拘传持续的时间不得超过二十四小时。

不得以连续传唤、拘传的形式变相拘禁犯罪嫌疑人。传唤、拘传犯罪嫌疑人,应当保证犯罪嫌疑人的饮食和必要的休息时间。

第一百一十八条　侦查人员在讯问犯罪嫌疑人的时候,应当首先讯问犯罪嫌疑人是否有犯罪行为,让他陈述有罪的情节或者无罪的辩解,然后向他提出问题。犯罪嫌疑人对侦查人员的提问,应当如实回答。但是对与本案无关的问题,有拒绝回答的权利。

侦查人员在讯问犯罪嫌疑人的时候,应当告知犯罪嫌疑人如实供述自己罪行可以从宽处理的法律规定。

第一百一十九条　讯问聋、哑的犯罪嫌疑人,应当有通晓聋、哑手势的人参加,并且将这种情况记明笔录。

第一百二十条　讯问笔录应当交犯罪嫌疑人核对,对于没有阅读能力的,应当向他宣读。如果记载有遗漏或者差错,犯罪嫌疑人可以提出补充或者改正。犯罪嫌疑人承认笔录没有错误后,应当签名或者盖章。侦查人员也应当在笔录上签名。犯罪嫌疑人请求自行书写供述的,应当准许。必要的时候,侦查人员也可以要犯罪嫌疑人亲笔书写供词。

第一百二十一条　侦查人员在讯问犯罪嫌疑人的时候,可以对讯问过程进行录音或者录像;对于可能判处无期徒刑、死刑的案件或者其他重大犯罪案件,应当对讯问过程进行录音或者录像。

录音或者录像应当全程进行,保持完整性。

第三节　询问证人

第一百二十二条　侦查人员询问证人,可以在现场进行,也可以到证人所在单位、住处或者证人提出的地点进行,在必要的时候,可以通知证人到人民检察院或者公安机关提供证言。在现场询问证人,应当出示工作证件,到证人所在单位、住处或者证人提出的地点询问证人,应当出示人民检察院或者公安机关的证明文件。

询问证人应当个别进行。

第一百二十三条 询问证人，应当告知他应当如实地提供证据、证言和有意作伪证或者隐匿罪证要负的法律责任。

第一百二十四条 本法第一百二十条的规定，也适用于询问证人。

第一百二十五条 询问被害人，适用本节各条规定。

第四节 勘验、检查

第一百二十六条 侦查人员对于与犯罪有关的场所、物品、人身、尸体应当进行勘验或者检查。在必要的时候，可以指派或者聘请具有专门知识的人，在侦查人员的主持下进行勘验、检查。

第一百二十七条 任何单位和个人，都有义务保护犯罪现场，并且立即通知公安机关派员勘验。

第一百二十八条 侦查人员执行勘验、检查，必须持有人民检察院或者公安机关的证明文件。

第一百二十九条 对于死因不明的尸体，公安机关有权决定解剖，并且通知死者家属到场。

第一百三十条 为了确定被害人、犯罪嫌疑人的某些特征、伤害情况或者生理状态，可以对人身进行检查，可以提取指纹信息，采集血液、尿液等生物样本。

犯罪嫌疑人如果拒绝检查，侦查人员认为必要的时候，可以强制检查。

检查妇女的身体，应当由女工作人员或者医师进行。

第一百三十一条 勘验、检查的情况应当写成笔录，由参加勘验、检查的人和见证人签名或者盖章。

第一百三十二条 人民检察院审查案件的时候，对公安机关的勘验、检查，认为需要复验、复查时，可以要求公安机关复验、复查，并且可以派检察人员参加。

第一百三十三条 为了查明案情，在必要的时候，经公安机关负责人批准，可以进行侦查实验。

侦查实验的情况应当写成笔录，由参加实验的人签名或者盖章。

侦查实验，禁止一切足以造成危险、侮辱人格或者有伤风化的行为。

第五节　搜　查

第一百三十四条　为了收集犯罪证据、查获犯罪人，侦查人员可以对犯罪嫌疑人以及可能隐藏罪犯或者犯罪证据的人的身体、物品、住处和其他有关的地方进行搜查。

第一百三十五条　任何单位和个人，有义务按照人民检察院和公安机关的要求，交出可以证明犯罪嫌疑人有罪或者无罪的物证、书证、视听资料等证据。

第一百三十六条　进行搜查，必须向被搜查人出示搜查证。

在执行逮捕、拘留的时候，遇有紧急情况，不另用搜查证也可以进行搜查。

第一百三十七条　在搜查的时候，应当有被搜查人或者他的家属，邻居或者其他见证人在场。

搜查妇女的身体，应当由女工作人员进行。

第一百三十八条　搜查的情况应当写成笔录，由侦查人员和被搜查人或者他的家属，邻居或者其他见证人签名或者盖章。如果被搜查人或者他的家属在逃或者拒绝签名、盖章，应当在笔录上注明。

第六节　查封、扣押物证、书证

第一百三十九条　在侦查活动中发现的可用以证明犯罪嫌疑人有罪或者无罪的各种财物、文件，应当查封、扣押；与案件无关的财物、文件，不得查封、扣押。

对查封、扣押的财物、文件，要妥善保管或者封存，不得使用、调换或者损毁。

第一百四十条 对查封、扣押的财物、文件,应当会同在场见证人和被查封、扣押财物、文件持有人查点清楚,当场开列清单一式二份,由侦查人员、见证人和持有人签名或者盖章,一份交给持有人,另一份附卷备查。

第一百四十一条 侦查人员认为需要扣押犯罪嫌疑人的邮件、电报的时候,经公安机关或者人民检察院批准,即可通知邮电机关将有关的邮件、电报检交扣押。

不需要继续扣押的时候,应即通知邮电机关。

第一百四十二条 人民检察院、公安机关根据侦查犯罪的需要,可以依照规定查询、冻结犯罪嫌疑人的存款、汇款、债券、股票、基金份额等财产。有关单位和个人应当配合。

犯罪嫌疑人的存款、汇款、债券、股票、基金份额等财产已被冻结的,不得重复冻结。

第一百四十三条 对查封、扣押的财物、文件、邮件、电报或者冻结的存款、汇款、债券、股票、基金份额等财产,经查明确实与案件无关的,应当在三日以内解除查封、扣押、冻结,予以退还。

第七节 鉴 定

第一百四十四条 为了查明案情,需要解决案件中某些专门性问题的时候,应当指派、聘请有专门知识的人进行鉴定。

第一百四十五条 鉴定人进行鉴定后,应当写出鉴定意见,并且签名。

鉴定人故意作虚假鉴定的,应当承担法律责任。

第一百四十六条 侦查机关应当将用作证据的鉴定意见告知犯罪嫌疑人、被害人。如果犯罪嫌疑人、被害人提出申请,可以补充鉴定或者重新鉴定。

第一百四十七条 对犯罪嫌疑人作精神病鉴定的期间不计入办案期限。

第八节　技术侦查措施

第一百四十八条　公安机关在立案后，对于危害国家安全犯罪、恐怖活动犯罪、黑社会性质的组织犯罪、重大毒品犯罪或者其他严重危害社会的犯罪案件，根据侦查犯罪的需要，经过严格的批准手续，可以采取技术侦查措施。

人民检察院在立案后，对于重大的贪污、贿赂犯罪案件以及利用职权实施的严重侵犯公民人身权利的重大犯罪案件，根据侦查犯罪的需要，经过严格的批准手续，可以采取技术侦查措施，按照规定交有关机关执行。

追捕被通缉或者批准、决定逮捕的在逃的犯罪嫌疑人、被告人，经过批准，可以采取追捕所必需的技术侦查措施。

第一百四十九条　批准决定应当根据侦查犯罪的需要，确定采取技术侦查措施的种类和适用对象。批准决定自签发之日起三个月以内有效。对于不需要继续采取技术侦查措施的，应当及时解除；对于复杂、疑难案件，期限届满仍有必要继续采取技术侦查措施的，经过批准，有效期可以延长，每次不得超过三个月。

第一百五十条　采取技术侦查措施，必须严格按照批准的措施种类、适用对象和期限执行。

侦查人员对采取技术侦查措施过程中知悉的国家秘密、商业秘密和个人隐私，应当保密；对采取技术侦查措施获取的与案件无关的材料，必须及时销毁。

采取技术侦查措施获取的材料，只能用于对犯罪的侦查、起诉和审判，不得用于其他用途。

公安机关依法采取技术侦查措施，有关单位和个人应当配合，并对有关情况予以保密。

第一百五十一条　为了查明案情，在必要的时候，经公安机关负责人决定，可以由有关人员隐匿其身份实施侦查。但是，不得诱使他人犯罪，不得采用可能危害公共安全或者发生重大人身危险的方法。

对涉及给付毒品等违禁品或者财物的犯罪活动,公安机关根据侦查犯罪的需要,可以依照规定实施控制下交付。

第一百五十二条 依照本节规定采取侦查措施收集的材料在刑事诉讼中可以作为证据使用。如果使用该证据可能危及有关人员的人身安全,或者可能产生其他严重后果的,应当采取不暴露有关人员身份、技术方法等保护措施,必要的时候,可以由审判人员在庭外对证据进行核实。

第九节 通 缉

第一百五十三条 应当逮捕的犯罪嫌疑人如果在逃,公安机关可以发布通缉令,采取有效措施,追捕归案。

各级公安机关在自己管辖的地区以内,可以直接发布通缉令;超出自己管辖的地区,应当报请有权决定的上级机关发布。

第十节 侦查终结

第一百五十四条 对犯罪嫌疑人逮捕后的侦查羁押期限不得超过二个月。案情复杂、期限届满不能终结的案件,可以经上一级人民检察院批准延长一个月。

第一百五十五条 因为特殊原因,在较长时间内不宜交付审判的特别重大复杂的案件,由最高人民检察院报请全国人民代表大会常务委员会批准延期审理。

第一百五十六条 下列案件在本法第一百五十四条规定的期限届满不能侦查终结的,经省、自治区、直辖市人民检察院批准或者决定,可以延长二个月:

(一)交通十分不便的边远地区的重大复杂案件;

(二)重大的犯罪集团案件;

(三)流窜作案的重大复杂案件;

(四)犯罪涉及面广,取证困难的重大复杂案件。

第一百五十七条 对犯罪嫌疑人可能判处十年有期徒刑

以上刑罚,依照本法第一百五十六条规定延长期限届满,仍不能侦查终结的,经省、自治区、直辖市人民检察院批准或者决定,可以再延长二个月。

第一百五十八条　在侦查期间,发现犯罪嫌疑人另有要罪行的,自发现之日起依照本法第一百五十四条的规定重新计算侦查羁押期限。

犯罪嫌疑人不讲真实姓名、住址,身份不明的,应当对其身份进行调查,侦查羁押期限自查清其身份之日起计算,但是不得停止对其犯罪行为的侦查取证。对于犯罪事实清楚,证据确实、充分,确实无法查明其身份的,也可以按其自报的姓名起诉、审判。

第一百五十九条　在案件侦查终结前,辩护律师提出要求的,侦查机关应当听取辩护律师的意见,并记录在案。辩护律师提出书面意见的,应当附卷。

第一百六十条　公安机关侦查终结的案件,应当做到犯罪事实清楚,证据确实、充分,并且写出起诉意见书,连同案卷材料、证据一并移送同级人民检察院审查决定;同时将案件移送情况告知犯罪嫌疑人及其辩护律师。

第一百六十一条　在侦查过程中,发现不应对犯罪嫌疑人追究刑事责任的,应当撤销案件;犯罪嫌疑人已被逮捕的,应当立即释放,发给释放证明,并且通知原批准逮捕的人民检察院。

第十一节　人民检察院对直接受理的案件的侦查

第一百六十二条　人民检察院对直接受理的案件的侦查适用本章规定。

第一百六十三条　人民检察院直接受理的案件中符合本法第七十九条、第八十条第四项、第五项规定情形,需要逮捕、拘留犯罪嫌疑人的,由人民检察院作出决定,由公安机关执行。

第一百六十四条　人民检察院对直接受理的案件中被拘

留的人,应当在拘留后的二十四小时以内进行讯问。在发现不应当拘留的时候,必须立即释放,发给释放证明。

第一百六十五条 人民检察院对直接受理的案件中被拘留的人,认为需要逮捕的,应当在十四日以内作出决定。在特殊情况下,决定逮捕的时间可以延长一日至三日。对不需要逮捕的,应当立即释放;对需要继续侦查,并且符合取保候审、监视居住条件的,依法取保候审或者监视居住。

第一百六十六条 人民检察院侦查终结的案件,应当作出提起公诉、不起诉或者撤销案件的决定。

第三章　提起公诉

第一百六十七条 凡需要提起公诉的案件,一律由人民检察院审查决定。

第一百六十八条 人民检察院审查案件的时候,必须查明:

(一)犯罪事实、情节是否清楚,证据是否确实、充分,犯罪性质和罪名的认定是否正确;

(二)有无遗漏罪行和其他应当追究刑事责任的人;

(三)是否属于不应追究刑事责任的;

(四)有无附带民事诉讼;

(五)侦查活动是合法。

第一百六十九条 人民检察院对于公安机关移送起诉的案件,应当在一个月以内作出决定,重大、复杂的案件,可以延长半个月。

人民检察院审查起诉的案件,改变管辖的,从改变后的人民检察院收到案件之日起计算审查起诉期限。

第一百七十条 人民检察院审查案件,应当讯问犯罪嫌疑人,听取辩护人、被害人及其诉讼代理人的意见,并记录在案。辩护人、被害人及其诉讼代理人提出书面意见的,应当附卷。

第一百七十一条 人民检察院审查案件,可以要求公安机关提供法庭审判所必需的证据材料；认为可能存在本法第五十四条规定的以非法方法收集证据情形的，可以要求其对证据收集的合法性作出说明。

人民检察院审查案件，对于需要补充侦查的，可以退回公安机关补充侦查，也可以自行侦查。

对于补充侦查的案件，应当在一个月以内补充侦查完毕。补充侦查以二次为限。补充侦查完毕移送人民检察院后，人民检察院重新计算审查起诉期限。

对于二次补充侦查的案件，人民检察院仍然认为证据不足，不符合起诉条件的，应当作出不起诉的决定。

第一百七十二条　人民检察院认为犯罪嫌疑人的犯罪事实已经查清，证据确实、充分，依法应当追究刑事责任的，应当作出起诉决定，按照审判管辖的规定，向人民法院提起公诉，并将案卷材料、证据移送人民法院。

第一百七十三条　犯罪嫌疑人没有犯罪事实，或者有本法第十五条规定的情形之一的，人民检察院应当作出不起诉决定。

对于犯罪情节轻微，依照刑法规定不需要判处刑罚或者免除刑罚的，人民检察院可以作出不起诉决定。

人民检察院决定不起诉的案件，应当同时对侦查中查封、扣押、冻结的财物解除查封、扣押、冻结。对被不起诉人需要给予行政处罚、行政处分或者需要没收其违法所得的，人民检察院应当提出检察意见，移送有关主管机关处理。有关主管机关应当将处理结果及时通知人民检察院。

第一百七十四条　不起诉的决定，应当公开宣布，并且将不起诉决定书送达被不起诉人和他的所在单位。如果被不起诉人在押，应当立即释放。

第一百七十五条　对于公安机关移送起诉的案件，人民检察院决定不起诉的，应当将不起诉决定书送达公安机关。公安机关认为不起诉的决定有错误的时候，可以要求复议，如果意见不被接受，可以向上一级人民检察院提请复核。

第一百七十六条　对于有被害人的案件，决定不起诉的，人民检察院应当将不起诉决定书送达被害人。被害人如果不服,可以自收到决定书后七日以内向上一级人民检察院申诉,请求提起公诉。人民检察院应当将复查决定告知被害人。对人民检察院维持不起诉决定的,被害人可以向人民法院起诉。被害人也可以不经申诉,直接向人民法院起诉。人民法院受理案件后,人民检察院应当将有关案件材料移送人民法院。

第一百七十七条 对于人民检察院依照本法第一百七十三条第二款规定作出的不起诉决定,被不起诉人如果不服,可以自收到决定书后七日以内向人民检察院申诉。人民检察院应当作出复查决定,通知被不起诉的人,同时抄送公安机关。

第三编 审 判

第一章 审判组织

第一百七十八条 基层人民法院、中级人民法院审判第一审案件,应当由审判员三人或者由审判员和人民陪审员共三人组成合议庭进行,但是基层人民法院适用简易程序的案件可以由审判员一人独任审判。

高级人民法院、最高人民法院审判第一审案件,应当由审判员三人至七人或者由审判员和人民陪审员共三人至七人组成合议庭进行。

人民陪审员在人民法院执行职务,同审判员有同等的权利。

人民法院审判上诉和抗诉案件,由审判员三人至五人组成合议庭进行。

合议庭的成员人数应当是单数。

合议庭由院长或者庭长指定审判员一人担任审判长。院长或者庭长参加审判案件的时候,自己担任审判长。

第一百七十九条 合议庭进行评议的时候,如果意见分歧,应当按多数人的意见作出决定,但是少数人的意见应当写入笔录。评议笔录由合议庭的组成人员签名。

第一百八十条　合议庭开庭审理并且评议后,应当作出判决。对于疑难、复杂、重大的案件,合议庭认为难以作出决定的,由合议庭提请院长决定提交审判委员会讨论决定。审判委员会的决定,合议庭应当执行。

第二章　第一审程序

第一节　公诉案件

第一百八十一条　人民法院对提起公诉的案件进行审查后,对于起诉书中有明确的指控犯罪事实的,应当决定开庭审判。

第一百八十二条　人民法院决定开庭审判后,应当确定合议庭的组成人员,将人民检察院的起诉书副本至迟在开庭十日以前送达被告人及其辩护人。

在开庭以前,审判人员可以召集公诉人、当事人和辩护人、诉讼代理人,对回避、出庭证人名单、非法证据排除等与审判相关的问题,了解情况,听取意见。

人民法院确定开庭日期后,应当将开庭的时间、地点通知人民检察院,传唤当事人,通知辩护人、诉讼代理人、证人、鉴定人和翻译人员,传票和通知书至迟在开庭三日以前送达。公开审判的案件,应当在开庭三日以前先期公布案由、被告人姓名、开庭时间和地点。

上述活动情形应当写入笔录,由审判人员和书记员签名。

第一百八十三条　人民法院审判第一审案件应当公开进行。但是有关国家秘密或者个人隐私的案件,不公开审理;涉及商业秘密的案件,当事人申请不公开审理的,可以不公开审理。

不公开审理的案件,应当当庭宣布不公开审理的理由。

第一百八十四条 人民法院审判公诉案件,人民检察院应当派员出席法庭支持公诉。

第一百八十五条 开庭的时候,审判长查明当事人是否到庭,宣布案由;宣布合议庭的组成人员、书记员、公诉人、辩护人、诉讼代理人、鉴定人和翻译人员的名单;告知当事人有权对合议庭组成人员、书记员、公诉人、鉴定人和翻译人员申请回避;告知被告人享有辩护权利。

第一百八十六条 公诉人在法庭上宣读起诉书后,被告人、被害人可以就起诉书指控的犯罪进行陈述,公诉人可以讯问被告人。

被害人、附带民事诉讼的原告人和辩护人、诉讼代理人,经审判长许可,可以向被告人发问。

审判人员可以讯问被告人。

第一百八十七条 公诉人、当事人或者辩护人、诉讼代理人对证人证言有异议,且该证人证言对案件定罪量刑有重大影响,人民法院认为证人有必要出庭作证的,证人应当出庭作证。

人民警察就其执行职务时目击的犯罪情况作为证人出庭作证,适用前款规定。

公诉人、当事人或者辩护人、诉讼代理人对鉴定意见有异议,人民法院认为鉴定人有必要出庭的,鉴定人应当出庭作证。经人民法院通知,鉴定人拒不出庭作证的,鉴定意见不得作为定案的根据。

第一百八十八条 经人民法院通知,证人没有正当理由不出庭作证的,人民法院可以强制其到庭,但是被告人的配偶、父母、子女除外。

证人没有正当理由拒绝出庭或者出庭后拒绝作证的,予以训诫,情节严重的,经院长批准,处以十日以下的拘留。被处罚人对拘留决定不服的,可以向上一级人民法院申请复议。复议期间不停止执行。

第一百八十九条 证人作证,审判人员应当告知他要如实地提供证言和有意作伪证或者隐匿罪证要负的法律责任。

公诉人、当事人和辩护人、诉讼代理人经审判长许可,可以对证人、鉴定人发问。审判长认为发问的内容与案件无关的时候,应当制止。

审判人员可以询问证人、鉴定人。

第一百九十条　公诉人、辩护人应当向法庭出示物证,让当事人辨认,对未到庭的证人的证言笔录、鉴定人的鉴定意见、勘验笔录和其他作为证据的文书,应当当庭宣读。审判人员应当听取公诉人、当事人和辩护人、诉讼代理人的意见。

第一百九十一条　法庭审理过程中,合议庭对证据有疑问的,可以宣布休庭,对证据进行调查核实。

人民法院调查核实证据,可以进行勘验、检查、查封、扣押、鉴定和查询、冻结。

第一百九十二条　法庭审理过程中,当事人和辩护人、诉讼代理人有权申请通知新的证人到庭,调取新的物证,申请重新鉴定或者勘验。

公诉人、当事人和辩护人、诉讼代理人可以申请法庭通知有专门知识的人出庭,就鉴定人作出的鉴定意见提出意见。

法庭对于上述申请,应当作出是否同意的决定。

第二款规定的有专门知识的人出庭,适用鉴定人的有关规定。

第一百九十三条　法庭审理过程中,对与定罪、量刑有关的事实、证据都应当进行调查、辩论。

经审判长许可,公诉人、当事人和辩护人、诉讼代理人可以对证据和案件情况发表意见并且可以互相辩论。

审判长在宣布辩论终结后,被告人有最后陈述的权利。

第一百九十四条　在法庭审判过程中,如果诉讼参与人或者旁听人员违反法庭秩序,审判长应当警告制止。对不听制止的,可以强行带出法庭;情节严重的,处以一千元以下的罚款或者十五日以下的拘留。罚款、拘留必须经院长批准。被处罚人对罚款、拘留的决定不服的,可以向上一级人民法院申请复议。复议期间不停止执行。

对聚众哄闹、冲击法庭或者侮辱、诽谤、威胁、殴打司法工作人员或者诉讼参与人,严重扰乱法庭秩序,构成犯罪的,依法追究刑事责任。

第一百九十五条 在被告人最后陈述后,审判长宣布休庭,合议庭进行评议,根据已经查明的事实、证据和有关的法律规定,分别作出以下判决:

(一)案件事实清楚,证据确实、充分,依据法律认定被告人有罪的,应当作出有罪判决;

(二)依据法律认定被告人无罪的,应当作出无罪判决;

(三)证据不足,不能认定被告人有罪的,应当作出证据不足、指控的犯罪不能成立的无罪判决。

第一百九十六条 宣告判决,一律公开进行。

当庭宣告判决的,应当在五日以内将判决书送达当事人和提起公诉的人民检察院;定期宣告判决的,应当在宣告后立即将判决书送达当事人和提起公诉的人民检察院。判决书应当同时送达辩护人、诉讼代理人。

第一百九十七条 判决书应当由审判人员和书记员署名,并且写明上诉的期限和上诉的法院。

第一百九十八条 在法庭审判过程中,遇有下列情形之一,影响审判进行的,可以延期审理:

(一)需要通知新的证人到庭,调取新的物证,重新鉴定或者勘验的;

(二)检察人员发现提起公诉的案件需要补充侦查,提出建议的;

(三)由于申请回避而不能进行审判的。

第一百九十九条 依照本法第一百九十八条第二项的规定延期审理的案件,人民检察院应当在一个月以内补充侦查完毕。

第二百条 在审判过程中,有下列情形之一,致使案件在较长时间内无法继续审理的,可以中止审理:

(一)被告人患有严重疾病,无法出庭的;

(二)被告人脱逃的;

(三)自诉人患有严重疾病,无法出庭,未委托诉讼代理人出庭的；

（四）由于不能抗拒的原因。

中止审理的原因消失后，应当恢复审理。中止审理的期间不计入审理期限。

第二百零一条　法庭审判的全部活动，应当由书记员写成笔录，经审判长审阅后，由审判长和书记员签名。

法庭笔录中的证人证言部分，应当当庭宣读或者交给证人阅读。证人在承认没有错误后，应当签名或者盖章。

法庭笔录应当交给当事人阅读或者向他宣读。当事人认为记载有遗漏或者差错的，可以请求补充或者改正。当事人承认没有错误后，应当签名或者盖章。

第二百零二条　人民法院审理公诉案件，应当在受理后二个月以内宣判，至迟不得超过三个月。对于可能判处死刑的案件或者附带民事诉讼的案件，以及有本法第一百五十六条规定情形之一的，经上一级人民法院批准，可以延长三个月；因特殊情况还需要延长的，报请最高人民法院批准。

人民法院改变管辖的案件，从改变后的人民法院收到案件之日起计算审理期限。

人民检察院补充侦查的案件，补充侦查完毕移送人民法院后，人民法院重新计算审理期限。

第二百零三条　人民检察院发现人民法院审理案件违反法律规定的诉讼程序，有权向人民法院提出纠正意见。

第二节　自诉案件

第二百零四条　自诉案件包括下列案件：

（一）告诉才处理的案件；

（二）被害人有证据证明的轻微刑事案件；

（三）被害人有证据证明对被告人侵犯自己人身、财产权利的行为应当依法追究刑事责任，而公安机关或者人民检察院不予追究被告人刑事责任的案件。

第二百零五条　人民法院对于自诉案件进行审查后，按照下列情形分别处理：

（一）犯罪事实清楚，有足够证据的案件，应当开庭审判；

（二）缺乏罪证的自诉案件，如果自诉人提不出补充证据，应当说服自诉人撤回自诉，或者裁定驳回。

自诉人经两次依法传唤，无正当理由拒不到庭的，或者未经法庭许可中途退庭的，按撤诉处理。

法庭审理过程中，审判人员对证据有疑问，需要调查核实的，适用本法第一百九十一条的规定。

第二百零六条 人民法院对自诉案件，可以进行调解；自诉人在宣告判决前，可以同被告人自行和解或者撤回自诉。本法第二百零四条第三项规定的案件不适用调解。

人民法院审理自诉案件的期限，被告人被羁押的，适用本法第二百零二条第一款、第二款的规定；未被羁押的，应当在受理后六个月以内宣判。

第二百零七条 自诉案件的被告人在诉讼过程中，可以对自诉人提起反诉。反诉适用自诉的规定。

第三节　简易程序

第二百零八条 基层人民法院管辖的案件，符合下列条件的，可以适用简易程序审判：

（一）案件事实清楚、证据充分的；

（二）被告人承认自己所犯罪行，对指控的犯罪事实没有异议的；

（三）被告人对适用简易程序没有异议的。

人民检察院在提起公诉的时候，可以建议人民法院适用简易程序。

第二百零九条 有下列情形之一的，不适用简易程序：

（一）被告人是盲、聋、哑人，或者是尚未完全丧失辨认或者控制自己行为能力的精神病人的；

（二）有重大社会影响的；

（三）共同犯罪案件中部分被告人不认罪或者对适用简易

程序有异议的；

（四）其他不宜适用简易程序审理的。

第二百一十条　适用简易程序审理案件，对可能判处三年有期徒刑以下刑罚的，可以组成合议庭进行审判，也可以由审判员一人独任审判；对可能判处的有期徒刑超过三年的，应当组成合议庭进行审判。

适用简易程序审理公诉案件，人民检察院应当派员出席法庭。

第二百一十一条　适用简易程序审理案件，审判人员应当询问被告人对指控的犯罪事实的意见，告知被告人适用简易程序审理的法律规定，确认被告人是否同意适用简易程序审理。

第二百一十二条　适用简易程序审理案件，经审判人员许可，被告人及其辩护人可以同公诉人、自诉人及其诉讼代理人互相辩论。

第二百一十三条　适用简易程序审理案件，不受本章第一节关于送达期限、讯问被告人、询问证人、鉴定人、出示证据、法庭辩论程序规定的限制。但在判决宣告前应当听取被告人的最后陈述意见。

第二百一十四条　适用简易程序审理案件，人民法院应当在受理后二十日以内审结；对可能判处的有期徒刑超过三年的，可以延长至一个半月。

第二百一十五条　人民法院在审理过程中，发现不宜适用简易程序的，应当按照本章第一节或者第二节的规定重新审理。

第三章　第二审程序

第二百一十六条　被告人、自诉人和他们的法定代理人，不服地方各级人民法院第一审的判决、裁定，有权用书状或者口头向上一级人民法院上诉。被告人的辩护人和近亲属，经被告人同意，可以提出上诉。

附带民事诉讼的当事人和他们的法定代理人,可以对地方各级人民法院第一审的判决、裁定中的附带民事诉讼部分,提出上诉。

对被告人的上诉权,不得以任何借口加以剥夺。

第二百一十七条 地方各级人民检察院认为本级人民法院第一审的判决、裁定确有错误的时候,应当向上一级人民法院提出抗诉。

第二百一十八条 被害人及其法定代理人不服地方各级人民法院第一审的判决的,自收到判决书后五日以内,有权请求人民检察院提出抗诉。人民检察院自收到被害人及其法定代理人的请求后五日以内,应当作出是否抗诉的决定并且答复请求人。

第二百一十九条 不服判决的上诉和抗诉的期限为十日,不服裁定的上诉和抗诉的期限为五日,从接到判决书、裁定书的第二日起算。

第二百二十条 被告人、自诉人、附带民事诉讼的原告人和被告人通过原审人民法院提出上诉的,原审人民法院应当在三日以内将上诉状连同案卷、证据移送上一级人民法院,同时将上诉状副本送交同级人民检察院和对方当事人。

被告人、自诉人、附带民事诉讼的原告人和被告人直接向第二审人民法院提出上诉的,第二审人民法院应当在三日以内将上诉状交原审人民法院送交同级人民检察院和对方当事人。

第二百二十一条 地方各级人民检察院对同级人民法院第一审判决、裁定的抗诉,应当通过原审人民法院提出抗诉书,并且将抗诉书抄送上一级人民检察院。原审人民法院应当将抗诉书连同案卷、证据移送上一级人民法院,并且将抗诉书副本送交当事人。

上级人民检察院如果认为抗诉不当,可以向同级人民法院撤回抗诉,并且通知下级人民检察院。

第二百二十二条 第二审人民法院应当就第一审判决认定的事实和适用法律进行全面审查,不受上诉或者抗诉范围的限制。

共同犯罪的案件只有部分被告人上诉的,应当对全案进行审查,一并处理。

第二百二十三条　第二审人民法院对于下列案件,应当组成合议庭,开庭审理:

(一)被告人、自诉人及其法定代理人对第一审认定的事实、证据提出异议,可能影响定罪量刑的上诉案件;

(二)被告人被判处死刑的上诉案件;

(三)人民检察院抗诉的案件;

(四)其他应当开庭审理的案件。

第二审人民法院决定不开庭审理的,应当讯问被告人,听取其他当事人、辩护人、诉讼代理人的意见。

第二审人民法院开庭审理上诉、抗诉案件,可以到案件发生地或者原审人民法院所在地进行。

第二百二十四条　人民检察院提出抗诉的案件或者第二审人民法院开庭审理的公诉案件,同级人民检察院都应当派员出席法庭。第二审人民法院应当在决定开庭审理后及时通知人民检察院查阅案卷。人民检察院应当在一个月以内查阅完毕。人民检察院查阅案卷的时间不计入审理期限。

第二百二十五条　第二审人民法院对不服第一审判决的上诉、抗诉案件,经过审理后,应当按照下列情形分别处理:

(一)原判决认定事实和适用法律正确、量刑适当的,应当裁定驳回上诉或者抗诉,维持原判;

(二)原判决认定事实没有错误,但适用法律有错误,或者量刑不当的,应当改判;

(三)原判决事实不清楚或者证据不足的,可以在查清事实后改判;也可以裁定撤销原判,发回原审人民法院重新审判。

原审人民法院对于依照前款第三项规定发回重新审判的案件作出判决后,被告人提出上诉或者人民检察院提出抗诉的,第二审人民法院应当依法作出判决或者裁定,不得再发回原审人民法院重新审判。

第二百二十六条 第二审人民法院审理被告人或者他的法定代理人、辩护人、近亲属上诉的案件,不得加重被告人的刑罚。第二审人民法院发回原审人民法院重新审判的案件,除有新的犯罪事实,人民检察院补充起诉的以外,原审人民法院也不得加重被告人的刑罚。

人民检察院提出抗诉或者自诉人提出上诉的,不受前款规定的限制。

第二百二十七条 第二审人民法院发现第一审人民法院的审理有下列违反法律规定的诉讼程序的情形之一的,应当裁定撤销原判,发回原审人民法院重新审判:

(一)违反本法有关公开审判的规定的;

(二)违反回避制度的;

(三)剥夺或者限制了当事人的法定诉讼权利,可能影响公正审判的;

(四)审判组织的组成不合法的;

(五)其他违反法律规定的诉讼程序,可能影响公正审判的。

第二百二十八条 原审人民法院对于发回重新审判的案件,应当另行组成合议庭,依照第一审程序进行审判。对于重新审判后的判决,依照本法第二百一十六条、第二百一十七条、第二百一十八条的规定可以上诉、抗诉。

第二百二十九条 第二审人民法院对不服第一审裁定的上诉或者抗诉,经过审查后,应当参照本法第二百二十五条、第二百二十七条和第二百二十八条的规定,分别情形用裁定驳回上诉、抗诉,或者撤销、变更原裁定。

第二百三十条 第二审人民法院发回原审人民法院重新审判的案件,原审人民法院从收到发回的案件之日起,重新计算审理期限。

第二百三十一条 第二审人民法院审判上诉或者抗诉案件的程序,除本章已有规定的以外,参照第一审程序的规定进行。

第二百三十二条 第二审人民法院受理上诉、抗诉案件,应当在二个月以内审结。对于可能判处死刑的案件或者附带民事诉讼的案件，以及有本法第一百五十六条规定情形之一的，经省、自治区、直辖市高级人民法院批准或者决定，可以延长二个月；因特殊情况还需要延长的，报请最高人民法院批准。

最高人民法院受理上诉、抗诉案件的审理期限，由最高人民法院决定。

第二百三十三条　第二审的判决、裁定和最高人民法院的判决、裁定，都是终审的判决、裁定。

第二百三十四条　公安机关、人民检察院和人民法院对查封、扣押、冻结的犯罪嫌疑人、被告人的财物及其孳息，应当妥善保管，以供核查，并制作清单，随案移送。任何单位和个人不得挪用或者自行处理。对被害人的合法财产，应当及时返还。对违禁品或者不宜长期保存的物品，应当依照国家有关规定处理。

对作为证据使用的实物应当随案移送，对不宜移送的，应当将其清单、照片或者其他证明文件随案移送。

人民法院作出的判决，应当对查封、扣押、冻结的财物及其孳息作出处理。

人民法院作出的判决生效以后，有关机关应当根据判决对查封、扣押、冻结的财物及其孳息进行处理。对查封、扣押、冻结的赃款赃物及其孳息，除依法返还被害人的以外，一律上缴国库。

司法工作人员贪污、挪用或者私自处理查封、扣押、冻结的财物及其孳息的，依法追究刑事责任；不构成犯罪的，给予处分。

第四章　死刑复核程序

第二百三十五条　死刑由最高人民法院核准。

第二百三十六条　中级人民法院判处死刑的第一审案件，被告人不上诉的，应当由高级人民法院复核后，报请最高人民法院核准。高级人民法院不同意判处死刑的,可以提审或者发回重新审判。

高级人民法院判处死刑的第一审案件被告人不上诉的,和判处死刑的第二审案件,都应当报请最高人民法院核准。

第二百三十七条 中级人民法院判处死刑缓期二年执行的案件,由高级人民法院核准。

第二百三十八条 最高人民法院复核死刑案件,高级人民法院复核死刑缓期执行的案件,应当由审判员三人组成合议庭进行。

第二百三十九条 最高人民法院复核死刑案件,应当作出核准或者不核准死刑的裁定。对于不核准死刑的,最高人民法院可以发回重新审判或者予以改判。

第二百四十条 最高人民法院复核死刑案件,应当讯问被告人,辩护律师提出要求的,应当听取辩护律师的意见。

在复核死刑案件过程中,最高人民检察院可以向最高人民法院提出意见。最高人民法院应当将死刑复核结果通报最高人民检察院。

第五章　审判监督程序

第二百四十一条 当事人及其法定代理人、近亲属,对已经发生法律效力的判决、裁定,可以向人民法院或者人民检察院提出申诉,但是不能停止判决、裁定的执行。

第二百四十二条 当事人及其法定代理人、近亲属的申诉符合下列情形之一的,人民法院应当重新审判:

(一)有新的证据证明原判决、裁定认定的事实确有错误,可能影响定罪量刑的;

(二)据以定罪量刑的证据不确实、不充分、依法应当予以排除,或者证明案件事实的主要证据之间存在矛盾的;

(三)原判决、裁定适用法律确有错误的;

(四)违反法律规定的诉讼程序,可能影响公正审判的;

(五)审判人员在审理该案件的时候,有贪污受贿,徇私舞弊,枉法裁判行为的。

第二百四十三条　各级人民法院院长对本院已经发生法律效力的判决和裁定,如果发现在认定事实上或者在适用法律上确有错误,必须提交审判委员会处理。

最高人民法院对各级人民法院已经发生法律效力的判决和裁定,上级人民法院对下级人民法院已经发生法律效力的判决和裁定,如果发现确有错误,有权提审或者指令下级人民法院再审。

最高人民检察院对各级人民法院已经发生法律效力的判决和裁定,上级人民检察院对下级人民法院已经发生法律效力的判决和裁定,如果发现确有错误,有权按照审判监督程序向同级人民法院提出抗诉。

人民检察院抗诉的案件,接受抗诉的人民法院应当组成合议庭重新审理,对于原判决事实不清楚或者证据不足的,可以指令下级人民法院再审。

第二百四十四条　上级人民法院指令下级人民法院再审的,应当指令原审人民法院以外的下级人民法院审理;由原审人民法院审理更为适宜的,也可以指令原审人民法院审理。

第二百四十五条　人民法院按照审判监督程序重新审判的案件,由原审人民法院审理的,应当另行组成合议庭进行。如果原来是第一审案件,应当依照第一审程序进行审判,所作的判决、裁定,可以上诉、抗诉;如果原来是第二审案件,或者是上级人民法院提审的案件,应当依照第二审程序进行审判,所作的判决、裁定,是终审的判决、裁定。

人民法院开庭审理的再审案件,同级人民检察院应当派员出席法庭。

第二百四十六条　人民法院决定再审的案件,需要对被告人采取强制措施的,由人民法院依法决定;人民检察院提出抗诉的再审案件,需要对被告人采取强制措施的,由人民检察院依法决定。

人民法院按照审判监督程序审判的案件,可以决定中止原判决、裁定的执行。

第二百四十七条 人民法院按照审判监督程序重新审判的案件,应当在作出提审、再审决定之日起三个月以内审结,需要延长期限的,不得超过六个月。

接受抗诉的人民法院按照审判监督程序审判抗诉的案件,审理期限适用前款规定;对需要指令下级人民法院再审的,应当自接受抗诉之日起一个月以内作出决定,下级人民法院审理案件的期限适用前款规定。

第四编 执 行

第二百四十八条 判决和裁定在发生法律效力后执行。

下列判决和裁定是发生法律效力的判决和裁定:

(一)已过法定期限没有上诉、抗诉的判决和裁定;

(二)终审的判决和裁定;

(三)最高人民法院核准的死刑的判决和高级人民法院核准的死刑缓期二年执行的判决。

第二百四十九条 第一审人民法院判决被告人无罪、免除刑事处罚的,如果被告人在押,在宣判后应当立即释放。

第二百五十条 最高人民法院判处和核准的死刑立即执行的判决,应当由最高人民法院院长签发执行死刑的命令。

被判处死刑缓期二年执行的罪犯,在死刑缓期执行期间,如果没有故意犯罪,死刑缓期执行期满,应当予以减刑,由执行机关提出书面意见,报请高级人民法院裁定;如果故意犯罪,查证属实,应当执行死刑,由高级人民法院报请最高人民法院核准。

第二百五十一条 下级人民法院接到最高人民法院执行死刑的命令后,应当在七日以内交付执行。但是发现有下列情形之一的,应当停止执行,并且立即报告最高人民法院,由最高人民法院作出裁定:

(一)在执行前发现判决可能有错误的;

(二)在执行前罪犯揭发重大犯罪事实或者有其他重大立

功表现,可能需要改判的;

(三)罪犯正在怀孕。

前款第一项、第二项停止执行的原因消失后,必须报请最高人民法院院长再签发执行死刑的命令才能执行;由于前款第三项原因停止执行的,应当报请最高人民法院依法改判。

第二百五十二条　人民法院在交付执行死刑前,应当通知同级人民检察院派员临场监督。

死刑采用枪决或者注射等方法执行。

死刑可以在刑场或者指定的羁押场所内执行。

指挥执行的审判人员,对罪犯应当验明正身,讯问有无遗言、信札,然后交付执行人员执行死刑。在执行前,如果发现可能有错误,应当暂停执行,报请最高人民法院裁定。

执行死刑应当公布,不应示众。

执行死刑后,在场书记员应当写成笔录。交付执行的人民法院应当将执行死刑情况报告最高人民法院。

执行死刑后,交付执行的人民法院应当通知罪犯家属。

第二百五十三条　罪犯被交付执行刑罚的时候,应当由交付执行的人民法院在判决生效后十日以内将有关的法律文书送达公安机关、监狱或者其他执行机关。

对被判处死刑缓期二年执行、无期徒刑、有期徒刑的罪犯,由公安机关依法将该罪犯送交监狱执行刑罚。对被判处有期徒刑的罪犯,在被交付执行刑罚前,剩余刑期在三个月以下的,由看守所代为执行。对被判处拘役的罪犯,由公安机关执行。

对未成年犯应当在未成年犯管教所执行刑罚。

执行机关应当将罪犯及时收押,并且通知罪犯家属。

判处有期徒刑、拘役的罪犯,执行期满,应当由执行机关发给释放证明书。

第二百五十四条　对被判处有期徒刑或者拘役的罪犯,有下列情形之一的,可以暂予监外执行:

(一)有严重疾病需要保外就医的;

(二)怀孕或者正在哺乳自己婴儿的妇女;

（三）生活不能自理，适用暂予监外执行不致危害社会的。

对被判处无期徒刑的罪犯，有前款第二项规定情形的，可以暂予监外执行。

对适用保外就医可能有社会危险性的罪犯，或者自伤自残的罪犯，不得保外就医。

对罪犯确有严重疾病，必须保外就医的，由省级人民政府指定的医院诊断并开具证明文件。

在交付执行前，暂予监外执行由交付执行的人民法院决定；在交付执行后，暂予监外执行由监狱或者看守所提出书面意见，报省级以上监狱管理机关或者设区的市一级以上公安机关批准。

第二百五十五条 监狱、看守所提出暂予监外执行的书面意见的，应当将书面意见的副本抄送人民检察院。人民检察院可以向决定或者批准机关提出书面意见。

第二百五十六条 决定或者批准暂予监外执行的机关应当将暂予监外执行决定抄送人民检察院。人民检察院认为暂予监外执行不当的，应当自接到通知之日起一个月以内将书面意见送交决定或者批准暂予监外执行的机关，决定或者批准暂予监外执行的机关接到人民检察院的书面意见后，应当立即对该决定进行重新核查。

第二百五十七条 对暂予监外执行的罪犯，有下列情形之一的，应当及时收监：

（一）发现不符合暂予监外执行条件的；

（二）严重违反有关暂予监外执行监督管理规定的；

（三）暂予监外执行的情形消失后，罪犯刑期未满的。

对于人民法院决定暂予监外执行的罪犯应当予以收监的，由人民法院作出决定，将有关的法律文书送达公安机关、监狱或者其他执行机关。

不符合暂予监外执行条件的罪犯通过贿赂等非法手段被暂予监外执行的，在监外执行的期间不计入执行刑期。罪犯在暂予监外执行期间脱逃的，脱逃的期间不计入执行刑期。

罪犯在暂予监外执行期间死亡的，执行机关应当及时通知监狱或者看守所。

第二百五十八条　对被判处管制、宣告缓刑、假释或者暂予监外执行的罪犯，依法实行社区矫正，由社区矫正机构负责执行。

第二百五十九条　对被判处剥夺政治权利的罪犯，由公安机关执行。执行期满，应当由执行机关书面通知本人及其所在单位、居住地基层组织。

第二百六十条　被判处罚金的罪犯，期满不缴纳的，人民法院应当强制缴纳；如果由于遭遇不能抗拒的灾祸缴纳确实有困难的，可以裁定减少或者免除。

第二百六十一条　没收财产的判决，无论附加适用或者独立适用，都由人民法院执行；在必要的时候，可以会同公安机关执行。

第二百六十二条　罪犯在服刑期间又犯罪的，或者发现了判决的时候所没有发现的罪行，由执行机关移送人民检察院处理。

被判处管制、拘役、有期徒刑或者无期徒刑的罪犯，在执行期间确有悔改或者立功表现，应当依法予以减刑、假释的时候，由执行机关提出建议书，报请人民法院审核裁定，并将建议书副本抄送人民检察院。人民检察院可以向人民法院提出书面意见。

第二百六十三条　人民检察院认为人民法院减刑、假释的裁定不当，应当在收到裁定书副本后二十日以内，向人民法院提出书面纠正意见。人民法院应当在收到纠正意见后一个月以内重新组成合议庭进行审理，作出最终裁定。

第二百六十四条　监狱和其他执行机关在刑罚执行中，如果认为判决有错误或者罪犯提出申诉，应当转请人民检察院或者原判人民法院处理。

第二百六十五条　人民检察院对执行机关执行刑罚的活动是否合法实行监督。如果发现有违法的情况，应当通知执行机关纠正。

第五编　特别程序

第一章　未成年人刑事案件诉讼程序

第二百六十六条　对犯罪的未成年人实行教育、感化、挽救的方针，坚持教育为主、惩罚为辅的原则。

人民法院、人民检察院和公安机关办理未成年人刑事案件，应当保障未成年人行使其诉讼权利，保障未成年人得到法律帮助，并由熟悉未成年人身心特点的审判人员、检察人员、侦查人员承办。

第二百六十七条　未成年犯罪嫌疑人、被告人没有委托辩护人的，人民法院、人民检察院、公安机关应当通知法律援助机构指派律师为其提供辩护。

第二百六十八条　公安机关、人民检察院、人民法院办理未成年人刑事案件，根据情况可以对未成年犯罪嫌疑人、被告人的成长经历、犯罪原因、监护教育等情况进行调查。

第二百六十九条　对未成年犯罪嫌疑人、被告人应当严格限制适用逮捕措施。人民检察院审查批准逮捕和人民法院决定逮捕，应当讯问未成年犯罪嫌疑人、被告人，听取辩护律师的意见。

对被拘留、逮捕和执行刑罚的未成年人与成年人应当分别关押、分别管理、分别教育。

第二百七十条　对于未成年人刑事案件，在讯问和审判的时候，应当通知未成年犯罪嫌疑人、被告人的法定代理人到场。无法通知、法定代理人不能到场或者法定代理人是共犯的，也可以通知未成年犯罪嫌疑人、被告人的其他成年亲属，所在学校、单位、居住地基层组织或者未成年人保护组织的代表到场，并将有关情况记录在案。到场的法定代理人可以代为行使未成年犯罪嫌疑人、被告人的诉讼权利。

到场的法定代理人或者其他人员认为办案人员在讯问、

审判中侵犯未成年人合法权益的，可以提出意见。讯问笔录、法庭笔录应当交给到场的法定代理人或者其他人员阅读或者向他宣读。

讯问女性未成年犯罪嫌疑人，应当有女工作人员在场。

审判未成年人刑事案件，未成年被告人最后陈述后，其法定代理人可以进行补充陈述。

询问未成年被害人、证人，适用第一款、第二款、第三款的规定。

第二百七十一条　对于未成年人涉嫌刑法分则第四章、第五章、第六章规定的犯罪，可能判处一年有期徒刑以下刑罚，符合起诉条件，但有悔罪表现的，人民检察院可以作出附条件不起诉的决定。人民检察院在作出附条件不起诉的决定以前，应当听取公安机关、被害人的意见。

对附条件不起诉的决定，公安机关要求复议、提请复核或者被害人申诉的，适用本法第一百七十五条、第一百七十六条的规定。

未成年犯罪嫌疑人及其法定代理人对人民检察院决定附条件不起诉有异议的，人民检察院应当作出起诉的决定。

第二百七十二条　在附条件不起诉的考验期内，由人民检察院对被附条件不起诉的未成年犯罪嫌疑人进行监督考察。未成年犯罪嫌疑人的监护人，应当对未成年犯罪嫌疑人加强管教，配合人民检察院做好监督考察工作。

附条件不起诉的考验期为六个月以上一年以下，从人民检察院作出附条件不起诉的决定之日起计算。

被附条件不起诉的未成年犯罪嫌疑人，应当遵守下列规定：

（一）遵守法律法规，服从监督；

（二）按照考察机关的规定报告自己的活动情况；

（三）离开所居住的市、县或者迁居，应当报经考察机关批准；

（四）按照考察机关的要求接受矫治和教育。

第二百七十三条　被附条件不起诉的未成年犯罪嫌疑

人,在考验期内有下列情形之一的,人民检察院应当撤销附条件不起诉的决定,提起公诉:

(一)实施新的犯罪或者发现决定附条件不起诉以前还有其他犯罪需要追诉的;

(二)违反治安管理规定或者考察机关有关附条件不起诉的监督管理规定,情节严重的。

被附条件不起诉的未成年犯罪嫌疑人,在考验期内没有上述情形,考验期满的,人民检察院应当作出不起诉的决定。

第二百七十四条 审判的时候被告人不满十八周岁的案件,不公开审理。但是,经未成年被告人及其法定代理人同意,未成年被告人所在学校和未成年人保护组织可以派代表到场。

第二百七十五条 犯罪的时候不满十八周岁,被判处五年有期徒刑以下刑罚的,应当对相关犯罪记录予以封存。

犯罪记录被封存的,不得向任何单位和个人提供,但司法机关为办案需要或者有关单位根据国家规定进行查询的除外。依法进行查询的单位,应当对被封存的犯罪记录的情况予以保密。

第二百七十六条 办理未成年人刑事案件,除本章已有规定的以外,按照本法的其他规定进行。

第二章 当事人和解的公诉案件诉讼程序

第二百七十七条 下列公诉案件,犯罪嫌疑人、被告人真诚悔罪,通过向被害人赔偿损失、赔礼道歉等方式获得被害人谅解,被害人自愿和解的,双方当事人可以和解:

(一)因民间纠纷引起,涉嫌刑法分则第四章、第五章规定的犯罪案件,可能判处三年有期徒刑以下刑罚的;

(二)除渎职犯罪以外的可能判处七年有期徒刑以下刑罚的过失犯罪案件。

犯罪嫌疑人、被告人在五年以内曾经故意犯罪的,不适用本章规定的程序。

第二百七十八条　双方当事人和解的,公安机关、人民检察院、人民法院应当听取当事人和其他有关人员的意见,对和解的自愿性、合法性进行审查,并主持制作和解协议书。

第二百七十九条　对于达成和解协议的案件,公安机关可以向人民检察院提出从宽处理的建议。人民检察院可以向人民法院提出从宽处罚的建议;对于犯罪情节轻微,不需要判处刑罚的,可以作出不起诉的决定。人民法院可以依法对被告人从宽处罚。

第三章　犯罪嫌疑人、被告人逃匿、死亡案件违法所得的没收程序

第二百八十条　对于贪污贿赂犯罪、恐怖活动犯罪等重大犯罪案件,犯罪嫌疑人、被告人逃匿,在通缉一年后不能到案,或者犯罪嫌疑人、被告人死亡,依照刑法规定应当追缴其违法所得及其他涉案财产的,人民检察院可以向人民法院提出没收违法所得的申请。

公安机关认为有前款规定情形的,应当写出没收违法所得意见书,移送人民检察院。

没收违法所得的申请应当提供与犯罪事实、违法所得相关的证据材料,并列明财产的种类、数量、所在地及查封、扣押、冻结的情况。

人民法院在必要的时候,可以查封、扣押、冻结申请没收的财产。

第二百八十一条　没收违法所得的申请,由犯罪地或者犯罪嫌疑人、被告人居住地的中级人民法院组成合议庭进行审理。

人民法院受理没收违法所得的申请后,应当发出公告。公告期间为六个月。犯罪嫌疑人、被告人的近亲属和其他利害关系人有权申请参加诉讼,也可以委托诉讼代理人参加诉讼。

人民法院在公告期满后对没收违法所得的申请进行审

理。利害关系人参加诉讼的,人民法院应当开庭审理。

第二百八十二条 人民法院经审理,对经查证属于违法所得及其他涉案财产,除依法返还被害人的以外,应当裁定予以没收;对不属于应当追缴的财产的,应当裁定驳回申请,解除查封、扣押、冻结措施。

对于人民法院依照前款规定作出的裁定,犯罪嫌疑人、被告人的近亲属和其他利害关系人或者人民检察院可以提出上诉、抗诉。

第二百八十三条 在审理过程中,在逃的犯罪嫌疑人、被告人自动投案或者被抓获的,人民法院应当终止审理。

没收犯罪嫌疑人、被告人财产确有错误的,应当予以返还、赔偿。

第四章 依法不负刑事责任的
精神病人的强制医疗程序

第二百八十四条 实施暴力行为,危害公共安全或者严重危害公民人身安全,经法定程序鉴定依法不负刑事责任的精神病人,有继续危害社会可能的,可以予以强制医疗。

第二百八十五条 根据本章规定对精神病人强制医疗的,由人民法院决定。

公安机关发现精神病人符合强制医疗条件的,应当写出强制医疗意见书,移送人民检察院。对于公安机关移送的或者在审查起诉过程中发现的精神病人符合强制医疗条件的,人民检察院应当向人民法院提出强制医疗的申请。人民法院在审理案件过程中发现被告人符合强制医疗条件的,可以作出强制医疗的决定。

对实施暴力行为的精神病人,在人民法院决定强制医疗前,公安机关可以采取临时的保护性约束措施。

第二百八十六条 人民法院受理强制医疗的申请后,应当组成合议庭进行审理。

人民法院审理强制医疗案件,应当通知被申请人或者被告人的法定代理人到场。被申请人或者被告人没有委托诉讼代理人的,人民法院应当通知法律援助机构指派律师为其提供法律帮助。

第二百八十七条　人民法院经审理,对于被申请人或者被告人符合强制医疗条件的,应当在一个月以内作出强制医疗的决定。

被决定强制医疗的人、被害人及其法定代理人、近亲属对强制医疗决定不服的,可以向上一级人民法院申请复议。

第二百八十八条　强制医疗机构应当定期对被强制医疗的人进行诊断评估。对于已不具有人身危险性,不需要继续强制医疗的,应当及时提出解除意见,报决定强制医疗的人民法院批准。

被强制医疗的人及其近亲属有权申请解除强制医疗。

第二百八十九条　人民检察院对强制医疗的决定和执行实行监督。

附　则

第二百九十条　军队保卫部门对军队内部发生的刑事案件行使侦查权。

对罪犯在监狱内犯罪的案件由监狱进行侦查。

军队保卫部门、监狱办理刑事案件,适用本法的有关规定。

中华人民共和国担保法

(1995 年 6 月 30 日第八届全国人民代表大会常务委员会
第十四次会议通过)

第一章　总　则

第一条　为促进资金融通和商品流通,保障债权的实现,
发展社会主义市场经济,制定本法。

第二条　在借贷、买卖、货物运输、加工承揽等经济活动
中,债权人需要以担保方式保障其债权实现的,可以依照本法
规定设定担保。

本法规定的担保方式为保证、抵押、质押、留置和定金。

第三条　担保活动应当遵循平等、自愿、公平、诚实信用
的原则。

第四条　第三人为债务人向债权人提供担保时,可以要
求债务人提供反担保。

反担保适用本法担保的规定。

第五条　担保合同是主合同的从合同,主合同无效,担保
合同无效。担保合同另有约定的,按照约定。

担保合同被确认无效后,债务人、担保人、债权人有过错
的,应当根据其过错各自承担相应的民事责任。

第二章　保　证

第一节　保证和保证人

第六条　本法所称保证,是指保证人和债权人约定,当债

务人不履行债务时,保证人按照约定履行债务或者承担责任的行为。

第七条　具有代为清偿债务能力的法人、其他组织或者公民,可以作保证人。

第八条　国家机关不得为保证人,但经国务院批准为使用外国政府或者国际经济组织贷款进行转贷的除外。

第九条　学校、幼儿园、医院等以公益为目的的事业单位、社会团体不得为保证人。

第十条　企业法人的分支机构、职能部门不得为保证人。

企业法人的分支机构有法人书面授权的,可以在授权范围内提供保证。

第十一条　任何单位和个人不得强令银行等金融机构或者企业为他人提供保证;银行等金融机构或者企业对强令其为他人提供保证的行为,有权拒绝。

第十二条　同一债务有两个以上保证人的,保证人应当按照保证合同约定的保证份额,承担保证责任。没有约定保证份额的,保证人承担连带责任,债权人可以要求任何一个保证人承担全部保证责任,保证人都负有担保全部债权实现的义务。已经承担保证责任的保证人,有权向债务人追偿,或者要求承担连带责任的其他保证人清偿其应当承担的份额。

第二节　保证合同和保证方式

第十三条　保证人与债权人应当以书面形式订立保证合同。

第十四条　保证人与债权人可以就单个主合同分别订立保证合同,也可以协议在最高债权额限度内就一定期间连续发生的借款合同或者某项商品交易合同订立一个保证合同。

第十五条　保证合同应当包括以下内容:

(一)被保证的主债权种类、数额;

(二)债务人履行债务的期限;

(三)保证的方式;

（四）保证担保的范围；

（五）保证的期间；

（六）双方认为需要约定的其他事项。

保证合同不完全具备前款规定内容的，可以补正。

第十六条 保证的方式有：

（一）一般保证；

（二）连带责任保证。

第十七条 当事人在保证合同中约定，债务人不能履行债务时，由保证人承担保证责任的，为一般保证。

一般保证的保证人在主合同纠纷未经审判或者仲裁，并就债务人财产依法强制执行仍不能履行债务前，对债权人可以拒绝承担保证责任。

有下列情形之一的，保证人不得行使前款规定的权利：

（一）债务人住所变更，致使债权人要求其履行债务发生重大困难的；

（二）人民法院受理债务人破产案件，中止执行程序的；

（三）保证人以书面形式放弃前款规定的权利的。

第十八条 当事人在保证合同中约定保证人与债务人对债务承担连带责任的，为连带责任保证。

连带责任保证的债务人在主合同规定的债务履行期届满没有履行债务的，债权人可以要求债务人履行债务，也可以要求保证人在其保证范围内承担保证责任。

第十九条 当事人对保证方式没有约定或者约定不明确的，按照连带责任保证承担保证责任。

第二十条 一般保证和连带责任保证的保证人享有债务人的抗辩权。债务人放弃对债务的抗辩权的，保证人仍有权抗辩。

抗辩权是指债权人行使债权时，债务人根据法定事由，对抗债权人行使请求权的权利。

第三节　保证责任

第二十一条　保证担保的范围包括主债权及利息、违约金、损害赔偿金和实现债权的费用。保证合同另有约定的,按照约定。

当事人对保证担保的范围没有约定或者约定不明确的,保证人应当对全部债务承担责任。

第二十二条　保证期间,债权人依法将主债权转让给第三人的,保证人在原保证担保的范围内继续承担保证责任。保证合同另有约定的,按照约定。

第二十三条　保证期间,债权人许可债务人转让债务的,应当取得保证人书面同意,保证人对未经其同意转让的债务,不再承担保证责任。

第二十四条　债权人与债务人协议变更主合同的,应当取得保证人书面同意,未经保证人书面同意的,保证人不再承担保证责任。保证合同另有约定的,按照约定。

第二十五条　一般保证的保证人与债权人未约定保证期间的,保证期间为主债务履行期届满之日起六个月。

在合同约定的保证期间和前款规定的保证期间,债权人未对债务人提起诉讼或者申请仲裁的,保证人免除保证责任;债权人已提起诉讼或者申请仲裁的,保证期间适用诉讼时效中断的规定。

第二十六条　连带责任保证的保证人与债权人未约定保证期间的,债权人有权自主债务履行期届满之日起六个月内要求保证人承担保证责任。

在合同约定的保证期间和前款规定的保证期间,债权人未要求保证人承担保证责任的,保证人免除保证责任。

第二十七条　保证人依照本法第十四条规定就连续发生的债权作保证,未约定保证期间的,保证人可以随时书面通知债权人终止保证合同,但保证人对于通知到债权人前所发生的债权,承担保证责任。

第二十八条 同一债权既有保证又有物的担保的,保证人对物的担保以外的债权承担保证责任。

债权人放弃物的担保的,保证人在债权人放弃权利的范围内免除保证责任。

第二十九条 企业法人的分支机构未经法人书面授权或者超出授权范围与债权人订立保证合同的,该合同无效或者超出授权范围的部分无效,债权人和企业法人有过错的,应当根据其过错各自承担相应的民事责任;债权人无过错的,由企业法人承担民事责任。

第三十条 有下列情形之一的,保证人不承担民事责任:

(一)主合同当事人双方串通,骗取保证人提供保证的;

(二)主合同债权人采取欺诈、胁迫等手段,使保证人在违背真实意思的情况下提供保证的。

第三十一条 保证人承担保证责任后,有权向债务人追偿。

第三十二条 人民法院受理债务人破产案件后,债权人未申报债权的,保证人可以参加破产财产分配,预先行使追偿权。

第三章 抵 押

第一节 抵押和抵押物

第三十三条 本法所称抵押,是指债务人或者第三人不转移对本法第三十四条所列财产的占有,将该财产作为债权的担保。债务人不履行债务时,债权人有权依照本法规定以该财产折价或者以拍卖、变卖该财产的价款优先受偿。

前款规定的债务人或者第三人为抵押人,债权人为抵押权人,提供担保的财产为抵押物。

第三十四条 下列财产可以抵押:

(一)抵押人所有的房屋和其他地上定着物;

(二)抵押人所有的机器、交通运输工具和其他财产;

（三）抵押人依法有权处分的国有的土地使用权、房屋和其他地上定着物；

（四）抵押人依法有权处分的国有的机器、交通运输工具和其他财产；

（五）抵押人依法承包并经发包方同意抵押的荒山、荒沟、荒丘、荒滩等荒地的土地使用权；

（六）依法可以抵押的其他财产。

抵押人可以将前款所列财产一并抵押。

第三十五条　抵押人所担保的债权不得超出其抵押物的价值。

财产抵押后，该财产的价值大于所担保债权的余额部分，可以再次抵押，但不得超出其余额部分。

第三十六条　以依法取得的国有土地上的房屋抵押的，该房屋占用范围内的国有土地使用权同时抵押。

以出让方式取得的国有土地使用权抵押的，应当将抵押时该国有土地上的房屋同时抵押。

乡（镇）、村企业的土地使用权不得单独抵押。以乡（镇）、村企业的厂房等建筑物抵押的，其占用范围内的土地使用权同时抵押。

第三十七条　下列财产不得抵押：

（一）土地所有权；

（二）耕地、宅基地、自留地、自留山等集体所有的土地使用权，但本法第三十四条第（五）项、第三十六条第三款规定的除外；

（三）学校、幼儿园、医院等以公益为目的的事业单位、社会团体的教育设施、医疗卫生设施和其他社会公益设施；

（四）所有权、使用权不明或者有争议的财产；

（五）依法被查封、扣押、监管的财产；

（六）依法不得抵押的其他财产。

第二节　抵押合同和抵押物登记

第三十八条　抵押人和抵押权人应当以书面形式订立抵押合同。

第三十九条　抵押合同应当包括以下内容：

（一）被担保的主债权种类、数额；

（二）债务人履行债务的期限；

（三）抵押物的名称、数量、质量、状况、所在地、所有权权属或者使用权权属；

（四）抵押担保的范围；

（五）当事人认为需要约定的其他事项。

抵押合同不完全具备前款规定内容的，可以补正。

第四十条　订立抵押合同时，抵押权人和抵押人在合同中不得约定在债务履行期届满抵押权人未受清偿时，抵押物的所有权转移为债权人所有。

第四十一条　当事人以本法第四十二条规定的财产抵押的，应当办理抵押物登记，抵押合同自登记之日起生效。

第四十二条　办理抵押物登记的部门如下：

（一）以无地上定着物的土地使用权抵押的，为核发土地使用权证书的土地管理部门；

（二）以城市房地产或者乡（镇）、村企业的厂房等建筑物抵押的，为县级以上地方人民政府规定的部门；

（三）以林木抵押的，为县级以上林木主管部门；

（四）以航空器、船舶、车辆抵押的，为运输工具的登记部门；

（五）以企业的设备和其他动产抵押的，为财产所在地的工商行政管理部门。

第四十三条　当事人以其他财产抵押的，可以自愿办理抵押物登记，抵押合同自签订之日起生效。

当事人未办理抵押物登记的，不得对抗第三人。当事人办理抵押物登记的，登记部门为抵押人所在地的公证部门。

第四十四条　办理抵押物登记,应当向登记部门提供下列文件或者其复印件:

(一)主合同和抵押合同;

(二)抵押物的所有权或者使用权证书。

第四十五条　登记部门登记的资料,应当允许查阅、抄录或者复印。

第三节　抵押的效力

第四十六条　抵押担保的范围包括主债权及利息、违约金、损害赔偿金和实现抵押权的费用。抵押合同另有约定的,按照约定。

第四十七条　债务履行期届满,债务人不履行债务致使抵押物被人民法院依法扣押的,自扣押之日起抵押权人有权收取由抵押物分离的天然孳息以及抵押人就抵押物可以收取的法定孳息。抵押权人未将扣押抵押物的事实通知应当清偿法定孳息的义务人的,抵押权的效力不及于该孳息。

前款孳息应当先充抵收取孳息的费用。

第四十八条　抵押人将已出租的财产抵押的,应当书面告知承租人,原租赁合同继续有效。

第四十九条　抵押期间,抵押人转让已办理登记的抵押物的,应当通知抵押权人并告知受让人转让物已经抵押的情况;抵押人未通知抵押权人或者未告知受让人的,转让行为无效。

转让抵押物的价款明显低于其价值的,抵押权人可以要求抵押人提供相应的担保;抵押人不提供的,不得转让抵押物。

抵押人转让抵押物所得的价款,应当向抵押权人提前清偿所担保的债权或者向与抵押权人约定的第三人提存。超过债权数额的部分,归抵押人所有,不足部分由债务人清偿。

第五十条　抵押权不得与债权分离而单独转让或者作为其他债权的担保。

第五十一条 抵押人的行为足以使抵押物价值减少的，抵押权人有权要求抵押人停止其行为。抵押物价值减少时，抵押权人有权要求抵押人恢复抵押物的价值，或者提供与减少的价值相当的担保。

抵押人对抵押物价值减少无过错的，抵押权人只能在抵押人因损害而得到的赔偿范围内要求提供担保。抵押物价值未减少的部分，仍作为债权的担保。

第五十二条 抵押权与其担保的债权同时存在，债权消灭的，抵押权也消灭。

第四节　抵押权的实现

第五十三条 债务履行期届满抵押权人未受清偿的，可以与抵押人协议以抵押物折价或者以拍卖、变卖该抵押物所得的价款受偿；协议不成的，抵押权人可以向人民法院提起诉讼。

抵押物折价或者拍卖、变卖后，其价款超过债权数额的部分归抵押人所有，不足部分由债务人清偿。

第五十四条 同一财产向两个以上债权人抵押的，拍卖、变卖抵押物所得的价款按照以下规定清偿：

（一）抵押合同以登记生效的，按照抵押物登记的先后顺序清偿；顺序相同的，按照债权比例清偿；

（二）抵押合同自签订之日起生效的，该抵押物已登记的，按照本条第（一）项规定清偿；未登记的，按照合同生效时间的先后顺序清偿，顺序相同的，按照债权比例清偿。抵押物已登记的先于未登记的受偿。

第五十五条 城市房地产抵押合同签订后，土地上新增的房屋不属于抵押物。需要拍卖该抵押的房地产时，可以依法将该土地上新增的房屋与抵押物一同拍卖，但对拍卖新增房屋所得，抵押权人无权优先受偿。

依照本法规定以承包的荒地的土地使用权抵押的，或者以乡（镇）、村企业的厂房等建筑物占用范围内的土地使用权抵押的,在实现抵押权后,未经法定程序不得改变土地集体所有和土地用途。

第五十六条　拍卖划拨的国有土地使用权所得的价款,在依法缴纳相当于应缴纳的土地使用权出让金的款额后,抵押权人有优先受偿权。

第五十七条　为债务人抵押担保的第三人,在抵押权人实现抵押权后,有权向债务人追偿。

第五十八条　抵押权因抵押物灭失而消灭。因灭失所得的赔偿金,应当作为抵押财产。

第五节　最高额抵押

第五十九条　本法所称最高额抵押,是指抵押人与抵押权人协议,在最高债权额限度内,以抵押物对一定期间内连续发生的债权作担保。

第六十条　借款合同可以附最高额抵押合同。

债权人与债务人就某项商品在一定期间内连续发生交易而签订的合同,可以附最高额抵押合同。

第六十一条　最高额抵押的主合同债权不得转让。

第六十二条　最高额抵押除适用本节规定外,适用本章其他规定。

第四章　质　押

第一节　动产质押

第六十三条　本法所称动产质押,是指债务人或者第三人将其动产移交债权人占有,将该动产作为债权的担保。债务人不履行债务时,债权人有权依照本法规定以该动产折价或者以拍卖、变卖该动产的价款优先受偿。

前款规定的债务人或者第三人为出质人,债权人为质权人,移交的动产为质物。

第六十四条 出质人和质权人应当以书面形式订立质押合同。

质押合同自质物移交于质权人占有时生效。

第六十五条 质押合同应当包括以下内容:

(一)被担保的主债权种类、数额;

(二)债务人履行债务的期限;

(三)质物的名称、数量、质量、状况;

(四)质押担保的范围;

(五)质物移交的时间;

(六)当事人认为需要约定的其他事项。

质押合同不完全具备前款规定内容的,可以补正。

第六十六条 出质人和质权人在合同中不得约定在债务履行期届满质权人未受清偿时,质物的所有权转移为质权人所有。

第六十七条 质押担保的范围包括主债权及利息、违约金、损害赔偿金、质物保管费用和实现质权的费用。质押合同另有约定的,按照约定。

第六十八条 质权人有权收取质物所生的孳息。质押合同另有约定的,按照约定。

前款孳息应当先充抵收取孳息的费用。

第六十九条 质权人负有妥善保管质物的义务。因保管不善致使质物灭失或者毁损的,质权人应当承担民事责任。

质权人不能妥善保管质物可能致使其灭失或者毁损的,出质人可以要求质权人将质物提存,或者要求提前清偿债权而返还质物。

第七十条 质物有损坏或者价值明显减少的可能,足以危害质权人权利的,质权人可以要求出质人提供相应的担保。出质人不提供的,质权人可以拍卖或者变卖质物,并与出质人协议将拍卖或者变卖所得的价款用于提前清偿所担保的债权或者向与出质人约定的第三人提存。

第七十一条 债务履行期届满债务人履行债务的,或者出质人提前清偿所担保的债权的,质权人应当返还质物。

债务履行期届满质权人未受清偿的,可以与出质人协议以质物折价,也可以依法拍卖、变卖质物。

质物折价或者拍卖、变卖后,其价款超过债权数额的部分归出质人所有,不足部分由债务人清偿。

第七十二条　为债务人质押担保的第三人,在质权人实现质权后,有权向债务人追偿。

第七十三条　质权因质物灭失而消灭。因灭失所得的赔偿金,应当作为出质财产。

第七十四条　质权与其担保的债权同时存在,债权消灭的,质权也消灭。

第二节　权利质押

第七十五条　下列权利可以质押:

(一)汇票、支票、本票、债券、存款单、仓单、提单;

(二)依法可以转让的股份、股票;

(三)依法可以转让的商标专用权,专利权、著作权中的财产权;

(四)依法可以质押的其他权利。

第七十六条　以汇票、支票、本票、债券、存款单、仓单、提单出质的,应当在合同约定的期限内将权利凭证交付质权人。质押合同自权利凭证交付之日起生效。

第七十七条　以载明兑现或者提货日期的汇票、支票、本票、债券、存款单、仓单、提单出质的,汇票、支票、本票、债券、存款单、仓单、提单兑现或者提货日期先于债务履行期的,质权人可以在债务履行期届满前兑现或者提货,并与出质人协议将兑现的价款或者提取的货物用于提前清偿所担保的债权或者向与出质人约定的第三人提存。

第七十八条　以依法可以转让的股票出质的,出质人与质权人应当订立书面合同,并向证券登记机构办理出质登记。质押合同自登记之日起生效。

股票出质后,不得转让,但经出质人与质权人协商同意的可以转让。出质人转让股票所得的价款应当向质权人提前清偿所担保的债权或者向与质权人约定的第三人提存。

以有限责任公司的股份出质的,适用公司法股份转让的有关规定。质押合同自股份出质记载于股东名册之日起生效。

第七十九条 以依法可以转让的商标专用权,专利权、著作权中的财产权出质的,出质人与质权人应当订立书面合同,并向其管理部门办理出质登记。质押合同自登记之日起生效。

第八十条 本法第七十九条规定的权利出质后,出质人不得转让或者许可他人使用,但经出质人与质权人协商同意的可以转让或者许可他人使用。出质人所得的转让费、许可费应当向质权人提前清偿所担保的债权或者向与质权人约定的第三人提存。

第八十一条 权利质押除适用本节规定外,适用本章第一节的规定。

第五章 留 置

第八十二条 本法所称留置,是指依照本法第八十四条的规定,债权人按照合同约定占有债务人的动产,债务人不按照合同约定的期限履行债务的,债权人有权依照本法规定留置该财产,以该财产折价或者以拍卖、变卖该财产的价款优先受偿。

第八十三条 留置担保的范围包括主债权及利息、违约金、损害赔偿金,留置物保管费用和实现留置权的费用。

第八十四条 因保管合同、运输合同、加工承揽合同发生的债权,债务人不履行债务的,债权人有留置权。

法律规定可以留置的其他合同,适用前款规定。

当事人可以在合同中约定不得留置的物。

第八十五条 留置的财产为可分物的,留置物的价值应当相当于债务的金额。

第八十六条　留置权人负有妥善保管留置物的义务。因保管不善致使留置物灭失或者毁损的，留置权人应当承担民事责任。

第八十七条　债权人与债务人应当在合同中约定，债权人留置财产后，债务人应当在不少于两个月的期限内履行债务。债权人与债务人在合同中未约定的，债权人留置债务人财产后，应当确定两个月以上的期限，通知债务人在该期限内履行债务。

债务人逾期仍不履行的，债权人可以与债务人协议以留置物折价，也可以依法拍卖、变卖留置物。

留置物折价或者拍卖、变卖后，其价款超过债权数额的部分归债务人所有，不足部分由债务人清偿。

第八十八条　留置权因下列原因消灭：

（一）债权消灭的；

（二）债务人另行提供担保并被债权人接受的。

第六章　定　金

第八十九条　当事人可以约定一方向对方给付定金作为债权的担保。债务人履行债务后，定金应当抵作价款或者收回。给付定金的一方不履行约定的债务的，无权要求返还定金；收受定金的一方不履行约定的债务的，应当双倍返还定金。

第九十条　定金应当以书面形式约定。当事人在定金合同中应当约定交付定金的期限。定金合同从实际交付定金之日起生效。

第九十一条　定金的数额由当事人约定，但不得超过主合同标的额的百分之二十。

第七章 附 则

第九十二条 本法所称不动产是指土地以及房屋、林木等地上定着物。

本法所称动产是指不动产以外的物。

第九十三条 本法所称保证合同、抵押合同、质押合同、定金合同可以是单独订立的书面合同,包括当事人之间的具有担保性质的信函、传真等,也可以是主合同中的担保条款。

第九十四条 抵押物、质物、留置物折价或者变卖,应当参照市场价格。

第九十五条 海商法等法律对担保有特别规定的,依照其规定。

第九十六条 本法自 1995 年 10 月 1 日起施行。

中华人民共和国环境保护法

(1989 年 12 月 26 日第七届全国人民代表大会常务委员会第十一次会议通过　2014 年 4 月 24 日第十二届全国人民代表大会常务委员会第八次会议修订)

第一章　总　则

第一条　为保护和改善环境,防治污染和其他公害,保障公众健康,推进生态文明建设,促进经济社会可持续发展,制定本法。

第二条　本法所称环境,是指影响人类生存和发展的各种天然的和经过人工改造的自然因素的总体,包括大气、水、海洋、土地、矿藏、森林、草原、湿地、野生生物、自然遗迹、人文遗迹、自然保护区、风景名胜区、城市和乡村等。

第三条　本法适用于中华人民共和国领域和中华人民共和国管辖的其他海域。

第四条　保护环境是国家的基本国策。

国家采取有利于节约和循环利用资源、保护和改善环境、促进人与自然和谐的经济、技术政策和措施,使经济社会发展与环境保护相协调。

第五条　环境保护坚持保护优先、预防为主、综合治理、公众参与、损害担责的原则。

第六条　一切单位和个人都有保护环境的义务。

地方各级人民政府应当对本行政区域的环境质量负责。

企业事业单位和其他生产经营者应当防止、减少环境污染和生态破坏,对所造成的损害依法承担责任。

公民应当增强环境保护意识,采取低碳、节俭的生活方式,自觉履行环境保护义务。

第七条 国家支持环境保护科学技术研究、开发和应用，鼓励环境保护产业发展，促进环境保护信息化建设，提高环境保护科学技术水平。

第八条 各级人民政府应当加大保护和改善环境、防治污染和其他公害的财政投入，提高财政资金的使用效益。

第九条 各级人民政府应当加强环境保护宣传和普及工作，鼓励基层群众性自治组织、社会组织、环境保护志愿者开展环境保护法律法规和环境保护知识的宣传，营造保护环境的良好风气。

教育行政部门、学校应当将环境保护知识纳入学校教育内容，培养学生的环境保护意识。

新闻媒体应当开展环境保护法律法规和环境保护知识的宣传，对环境违法行为进行舆论监督。

第十条 国务院环境保护主管部门，对全国环境保护工作实施统一监督管理；县级以上地方人民政府环境保护主管部门，对本行政区域环境保护工作实施统一监督管理。

县级以上人民政府有关部门和军队环境保护部门，依照有关法律的规定对资源保护和污染防治等环境保护工作实施监督管理。

第十一条 对保护和改善环境有显著成绩的单位和个人，由人民政府给予奖励。

第十二条 每年 6 月 5 日为环境日。

第二章 监督管理

第十三条 县级以上人民政府应当将环境保护工作纳入国民经济和社会发展规划。

国务院环境保护主管部门会同有关部门，根据国民经济和社会发展规划编制国家环境保护规划，报国务院批准并公布实施。

县级以上地方人民政府环境保护主管部门会同有关部门，根据国家环境保护规划的要求，编制本行政区域的环境保护规划,报同级人民政府批准并公布实施。

环境保护规划的内容应当包括生态保护和污染防治的目标、任务、保障措施等,并与主体功能区规划、土地利用总体规划和城乡规划等相衔接。

第十四条　国务院有关部门和省、自治区、直辖市人民政府组织制定经济、技术政策,应当充分考虑对环境的影响,听取有关方面和专家的意见。

第十五条　国务院环境保护主管部门制定国家环境质量标准。

省、自治区、直辖市人民政府对国家环境质量标准中未作规定的项目,可以制定地方环境质量标准;对国家环境质量标准中已作规定的项目,可以制定严于国家环境质量标准的地方环境质量标准。地方环境质量标准应当报国务院环境保护主管部门备案。

国家鼓励开展环境基准研究。

第十六条　国务院环境保护主管部门根据国家环境质量标准和国家经济、技术条件,制定国家污染物排放标准。

省、自治区、直辖市人民政府对国家污染物排放标准中未作规定的项目,可以制定地方污染物排放标准;对国家污染物排放标准中已作规定的项目,可以制定严于国家污染物排放标准的地方污染物排放标准。地方污染物排放标准应当报国务院环境保护主管部门备案。

第十七条　国家建立、健全环境监测制度。国务院环境保护主管部门制定监测规范,会同有关部门组织监测网络,统一规划国家环境质量监测站(点)的设置,建立监测数据共享机制,加强对环境监测的管理。

有关行业、专业等各类环境质量监测站(点)的设置应当符合法律法规规定和监测规范的要求。

监测机构应当使用符合国家标准的监测设备,遵守监测规范。监测机构及其负责人对监测数据的真实性和准确性负责。

第十八条　省级以上人民政府应当组织有关部门或者委

托专业机构,对环境状况进行调查、评价,建立环境资源承载能力监测预警机制。

第十九条 编制有关开发利用规划,建设对环境有影响的项目,应当依法进行环境影响评价。

未依法进行环境影响评价的开发利用规划,不得组织实施;未依法进行环境影响评价的建设项目,不得开工建设。

第二十条 国家建立跨行政区域的重点区域、流域环境污染和生态破坏联合防治协调机制,实行统一规划、统一标准、统一监测、统一的防治措施。

前款规定以外的跨行政区域的环境污染和生态破坏的防治,由上级人民政府协调解决,或者由有关地方人民政府协商解决。

第二十一条 国家采取财政、税收、价格、政府采购等方面的政策和措施,鼓励和支持环境保护技术装备、资源综合利用和环境服务等环境保护产业的发展。

第二十二条 企业事业单位和其他生产经营者,在污染物排放符合法定要求的基础上,进一步减少污染物排放的,人民政府应当依法采取财政、税收、价格、政府采购等方面的政策和措施予以鼓励和支持。

第二十三条 企业事业单位和其他生产经营者,为改善环境,依照有关规定转产、搬迁、关闭的,人民政府应当予以支持。

第二十四条 县级以上人民政府环境保护主管部门及其委托的环境监察机构和其他负有环境保护监督管理职责的部门,有权对排放污染物的企业事业单位和其他生产经营者进行现场检查。被检查者应当如实反映情况,提供必要的资料。实施现场检查的部门、机构及其工作人员应当为被检查者保守商业秘密。

第二十五条 企业事业单位和其他生产经营者违反法律法规规定排放污染物,造成或者可能造成严重污染的,县级以上人民政府环境保护主管部门和其他负有环境保护监督管理职责的部门,可以查封、扣押造成污染物排放的设施、设备。

第二十六条　国家实行环境保护目标责任制和考核评价制度。县级以上人民政府应当将环境保护目标完成情况纳入对本级人民政府负有环境保护监督管理职责的部门及其负责人和下级人民政府及其负责人的考核内容，作为对其考核评价的重要依据。考核结果应当向社会公开。

第二十七条　县级以上人民政府应当每年向本级人民代表大会或者人民代表大会常务委员会报告环境状况和环境保护目标完成情况，对发生的重大环境事件应当及时向本级人民代表大会常务委员会报告，依法接受监督。

第三章　保护和改善环境

第二十八条　地方各级人民政府应当根据环境保护目标和治理任务，采取有效措施，改善环境质量。

未达到国家环境质量标准的重点区域、流域的有关地方人民政府，应当制定限期达标规划，并采取措施按期达标。

第二十九条　国家在重点生态功能区、生态环境敏感区和脆弱区等区域划定生态保护红线，实行严格保护。

各级人民政府对具有代表性的各种类型的自然生态系统区域，珍稀、濒危的野生动植物自然分布区域，重要的水源涵养区域，具有重大科学文化价值的地质构造、著名溶洞和化石分布区、冰川、火山、温泉等自然遗迹，以及人文遗迹、古树名木，应当采取措施予以保护，严禁破坏。

第三十条　开发利用自然资源，应当合理开发，保护生物多样性，保障生态安全，依法制定有关生态保护和恢复治理方案并予以实施。

引进外来物种以及研究、开发和利用生物技术，应当采取措施，防止对生物多样性的破坏。

第三十一条　国家建立、健全生态保护补偿制度。

国家加大对生态保护地区的财政转移支付力度。有关地方人民政府应当落实生态保护补偿资金，确保其用于生态保护补偿。

国家指导受益地区和生态保护地区人民政府通过协商或者按照市场规则进行生态保护补偿。

第三十二条 国家加强对大气、水、土壤等的保护，建立和完善相应的调查、监测、评估和修复制度。

第三十三条 各级人民政府应当加强对农业环境的保护，促进农业环境保护新技术的使用，加强对农业污染源的监测预警，统筹有关部门采取措施，防治土壤污染和土地沙化、盐渍化、贫瘠化、石漠化、地面沉降以及防治植被破坏、水土流失、水体富营养化、水源枯竭、种源灭绝等生态失调现象，推广植物病虫害的综合防治。

县级、乡级人民政府应当提高农村环境保护公共服务水平，推动农村环境综合整治。

第三十四条 国务院和沿海地方各级人民政府应当加强对海洋环境的保护。向海洋排放污染物、倾倒废弃物，进行海岸工程和海洋工程建设，应当符合法律法规规定和有关标准，防止和减少对海洋环境的污染损害。

第三十五条 城乡建设应当结合当地自然环境的特点，保护植被、水域和自然景观，加强城市园林、绿地和风景名胜区的建设与管理。

第三十六条 国家鼓励和引导公民、法人和其他组织使用有利于保护环境的产品和再生产品，减少废弃物的产生。

国家机关和使用财政资金的其他组织应当优先采购和使用节能、节水、节材等有利于保护环境的产品、设备和设施。

第三十七条 地方各级人民政府应当采取措施，组织对生活废弃物的分类处置、回收利用。

第三十八条 公民应当遵守环境保护法律法规，配合实施环境保护措施，按照规定对生活废弃物进行分类放置，减少日常生活对环境造成的损害。

第三十九条 国家建立、健全环境与健康监测、调查和风险评估制度；鼓励和组织开展环境质量对公众健康影响的研究，采取措施预防和控制与环境污染有关的疾病。

第四章　防治污染和其他公害

第四十条　国家促进清洁生产和资源循环利用。

国务院有关部门和地方各级人民政府应当采取措施,推广清洁能源的生产和使用。

企业应当优先使用清洁能源,采用资源利用率高、污染物排放量少的工艺、设备以及废弃物综合利用技术和污染物无害化处理技术,减少污染物的产生。

第四十一条　建设项目中防治污染的设施,应当与主体工程同时设计、同时施工、同时投产使用。防治污染的设施应当符合经批准的环境影响评价文件的要求,不得擅自拆除或者闲置。

第四十二条　排放污染物的企业事业单位和其他生产经营者,应当采取措施,防治在生产建设或者其他活动中产生的废气、废水、废渣、医疗废物、粉尘、恶臭气体、放射性物质以及噪声、振动、光辐射、电磁辐射等对环境的污染和危害。

排放污染物的企业事业单位,应当建立环境保护责任制度,明确单位负责人和相关人员的责任。

重点排污单位应当按照国家有关规定和监测规范安装使用监测设备,保证监测设备正常运行,保存原始监测记录。

严禁通过暗管、渗井、渗坑、灌注或者篡改、伪造监测数据,或者不正常运行防治污染设施等逃避监管的方式违法排放污染物。

第四十三条　排放污染物的企业事业单位和其他生产经营者,应当按照国家有关规定缴纳排污费。排污费应当全部专项用于环境污染防治,任何单位和个人不得截留、挤占或者挪作他用。

依照法律规定征收环境保护税的,不再征收排污费。

第四十四条　国家实行重点污染物排放总量控制制度。重点污染物排放总量控制指标由国务院下达,省、自治区、直辖市人民政府分解落实。企业事业单位在执行国家和地方污染物排放标准的同时,应当遵守分解落实到本单位的重点污染物排放总量控制指标。

对超过国家重点污染物排放总量控制指标或者未完成国家确定的环境质量目标的地区,省级以上人民政府环境保护主管部门应当暂停审批其新增重点污染物排放总量的建设项目环境影响评价文件。

第四十五条 国家依照法律规定实行排污许可管理制度。

实行排污许可管理的企业事业单位和其他生产经营者应当按照排污许可证的要求排放污染物;未取得排污许可证的,不得排放污染物。

第四十六条 国家对严重污染环境的工艺、设备和产品实行淘汰制度。任何单位和个人不得生产、销售或者转移、使用严重污染环境的工艺、设备和产品。

禁止引进不符合我国环境保护规定的技术、设备、材料和产品。

第四十七条 各级人民政府及其有关部门和企业事业单位,应当依照《中华人民共和国突发事件应对法》的规定,做好突发环境事件的风险控制、应急准备、应急处置和事后恢复等工作。

县级以上人民政府应当建立环境污染公共监测预警机制,组织制定预警方案;环境受到污染,可能影响公众健康和环境安全时,依法及时公布预警信息,启动应急措施。

企业事业单位应当按照国家有关规定制定突发环境事件应急预案,报环境保护主管部门和有关部门备案。在发生或者可能发生突发环境事件时,企业事业单位应当立即采取措施处理,及时通报可能受到危害的单位和居民,并向环境保护主管部门和有关部门报告。

突发环境事件应急处置工作结束后,有关人民政府应当立即组织评估事件造成的环境影响和损失,并及时将评估结果向社会公布。

第四十八条 生产、储存、运输、销售、使用、处置化学物品和含有放射性物质的物品,应当遵守国家有关规定,防止污染环境。

第四十九条　各级人民政府及其农业等有关部门和机构应当指导农业生产经营者科学种植和养殖,科学合理施用农药、化肥等农业投入品,科学处置农用薄膜、农作物秸秆等农业废弃物,防止农业面源污染。

禁止将不符合农用标准和环境保护标准的固体废物、废水施入农田。施用农药、化肥等农业投入品及进行灌溉,应当采取措施,防止重金属和其他有毒有害物质污染环境。

畜禽养殖场、养殖小区、定点屠宰企业等的选址、建设和管理应当符合有关法律法规规定。从事畜禽养殖和屠宰的单位和个人应当采取措施,对畜禽粪便、尸体和污水等废弃物进行科学处置,防止污染环境。

县级人民政府负责组织农村生活废弃物的处置工作。

第五十条　各级人民政府应当在财政预算中安排资金,支持农村饮用水水源地保护、生活污水和其他废弃物处理、畜禽养殖和屠宰污染防治、土壤污染防治和农村工矿污染治理等环境保护工作。

第五十一条　各级人民政府应当统筹城乡建设污水处理设施及配套管网,固体废物的收集、运输和处置等环境卫生设施,危险废物集中处置设施、场所以及其他环境保护公共设施,并保障其正常运行。

第五十二条　国家鼓励投保环境污染责任保险。

第五章　信息公开和公众参与

第五十三条　公民、法人和其他组织依法享有获取环境信息、参与和监督环境保护的权利。

各级人民政府环境保护主管部门和其他负有环境保护监督管理职责的部门,应当依法公开环境信息、完善公众参与程序,为公民、法人和其他组织参与和监督环境保护提供便利。

第五十四条　国务院环境保护主管部门统一发布国家环

境质量、重点污染源监测信息及其他重大环境信息。省级以上人民政府环境保护主管部门定期发布环境状况公报。

县级以上人民政府环境保护主管部门和其他负有环境保护监督管理职责的部门,应当依法公开环境质量、环境监测、突发环境事件以及环境行政许可、行政处罚、排污费的征收和使用情况等信息。

县级以上地方人民政府环境保护主管部门和其他负有环境保护监督管理职责的部门,应当将企业事业单位和其他生产经营者的环境违法信息记入社会诚信档案,及时向社会公布违法者名单。

第五十五条 重点排污单位应当如实向社会公开其主要污染物的名称、排放方式、排放浓度和总量、超标排放情况,以及防治污染设施的建设和运行情况,接受社会监督。

第五十六条 对依法应当编制环境影响报告书的建设项目,建设单位应当在编制时向可能受影响的公众说明情况,充分征求意见。

负责审批建设项目环境影响评价文件的部门在收到建设项目环境影响报告书后,除涉及国家秘密和商业秘密的事项外,应当全文公开;发现建设项目未充分征求公众意见的,应当责成建设单位征求公众意见。

第五十七条 公民、法人和其他组织发现任何单位和个人有污染环境和破坏生态行为的,有权向环境保护主管部门或者其他负有环境保护监督管理职责的部门举报。

公民、法人和其他组织发现地方各级人民政府、县级以上人民政府环境保护主管部门和其他负有环境保护监督管理职责的部门不依法履行职责的,有权向其上级机关或者监察机关举报。

接受举报的机关应当对举报人的相关信息予以保密,保护举报人的合法权益。

第五十八条 对污染环境、破坏生态,损害社会公共利益的行为,符合下列条件的社会组织可以向人民法院提起诉讼:

(一)依法在设区的市级以上人民政府民政部门登记;

（二）专门从事环境保护公益活动连续五年以上且无违法记录。

符合前款规定的社会组织向人民法院提起诉讼，人民法院应当依法受理。

提起诉讼的社会组织不得通过诉讼牟取经济利益。

第六章　法律责任

第五十九条　企业事业单位和其他生产经营者违法排放污染物，受到罚款处罚，被责令改正，拒不改正的，依法作出处罚决定的行政机关可以自责令改正之日的次日起，按照原处罚数额按日连续处罚。

前款规定的罚款处罚，依照有关法律法规按照防治污染设施的运行成本、违法行为造成的直接损失或者违法所得等因素确定的规定执行。

地方性法规可以根据环境保护的实际需要，增加第一款规定的按日连续处罚的违法行为的种类。

第六十条　企业事业单位和其他生产经营者超过污染物排放标准或者超过重点污染物排放总量控制指标排放污染物的，县级以上人民政府环境保护主管部门可以责令其采取限制生产、停产整治等措施；情节严重的，报经有批准权的人民政府批准，责令停业、关闭。

第六十一条　建设单位未依法提交建设项目环境影响评价文件或者环境影响评价文件未经批准，擅自开工建设的，由负有环境保护监督管理职责的部门责令停止建设，处以罚款，并可以责令恢复原状。

第六十二条　违反本法规定，重点排污单位不公开或者不如实公开环境信息的，由县级以上地方人民政府环境保护主管部门责令公开，处以罚款，并予以公告。

第六十三条　企业事业单位和其他生产经营者有下列行为之一，尚不构成犯罪的，除依照有关法律法规规定予以处罚外，由县级以上人民政府环境保护主管部门或者其他有关部门将案件移送公安机关,对其直接负责的主管人员和其他直接责任人员,处十日以上十五日以下拘留;情节较轻的,处五日以上十日以下拘留:

(一)建设项目未依法进行环境影响评价,被责令停止建设,拒不执行的;

(二)违反法律规定,未取得排污许可证排放污染物,被责令停止排污,拒不执行的;

(三)通过暗管、渗井、渗坑、灌注或者篡改、伪造监测数据,或者不正常运行防治污染设施等逃避监管的方式违法排放污染物的;

(四)生产、使用国家明令禁止生产、使用的农药,被责令改正,拒不改正的。

第六十四条 因污染环境和破坏生态造成损害的,应当依照《中华人民共和国侵权责任法》的有关规定承担侵权责任。

第六十五条 环境影响评价机构、环境监测机构以及从事环境监测设备和防治污染设施维护、运营的机构,在有关环境服务活动中弄虚作假,对造成的环境污染和生态破坏负有责任的,除依照有关法律法规规定予以处罚外,还应当与造成环境污染和生态破坏的其他责任者承担连带责任。

第六十六条 提起环境损害赔偿诉讼的时效期间为三年,从当事人知道或者应当知道其受到损害时起计算。

第六十七条 上级人民政府及其环境保护主管部门应当加强对下级人民政府及其有关部门环境保护工作的监督。发现有关工作人员有违法行为,依法应当给予处分的,应当向其任免机关或者监察机关提出处分建议。

依法应当给予行政处罚,而有关环境保护主管部门不给予行政处罚的,上级人民政府环境保护主管部门可以直接作出行政处罚的决定。

第六十八条 地方各级人民政府、县级以上人民政府环境保护主管部门和其他负有环境保护监督管理职责的部门有下列行为之一的,对直接负责的主管人员和其他直接责任人

员给予记过、记大过或者降级处分;造成严重后果的,给予撤职或者开除处分,其主要负责人应当引咎辞职:

(一)不符合行政许可条件准予行政许可的;

(二)对环境违法行为进行包庇的;

(三)依法应当作出责令停业、关闭的决定而未作出的;

(四)对超标排放污染物、采用逃避监管的方式排放污染物、造成环境事故以及不落实生态保护措施造成生态破坏等行为,发现或者接到举报未及时查处的;

(五)违反本法规定,查封、扣押企业事业单位和其他生产经营者的设施、设备的;

(六)篡改、伪造或者指使篡改、伪造监测数据的;

(七)应当依法公开环境信息而未公开的;

(八)将征收的排污费截留、挤占或者挪作他用的;

(九)法律法规规定的其他违法行为。

第六十九条　违反本法规定,构成犯罪的,依法追究刑事责任。

第七章　附　则

第七十条　本法自 2015 年 1 月 1 日起施行。

中华人民共和国劳动法

(1994年7月5日第八届全国人民代表大会常务委员会第八次会议通过 根据2009年8月27日第十一届全国人民代表大会常务委员会第十次会议《关于修改部分法律的决定》修正)

第一章 总 则

第一条 为了保护劳动者的合法权益,调整劳动关系,建立和维护适应社会主义市场经济的劳动制度,促进经济发展和社会进步,根据宪法,制定本法。

第二条 在中华人民共和国境内的企业、个体经济组织(以下统称用人单位)和与之形成劳动关系的劳动者,适用本法。

国家机关、事业组织、社会团体和与之建立劳动合同关系的劳动者,依照本法执行。

第三条 劳动者享有平等就业和选择职业的权利、取得劳动报酬的权利、休息休假的权利、获得劳动安全卫生保护的权利、接受职业技能培训的权利、享受社会保险和福利的权利、提请劳动争议处理的权利以及法律规定的其他劳动权利。

劳动者应当完成劳动任务,提高职业技能,执行劳动安全卫生规程,遵守劳动纪律和职业道德。

第四条 用人单位应当依法建立和完善规章制度,保障劳动者享有劳动权利和履行劳动义务。

第五条 国家采取各种措施,促进劳动就业,发展职业教育,制定劳动标准,调节社会收入,完善社会保险,协调劳动关系,逐步提高劳动者的生活水平。

第六条 国家提倡劳动者参加社会义务劳动,开展劳动竞赛和合理化建议活动,鼓励和保护劳动者进行科学研究、技术革新和发明创造,表彰和奖励劳动模范和先进工作者。

第七条　劳动者有权依法参加和组织工会。

工会代表和维护劳动者的合法权益，依法独立自主地开展活动。

第八条　劳动者依照法律规定，通过职工大会、职工代表大会或者其他形式，参与民主管理或者就保护劳动者合法权益与用人单位进行平等协商。

第九条　国务院劳动行政部门主管全国劳动工作。

县级以上地方人民政府劳动行政部门主管本行政区域内的劳动工作。

第二章　促进就业

第十条　国家通过促进经济和社会发展，创造就业条件，扩大就业机会。

国家鼓励企业、事业组织、社会团体在法律、行政法规规定的范围内兴办产业或者拓展经营，增加就业。

国家支持劳动者自愿组织起来就业和从事个体经营实现就业。

第十一条　地方各级人民政府应当采取措施，发展多种类型的职业介绍机构，提供就业服务。

第十二条　劳动者就业，不因民族、种族、性别、宗教信仰不同而受歧视。

第十三条　妇女享有与男子平等的就业权利。在录用职工时，除国家规定的不适合妇女的工种或者岗位外，不得以性别为由拒绝录用妇女或者提高对妇女的录用标准。

第十四条　残疾人、少数民族人员、退出现役的军人的就业，法律、法规有特别规定的，从其规定。

第十五条　禁止用人单位招用未满十六周岁的未成年人。

文艺、体育和特种工艺单位招用未满十六周岁的未成年人，必须依照国家有关规定，履行审批手续，并保障其接受义务教育的权利。

第三章　劳动合同和集体合同

第十六条　劳动合同是劳动者与用人单位确立劳动关系、明确双方权利和义务的协议。

建立劳动关系应当订立劳动合同。

第十七条　订立和变更劳动合同，应当遵循平等自愿、协商一致的原则，不得违反法律、行政法规的规定。

劳动合同依法订立即具有法律约束力，当事人必须履行劳动合同规定的义务。

第十八条　下列劳动合同无效：

（一）违反法律、行政法规的劳动合同；

（二）采取欺诈、威胁等手段订立的劳动合同。

无效的劳动合同，从订立的时候起，就没有法律约束力。确认劳动合同部分无效的，如果不影响其余部分的效力，其余部分仍然有效。

劳动合同的无效，由劳动争议仲裁委员会或者人民法院确认。

第十九条　劳动合同应当以书面形式订立，并具备以下条款：

（一）劳动合同期限；

（二）工作内容；

（三）劳动保护和劳动条件；

（四）劳动报酬；

（五）劳动纪律；

（六）劳动合同终止的条件；

（七）违反劳动合同的责任。

劳动合同除前款规定的必备条款外，当事人可以协商约定其他内容。

第二十条　劳动合同的期限分为有固定期限、无固定期限和以完成一定的工作为期限。

劳动者在同一用人单位连续工作满十年以上，当事人双方同意延续劳动合同的,如果劳动者提出订立无固定期限的劳动合同,应当订立无固定期限的劳动合同。

第二十一条　劳动合同可以约定试用期。试用期最长不得超过六个月。

第二十二条　劳动合同当事人可以在劳动合同中约定保守用人单位商业秘密的有关事项。

第二十三条　劳动合同期满或者当事人约定的劳动合同终止条件出现,劳动合同即行终止。

第二十四条　经劳动合同当事人协商一致,劳动合同可以解除。

第二十五条　劳动者有下列情形之一的,用人单位可以解除劳动合同:

(一)在试用期间被证明不符合录用条件的;

(二)严重违反劳动纪律或者用人单位规章制度的;

(三)严重失职,营私舞弊,对用人单位利益造成重大损害的;

(四)被依法追究刑事责任的。

第二十六条　有下列情形之一的,用人单位可以解除劳动合同,但是应当提前三十日以书面形式通知劳动者本人:

(一)劳动者患病或者非因工负伤,医疗期满后,不能从事原工作也不能从事由用人单位另行安排的工作的;

(二)劳动者不能胜任工作,经过培训或者调整工作岗位,仍不能胜任工作的;

(三)劳动合同订立时所依据的客观情况发生重大变化,致使原劳动合同无法履行,经当事人协商不能就变更劳动合同达成协议的。

第二十七条　用人单位濒临破产进行法定整顿期间或者生产经营状况发生严重困难,确需裁减人员的,应当提前三十日向工会或者全体职工说明情况,听取工会或者职工的意见,经向劳动行政部门报告后,可以裁减人员。

用人单位依据本条规定裁减人员,在六个月内录用人员的,应当优先录用被裁减的人员。

第二十八条　用人单位依据本法第二十四条、第二十六条、第二十七条的规定解除劳动合同的,应当依照国家有关规定给予经济补偿。

第二十九条　劳动者有下列情形之一的,用人单位不得依据本法第二十六条、第二十七条的规定解除劳动合同:

(一)患职业病或者因工负伤并被确认丧失或者部分丧失劳动能力的;

(二)患病或者负伤,在规定的医疗期内的;

(三)女职工在孕期、产期、哺乳期内的;

(四)法律、行政法规规定的其他情形。

第三十条　用人单位解除劳动合同,工会认为不适当的,有权提出意见。如果用人单位违反法律、法规或者劳动合同,工会有权要求重新处理;劳动者申请仲裁或者提起诉讼的,工会应当依法给予支持和帮助。

第三十一条　劳动者解除劳动合同,应当提前三十日以书面形式通知用人单位。

第三十二条　有下列情形之一的,劳动者可以随时通知用人单位解除劳动合同:

(一)在试用期内的;

(二)用人单位以暴力、威胁或者非法限制人身自由的手段强迫劳动的;

(三)用人单位未按照劳动合同约定支付劳动报酬或者提供劳动条件的。

第三十三条　企业职工一方与企业可以就劳动报酬、工作时间、休息休假、劳动安全卫生、保险福利等事项,签订集体合同。集体合同草案应当提交职工代表大会或者全体职工讨论通过。

集体合同由工会代表职工与企业签订;没有建立工会的企业,由职工推举的代表与企业签订。

第三十四条　集体合同签订后应当报送劳动行政部门;劳动行政部门自收到集体合同文本之日起十五日内未提出异议的,集体合同即行生效。

第三十五条　依法签订的集体合同对企业和企业全体职工具有约束力。职工个人与企业订立的劳动合同中劳动条件和劳动报酬等标准不得低于集体合同的规定。

第四章　工作时间和休息休假

第三十六条　国家实行劳动者每日工作时间不超过八小时、平均每周工作时间不超过四十四小时的工时制度。

第三十七条　对实行计件工作的劳动者,用人单位应当根据本法第三十六条规定的工时制度合理确定其劳动定额和计件报酬标准。

第三十八条　用人单位应当保证劳动者每周至少休息一日。

第三十九条　企业因生产特点不能实行本法第三十六条、第三十八条规定的,经劳动行政部门批准,可以实行其他工作和休息办法。

第四十条　用人单位在下列节日期间应当依法安排劳动者休假:

(一)元旦;

(二)春节;

(三)国际劳动节;

(四)国庆节;

(五)法律、法规规定的其他休假节日。

第四十一条　用人单位由于生产经营需要,经与工会和劳动者协商后可以延长工作时间,一般每日不得超过一小时;因特殊原因需要延长工作时间的,在保障劳动者身体健康的条件下延长工作时间每日不得超过三小时,但是每月不得超过三十六小时。

第四十二条　有下列情形之一的,延长工作时间不受本法第四十一条规定的限制:

(一)发生自然灾害、事故或者因其他原因,威胁劳动者生命健康和财产安全,需要紧急处理的;

（二）生产设备、交通运输线路、公共设施发生故障，影响生产和公众利益，必须及时抢修的；

（三）法律、行政法规规定的其他情形。

第四十三条　用人单位不得违反本法规定延长劳动者的工作时间。

第四十四条　有下列情形之一的，用人单位应当按照下列标准支付高于劳动者正常工作时间工资的工资报酬：

（一）安排劳动者延长工作时间的，支付不低于工资的百分之一百五十的工资报酬；

（二）休息日安排劳动者工作又不能安排补休的，支付不低于工资的百分之二百的工资报酬；

（三）法定休假日安排劳动者工作的，支付不低于工资的百分之三百的工资报酬。

第四十五条　国家实行带薪年休假制度。

劳动者连续工作一年以上的，享受带薪年休假。具体办法由国务院规定。

第五章　工　资

第四十六条　工资分配应当遵循按劳分配原则，实行同工同酬。

工资水平在经济发展的基础上逐步提高。国家对工资总量实行宏观调控。

第四十七条　用人单位根据本单位的生产经营特点和经济效益，依法自主确定本单位的工资分配方式和工资水平。

第四十八条　国家实行最低工资保障制度。最低工资的具体标准由省、自治区、直辖市人民政府规定，报国务院备案。

用人单位支付劳动者的工资不得低于当地最低工资标准。

第四十九条　确定和调整最低工资标准应当综合参考下列因素：

（一）劳动者本人及平均赡养人口的最低生活费用；

（二）社会平均工资水平；

（三）劳动生产率；

（四）就业状况；

（五）地区之间经济发展水平的差异。

第五十条　工资应当以货币形式按月支付给劳动者本人。不得克扣或者无故拖欠劳动者的工资。

第五十一条　劳动者在法定休假日和婚丧假期间以及依法参加社会活动期间，用人单位应当依法支付工资。

第六章　劳动安全卫生

第五十二条　用人单位必须建立、健全劳动安全卫生制度，严格执行国家劳动安全卫生规程和标准，对劳动者进行劳动安全卫生教育，防止劳动过程中的事故，减少职业危害。

第五十三条　劳动安全卫生设施必须符合国家规定的标准。

新建、改建、扩建工程的劳动安全卫生设施必须与主体工程同时设计、同时施工、同时投入生产和使用。

第五十四条　用人单位必须为劳动者提供符合国家规定的劳动安全卫生条件和必要的劳动防护用品，对从事有职业危害作业的劳动者应当定期进行健康检查。

第五十五条　从事特种作业的劳动者必须经过专门培训并取得特种作业资格。

第五十六条　劳动者在劳动过程中必须严格遵守安全操作规程。

劳动者对用人单位管理人员违章指挥、强令冒险作业，有权拒绝执行；对危害生命安全和身体健康的行为，有权提出批评、检举和控告。

第五十七条　国家建立伤亡事故和职业病统计报告和处理制度。县级以上各级人民政府劳动行政部门、有关部门和用人单位应当依法对劳动者在劳动过程中发生的伤亡事故和劳动者的职业病状况，进行统计、报告和处理。

第七章　女职工和未成年工特殊保护

第五十八条　国家对女职工和未成年工实行特殊劳动保护。

未成年工是指年满十六周岁未满十八周岁的劳动者。

第五十九条　禁止安排女职工从事矿山井下、国家规定的第四级体力劳动强度的劳动和其他禁忌从事的劳动。

第六十条　不得安排女职工在经期从事高处、低温、冷水作业和国家规定的第三级体力劳动强度的劳动。

第六十一条　不得安排女职工在怀孕期间从事国家规定的第三级体力劳动强度的劳动和孕期禁忌从事的活动。对怀孕七个月以上的女职工,不得安排其延长工作时间和夜班劳动。

第六十二条　女职工生育享受不少于九十天的产假。

第六十三条　不得安排女职工在哺乳未满一周岁的婴儿期间从事国家规定的第三级体力劳动强度的劳动和哺乳期禁忌从事的其他劳动,不得安排其延长工作时间和夜班劳动。

第六十四条　不得安排未成年工从事矿山井下、有毒有害、国家规定的第四级体力劳动强度的劳动和其他禁忌从事的劳动。

第六十五条　用人单位应当对未成年工定期进行健康检查。

第八章　职业培训

第六十六条　国家通过各种途径,采取各种措施,发展职业培训事业,开发劳动者的职业技能,提高劳动者素质,增强劳动者的就业能力和工作能力。

第六十七条　各级人民政府应当把发展职业培训纳入社会经济发展的规划,鼓励和支持有条件的企业、事业组织、社会团体和个人进行各种形式的职业培训。

第六十八条　用人单位应当建立职业培训制度，按照国家规定提取和使用职业培训经费，根据本单位实际，有计划地对劳动者进行职业培训。

从事技术工种的劳动者，上岗前必须经过培训。

第六十九条　国家确定职业分类，对规定的职业制定职业技能标准，实行职业资格证书制度，由经过政府批准的考核鉴定机构负责对劳动者实施职业技能考核鉴定。

第九章　社会保险和福利

第七十条　国家发展社会保险事业，建立社会保险制度，设立社会保险基金，使劳动者在年老、患病、工伤、失业、生育等情况下获得帮助和补偿。

第七十一条　社会保险水平应当与社会经济发展水平和社会承受能力相适应。

第七十二条　社会保险基金按照保险类型确定资金来源，逐步实行社会统筹。用人单位和劳动者必须依法参加社会保险，缴纳社会保险费。

第七十三条　劳动者在下列情形下，依法享受社会保险待遇：

（一）退休；

（二）患病、负伤；

（三）因工伤残或者患职业病；

（四）失业；

（五）生育。

劳动者死亡后，其遗属依法享受遗属津贴。

劳动者享受社会保险待遇的条件和标准由法律、法规规定。

劳动者享受的社会保险金必须按时足额支付。

第七十四条　社会保险基金经办机构依照法律规定收支、管理和运营社会保险基金，并负有使社会保险基金保值增值的责任。

社会保险基金监督机构依照法律规定,对社会保险基金的收支、管理和运营实施监督。

社会保险基金经办机构和社会保险基金监督机构的设立和职能由法律规定。

任何组织和个人不得挪用社会保险基金。

第七十五条 国家鼓励用人单位根据本单位实际情况为劳动者建立补充保险。

国家提倡劳动者个人进行储蓄性保险。

第七十六条 国家发展社会福利事业,兴建公共福利设施,为劳动者休息、休养和疗养提供条件。

用人单位应当创造条件,改善集体福利,提高劳动者的福利待遇。

第十章 劳动争议

第七十七条 用人单位与劳动者发生劳动争议,当事人可以依法申请调解、仲裁、提起诉讼,也可以协商解决。

调解原则适用于仲裁和诉讼程序。

第七十八条 解决劳动争议,应当根据合法、公正、及时处理的原则,依法维护劳动争议当事人的合法权益。

第七十九条 劳动争议发生后,当事人可以向本单位劳动争议调解委员会申请调解;调解不成,当事人一方要求仲裁的,可以向劳动争议仲裁委员会申请仲裁。当事人一方也可以直接向劳动争议仲裁委员会申请仲裁。对仲裁裁决不服的,可以向人民法院提起诉讼。

第八十条 在用人单位内,可以设立劳动争议调解委员会。劳动争议调解委员会由职工代表、用人单位代表和工会代表组成。劳动争议调解委员会主任由工会代表担任。

劳动争议经调解达成协议的,当事人应当履行。

第八十一条 劳动争议仲裁委员会由劳动行政部门代表、同级工会代表、用人单位方面的代表组成。劳动争议仲裁委员会主任由劳动行政部门代表担任。

　　第八十二条　提出仲裁要求的一方应当自劳动争议发生之日起六十日内向劳动争议仲裁委员会提出书面申请。仲裁裁决一般应在收到仲裁申请的六十日内作出。对仲裁裁决无异议的，当事人必须履行。

　　第八十三条　劳动争议当事人对仲裁裁决不服的，可以自收到仲裁裁决书之日起十五日内向人民法院提起诉讼。一方当事人在法定期限内不起诉又不履行仲裁裁决的，另一方当事人可以申请人民法院强制执行。

　　第八十四条　因签订集体合同发生争议，当事人协商解决不成的，当地人民政府劳动行政部门可以组织有关各方协调处理。

　　因履行集体合同发生争议，当事人协商解决不成的，可以向劳动争议仲裁委员会申请仲裁；对仲裁裁决不服的，可以自收到仲裁裁决书之日起十五日内向人民法院提起诉讼。

第十一章　监督检查

　　第八十五条　县级以上各级人民政府劳动行政部门依法对用人单位遵守劳动法律、法规的情况进行监督检查，对违反劳动法律、法规的行为有权制止，并责令改正。

　　第八十六条　县级以上各级人民政府劳动行政部门监督检查人员执行公务，有权进入用人单位了解执行劳动法律、法规的情况，查阅必要的资料，并对劳动场所进行检查。

　　县级以上各级人民政府劳动行政部门监督检查人员执行公务，必须出示证件，秉公执法并遵守有关规定。

　　第八十七条　县级以上各级人民政府有关部门在各自职责范围内，对用人单位遵守劳动法律、法规的情况进行监督。

　　第八十八条　各级工会依法维护劳动者的合法权益，对用人单位遵守劳动法律、法规的情况进行监督。

　　任何组织和个人对于违反劳动法律、法规的行为有权检举和控告。

第十二章 法律责任

第八十九条 用人单位制定的劳动规章制度违反法律、法规规定的,由劳动行政部门给予警告,责令改正;对劳动者造成损害的,应当承担赔偿责任。

第九十条 用人单位违反本法规定,延长劳动者工作时间的,由劳动行政部门给予警告,责令改正,并可以处以罚款。

第九十一条 用人单位有下列侵害劳动者合法权益情形之一的,由劳动行政部门责令支付劳动者的工资报酬、经济补偿,并可以责令支付赔偿金:

(一)克扣或者无故拖欠劳动者工资的;

(二)拒不支付劳动者延长工作时间工资报酬的;

(三)低于当地最低工资标准支付劳动者工资的;

(四)解除劳动合同后,未依照本法规定给予劳动者经济补偿的。

第九十二条 用人单位的劳动安全设施和劳动卫生条件不符合国家规定或者未向劳动者提供必要的劳动防护用品和劳动保护设施的,由劳动行政部门或者有关部门责令改正,可以处以罚款;情节严重的,提请县级以上人民政府决定责令停产整顿;对事故隐患不采取措施,致使发生重大事故,造成劳动者生命和财产损失的,对责任人员依照刑法有关规定追究刑事责任。

第九十三条 用人单位强令劳动者违章冒险作业,发生重大伤亡事故,造成严重后果的,对责任人员依法追究刑事责任。

第九十四条 用人单位非法招用未满十六周岁的未成年人的,由劳动行政部门责令改正,处以罚款;情节严重的,由工商行政管理部门吊销营业执照。

第九十五条 用人单位违反本法对女职工和未成年工的保护规定,侵害其合法权益的,由劳动行政部门责令改正,处以罚款;对女职工或者未成年工造成损害的,应当承担赔偿责任。

第九十六条　用人单位有下列行为之一，由公安机关对责任人员处以十五日以下拘留、罚款或者警告；构成犯罪的，对责任人员依法追究刑事责任：

（一）以暴力、威胁或者非法限制人身自由的手段强迫劳动的；

（二）侮辱、体罚、殴打、非法搜查和拘禁劳动者的。

第九十七条　由于用人单位的原因订立的无效合同，对劳动者造成损害的，应当承担赔偿责任。

第九十八条　用人单位违反本法规定的条件解除劳动合同或者故意拖延不订立劳动合同的，由劳动行政部门责令改正；对劳动者造成损害的，应当承担赔偿责任。

第九十九条　用人单位招用尚未解除劳动合同的劳动者，对原用人单位造成经济损失的，该用人单位应当依法承担连带赔偿责任。

第一百条　用人单位无故不缴纳社会保险费的，由劳动行政部门责令其限期缴纳；逾期不缴的，可以加收滞纳金。

第一百零一条　用人单位无理阻挠劳动行政部门、有关部门及其工作人员行使监督检查权，打击报复举报人员的，由劳动行政部门或者有关部门处以罚款；构成犯罪的，对责任人员依法追究刑事责任。

第一百零二条　劳动者违反本法规定的条件解除劳动合同或者违反劳动合同中约定的保密事项，对用人单位造成经济损失的，应当依法承担赔偿责任。

第一百零三条　劳动行政部门或者有关部门的工作人员滥用职权、玩忽职守、徇私舞弊，构成犯罪的，依法追究刑事责任；不构成犯罪的，给予行政处分。

第一百零四条　国家工作人员和社会保险基金经办机构的工作人员挪用社会保险基金，构成犯罪的，依法追究刑事责任。

第一百零五条　违反本法规定侵害劳动者合法权益，其他法律、行政法规已规定处罚的，依照该法律、行政法规的规定处罚。

第十三章　附　则

第一百零六条　省、自治区、直辖市人民政府根据本法和本地区的实际情况,规定劳动合同制度的实施步骤,报国务院备案。

第一百零七条　本法自 1995 年 1 月 1 日起施行。

中华人民共和国安全生产法

（2002 年 6 月 29 日第九届全国人民代表大会常务委员会第二十八次会议通过　根据 2009 年 8 月 27 日第十一届全国人民代表大会常务委员会第十次会议关于《关于修改部分法律的决定》第一次修正　根据 2014 年 8 月 31 日第十二届全国人民代表大会常务委员会第十次会议《关于修改〈中华人民共和国安全生产法〉的决定》第二次修正）

第一章　总　则

第一条　为了加强安全生产工作，防止和减少生产安全事故，保障人民群众生命和财产安全，促进经济社会持续健康发展，制定本法。

第二条　在中华人民共和国领域内从事生产经营活动的单位（以下统称生产经营单位）的安全生产，适用本法；有关法律、行政法规对消防安全和道路交通安全、铁路交通安全、水上交通安全、民用航空安全以及核与辐射安全、特种设备安全另有规定的，适用其规定。

第三条　安全生产工作应当以人为本，坚持安全发展，坚持安全第一、预防为主、综合治理的方针，强化和落实生产经营单位的主体责任，建立生产经营单位负责、职工参与、政府监管、行业自律和社会监督的机制。

第四条　生产经营单位必须遵守本法和其他有关安全生产的法律、法规，加强安全生产管理，建立、健全安全生产责任制和安全生产规章制度，改善安全生产条件，推进安全生产标准化建设，提高安全生产水平，确保安全生产。

第五条　生产经营单位的主要负责人对本单位的安全生产工作全面负责。

第六条 生产经营单位的从业人员有依法获得安全生产保障的权利，并应当依法履行安全生产方面的义务。

第七条 工会依法对安全生产工作进行监督。

生产经营单位的工会依法组织职工参加本单位安全生产工作的民主管理和民主监督，维护职工在安全生产方面的合法权益。生产经营单位制定或者修改有关安全生产的规章制度，应当听取工会的意见。

第八条 国务院和县级以上地方各级人民政府应当根据国民经济和社会发展规划制定安全生产规划，并组织实施。安全生产规划应当与城乡规划相衔接。

国务院和县级以上地方各级人民政府应当加强对安全生产工作的领导，支持、督促各有关部门依法履行安全生产监督管理职责，建立健全安全生产工作协调机制，及时协调、解决安全生产监督管理中存在的重大问题。

乡、镇人民政府以及街道办事处、开发区管理机构等地方人民政府的派出机关应当按照职责，加强对本行政区域内生产经营单位安全生产状况的监督检查，协助上级人民政府有关部门依法履行安全生产监督管理职责。

第九条 国务院安全生产监督管理部门依照本法，对全国安全生产工作实施综合监督管理；县级以上地方各级人民政府安全生产监督管理部门依照本法，对本行政区域内安全生产工作实施综合监督管理。

国务院有关部门依照本法和其他有关法律、行政法规的规定，在各自的职责范围内对有关行业、领域的安全生产工作实施监督管理；县级以上地方各级人民政府有关部门依照本法和其他有关法律、法规的规定，在各自的职责范围内对有关行业、领域的安全生产工作实施监督管理。

安全生产监督管理部门和对有关行业、领域的安全生产工作实施监督管理的部门，统称负有安全生产监督管理职责的部门。

第十条 国务院有关部门应当按照保障安全生产的要求，依法及时制定有关的国家标准或者行业标准，并根据科技进步和经济发展适时修订。

生产经营单位必须执行依法制定的保障安全生产的国家标准或者行业标准。

第十一条　各级人民政府及其有关部门应当采取多种形式,加强对有关安全生产的法律、法规和安全生产知识的宣传,增强全社会的安全生产意识。

第十二条　有关协会组织依照法律、行政法规和章程,为生产经营单位提供安全生产方面的信息、培训等服务,发挥自律作用,促进生产经营单位加强安全生产管理。

第十三条　依法设立的为安全生产提供技术、管理服务的机构,依照法律、行政法规和执业准则,接受生产经营单位的委托为其安全生产工作提供技术、管理服务。

生产经营单位委托前款规定的机构提供安全生产技术、管理服务的,保证安全生产的责任仍由本单位负责。

第十四条　国家实行生产安全事故责任追究制度,依照本法和有关法律、法规的规定,追究生产安全事故责任人员的法律责任。

第十五条　国家鼓励和支持安全生产科学技术研究和安全生产先进技术的推广应用,提高安全生产水平。

第十六条　国家对在改善安全生产条件、防止生产安全事故、参加抢险救护等方面取得显著成绩的单位和个人,给予奖励。

第二章　生产经营单位的安全生产保障

第十七条　生产经营单位应当具备本法和有关法律、行政法规和国家标准或者行业标准规定的安全生产条件;不具备安全生产条件的,不得从事生产经营活动。

第十八条　生产经营单位的主要负责人对本单位安全生产工作负有下列职责:

(一)建立、健全本单位安全生产责任制;

(二)组织制定本单位安全生产规章制度和操作规程;

（三）组织制定并实施本单位安全生产教育和培训计划；

（四）保证本单位安全生产投入的有效实施；

（五）督促、检查本单位的安全生产工作，及时消除生产安全事故隐患；

（六）组织制定并实施本单位的生产安全事故应急救援预案；

（七）及时、如实报告生产安全事故。

第十九条　生产经营单位的安全生产责任制应当明确各岗位的责任人员、责任范围和考核标准等内容。

生产经营单位应当建立相应的机制，加强对安全生产责任制落实情况的监督考核，保证安全生产责任制的落实。

第二十条　生产经营单位应当具备的安全生产条件所必需的资金投入，由生产经营单位的决策机构、主要负责人或者个人经营的投资人予以保证，并对由于安全生产所必需的资金投入不足导致的后果承担责任。

有关生产经营单位应当按照规定提取和使用安全生产费用，专门用于改善安全生产条件。安全生产费用在成本中据实列支。安全生产费用提取、使用和监督管理的具体办法由国务院财政部门会同国务院安全生产监督管理部门征求国务院有关部门意见后制定。

第二十一条　矿山、金属冶炼、建筑施工、道路运输单位和危险物品的生产、经营、储存单位，应当设置安全生产管理机构或者配备专职安全生产管理人员。

前款规定以外的其他生产经营单位，从业人员超过一百人的，应当设置安全生产管理机构或者配备专职安全生产管理人员；从业人员在一百人以下的，应当配备专职或者兼职的安全生产管理人员。

第二十二条　生产经营单位的安全生产管理机构以及安全生产管理人员履行下列职责：

（一）组织或者参与拟订本单位安全生产规章制度、操作规程和生产安全事故应急救援预案；

（二）组织或者参与本单位安全生产教育和培训，如实记录安全生产教育和培训情况；

（三）督促落实本单位重大危险源的安全管理措施；

（四）组织或者参与本单位应急救援演练；

（五）检查本单位的安全生产状况，及时排查生产安全事故隐患，提出改进安全生产管理的建议；

（六）制止和纠正违章指挥、强令冒险作业、违反操作规程的行为；

（七）督促落实本单位安全生产整改措施。

第二十三条　生产经营单位的安全生产管理机构以及安全生产管理人员应当恪尽职守，依法履行职责。

生产经营单位作出涉及安全生产的经营决策，应当听取安全生产管理机构以及安全生产管理人员的意见。

生产经营单位不得因安全生产管理人员依法履行职责而降低其工资、福利等待遇或者解除与其订立的劳动合同。

危险物品的生产、储存单位以及矿山、金属冶炼单位的安全生产管理人员的任免，应当告知主管的负有安全生产监督管理职责的部门。

第二十四条　生产经营单位的主要负责人和安全生产管理人员必须具备与本单位所从事的生产经营活动相应的安全生产知识和管理能力。

危险物品的生产、经营、储存单位以及矿山、金属冶炼、建筑施工、道路运输单位的主要负责人和安全生产管理人员，应当由主管的负有安全生产监督管理职责的部门对其安全生产知识和管理能力考核合格。考核不得收费。

危险物品的生产、储存单位以及矿山、金属冶炼单位应当有注册安全工程师从事安全生产管理工作。鼓励其他生产经营单位聘用注册安全工程师从事安全生产管理工作。注册安全工程师按专业分类管理，具体办法由国务院人力资源和社会保障部门、国务院安全生产监督管理部门会同国务院有关部门制定。

第二十五条　生产经营单位应当对从业人员进行安全生产教育和培训，保证从业人员具备必要的安全生产知识，熟悉有关的安全生产规章制度和安全操作规程,掌握本岗位的安全操作技能,了解事故应急处理措施,知悉自身在安全生产方面的权利和义务。未经安全生产教育和培训合格的从业人员,不得上岗作业。

生产经营单位使用被派遣劳动者的,应当将被派遣劳动者纳入本单位从业人员统一管理,对被派遣劳动者进行岗位安全操作规程和安全操作技能的教育和培训。劳务派遣单位应当对被派遣劳动者进行必要的安全生产教育和培训。

生产经营单位接收中等职业学校、高等学校学生实习的,应当对实习学生进行相应的安全生产教育和培训,提供必要的劳动防护用品。学校应当协助生产经营单位对实习学生进行安全生产教育和培训。

生产经营单位应当建立安全生产教育和培训档案,如实记录安全生产教育和培训的时间、内容、参加人员以及考核结果等情况。

第二十六条 生产经营单位采用新工艺、新技术、新材料或者使用新设备,必须了解、掌握其安全技术特性,采取有效的安全防护措施,并对从业人员进行专门的安全生产教育和培训。

第二十七条 生产经营单位的特种作业人员必须按照国家有关规定经专门的安全作业培训,取得相应资格,方可上岗作业。

特种作业人员的范围由国务院安全生产监督管理部门会同国务院有关部门确定。

第二十八条 生产经营单位新建、改建、扩建工程项目(以下统称建设项目)的安全设施,必须与主体工程同时设计、同时施工、同时投入生产和使用。安全设施投资应当纳入建设项目概算。

第二十九条 矿山、金属冶炼建设项目和用于生产、储存、装卸危险物品的建设项目,应当按照国家有关规定进行安全评价。

第三十条 建设项目安全设施的设计人、设计单位应当对安全设施设计负责。

矿山、金属冶炼建设项目和用于生产、储存、装卸危险物品的建设项目的安全设施设计应当按照国家有关规定报经有关部门审查，审查部门及其负责审查的人员对审查结果负责。

第三十一条　矿山、金属冶炼建设项目和用于生产、储存、装卸危险物品的建设项目的施工单位必须按照批准的安全设施设计施工，并对安全设施的工程质量负责。

矿山、金属冶炼建设项目和用于生产、储存危险物品的建设项目竣工投入生产或者使用前，应当由建设单位负责组织对安全设施进行验收；验收合格后，方可投入生产和使用。安全生产监督管理部门应当加强对建设单位验收活动和验收结果的监督核查。

第三十二条　生产经营单位应当在有较大危险因素的生产经营场所和有关设施、设备上，设置明显的安全警示标志。

第三十三条　安全设备的设计、制造、安装、使用、检测、维修、改造和报废，应当符合国家标准或者行业标准。

生产经营单位必须对安全设备进行经常性维护、保养，并定期检测，保证正常运转。维护、保养、检测应当做好记录，并由有关人员签字。

第三十四条　生产经营单位使用的危险物品的容器、运输工具，以及涉及人身安全、危险性较大的海洋石油开采特种设备和矿山井下特种设备，必须按照国家有关规定，由专业生产单位生产，并经具有专业资质的检测、检验机构检测、检验合格，取得安全使用证或者安全标志，方可投入使用。检测、检验机构对检测、检验结果负责。

第三十五条　国家对严重危及生产安全的工艺、设备实行淘汰制度，具体目录由国务院安全生产监督管理部门会同国务院有关部门制定并公布。法律、行政法规对目录的制定另有规定的，适用其规定。

省、自治区、直辖市人民政府可以根据本地区实际情况制定并公布具体目录，对前款规定以外的危及生产安全的工艺、设备予以淘汰。

生产经营单位不得使用应当淘汰的危及生产安全的工艺、设备。

第三十六条 生产、经营、运输、储存、使用危险物品或者处置废弃危险物品的，由有关主管部门依照有关法律、法规的规定和国家标准或者行业标准审批并实施监督管理。

生产经营单位生产、经营、运输、储存、使用危险物品或者处置废弃危险物品，必须执行有关法律、法规和国家标准或者行业标准，建立专门的安全管理制度，采取可靠的安全措施，接受有关主管部门依法实施的监督管理。

第三十七条 生产经营单位对重大危险源应当登记建档，进行定期检测、评估、监控，并制定应急预案，告知从业人员和相关人员在紧急情况下应当采取的应急措施。

生产经营单位应当按照国家有关规定将本单位重大危险源及有关安全措施、应急措施报有关地方人民政府安全生产监督管理部门和有关部门备案。

第三十八条 生产经营单位应当建立健全生产安全事故隐患排查治理制度，采取技术、管理措施，及时发现并消除事故隐患。事故隐患排查治理情况应当如实记录，并向从业人员通报。

县级以上地方各级人民政府负有安全生产监督管理职责的部门应当建立健全重大事故隐患治理督办制度，督促生产经营单位消除重大事故隐患。

第三十九条 生产、经营、储存、使用危险物品的车间、商店、仓库不得与员工宿舍在同一座建筑物内，并应当与员工宿舍保持安全距离。

生产经营场所和员工宿舍应当设有符合紧急疏散要求、标志明显、保持畅通的出口。禁止锁闭、封堵生产经营场所或者员工宿舍的出口。

第四十条 生产经营单位进行爆破、吊装以及国务院安全生产监督管理部门会同国务院有关部门规定的其他危险作业，应当安排专门人员进行现场安全管理，确保操作规程的遵守和安全措施的落实。

第四十一条　生产经营单位应当教育和督促从业人员严格执行本单位的安全生产规章制度和安全操作规程；并向从业人员如实告知作业场所和工作岗位存在的危险因素、防范措施以及事故应急措施。

第四十二条　生产经营单位必须为从业人员提供符合国家标准或者行业标准的劳动防护用品，并监督、教育从业人员按照使用规则佩戴、使用。

第四十三条　生产经营单位的安全生产管理人员应当根据本单位的生产经营特点，对安全生产状况进行经常性检查；对检查中发现的安全问题，应当立即处理；不能处理的，应当及时报告本单位有关负责人，有关负责人应当及时处理。检查及处理情况应当如实记录在案。

生产经营单位的安全生产管理人员在检查中发现重大事故隐患，依照前款规定向本单位有关负责人报告，有关负责人不及时处理的，安全生产管理人员可以向主管的负有安全生产监督管理职责的部门报告，接到报告的部门应当依法及时处理。

第四十四条　生产经营单位应当安排用于配备劳动防护用品、进行安全生产培训的经费。

第四十五条　两个以上生产经营单位在同一作业区域内进行生产经营活动，可能危及对方生产安全的，应当签订安全生产管理协议，明确各自的安全生产管理职责和应当采取的安全措施，并指定专职安全生产管理人员进行安全检查与协调。

第四十六条　生产经营单位不得将生产经营项目、场所、设备发包或者出租给不具备安全生产条件或者相应资质的单位或者个人。

生产经营项目、场所发包或者出租给其他单位的，生产经营单位应当与承包单位、承租单位签订专门的安全生产管理协议，或者在承包合同、租赁合同中约定各自的安全生产管理职责；生产经营单位对承包单位、承租单位的安全生产工作统一协调、管理，定期进行安全检查，发现安全问题的，应当及时督促整改。

第四十七条 生产经营单位发生生产安全事故时，单位的主要负责人应当立即组织抢救，并不得在事故调查处理期间擅离职守。

第四十八条 生产经营单位必须依法参加工伤保险，为从业人员缴纳保险费。

国家鼓励生产经营单位投保安全生产责任保险。

第三章 从业人员的安全生产权利义务

第四十九条 生产经营单位与从业人员订立的劳动合同，应当载明有关保障从业人员劳动安全、防止职业危害的事项，以及依法为从业人员办理工伤保险的事项。

生产经营单位不得以任何形式与从业人员订立协议，免除或者减轻其对从业人员因生产安全事故伤亡依法应承担的责任。

第五十条 生产经营单位的从业人员有权了解其作业场所和工作岗位存在的危险因素、防范措施及事故应急措施，有权对本单位的安全生产工作提出建议。

第五十一条 从业人员有权对本单位安全生产工作中存在的问题提出批评、检举、控告；有权拒绝违章指挥和强令冒险作业。

生产经营单位不得因从业人员对本单位安全生产工作提出批评、检举、控告或者拒绝违章指挥、强令冒险作业而降低其工资、福利等待遇或者解除与其订立的劳动合同。

第五十二条 从业人员发现直接危及人身安全的紧急情况时，有权停止作业或者在采取可能的应急措施后撤离作业场所。

生产经营单位不得因从业人员在前款紧急情况下停止作业或者采取紧急撤离措施而降低其工资、福利等待遇或者解除与其订立的劳动合同。

第五十三条 因生产安全事故受到损害的从业人员，除依法享有工伤保险外,依照有关民事法律尚有获得赔偿的权利的,有权向本单位提出赔偿要求。

第五十四条 从业人员在作业过程中,应当严格遵守本单位的安全生产规章制度和操作规程,服从管理,正确佩戴和使用劳动防护用品。

第五十五条 从业人员应当接受安全生产教育和培训,掌握本职工作所需的安全生产知识,提高安全生产技能,增强事故预防和应急处理能力。

第五十六条 从业人员发现事故隐患或者其他不安全因素,应当立即向现场安全生产管理人员或者本单位负责人报告;接到报告的人员应当及时予以处理。

第五十七条 工会有权对建设项目的安全设施与主体工程同时设计、同时施工、同时投入生产和使用进行监督,提出意见。

工会对生产经营单位违反安全生产法律、法规,侵犯从业人员合法权益的行为,有权要求纠正;发现生产经营单位违章指挥、强令冒险作业或者发现事故隐患时,有权提出解决的建议,生产经营单位应当及时研究答复;发现危及从业人员生命安全的情况时,有权向生产经营单位建议组织从业人员撤离危险场所,生产经营单位必须立即作出处理。

工会有权依法参加事故调查,向有关部门提出处理意见,并要求追究有关人员的责任。

第五十八条 生产经营单位使用被派遣劳动者的,被派遣劳动者享有本法规定的从业人员的权利,并应当履行本法规定的从业人员的义务。

第四章　安全生产的监督管理

第五十九条 县级以上地方各级人民政府应当根据本行政区域内的安全生产状况,组织有关部门按照职责分工,对本行政区域内容易发生重大生产安全事故的生产经营单位进行严格检查。

安全生产监督管理部门应当按照分类分级监督管理的要求,制定安全生产年度监督检查计划,并按照年度监督检查计划进行监督检查,发现事故隐患,应当及时处理。

第六十条 负有安全生产监督管理职责的部门依照有关法律、法规的规定,对涉及安全生产的事项需要审查批准(包括批准、核准、许可、注册、认证、颁发证照等,下同)或者验收的,必须严格依照有关法律、法规和国家标准或者行业标准规定的安全生产条件和程序进行审查;不符合有关法律、法规和国家标准或者行业标准规定的安全生产条件的,不得批准或者验收通过。对未依法取得批准或者验收合格的单位擅自从事有关活动的,负责行政审批的部门发现或者接到举报后应当立即予以取缔,并依法予以处理。对已经依法取得批准的单位,负责行政审批的部门发现其不再具备安全生产条件的,应当撤销原批准。

第六十一条 负有安全生产监督管理职责的部门对涉及安全生产的事项进行审查、验收,不得收取费用;不得要求接受审查、验收的单位购买其指定品牌或者指定生产、销售单位的安全设备、器材或者其他产品。

第六十二条 安全生产监督管理部门和其他负有安全生产监督管理职责的部门依法开展安全生产行政执法工作,对生产经营单位执行有关安全生产的法律、法规和国家标准或者行业标准的情况进行监督检查,行使以下职权:

(一)进入生产经营单位进行检查,调阅有关资料,向有关单位和人员了解情况;

(二)对检查中发现的安全生产违法行为,当场予以纠正或者要求限期改正;对依法应当给予行政处罚的行为,依照本法和其他有关法律、行政法规的规定作出行政处罚决定;

(三)对检查中发现的事故隐患,应当责令立即排除;重大事故隐患排除前或者排除过程中无法保证安全的,应当责令从危险区域内撤出作业人员,责令暂时停产停业或者停止使用相关设施、设备;重大事故隐患排除后,经审查同意,方可恢复生产经营和使用;

（四）对有根据认为不符合保障安全生产的国家标准或者行业标准的设施、设备、器材以及违法生产、储存、使用、经营、运输的危险物品予以查封或者扣押，对违法生产、储存、使用、经营危险物品的作业场所予以查封，并依法作出处理决定。

监督检查不得影响被检查单位的正常生产经营活动。

第六十三条　生产经营单位对负有安全生产监督管理职责的部门的监督检查人员（以下统称安全生产监督检查人员）依法履行监督检查职责，应当予以配合，不得拒绝、阻挠。

第六十四条　安全生产监督检查人员应当忠于职守，坚持原则，秉公执法。

安全生产监督检查人员执行监督检查任务时，必须出示有效的监督执法证件；对涉及被检查单位的技术秘密和业务秘密，应当为其保密。

第六十五条　安全生产监督检查人员应当将检查的时间、地点、内容、发现的问题及其处理情况，作出书面记录，并由检查人员和被检查单位的负责人签字；被检查单位的负责人拒绝签字的，检查人员应当将情况记录在案，并向负有安全生产监督管理职责的部门报告。

第六十六条　负有安全生产监督管理职责的部门在监督检查中，应当互相配合，实行联合检查；确需分别进行检查的，应当互通情况，发现存在的安全问题应当由其他有关部门进行处理的，应当及时移送其他有关部门并形成记录备查，接受移送的部门应当及时进行处理。

第六十七条　负有安全生产监督管理职责的部门依法对存在重大事故隐患的生产经营单位作出停产停业、停止施工、停止使用相关设施或者设备的决定，生产经营单位应当依法执行，及时消除事故隐患。生产经营单位拒不执行，有发生生产安全事故的现实危险的，在保证安全的前提下，经本部门主要负责人批准，负有安全生产监督管理职责的部门可以采取通知有关单位停止供电、停止供应民用爆炸物品等措施，强制生产经营单位履行决定。通知应当采用书面形式，有关单位应当予以配合。

负有安全生产监督管理职责的部门依照前款规定采取停止供电措施，除有危及生产安全的紧急情形外，应当提前二十四小时通知生产经营单位。生产经营单位依法履行行政决定、采取相应措施消除事故隐患的，负有安全生产监督管理职责的部门应当及时解除前款规定的措施。

第六十八条 监察机关依照行政监察法的规定，对负有安全生产监督管理职责的部门及其工作人员履行安全生产监督管理职责实施监察。

第六十九条 承担安全评价、认证、检测、检验的机构应当具备国家规定的资质条件，并对其作出的安全评价、认证、检测、检验的结果负责。

第七十条 负有安全生产监督管理职责的部门应当建立举报制度，公开举报电话、信箱或者电子邮件地址，受理有关安全生产的举报；受理的举报事项经调查核实后，应当形成书面材料；需要落实整改措施的，报经有关负责人签字并督促落实。

第七十一条 任何单位或者个人对事故隐患或者安全生产违法行为，均有权向负有安全生产监督管理职责的部门报告或者举报。

第七十二条 居民委员会、村民委员会发现其所在区域内的生产经营单位存在事故隐患或者安全生产违法行为时，应当向当地人民政府或者有关部门报告。

第七十三条 县级以上各级人民政府及其有关部门对报告重大事故隐患或者举报安全生产违法行为的有功人员，给予奖励。具体奖励办法由国务院安全生产监督管理部门会同国务院财政部门制定。

第七十四条 新闻、出版、广播、电影、电视等单位有进行安全生产公益宣传教育的义务，有对违反安全生产法律、法规的行为进行舆论监督的权利。

第七十五条 负有安全生产监督管理职责的部门应当建立安全生产违法行为信息库，如实记录生产经营单位的安全生产违法行为信息；对违法行为情节严重的生产经营单位，应当向社会公告,并通报行业主管部门、投资主管部门、国土资源主管部门、证券监督管理机构以及有关金融机构。

第五章　生产安全事故的应急救援与调查处理

第七十六条　国家加强生产安全事故应急能力建设,在重点行业、领域建立应急救援基地和应急救援队伍,鼓励生产经营单位和其他社会力量建立应急救援队伍,配备相应的应急救援装备和物资,提高应急救援的专业化水平。

国务院安全生产监督管理部门建立全国统一的生产安全事故应急救援信息系统,国务院有关部门建立健全相关行业、领域的生产安全事故应急救援信息系统。

第七十七条　县级以上地方各级人民政府应当组织有关部门制定本行政区域内生产安全事故应急救援预案,建立应急救援体系。

第七十八条　生产经营单位应当制定本单位生产安全事故应急救援预案,与所在地县级以上地方人民政府组织制定的生产安全事故应急救援预案相衔接,并定期组织演练。

第七十九条　危险物品的生产、经营、储存单位以及矿山、金属冶炼、城市轨道交通运营、建筑施工单位应当建立应急救援组织;生产经营规模较小的,可以不建立应急救援组织,但应当指定兼职的应急救援人员。

危险物品的生产、经营、储存、运输单位以及矿山、金属冶炼、城市轨道交通运营、建筑施工单位应当配备必要的应急救援器材、设备和物资,并进行经常性维护、保养,保证正常运转。

第八十条　生产经营单位发生生产安全事故后,事故现场有关人员应当立即报告本单位负责人。

单位负责人接到事故报告后,应当迅速采取有效措施,组织抢救,防止事故扩大,减少人员伤亡和财产损失,并按照国家有关规定立即如实报告当地负有安全生产监督管理职责的部门,不得隐瞒不报、谎报或者迟报,不得故意破坏事故现场、毁灭有关证据。

第八十一条 负有安全生产监督管理职责的部门接到事故报告后,应当立即按照国家有关规定上报事故情况。负有安全生产监督管理职责的部门和有关地方人民政府对事故情况不得隐瞒不报、谎报或者迟报。

第八十二条 有关地方人民政府和负有安全生产监督管理职责的部门的负责人接到生产安全事故报告后,应当按照生产安全事故应急救援预案的要求立即赶到事故现场,组织事故抢救。

参与事故抢救的部门和单位应当服从统一指挥,加强协同联动,采取有效的应急救援措施,并根据事故救援的需要采取警戒、疏散等措施,防止事故扩大和次生灾害的发生,减少人员伤亡和财产损失。

事故抢救过程中应当采取必要措施,避免或者减少对环境造成的危害。

任何单位和个人都应当支持、配合事故抢救,并提供一切便利条件。

第八十三条 事故调查处理应当按照科学严谨、依法依规、实事求是、注重实效的原则,及时、准确地查清事故原因,查明事故性质和责任,总结事故教训,提出整改措施,并对事故责任者提出处理意见。事故调查报告应当依法及时向社会公布。事故调查和处理的具体办法由国务院制定。

事故发生单位应当及时全面落实整改措施,负有安全生产监督管理职责的部门应当加强监督检查。

第八十四条 生产经营单位发生生产安全事故,经调查确定为责任事故的,除了应当查明事故单位的责任并依法予以追究外,还应当查明对安全生产的有关事项负有审查批准和监督职责的行政部门的责任,对有失职、渎职行为的,依照本法第八十七条的规定追究法律责任。

第八十五条 任何单位和个人不得阻挠和干涉对事故的依法调查处理。

第八十六条 县级以上地方各级人民政府安全生产监督

管理部门应当定期统计分析本行政区域内发生生产安全事故的情况,并定期向社会公布。

第六章　法律责任

第八十七条　负有安全生产监督管理职责的部门的工作人员,有下列行为之一的,给予降级或者撤职的处分;构成犯罪的,依照刑法有关规定追究刑事责任:

(一)对不符合法定安全生产条件的涉及安全生产的事项予以批准或者验收通过的;

(二)发现未依法取得批准、验收的单位擅自从事有关活动或者接到举报后不予取缔或者不依法予以处理的;

(三)对已经依法取得批准的单位不履行监督管理职责,发现其不再具备安全生产条件而不撤销原批准或者发现安全生产违法行为不予查处的;

(四)在监督检查中发现重大事故隐患,不依法及时处理的。

负有安全生产监督管理职责的部门的工作人员有前款规定以外的滥用职权、玩忽职守、徇私舞弊行为的,依法给予处分;构成犯罪的,依照刑法有关规定追究刑事责任。

第八十八条　负有安全生产监督管理职责的部门,要求被审查、验收的单位购买其指定的安全设备、器材或者其他产品的,在对安全生产事项的审查、验收中收取费用的,由其上级机关或者监察机关责令改正,责令退还收取的费用;情节严重的,对直接负责的主管人员和其他直接责任人员依法给予处分。

第八十九条　承担安全评价、认证、检测、检验工作的机构,出具虚假证明的,没收违法所得;违法所得在十万元以上的,并处违法所得二倍以上五倍以下的罚款;没有违法所得或者违法所得不足十万元的,单处或者并处十万元以上二十万元以下的罚款;对其直接负责的主管人员和其他直接责任人员处二万元以上五万元以下的罚款;给他人造成损害的,与生产经营单位承担连带赔偿责任;构成犯罪的,依照刑法有关规定追究刑事责任。

对有前款违法行为的机构,吊销其相应资质。

第九十条 生产经营单位的决策机构、主要负责人或者个人经营的投资人不依照本法规定保证安全生产所必需的资金投入,致使生产经营单位不具备安全生产条件的,责令限期改正,提供必需的资金;逾期未改正的,责令生产经营单位停产停业整顿。

有前款违法行为,导致发生生产安全事故的,对生产经营单位的主要负责人给予撤职处分,对个人经营的投资人处二万元以上二十万元以下的罚款;构成犯罪的,依照刑法有关规定追究刑事责任。

第九十一条 生产经营单位的主要负责人未履行本法规定的安全生产管理职责的,责令限期改正;逾期未改正的,处二万元以上五万元以下的罚款,责令生产经营单位停产停业整顿。

生产经营单位的主要负责人有前款违法行为,导致发生生产安全事故的,给予撤职处分;构成犯罪的,依照刑法有关规定追究刑事责任。

生产经营单位的主要负责人依照前款规定受刑事处罚或者撤职处分的,自刑罚执行完毕或者受处分之日起,五年内不得担任任何生产经营单位的主要负责人;对重大、特别重大生产安全事故负有责任的,终身不得担任本行业生产经营单位的主要负责人。

第九十二条 生产经营单位的主要负责人未履行本法规定的安全生产管理职责,导致发生生产安全事故的,由安全生产监督管理部门依照下列规定处以罚款:

(一)发生一般事故的,处上一年年收入百分之三十的罚款;

(二)发生较大事故的,处上一年年收入百分之四十的罚款;

(三)发生重大事故的,处上一年年收入百分之六十的罚款；

（四）发生特别重大事故的，处上一年年收入百分之八十的罚款。

第九十三条　生产经营单位的安全生产管理人员未履行本法规定的安全生产管理职责的，责令限期改正；导致发生生产安全事故的，暂停或者撤销其与安全生产有关的资格；构成犯罪的，依照刑法有关规定追究刑事责任。

第九十四条　生产经营单位有下列行为之一的，责令限期改正，可以处五万元以下的罚款；逾期未改正的，责令停产停业整顿，并处五万元以上十万元以下的罚款，对其直接负责的主管人员和其他直接责任人员处一万元以上二万元以下的罚款：

（一）未按照规定设置安全生产管理机构或者配备安全生产管理人员的；

（二）危险物品的生产、经营、储存单位以及矿山、金属冶炼、建筑施工、道路运输单位的主要负责人和安全生产管理人员未按照规定经考核合格的；

（三）未按照规定对从业人员、被派遣劳动者、实习学生进行安全生产教育和培训，或者未按照规定如实告知有关的安全生产事项的；

（四）未如实记录安全生产教育和培训情况的；

（五）未将事故隐患排查治理情况如实记录或者未向从业人员通报的；

（六）未按照规定制定生产安全事故应急救援预案或者未定期组织演练的；

（七）特种作业人员未按照规定经专门的安全作业培训并取得相应资格，上岗作业的。

第九十五条　生产经营单位有下列行为之一的，责令停止建设或者停产停业整顿，限期改正；逾期未改正的，处五十万元以上一百万元以下的罚款，对其直接负责的主管人员和其他直接责任人员处二万元以上五万元以下的罚款；构成犯罪的，依照刑法有关规定追究刑事责任：

（一）未按照规定对矿山、金属冶炼建设项目或者用于生产、储存、装卸危险物品的建设项目进行安全评价的；

（二）矿山、金属冶炼建设项目或者用于生产、储存、装卸危险物品的建设项目没有安全设施设计或者安全设施设计未按照规定报经有关部门审查同意的；

（三）矿山、金属冶炼建设项目或者用于生产、储存、装卸危险物品的建设项目的施工单位未按照批准的安全设施设计施工的；

（四）矿山、金属冶炼建设项目或者用于生产、储存危险物品的建设项目竣工投入生产或者使用前，安全设施未经验收合格的。

第九十六条 生产经营单位有下列行为之一的，责令限期改正，可以处五万元以下的罚款；逾期未改正的，处五万元以上二十万元以下的罚款，对其直接负责的主管人员和其他直接责任人员处一万元以上二万元以下的罚款；情节严重的，责令停产停业整顿；构成犯罪的，依照刑法有关规定追究刑事责任：

（一）未在有较大危险因素的生产经营场所和有关设施、设备上设置明显的安全警示标志的；

（二）安全设备的安装、使用、检测、改造和报废不符合国家标准或者行业标准的；

（三）未对安全设备进行经常性维护、保养和定期检测的；

（四）未为从业人员提供符合国家标准或者行业标准的劳动防护用品的；

（五）危险物品的容器、运输工具，以及涉及人身安全、危险性较大的海洋石油开采特种设备和矿山井下特种设备未经具有专业资质的机构检测、检验合格，取得安全使用证或者安全标志，投入使用的；

（六）使用应当淘汰的危及生产安全的工艺、设备的。

第九十七条 未经依法批准，擅自生产、经营、运输、储存、使用危险物品或者处置废弃危险物品的，依照有关危险物品安全管理的法律、行政法规的规定予以处罚；构成犯罪的，依照刑法有关规定追究刑事责任。

第九十八条　生产经营单位有下列行为之一的,责令限期改正,可以处十万元以下的罚款;逾期未改正的,责令停产停业整顿,并处十万元以上二十万元以下的罚款,对其直接负责的主管人员和其他直接责任人员处二万元以上五万元以下的罚款;构成犯罪的,依照刑法有关规定追究刑事责任:

(一)生产、经营、运输、储存、使用危险物品或者处置废弃危险物品,未建立专门安全管理制度、未采取可靠的安全措施的;

(二)对重大危险源未登记建档,或者未进行评估、监控,或者未制定应急预案的;

(三)进行爆破、吊装以及国务院安全生产监督管理部门会同国务院有关部门规定的其他危险作业,未安排专门人员进行现场安全管理的;

(四)未建立事故隐患排查治理制度的。

第九十九条　生产经营单位未采取措施消除事故隐患的,责令立即消除或者限期消除;生产经营单位拒不执行的,责令停产停业整顿,并处十万元以上五十万元以下的罚款,对其直接负责的主管人员和其他直接责任人员处二万元以上五万元以下的罚款。

第一百条　生产经营单位将生产经营项目、场所、设备发包或者出租给不具备安全生产条件或者相应资质的单位或者个人的,责令限期改正,没收违法所得;违法所得十万元以上的,并处违法所得二倍以上五倍以下的罚款;没有违法所得或者违法所得不足十万元的,单处或者并处十万元以上二十万元以下的罚款;对其直接负责的主管人员和其他直接责任人员处一万元以上二万元以下的罚款;导致发生生产安全事故给他人造成损害的,与承包方、承租方承担连带赔偿责任。

生产经营单位未与承包单位、承租单位签订专门的安全生产管理协议或者未在承包合同、租赁合同中明确各自的安全生产管理职责,或者未对承包单位、承租单位的安全生产统一协调、管理的,责令限期改正,可以处五万元以下的罚款,对其直接负责的主管人员和其他直接责任人员可以处一万元以下的罚款;逾期未改正的,责令停产停业整顿。

第一百零一条 两个以上生产经营单位在同一作业区域内进行可能危及对方安全生产的生产经营活动,未签订安全生产管理协议或者未指定专职安全生产管理人员进行安全检查与协调的,责令限期改正,可以处五万元以下的罚款,对其直接负责的主管人员和其他直接责任人员可以处一万元以下的罚款;逾期未改正的,责令停产停业。

第一百零二条 生产经营单位有下列行为之一的,责令限期改正,可以处五万元以下的罚款,对其直接负责的主管人员和其他直接责任人员可以处一万元以下的罚款;逾期未改正的,责令停产停业整顿;构成犯罪的,依照刑法有关规定追究刑事责任:

(一)生产、经营、储存、使用危险物品的车间、商店、仓库与员工宿舍在同一座建筑内,或者与员工宿舍的距离不符合安全要求的;

(二)生产经营场所和员工宿舍未设有符合紧急疏散需要、标志明显、保持畅通的出口,或者锁闭、封堵生产经营场所或者员工宿舍出口的。

第一百零三条 生产经营单位与从业人员订立协议,免除或者减轻其对从业人员因生产安全事故伤亡依法应承担的责任的,该协议无效;对生产经营单位的主要负责人、个人经营的投资人处二万元以上十万元以下的罚款。

第一百零四条 生产经营单位的从业人员不服从管理,违反安全生产规章制度或者操作规程的,由生产经营单位给予批评教育,依照有关规章制度给予处分;构成犯罪的,依照刑法有关规定追究刑事责任。

第一百零五条 违反本法规定,生产经营单位拒绝、阻碍负有安全生产监督管理职责的部门依法实施监督检查的,责令改正;拒不改正的,处二万元以上二十万元以下的罚款;对其直接负责的主管人员和其他直接责任人员处一万元以上二万元以下的罚款;构成犯罪的,依照刑法有关规定追究刑事责任。

第一百零六条　生产经营单位的主要负责人在本单位发生生产安全事故时,不立即组织抢救或者在事故调查处理期间擅离职守或者逃匿的,给予降级、撤职的处分,并由安全生产监督管理部门处上一年年收入百分之六十至百分之一百的罚款;对逃匿的处十五日以下拘留;构成犯罪的,依照刑法有关规定追究刑事责任。

生产经营单位的主要负责人对生产安全事故隐瞒不报、谎报或者迟报的,依照前款规定处罚。

第一百零七条　有关地方人民政府、负有安全生产监督管理职责的部门,对生产安全事故隐瞒不报、谎报或者迟报的,对直接负责的主管人员和其他直接责任人员依法给予处分;构成犯罪的,依照刑法有关规定追究刑事责任。

第一百零八条　生产经营单位不具备本法和其他有关法律、行政法规和国家标准或者行业标准规定的安全生产条件,经停产停业整顿仍不具备安全生产条件的,予以关闭;有关部门应当依法吊销其有关证照。

第一百零九条　发生生产安全事故,对负有责任的生产经营单位除要求其依法承担相应的赔偿等责任外,由安全生产监督管理部门依照下列规定处以罚款:

(一)发生一般事故的,处二十万元以上五十万元以下的罚款;

(二)发生较大事故的,处五十万元以上一百万元以下的罚款;

(三)发生重大事故的,处一百万元以上五百万元以下的罚款;

(四)发生特别重大事故的,处五百万元以上一千万元以下的罚款;情节特别严重的,处一千万元以上二千万元以下的罚款。

第一百一十条　本法规定的行政处罚,由安全生产监督管理部门和其他负有安全生产监督管理职责的部门按照职责分工决定。予以关闭的行政处罚由负有安全生产监督管理职责的部门报请县级以上人民政府按照国务院规定的权限决定;给予拘留的行政处罚由公安机关依照治安管理处罚法的规定决定。

第一百一十一条 生产经营单位发生生产安全事故造成人员伤亡、他人财产损失的,应当依法承担赔偿责任;拒不承担或者其负责人逃匿的,由人民法院依法强制执行。

生产安全事故的责任人未依法承担赔偿责任,经人民法院依法采取执行措施后,仍不能对受害人给予足额赔偿的,应当继续履行赔偿义务;受害人发现责任人有其他财产的,可以随时请求人民法院执行。

第七章 附 则

第一百一十二条 本法下列用语的含义:

危险物品,是指易燃易爆物品、危险化学品、放射性物品等能够危及人身安全和财产安全的物品。

重大危险源,是指长期地或者临时地生产、搬运、使用或者储存危险物品,且危险物品的数量等于或者超过临界量的单元(包括场所和设施)。

第一百一十三条 本法规定的生产安全一般事故、较大事故、重大事故、特别重大事故的划分标准由国务院规定。

国务院安全生产监督管理部门和其他负有安全生产监督管理职责的部门应当根据各自的职责分工,制定相关行业、领域重大事故隐患的判定标准。

第一百一十四条 本法自2002年11月1日起施行。

中华人民共和国突发事件应对法

（2007 年 8 月 30 日第十届全国人民代表大会常务委员会第二十九次会议通过）

第一章　总　则

第一条　为了预防和减少突发事件的发生，控制、减轻和消除突发事件引起的严重社会危害，规范突发事件应对活动，保护人民生命财产安全，维护国家安全、公共安全、环境安全和社会秩序，制定本法。

第二条　突发事件的预防与应急准备、监测与预警、应急处置与救援、事后恢复与重建等应对活动，适用本法。

第三条　本法所称突发事件，是指突然发生，造成或者可能造成严重社会危害，需要采取应急处置措施予以应对的自然灾害、事故灾难、公共卫生事件和社会安全事件。

按照社会危害程度、影响范围等因素，自然灾害、事故灾难、公共卫生事件分为特别重大、重大、较大和一般四级。法律、行政法规或者国务院另有规定的，从其规定。

突发事件的分级标准由国务院或者国务院确定的部门制定。

第四条　国家建立统一领导、综合协调、分类管理、分级负责、属地管理为主的应急管理体制。

第五条　突发事件应对工作实行预防为主、预防与应急相结合的原则。国家建立重大突发事件风险评估体系，对可能发生的突发事件进行综合性评估，减少重大突发事件的发生，最大限度地减轻重大突发事件的影响。

第六条　国家建立有效的社会动员机制，增强全民的公共安全和防范风险的意识，提高全社会的避险救助能力。

第七条 县级人民政府对本行政区域内突发事件的应对工作负责;涉及两个以上行政区域的,由有关行政区域共同的上一级人民政府负责,或者由各有关行政区域的上一级人民政府共同负责。

突发事件发生后,发生地县级人民政府应当立即采取措施控制事态发展,组织开展应急救援和处置工作,并立即向上一级人民政府报告,必要时可以越级上报。

突发事件发生地县级人民政府不能消除或者不能有效控制突发事件引起的严重社会危害的,应当及时向上级人民政府报告。上级人民政府应当及时采取措施,统一领导应急处置工作。

法律、行政法规规定由国务院有关部门对突发事件的应对工作负责的,从其规定;地方人民政府应当积极配合并提供必要的支持。

第八条 国务院在总理领导下研究、决定和部署特别重大突发事件的应对工作;根据实际需要,设立国家突发事件应急指挥机构,负责突发事件应对工作;必要时,国务院可以派出工作组指导有关工作。

县级以上地方各级人民政府设立由本级人民政府主要负责人、相关部门负责人、驻当地中国人民解放军和中国人民武装警察部队有关负责人组成的突发事件应急指挥机构,统一领导、协调本级人民政府各有关部门和下级人民政府开展突发事件应对工作;根据实际需要,设立相关类别突发事件应急指挥机构,组织、协调、指挥突发事件应对工作。

上级人民政府主管部门应当在各自职责范围内,指导、协助下级人民政府及其相应部门做好有关突发事件的应对工作。

第九条 国务院和县级以上地方各级人民政府是突发事件应对工作的行政领导机关,其办事机构及具体职责由国务院规定。

第十条 有关人民政府及其部门作出的应对突发事件的决定、命令,应当及时公布。

　　第十一条　有关人民政府及其部门采取的应对突发事件的措施，应当与突发事件可能造成的社会危害的性质、程度和范围相适应；有多种措施可供选择的，应当选择有利于最大程度地保护公民、法人和其他组织权益的措施。

　　公民、法人和其他组织有义务参与突发事件应对工作。

　　第十二条　有关人民政府及其部门为应对突发事件，可以征用单位和个人的财产。被征用的财产在使用完毕或者突发事件应急处置工作结束后，应当及时返还。财产被征用或者征用后毁损、灭失的，应当给予补偿。

　　第十三条　因采取突发事件应对措施，诉讼、行政复议、仲裁活动不能正常进行的，适用有关时效中止和程序中止的规定，但法律另有规定的除外。

　　第十四条　中国人民解放军、中国人民武装警察部队和民兵组织依照本法和其他有关法律、行政法规、军事法规的规定以及国务院、中央军事委员会的命令，参加突发事件的应急救援和处置工作。

　　第十五条　中华人民共和国政府在突发事件的预防、监测与预警、应急处置与救援、事后恢复与重建等方面，同外国政府和有关国际组织开展合作与交流。

　　第十六条　县级以上人民政府作出应对突发事件的决定、命令，应当报本级人民代表大会常务委员会备案；突发事件应急处置工作结束后，应当向本级人民代表大会常务委员会作出专项工作报告。

第二章　预防与应急准备

　　第十七条　国家建立健全突发事件应急预案体系。

　　国务院制定国家突发事件总体应急预案，组织制定国家突发事件专项应急预案；国务院有关部门根据各自的职责和国务院相关应急预案，制定国家突发事件部门应急预案。

　　地方各级人民政府和县级以上地方各级人民政府有关部门根据有关法律、法规、规章、上级人民政府及其有关部门的应急预案以及本地区的实际情况,制定相应的突发事件应急预案。

应急预案制定机关应当根据实际需要和情势变化,适时修订应急预案。应急预案的制定、修订程序由国务院规定。

第十八条 应急预案应当根据本法和其他有关法律、法规的规定,针对突发事件的性质、特点和可能造成的社会危害,具体规定突发事件应急管理工作的组织指挥体系与职责和突发事件的预防与预警机制、处置程序、应急保障措施以及事后恢复与重建措施等内容。

第十九条 城乡规划应当符合预防、处置突发事件的需要,统筹安排应对突发事件所必需的设备和基础设施建设,合理确定应急避难场所。

第二十条 县级人民政府应当对本行政区域内容易引发自然灾害、事故灾难和公共卫生事件的危险源、危险区域进行调查、登记、风险评估,定期进行检查、监控,并责令有关单位采取安全防范措施。

省级和设区的市级人民政府应当对本行政区域内容易引发特别重大、重大突发事件的危险源、危险区域进行调查、登记、风险评估,组织进行检查、监控,并责令有关单位采取安全防范措施。

县级以上地方各级人民政府按照本法规定登记的危险源、危险区域,应当按照国家规定及时向社会公布。

第二十一条 县级人民政府及其有关部门、乡级人民政府、街道办事处、居民委员会、村民委员会应当及时调解处理可能引发社会安全事件的矛盾纠纷。

第二十二条 所有单位应当建立健全安全管理制度,定期检查本单位各项安全防范措施的落实情况,及时消除事故隐患;掌握并及时处理本单位存在的可能引发社会安全事件的问题,防止矛盾激化和事态扩大;对本单位可能发生的突发事件和采取安全防范措施的情况,应当按照规定及时向所在地人民政府或者人民政府有关部门报告。

第二十三条 矿山、建筑施工单位和易燃易爆物品、危险化学品、放射性物品等危险物品的生产、经营、储运、使用单位，应当制定具体应急预案，并对生产经营场所、有危险物品的建筑物、构筑物及周边环境开展隐患排查，及时采取措施消除隐患，防止发生突发事件。

第二十四条　公共交通工具、公共场所和其他人员密集场所的经营单位或者管理单位应当制定具体应急预案，为交通工具和有关场所配备报警装置和必要的应急救援设备、设施，注明其使用方法，并显著标明安全撤离的通道、路线，保证安全通道、出口的畅通。

有关单位应当定期检测、维护其报警装置和应急救援设备、设施，使其处于良好状态，确保正常使用。

第二十五条　县级以上人民政府应当建立健全突发事件应急管理培训制度，对人民政府及其有关部门负有处置突发事件职责的工作人员定期进行培训。

第二十六条　县级以上人民政府应当整合应急资源，建立或者确定综合性应急救援队伍。人民政府有关部门可以根据实际需要设立专业应急救援队伍。

县级以上人民政府及其有关部门可以建立由成年志愿者组成的应急救援队伍。单位应当建立由本单位职工组成的专职或者兼职应急救援队伍。

县级以上人民政府应当加强专业应急救援队伍与非专业应急救援队伍的合作，联合培训、联合演练，提高合成应急、协同应急的能力。

第二十七条　国务院有关部门、县级以上地方各级人民政府及其有关部门、有关单位应当为专业应急救援人员购买人身意外伤害保险，配备必要的防护装备和器材，减少应急救援人员的人身风险。

第二十八条　中国人民解放军、中国人民武装警察部队和民兵组织应当有计划地组织开展应急救援的专门训练。

第二十九条　县级人民政府及其有关部门、乡级人民政府、街道办事处应当组织开展应急知识的宣传普及活动和必要的应急演练。

居民委员会、村民委员会、企业事业单位应当根据所在地人民政府的要求，结合各自的实际情况，开展有关突发事件应急知识的宣传普及活动和必要的应急演练。

新闻媒体应当无偿开展突发事件预防与应急、自救与互救知识的公益宣传。

第三十条 各级各类学校应当把应急知识教育纳入教学内容，对学生进行应急知识教育，培养学生的安全意识和自救与互救能力。

教育主管部门应当对学校开展应急知识教育进行指导和监督。

第三十一条 国务院和县级以上地方各级人民政府应当采取财政措施，保障突发事件应对工作所需经费。

第三十二条 国家建立健全应急物资储备保障制度，完善重要应急物资的监管、生产、储备、调拨和紧急配送体系。

设区的市级以上人民政府和突发事件易发、多发地区的县级人民政府应当建立应急救援物资、生活必需品和应急处置装备的储备制度。

县级以上地方各级人民政府应当根据本地区的实际情况，与有关企业签订协议，保障应急救援物资、生活必需品和应急处置装备的生产、供给。

第三十三条 国家建立健全应急通信保障体系，完善公用通信网，建立有线与无线相结合、基础电信网络与机动通信系统相配套的应急通信系统，确保突发事件应对工作的通信畅通。

第三十四条 国家鼓励公民、法人和其他组织为人民政府应对突发事件工作提供物资、资金、技术支持和捐赠。

第三十五条 国家发展保险事业，建立国家财政支持的巨灾风险保险体系，并鼓励单位和公民参加保险。

第三十六条 国家鼓励、扶持具备相应条件的教学科研机构培养应急管理专门人才，鼓励、扶持教学科研机构和有关企业研究开发用于突发事件预防、监测、预警、应急处置与救援的新技术、新设备和新工具。

第三章　监测与预警

第三十七条　国务院建立全国统一的突发事件信息系统。

县级以上地方各级人民政府应当建立或者确定本地区统一的突发事件信息系统,汇集、储存、分析、传输有关突发事件的信息,并与上级人民政府及其有关部门、下级人民政府及其有关部门、专业机构和监测网点的突发事件信息系统实现互联互通,加强跨部门、跨地区的信息交流与情报合作。

第三十八条　县级以上人民政府及其有关部门、专业机构应当通过多种途径收集突发事件信息。

县级人民政府应当在居民委员会、村民委员会和有关单位建立专职或者兼职信息报告员制度。

获悉突发事件信息的公民、法人或者其他组织,应当立即向所在地人民政府、有关主管部门或者指定的专业机构报告。

第三十九条　地方各级人民政府应当按照国家有关规定向上级人民政府报送突发事件信息。县级以上人民政府有关主管部门应当向本级人民政府相关部门通报突发事件信息。专业机构、监测网点和信息报告员应当及时向所在地人民政府及其有关主管部门报告突发事件信息。

有关单位和人员报送、报告突发事件信息,应当做到及时、客观、真实,不得迟报、谎报、瞒报、漏报。

第四十条　县级以上地方各级人民政府应当及时汇总分析突发事件隐患和预警信息,必要时组织相关部门、专业技术人员、专家学者进行会商,对发生突发事件的可能性及其可能造成的影响进行评估;认为可能发生重大或者特别重大突发事件的,应当立即向上级人民政府报告,并向上级人民政府有关部门、当地驻军和可能受到危害的毗邻或者相关地区的人民政府通报。

第四十一条　国家建立健全突发事件监测制度。

县级以上人民政府及其有关部门应当根据自然灾害、事故灾难和公共卫生事件的种类和特点,建立健全基础信息数据库,完善监测网络,划分监测区域,确定监测点,明确监测项目,提供必要的设备、设施,配备专职或者兼职人员,对可能发生的突发事件进行监测。

第四十二条 国家建立健全突发事件预警制度。

可以预警的自然灾害、事故灾难和公共卫生事件的预警级别,按照突发事件发生的紧急程度、发展势态和可能造成的危害程度分为一级、二级、三级和四级,分别用红色、橙色、黄色和蓝色标示,一级为最高级别。

预警级别的划分标准由国务院或者国务院确定的部门制定。

第四十三条 可以预警的自然灾害、事故灾难或者公共卫生事件即将发生或者发生的可能性增大时,县级以上地方各级人民政府应当根据有关法律、行政法规和国务院规定的权限和程序,发布相应级别的警报,决定并宣布有关地区进入预警期,同时向上一级人民政府报告,必要时可以越级上报,并向当地驻军和可能受到危害的毗邻或者相关地区的人民政府通报。

第四十四条 发布三级、四级警报,宣布进入预警期后,县级以上地方各级人民政府应当根据即将发生的突发事件的特点和可能造成的危害,采取下列措施:

(一)启动应急预案;

(二)责令有关部门、专业机构、监测网点和负有特定职责的人员及时收集、报告有关信息,向社会公布反映突发事件信息的渠道,加强对突发事件发生、发展情况的监测、预报和预警工作;

(三)组织有关部门和机构、专业技术人员、有关专家学者,随时对突发事件信息进行分析评估,预测发生突发事件可能性的大小、影响范围和强度以及可能发生的突发事件的级别;

(四)定时向社会发布与公众有关的突发事件预测信息和分析评估结果,并对相关信息的报道工作进行管理;

（五）及时按照有关规定向社会发布可能受到突发事件危害的警告，宣传避免、减轻危害的常识，公布咨询电话。

第四十五条　发布一级、二级警报，宣布进入预警期后，县级以上地方各级人民政府除采取本法第四十四条规定的措施外，还应当针对即将发生的突发事件的特点和可能造成的危害，采取下列一项或者多项措施：

（一）责令应急救援队伍、负有特定职责的人员进入待命状态，并动员后备人员做好参加应急救援和处置工作的准备；

（二）调集应急救援所需物资、设备、工具，准备应急设施和避难场所，并确保其处于良好状态、随时可以投入正常使用；

（三）加强对重点单位、重要部位和重要基础设施的安全保卫，维护社会治安秩序；

（四）采取必要措施，确保交通、通信、供水、排水、供电、供气、供热等公共设施的安全和正常运行；

（五）及时向社会发布有关采取特定措施避免或者减轻危害的建议、劝告；

（六）转移、疏散或者撤离易受突发事件危害的人员并予以妥善安置，转移重要财产；

（七）关闭或者限制使用易受突发事件危害的场所，控制或者限制容易导致危害扩大的公共场所的活动；

（八）法律、法规、规章规定的其他必要的防范性、保护性措施。

第四十六条　对即将发生或者已经发生的社会安全事件，县级以上地方各级人民政府及其有关主管部门应当按照规定向上一级人民政府及其有关主管部门报告，必要时可以越级上报。

第四十七条　发布突发事件警报的人民政府应当根据事态的发展，按照有关规定适时调整预警级别并重新发布。

有事实证明不可能发生突发事件或者危险已经解除的，发布警报的人民政府应当立即宣布解除警报，终止预警期，并解除已经采取的有关措施。

第四章 应急处置与救援

第四十八条 突发事件发生后，履行统一领导职责或者组织处置突发事件的人民政府应当针对其性质、特点和危害程度，立即组织有关部门，调动应急救援队伍和社会力量，依照本章的规定和有关法律、法规、规章的规定采取应急处置措施。

第四十九条 自然灾害、事故灾难或者公共卫生事件发生后，履行统一领导职责的人民政府可以采取下列一项或者多项应急处置措施：

（一）组织营救和救治受害人员，疏散、撤离并妥善安置受到威胁的人员以及采取其他救助措施；

（二）迅速控制危险源，标明危险区域，封锁危险场所，划定警戒区，实行交通管制以及其他控制措施；

（三）立即抢修被损坏的交通、通信、供水、排水、供电、供气、供热等公共设施，向受到危害的人员提供避难场所和生活必需品，实施医疗救护和卫生防疫以及其他保障措施；

（四）禁止或者限制使用有关设备、设施，关闭或者限制使用有关场所，中止人员密集的活动或者可能导致危害扩大的生产经营活动以及采取其他保护措施；

（五）启用本级人民政府设置的财政预备费和储备的应急救援物资，必要时调用其他急需物资、设备、设施、工具；

（六）组织公民参加应急救援和处置工作，要求具有特定专长的人员提供服务；

（七）保障食品、饮用水、燃料等基本生活必需品的供应；

（八）依法从严惩处囤积居奇、哄抬物价、制假售假等扰乱市场秩序的行为，稳定市场价格，维护市场秩序；

（九）依法从严惩处哄抢财物、干扰破坏应急处置工作等扰乱社会秩序的行为，维护社会治安；

（十）采取防止发生次生、衍生事件的必要措施。

第五十条 社会安全事件发生后，组织处置工作的人民政府应当立即组织有关部门并由公安机关针对事件的性质和特点,依照有关法律、行政法规和国家其他有关规定,采取下列一项或者多项应急处置措施:

(一)强制隔离使用器械相互对抗或者以暴力行为参与冲突的当事人,妥善解决现场纠纷和争端,控制事态发展;

(二)对特定区域内的建筑物、交通工具、设备、设施以及燃料、燃气、电力、水的供应进行控制;

(三)封锁有关场所、道路,查验现场人员的身份证件,限制有关公共场所内的活动;

(四)加强对易受冲击的核心机关和单位的警卫,在国家机关、军事机关、国家通讯社、广播电台、电视台、外国驻华使领馆等单位附近设置临时警戒线;

(五)法律、行政法规和国务院规定的其他必要措施。

严重危害社会治安秩序的事件发生时,公安机关应当立即依法出动警力,根据现场情况依法采取相应的强制性措施,尽快使社会秩序恢复正常。

第五十一条　发生突发事件,严重影响国民经济正常运行时,国务院或者国务院授权的有关主管部门可以采取保障、控制等必要的应急措施,保障人民群众的基本生活需要,最大限度地减轻突发事件的影响。

第五十二条　履行统一领导职责或者组织处置突发事件的人民政府,必要时可以向单位和个人征用应急救援所需设备、设施、场地、交通工具和其他物资,请求其他地方人民政府提供人力、物力、财力或者技术支援,要求生产、供应生活必需品和应急救援物资的企业组织生产、保证供给,要求提供医疗、交通等公共服务的组织提供相应的服务。

履行统一领导职责或者组织处置突发事件的人民政府,应当组织协调运输经营单位,优先运送处置突发事件所需物资、设备、工具、应急救援人员和受到突发事件危害的人员。

第五十三条　履行统一领导职责或者组织处置突发事件的人民政府,应当按照有关规定统一、准确、及时发布有关突发事件事态发展和应急处置工作的信息。

第五十四条 任何单位和个人不得编造、传播有关突发事件事态发展或者应急处置工作的虚假信息。

第五十五条 突发事件发生地的居民委员会、村民委员会和其他组织应当按照当地人民政府的决定、命令,进行宣传动员,组织群众开展自救和互救,协助维护社会秩序。

第五十六条 受到自然灾害危害或者发生事故灾难、公共卫生事件的单位,应当立即组织本单位应急救援队伍和工作人员营救受害人员,疏散、撤离、安置受到威胁的人员,控制危险源,标明危险区域,封锁危险场所,并采取其他防止危害扩大的必要措施,同时向所在地县级人民政府报告;对因本单位的问题引发的或者主体是本单位人员的社会安全事件,有关单位应当按照规定上报情况,并迅速派出负责人赶赴现场开展劝解、疏导工作。

突发事件发生地的其他单位应当服从人民政府发布的决定、命令,配合人民政府采取的应急处置措施,做好本单位的应急救援工作,并积极组织人员参加所在地的应急救援和处置工作。

第五十七条 突发事件发生地的公民应当服从人民政府、居民委员会、村民委员会或者所属单位的指挥和安排,配合人民政府采取的应急处置措施,积极参加应急救援工作,协助维护社会秩序。

第五章 事后恢复与重建

第五十八条 突发事件的威胁和危害得到控制或者消除后,履行统一领导职责或者组织处置突发事件的人民政府应当停止执行依照本法规定采取的应急处置措施,同时采取或者继续实施必要措施,防止发生自然灾害、事故灾难、公共卫生事件的次生、衍生事件或者重新引发社会安全事件。

第五十九条 突发事件应急处置工作结束后,履行统一领导职责的人民政府应当立即组织对突发事件造成的损失进行评估,组织受影响地区尽快恢复生产、生活、工作和社会秩序,制定恢复重建计划,并向上一级人民政府报告。

受突发事件影响地区的人民政府应当及时组织和协调公安、交通、铁路、民航、邮电、建设等有关部门恢复社会治安秩序,尽快修复被损坏的交通、通信、供水、排水、供电、供气、供热等公共设施。

第六十条　受突发事件影响地区的人民政府开展恢复重建工作需要上一级人民政府支持的,可以向上一级人民政府提出请求。上一级人民政府应当根据受影响地区遭受的损失和实际情况,提供资金、物资支持和技术指导,组织其他地区提供资金、物资和人力支援。

第六十一条　国务院根据受突发事件影响地区遭受损失的情况,制定扶持该地区有关行业发展的优惠政策。

受突发事件影响地区的人民政府应当根据本地区遭受损失的情况,制定救助、补偿、抚慰、抚恤、安置等善后工作计划并组织实施,妥善解决因处置突发事件引发的矛盾和纠纷。

公民参加应急救援工作或者协助维护社会秩序期间,其在本单位的工资待遇和福利不变;表现突出、成绩显著的,由县级以上人民政府给予表彰或者奖励。

县级以上人民政府对在应急救援工作中伤亡的人员依法给予抚恤。

第六十二条　履行统一领导职责的人民政府应当及时查明突发事件的发生经过和原因,总结突发事件应急处置工作的经验教训,制定改进措施,并向上一级人民政府提出报告。

第六章　法律责任

第六十三条　地方各级人民政府和县级以上各级人民政府有关部门违反本法规定,不履行法定职责的,由其上级行政机关或者监察机关责令改正;有下列情形之一的,根据情节对直接负责的主管人员和其他直接责任人员依法给予处分:

(一)未按规定采取预防措施,导致发生突发事件,或者未采取必要的防范措施,导致发生次生、衍生事件的;

（二）迟报、谎报、瞒报、漏报有关突发事件的信息，或者通报、报送、公布虚假信息，造成后果的；

（三）未按规定及时发布突发事件警报、采取预警期的措施，导致损害发生的；

（四）未按规定及时采取措施处置突发事件或者处置不当，造成后果的；

（五）不服从上级人民政府对突发事件应急处置工作的统一领导、指挥和协调的；

（六）未及时组织开展生产自救、恢复重建等善后工作的；

（七）截留、挪用、私分或者变相私分应急救援资金、物资的；

（八）不及时归还征用的单位和个人的财产，或者对被征用财产的单位和个人不按规定给予补偿的。

第六十四条 有关单位有下列情形之一的，由所在地履行统一领导职责的人民政府责令停产停业，暂扣或者吊销许可证或者营业执照，并处五万元以上二十万元以下的罚款；构成违反治安管理行为的，由公安机关依法给予处罚：

（一）未按规定采取预防措施，导致发生严重突发事件的；

（二）未及时消除已发现的可能引发突发事件的隐患，导致发生严重突发事件的；

（三）未做好应急设备、设施日常维护、检测工作，导致发生严重突发事件或者突发事件危害扩大的；

（四）突发事件发生后，不及时组织开展应急救援工作，造成严重后果的。

前款规定的行为，其他法律、行政法规规定由人民政府有关部门依法决定处罚的，从其规定。

第六十五条 违反本法规定，编造并传播有关突发事件事态发展或者应急处置工作的虚假信息，或者明知是有关突发事件事态发展或者应急处置工作的虚假信息而进行传播的，责令改正，给予警告；造成严重后果的，依法暂停其业务活动或者吊销其执业许可证；负有直接责任的人员是国家工作人员的，还应当对其依法给予处分；构成违反治安管理行为的,由公安机关依法给予处罚。

第六十六条　单位或者个人违反本法规定,不服从所在地人民政府及其有关部门发布的决定、命令或者不配合其依法采取的措施,构成违反治安管理行为的,由公安机关依法给予处罚。

第六十七条　单位或者个人违反本法规定,导致突发事件发生或者危害扩大,给他人人身、财产造成损害的,应当依法承担民事责任。

第六十八条　违反本法规定,构成犯罪的,依法追究刑事责任。

第七章　附　则

第六十九条　发生特别重大突发事件,对人民生命财产安全、国家安全、公共安全、环境安全或者社会秩序构成重大威胁,采取本法和其他有关法律、法规、规章规定的应急处置措施不能消除或者有效控制、减轻其严重社会危害,需要进入紧急状态的,由全国人民代表大会常务委员会或者国务院依照宪法和其他有关法律规定的权限和程序决定。

紧急状态期间采取的非常措施,依照有关法律规定执行或者由全国人民代表大会常务委员会另行规定。

第七十条　本法自 2007 年 11 月 1 日起施行。

中华人民共和国职业病防治法

（2001 年 10 月 27 日第九届全国人民代表大会常务委员会第二十四次会议通过　根据 2011 年 12 月 31 日第十一届全国人民代表大会常务委员会第二十四次会议《关于修改〈中华人民共和国职业病防治法〉的决定》修正）

第一章　总　则

第一条　为了预防、控制和消除职业病危害，防治职业病，保护劳动者健康及其相关权益，促进经济社会发展，根据宪法，制定本法。

第二条　本法适用于中华人民共和国领域内的职业病防治活动。

本法所称职业病，是指企业、事业单位和个体经济组织等用人单位的劳动者在职业活动中，因接触粉尘、放射性物质和其他有毒、有害因素而引起的疾病。

职业病的分类和目录由国务院卫生行政部门会同国务院安全生产监督管理部门、劳动保障行政部门制定、调整并公布。

第三条　职业病防治工作坚持预防为主、防治结合的方针，建立用人单位负责、行政机关监管、行业自律、职工参与和社会监督的机制，实行分类管理、综合治理。

第四条　劳动者依法享有职业卫生保护的权利。

用人单位应当为劳动者创造符合国家职业卫生标准和卫生要求的工作环境和条件，并采取措施保障劳动者获得职业卫生保护。

工会组织依法对职业病防治工作进行监督，维护劳动者的合法权益。用人单位制定或者修改有关职业病防治的规章制度,应当听取工会组织的意见。

第五条　用人单位应当建立、健全职业病防治责任制,加强对职业病防治的管理,提高职业病防治水平,对本单位产生的职业病危害承担责任。

第六条　用人单位的主要负责人对本单位的职业病防治工作全面负责。

第七条　用人单位必须依法参加工伤保险。

国务院和县级以上地方人民政府劳动保障行政部门应当加强对工伤保险的监督管理,确保劳动者依法享受工伤保险待遇。

第八条　国家鼓励和支持研制、开发、推广、应用有利于职业病防治和保护劳动者健康的新技术、新工艺、新设备、新材料,加强对职业病的机理和发生规律的基础研究,提高职业病防治科学技术水平;积极采用有效的职业病防治技术、工艺、设备、材料;限制使用或者淘汰职业病危害严重的技术、工艺、设备、材料。

国家鼓励和支持职业病医疗康复机构的建设。

第九条　国家实行职业卫生监督制度。

国务院安全生产监督管理部门、卫生行政部门、劳动保障行政部门依照本法和国务院确定的职责,负责全国职业病防治的监督管理工作。国务院有关部门在各自的职责范围内负责职业病防治的有关监督管理工作。

县级以上地方人民政府安全生产监督管理部门、卫生行政部门、劳动保障行政部门依据各自职责,负责本行政区域内职业病防治的监督管理工作。县级以上地方人民政府有关部门在各自的职责范围内负责职业病防治的有关监督管理工作。

县级以上人民政府安全生产监督管理部门、卫生行政部门、劳动保障行政部门(以下统称职业卫生监督管理部门)应当加强沟通,密切配合,按照各自职责分工,依法行使职权,承担责任。

第十条　国务院和县级以上地方人民政府应当制定职业

病防治规划,将其纳入国民经济和社会发展计划,并组织实施。

县级以上地方人民政府统一负责、领导、组织、协调本行政区域的职业病防治工作,建立健全职业病防治工作体制、机制,统一领导、指挥职业卫生突发事件应对工作;加强职业病防治能力建设和服务体系建设,完善、落实职业病防治工作责任制。

乡、民族乡、镇的人民政府应当认真执行本法,支持职业卫生监督管理部门依法履行职责。

第十一条 县级以上人民政府职业卫生监督管理部门应当加强对职业病防治的宣传教育,普及职业病防治的知识,增强用人单位的职业病防治观念,提高劳动者的职业健康意识、自我保护意识和行使职业卫生保护权利的能力。

第十二条 有关防治职业病的国家职业卫生标准,由国务院卫生行政部门组织制定并公布。

国务院卫生行政部门应当组织开展重点职业病监测和专项调查,对职业健康风险进行评估,为制定职业卫生标准和职业病防治政策提供科学依据。

县级以上地方人民政府卫生行政部门应当定期对本行政区域的职业病防治情况进行统计和调查分析。

第十三条 任何单位和个人有权对违反本法的行为进行检举和控告。有关部门收到相关的检举和控告后,应当及时处理。

对防治职业病成绩显著的单位和个人,给予奖励。

第二章 前期预防

第十四条 用人单位应当依照法律、法规要求,严格遵守国家职业卫生标准,落实职业病预防措施,从源头上控制和消除职业病危害。

第十五条 产生职业病危害的用人单位的设立除应当符合法律、行政法规规定的设立条件外,其工作场所还应当符合下列职业卫生要求：

（一）职业病危害因素的强度或者浓度符合国家职业卫生标准

（二）有与职业病危害防护相适应的设施；

（三）生产布局合理，符合有害与无害作业分开的原则

（四）有配套的更衣间、洗浴间、孕妇休息间等卫生设施；

（五）设备、工具、用具等设施符合保护劳动者生理、心理健康的要求；

（六）法律、行政法规和国务院卫生行政部门、安全生产监督管理部门关于保护劳动者健康的其他要求。

第十六条　国家建立职业病危害项目申报制度。

用人单位工作场所存在职业病目录所列职业病的危害因素的，应当及时、如实向所在地安全生产监督管理部门申报危害项目，接受监督。

职业病危害因素分类目录由国务院卫生行政部门会同国务院安全生产监督管理部门制定、调整并公布。职业病危害项目申报的具体办法由国务院安全生产监督管理部门制定。

第十七条　新建、扩建、改建建设项目和技术改造、技术引进项目（以下统称建设项目）可能产生职业病危害的，建设单位在可行性论证阶段应当向安全生产监督管理部门提交职业病危害预评价报告。安全生产监督管理部门应当自收到职业病危害预评价报告之日起三十日内，作出审核决定并书面通知建设单位。未提交预评价报告或者预评价报告未经安全生产监督管理部门审核同意的，有关部门不得批准该建设项目。

职业病危害预评价报告应当对建设项目可能产生的职业病危害因素及其对工作场所和劳动者健康的影响作出评价，确定危害类别和职业病防护措施。

建设项目职业病危害分类管理办法由国务院安全生产监督管理部门制定。

第十八条　建设项目的职业病防护设施所需费用应当纳入建设项目工程预算，并与主体工程同时设计，同时施工，同

时投入生产和使用。

职业病危害严重的建设项目的防护设施设计,应当经安全生产监督管理部门审查,符合国家职业卫生标准和卫生要求的,方可施工。

建设项目在竣工验收前,建设单位应当进行职业病危害控制效果评价。建设项目竣工验收时,其职业病防护设施经安全生产监督管理部门验收合格后,方可投入正式生产和使用。

第十九条 职业病危害预评价、职业病危害控制效果评价由依法设立的取得国务院安全生产监督管理部门或者设区的市级以上地方人民政府安全生产监督管理部门按照职责分工给予资质认可的职业卫生技术服务机构进行。职业卫生技术服务机构所作评价应当客观、真实。

第二十条 国家对从事放射性、高毒、高危粉尘等作业实行特殊管理。具体管理办法由国务院制定。

第三章 劳动过程中的防护与管理

第二十一条 用人单位应当采取下列职业病防治管理措施:

(一)设置或者指定职业卫生管理机构或者组织,配备专职或者兼职的职业卫生管理人员,负责本单位的职业病防治工作;

(二)制定职业病防治计划和实施方案;

(三)建立、健全职业卫生管理制度和操作规程;

(四)建立、健全职业卫生档案和劳动者健康监护档案;

(五)建立、健全工作场所职业病危害因素监测及评价制度;

(六)建立、健全职业病危害事故应急救援预案。

第二十二条 用人单位应当保障职业病防治所需的资金投入,不得挤占、挪用,并对因资金投入不足导致的后果承担责任。

第二十三条　用人单位必须采用有效的职业病防护设施,并为劳动者提供个人使用的职业病防护用品。

用人单位为劳动者个人提供的职业病防护用品必须符合防治职业病的要求;不符合要求的,不得使用。

第二十四条　用人单位应当优先采用有利于防治职业病和保护劳动者健康的新技术、新工艺、新设备、新材料,逐步替代职业病危害严重的技术、工艺、设备、材料。

第二十五条　产生职业病危害的用人单位,应当在醒目位置设置公告栏,公布有关职业病防治的规章制度、操作规程、职业病危害事故应急救援措施和工作场所职业病危害因素检测结果。

对产生严重职业病危害的作业岗位,应当在其醒目位置,设置警示标识和中文警示说明。警示说明应当载明产生职业病危害的种类、后果、预防以及应急救治措施等内容。

第二十六条　对可能发生急性职业损伤的有毒、有害工作场所,用人单位应当设置报警装置,配置现场急救用品、冲洗设备、应急撤离通道和必要的泄险区。

对放射工作场所和放射性同位素的运输、贮存,用人单位必须配置防护设备和报警装置,保证接触放射线的工作人员佩戴个人剂量计。

对职业病防护设备、应急救援设施和个人使用的职业病防护用品,用人单位应当进行经常性的维护、检修,定期检测其性能和效果,确保其处于正常状态,不得擅自拆除或者停止使用。

第二十七条　用人单位应当实施由专人负责的职业病危害因素日常监测,并确保监测系统处于正常运行状态。

用人单位应当按照国务院安全生产监督管理部门的规定,定期对工作场所进行职业病危害因素检测、评价。检测、评价结果存入用人单位职业卫生档案,定期向所在地安全生产监督管理部门报告并向劳动者公布。

职业病危害因素检测、评价由依法设立的取得国务院安全生产监督管理部门或者设区的市级以上地方人民政府安全生产监督管理部门按照职责分工给予资质认可的职业卫生技术服务机构进行。职业卫生技术服务机构所作检测、评价应当客观、真实。

发现工作场所职业病危害因素不符合国家职业卫生标准和卫生要求时，用人单位应当立即采取相应治理措施，仍然达不到国家职业卫生标准和卫生要求的，必须停止存在职业病危害因素的作业；职业病危害因素经治理后，符合国家职业卫生标准和卫生要求的，方可重新作业。

第二十八条 职业卫生技术服务机构依法从事职业病危害因素检测、评价工作，接受安全生产监督管理部门的监督检查。安全生产监督管理部门应当依法履行监督职责。

第二十九条 向用人单位提供可能产生职业病危害的设备的，应当提供中文说明书，并在设备的醒目位置设置警示标识和中文警示说明。警示说明应当载明设备性能、可能产生的职业病危害、安全操作和维护注意事项、职业病防护以及应急救治措施等内容。

第三十条 向用人单位提供可能产生职业病危害的化学品、放射性同位素和含有放射性物质的材料的，应当提供中文说明书。说明书应当载明产品特性、主要成分、存在的有害因素、可能产生的危害后果、安全使用注意事项、职业病防护以及应急救治措施等内容。产品包装应当有醒目的警示标识和中文警示说明。贮存上述材料的场所应当在规定的部位设置危险物品标识或者放射性警示标识。

国内首次使用或者首次进口与职业病危害有关的化学材料，使用单位或者进口单位按照国家规定经国务院有关部门批准后，应当向国务院卫生行政部门、安全生产监督管理部门报送该化学材料的毒性鉴定以及经有关部门登记注册或者批准进口的文件等资料。

进口放射性同位素、射线装置和含有放射性物质的物品的，按照国家有关规定办理。

第三十一条 任何单位和个人不得生产、经营、进口和使用国家明令禁止使用的可能产生职业病危害的设备或者材料。

第三十二条　任何单位和个人不得将产生职业病危害的作业转移给不具备职业病防护条件的单位和个人。不具备职业病防护条件的单位和个人不得接受产生职业病危害的作业。

第三十三条　用人单位对采用的技术、工艺、设备、材料，应当知悉其产生的职业病危害，对有职业病危害的技术、工艺、设备、材料隐瞒其危害而采用的，对所造成的职业病危害后果承担责任。

第三十四条　用人单位与劳动者订立劳动合同（含聘用合同，下同）时，应当将工作过程中可能产生的职业病危害及其后果、职业病防护措施和待遇等如实告知劳动者，并在劳动合同中写明，不得隐瞒或者欺骗。

劳动者在已订立劳动合同期间因工作岗位或者工作内容变更，从事与所订立劳动合同中未告知的存在职业病危害的作业时，用人单位应当依照前款规定，向劳动者履行如实告知的义务，并协商变更原劳动合同相关条款。

用人单位违反前两款规定的，劳动者有权拒绝从事存在职业病危害的作业，用人单位不得因此解除与劳动者所订立的劳动合同。

第三十五条　用人单位的主要负责人和职业卫生管理人员应当接受职业卫生培训，遵守职业病防治法律、法规，依法组织本单位的职业病防治工作。

用人单位应当对劳动者进行上岗前的职业卫生培训和在岗期间的定期职业卫生培训，普及职业卫生知识，督促劳动者遵守职业病防治法律、法规、规章和操作规程，指导劳动者正确使用职业病防护设备和个人使用的职业病防护用品。

劳动者应当学习和掌握相关的职业卫生知识，增强职业病防范意识，遵守职业病防治法律、法规、规章和操作规程，正确使用、维护职业病防护设备和个人使用的职业病防护用品，发现职业病危害事故隐患应当及时报告。

劳动者不履行前款规定义务的，用人单位应当对其进行教育。

第三十六条 对从事接触职业病危害的作业的劳动者，用人单位应当按照国务院安全生产监督管理部门、卫生行政部门的规定组织上岗前、在岗期间和离岗时的职业健康检查，并将检查结果书面告知劳动者。职业健康检查费用由用人单位承担。

用人单位不得安排未经上岗前职业健康检查的劳动者从事接触职业病危害的作业；不得安排有职业禁忌的劳动者从事其所禁忌的作业；对在职业健康检查中发现有与所从事的职业相关的健康损害的劳动者，应当调离原工作岗位，并妥善安置；对未进行离岗前职业健康检查的劳动者不得解除或者终止与其订立的劳动合同。

职业健康检查应当由省级以上人民政府卫生行政部门批准的医疗卫生机构承担。

第三十七条 用人单位应当为劳动者建立职业健康监护档案，并按照规定的期限妥善保存。

职业健康监护档案应当包括劳动者的职业史、职业病危害接触史、职业健康检查结果和职业病诊疗等有关个人健康资料。

劳动者离开用人单位时，有权索取本人职业健康监护档案复印件，用人单位应当如实、无偿提供，并在所提供的复印件上签章。

第三十八条 发生或者可能发生急性职业病危害事故时，用人单位应当立即采取应急救援和控制措施，并及时报告所在地安全生产监督管理部门和有关部门。安全生产监督管理部门接到报告后，应当及时会同有关部门组织调查处理；必要时，可以采取临时控制措施。卫生行政部门应当组织做好医疗救治工作。

对遭受或者可能遭受急性职业病危害的劳动者，用人单位应当及时组织救治、进行健康检查和医学观察，所需费用由用人单位承担。

第三十九条 用人单位不得安排未成年工从事接触职业

病危害的作业；不得安排孕期、哺乳期的女职工从事对本人和胎儿、婴儿有危害的作业。

第四十条　劳动者享有下列职业卫生保护权利：

（一）获得职业卫生教育、培训；

（二）获得职业健康检查、职业病诊疗、康复等职业病防治服务；

（三）了解工作场所产生或者可能产生的职业病危害因素、危害后果和应当采取的职业病防护措施；

（四）要求用人单位提供符合防治职业病要求的职业病防护设施和个人使用的职业病防护用品，改善工作条件；

（五）对违反职业病防治法律、法规以及危及生命健康的行为提出批评、检举和控告；

（六）拒绝违章指挥和强令进行没有职业病防护措施的作业；

（七）参与用人单位职业卫生工作的民主管理，对职业病防治工作提出意见和建议。

用人单位应当保障劳动者行使前款所列权利。因劳动者依法行使正当权利而降低其工资、福利等待遇或者解除、终止与其订立的劳动合同的，其行为无效。

第四十一条　工会组织应当督促并协助用人单位开展职业卫生宣传教育和培训，有权对用人单位的职业病防治工作提出意见和建议，依法代表劳动者与用人单位签订劳动安全卫生专项集体合同，与用人单位就劳动者反映的有关职业病防治的问题进行协调并督促解决。

工会组织对用人单位违反职业病防治法律、法规，侵犯劳动者合法权益的行为，有权要求纠正；产生严重职业病危害时，有权要求采取防护措施，或者向政府有关部门建议采取强制性措施；发生职业病危害事故时，有权参与事故调查处理；发现危及劳动者生命健康的情形时，有权向用人单位建议组织劳动者撤离危险现场，用人单位应当立即作出处理。

第四十二条　用人单位按照职业病防治要求，用于预防和治理职业病危害、工作场所卫生检测、健康监护和职业卫生培训等费用,按照国家有关规定,在生产成本中据实列支。

第四十三条 职业卫生监督管理部门应当按照职责分工,加强对用人单位落实职业病防护管理措施情况的监督检查,依法行使职权,承担责任。

第四章 职业病诊断与职业病病人保障

第四十四条 医疗卫生机构承担职业病诊断,应当经省、自治区、直辖市人民政府卫生行政部门批准。省、自治区、直辖市人民政府卫生行政部门应当向社会公布本行政区域内承担职业病诊断的医疗卫生机构的名单。

承担职业病诊断的医疗卫生机构应当具备下列条件:

(一)持有《医疗机构执业许可证》;

(二)具有与开展职业病诊断相适应的医疗卫生技术人员;

(三)具有与开展职业病诊断相适应的仪器、设备;

(四)具有健全的职业病诊断质量管理制度。

承担职业病诊断的医疗卫生机构不得拒绝劳动者进行职业病诊断的要求。

第四十五条 劳动者可以在用人单位所在地、本人户籍所在地或者经常居住地依法承担职业病诊断的医疗卫生机构进行职业病诊断。

第四十六条 职业病诊断标准和职业病诊断、鉴定办法由国务院卫生行政部门制定。职业病伤残等级的鉴定办法由国务院劳动保障行政部门会同国务院卫生行政部门制定。

第四十七条 职业病诊断,应当综合分析下列因素:

(一)病人的职业史;

(二)职业病危害接触史和工作场所职业病危害因素情况;

(三)临床表现以及辅助检查结果等。

没有证据否定职业病危害因素与病人临床表现之间的必然联系的,应当诊断为职业病。

承担职业病诊断的医疗卫生机构在进行职业病诊断时，应当组织三名以上取得职业病诊断资格的执业医师集体诊断。

职业病诊断证明书应当由参与诊断的医师共同签署，并经承担职业病诊断的医疗卫生机构审核盖章。

第四十八条　用人单位应当如实提供职业病诊断、鉴定所需的劳动者职业史和职业病危害接触史、工作场所职业病危害因素检测结果等资料；安全生产监督管理部门应当监督检查和督促用人单位提供上述资料；劳动者和有关机构也应当提供与职业病诊断、鉴定有关的资料。

职业病诊断、鉴定机构需要了解工作场所职业病危害因素情况时，可以对工作场所进行现场调查，也可以向安全生产监督管理部门提出，安全生产监督管理部门应当在十日内组织现场调查。用人单位不得拒绝、阻挠。

第四十九条　职业病诊断、鉴定过程中，用人单位不提供工作场所职业病危害因素检测结果等资料的，诊断、鉴定机构应当结合劳动者的临床表现、辅助检查结果和劳动者的职业史、职业病危害接触史，并参考劳动者的自述、安全生产监督管理部门提供的日常监督检查信息等，作出职业病诊断、鉴定结论。

劳动者对用人单位提供的工作场所职业病危害因素检测结果等资料有异议，或者因劳动者的用人单位解散、破产，无用人单位提供上述资料的，诊断、鉴定机构应当提请安全生产监督管理部门进行调查，安全生产监督管理部门应当自接到申请之日起三十日内对存在异议的资料或者工作场所职业病危害因素情况作出判定；有关部门应当配合。

第五十条　职业病诊断、鉴定过程中，在确认劳动者职业史、职业病危害接触史时，当事人对劳动关系、工种、工作岗位或者在岗时间有争议的，可以向当地的劳动人事争议仲裁委员会申请仲裁；接到申请的劳动人事争议仲裁委员会应当受理，并在三十日内作出裁决。

当事人在仲裁过程中对自己提出的主张，有责任提供证据。劳动者无法提供由用人单位掌握管理的与仲裁主张有关的证据的,仲裁庭应当要求用人单位在指定期限内提供;用人单位在指定期限内不提供的,应当承担不利后果。

劳动者对仲裁裁决不服的,可以依法向人民法院提起诉讼。

用人单位对仲裁裁决不服的,可以在职业病诊断、鉴定程序结束之日起十五日内依法向人民法院提起诉讼;诉讼期间,劳动者的治疗费用按照职业病待遇规定的途径支付。

第五十一条 用人单位和医疗卫生机构发现职业病病人或者疑似职业病病人时,应当及时向所在地卫生行政部门和安全生产监督管理部门报告。确诊为职业病的,用人单位还应当向所在地劳动保障行政部门报告。接到报告的部门应当依法作出处理。

第五十二条 县级以上地方人民政府卫生行政部门负责本行政区域内的职业病统计报告的管理工作,并按照规定上报。

第五十三条 当事人对职业病诊断有异议的,可以向作出诊断的医疗卫生机构所在地地方人民政府卫生行政部门申请鉴定。

职业病诊断争议由设区的市级以上地方人民政府卫生行政部门根据当事人的申请,组织职业病诊断鉴定委员会进行鉴定。

当事人对设区的市级职业病诊断鉴定委员会的鉴定结论不服的,可以向省、自治区、直辖市人民政府卫生行政部门申请再鉴定。

第五十四条 职业病诊断鉴定委员会由相关专业的专家组成。

省、自治区、直辖市人民政府卫生行政部门应当设立相关的专家库,需要对职业病争议作出诊断鉴定时,由当事人或者当事人委托有关卫生行政部门从专家库中以随机抽取的方式确定参加诊断鉴定委员会的专家。

职业病诊断鉴定委员会应当按照国务院卫生行政部门颁

布的职业病诊断标准和职业病诊断、鉴定办法进行职业病诊断鉴定,向当事人出具职业病诊断鉴定书。职业病诊断、鉴定费用由用人单位承担。

第五十五条　职业病诊断鉴定委员会组成人员应当遵守职业道德,客观、公正地进行诊断鉴定,并承担相应的责任。职业病诊断鉴定委员会组成人员不得私下接触当事人,不得收受当事人的财物或者其他好处,与当事人有利害关系的,应当回避。

人民法院受理有关案件需要进行职业病鉴定时,应当从省、自治区、直辖市人民政府卫生行政部门依法设立的相关的专家库中选取参加鉴定的专家。

第五十六条　医疗卫生机构发现疑似职业病病人时,应当告知劳动者本人并及时通知用人单位。

用人单位应当及时安排对疑似职业病病人进行诊断;在疑似职业病病人诊断或者医学观察期间,不得解除或者终止与其订立的劳动合同。

疑似职业病病人在诊断、医学观察期间的费用,由用人单位承担。

第五十七条　用人单位应当保障职业病病人依法享受国家规定的职业病待遇。

用人单位应当按照国家有关规定,安排职业病病人进行治疗、康复和定期检查。

用人单位对不适宜继续从事原工作的职业病病人,应当调离原岗位,并妥善安置。

用人单位对从事接触职业病危害的作业的劳动者,应当给予适当岗位津贴。

第五十八条　职业病病人的诊疗、康复费用,伤残以及丧失劳动能力的职业病病人的社会保障,按照国家有关工伤保险的规定执行。

第五十九条　职业病病人除依法享有工伤保险外,依照有关民事法律,尚有获得赔偿的权利的,有权向用人单位提出赔偿要求。

第六十条 劳动者被诊断患有职业病,但用人单位没有依法参加工伤保险的,其医疗和生活保障由该用人单位承担。

第六十一条 职业病病人变动工作单位,其依法享有的待遇不变。

用人单位在发生分立、合并、解散、破产等情形时,应当对从事接触职业病危害的作业的劳动者进行健康检查,并按照国家有关规定妥善安置职业病病人。

第六十二条 用人单位已经不存在或者无法确认劳动关系的职业病病人,可以向地方人民政府民政部门申请医疗救助和生活等方面的救助。

地方各级人民政府应当根据本地区的实际情况,采取其他措施,使前款规定的职业病病人获得医疗救治。

第五章 监督检查

第六十三条 县级以上人民政府职业卫生监督管理部门依照职业病防治法律、法规、国家职业卫生标准和卫生要求,依据职责划分,对职业病防治工作进行监督检查。

第六十四条 安全生产监督管理部门履行监督检查职责时,有权采取下列措施:

(一)进入被检查单位和职业危害现场,了解情况,调查取证;

(二)查阅或者复制与违反职业病防治法律、法规的行为有关的资料和采集样品;

(三)责令违反职业病防治法律、法规的单位和个人停止违法行为。

第六十五条 发生职业病危害事故或者有证据证明危害状态可能导致职业病危害事故发生时,安全生产监督管理部门可以采取下列临时控制措施:

(一)责令暂停导致职业病危害事故的作业;

(二)封存造成职业病危害事故或者可能导致职业病危害事故发生的材料和设备;

（三）组织控制职业病危害事故现场。

在职业病危害事故或者危害状态得到有效控制后，安全生产监督管理部门应当及时解除控制措施。

第六十六条　职业卫生监督执法人员依法执行职务时，应当出示监督执法证件。

职业卫生监督执法人员应当忠于职守，秉公执法，严格遵守执法规范；涉及用人单位的秘密的，应当为其保密。

第六十七条　职业卫生监督执法人员依法执行职务时，被检查单位应当接受检查并予以支持配合，不得拒绝和阻碍。

第六十八条　安全生产监督管理部门及其职业卫生监督执法人员履行职责时，不得有下列行为：

（一）对不符合法定条件的，发给建设项目有关证明文件、资质证明文件或者予以批准；

（二）对已经取得有关证明文件的，不履行监督检查职责；

（三）发现用人单位存在职业病危害的，可能造成职业病危害事故，不及时依法采取控制措施；

（四）其他违反本法的行为。

第六十九条　职业卫生监督执法人员应当依法经过资格认定。

职业卫生监督管理部门应当加强队伍建设，提高职业卫生监督执法人员的政治、业务素质，依照本法和其他有关法律、法规的规定，建立、健全内部监督制度，对其工作人员执行法律、法规和遵守纪律的情况，进行监督检查。

第六章　法律责任

第七十条　建设单位违反本法规定，有下列行为之一的，由安全生产监督管理部门给予警告，责令限期改正；逾期不改正的，处十万元以上五十万元以下的罚款；情节严重的，责令停止产生职业病危害的作业，或者提请有关人民政府按照国务院规定的权限责令停建、关闭：

（一）未按照规定进行职业病危害预评价或者未提交职业

病危害预评价报告,或者职业病危害预评价报告未经安全生产监督管理部门审核同意,开工建设的;

(二)建设项目的职业病防护设施未按照规定与主体工程同时投入生产和使用的;

(三)职业病危害严重的建设项目,其职业病防护设施设计未经安全生产监督管理部门审查,或者不符合国家职业卫生标准和卫生要求施工的;

(四)未按照规定对职业病防护设施进行职业病危害控制效果评价、未经安全生产监督管理部门验收或者验收不合格,擅自投入使用的。

第七十一条 违反本法规定,有下列行为之一的,由安全生产监督管理部门给予警告,责令限期改正;逾期不改正的,处十万元以下的罚款:

(一)工作场所职业病危害因素检测、评价结果没有存档、上报、公布的;

(二)未采取本法第二十一条规定的职业病防治管理措施的;

(三)未按照规定公布有关职业病防治的规章制度、操作规程、职业病危害事故应急救援措施的;

(四)未按照规定组织劳动者进行职业卫生培训,或者未对劳动者个人职业病防护采取指导、督促措施的;

(五)国内首次使用或者首次进口与职业病危害有关的化学材料,未按照规定报送毒性鉴定资料以及经有关部门登记注册或者批准进口的文件的。

第七十二条 用人单位违反本法规定,有下列行为之一的,由安全生产监督管理部门责令限期改正,给予警告,可以并处五万元以上十万元以下的罚款:

(一)未按照规定及时、如实向安全生产监督管理部门申报产生职业病危害的项目的;

(二)未实施由专人负责的职业病危害因素日常监测,或者监测系统不能正常监测的;

(三)订立或者变更劳动合同时,未告知劳动者职业病危害真实情况的；

（四）未按照规定组织职业健康检查、建立职业健康监护档案或者未将检查结果书面告知劳动者的；

（五）未依照本法规定在劳动者离开用人单位时提供职业健康监护档案复印件的。

第七十三条　用人单位违反本法规定，有下列行为之一的，由安全生产监督管理部门给予警告，责令限期改正，逾期不改正的，处五万元以上二十万元以下的罚款；情节严重的，责令停止产生职业病危害的作业，或者提请有关人民政府按照国务院规定的权限责令关闭：

（一）工作场所职业病危害因素的强度或者浓度超过国家职业卫生标准的；

（二）未提供职业病防护设施和个人使用的职业病防护用品，或者提供的职业病防护设施和个人使用的职业病防护用品不符合国家职业卫生标准和卫生要求的；

（三）对职业病防护设备、应急救援设施和个人使用的职业病防护用品未按照规定进行维护、检修、检测，或者不能保持正常运行、使用状态的；

（四）未按照规定对工作场所职业病危害因素进行检测、评价的；

（五）工作场所职业病危害因素经治理仍然达不到国家职业卫生标准和卫生要求时，未停止存在职业病危害因素的作业的；

（六）未按照规定安排职业病病人、疑似职业病病人进行诊治的；

（七）发生或者可能发生急性职业病危害事故时，未立即采取应急救援和控制措施或者未按照规定及时报告的；

（八）未按照规定在产生严重职业病危害的作业岗位醒目位置设置警示标识和中文警示说明的；

（九）拒绝职业卫生监督管理部门监督检查的；

（十）隐瞒、伪造、篡改、毁损职业健康监护档案、工作场所职业病危害因素检测评价结果等相关资料，或者拒不提供职

业病诊断、鉴定所需资料的;

（十一）未按照规定承担职业病诊断、鉴定费用和职业病病人的医疗、生活保障费用的。

第七十四条 向用人单位提供可能产生职业病危害的设备、材料，未按照规定提供中文说明书或者设置警示标识和中文警示说明的，由安全生产监督管理部门责令限期改正，给予警告，并处五万元以上二十万元以下的罚款。

第七十五条 用人单位和医疗卫生机构未按照规定报告职业病、疑似职业病的，由有关主管部门依据职责分工责令限期改正，给予警告，可以并处一万元以下的罚款；弄虚作假的，并处二万元以上五万元以下的罚款；对直接负责的主管人员和其他直接责任人员，可以依法给予降级或者撤职的处分。

第七十六条 违反本法规定，有下列情形之一的，由安全生产监督管理部门责令限期治理，并处五万元以上三十万元以下的罚款；情节严重的，责令停止产生职业病危害的作业，或者提请有关人民政府按照国务院规定的权限责令关闭：

（一）隐瞒技术、工艺、设备、材料所产生的职业病危害而采用的；

（二）隐瞒本单位职业卫生真实情况的；

（三）可能发生急性职业损伤的有毒、有害工作场所、放射工作场所或者放射性同位素的运输、贮存不符合本法第二十六条规定的；

（四）使用国家明令禁止使用的可能产生职业病危害的设备或者材料的；

（五）将产生职业病危害的作业转移给没有职业病防护条件的单位和个人，或者没有职业病防护条件的单位和个人接受产生职业病危害的作业的；

（六）擅自拆除、停止使用职业病防护设备或者应急救援设施的；

（七）安排未经职业健康检查的劳动者、有职业禁忌的劳动者、未成年工或者孕期、哺乳期女职工从事接触职业病危害的作业或者禁忌作业的；

（八）违章指挥和强令劳动者进行没有职业病防护措施的作业的。

第七十七条　生产、经营或者进口国家明令禁止使用的可能产生职业病危害的设备或者材料的，依照有关法律、行政法规的规定给予处罚。

第七十八条　用人单位违反本法规定，已经对劳动者生命健康造成严重损害的，由安全生产监督管理部门责令停止产生职业病危害的作业，或者提请有关人民政府按照国务院规定的权限责令关闭，并处十万元以上五十万元以下的罚款。

第七十九条　用人单位违反本法规定，造成重大职业病危害事故或者其他严重后果，构成犯罪的，对直接负责的主管人员和其他直接责任人员，依法追究刑事责任。

第八十条　未取得职业卫生技术服务资质认可擅自从事职业卫生技术服务的，或者医疗卫生机构未经批准擅自从事职业健康检查、职业病诊断的，由安全生产监督管理部门和卫生行政部门依据职责分工责令立即停止违法行为，没收违法所得；违法所得五千元以上的，并处违法所得二倍以上十倍以下的罚款；没有违法所得或者违法所得不足五千元的，并处五千元以上五万元以下的罚款；情节严重的，对直接负责的主管人员和其他直接责任人员，依法给予降级、撤职或者开除的处分。

第八十一条　从事职业卫生技术服务的机构和承担职业健康检查、职业病诊断的医疗卫生机构违反本法规定，有下列行为之一的，由安全生产监督管理部门和卫生行政部门依据职责分工责令立即停止违法行为，给予警告，没收违法所得；违法所得五千元以上的，并处违法所得二倍以上五倍以下的罚款；没有违法所得或者违法所得不足五千元的，并处五千元以上二万元以下的罚款；情节严重的，由原认可或者批准机关取消其相应的资格；对直接负责的主管人员和其他直接责任人员，依法给予降级、撤职或者开除的处分；构成犯罪的，依法追究刑事责任：

（一）超出资质认可或者批准范围从事职业卫生技术服务

或者职业健康检查、职业病诊断的;

(二)不按照本法规定履行法定职责的;

(三)出具虚假证明文件的。

第八十二条 职业病诊断鉴定委员会组成人员收受职业病诊断争议当事人的财物或者其他好处的,给予警告,没收收受的财物,可以并处三千元以上五万元以下的罚款,取消其担任职业病诊断鉴定委员会组成人员的资格,并从省、自治区、直辖市人民政府卫生行政部门设立的专家库中予以除名。

第八十三条 卫生行政部门、安全生产监督管理部门不按照规定报告职业病和职业病危害事故的,由上一级行政部门责令改正,通报批评,给予警告;虚报、瞒报的,对单位负责人、直接负责的主管人员和其他直接责任人员依法给予降级、撤职或者开除的处分。

第八十四条 违反本法第十七条、第十八条规定,有关部门擅自批准建设项目或者发放施工许可的,对该部门直接负责的主管人员和其他直接责任人员,由监察机关或者上级机关依法给予记过直至开除的处分。

第八十五条 县级以上地方人民政府在职业病防治工作中未依照本法履行职责,本行政区域出现重大职业病危害事故、造成严重社会影响的,依法对直接负责的主管人员和其他直接责任人员给予记大过直至开除的处分。

县级以上人民政府职业卫生监督管理部门不履行本法规定的职责,滥用职权、玩忽职守、徇私舞弊,依法对直接负责的主管人员和其他直接责任人员给予记大过或者降级的处分;造成职业病危害事故或者其他严重后果的,依法给予撤职或者开除的处分。

第八十六条 违反本法规定,构成犯罪的,依法追究刑事责任。

第七章 附 则

第八十七条 本法下列用语的含义:

职业病危害,是指对从事职业活动的劳动者可能导致职业病的各种危害。职业病危害因素包括:职业活动中存在的各种有害的化学、物理、生物因素以及在作业过程中产生的其他职业有害因素。

职业禁忌,是指劳动者从事特定职业或者接触特定职业病危害因素时,比一般职业人群更易于遭受职业病危害和罹患职业病或者可能导致原有自身疾病病情加重,或者在从事作业过程中诱发可能导致对他人生命健康构成危险的疾病的个人特殊生理或者病理状态。

第八十八条　本法第二条规定的用人单位以外的单位,产生职业病危害的,其职业病防治活动可以参照本法执行。

劳务派遣用工单位应当履行本法规定的用人单位的义务。

中国人民解放军参照执行本法的办法,由国务院、中央军事委员会制定。

第八十九条　对医疗机构放射性职业病危害控制的监督管理,由卫生行政部门依照本法的规定实施。

第九十条　本法自 2002 年 5 月 1 日起施行。

中华人民共和国招标投标法

(1999 年 8 月 30 日第九届全国人民代表大会常务委员会
第十一次会议通过)

第一章 总 则

第一条 为了规范招标投标活动,保护国家利益、社会公共利益和招标投标活动当事人的合法权益,提高经济效益,保证项目质量,制定本法。

第二条 在中华人民共和国境内进行招标投标活动,适用本法。

第三条 在中华人民共和国境内进行下列工程建设项目包括项目的勘察、设计、施工、监理以及与工程建设有关的重要设备、材料等的采购,必须进行招标:

(一)大型基础设施、公用事业等关系社会公共利益、公众安全的项目;

(二)全部或者部分使用国有资金投资或者国家融资的项目;

(三)使用国际组织或者外国政府贷款、援助资金的项目。

前款所列项目的具体范围和规模标准,由国务院发展计划部门会同国务院有关部门制订,报国务院批准。

法律或者国务院对必须进行招标的其他项目的范围有规定的,依照其规定。

第四条 任何单位和个人不得将依法必须进行招标的项目化整为零或者以其他任何方式规避招标。

第五条 招标投标活动应当遵循公开、公平、公正和诚实信用的原则。

第六条 依法必须进行招标的项目,其招标投标活动不受地区或者部门的限制。任何单位和个人不得违法限制或者排斥本地区、本系统以外的法人或者其他组织参加投标，不得以任何方式非法干涉招标投标活动。

第七条　招标投标活动及其当事人应当接受依法实施的监督。

有关行政监督部门依法对招标投标活动实施监督，依法查处招标投标活动中的违法行为。

对招标投标活动的行政监督及有关部门的具体职权划分，由国务院规定。

第二章　招　标

第八条　招标人是依照本法规定提出招标项目、进行招标的法人或者其他组织。

第九条　招标项目按照国家有关规定需要履行项目审批手续的，应当先履行审批手续，取得批准。

招标人应当有进行招标项目的相应资金或者资金来源已经落实，并应当在招标文件中如实载明。

第十条　招标分为公开招标和邀请招标。

公开招标，是指招标人以招标公告的方式邀请不特定的法人或者其他组织投标。

邀请招标，是指招标人以投标邀请书的方式邀请特定的法人或者其他组织投标。

第十一条　国务院发展计划部门确定的国家重点项目和省、自治区、直辖市人民政府确定的地方重点项目不适宜公开招标的，经国务院发展计划部门或者省、自治区、直辖市人民政府批准，可以进行邀请招标。

第十二条　招标人有权自行选择招标代理机构，委托其办理招标事宜。任何单位和个人不得以任何方式为招标人指定招标代理机构。

招标人具有编制招标文件和组织评标能力的，可以自行办理招标事宜。任何单位和个人不得强制其委托招标代理机构办理招标事宜。

依法必须进行招标的项目,招标人自行办理招标事宜的,应当向有关行政监督部门备案。

第十三条 招标代理机构是依法设立、从事招标代理业务并提供相关服务的社会中介组织。

招标代理机构应当具备下列条件:

(一)有从事招标代理业务的营业场所和相应资金;

(二)有能够编制招标文件和组织评标的相应专业力量;

(三)有符合本法第三十七条第三款规定条件、可以作为评标委员会成员人选的技术、经济等方面的专家库。

第十四条 从事工程建设项目招标代理业务的招标代理机构,其资格由国务院或者省、自治区、直辖市人民政府的建设行政主管部门认定。具体办法由国务院建设行政主管部门会同国务院有关部门制定。从事其他招标代理业务的招标代理机构,其资格认定的主管部门由国务院规定。

招标代理机构与行政机关和其他国家机关不得存在隶属关系或者其他利益关系。

第十五条 招标代理机构应当在招标人委托的范围内办理招标事宜,并遵守本法关于招标人的规定。

第十六条 招标人采用公开招标方式的,应当发布招标公告。依法必须进行招标的项目的招标公告,应当通过国家指定的报刊、信息网络或者其他媒介发布。

招标公告应当载明招标人的名称和地址、招标项目的性质、数量、实施地点和时间以及获取招标文件的办法等事项。

第十七条 招标人采用邀请招标方式的,应当向三个以上具备承担招标项目的能力、资信良好的特定的法人或者其他组织发出投标邀请书。

投标邀请书应当载明本法第十六条第二款规定的事项。

第十八条 招标人可以根据招标项目本身的要求,在招标公告或者投标邀请书中,要求潜在投标人提供有关资质证明文件和业绩情况,并对潜在投标人进行资格审查;国家对投标人的资格条件有规定的,依照其规定。

招标人不得以不合理的条件限制或者排斥潜在投标人，不得对潜在投标人实行歧视待遇。

第十九条　招标人应当根据招标项目的特点和需要编制招标文件。招标文件应当包括招标项目的技术要求、对投标人资格审查的标准、投标报价要求和评标标准等所有实质性要求和条件以及拟签订合同的主要条款。

国家对招标项目的技术、标准有规定的，招标人应当按照其规定在招标文件中提出相应要求。

招标项目需要划分标段、确定工期的，招标人应当合理划分标段、确定工期，并在招标文件中载明。

第二十条　招标文件不得要求或者标明特定的生产供应者以及含有倾向或者排斥潜在投标人的其他内容。

第二十一条　招标人根据招标项目的具体情况，可以组织潜在投标人踏勘项目现场。

第二十二条　招标人不得向他人透露已获取招标文件的潜在投标人的名称、数量以及可能影响公平竞争的有关招标投标的其他情况。

招标人设有标底的，标底必须保密。

第二十三条　招标人对已发出的招标文件进行必要的澄清或者修改的，应当在招标文件要求提交投标文件截止时间至少十五日前，以书面形式通知所有招标文件收受人。该澄清或者修改的内容为招标文件的组成部分。

第二十四条　招标人应当确定投标人编制投标文件所需要的合理时间；但是，依法必须进行招标的项目，自招标文件开始发出之日起至投标人提交投标文件截止之日止，最短不得少于二十日。

第三章　投　标

第二十五条　投标人是响应招标、参加投标竞争的法人或者其他组织。

依法招标的科研项目允许个人参加投标的，投标的个人适用本法有关投标人的规定。

　　第二十六条　投标人应当具备承担招标项目的能力；国家有关规定对投标人资格条件或者招标文件对投标人资格条件有规定的，投标人应当具备规定的资格条件。

　　第二十七条　投标人应当按照招标文件的要求编制投标文件。投标文件应当对招标文件提出的实质性要求和条件作出响应。

　　招标项目属于建设施工的，投标文件的内容应当包括拟派出的项目负责人与主要技术人员的简历、业绩和拟用于完成招标项目的机械设备等。

　　第二十八条　投标人应当在招标文件要求提交投标文件的截止时间前，将投标文件送达投标地点。招标人收到投标文件后，应当签收保存，不得开启。投标人少于三个的，招标人应当依照本法重新招标。

　　在招标文件要求提交投标文件的截止时间后送达的投标文件，招标人应当拒收。

　　第二十九条　投标人在招标文件要求提交投标文件的截止时间前，可以补充、修改或者撤回已提交的投标文件，并书面通知招标人。补充、修改的内容为投标文件的组成部分。

　　第三十条　投标人根据招标文件载明的项目实际情况，拟在中标后将中标项目的部分非主体、非关键性工作进行分包的，应当在投标文件中载明。

　　第三十一条　两个以上法人或者其他组织可以组成一个联合体，以一个投标人的身份共同投标。

　　联合体各方均应当具备承担招标项目的相应能力；国家有关规定或者招标文件对投标人资格条件有规定的，联合体各方均应当具备规定的相应资格条件。由同一专业的单位组成的联合体，按照资质等级较低的单位确定资质等级。

　　联合体各方应当签订共同投标协议，明确约定各方拟承担的工作和责任，并将共同投标协议连同投标文件一并提交招标人。联合体中标的，联合体各方应当共同与招标人签订合同，就中标项目向招标人承担连带责任。

招标人不得强制投标人组成联合体共同投标,不得限制投标人之间的竞争。

第三十二条　投标人不得相互串通投标报价,不得排挤其他投标人的公平竞争,损害招标人或者其他投标人的合法权益。

投标人不得与招标人串通投标,损害国家利益、社会公共利益或者他人的合法权益。

禁止投标人以向招标人或者评标委员会成员行贿的手段谋取中标。

第三十三条　投标人不得以低于成本的报价竞标,也不得以他人名义投标或者以其他方式弄虚作假,骗取中标。

第四章　开标、评标和中标

第三十四条　开标应当在招标文件确定的提交投标文件截止时间的同一时间公开进行;开标地点应当为招标文件中预先确定的地点。

第三十五条　开标由招标人主持,邀请所有投标人参加。

第三十六条　开标时,由投标人或者其推选的代表检查投标文件的密封情况,也可以由招标人委托的公证机构检查并公证;经确认无误后,由工作人员当众拆封,宣读投标人名称、投标价格和投标文件的其他主要内容。

招标人在招标文件要求提交投标文件的截止时间前收到的所有投标文件,开标时都应当当众予以拆封、宣读。

开标过程应当记录,并存档备查。

第三十七条　评标由招标人依法组建的评标委员会负责。

依法必须进行招标的项目,其评标委员会由招标人的代表和有关技术、经济等方面的专家组成,成员人数为五人以上单数,其中技术、经济等方面的专家不得少于成员总数的三分之二。

前款专家应当从事相关领域工作满八年并具有高级职称

或者具有同等专业水平,由招标人从国务院有关部门或者省、自治区、直辖市人民政府有关部门提供的专家名册或者招标代理机构的专家库内的相关专业的专家名单中确定;一般招标项目可以采取随机抽取方式,特殊招标项目可以由招标人直接确定。

与投标人有利害关系的人不得进入相关项目的评标委员会;已经进入的应当更换。

评标委员会成员的名单在中标结果确定前应当保密。

第三十八条 招标人应当采取必要的措施,保证评标在严格保密的情况下进行。

任何单位和个人不得非法干预、影响评标的过程和结果。

第三十九条 评标委员会可以要求投标人对投标文件中含义不明确的内容作必要的澄清或者说明,但是澄清或者说明不得超出投标文件的范围或者改变投标文件的实质性内容。

第四十条 评标委员会应当按照招标文件确定的评标标准和方法,对投标文件进行评审和比较;设有标底的,应当参考标底。评标委员会完成评标后,应当向招标人提出书面评标报告,并推荐合格的中标候选人。

招标人根据评标委员会提出的书面评标报告和推荐的中标候选人确定中标人。招标人也可以授权评标委员会直接确定中标人。

国务院对特定招标项目的评标有特别规定的,从其规定。

第四十一条 中标人的投标应当符合下列条件之一:

(一)能够最大限度地满足招标文件中规定的各项综合评价标准;

(二)能够满足招标文件的实质性要求,并且经评审的投标价格最低;但是投标价格低于成本的除外。

第四十二条 评标委员会经评审,认为所有投标都不符合招标文件要求的,可以否决所有投标。

依法必须进行招标的项目的所有投标被否决的,招标人应当依照本法重新招标。

第四十三条　在确定中标人前,招标人不得与投标人就投标价格、投标方案等实质性内容进行谈判。

第四十四条　评标委员会成员应当客观、公正地履行职务,遵守职业道德,对所提出的评审意见承担个人责任。

评标委员会成员不得私下接触投标人,不得收受投标人的财物或者其他好处。

评标委员会成员和参与评标的有关工作人员不得透露对投标文件的评审和比较、中标候选人的推荐情况以及与评标有关的其他情况。

第四十五条　中标人确定后,招标人应当向中标人发出中标通知书,并同时将中标结果通知所有未中标的投标人。

中标通知书对招标人和中标人具有法律效力。中标通知书发出后,招标人改变中标结果的,或者中标人放弃中标项目的,应当依法承担法律责任。

第四十六条　招标人和中标人应当自中标通知书发出之日起三十日内,按照招标文件和中标人的投标文件订立书面合同。招标人和中标人不得再行订立背离合同实质性内容的其他协议。

招标文件要求中标人提交履约保证金的,中标人应当提交。

第四十七条　依法必须进行招标的项目,招标人应当自确定中标人之日起十五日内,向有关行政监督部门提交招标投标情况的书面报告。

第四十八条　中标人应当按照合同约定履行义务,完成中标项目。中标人不得向他人转让中标项目,也不得将中标项目肢解后分别向他人转让。

中标人按照合同约定或者经招标人同意,可以将中标项目的部分非主体、非关键性工作分包给他人完成。接受分包的人应当具备相应的资格条件,并不得再次分包。

中标人应当就分包项目向招标人负责,接受分包的人就分包项目承担连带责任。

第五章 法律责任

第四十九条 违反本法规定,必须进行招标的项目而不招标的,将必须进行招标的项目化整为零或者以其他任何方式规避招标的,责令限期改正,可以处项目合同金额千分之五以上千分之十以下的罚款;对全部或者部分使用国有资金的项目,可以暂停项目执行或者暂停资金拨付;对单位直接负责的主管人员和其他直接责任人员依法给予处分。

第五十条 招标代理机构违反本法规定,泄露应当保密的与招标投标活动有关的情况和资料的,或者与招标人、投标人串通损害国家利益、社会公共利益或者他人合法权益的,处五万元以上二十五万元以下的罚款,对单位直接负责的主管人员和其他直接责任人员处单位罚款数额百分之五以上百分之十以下的罚款;有违法所得的,并处没收违法所得;情节严重的,暂停直至取消招标代理资格;构成犯罪的,依法追究刑事责任。给他人造成损失的,依法承担赔偿责任。

前款所列行为影响中标结果的,中标无效。

第五十一条 招标人以不合理的条件限制或者排斥潜在投标人的,对潜在投标人实行歧视待遇的,强制要求投标人组成联合体共同投标的,或者限制投标人之间竞争的,责令改正,可以处一万元以上五万元以下的罚款。

第五十二条 依法必须进行招标的项目的招标人向他人透露已获取招标文件的潜在投标人的名称、数量或者可能影响公平竞争的有关招标投标的其他情况的,或者泄露标底的,给予警告,可以并处一万元以上十万元以下的罚款;对单位直接负责的主管人员和其他直接责任人员依法给予处分;构成犯罪的,依法追究刑事责任。

前款所列行为影响中标结果的,中标无效。

第五十三条 投标人相互串通投标或者与招标人串通投标的,投标人以向招标人或者评标委员会成员行贿的手段谋取中标的,中标无效,处中标项目金额千分之五以上千分之十以下的罚款,对单位直接负责的主管人员和其他直接责任人员处单位罚款数额百分之五以上百分之十以下的罚款;有违法所得的,并处没收违法所得;情节严重的,取消其一年至二年内参加依法必须进行招标的项目的投标资格并予以公告,直至由工商行政管理机关吊销营业执照;构成犯罪的,依法追究刑事责任。给他人造成损失的,依法承担赔偿责任。

第五十四条　投标人以他人名义投标或者以其他方式弄虚作假,骗取中标的,中标无效,给招标人造成损失的,依法承担赔偿责任;构成犯罪的,依法追究刑事责任。

依法必须进行招标的项目的投标人有前款所列行为尚未构成犯罪的,处中标项目金额千分之五以上千分之十以下的罚款,对单位直接负责的主管人员和其他直接责任人员处单位罚款数额百分之五以上百分之十以下的罚款;有违法所得的,并处没收违法所得;情节严重的,取消其一年至三年内参加依法必须进行招标的项目的投标资格并予以公告,直至由工商行政管理机关吊销营业执照。

第五十五条　依法必须进行招标的项目,招标人违反本法规定,与投标人就投标价格、投标方案等实质性内容进行谈判的,给予警告,对单位直接负责的主管人员和其他直接责任人员依法给予处分。

前款所列行为影响中标结果的,中标无效。

第五十六条　评标委员会成员收受投标人的财物或者其他好处的,评标委员会成员或者参加评标的有关工作人员向他人透露对投标文件的评审和比较、中标候选人的推荐以及与评标有关的其他情况的,给予警告,没收收受的财物,可以并处三千元以上五万元以下的罚款,对有所列违法行为的评标委员会成员取消担任评标委员会成员的资格,不得再参加任何依法必须进行招标的项目的评标;构成犯罪的,依法追究刑事责任。

第五十七条　招标人在评标委员会依法推荐的中标候选人以外确定中标人的,依法必须进行招标的项目在所有投标被评标委员会否决后自行确定中标人的,中标无效。责令改正,可以处中标项目金额千分之五以上千分之十以下的罚款;对单位直接负责的主管人员和其他直接责任人员依法给予处分。

第五十八条 中标人将中标项目转让给他人的,将中标项目肢解后分别转让给他人的,违反本法规定将中标项目的部分主体、关键性工作分包给他人的,或者分包人再次分包的,转让、分包无效,处转让、分包项目金额千分之五以上千分之十以下的罚款;有违法所得的,并处没收违法所得;可以责令停业整顿;情节严重的,由工商行政管理机关吊销营业执照。

第五十九条 招标人与中标人不按照招标文件和中标人的投标文件订立合同的,或者招标人、中标人订立背离合同实质性内容的协议的,责令改正;可以处中标项目金额千分之五以上千分之十以下的罚款。

第六十条 中标人不履行与招标人订立的合同的,履约保证金不予退还,给招标人造成的损失超过履约保证金数额的,还应当对超过部分予以赔偿;没有提交履约保证金的,应当对招标人的损失承担赔偿责任。

中标人不按照与招标人订立的合同履行义务,情节严重的,取消其二年至五年内参加依法必须进行招标的项目的投标资格并予以公告,直至由工商行政管理机关吊销营业执照。

因不可抗力不能履行合同的,不适用前两款规定。

第六十一条 本章规定的行政处罚,由国务院规定的有关行政监督部门决定。本法已对实施行政处罚的机关作出规定的除外。

第六十二条 任何单位违反本法规定,限制或者排斥本地区、本系统以外的法人或者其他组织参加投标的,为招标人指定招标代理机构的,强制招标人委托招标代理机构办理招标事宜的,或者以其他方式干涉招标投标活动的,责令改正;对单位直接负责的主管人员和其他直接责任人员依法给予警告、记过、记大过的处分,情节较重的,依法给予降级、撤职、开除的处分。

个人利用职权进行前款违法行为的，依照前款规定追究责任。

第六十三条　对招标投标活动依法负有行政监督职责的国家机关工作人员徇私舞弊、滥用职权或者玩忽职守，构成犯罪的，依法追究刑事责任；不构成犯罪的，依法给予行政处分。

第六十四条　依法必须进行招标的项目违反本法规定，中标无效的，应当依照本法规定的中标条件从其余投标人中重新确定中标人或者依照本法重新进行招标。

第六章　附　则

第六十五条　投标人和其他利害关系人认为招标投标活动不符合本法有关规定的，有权向招标人提出异议或者依法向有关行政监督部门投诉。

第六十六条　涉及国家安全、国家秘密、抢险救灾或者属于利用扶贫资金实行以工代赈、需要使用农民工等特殊情况，不适宜进行招标的项目，按照国家有关规定可以不进行招标。

第六十七条　使用国际组织或者外国政府贷款、援助资金的项目进行招标，贷款方、资金提供方对招标投标的具体条件和程序有不同规定的，可以适用其规定，但违背中华人民共和国的社会公共利益的除外。

第六十八条　本法自 2000 年 1 月 1 日起施行。

中华人民共和国土地管理法

(1986 年 6 月 25 日第六届全国人民代表大会常务委员会
第十六次会议通过 根据1988 年 12 月 29 日第七届全国人民
代表大会常务委员会第五次会议《关于修改〈中华人民共和国
土地管理法〉的决定》第一次修正 1998 年 8 月 29 日第九届
全国人民代表大会常务委员会第四次会议修订 根据2004
年 8 月 28 日第十届全国人民代表大会常务委员会第十一次
会议《关于修改〈中华人民共和国土地管理法〉的决定》第二
次修正)

第一章 总 则

第一条 为了加强土地管理,维护土地的社会主义公有
制,保护、开发土地资源,合理利用土地,切实保护耕地,促进
社会经济的可持续发展,根据宪法,制定本法。

第二条 中华人民共和国实行土地的社会主义公有制,
即全民所有制和劳动群众集体所有制。

全民所有,即国家所有土地的所有权由国务院代表国家
行使。

任何单位和个人不得侵占、买卖或者以其他形式非法转
让土地。土地使用权可以依法转让。

国家为了公共利益的需要,可以依法对土地实行征收或
者征用并给予补偿。

国家依法实行国有土地有偿使用制度。但是,国家在法
律规定的范围内划拨国有土地使用权的除外。

第三条 十分珍惜、合理利用土地和切实保护耕地是我
国的基本国策。各级人民政府应当采取措施,全面规划,严格
管理,保护、开发土地资源,制止非法占用土地的行为。

第四条　国家实行土地用途管制制度。

国家编制土地利用总体规划，规定土地用途，将土地分为农用地、建设用地和未利用地。严格限制农用地转为建设用地，控制建设用地总量，对耕地实行特殊保护。

前款所称农用地是指直接用于农业生产的土地，包括耕地、林地、草地、农田水利用地、养殖水面等；建设用地是指建造建筑物、构筑物的土地，包括城乡住宅和公共设施用地、工矿用地、交通水利设施用地、旅游用地、军事设施用地等；未利用地是指农用地和建设用地以外的土地。

使用土地的单位和个人必须严格按照土地利用总体规划确定的用途使用土地。

第五条　国务院土地行政主管部门统一负责全国土地的管理和监督工作。

县级以上地方人民政府土地行政主管部门的设置及其职责，由省、自治区、直辖市人民政府根据国务院有关规定确定。

第六条　任何单位和个人都有遵守土地管理法律、法规的义务，并有权对违反土地管理法律、法规的行为提出检举和控告。

第七条　在保护和开发土地资源、合理利用土地以及进行有关的科学研究等方面成绩显著的单位和个人，由人民政府给予奖励。

第二章　土地的所有权和使用权

第八条　城市市区的土地属于国家所有。

农村和城市郊区的土地，除由法律规定属于国家所有的以外，属于农民集体所有；宅基地和自留地、自留山，属于农民集体所有。

第九条　国有土地和农民集体所有的土地，可以依法确定给单位或者个人使用。使用土地的单位和个人，有保护、管理和合理利用土地的义务。

第十条　农民集体所有的土地依法属于村农民集体所有

的,由村集体经济组织或者村民委员会经营、管理;已经分别属于村内两个以上农村集体经济组织的农民集体所有的,由村内各该农村集体经济组织或者村民小组经营、管理;已经属于乡(镇)农民集体所有的,由乡(镇)农村集体经济组织经营、管理。

第十一条 农民集体所有的土地,由县级人民政府登记造册,核发证书,确认所有权。

农民集体所有的土地依法用于非农业建设的,由县级人民政府登记造册,核发证书,确认建设用地使用权。

单位和个人依法使用的国有土地,由县级以上人民政府登记造册,核发证书,确认使用权;其中,中央国家机关使用的国有土地的具体登记发证机关,由国务院确定。

确认林地、草原的所有权或者使用权,确认水面、滩涂的养殖使用权,分别依照《中华人民共和国森林法》、《中华人民共和国草原法》和《中华人民共和国渔业法》的有关规定办理。

第十二条 依法改变土地权属和用途的,应当办理土地变更登记手续。

第十三条 依法登记的土地的所有权和使用权受法律保护,任何单位和个人不得侵犯。

第十四条 农民集体所有的土地由本集体经济组织的成员承包经营,从事种植业、林业、畜牧业、渔业生产。土地承包经营期限为三十年。发包方和承包方应当订立承包合同,约定双方的权利和义务。承包经营土地的农民有保护和按照承包合同约定的用途合理利用土地的义务。农民的土地承包经营权受法律保护。

在土地承包经营期限内,对个别承包经营者之间承包的土地进行适当调整的,必须经村民会议三分之二以上成员或者三分之二以上村民代表的同意,并报乡(镇)人民政府和县级人民政府农业行政主管部门批准。

第十五条 国有土地可以由单位或者个人承包经营,从事种植业、林业、畜牧业、渔业生产。农民集体所有的土地,可以由本集体经济组织以外的单位或者个人承包经营,从事种植业、林业、畜牧业、渔业生产。发包方和承包方应当订立承包合同，约定双方的权利和义务。土地承包经营的期限由承包合同约定。承包经营土地的单位和个人，有保护和按照承包合同约定的用途合理利用土地的义务。

农民集体所有的土地由本集体经济组织以外的单位或者个人承包经营的，必须经村民会议三分之二以上成员或者三分之二以上村民代表的同意，并报乡(镇)人民政府批准。

第十六条　土地所有权和使用权争议，由当事人协商解决；协商不成的，由人民政府处理。

单位之间的争议，由县级以上人民政府处理；个人之间、个人与单位之间的争议，由乡级人民政府或者县级以上人民政府处理。

当事人对有关人民政府的处理决定不服的，可以自接到处理决定通知之日起三十日内，向人民法院起诉。

在土地所有权和使用权争议解决前，任何一方不得改变土地利用现状。

第三章　土地利用总体规划

第十七条　各级人民政府应当依据国民经济和社会发展规划、国土整治和资源环境保护的要求、土地供给能力以及各项建设对土地的需求，组织编制土地利用总体规划。

土地利用总体规划的规划期限由国务院规定。

第十八条　下级土地利用总体规划应当依据上一级土地利用总体规划编制。

地方各级人民政府编制的土地利用总体规划中的建设用地总量不得超过上一级土地利用总体规划确定的控制指标，耕地保有量不得低于上一级土地利用总体规划确定的控制指标。

省、自治区、直辖市人民政府编制的土地利用总体规划，应当确保本行政区域内耕地总量不减少。

第十九条　土地利用总体规划按照下列原则编制：

（一）严格保护基本农田，控制非农业建设占用农用地；

（二）提高土地利用率；

（三）统筹安排各类、各区域用地；

（四）保护和改善生态环境，保障土地的可持续利用；

（五）占用耕地与开发复垦耕地相平衡。

第二十条 县级土地利用总体规划应当划分土地利用区，明确土地用途。

乡（镇）土地利用总体规划应当划分土地利用区，根据土地使用条件，确定每一块土地的用途，并予以公告。

第二十一条 土地利用总体规划实行分级审批。

省、自治区、直辖市的土地利用总体规划，报国务院批准。

省、自治区人民政府所在地的市、人口在一百万以上的城市以及国务院指定的城市的土地利用总体规划，经省、自治区人民政府审查同意后，报国务院批准。

本条第二款、第三款规定以外的土地利用总体规划，逐级上报省、自治区、直辖市人民政府批准；其中，乡（镇）土地利用总体规划可以由省级人民政府授权的设区的市、自治州人民政府批准。

土地利用总体规划一经批准，必须严格执行。

第二十二条 城市建设用地规模应当符合国家规定的标准，充分利用现有建设用地，不占或者尽量少占农用地。

城市总体规划、村庄和集镇规划，应当与土地利用总体规划相衔接，城市总体规划、村庄和集镇规划中建设用地规模不得超过土地利用总体规划确定的城市和村庄、集镇建设用地规模。

在城市规划区内、村庄和集镇规划区内，城市和村庄、集镇建设用地应当符合城市规划、村庄和集镇规划。

第二十三条 江河、湖泊综合治理和开发利用规划，应当与土地利用总体规划相衔接。在江河、湖泊、水库的管理和保护范围以及蓄洪滞洪区内，土地利用应当符合江河、湖泊综合治理和开发利用规划，符合河道、湖泊行洪、蓄洪和输水的要求。

第二十四条　各级人民政府应当加强土地利用计划管理，实行建设用地总量控制。

土地利用年度计划，根据国民经济和社会发展计划、国家产业政策、土地利用总体规划以及建设用地和土地利用的实际状况编制。土地利用年度计划的编制审批程序与土地利用总体规划的编制审批程序相同，一经审批下达，必须严格执行。

第二十五条　省、自治区、直辖市人民政府应当将土地利用年度计划的执行情况列为国民经济和社会发展计划执行情况的内容，向同级人民代表大会报告。

第二十六条　经批准的土地利用总体规划的修改，须经原批准机关批准；未经批准，不得改变土地利用总体规划确定的土地用途。

经国务院批准的大型能源、交通、水利等基础设施建设用地，需要改变土地利用总体规划的，根据国务院的批准文件修改土地利用总体规划。

经省、自治区、直辖市人民政府批准的能源、交通、水利等基础设施建设用地，需要改变土地利用总体规划的，属于省级人民政府土地利用总体规划批准权限内的，根据省级人民政府的批准文件修改土地利用总体规划。

第二十七条　国家建立土地调查制度。

县级以上人民政府土地行政主管部门会同同级有关部门进行土地调查。土地所有者或者使用者应当配合调查，并提供有关资料。

第二十八条　县级以上人民政府土地行政主管部门会同同级有关部门根据土地调查成果、规划土地用途和国家制定的统一标准，评定土地等级。

第二十九条　国家建立土地统计制度。

县级以上人民政府土地行政主管部门和同级统计部门共同制定统计调查方案，依法进行土地统计，定期发布土地统计资料。土地所有者或者使用者应当提供有关资料，不得虚报、瞒报、拒报、迟报。

　　土地行政主管部门和统计部门共同发布的土地面积统计资料是各级人民政府编制土地利用总体规划的依据。

　　第三十条　国家建立全国土地管理信息系统,对土地利用状况进行动态监测。

第四章　耕地保护

　　第三十一条　国家保护耕地,严格控制耕地转为非耕地。

　　国家实行占用耕地补偿制度。非农业建设经批准占用耕地的,按照"占多少,垦多少"的原则,由占用耕地的单位负责开垦与所占用的数量和质量相当的耕地;没有条件开垦或者开垦的耕地不符合要求的,应当按照省、自治区、直辖市的规定缴纳耕地开垦费,专款用于开垦新的耕地。

　　省、自治区、直辖市人民政府应当制定开垦耕地计划,监督占用耕地的单位按照计划开垦耕地或者按照计划组织开垦耕地,并进行验收。

　　第三十二条　县级以上地方人民政府可以要求占用耕地的单位将所占用耕地耕作层的土壤用于新开垦耕地、劣质地或者其他耕地的土壤改良。

　　第三十三条　省、自治区、直辖市人民政府应当严格执行土地利用总体规划和土地利用年度计划,采取措施,确保本行政区域内耕地总量不减少;耕地总量减少的,由国务院责令在规定期限内组织开垦与所减少耕地的数量与质量相当的耕地,并由国务院土地行政主管部门会同农业行政主管部门验收。个别省、直辖市确因土地后备资源匮乏,新增建设用地后,新开垦耕地的数量不足以补偿所占用耕地的数量的,必须报经国务院批准减免本行政区域内开垦耕地的数量,进行易地开垦。

　　第三十四条　国家实行基本农田保护制度。下列耕地应当根据土地利用总体规划划入基本农田保护区,严格管理:

　　(一)经国务院有关主管部门或者县级以上地方人民政府批准确定的粮、棉、油生产基地内的耕地;

（二）有良好的水利与水土保持设施的耕地，正在实施改造计划以及可以改造的中、低产田；

（三）蔬菜生产基地；

（四）农业科研、教学试验田；

（五）国务院规定应当划入基本农田保护区的其他耕地。

各省、自治区、直辖市划定的基本农田应当占本行政区域内耕地的百分之八十以上。

基本农田保护区以乡（镇）为单位进行划区定界，由县级人民政府土地行政主管部门会同同级农业行政主管部门组织实施。

第三十五条　各级人民政府应当采取措施，维护排灌工程设施，改良土壤，提高地力，防止土地荒漠化、盐渍化、水土流失和污染土地。

第三十六条　非农业建设必须节约使用土地，可以利用荒地的，不得占用耕地；可以利用劣地的，不得占用好地。

禁止占用耕地建窑、建坟或者擅自在耕地上建房、挖砂、采石、采矿、取土等。

禁止占用基本农田发展林果业和挖塘养鱼。

第三十七条　禁止任何单位和个人闲置、荒芜耕地。已经办理审批手续的非农业建设占用耕地，一年内不用而又可以耕种并收获的，应当由原耕种该幅耕地的集体或者个人恢复耕种，也可以由用地单位组织耕种；一年以上未动工建设的，应当按照省、自治区、直辖市的规定缴纳闲置费；连续二年未使用的，经原批准机关批准，由县级以上人民政府无偿收回用地单位的土地使用权；该幅土地原为农民集体所有的，应当交由原农村集体经济组织恢复耕种。

在城市规划区范围内，以出让方式取得土地使用权进行房地产开发的闲置土地，依照《中华人民共和国城市房地产管理法》的有关规定办理。

承包经营耕地的单位或者个人连续二年弃耕抛荒的，原发包单位应当终止承包合同，收回发包的耕地。

第三十八条　国家鼓励单位和个人按照土地利用总体规

划,在保护和改善生态环境、防止水土流失和土地荒漠化的前提下,开发未利用的土地;适宜开发为农用地的,应当优先开发成农用地。

国家依法保护开发者的合法权益。

第三十九条 开垦未利用的土地,必须经过科学论证和评估,在土地利用总体规划划定的可开垦的区域内,经依法批准后进行。禁止毁坏森林、草原开垦耕地,禁止围湖造田和侵占江河滩地。

根据土地利用总体规划,对破坏生态环境开垦、围垦的土地,有计划有步骤地退耕还林、还牧、还湖。

第四十条 开发未确定使用权的国有荒山、荒地、荒滩从事种植业、林业、畜牧业、渔业生产的,经县级以上人民政府依法批准,可以确定给开发单位或者个人长期使用。

第四十一条 国家鼓励土地整理。县、乡(镇)人民政府应当组织农村集体经济组织,按照土地利用总体规划,对田、水、路、林、村综合整治,提高耕地质量,增加有效耕地面积,改善农业生产条件和生态环境。

地方各级人民政府应当采取措施,改造中、低产田,整治闲散地和废弃地。

第四十二条 因挖损、塌陷、压占等造成土地破坏,用地单位和个人应当按照国家有关规定负责复垦;没有条件复垦或者复垦不符合要求的,应当缴纳土地复垦费,专项用于土地复垦。复垦的土地应当优先用于农业。

第五章 建设用地

第四十三条 任何单位和个人进行建设,需要使用土地的,必须依法申请使用国有土地;但是,兴办乡镇企业和村民建设住宅经依法批准使用本集体经济组织农民集体所有的土地的,或者乡(镇)村公共设施和公益事业建设经依法批准使用农民集体所有的土地的除外。

前款所称依法申请使用的国有土地包括国家所有的土地

和国家征收的原属于农民集体所有的土地。

第四十四条　建设占用土地,涉及农用地转为建设用地的,应当办理农用地转用审批手续。

省、自治区、直辖市人民政府批准的道路、管线工程和大型基础设施建设项目、国务院批准的建设项目占用土地,涉及农用地转为建设用地的,由国务院批准。

在土地利用总体规划确定的城市和村庄、集镇建设用地规模范围内,为实施该规划而将农用地转为建设用地的,按土地利用年度计划分批次由原批准土地利用总体规划的机关批准。在已批准的农用地转用范围内,具体建设项目用地可以由市、县人民政府批准。

本条第二款、第三款规定以外的建设项目占用土地,涉及农用地转为建设用地的,由省、自治区、直辖市人民政府批准。

第四十五条　征收下列土地的,由国务院批准:

(一)基本农田;

(二)基本农田以外的耕地超过三十五公顷的;

(三)其他土地超过七十公顷的。

征收前款规定以外的土地的,由省、自治区、直辖市人民政府批准,并报国务院备案。

征收农用地的,应当依照本法第四十四条的规定先行办理农用地转用审批。其中,经国务院批准农用地转用的,同时办理征地审批手续,不再另行办理征地审批;经省、自治区、直辖市人民政府在征地批准权限内批准农用地转用的,同时办理征地审批手续,不再另行办理征地审批,超过征地批准权限的,应当依照本条第一款的规定另行办理征地审批。

第四十六条　国家征收土地的,依照法定程序批准后,由县级以上地方人民政府予以公告并组织实施。

被征收土地的所有权人、使用权人应当在公告规定期限内,持土地权属证书到当地人民政府土地行政主管部门办理征地补偿登记。

第四十七条　征收土地的,按照被征收土地的原用途给予补偿。

征收耕地的补偿费用包括土地补偿费、安置补助费以及地上附着物和青苗的补偿费。征收耕地的土地补偿费，为该耕地被征收前三年平均年产值的六至十倍。征收耕地的安置补助费，按照需要安置的农业人口数计算。需要安置的农业人口数，按照被征收的耕地数量除以征地前被征收单位平均每人占有耕地的数量计算。每一个需要安置的农业人口的安置补助费标准，为该耕地被征收前三年平均年产值的四至六倍。但是，每公顷被征收耕地的安置补助费，最高不得超过被征收前三年平均年产值的十五倍。

征收其他土地的土地补偿费和安置补助费标准，由省、自治区、直辖市参照征收耕地的土地补偿费和安置补助费的标准规定。

被征收土地上的附着物和青苗的补偿标准，由省、自治区、直辖市规定。

征收城市郊区的菜地，用地单位应当按照国家有关规定缴纳新菜地开发建设基金。

依照本条第二款的规定支付土地补偿费和安置补助费，尚不能使需要安置的农民保持原有生活水平的，经省、自治区、直辖市人民政府批准，可以增加安置补助费。但是，土地补偿费和安置补助费的总和不得超过土地被征收前三年平均年产值的三十倍。

国务院根据社会、经济发展水平，在特殊情况下，可以提高征收耕地的土地补偿费和安置补助费的标准。

第四十八条 征地补偿安置方案确定后，有关地方人民政府应当公告，并听取被征地的农村集体经济组织和农民的意见。

第四十九条 被征地的农村集体经济组织应当将征收土地的补偿费用的收支状况向本集体经济组织的成员公布，接受监督。

禁止侵占、挪用被征收土地单位的征地补偿费用和其他有关费用。

第五十条 地方各级人民政府应当支持被征地的农村集

体经济组织和农民从事开发经营,兴办企业。

第五十一条　大中型水利、水电工程建设征收土地的补偿费标准和移民安置办法,由国务院另行规定。

第五十二条　建设项目可行性研究论证时,土地行政主管部门可以根据土地利用总体规划、土地利用年度计划和建设用地标准,对建设用地有关事项进行审查,并提出意见。

第五十三条　经批准的建设项目需要使用国有建设用地的,建设单位应当持法律、行政法规规定的有关文件,向有批准权的县级以上人民政府土地行政主管部门提出建设用地申请,经土地行政主管部门审查,报本级人民政府批准。

第五十四条　建设单位使用国有土地,应当以出让等有偿使用方式取得;但是,下列建设用地,经县级以上人民政府依法批准,可以以划拨方式取得:

(一)国家机关用地和军事用地;

(二)城市基础设施用地和公益事业用地;

(三)国家重点扶持的能源、交通、水利等基础设施用地;

(四)法律、行政法规规定的其他用地。

第五十五条　以出让等有偿使用方式取得国有土地使用权的建设单位,按照国务院规定的标准和办法,缴纳土地使用权出让金等土地有偿使用费和其他费用后,方可使用土地。

自本法施行之日起,新增建设用地的土地有偿使用费,百分之三十上缴中央财政,百分之七十留给有关地方人民政府,都专项用于耕地开发。

第五十六条　建设单位使用国有土地的,应当按照土地使用权出让等有偿使用合同的约定或者土地使用权划拨批准文件的规定使用土地;确需改变该幅土地建设用途的,应当经有关人民政府土地行政主管部门同意,报原批准用地的人民政府批准。其中,在城市规划区内改变土地用途的,在报批前,应当先经有关城市规划行政主管部门同意。

第五十七条　建设项目施工和地质勘查需要临时使用国有土地或者农民集体所有的土地的,由县级以上人民政府土地行政主管部门批准。其中,在城市规划区内的临时用地,在报批前,应当先经有关城市规划行政主管部门同意。土地使用者应当根据土地权属,与有关土地行政主管部门或者农村集体经济组织、村民委员会签订临时使用土地合同,并按照合同的约定支付临时使用土地补偿费。

临时使用土地的使用者应当按照临时使用土地合同约定的用途使用土地,并不得修建永久性建筑物。

临时使用土地期限一般不超过二年。

第五十八条 有下列情形之一的,由有关人民政府土地行政主管部门报经原批准用地的人民政府或者有批准权的人民政府批准,可以收回国有土地使用权:

(一)为公共利益需要使用土地的;

(二)为实施城市规划进行旧城区改建,需要调整使用土地的;

(三)土地出让等有偿使用合同约定的使用期限届满,土地使用者未申请续期或者申请续期未获批准的;

(四)因单位撤销、迁移等原因,停止使用原划拨的国有土地的;

(五)公路、铁路、机场、矿场等经核准报废的。

依照前款第(一)项、第(二)项的规定收回国有土地使用权的,对土地使用权人应当给予适当补偿。

第五十九条 乡镇企业、乡(镇)村公共设施、公益事业、农村村民住宅等乡(镇)村建设,应当按照村庄和集镇规划,合理布局,综合开发,配套建设;建设用地,应当符合乡(镇)土地利用总体规划和土地利用年度计划,并依照本法第四十四条、第六十条、第六十一条、第六十二条的规定办理审批手续。

第六十条 农村集体经济组织使用乡(镇)土地利用总体规划确定的建设用地兴办企业或者与其他单位、个人以土地使用权入股、联营等形式共同举办企业的,应当持有关批准文件,向县级以上地方人民政府土地行政主管部门提出申请,按照省、自治区、直辖市规定的批准权限,由县级以上地方人民政府批准;其中,涉及占用农用地的,依照本法第四十四条的规定办理审批手续。

按照前款规定兴办企业的建设用地，必须严格控制。省、自治区、直辖市可以按照乡镇企业的不同行业和经营规模，分别规定用地标准。

第六十一条　乡（镇）村公共设施、公益事业建设，需要使用土地的，经乡（镇）人民政府审核，向县级以上地方人民政府土地行政主管部门提出申请，按照省、自治区、直辖市规定的批准权限，由县级以上地方人民政府批准；其中，涉及占用农用地的，依照本法第四十四条的规定办理审批手续。

第六十二条　农村村民一户只能拥有一处宅基地，其宅基地的面积不得超过省、自治区、直辖市规定的标准。

农村村民建住宅，应当符合乡（镇）土地利用总体规划，并尽量使用原有的宅基地和村内空闲地。

农村村民住宅用地，经乡（镇）人民政府审核，由县级人民政府批准；其中，涉及占用农用地的，依照本法第四十四条的规定办理审批手续。

农村村民出卖、出租住房后，再申请宅基地的，不予批准。

第六十三条　农民集体所有的土地的使用权不得出让、转让或者出租用于非农业建设；但是，符合土地利用总体规划并依法取得建设用地的企业，因破产、兼并等情形致使土地使用权依法发生转移的除外。

第六十四条　在土地利用总体规划制定前已建的不符合土地利用总体规划确定的用途的建筑物、构筑物，不得重建、扩建。

第六十五条　有下列情形之一的，农村集体经济组织报经原批准用地的人民政府批准，可以收回土地使用权：

（一）为乡（镇）村公共设施和公益事业建设，需要使用土地的；

（二）不按照批准的用途使用土地的；

（三）因撤销、迁移等原因而停止使用土地的。

依照前款第（一）项规定收回农民集体所有的土地的，对土地使用权人应当给予适当补偿。

第六章　监督检查

第六十六条　县级以上人民政府土地行政主管部门对违反土地管理法律、法规的行为进行监督检查。

土地管理监督检查人员应当熟悉土地管理法律、法规,忠于职守、秉公执法。

第六十七条　县级以上人民政府土地行政主管部门履行监督检查职责时,有权采取下列措施:

(一)要求被检查的单位或者个人提供有关土地权利的文件和资料,进行查阅或者予以复制;

(二)要求被检查的单位或者个人就有关土地权利的问题作出说明;

(三)进入被检查单位或者个人非法占用的土地现场进行勘测;

(四)责令非法占用土地的单位或者个人停止违反土地管理法律、法规的行为。

第六十八条　土地管理监督检查人员履行职责,需要进入现场进行勘测、要求有关单位或者个人提供文件、资料和作出说明的,应当出示土地管理监督检查证件。

第六十九条　有关单位和个人对县级以上人民政府土地行政主管部门就土地违法行为进行的监督检查应当支持与配合,并提供工作方便,不得拒绝与阻碍土地管理监督检查人员依法执行职务。

第七十条　县级以上人民政府土地行政主管部门在监督检查工作中发现国家工作人员的违法行为,依法应当给予行政处分的,应当依法予以处理;自己无权处理的,应当向同级或者上级人民政府的行政监察机关提出行政处分建议书,有关行政监察机关应当依法予以处理。

第七十一条　县级以上人民政府土地行政主管部门在监督检查工作中发现土地违法行为构成犯罪的,应当将案件移送有关机关,依法追究刑事责任;尚不构成犯罪的,应当依法给予行政处罚。

第七十二条　依照本法规定应当给予行政处罚,而有关土地行政主管部门不给予行政处罚的,上级人民政府土地行政主管部门有权责令有关土地行政主管部门作出行政处罚决定或者直接给予行政处罚,并给予有关土地行政主管部门的负责人行政处分。

第七章　法律责任

第七十三条　买卖或者以其他形式非法转让土地的,由县级以上人民政府土地行政主管部门没收违法所得;对违反土地利用总体规划擅自将农用地改为建设用地的,限期拆除在非法转让的土地上新建的建筑物和其他设施,恢复土地原状,对符合土地利用总体规划的,没收在非法转让的土地上新建的建筑物和其他设施;可以并处罚款;对直接负责的主管人员和其他直接责任人员,依法给予行政处分;构成犯罪的,依法追究刑事责任。

第七十四条　违反本法规定,占用耕地建窑、建坟或者擅自在耕地上建房、挖砂、采石、采矿、取土等,破坏种植条件的,或者因开发土地造成土地荒漠化、盐渍化的,由县级以上人民政府土地行政主管部门责令限期改正或者治理,可以并处罚款;构成犯罪的,依法追究刑事责任。

第七十五条　违反本法规定,拒不履行土地复垦义务的,由县级以上人民政府土地行政主管部门责令限期改正;逾期不改正的,责令缴纳复垦费,专项用于土地复垦,可以处以罚款。

第七十六条　未经批准或者采取欺骗手段骗取批准,非法占用土地的,由县级以上人民政府土地行政主管部门责令退还非法占用的土地,对违反土地利用总体规划擅自将农用地改为建设用地的,限期拆除在非法占用的土地上新建的建筑物和其他设施,恢复土地原状,对符合土地利用总体规划的,没收在非法占用的土地上新建的建筑物和其他设施,可以并处罚款;对非法占用土地单位的直接负责的主管人员和其他直接责任人员,依法给予行政处分;构成犯罪的,依法追究刑事责任。

超过批准的数量占用土地,多占的土地以非法占用土地论处。

第七十七条　农村村民未经批准或者采取欺骗手段骗取批准,非法占用土地建住宅的,由县级以上人民政府土地行政主管部门责令退还非法占用的土地,限期拆除在非法占用的土地上新建的房屋。

超过省、自治区、直辖市规定的标准,多占的土地以非法占用土地论处。

第七十八条　无权批准征收、使用土地的单位或者个人非法批准占用土地的,超越批准权限非法批准占用土地的,不按照土地利用总体规划确定的用途批准用地的,或者违反法律规定的程序批准占用、征收土地的,其批准文件无效,对非法批准征收、使用土地的直接负责的主管人员和其他直接责任人员,依法给予行政处分;构成犯罪的,依法追究刑事责任。非法批准、使用的土地应当收回,有关当事人拒不归还的,以非法占用土地论处。

非法批准征收、使用土地,对当事人造成损失的,依法应当承担赔偿责任。

第七十九条　侵占、挪用被征收土地单位的征地补偿费用和其他有关费用,构成犯罪的,依法追究刑事责任;尚不构成犯罪的,依法给予行政处分。

第八十条　依法收回国有土地使用权当事人拒不交出土地的,临时使用土地期满拒不归还的,或者不按照批准的用途使用国有土地的,由县级以上人民政府土地行政主管部门责令交还土地,处以罚款。

第八十一条　擅自将农民集体所有的土地的使用权出让、转让或者出租用于非农业建设的,由县级以上人民政府土地行政主管部门责令限期改正,没收违法所得,并处罚款。

第八十二条　不依照本法规定办理土地变更登记的,由县级以上人民政府土地行政主管部门责令其限期办理。

第八十三条　依照本法规定,责令限期拆除在非法占用的土地上新建的建筑物和其他设施的,建设单位或者个人必须立即停止施工,自行拆除;对继续施工的,作出处罚决定的机关有权制止。建设单位或者个人对责令限期拆除的行政处罚决定不服的,可以在接到责令限期拆除决定之日起十五日内,向人民法院起诉;期满不起诉又不自行拆除的,由作出处罚决定的机关依法申请人民法院强制执行,费用由违法者承担。

第八十四条　土地行政主管部门的工作人员玩忽职守、滥用职权、徇私舞弊,构成犯罪的,依法追究刑事责任;尚不构成犯罪的,依法给予行政处分。

第八章　附　则

第八十五条　中外合资经营企业、中外合作经营企业、外资企业使用土地的,适用本法;法律另有规定的,从其规定。

第八十六条　本法自 1999 年 1 月 1 日起施行。

中华人民共和国价格法

（1997 年 12 月 29 日第八届全国人民代表大会常务委员会第二十九次会议通过）

第一章　总　则

第一条　为了规范价格行为，发挥价格合理配置资源的作用，稳定市场价格总水平，保护消费者和经营者的合法权益，促进社会主义市场经济健康发展，制定本法。

第二条　在中华人民共和国境内发生的价格行为，适用本法。

本法所称价格包括商品价格和服务价格。

商品价格是指各类有形产品和无形资产的价格。

服务价格是指各类有偿服务的收费。

第三条　国家实行并逐步完善宏观经济调控下主要由市场形成价格的机制。价格的制定应当符合价值规律，大多数商品和服务价格实行市场调节价，极少数商品和服务价格实行政府指导价或者政府定价。

市场调节价，是指由经营者自主制定，通过市场竞争形成的价格。

本法所称经营者是指从事生产、经营商品或者提供有偿服务的法人、其他组织和个人。

政府指导价，是指依照本法规定，由政府价格主管部门或者其他有关部门，按照定价权限和范围规定基准价及其浮动幅度，指导经营者制定的价格。

政府定价，是指依照本法规定，由政府价格主管部门或者其他有关部门，按照定价权限和范围制定的价格。

第四条　国家支持和促进公平、公开、合法的市场竞争，维护正常的价格秩序,对价格活动实行管理、监督和必要的调控。

第五条 国务院价格主管部门统一负责全国的价格工作。国务院其他有关部门在各自的职责范围内,负责有关的价格工作。

县级以上地方各级人民政府价格主管部门负责本行政区域内的价格工作。县级以上地方各级人民政府其他有关部门在各自的职责范围内,负责有关的价格工作。

第二章 经营者的价格行为

第六条 商品价格和服务价格,除依照本法第十八条规定适用政府指导价或者政府定价外,实行市场调节价,由经营者依照本法自主制定。

第七条 经营者定价,应当遵循公平、合法和诚实信用的原则。

第八条 经营者定价的基本依据是生产经营成本和市场供求状况。

第九条 经营者应当努力改进生产经营管理,降低生产经营成本,为消费者提供价格合理的商品和服务,并在市场竞争中获取合法利润。

第十条 经营者应当根据其经营条件建立、健全内部价格管理制度,准确记录与核定商品和服务的生产经营成本,不得弄虚作假。

第十一条 经营者进行价格活动,享有下列权利:

(一)自主制定属于市场调节的价格;

(二)在政府指导价规定的幅度内制定价格;

(三)制定属于政府指导价、政府定价产品范围内的新产品的试销价格,特定产品除外;

(四)检举、控告侵犯其依法自主定价权利的行为。

第十二条 经营者进行价格活动,应当遵守法律、法规,执行依法制定的政府指导价、政府定价和法定的价格干预措施、紧急措施。

第十三条 经营者销售、收购商品和提供服务,应当按照政府价格主管部门的规定明码标价,注明商品的品名、产地、规格、等级、计价单位、价格或者服务的项目、收费标准等有关情况。

经营者不得在标价之外加价出售商品,不得收取任何未予标明的费用。

第十四条 经营者不得有下列不正当价格行为:

(一)相互串通,操纵市场价格,损害其他经营者或者消费者的合法权益;

(二)在依法降价处理鲜活商品、季节性商品、积压商品等商品外,为了排挤竞争对手或者独占市场,以低于成本的价格倾销,扰乱正常的生产经营秩序,损害国家利益或者其他经营者的合法权益;

(三)捏造、散布涨价信息,哄抬价格,推动商品价格过高上涨的;

(四)利用虚假的或者使人误解的价格手段,诱骗消费者或者其他经营者与其进行交易;

(五)提供相同商品或者服务,对具有同等交易条件的其他经营者实行价格歧视;

(六)采取抬高等级或者压低等级等手段收购、销售商品或者提供服务,变相提高或者压低价格;

(七)违反法律、法规的规定牟取暴利;

(八)法律、行政法规禁止的其他不正当价格行为。

第十五条 各类中介机构提供有偿服务收取费用,应当遵守本法的规定。法律另有规定的,按照有关规定执行。

第十六条 经营者销售进口商品、收购出口商品,应当遵守本章的有关规定,维护国内市场秩序。

第十七条 行业组织应当遵守价格法律、法规,加强价格自律,接受政府价格主管部门的工作指导。

第三章　政府的定价行为

第十八条　下列商品和服务价格,政府在必要时可以实行政府指导价或者政府定价:

(一)与国民经济发展和人民生活关系重大的极少数商品价格;

(二)资源稀缺的少数商品价格;

(三)自然垄断经营的商品价格;

(四)重要的公用事业价格;

(五)重要的公益性服务价格。

第十九条　政府指导价、政府定价的定价权限和具体适用范围,以中央的和地方的定价目录为依据。

中央定价目录由国务院价格主管部门制定、修订,报国务院批准后公布。

地方定价目录由省、自治区、直辖市人民政府价格主管部门按照中央定价目录规定的定价权限和具体适用范围制定,经本级人民政府审核同意,报国务院价格主管部门审定后公布。

省、自治区、直辖市人民政府以下各级地方人民政府不得制定定价目录。

第二十条　国务院价格主管部门和其他有关部门,按照中央定价目录规定的定价权限和具体适用范围制定政府指导价、政府定价;其中重要的商品和服务价格的政府指导价、政府定价,应当按照规定经国务院批准。

省、自治区、直辖市人民政府价格主管部门和其他有关部门,应当按照地方定价目录规定的定价权限和具体适用范围制定在本地区执行的政府指导价、政府定价。

市、县人民政府可以根据省、自治区、直辖市人民政府的授权,按照地方定价目录规定的定价权限和具体适用范围制定在本地区执行的政府指导价、政府定价。

第二十一条　制定政府指导价、政府定价,应当依据有关商品或者服务的社会平均成本和市场供求状况、国民经济与社会发展要求以及社会承受能力,实行合理的购销差价、批零差价、地区差价和季节差价。

第二十二条 政府价格主管部门和其他有关部门制定政府指导价、政府定价,应当开展价格、成本调查,听取消费者、经营者和有关方面的意见。

政府价格主管部门开展对政府指导价、政府定价的价格、成本调查时,有关单位应当如实反映情况,提供必需的账簿、文件以及其他资料。

第二十三条 制定关系群众切身利益的公用事业价格、公益性服务价格、自然垄断经营的商品价格等政府指导价、政府定价,应当建立听证会制度,由政府价格主管部门主持,征求消费者、经营者和有关方面的意见,论证其必要性、可行性。

第二十四条 政府指导价、政府定价制定后,由制定价格的部门向消费者、经营者公布。

第二十五条 政府指导价、政府定价的具体适用范围、价格水平,应当根据经济运行情况,按照规定的定价权限和程序适时调整。

消费者、经营者可以对政府指导价、政府定价提出调整建议。

第四章　价格总水平调控

第二十六条 稳定市场价格总水平是国家重要的宏观经济政策目标。国家根据国民经济发展的需要和社会承受能力,确定市场价格总水平调控目标,列入国民经济和社会发展计划,并综合运用货币、财政、投资、进出口等方面的政策和措施,予以实现。

第二十七条 政府可以建立重要商品储备制度,设立价格调节基金,调控价格,稳定市场。

第二十八条 为适应价格调控和管理的需要,政府价格主管部门应当建立价格监测制度,对重要商品、服务价格的变动进行监测。

第二十九条　政府在粮食等重要农产品的市场购买价格过低时,可以在收购中实行保护价格,并采取相应的经济措施保证其实现。

第三十条　当重要商品和服务价格显著上涨或者有可能显著上涨,国务院和省、自治区、直辖市人民政府可以对部分价格采取限定差价率或者利润率、规定限价、实行提价申报制度和调价备案制度等干预措施。

省、自治区、直辖市人民政府采取前款规定的干预措施,应当报国务院备案。

第三十一条　当市场价格总水平出现剧烈波动等异常状态时,国务院可以在全国范围内或者部分区域内采取临时集中定价权限、部分或者全面冻结价格的紧急措施。

第三十二条　依照本法第三十条、第三十一条的规定实行干预措施、紧急措施的情形消除后,应当及时解除干预措施、紧急措施。

第五章　价格监督检查

第三十三条　县级以上各级人民政府价格主管部门,依法对价格活动进行监督检查,并依照本法的规定对价格违法行为实施行政处罚。

第三十四条　政府价格主管部门进行价格监督检查时,可以行使下列职权:

(一)询问当事人或者有关人员,并要求其提供证明材料和与价格违法行为有关的其他资料;

(二)查询、复制与价格违法行为有关的账簿、单据、凭证、文件及其他资料,核对与价格违法行为有关的银行资料;

(三)检查与价格违法行为有关的财物,必要时可以责令当事人暂停相关营业;

(四)在证据可能灭失或者以后难以取得的情况下,可以依法先行登记保存,当事人或者有关人员不得转移、隐匿或者销毁。

第三十五条 经营者接受政府价格主管部门的监督检查时,应当如实提供价格监督检查所必需的账簿、单据、凭证、文件以及其他资料。

第三十六条 政府部门价格工作人员不得将依法取得的资料或者了解的情况用于依法进行价格管理以外的任何其他目的,不得泄露当事人的商业秘密。

第三十七条 消费者组织、职工价格监督组织、居民委员会、村民委员会等组织以及消费者,有权对价格行为进行社会监督。政府价格主管部门应当充分发挥群众的价格监督作用。

新闻单位有权进行价格舆论监督。

第三十八条 政府价格主管部门应当建立对价格违法行为的举报制度。

任何单位和个人均有权对价格违法行为进行举报。政府价格主管部门应当对举报者给予鼓励,并负责为举报者保密。

第六章　法律责任

第三十九条 经营者不执行政府指导价、政府定价以及法定的价格干预措施、紧急措施的,责令改正,没收违法所得,可以并处违法所得五倍以下的罚款;没有违法所得的,可以处以罚款;情节严重的,责令停业整顿。

第四十条 经营者有本法第十四条所列行为之一的,责令改正,没收违法所得,可以并处违法所得五倍以下的罚款;没有违法所得的,予以警告,可以并处罚款;情节严重的,责令停业整顿,或者由工商行政管理机关吊销营业执照。有关法律对本法第十四条所列行为的处罚及处罚机关另有规定的,可以依照有关法律的规定执行。

有本法第十四条第(一)项、第(二)项所列行为,属于是全国性的,由国务院价格主管部门认定;属于是省及省以下区域性的,由省、自治区、直辖市人民政府价格主管部门认定。

第四十一条　经营者因价格违法行为致使消费者或者其他经营者多付价款的,应当退还多付部分;造成损害的,应当依法承担赔偿责任。

第四十二条　经营者违反明码标价规定的,责令改正,没收违法所得,可以并处五千元以下的罚款。

第四十三条　经营者被责令暂停相关营业而不停止的,或者转移、隐匿、销毁依法登记保存的财物的,处相关营业所得或者转移、隐匿、销毁的财物价值一倍以上三倍以下的罚款。

第四十四条　拒绝按照规定提供监督检查所需资料或者提供虚假资料的,责令改正,予以警告;逾期不改正的,可以处以罚款。

第四十五条　地方各级人民政府或者各级人民政府有关部门违反本法规定,超越定价权限和范围擅自制定、调整价格或者不执行法定的价格干预措施、紧急措施的,责令改正,并可以通报批评;对直接负责的主管人员和其他直接责任人员,依法给予行政处分。

第四十六条　价格工作人员泄露国家秘密、商业秘密以及滥用职权、徇私舞弊、玩忽职守、索贿受贿,构成犯罪的,依法追究刑事责任;尚不构成犯罪的,依法给予处分。

第七章　附　则

第四十七条　国家行政机关的收费,应当依法进行,严格控制收费项目,限定收费范围、标准。收费的具体管理办法由国务院另行制定。

利率、汇率、保险费率、证券及期货价格,适用有关法律、行政法规的规定,不适用本法。

第四十八条　本法自1998年5月1日起施行。

中华人民共和国审计法

(1994年8月31日第八届全国人民代表大会常务委员会第九次会议通过 根据2006年2月28日第十届全国人民代表大会常务委员会第二十次会议《关于修改〈中华人民共和国审计法〉的决定》修正)

第一章 总 则

第一条 为了加强国家的审计监督,维护国家财政经济秩序,提高财政资金使用效益,促进廉政建设,保障国民经济和社会健康发展,根据宪法,制定本法。

第二条 国家实行审计监督制度。国务院和县级以上地方人民政府设立审计机关。

国务院各部门和地方各级人民政府及其各部门的财政收支,国有的金融机构和企业事业组织的财务收支,以及其他依照本法规定应当接受审计的财政收支、财务收支,依照本法规定接受审计监督。

审计机关对前款所列财政收支或者财务收支的真实、合法和效益,依法进行审计监督。

第三条 审计机关依照法律规定的职权和程序,进行审计监督。

审计机关依据有关财政收支、财务收支的法律、法规和国家其他有关规定进行审计评价,在法定职权范围内作出审计决定。

第四条 国务院和县级以上地方人民政府应当每年向本级人民代表大会常务委员会提出审计机关对预算执行和其他财政收支的审计工作报告。审计工作报告应当重点报告对预算执行的审计情况。必要时,人民代表大会常务委员会可以对审计工作报告作出决议。

国务院和县级以上地方人民政府应当将审计工作报告中指出的问题的纠正情况和处理结果向本级人民代表大会常务委员会报告。

第五条　审计机关依照法律规定独立行使审计监督权,不受其他行政机关、社会团体和个人的干涉。

第六条　审计机关和审计人员办理审计事项,应当客观公正,实事求是,廉洁奉公,保守秘密。

第二章　审计机关和审计人员

第七条　国务院设立审计署,在国务院总理领导下,主管全国的审计工作。审计长是审计署的行政首长。

第八条　省、自治区、直辖市、设区的市、自治州、县、自治县、不设区的市、市辖区的人民政府的审计机关,分别在省长、自治区主席、市长、州长、县长、区长和上一级审计机关的领导下,负责本行政区域内的审计工作。

第九条　地方各级审计机关对本级人民政府和上一级审计机关负责并报告工作,审计业务以上级审计机关领导为主。

第十条　审计机关根据工作需要,经本级人民政府批准,可以在其审计管辖范围内设立派出机构。

派出机构根据审计机关的授权,依法进行审计工作。

第十一条　审计机关履行职责所必需的经费,应当列入财政预算,由本级人民政府予以保证。

第十二条　审计人员应当具备与其从事的审计工作相适应的专业知识和业务能力。

第十三条　审计人员办理审计事项,与被审计单位或者审计事项有利害关系的,应当回避。

第十四条　审计人员对其在执行职务中知悉的国家秘密和被审计单位的商业秘密,负有保密的义务。

第十五条　审计人员依法执行职务,受法律保护。

任何组织和个人不得拒绝、阻碍审计人员依法执行职务,不得打击报复审计人员。

审计机关负责人依照法定程序任免。审计机关负责人没有违法失职或者其他不符合任职条件的情况的,不得随意撤换。

地方各级审计机关负责人的任免,应当事先征求上一级审计机关的意见。

第三章　审计机关职责

第十六条　审计机关对本级各部门(含直属单位)和下级政府预算的执行情况和决算以及其他财政收支情况,进行审计监督。

第十七条　审计署在国务院总理领导下,对中央预算执行情况和其他财政收支情况进行审计监督,向国务院总理提出审计结果报告。

地方各级审计机关分别在省长、自治区主席、市长、州长、县长、区长和上一级审计机关的领导下,对本级预算执行情况和其他财政收支情况进行审计监督,向本级人民政府和上一级审计机关提出审计结果报告。

第十八条　审计署对中央银行的财务收支,进行审计监督。

审计机关对国有金融机构的资产、负债、损益,进行审计监督。

第十九条　审计机关对国家的事业组织和使用财政资金的其他事业组织的财务收支,进行审计监督。

第二十条　审计机关对国有企业的资产、负债、损益,进行审计监督。

第二十一条　对国有资本占控股地位或者主导地位的企业、金融机构的审计监督,由国务院规定。

第二十二条　审计机关对政府投资和以政府投资为主的建设项目的预算执行情况和决算,进行审计监督。

第二十三条　审计机关对政府部门管理的和其他单位受

政府委托管理的社会保障基金、社会捐赠资金以及其他有关基金、资金的财务收支,进行审计监督。

第二十四条 审计机关对国际组织和外国政府援助、贷款项目的财务收支,进行审计监督。

第二十五条 审计机关按照国家有关规定,对国家机关和依法属于审计机关审计监督对象的其他单位的主要负责人,在任职期间对本地区、本部门或者本单位的财政收支、财务收支以及有关经济活动应负经济责任的履行情况,进行审计监督。

第二十六条 除本法规定的审计事项外,审计机关对其他法律、行政法规规定应当由审计机关进行审计的事项,依照本法和有关法律、行政法规的规定进行审计监督。

第二十七条 审计机关有权对与国家财政收支有关的特定事项,向有关地方、部门、单位进行专项审计调查,并向本级人民政府和上一级审计机关报告审计调查结果。

第二十八条 审计机关根据被审计单位的财政、财务隶属关系或者国有资产监督管理关系,确定审计管辖范围。

审计机关之间对审计管辖范围有争议的,由其共同的上级审计机关确定。

上级审计机关可以将其审计管辖范围内的本法第十八条第二款至第二十五条规定的审计事项,授权下级审计机关进行审计;上级审计机关对下级审计机关审计管辖范围内的重大审计事项,可以直接进行审计,但是应当防止不必要的重复审计。

第二十九条 依法属于审计机关审计监督对象的单位,应当按照国家有关规定建立健全内部审计制度;其内部审计工作应当接受审计机关的业务指导和监督。

第三十条 社会审计机构审计的单位依法属于审计机关审计监督对象的,审计机关按照国务院的规定,有权对该社会审计机构出具的相关审计报告进行核查。

第四章　审计机关权限

第三十一条　审计机关有权要求被审计单位按照审计机关的规定提供预算或者财务收支计划、预算执行情况、决算、财务会计报告，运用电子计算机储存、处理的财政收支、财务收支电子数据和必要的电子计算机技术文档，在金融机构开立账户的情况，社会审计机构出具的审计报告，以及其他与财政收支或者财务收支有关的资料，被审计单位不得拒绝、拖延、谎报。

被审计单位负责人对本单位提供的财务会计资料的真实性和完整性负责。

第三十二条　审计机关进行审计时，有权检查被审计单位的会计凭证、会计账簿、财务会计报告和运用电子计算机管理财政收支、财务收支电子数据的系统，以及其他与财政收支、财务收支有关的资料和资产，被审计单位不得拒绝。

第三十三条　审计机关进行审计时，有权就审计事项的有关问题向有关单位和个人进行调查，并取得有关证明材料。有关单位和个人应当支持、协助审计机关工作，如实向审计机关反映情况，提供有关证明材料。

审计机关经县级以上人民政府审计机关负责人批准，有权查询被审计单位在金融机构的账户。

审计机关有证据证明被审计单位以个人名义存储公款的，经县级以上人民政府审计机关主要负责人批准，有权查询被审计单位以个人名义在金融机构的存款。

第三十四条　审计机关进行审计时，被审计单位不得转移、隐匿、篡改、毁弃会计凭证、会计账簿、财务会计报告以及其他与财政收支或者财务收支有关的资料，不得转移、隐匿所持有的违反国家规定取得的资产。

审计机关对被审计单位违反前款规定的行为，有权予以制止；必要时，经县级以上人民政府审计机关负责人批准，有权封存有关资料和违反国家规定取得的资产；对其中在金融机构的有关存款需要予以冻结的,应当向人民法院提出申请。

审计机关对被审计单位正在进行的违反国家规定的财政收支、财务收支行为,有权予以制止;制止无效的,经县级以上人民政府审计机关负责人批准,通知财政部门和有关主管部门暂停拨付与违反国家规定的财政收支、财务收支行为直接有关的款项,已经拨付的,暂停使用。

审计机关采取前两款规定的措施不得影响被审计单位合法的业务活动和生产经营活动。

第三十五条　审计机关认为被审计单位所执行的上级主管部门有关财政收支、财务收支的规定与法律、行政法规相抵触的,应当建议有关主管部门纠正;有关主管部门不予纠正的,审计机关应当提请有权处理的机关依法处理。

第三十六条　审计机关可以向政府有关部门通报或者向社会公布审计结果。

审计机关通报或者公布审计结果,应当依法保守国家秘密和被审计单位的商业秘密,遵守国务院的有关规定。

第三十七条　审计机关履行审计监督职责,可以提请公安、监察、财政、税务、海关、价格、工商行政管理等机关予以协助。

第五章　审计程序

第三十八条　审计机关根据审计项目计划确定的审计事项组成审计组,并应当在实施审计三日前,向被审计单位送达审计通知书;遇有特殊情况,经本级人民政府批准,审计机关可以直接持审计通知书实施审计。

被审计单位应当配合审计机关的工作,并提供必要的工作条件。

审计机关应当提高审计工作效率。

第三十九条　审计人员通过审查会计凭证、会计账簿、财务会计报告,查阅与审计事项有关的文件、资料,检查现金、实物、有价证券,向有关单位和个人调查等方式进行审计,并取得证明材料。

审计人员向有关单位和个人进行调查时,应当出示审计人员的工作证件和审计通知书副本。

第四十条 审计组对审计事项实施审计后,应当向审计机关提出审计组的审计报告。审计组的审计报告报送审计机关前,应当征求被审计对象的意见。被审计对象应当自接到审计组的审计报告之日起十日内,将其书面意见送交审计组。审计组应当将被审计对象的书面意见一并报送审计机关。

第四十一条 审计机关按照审计署规定的程序对审计组的审计报告进行审议,并对被审计对象对审计组的审计报告提出的意见一并研究后,提出审计机关的审计报告;对违反国家规定的财政收支、财务收支行为,依法应当给予处理、处罚的,在法定职权范围内作出审计决定或者向有关主管机关提出处理、处罚的意见。

审计机关应当将审计机关的审计报告和审计决定送达被审计单位和有关主管机关、单位。审计决定自送达之日起生效。

第四十二条 上级审计机关认为下级审计机关作出的审计决定违反国家有关规定的,可以责成下级审计机关予以变更或者撤销,必要时也可以直接作出变更或者撤销的决定。

第六章 法律责任

第四十三条 被审计单位违反本法规定,拒绝或者拖延提供与审计事项有关的资料的,或者提供的资料不真实、不完整的,或者拒绝、阻碍检查的,由审计机关责令改正,可以通报批评,给予警告;拒不改正的,依法追究责任。

第四十四条 被审计单位违反本法规定,转移、隐匿、篡改、毁弃会计凭证、会计账簿、财务会计报告以及其他与财政收支、财务收支有关的资料,或者转移、隐匿所持有的违反国家规定取得的资产,审计机关认为对直接负责的主管人员和其他直接责任人员依法应当给予处分的,应当提出给予处分的建议,被审计单位或者其上级机关、监察机关应当依法及时作出决定,并将结果书面通知审计机关;构成犯罪的,依法追究刑事责任。

第四十五条　对本级各部门(含直属单位)和下级政府违反预算的行为或者其他违反国家规定的财政收支行为,审计机关、人民政府或者有关主管部门在法定职权范围内,依照法律、行政法规的规定,区别情况采取下列处理措施:

(一)责令限期缴纳应当上缴的款项;

(二)责令限期退还被侵占的国有资产;

(三)责令限期退还违法所得;

(四)责令按照国家统一的会计制度的有关规定进行处理;

(五)其他处理措施。

第四十六条　对被审计单位违反国家规定的财务收支行为,审计机关、人民政府或者有关主管部门在法定职权范围内,依照法律、行政法规的规定,区别情况采取前条规定的处理措施,并可以依法给予处罚。

第四十七条　审计机关在法定职权范围内作出的审计决定,被审计单位应当执行。

审计机关依法责令被审计单位上缴应当上缴的款项,被审计单位拒不执行的,审计机关应当通报有关主管部门,有关主管部门应当依照有关法律、行政法规的规定予以扣缴或者采取其他处理措施,并将结果书面通知审计机关。

第四十八条　被审计单位对审计机关作出的有关财务收支的审计决定不服的,可以依法申请行政复议或者提起行政诉讼。

被审计单位对审计机关作出的有关财政收支的审计决定不服的,可以提请审计机关的本级人民政府裁决,本级人民政府的裁决为最终决定。

第四十九条　被审计单位的财政收支、财务收支违反国家规定,审计机关认为对直接负责的主管人员和其他直接责任人员依法应当给予处分的,应当提出给予处分的建议,被审计单位或者其上级机关、监察机关应当依法及时作出决定,并将结果书面通知审计机关。

第五十条　被审计单位的财政收支、财务收支违反法律、行政法规的规定,构成犯罪的,依法追究刑事责任。

第五十一条　报复陷害审计人员的,依法给予处分;构成犯罪的,依法追究刑事责任。

第五十二条　审计人员滥用职权、徇私舞弊、玩忽职守或者泄露所知悉的国家秘密、商业秘密的,依法给予处分;构成犯罪的,依法追究刑事责任。

第七章　附　则

第五十三条　中国人民解放军审计工作的规定,由中央军事委员会根据本法制定。

第五十四条　本法自 1995 年 1 月 1 日起施行。1988 年 11 月 30 日国务院发布的《中华人民共和国审计条例》同时废止。

中华人民共和国保险法

（1995 年 6 月 30 日第八届全国人民代表大会常务委员会第十四次会议通过　根据 2002 年 10 月 28 日第九届全国人民代表大会常务委员会第三十次会议《关于修改〈中华人民共和国保险法〉的决定》第一次修正　2009 年 2 月 28 日第十一届全国人民代表大会常务委员会第七次会议修订　根据 2014 年 8 月 31 日第十二届全国人民代表大会常务委员会第十次会议《关于修改〈中华人民共和国保险法〉等五部法律的决定》第二次修正　根据 2015 年 4 月 24 日第十二届全国人民代表大会常务委员会第十四次会议《关于修改〈中华人民共和国计量法〉等五部法律的决定》第三次修正）

第一章　总　则

　　第一条　为了规范保险活动，保护保险活动当事人的合法权益，加强对保险业的监督管理，维护社会经济秩序和社会公共利益，促进保险事业的健康发展，制定本法。

　　第二条　本法所称保险，是指投保人根据合同约定，向保险人支付保险费，保险人对于合同约定的可能发生的事故因其发生所造成的财产损失承担赔偿保险金责任，或者当被保险人死亡、伤残、疾病或者达到合同约定的年龄、期限等条件时承担给付保险金责任的商业保险行为。

　　第三条　在中华人民共和国境内从事保险活动，适用本法。

　　第四条　从事保险活动必须遵守法律、行政法规，尊重社会公德，不得损害社会公共利益。

　　第五条　保险活动当事人行使权利、履行义务应当遵循诚实信用原则。

第六条 保险业务由依照本法设立的保险公司以及法律、行政法规规定的其他保险组织经营,其他单位和个人不得经营保险业务。

第七条 在中华人民共和国境内的法人和其他组织需要办理境内保险的,应当向中华人民共和国境内的保险公司投保。

第八条 保险业和银行业、证券业、信托业实行分业经营、分业管理,保险公司与银行、证券、信托业务机构分别设立。国家另有规定的除外。

第九条 国务院保险监督管理机构依法对保险业实施监督管理。

国务院保险监督管理机构根据履行职责的需要设立派出机构。派出机构按照国务院保险监督管理机构的授权履行监督管理职责。

第二章 保险合同

第一节 一般规定

第十条 保险合同是投保人与保险人约定保险权利义务关系的协议。

投保人是指与保险人订立保险合同,并按照合同约定负有支付保险费义务的人。

保险人是指与投保人订立保险合同,并按照合同约定承担赔偿或者给付保险金责任的保险公司。

第十一条 订立保险合同,应当协商一致,遵循公平原则确定各方的权利和义务。

除法律、行政法规规定必须保险的外,保险合同自愿订立。

第十二条 人身保险的投保人在保险合同订立时,对被保险人应当具有保险利益。

财产保险的被保险人在保险事故发生时,对保险标的应当具有保险利益。

人身保险是以人的寿命和身体为保险标的的保险。

财产保险是以财产及其有关利益为保险标的的保险。

被保险人是指其财产或者人身受保险合同保障,享有保险金请求权的人。投保人可以为被保险人。

保险利益是指投保人或者被保险人对保险标的具有的法律上承认的利益。

第十三条　投保人提出保险要求,经保险人同意承保,保险合同成立。保险人应当及时向投保人签发保险单或者其他保险凭证。

保险单或者其他保险凭证应当载明当事人双方约定的合同内容。当事人也可以约定采用其他书面形式载明合同内容。

依法成立的保险合同,自成立时生效。投保人和保险人可以对合同的效力约定附条件或者附期限。

第十四条　保险合同成立后,投保人按照约定交付保险费,保险人按照约定的时间开始承担保险责任。

第十五条　除本法另有规定或者保险合同另有约定外,保险合同成立后,投保人可以解除合同,保险人不得解除合同。

第十六条　订立保险合同,保险人就保险标的或者被保险人的有关情况提出询问的,投保人应当如实告知。

投保人故意或者因重大过失未履行前款规定的如实告知义务,足以影响保险人决定是否同意承保或者提高保险费率的,保险人有权解除合同。

前款规定的合同解除权,自保险人知道有解除事由之日起,超过三十日不行使而消灭。自合同成立之日起超过二年的,保险人不得解除合同;发生保险事故的,保险人应当承担赔偿或者给付保险金的责任。

投保人故意不履行如实告知义务的,保险人对于合同解除前发生的保险事故,不承担赔偿或者给付保险金的责任,并不退还保险费。

投保人因重大过失未履行如实告知义务，对保险事故的发生有严重影响的，保险人对于合同解除前发生的保险事故，不承担赔偿或者给付保险金的责任，但应当退还保险费。

保险人在合同订立时已经知道投保人未如实告知的情况的，保险人不得解除合同；发生保险事故的，保险人应当承担赔偿或者给付保险金的责任。

保险事故是指保险合同约定的保险责任范围内的事故。

第十七条 订立保险合同，采用保险人提供的格式条款的，保险人向投保人提供的投保单应当附格式条款，保险人应当向投保人说明合同的内容。

对保险合同中免除保险人责任的条款，保险人在订立合同时应当在投保单、保险单或者其他保险凭证上作出足以引起投保人注意的提示，并对该条款的内容以书面或者口头形式向投保人作出明确说明；未作提示或者明确说明的，该条款不产生效力。

第十八条 保险合同应当包括下列事项：

（一）保险人的名称和住所；

（二）投保人、被保险人的姓名或者名称、住所，以及人身保险的受益人的姓名或者名称、住所；

（二）保险标的；

（四）保险责任和责任免除；

（五）保险期间和保险责任开始时间；

（六）保险金额；

（七）保险费以及支付办法；

（八）保险金赔偿或者给付办法；

（九）违约责任和争议处理；

（十）订立合同的年、月、日。

投保人和保险人可以约定与保险有关的其他事项。

受益人是指人身保险合同中由被保险人或者投保人指定的享有保险金请求权的人。投保人、被保险人可以为受益人。

保险金额是指保险人承担赔偿或者给付保险金责任的最

高限额。

第十九条　采用保险人提供的格式条款订立的保险合同中的下列条款无效：

（一）免除保险人依法应承担的义务或者加重投保人、被保险人责任的；

（二）排除投保人、被保险人或者受益人依法享有的权利的。

第二十条　投保人和保险人可以协商变更合同内容。

变更保险合同的，应当由保险人在保险单或者其他保险凭证上批注或附贴批单，或者由投保人和保险人订立变更的书面协议。

第二十一条　投保人、被保险人或者受益人知道保险事故发生后，应当及时通知保险人。故意或者因重大过失未及时通知，致使保险事故的性质、原因、损失程度等难以确定的，保险人对无法确定的部分，不承担赔偿或者给付保险金的责任，但保险人通过其他途径已经及时知道或者应当及时知道保险事故发生的除外。

第二十二条　保险事故发生后，按照保险合同请求保险人赔偿或者给付保险金时，投保人、被保险人或者受益人应当向保险人提供其所能提供的与确认保险事故的性质、原因、损失程度等有关的证明和资料。

保险人按照合同的约定，认为有关的证明和资料不完整的，应当及时一次性通知投保人、被保险人或者受益人补充提供。

第二十三条　保险人收到被保险人或者受益人的赔偿或者给付保险金的请求后，应当及时作出核定；情形复杂的，应当在三十日内作出核定，但合同另有约定的除外。保险人应当将核定结果通知被保险人或者受益人；对属于保险责任的，在与被保险人或者受益人达成赔偿或者给付保险金的协议后十日内，履行赔偿或者给付保险金义务。保险合同对赔偿或者给付保险金的期限有约定的，保险人应当按照约定履行赔偿或者给付保险金义务。

保险人未及时履行前款规定义务的,除支付保险金外,应当赔偿被保险人或者受益人因此受到的损失。

任何单位和个人不得非法干预保险人履行赔偿或者给付保险金的义务,也不得限制被保险人或者受益人取得保险金的权利。

第二十四条 保险人依照本法第二十三条的规定作出核定后,对不属于保险责任的,应当自作出核定之日起三日内向被保险人或者受益人发出拒绝赔偿或者拒绝给付保险金通知书,并说明理由。

第二十五条 保险人自收到赔偿或者给付保险金的请求和有关证明、资料之日起六十日内,对其赔偿或者给付保险金的数额不能确定的,应当根据已有证明和资料可以确定的数额先予支付;保险人最终确定赔偿或者给付保险金的数额后,应当支付相应的差额。

第二十六条 人寿保险以外的其他保险的被保险人或者受益人,向保险人请求赔偿或者给付保险金的诉讼时效期间为二年,自其知道或者应当知道保险事故发生之日起计算。

人寿保险的被保险人或者受益人向保险人请求给付保险金的诉讼时效期间为五年,自其知道或者应当知道保险事故发生之日起计算。

第二十七条 未发生保险事故,被保险人或者受益人谎称发生了保险事故,向保险人提出赔偿或者给付保险金请求的,保险人有权解除合同,并不退还保险费。

投保人、被保险人故意制造保险事故的,保险人有权解除合同,不承担赔偿或者给付保险金的责任;除本法第四十三条规定外,不退还保险费。

保险事故发生后,投保人、被保险人或者受益人以伪造、变造的有关证明、资料或者其他证据,编造虚假的事故原因或者夸大损失程度的,保险人对其虚报的部分不承担赔偿或者给付保险金的责任。

投保人、被保险人或者受益人有前三款规定行为之一,致使保险人支付保险金或者支出费用的,应当退回或者赔偿。

第二十八条　保险人将其承担的保险业务，以分保形式部分转移给其他保险人的，为再保险。

应再保险接受人的要求，再保险分出人应当将其自负责任及原保险的有关情况书面告知再保险接受人。

第二十九条　再保险接受人不得向原保险的投保人要求支付保险费。

原保险的被保险人或者受益人不得向再保险接受人提出赔偿或者给付保险金的请求。

再保险分出人不得以再保险接受人未履行再保险责任为由，拒绝履行或者迟延履行其原保险责任。

第三十条　采用保险人提供的格式条款订立的保险合同，保险人与投保人、被保险人或者受益人对合同条款有争议的，应当按照通常理解予以解释。对合同条款有两种以上解释的，人民法院或者仲裁机构应当作出有利于被保险人和受益人的解释。

第二节　人身保险合同

第三十一条　投保人对下列人员具有保险利益：

（一）本人；

（二）配偶、子女、父母；

（三）前项以外与投保人有抚养、赡养或者扶养关系的家庭其他成员、近亲属；

（四）与投保人有劳动关系的劳动者。

除前款规定外，被保险人同意投保人为其订立合同的，视为投保人对被保险人具有保险利益。

订立合同时，投保人对被保险人不具有保险利益的，合同无效。

第三十二条　投保人申报的被保险人年龄不真实，并且其真实年龄不符合合同约定的年龄限制的，保险人可以解除合同，并按照合同约定退还保险单的现金价值。保险人行使合同解除权，适用本法第十六条第三款、第六款的规定。

投保人申报的被保险人年龄不真实，致使投保人支付的保险费少于应付保险费的，保险人有权更正并要求投保人补交保险费，或者在给付保险金时按照实付保险费与应付保险费的比例支付。

投保人申报的被保险人年龄不真实，致使投保人支付的保险费多于应付保险费的，保险人应当将多收的保险费退还投保人。

第三十三条 投保人不得为无民事行为能力人投保以死亡为给付保险金条件的人身保险，保险人也不得承保。

父母为其未成年子女投保的人身保险，不受前款规定限制。但是，因被保险人死亡给付的保险金总和不得超过国务院保险监督管理机构规定的限额。

第三十四条 以死亡为给付保险金条件的合同，未经被保险人同意并认可保险金额的，合同无效。

按照以死亡为给付保险金条件的合同所签发的保险单，未经被保险人书面同意，不得转让或者质押。

父母为其未成年子女投保的人身保险，不受本条第一款规定限制。

第三十五条 投保人可以按照合同约定向保险人一次支付全部保险费或者分期支付保险费。

第三十六条 合同约定分期支付保险费，投保人支付首期保险费后，除合同另有约定外，投保人自保险人催告之日起超过三十日未支付当期保险费，或者超过约定的期限六十日未支付当期保险费的，合同效力中止，或者由保险人按照合同约定的条件减少保险金额。

被保险人在前款规定期限内发生保险事故的，保险人应当按照合同约定给付保险金，但可以扣减欠交的保险费。

第三十七条 合同效力依照本法第三十六条规定中止的，经保险人与投保人协商并达成协议，在投保人补交保险费后，合同效力恢复。但是，自合同效力中止之日起满二年双方未达成协议的，保险人有权解除合同。

保险人依照前款规定解除合同的，应当按照合同约定退还保险单的现金价值。

第三十八条　保险人对人寿保险的保险费,不得用诉讼方式要求投保人支付。

第三十九条　人身保险的受益人由被保险人或者投保人指定。

投保人指定受益人时须经被保险人同意。投保人为与其有劳动关系的劳动者投保人身保险,不得指定被保险人及其近亲属以外的人为受益人。

被保险人为无民事行为能力人或者限制民事行为能力人的,可以由其监护人指定受益人。

第四十条　被保险人或者投保人可以指定一人或者数人为受益人。

受益人为数人的,被保险人或者投保人可以确定受益顺序和受益份额;未确定受益份额的,受益人按照相等份额享有受益权。

第四十一条　被保险人或者投保人可以变更受益人并书面通知保险人。保险人收到变更受益人的书面通知后,应当在保险单或者其他保险凭证上批注或者附贴批单。

投保人变更受益人时须经被保险人同意。

第四十二条　被保险人死亡后,有下列情形之一的,保险金作为被保险人的遗产,由保险人依照《中华人民共和国继承法》的规定履行给付保险金的义务:

(一)没有指定受益人,或者受益人指定不明无法确定的;

(二)受益人先于被保险人死亡,没有其他受益人的;

(三)受益人依法丧失受益权或者放弃受益权,没有其他受益人的。

受益人与被保险人在同一事件中死亡,且不能确定死亡先后顺序的,推定受益人死亡在先。

第四十三条　投保人故意造成被保险人死亡、伤残或者疾病的,保险人不承担给付保险金的责任。投保人已交足二年以上保险费的,保险人应当按照合同约定向其他权利人退还保险单的现金价值。

受益人故意造成被保险人死亡、伤残、疾病的,或者故意杀害被保险人未遂的,该受益人丧失受益权。

第四十四条 以被保险人死亡为给付保险金条件的合同,自合同成立或者合同效力恢复之日起二年内,被保险人自杀的,保险人不承担给付保险金的责任,但被保险人自杀时为无民事行为能力人的除外。

保险人依照前款规定不承担给付保险金责任的,应当按照合同约定退还保险单的现金价值。

第四十五条 因被保险人故意犯罪或者抗拒依法采取的刑事强制措施导致其伤残或者死亡的,保险人不承担给付保险金的责任。投保人已交足二年以上保险费的,保险人应当按照合同约定退还保险单的现金价值。

第四十六条 被保险人因第三者的行为而发生死亡、伤残或者疾病等保险事故的,保险人向被保险人或者受益人给付保险金后,不享有向第三者追偿的权利,但被保险人或者受益人仍有权向第三者请求赔偿。

第四十七条 投保人解除合同的,保险人应当自收到解除合同通知之日起三十日内,按照合同约定退还保险单的现金价值。

第三节 财产保险合同

第四十八条 保险事故发生时,被保险人对保险标的不具有保险利益的,不得向保险人请求赔偿保险金。

第四十九条 保险标的转让的,保险标的的受让人承继被保险人的权利和义务。

保险标的转让的,被保险人或者受让人应当及时通知保险人,但货物运输保险合同和另有约定的合同除外。

因保险标的的转让导致危险程度显著增加的,保险人自收到前款规定的通知之日起三十日内,可以按照合同约定增加保险费或者解除合同。保险人解除合同的,应当将已收取的保险费,按照合同约定扣除自保险责任开始之日起至合同解除之日止应收的部分后,退还投保人。

被保险人、受让人未履行本条第二款规定的通知义务的,因转让导致保险标的的危险程度显著增加而发生的保险事故,保险人不承担赔偿保险金的责任。

第五十条　货物运输保险合同和运输工具航程保险合同,保险责任开始后,合同当事人不得解除合同。

第五十一条　被保险人应当遵守国家有关消防、安全、生产操作、劳动保护等方面的规定,维护保险标的的安全。

保险人可以按照合同约定对保险标的的安全状况进行检查,及时向投保人、被保险人提出消除不安全因素和隐患的书面建议。

投保人、被保险人未按照约定履行其对保险标的的安全应尽责任的,保险人有权要求增加保险费或者解除合同。

保险人为维护保险标的的安全,经被保险人同意,可以采取安全预防措施。

第五十二条　在合同有效期内,保险标的的危险程度显著增加的,被保险人应当按照合同约定及时通知保险人,保险人可以按照合同约定增加保险费或者解除合同。保险人解除合同的,应当将已收取的保险费,按照合同约定扣除自保险责任开始之日起至合同解除之日止应收的部分后,退还投保人。

被保险人未履行前款规定的通知义务的,因保险标的的危险程度显著增加而发生的保险事故,保险人不承担赔偿保险金的责任。

第五十三条　有下列情形之一的,除合同另有约定外,保险人应当降低保险费,并按日计算退还相应的保险费:

(一)据以确定保险费率的有关情况发生变化,保险标的的危险程度明显减少的;

(二)保险标的的保险价值明显减少的。

第五十四条　保险责任开始前,投保人要求解除合同的,应当按照合同约定向保险人支付手续费,保险人应当退还保险费。保险责任开始后,投保人要求解除合同的,保险人应当将已收取的保险费,按照合同约定扣除自保险责任开始之日起至合同解除之日止应收的部分后,退还投保人。

第五十五条 投保人和保险人约定保险标的的保险价值并在合同中载明的,保险标的发生损失时,以约定的保险价值为赔偿计算标准。

投保人和保险人未约定保险标的的保险价值的,保险标的发生损失时,以保险事故发生时保险标的的实际价值为赔偿计算标准。

保险金额不得超过保险价值。超过保险价值的,超过部分无效,保险人应当退还相应的保险费。

保险金额低于保险价值的,除合同另有约定外,保险人按照保险金额与保险价值的比例承担赔偿保险金的责任。

第五十六条 重复保险的投保人应当将重复保险的有关情况通知各保险人。

重复保险的各保险人赔偿保险金的总和不得超过保险价值。除合同另有约定外,各保险人按照其保险金额与保险金额总和的比例承担赔偿保险金的责任。

重复保险的投保人可以就保险金额总和超过保险价值的部分,请求各保险人按比例返还保险费。

重复保险是指投保人对同一保险标的、同一保险利益、同一保险事故分别与两个以上保险人订立保险合同,且保险金额总和超过保险价值的保险。

第五十七条 保险事故发生时,被保险人应当尽力采取必要的措施,防止或者减少损失。

保险事故发生后,被保险人为防止或者减少保险标的的损失所支付的必要的、合理的费用,由保险人承担;保险人所承担的费用数额在保险标的损失赔偿金额以外另行计算,最高不超过保险金额的数额。

第五十八条 保险标的发生部分损失的,自保险人赔偿之日起三十日内,投保人可以解除合同;除合同另有约定外,保险人也可以解除合同,但应当提前十五日通知投保人。

合同解除的,保险人应当将保险标的未受损失部分的保险费,按照合同约定扣除自保险责任开始之日起至合同解除之日止应收的部分后,退还投保人。

第五十九条　保险事故发生后,保险人已支付了全部保险金额,并且保险金额等于保险价值的,受损保险标的的全部权利归于保险人;保险金额低于保险价值的,保险人按照保险金额与保险价值的比例取得受损保险标的的部分权利。

第六十条　因第三者对保险标的的损害而造成保险事故的,保险人自向被保险人赔偿保险金之日起,在赔偿金额范围内代位行使被保险人对第三者请求赔偿的权利。

前款规定的保险事故发生后,被保险人已经从第三者取得损害赔偿的,保险人赔偿保险金时,可以相应扣减被保险人从第三者已取得的赔偿金额。

保险人依照本条第一款规定行使代位请求赔偿的权利,不影响被保险人就未取得赔偿的部分向第三者请求赔偿的权利。

第六十一条　保险事故发生后,保险人未赔偿保险金之前,被保险人放弃对第三者请求赔偿的权利的,保险人不承担赔偿保险金的责任。

保险人向被保险人赔偿保险金后,被保险人未经保险人同意放弃对第三者请求赔偿的权利的,该行为无效。

被保险人故意或者因重大过失致使保险人不能行使代位请求赔偿的权利的,保险人可以扣减或者要求返还相应的保险金。

第六十二条　除被保险人的家庭成员或者其组成人员故意造成本法第六十条第一款规定的保险事故外,保险人不得对被保险人的家庭成员或者其组成人员行使代位请求赔偿的权利。

第六十三条　保险人向第三者行使代位请求赔偿的权利时,被保险人应当向保险人提供必要的文件和所知道的有关情况。

第六十四条　保险人、被保险人为查明和确定保险事故的性质、原因和保险标的的损失程度所支付的必要的、合理的费用,由保险人承担。

第六十五条 保险人对责任保险的被保险人给第三者造成的损害,可以依照法律的规定或者合同的约定,直接向该第三者赔偿保险金。

责任保险的被保险人给第三者造成损害,被保险人对第三者应负的赔偿责任确定的,根据被保险人的请求,保险人应当直接向该第三者赔偿保险金。被保险人怠于请求的,第三者有权就其应获赔偿部分直接向保险人请求赔偿保险金。

责任保险的被保险人给第三者造成损害,被保险人未向该第三者赔偿的,保险人不得向被保险人赔偿保险金。

责任保险是指以被保险人对第三者依法应负的赔偿责任为保险标的的保险。

第六十六条 责任保险的被保险人因给第三者造成损害的保险事故而被提起仲裁或者诉讼的,被保险人支付的仲裁或者诉讼费用以及其他必要的、合理的费用,除合同另有约定外,由保险人承担。

第三章 保险公司

第六十七条 设立保险公司应当经国务院保险监督管理机构批准。

国务院保险监督管理机构审查保险公司的设立申请时,应当考虑保险业的发展和公平竞争的需要。

第六十八条 设立保险公司应当具备下列条件:

(一)主要股东具有持续盈利能力,信誉良好,最近三年内无重大违法违规记录,净资产不低于人民币二亿元;

(二)有符合本法和《中华人民共和国公司法》规定的章程;

(三)有符合本法规定的注册资本;

(四)有具备任职专业知识和业务工作经验的董事、监事和高级管理人员;

(五)有健全的组织机构和管理制度;

(六)有符合要求的营业场所和与经营业务有关的其他

设施；

（七）法律、行政法规和国务院保险监督管理机构规定的其他条件。

第六十九条　设立保险公司，其注册资本的最低限额为人民币二亿元。

国务院保险监督管理机构根据保险公司的业务范围、经营规模，可以调整其注册资本的最低限额，但不得低于本条第一款规定的限额。

保险公司的注册资本必须为实缴货币资本。

第七十条　申请设立保险公司，应当向国务院保险监督管理机构提出书面申请，并提交下列材料：

（一）设立申请书，申请书应当载明拟设立的保险公司的名称、注册资本、业务范围等；

（二）可行性研究报告；

（三）筹建方案；

（四）投资人的营业执照或者其他背景资料，经会计师事务所审计的上一年度财务会计报告；

（五）投资人认可的筹备组负责人和拟任董事长、经理名单及本人认可证明；

（六）国务院保险监督管理机构规定的其他材料。

第七十一条　国务院保险监督管理机构应当对设立保险公司的申请进行审查，自受理之日起六个月内作出批准或者不批准筹建的决定，并书面通知申请人。决定不批准的，应当书面说明理由。

第七十二条　申请人应当自收到批准筹建通知之日起一年内完成筹建工作；筹建期间不得从事保险经营活动。

第七十三条　筹建工作完成后，申请人具备本法第六十八条规定的设立条件的，可以向国务院保险监督管理机构提出开业申请。

国务院保险监督管理机构应当自受理开业申请之日起六十日内，作出批准或者不批准开业的决定。决定批准的，颁发经营保险业务许可证；决定不批准的，应当书面通知申请人并说明理由。

第七十四条 保险公司在中华人民共和国境内设立分支机构，应当经保险监督管理机构批准。

保险公司分支机构不具有法人资格，其民事责任由保险公司承担。

第七十五条 保险公司申请设立分支机构，应当向保险监督管理机构提出书面申请，并提交下列材料：

（一）设立申请书；

（二）拟设机构三年业务发展规划和市场分析材料；

（三）拟任高级管理人员的简历及相关证明材料；

（四）国务院保险监督管理机构规定的其他材料。

第七十六条 保险监督管理机构应当对保险公司设立分支机构的申请进行审查，自受理之日起六十日内作出批准或者不批准的决定。决定批准的，颁发分支机构经营保险业务许可证；决定不批准的，应当书面通知申请人并说明理由。

第七十七条 经批准设立的保险公司及其分支机构，凭经营保险业务许可证向工商行政管理机关办理登记，领取营业执照。

第七十八条 保险公司及其分支机构自取得经营保险业务许可证之日起六个月内，无正当理由未向工商行政管理机关办理登记的，其经营保险业务许可证失效。

第七十九条 保险公司在中华人民共和国境外设立子公司、分支机构，应当经国务院保险监督管理机构批准。

第八十条 外国保险机构在中华人民共和国境内设立代表机构，应当经国务院保险监督管理机构批准。代表机构不得从事保险经营活动。

第八十一条 保险公司的董事、监事和高级管理人员，应当品行良好，熟悉与保险相关的法律、行政法规，具有履行职责所需的经营管理能力，并在任职前取得保险监督管理机构核准的任职资格。

保险公司高级管理人员的范围由国务院保险监督管理机构规定。

第八十二条　有《中华人民共和国公司法》第一百四十六条规定的情形或者下列情形之一的，不得担任保险公司的董事、监事、高级管理人员：

（一）因违法行为或者违纪行为被金融监督管理机构取消任职资格的金融机构的董事、监事、高级管理人员，自被取消任职资格之日起未逾五年的；

（二）因违法行为或者违纪行为被吊销执业资格的律师、注册会计师或者资产评估机构、验证机构等机构的专业人员，自被吊销执业资格之日起未逾五年的。

第八十三条　保险公司的董事、监事、高级管理人员执行公司职务时违反法律、行政法规或者公司章程的规定，给公司造成损失的，应当承担赔偿责任。

第八十四条　保险公司有下列情形之一的，应当经保险监督管理机构批准：

（一）变更名称；

（二）变更注册资本；

（三）变更公司或者分支机构的营业场所；

（四）撤销分支机构；

（五）公司分立或者合并；

（六）修改公司章程；

（七）变更出资额占有限责任公司资本总额百分之五以上的股东，或者变更持有股份有限公司股份百分之五以上的股东；

（八）国务院保险监督管理机构规定的其他情形。

第八十五条　保险公司应当聘用专业人员，建立精算报告制度和合规报告制度。

第八十六条　保险公司应当按照保险监督管理机构的规定，报送有关报告、报表、文件和资料。

保险公司的偿付能力报告、财务会计报告、精算报告、合规报告及其他有关报告、报表、文件和资料必须如实记录保险业务事项，不得有虚假记载、误导性陈述和重大遗漏。

第八十七条　保险公司应当按照国务院保险监督管理机

构的规定妥善保管业务经营活动的完整账簿、原始凭证和有关资料。

前款规定的账簿、原始凭证和有关资料的保管期限,自保险合同终止之日起计算,保险期间在一年以下的不得少于五年,保险期间超过一年的不得少于十年。

第八十八条 保险公司聘请或者解聘会计师事务所、资产评估机构、资信评级机构等中介服务机构,应当向保险监督管理机构报告;解聘会计师事务所、资产评估机构、资信评级机构等中介服务机构,应当说明理由。

第八十九条 保险公司因分立、合并需要解散,或者股东会、股东大会决议解散,或者公司章程规定的解散事由出现,经国务院保险监督管理机构批准后解散。

经营有人寿保险业务的保险公司,除因分立、合并或者被依法撤销外,不得解散。

保险公司解散,应当依法成立清算组进行清算。

第九十条 保险公司有《中华人民共和国企业破产法》第二条规定情形的,经国务院保险监督管理机构同意,保险公司或者其债权人可以依法向人民法院申请重整、和解或者破产清算;国务院保险监督管理机构也可以依法向人民法院申请对该保险公司进行重整或者破产清算。

第九十一条 破产财产在优先清偿破产费用和共益债务后,按照下列顺序清偿:

(一)所欠职工工资和医疗、伤残补助、抚恤费用,所欠应当划入职工个人账户的基本养老保险、基本医疗保险费用,以及法律、行政法规规定应当支付给职工的补偿金;

(二)赔偿或者给付保险金;

(三)保险公司欠缴的除第(一)项规定以外的社会保险费用和所欠税款;

(四)普通破产债权。

破产财产不足以清偿同一顺序的清偿要求的,按照比例分配。

破产保险公司的董事、监事和高级管理人员的工资,按照该公司职工的平均工资计算。

第九十二条　经营有人寿保险业务的保险公司被依法撤销或者被依法宣告破产的,其持有的人寿保险合同及责任准备金,必须转让给其他经营有人寿保险业务的保险公司;不能同其他保险公司达成转让协议的,由国务院保险监督管理机构指定经营有人寿保险业务的保险公司接受转让。

转让或者由国务院保险监督管理机构指定接受转让前款规定的人寿保险合同及责任准备金的,应当维护被保险人、受益人的合法权益。

第九十三条　保险公司依法终止其业务活动,应当注销其经营保险业务许可证。

第九十四条　保险公司,除本法另有规定外,适用《中华人民共和国公司法》的规定。

第四章　保险经营规则

第九十五条　保险公司的业务范围:

(一)人身保险业务,包括人寿保险、健康保险、意外伤害保险等保险业务;

(二)财产保险业务,包括财产损失保险、责任保险、信用保险、保证保险等保险业务;

(三)国务院保险监督管理机构批准的与保险有关的其他业务。

保险人不得兼营人身保险业务和财产保险业务。但是,经营财产保险业务的保险公司经国务院保险监督管理机构批准,可以经营短期健康保险业务和意外伤害保险业务。

保险公司应当在国务院保险监督管理机构依法批准的业务范围内从事保险经营活动。

第九十六条　经国务院保险监督管理机构批准,保险公司可以经营本法第九十五条规定的保险业务的下列再保险业务:

(一)分出保险;

（二）分入保险。

第九十七条 保险公司应当按照其注册资本总额的百分之二十提取保证金，存入国务院保险监督管理机构指定的银行，除公司清算时用于清偿债务外，不得动用。

第九十八条 保险公司应当根据保障被保险人利益、保证偿付能力的原则，提取各项责任准备金。

保险公司提取和结转责任准备金的具体办法，由国务院保险监督管理机构制定。

第九十九条 保险公司应当依法提取公积金。

第一百条 保险公司应当缴纳保险保障基金。

保险保障基金应当集中管理，并在下列情形下统筹使用：

（一）在保险公司被撤销或者被宣告破产时，向投保人、被保险人或者受益人提供救济；

（二）在保险公司被撤销或者被宣告破产时，向依法接受其人寿保险合同的保险公司提供救济；

（三）国务院规定的其他情形。

保险保障基金筹集、管理和使用的具体办法，由国务院制定。

第一百零一条 保险公司应当具有与其业务规模和风险程度相适应的最低偿付能力。保险公司的认可资产减去认可负债的差额不得低于国务院保险监督管理机构规定的数额；低于规定数额的，应当按照国务院保险监督管理机构的要求采取相应措施达到规定的数额。

第一百零二条 经营财产保险业务的保险公司当年自留保险费，不得超过其实有资本金加公积金总和的四倍。

第一百零三条 保险公司对每一危险单位，即对一次保险事故可能造成的最大损失范围所承担的责任，不得超过其实有资本金加公积金总和的百分之十；超过的部分应当办理再保险。

保险公司对危险单位的划分应当符合国务院保险监督管理机构的规定。

第一百零四条 保险公司对危险单位的划分方法和巨灾

风险安排方案,应当报国务院保险监督管理机构备案。

第一百零五条　保险公司应当按照国务院保险监督管理机构的规定办理再保险,并审慎选择再保险接受人。

第一百零六条　保险公司的资金运用必须稳健,遵循安全性原则。

保险公司的资金运用限于下列形式:

(一)银行存款;

(二)买卖债券、股票、证券投资基金份额等有价证券;

(三)投资不动产;

(四)国务院规定的其他资金运用形式。

保险公司资金运用的具体管理办法,由国务院保险监督管理机构依照前两款的规定制定。

第一百零七条　经国务院保险监督管理机构会同国务院证券监督管理机构批准,保险公司可以设立保险资产管理公司。

保险资产管理公司从事证券投资活动,应当遵守《中华人民共和国证券法》等法律、行政法规的规定。

保险资产管理公司的管理办法,由国务院保险监督管理机构会同国务院有关部门制定

第一百零八条　保险公司应当按照国务院保险监督管理机构的规定,建立对关联交易的管理和信息披露制度。

第一百零九条　保险公司的控股股东、实际控制人、董事、监事、高级管理人员不得利用关联交易损害公司的利益。

第一百一十条　保险公司应当按照国务院保险监督管理机构的规定,真实、准确、完整地披露财务会计报告、风险管理状况、保险产品经营情况等重大事项。

第一百一十一条　保险公司从事保险销售的人员应当品行良好,具有保险销售所需的专业能力。保险销售人员的行为规范和管理办法,由国务院保险监督管理机构规定。

第一百一十二条　保险公司应当建立保险代理人登记管理制度,加强对保险代理人的培训和管理,不得唆使、诱导保险代理人进行违背诚信义务的活动。

第一百一十三条　保险公司及其分支机构应当依法使用经营保险业务许可证,不得转让、出租、出借经营保险业务许可证。

第一百一十四条　保险公司应当按照国务院保险监督管理机构的规定,公平、合理拟订保险条款和保险费率,不得损害投保人、被保险人和受益人的合法权益。

保险公司应当按照合同约定和本法规定,及时履行赔偿或者给付保险金义务。

第一百一十五条　保险公司开展业务,应当遵循公平竞争的原则,不得从事不正当竞争。

第一百一十六条　保险公司及其工作人员在保险业务活动中不得有下列行为:

(一)欺骗投保人、被保险人或者受益人;

(二)对投保人隐瞒与保险合同有关的重要情况;

(三)阻碍投保人履行本法规定的如实告知义务,或者诱导其不履行本法规定的如实告知义务;

(四)给予或者承诺给予投保人、被保险人、受益人保险合同约定以外的保险费回扣或者其他利益;

(五)拒不依法履行保险合同约定的赔偿或者给付保险金义务;

(六)故意编造未曾发生的保险事故、虚构保险合同或者故意夸大已经发生的保险事故的损失程度进行虚假理赔,骗取保险金或者牟取其他不正当利益;

(七)挪用、截留、侵占保险费;

(八)委托未取得合法资格的机构从事保险销售活动;

(九)利用开展保险业务为其他机构或者个人牟取不正当利益;

(十)利用保险代理人、保险经纪人或者保险评估机构,从事以虚构保险中介业务或者编造退保等方式套取费用等违法活动;

(十一)以捏造、散布虚假事实等方式损害竞争对手的商业信誉,或者以其他不正当竞争行为扰乱保险市场秩序;

（十二）泄露在业务活动中知悉的投保人、被保险人的商业秘密；

（十三）违反法律、行政法规和国务院保险监督管理机构规定的其他行为。

第五章　保险代理人和保险经纪人

第一百一十七条　保险代理人是根据保险人的委托，向保险人收取佣金，并在保险人授权的范围内代为办理保险业务的机构或者个人。

保险代理机构包括专门从事保险代理业务的保险专业代理机构和兼营保险代理业务的保险兼业代理机构。

第一百一十八条　保险经纪人是基于投保人的利益，为投保人与保险人订立保险合同提供中介服务，并依法收取佣金的机构。

第一百一十九条　保险代理机构、保险经纪人应当具备国务院保险监督管理机构规定的条件，取得保险监督管理机构颁发的经营保险代理业务许可证、保险经纪业务许可证。

第一百二十条　以公司形式设立保险专业代理机构、保险经纪人，其注册资本最低限额适用《中华人民共和国公司法》的规定。

国务院保险监督管理机构根据保险专业代理机构、保险经纪人的业务范围和经营规模，可以调整其注册资本的最低限额，但不得低于《中华人民共和国公司法》规定的限额。

保险专业代理机构、保险经纪人的注册资本或者出资额必须为实缴货币资本。

第一百二十一条　保险专业代理机构、保险经纪人的高级管理人员，应当品行良好，熟悉保险法律、行政法规，具有履行职责所需的经营管理能力，并在任职前取得保险监督管理机构核准的任职资格。

第一百二十二条　个人保险代理人、保险代理机构的代理从业人员、保险经纪人的经纪从业人员，应当品行良好，具有从事保险代理业务或者保险经纪业务所需的专业能力。

第一百二十三条 保险代理机构、保险经纪人应当有自己的经营场所,设立专门账簿记载保险代理业务、经纪业务的收支情况。

第一百二十四条 保险代理机构、保险经纪人应当按照国务院保险监督管理机构的规定缴存保证金或者投保职业责任保险。

第一百二十五条 个人保险代理人在代为办理人寿保险业务时,不得同时接受两个以上保险人的委托。

第一百二十六条 保险人委托保险代理人代为办理保险业务,应当与保险代理人签订委托代理协议,依法约定双方的权利和义务。

第一百二十七条 保险代理人根据保险人的授权代为办理保险业务的行为,由保险人承担责任。

保险代理人没有代理权、超越代理权或者代理权终止后以保险人名义订立合同,使投保人有理由相信其有代理权的,该代理行为有效。保险人可以依法追究越权的保险代理人的责任。

第一百二十八条 保险经纪人因过错给投保人、被保险人造成损失的,依法承担赔偿责任。

第一百二十九条 保险活动当事人可以委托保险公估机构等依法设立的独立评估机构或者具有相关专业知识的人员,对保险事故进行评估和鉴定。

接受委托对保险事故进行评估和鉴定的机构和人员,应当依法、独立、客观、公正地进行评估和鉴定,任何单位和个人不得干涉。

前款规定的机构和人员,因故意或者过失给保险人或者被保险人造成损失的,依法承担赔偿责任。

第一百三十条 保险佣金只限于向保险代理人、保险经纪人支付,不得向其他人支付。

第一百三十一条 保险代理人、保险经纪人及其从业人员在办理保险业务活动中不得有下列行为:

（一）欺骗保险人、投保人、被保险人或者受益人；

（二）隐瞒与保险合同有关的重要情况；

（三）阻碍投保人履行本法规定的如实告知义务，或者诱导其不履行本法规定的如实告知义务；

（四）给予或者承诺给予投保人、被保险人或者受益人保险合同约定以外的利益；

（五）利用行政权力、职务或者职业便利以及其他不正当手段强迫、引诱或者限制投保人订立保险合同；

（六）伪造、擅自变更保险合同，或者为保险合同当事人提供虚假证明材料；

（七）挪用、截留、侵占保险费或者保险金；

（八）利用业务便利为其他机构或者个人牟取不正当利益；

（九）串通投保人、被保险人或者受益人，骗取保险金；

（十）泄露在业务活动中知悉的保险人、投保人、被保险人的商业秘密。

第一百三十二条　本法第八十六条第一款、第一百一十三条的规定，适用于保险代理机构和保险经纪人。

第六章　保险业监督管理

第一百三十三条　保险监督管理机构依照本法和国务院规定的职责，遵循依法、公开、公正的原则，对保险业实施监督管理，维护保险市场秩序，保护投保人、被保险人和受益人的合法权益。

第一百三十四条　国务院保险监督管理机构依照法律、行政法规制定并发布有关保险业监督管理的规章。

第一百三十五条　关系社会公众利益的保险险种、依法实行强制保险的险种和新开发的人寿保险险种等的保险条款和保险费率，应当报国务院保险监督管理机构批准。国务院保险监督管理机构审批时，应当遵循保护社会公众利益和防止不正当竞争的原则。其他保险险种的保险条款和保险费率,应当报保险监督管理机构备案。

保险条款和保险费率审批、备案的具体办法,由国务院保险监督管理机构依照前款规定制定。

第一百三十六条 保险公司使用的保险条款和保险费率违反法律、行政法规或者国务院保险监督管理机构的有关规定的,由保险监督管理机构责令停止使用,限期修改;情节严重的,可以在一定期限内禁止申报新的保险条款和保险费率。

第一百三十七条 国务院保险监督管理机构应当建立健全保险公司偿付能力监管体系,对保险公司的偿付能力实施监控。

第一百三十八条 对偿付能力不足的保险公司,国务院保险监督管理机构应当将其列为重点监管对象,并可以根据具体情况采取下列措施:

(一)责令增加资本金、办理再保险;

(二)限制业务范围;

(三)限制向股东分红;

(四)限制固定资产购置或者经营费用规模;

(五)限制资金运用的形式、比例;

(六)限制增设分支机构;

(七)责令拍卖不良资产、转让保险业务;

(八)限制董事、监事、高级管理人员的薪酬水平;

(九)限制商业性广告;

(十)责令停止接受新业务。

第一百三十九条 保险公司未依照本法规定提取或者结转各项责任准备金,或者未依照本法规定办理再保险,或者严重违反本法关于资金运用的规定的,由保险监督管理机构责令限期改正,并可以责令调整负责人及有关管理人员。

第一百四十条 保险监督管理机构依照本法第一百三十九条的规定作出限期改正的决定后,保险公司逾期未改正的,国务院保险监督管理机构可以决定选派保险专业人员和指定该保险公司的有关人员组成整顿组,对公司进行整顿。

整顿决定应当载明被整顿公司的名称、整顿理由、整顿组成员和整顿期限,并予以公告。

第一百四十一条　整顿组有权监督被整顿保险公司的日常业务。被整顿公司的负责人及有关管理人员应当在整顿组的监督下行使职权。

第一百四十二条　整顿过程中,被整顿保险公司的原有业务继续进行。但是,国务院保险监督管理机构可以责令被整顿公司停止部分原有业务、停止接受新业务,调整资金运用。

第一百四十三条　被整顿保险公司经整顿已纠正其违反本法规定的行为,恢复正常经营状况的,由整顿组提出报告,经国务院保险监督管理机构批准,结束整顿,并由国务院保险监督管理机构予以公告。

第一百四十四条　保险公司有下列情形之一的,国务院保险监督管理机构可以对其实行接管:

(一)公司的偿付能力严重不足的;

(二)违反本法规定,损害社会公共利益,可能严重危及或者已经严重危及公司的偿付能力的。

被接管的保险公司的债权债务关系不因接管而变化。

第一百四十五条　接管组的组成和接管的实施办法,由国务院保险监督管理机构决定,并予以公告。

第一百四十六条　接管期限届满,国务院保险监督管理机构可以决定延长接管期限,但接管期限最长不得超过二年。

第一百四十七条　接管期限届满,被接管的保险公司已恢复正常经营能力的,由国务院保险监督管理机构决定终止接管,并予以公告。

第一百四十八条　被整顿、被接管的保险公司有《中华人民共和国企业破产法》第二条规定情形的,国务院保险监督管理机构可以依法向人民法院申请对该保险公司进行重整或者破产清算。

第一百四十九条　保险公司因违法经营被依法吊销经营保险业务许可证的,或者偿付能力低于国务院保险监督管理机构规定标准,不予撤销将严重危害保险市场秩序、损害公共利益的,由国务院保险监督管理机构予以撤销并公告,依法及时组织清算组进行清算。

第一百五十条 国务院保险监督管理机构有权要求保险公司股东、实际控制人在指定的期限内提供有关信息和资料。

第一百五十一条 保险公司的股东利用关联交易严重损害公司利益,危及公司偿付能力的,由国务院保险监督管理机构责令改正。在按照要求改正前,国务院保险监督管理机构可以限制其股东权利;拒不改正的,可以责令其转让所持的保险公司股权。

第一百五十二条 保险监督管理机构根据履行监督管理职责的需要,可以与保险公司董事、监事和高级管理人员进行监督管理谈话,要求其就公司的业务活动和风险管理的重大事项作出说明。

第一百五十三条 保险公司在整顿、接管、撤销清算期间,或者出现重大风险时,国务院保险监督管理机构可以对该公司直接负责的董事、监事、高级管理人员和其他直接责任人员采取以下措施:

(一)通知出境管理机关依法阻止其出境;

(二)申请司法机关禁止其转移、转让或者以其他方式处分财产,或者在财产上设定其他权利。

第一百五十四条 保险监督管理机构依法履行职责,可以采取下列措施:

(一)对保险公司、保险代理人、保险经纪人、保险资产管理公司、外国保险机构的代表机构进行现场检查;

(二)进入涉嫌违法行为发生场所调查取证;

(三)询问当事人及与被调查事件有关的单位和个人,要求其对与被调查事件有关的事项作出说明;

(四)查阅、复制与被调查事件有关的财产权登记等资料;

(五)查阅、复制保险公司、保险代理人、保险经纪人、保险资产管理公司、外国保险机构的代表机构以及与被调查事件有关的单位和个人的财务会计资料及其他相关文件和资料;对可能被转移、隐匿或者毁损的文件和资料予以封存;

（六）查询涉嫌违法经营的保险公司、保险代理人、保险经纪人、保险资产管理公司、外国保险机构的代表机构以及与涉嫌违法事项有关的单位和个人的银行账户；

（七）对有证据证明已经或者可能转移、隐匿违法资金等涉案财产或者隐匿、伪造、毁损重要证据的，经保险监督管理机构主要负责人批准，申请人民法院予以冻结或者查封。

保险监督管理机构采取前款第（一）项、第（二）项、第（五）项措施的，应当经保险监督管理机构负责人批准；采取第（六）项措施的，应当经国务院保险监督管理机构负责人批准。

保险监督管理机构依法进行监督检查或者调查，其监督检查、调查的人员不得少于二人，并应当出示合法证件和监督检查、调查通知书；监督检查、调查的人员少于二人或者未出示合法证件和监督检查、调查通知书的，被检查、调查的单位和个人有权拒绝。

第一百五十五条　保险监督管理机构依法履行职责，被检查、调查的单位和个人应当配合。

第一百五十六条　保险监督管理机构工作人员应当忠于职守，依法办事，公正廉洁，不得利用职务便利牟取不正当利益，不得泄露所知悉的有关单位和个人的商业秘密。

第一百五十七条　国务院保险监督管理机构应当与中国人民银行、国务院其他金融监督管理机构建立监督管理信息共享机制。

保险监督管理机构依法履行职责，进行监督检查、调查时，有关部门应当予以配合。

第七章　法律责任

第一百五十八条　违反本法规定，擅自设立保险公司、保险资产管理公司或者非法经营商业保险业务的，由保险监督管理机构予以取缔，没收违法所得，并处违法所得一倍以上五倍以下的罚款；没有违法所得或者违法所得不足二十万元的，处二十万元以上一百万元以下的罚款。

第一百五十九条 违反本法规定,擅自设立保险专业代理机构、保险经纪人,或者未取得经营保险代理业务许可证、保险经纪业务许可证从事保险代理业务、保险经纪业务的,由保险监督管理机构予以取缔,没收违法所得,并处违法所得一倍以上五倍以下的罚款;没有违法所得或者违法所得不足五万元的,处五万元以上三十万元以下的罚款。

第一百六十条 保险公司违反本法规定,超出批准的业务范围经营的,由保险监督管理机构责令限期改正,没收违法所得,并处违法所得一倍以上五倍以下的罚款;没有违法所得或者违法所得不足十万元的,处十万元以上五十万元以下的罚款。逾期不改正或者造成严重后果的,责令停业整顿或者吊销业务许可证。

第一百六十一条 保险公司有本法第一百一十六条规定行为之一的,由保险监督管理机构责令改正,处五万元以上三十万元以下的罚款;情节严重的,限制其业务范围、责令停止接受新业务或者吊销业务许可证。

第一百六十二条 保险公司违反本法第八十四条规定的,由保险监督管理机构责令改正,处一万元以上十万元以下的罚款。

第一百六十三条 保险公司违反本法规定,有下列行为之一的,由保险监督管理机构责令改正,处五万元以上三十万元以下的罚款:

(一)超额承保,情节严重的;

(二)为无民事行为能力人承保以死亡为给付保险金条件的保险的。

第一百六十四条 违反本法规定,有下列行为之一的,由保险监督管理机构责令改正,处五万元以上三十万元以下的罚款;情节严重的,可以限制其业务范围、责令停止接受新业务或者吊销业务许可证:

(一)未按照规定提存保证金或者违反规定动用保证金的;

(二)未按照规定提取或者结转各项责任准备金的;

（三）未按照规定缴纳保险保障基金或者提取公积金的；

（四）未按照规定办理再保险的；

（五）未按照规定运用保险公司资金的；

（六）未经批准设立分支机构的；

（七）未按照规定申请批准保险条款、保险费率的。

第一百六十五条　保险代理机构、保险经纪人有本法第一百二十一条规定行为之一的，由保险监督管理机构责令改正，处五万元以上三十万元以下的罚款；情节严重的，吊销业务许可证。

第一百六十六条　保险代理机构、保险经纪人违反本法规定，有下列行为之一的，由保险监督管理机构责令改正，处二万元以上十万元以下的罚款；情节严重的，责令停业整顿或者吊销业务许可证：

（一）未按照规定缴存保证金或者投保职业责任保险的；

（二）未按照规定设立专门账簿记载业务收支情况的。

第一百六十七条　违反本法规定，聘任不具有任职资格的人员的，由保险监督管理机构责令改正，处二万元以上十万元以下的罚款。

第一百六十八条　违反本法规定，转让、出租、出借业务许可证的，由保险监督管理机构处一万元以上十万元以下的罚款；情节严重的，责令停业整顿或者吊销业务许可证。

第一百六十九条　违反本法规定，有下列行为之一的，由保险监督管理机构责令限期改正；逾期不改正的，处一万元以上十万元以下的罚款：

（一）未按照规定报送或者保管报告、报表、文件、资料的，或者未按照规定提供有关信息、资料的；

（二）未按照规定报送保险条款、保险费率备案的；

（三）未按照规定披露信息的。

第一百七十条　违反本法规定，有下列行为之一的，由保险监督管理机构责令改正，处十万元以上五十万元以下的罚款；情节严重的，可以限制其业务范围、责令停止接受新业务或者吊销业务许可证：

（一）编制或者提供虚假的报告、报表、文件、资料的；

（二）拒绝或者妨碍依法监督检查的；

（三）未按照规定使用经批准或者备案的保险条款、保险费率的。

第一百七十一条 保险公司、保险资产管理公司、保险专业代理机构、保险经纪人违反本法规定的，保险监督管理机构除分别依照本法第一百六十条至第一百七十条的规定对该单位给予处罚外，对其直接负责的主管人员和其他直接责任人员给予警告，并处一万元以上十万元以下的罚款；情节严重的，撤销任职资格。

第一百七十二条 个人保险代理人违反本法规定的，由保险监督管理机构给予警告，可以并处二万元以下的罚款；情节严重的，处二万元以上十万元以下的罚款。

第一百七十三条 外国保险机构未经国务院保险监督管理机构批准，擅自在中华人民共和国境内设立代表机构的，由国务院保险监督管理机构予以取缔，处五万元以上三十万元以下的罚款。

外国保险机构在中华人民共和国境内设立的代表机构从事保险经营活动的，由保险监督管理机构责令改正，没收违法所得，并处违法所得一倍以上五倍以下的罚款；没有违法所得或者违法所得不足二十万元的，处二十万元以上一百万元以下的罚款；对其首席代表可以责令撤换；情节严重的，撤销其代表机构。

第一百七十四条 投保人、被保险人或者受益人有下列行为之一，进行保险诈骗活动，尚不构成犯罪的，依法给予行政处罚：

（一）投保人故意虚构保险标的，骗取保险金的；

（二）编造未曾发生的保险事故，或者编造虚假的事故原因或者夸大损失程度，骗取保险金的；

（三）故意造成保险事故，骗取保险金的。

保险事故的鉴定人、评估人、证明人故意提供虚假的证明文件，为投保人、被保险人或者受益人进行保险诈骗提供条件的,依照前款规定给予处罚。

第一百七十五条　违反本法规定,给他人造成损害的,依法承担民事责任。

第一百七十六条　拒绝、阻碍保险监督管理机构及其工作人员依法行使监督检查、调查职权,未使用暴力、威胁方法的,依法给予治安管理处罚。

第一百七十七条　违反法律、行政法规的规定,情节严重的,国务院保险监督管理机构可以禁止有关责任人员一定期限直至终身进入保险业。

第一百七十八条　保险监督管理机构从事监督管理工作的人员有下列情形之一的,依法给予处分:

(一)违反规定批准机构的设立的;

(二)违反规定进行保险条款、保险费率审批的;

(三)违反规定进行现场检查的;

(四)违反规定查询账户或者冻结资金的;

(五)泄露其知悉的有关单位和个人的商业秘密的;

(六)违反规定实施行政处罚的;

(七)滥用职权、玩忽职守的其他行为。

第一百七十九条　违反本法规定,构成犯罪的,依法追究刑事责任。

第八章　附　则

第一百八十条　保险公司应当加入保险行业协会。保险代理人、保险经纪人、保险公估机构可以加入保险行业协会。

保险行业协会是保险业的自律性组织,是社会团体法人。

第一百八十一条　保险公司以外的其他依法设立的保险组织经营的商业保险业务,适用本法。

第一百八十二条　海上保险适用《中华人民共和国海商法》的有关规定;《中华人民共和国海商法》未规定的,适用本法的有关规定。

第一百八十三条　中外合资保险公司、外资独资保险公司、外国保险公司分公司适用本法规定；法律、行政法规另有规定的，适用其规定。

第一百八十四条 国家支持发展为农业生产服务的保险事业。农业保险由法律、行政法规另行规定。

强制保险，法律、行政法规另有规定的，适用其规定。

第一百八十五条 本法自 2009 年 10 月 1 日起施行。

中华人民共和国反不正当竞争法

(1993年9月2日第八届全国人民代表大会常务委员会第三次会议通过)

第一章　总　则

第一条　为保障社会主义市场经济健康发展,鼓励和保护公平竞争,制止不正当竞争行为,保护经营者和消费者的合法权益,制定本法。

第二条　经营者在市场交易中,应当遵循自愿、平等、公平、诚实信用的原则,遵守公认的商业道德。

本法所称的不正当竞争,是指经营者违反本法规定,损害其他经营者的合法权益,扰乱社会经济秩序的行为。

本法所称的经营者,是指从事商品经营或者营利性服务(以下所称商品包括服务)的法人、其他经济组织和个人。

第三条　各级人民政府应当采取措施,制止不正当竞争行为,为公平竞争创造良好的环境和条件。

县级以上人民政府工商行政管理部门对不正当竞争行为进行监督检查;法律、行政法规规定由其他部门监督检查的,依照其规定。

第四条　国家鼓励、支持和保护一切组织和个人对不正当竞争行为进行社会监督。

国家机关工作人员不得支持、包庇不正当竞争行为。

第二章　不正当竞争行为

第五条　经营者不得采用下列不正当手段从事市场交易,损害竞争对手:

（一）假冒他人的注册商标；

（二）擅自使用知名商品特有的名称、包装、装潢，或者使用与知名商品近似的名称、包装、装潢，造成和他人的知名商品相混淆，使购买者误认为是该知名商品；

（三）擅自使用他人的企业名称或者姓名，引人误认为是他人的商品；

（四）在商品上伪造或者冒用认证标志、名优标志等质量标志，伪造产地，对商品质量作引人误解的虚假表示。

第六条 公用企业或者其他依法具有独占地位的经营者，不得限定他人购买其指定的经营者的商品，以排挤其他经营者的公平竞争。

第七条 政府及其所属部门不得滥用行政权力，限定他人购买其指定的经营者的商品，限制其他经营者正当的经营活动。

政府及其所属部门不得滥用行政权力，限制外地商品进入本地市场，或者本地商品流向外地市场。

第八条 经营者不得采用财物或者其他手段进行贿赂以销售或者购买商品。在账外暗中给予对方单位或者个人回扣的，以行贿论处；对方单位或者个人在账外暗中收受回扣的，以受贿论处。

经营者销售或者购买商品，可以以明示方式给对方折扣，可以给中间人佣金。经营者给对方折扣、给中间人佣金的，必须如实入账。接受折扣、佣金的经营者必须如实入账。

第九条 经营者不得利用广告或者其他方法，对商品的质量、制作成分、性能、用途、生产者、有效期限、产地等作引人误解的虚假宣传。

广告的经营者不得在明知或者应知的情况下，代理、设计、制作、发布虚假广告。

第十条 经营者不得采用下列手段侵犯商业秘密：

（一）以盗窃、利诱、胁迫或者其他不正当手段获取权利人的商业秘密；

（二）披露、使用或者允许他人使用以前项手段获取的权利人的商业秘密；

（三）违反约定或者违反权利人有关保守商业秘密的要求，披露、使用或者允许他人使用其所掌握的商业秘密。

第三人明知或者应知前款所列违法行为，获取、使用或者披露他人的商业秘密，视为侵犯商业秘密。

本条所称的商业秘密，是指不为公众所知悉、能为权利人带来经济利益、具有实用性并经权利人采取保密措施的技术信息和经营信息。

第十一条　经营者不得以排挤竞争对手为目的，以低于成本的价格销售商品。

有下列情形之一的，不属于不正当竞争行为：

（一）销售鲜活商品；

（二）处理有效期限即将到期的商品或者其他积压的商品；

（三）季节性降价；

（四）因清偿债务、转产、歇业降价销售商品。

第十二条　经营者销售商品，不得违背购买者的意愿搭售商品或者附加其他不合理的条件。

第十三条　经营者不得从事下列有奖销售：

（一）采用谎称有奖或者故意让内定人员中奖的欺骗方式进行有奖销售；

（二）利用有奖销售的手段推销质次价高的商品；

（三）抽奖式的有奖销售，最高奖的金额超过五千元。

第十四条　经营者不得捏造、散布虚伪事实，损害竞争对手的商业信誉、商品声誉。

第十五条　投标者不得串通投标，抬高标价或者压低标价。

投标者和招标者不得相互勾结，以排挤竞争对手的公平竞争。

第三章　监督检查

第十六条　县级以上监督检查部门对不正当竞争行为，可以进行监督检查。

第十七条　监督检查部门在监督检查不正当竞争行为时，有权行使下列职权：

（一）按照规定程序询问被检查的经营者、利害关系人、证明人，并要求提供证明材料或者与不正当竞争行为有关的其他资料；

（二）查询、复制与不正当竞争行为有关的协议、账册、单据、文件、记录、业务函电和其他资料；

（三）检查与本法第五条规定的不正当竞争行为有关的财物，必要时可以责令被检查的经营者说明该商品的来源和数量，暂停销售，听候检查，不得转移、隐匿、销毁该财物。

第十八条　监督检查部门工作人员监督检查不正当竞争行为时，应当出示检查证件。

第十九条　监督检查部门在监督检查不正当竞争行为时，被检查的经营者、利害关系人和证明人应当如实提供有关资料或者情况。

第四章　法律责任

第二十条　经营者违反本法规定，给被侵害的经营者造成损害的，应当承担损害赔偿责任，被侵害的经营者的损失难以计算的，赔偿额为侵权人在侵权期间因侵权所获得的利润；并应当承担被侵害的经营者因调查该经营者侵害其合法权益的不正当竞争行为所支付的合理费用。

被侵害的经营者的合法权益受到不正当竞争行为损害的，可以向人民法院提起诉讼。

第二十一条　经营者假冒他人的注册商标，擅自使用他人的企业名称或者姓名，伪造或者冒用认证标志、名优标志等质量标志,伪造产地,对商品质量作引人误解的虚假表示的,依照《中华人民共和国商标法》、《中华人民共和国产品质量法》的规定处罚。

经营者擅自使用知名商品特有的名称、包装、装潢,或者使用与知名商品近似的名称、包装、装潢,造成和他人的知名商品相混淆,使购买者误认为是该知名商品的,监督检查部门应当责令停止违法行为,没收违法所得,可以根据情节处以违法所得一倍以上三倍以下的罚款;情节严重的,可以吊销营业执照;销售伪劣商品,构成犯罪的,依法追究刑事责任。

第二十二条　经营者采用财物或者其他手段进行贿赂以销售或者购买商品,构成犯罪的,依法追究刑事责任;不构成犯罪的,监督检查部门可以根据情节处以一万元以上二十万元以下的罚款,有违法所得的,予以没收。

第二十三条　公用企业或者其他依法具有独占地位的经营者,限定他人购买其指定的经营者的商品,以排挤其他经营者的公平竞争的,省级或者设区的市的监督检查部门应当责令停止违法行为,可以根据情节处以五万元以上二十万元以下的罚款。被指定的经营者借此销售质次价高商品或者滥收费用的,监督检查部门应当没收违法所得,可以根据情节处以违法所得一倍以上三倍以下的罚款。

第二十四条　经营者利用广告或者其他方法,对商品作引人误解的虚假宣传的,监督检查部门应当责令停止违法行为,消除影响,可以根据情节处以一万元以上二十万元以下的罚款。

广告的经营者,在明知或者应知的情况下,代理、设计、制作、发布虚假广告的,监督检查部门应当责令停止违法行为,没收违法所得,并依法处以罚款。

第二十五条　违反本法第十条规定侵犯商业秘密的,监督检查部门应当责令停止违法行为,可以根据情节处以一万元以上二十万元以下的罚款。

第二十六条　经营者违反本法第十三条规定进行有奖销售的,监督检查部门应当责令停止违法行为,可以根据情节处以一万元以上十万元以下的罚款。

第二十七条 投标者串通投标，抬高标价或者压低标价；投标者和招标者相互勾结，以排挤竞争对手的公平竞争的，其中标无效。监督检查部门可以根据情节处以一万元以上二十万元以下的罚款。

第二十八条 经营者有违反被责令暂停销售，不得转移、隐匿、销毁与不正当竞争行为有关的财物的行为的，监督检查部门可以根据情节处以被销售、转移、隐匿、销毁财物的价款的一倍以上三倍以下的罚款。

第二十九条 当事人对监督检查部门作出的处罚决定不服的，可以自收到处罚决定之日起十五日内向上一级主管机关申请复议；对复议决定不服的，可以自收到复议决定书之日起十五日内向人民法院提起诉讼；也可以直接向人民法院提起诉讼。

第三十条 政府及其所属部门违反本法第七条规定，限定他人购买其指定的经营者的商品、限制其他经营者正当的经营活动，或者限制商品在地区之间正常流通的，由上级机关责令其改正；情节严重的，由同级或者上级机关对直接责任人员给予行政处分。被指定的经营者借此销售质次价高商品或者滥收费用的，监督检查部门应当没收违法所得，可以根据情节处以违法所得一倍以上三倍以下的罚款。

第三十一条 监督检查不正当竞争行为的国家机关工作人员滥用职权、玩忽职守，构成犯罪的，依法追究刑事责任；不构成犯罪的，给予行政处分。

第三十二条 监督检查不正当竞争行为的国家机关工作人员徇私舞弊，对明知有违反本法规定构成犯罪的经营者故意包庇不使他受追诉的，依法追究刑事责任。

第五章 附 则

第三十三条 本法自 1993 年 12 月 1 日起施行。

中华人民共和国档案法

（1987 年 9 月 5 日第六届全国人民代表大会常务委员会第二十二次会议通过　根据 1996 年 7 月 5 日第八届全国人民代表大会常务委员会第二十次会议《关于修改〈中华人民共和国档案法〉的决定》修正　根据 2016 年 11 月 7 日第十二届全国人民代表大会常务委员会第二十四次会议《关于修改〈中华人民共和国对外贸易法〉等十二部法律的决定》第二次修正）

第一章　总　则

第一条　为了加强对档案的管理和收集、整理工作，有效地保护和利用档案，为社会主义现代化建设服务，制定本法。

第二条　本法所称的档案，是指过去和现在的国家机构、社会组织以及个人从事政治、军事、经济、科学、技术、文化、宗教等活动直接形成的对国家和社会有保存价值的各种文字、图表、声像等不同形式的历史记录。

第三条　一切国家机关、武装力量、政党、社会团体、企业事业单位和公民都有保护档案的义务。

第四条　各级人民政府应当加强对档案工作的领导，把档案事业的建设列入国民经济和社会发展计划。

第五条　档案工作实行统一领导、分级管理的原则，维护档案完整与安全，便于社会各方面的利用。

第二章　档案机构及其职责

第六条　国家档案行政管理部门主管全国档案事业，对全国的档案事业实行统筹规划，组织协调，统一制度，监督和指导。

县级以上地方各级人民政府的档案行政管理部门主管本行政区域内的档案事业,并对本行政区域内机关、团体、企业事业单位和其他组织的档案工作实行监督和指导。

乡、民族乡、镇人民政府应当指定人员负责保管本机关的档案,并对所属单位的档案工作实行监督和指导。

第七条 机关、团体、企业事业单位和其他组织的档案机构或者档案工作人员,负责保管本单位的档案,并对所属机构的档案工作实行监督和指导。

第八条 中央和县级以上地方各级各类档案馆,是集中管理档案的文化事业机构,负责接收、收集、整理、保管和提供利用各分管范围内的档案。

第九条 档案工作人员应当忠于职守,遵守纪律,具备专业知识。

在档案的收集、整理、保护和提供利用等方面成绩显著的单位或者个人,由各级人民政府给予奖励。

第三章 档案的管理

第十条 对国家规定的应当立卷归档的材料,必须按照规定,定期向本单位档案机构或者档案工作人员移交,集中管理,任何个人不得据为己有。

国家规定不得归档的材料,禁止擅自归档。

第十一条 机关、团体、企业事业单位和其他组织必须按照国家规定,定期向档案馆移交档案。

第十二条 博物馆、图书馆、纪念馆等单位保存的文物、图书资料同时是档案的,可以按照法律和行政法规的规定,由上述单位自行管理。

档案馆与上述单位应当在档案的利用方面互相协作。

第十三条 各级各类档案馆,机关、团体、企业事业单位和其他组织的档案机构,应当建立科学的管理制度,便于对档案的利用;配置必要的设施,确保档案的安全;采用先进技术,实现档案管理的现代化。

第十四条　保密档案的管理和利用,密级的变更和解密,必须按照国家有关保密的法律和行政法规的规定办理。

第十五条　鉴定档案保存价值的原则、保管期限的标准以及销毁档案的程序和办法,由国家档案行政管理部门制定。禁止擅自销毁档案。

第十六条　集体所有的和个人所有的对国家和社会具有保存价值的或者应当保密的档案,档案所有者应当妥善保管。对于保管条件恶劣或者其他原因被认为可能导致档案严重损毁和不安全的,国家档案行政管理部门有权采取代为保管等确保档案完整和安全的措施;必要时,可以收购或者征购。

前款所列档案,档案所有者可以向国家档案馆寄存或者出卖。严禁卖给、赠送给外国人或者外国组织。

向国家捐赠档案的,档案馆应当予以奖励。

第十七条　禁止出卖属于国家所有的档案。

国有企业事业单位资产转让时,转让有关档案的具体办法由国家档案行政管理部门制定。

档案复制件的交换、转让和出卖,按照国家规定办理。

第十八条　属于国家所有的档案和本法第十六条规定的档案以及这些档案的复制件,禁止私自携运出境。

第四章　档案的利用和公布

第十九条　国家档案馆保管的档案,一般应当自形成之日起满三十年向社会开放。经济、科学、技术、文化等档案向社会开放的期限,可以少于三十年,涉及国家安全或者重大利益以及其他到期不宜开放的档案向社会开放的期限,可以多于三十年,具体期限由国家档案行政管理部门制订,报国务院批准施行。

档案馆应当定期公布开放档案的目录,并为档案的利用创造条件,简化手续,提供方便。

中华人民共和国公民和组织持有合法证明,可以利用已经开放的档案。

第二十条　机关、团体、企业事业单位和其他组织以及公民根据经济建设、国防建设、教学科研和其他各项工作的需要，可以按照有关规定，利用档案馆未开放的档案以及有关机关、团体、企业事业单位和其他组织保存的档案。

利用未开放档案的办法，由国家档案行政管理部门和有关主管部门规定。

第二十一条　向档案馆移交、捐赠、寄存档案的单位和个人，对其档案享有优先利用权，并可对其档案中不宜向社会开放的部分提出限制利用的意见，档案馆应当维护他们的合法权益。

第二十二条　属于国家所有的档案，由国家授权的档案馆或者有关机关公布；未经档案馆或者有关机关同意，任何组织和个人无权公布。

集体所有的和个人所有的档案，档案的所有者有权公布，但必须遵守国家有关规定，不得损害国家安全和利益，不得侵犯他人的合法权益。

第二十三条　各级各类档案馆应当配备研究人员，加强对档案的研究整理，有计划地组织编辑出版档案材料，在不同范围内发行。

第五章　法律责任

第二十四条　下列行为之一的，由县级以上人民政府档案行政管理部门、有关主管部门对直接负责的主管人员或者其他直接责任人员依法给予行政处分；构成犯罪的，依法追究刑事责任：

（一）损毁、丢失属于国家所有的档案的；

（二）擅自提供、抄录、公布、销毁属于国家所有的档案的；

（三）涂改、伪造档案的；

（四）违反本法第十七条规定，擅自出卖或者转让属于国家所有的档案的；

（五）将档案卖给、赠送给外国人或者外国组织的；

（六）违反本法第十条、第十一条规定，不按规定归档或者不按期移交档案的；

（七）明知所保存的档案面临危险而不采取措施，造成档案损失的；

（八）档案工作人员玩忽职守，造成档案损失的。

在利用档案馆的档案中，有前款第一项、第二项、第三项违法行为的，由县级以上人民政府档案行政管理部门给予警告，可以并处罚款；造成损失的，责令赔偿损失。

企业事业组织或者个人有第一款第四项、第五项违法行为的，由县级以上人民政府档案行政管理部门给予警告，可以并处罚款；有违法所得的，没收违法所得；并可以依照本法第十六条的规定征购所出卖或者赠送的档案。

第二十五条　携运禁止出境的档案或者其复制件出境的，由海关予以没收，可以并处罚款；并将没收的档案或者其复制件移交档案行政管理部门；构成犯罪的，依法追究刑事责任。

第六章　附　则

第二十六条　本法实施办法，由国家档案行政管理部门制定，报国务院批准后施行。

第二十七条　本法自 1988 年 1 月 1 日起施行。

中华人民共和国保守国家秘密法

(1988 年 9 月 5 日第七届全国人民代表大会常务委员会第三次会议通过 2010 年 4 月 29 日第十一届全国人民代表大会常务委员会第十四次会议修订)

第一章 总 则

第一条 为了保守国家秘密,维护国家安全和利益,保障改革开放和社会主义建设事业的顺利进行,制定本法。

第二条 国家秘密是关系国家安全和利益,依照法定程序确定,在一定时间内只限一定范围的人员知悉的事项。

第三条 国家秘密受法律保护。

一切国家机关、武装力量、政党、社会团体、企业事业单位和公民都有保守国家秘密的义务。

任何危害国家秘密安全的行为,都必须受到法律追究。

第四条 保守国家秘密的工作(以下简称保密工作),实行积极防范、突出重点、依法管理的方针,既确保国家秘密安全,又便利信息资源合理利用。

法律、行政法规规定公开的事项,应当依法公开。

第五条 国家保密行政管理部门主管全国的保密工作。县级以上地方各级保密行政管理部门主管本行政区域的保密工作。

第六条 国家机关和涉及国家秘密的单位(以下简称机关、单位)管理本机关和本单位的保密工作。

中央国家机关在其职权范围内,管理或者指导本系统的保密工作。

第七条 机关、单位应当实行保密工作责任制,健全保密管理制度,完善保密防护措施,开展保密宣传教育,加强保密检查。

第八条　国家对在保守、保护国家秘密以及改进保密技术、措施等方面成绩显著的单位或者个人给予奖励。

第二章　国家秘密的范围和密级

第九条　下列涉及国家安全和利益的事项,泄露后可能损害国家在政治、经济、国防、外交等领域的安全和利益的,应当确定为国家秘密:

（一）国家事务重大决策中的秘密事项;

（二）国防建设和武装力量活动中的秘密事项;

（三）外交和外事活动中的秘密事项以及对外承担保密义务的秘密事项;

（四）国民经济和社会发展中的秘密事项;

（五）科学技术中的秘密事项;

（六）维护国家安全活动和追查刑事犯罪中的秘密事项;

（七）经国家保密行政管理部门确定的其他秘密事项。

政党的秘密事项中符合前款规定的,属于国家秘密。

第十条　国家秘密的密级分为绝密、机密、秘密三级。

绝密级国家秘密是最重要的国家秘密,泄露会使国家安全和利益遭受特别严重的损害;机密级国家秘密是重要的国家秘密,泄露会使国家安全和利益遭受严重的损害;秘密级国家秘密是一般的国家秘密,泄露会使国家安全和利益遭受损害。

第十一条　国家秘密及其密级的具体范围,由国家保密行政管理部门分别会同外交、公安、国家安全和其他中央有关机关规定。

军事方面的国家秘密及其密级的具体范围,由中央军事委员会规定。

国家秘密及其密级的具体范围的规定,应当在有关范围内公布,并根据情况变化及时调整。

第十二条　机关、单位负责人及其指定的人员为定密责任人,负责本机关、本单位的国家秘密确定、变更和解除工作。

机关、单位确定、变更和解除本机关、本单位的国家秘密,应当由承办人提出具体意见,经定密责任人审核批准。

第十三条 确定国家秘密的密级,应当遵守定密权限。

中央国家机关、省级机关及其授权的机关、单位可以确定绝密级、机密级和秘密级国家秘密;设区的市、自治州一级的机关及其授权的机关、单位可以确定机密级和秘密级国家秘密。具体的定密权限、授权范围由国家保密行政管理部门规定。

机关、单位执行上级确定的国家秘密事项,需要定密的,根据所执行的国家秘密事项的密级确定。下级机关、单位认为本机关、本单位产生的有关定密事项属于上级机关、单位的定密权限,应当先行采取保密措施,并立即报请上级机关、单位确定;没有上级机关、单位的,应当立即提请有相应定密权限的业务主管部门或者保密行政管理部门确定。

公安、国家安全机关在其工作范围内按照规定的权限确定国家秘密的密级。

第十四条 机关、单位对所产生的国家秘密事项,应当按照国家秘密及其密级的具体范围的规定确定密级,同时确定保密期限和知悉范围。

第十五条 国家秘密的保密期限,应当根据事项的性质和特点,按照维护国家安全和利益的需要,限定在必要的期限内;不能确定期限的,应当确定解密的条件。

国家秘密的保密期限,除另有规定外,绝密级不超过三十年,机密级不超过二十年,秘密级不超过十年。

机关、单位应当根据工作需要,确定具体的保密期限、解密时间或者解密条件。

机关、单位对在决定和处理有关事项工作过程中确定需要保密的事项,根据工作需要决定公开的,正式公布时即视为解密。

第十六条 国家秘密的知悉范围,应当根据工作需要限定在最小范围。

国家秘密的知悉范围能够限定到具体人员的，限定到具体人员；不能限定到具体人员的，限定到机关、单位，由机关、单位限定到具体人员。

国家秘密的知悉范围以外的人员，因工作需要知悉国家秘密的，应当经过机关、单位负责人批准。

第十七条　机关、单位对承载国家秘密的纸介质、光介质、电磁介质等载体（以下简称国家秘密载体）以及属于国家秘密的设备、产品，应当做出国家秘密标志。

不属于国家秘密的，不应当做出国家秘密标志。

第十八条　国家秘密的密级、保密期限和知悉范围，应当根据情况变化及时变更。国家秘密的密级、保密期限和知悉范围的变更，由原定密机关、单位决定，也可以由其上级机关决定。

国家秘密的密级、保密期限和知悉范围变更的，应当及时书面通知知悉范围内的机关、单位或者人员。

第十九条　国家秘密的保密期限已满的，自行解密。

机关、单位应当定期审核所确定的国家秘密。对在保密期限内因保密事项范围调整不再作为国家秘密事项，或者公开后不会损害国家安全和利益，不需要继续保密的，应当及时解密；对需要延长保密期限的，应当在原保密期限届满前重新确定保密期限。提前解密或者延长保密期限的，由原定密机关、单位决定，也可以由其上级机关决定。

第二十条　机关、单位对是否属于国家秘密或者属于何种密级不明确或者有争议的，由国家保密行政管理部门或者省、自治区、直辖市保密行政管理部门确定。

第三章　保密制度

第二十一条　国家秘密载体的制作、收发、传递、使用、复制、保存、维修和销毁，应当符合国家保密规定。

绝密级国家秘密载体应当在符合国家保密标准的设施、设备中保存，并指定专人管理；未经原定密机关、单位或者其上级机关批准,不得复制和摘抄;收发、传递和外出携带,应当指定人员负责,并采取必要的安全措施。

第二十二条 属于国家秘密的设备、产品的研制、生产、运输、使用、保存、维修和销毁,应当符合国家保密规定。

第二十三条 存储、处理国家秘密的计算机信息系统(以下简称涉密信息系统)按照涉密程度实行分级保护。

涉密信息系统应当按照国家保密标准配备保密设施、设备。保密设施、设备应当与涉密信息系统同步规划,同步建设,同步运行。

涉密信息系统应当按照规定,经检查合格后,方可投入使用。

第二十四条 机关、单位应当加强对涉密信息系统的管理,任何组织和个人不得有下列行为:

(一)将涉密计算机、涉密存储设备接入互联网及其他公共信息网络;

(二)在未采取防护措施的情况下,在涉密信息系统与互联网及其他公共信息网络之间进行信息交换;

(三)使用非涉密计算机、非涉密存储设备存储、处理国家秘密信息;

(四)擅自卸载、修改涉密信息系统的安全技术程序、管理程序;

(五)将未经安全技术处理的退出使用的涉密计算机、涉密存储设备赠送、出售、丢弃或者改作其他用途。

第二十五条 机关、单位应当加强对国家秘密载体的管理,任何组织和个人不得有下列行为:

(一)非法获取、持有国家秘密载体;

(二)买卖、转送或者私自销毁国家秘密载体;

(三)通过普通邮政、快递等无保密措施的渠道传递国家秘密载体;

(四)邮寄、托运国家秘密载体出境;

(五)未经有关主管部门批准,携带、传递国家秘密载体出境。

第二十六条　禁止非法复制、记录、存储国家秘密。

禁止在互联网及其他公共信息网络或者未采取保密措施的有线和无线通信中传递国家秘密。

禁止在私人交往和通信中涉及国家秘密。

第二十七条　报刊、图书、音像制品、电子出版物的编辑、出版、印制、发行，广播节目、电视节目、电影的制作和播放，互联网、移动通信网等公共信息网络及其他传媒的信息编辑、发布，应当遵守有关保密规定。

第二十八条　互联网及其他公共信息网络运营商、服务商应当配合公安机关、国家安全机关、检察机关对泄密案件进行调查；发现利用互联网及其他公共信息网络发布的信息涉及泄露国家秘密的，应当立即停止传输，保存有关记录，向公安机关、国家安全机关或者保密行政管理部门报告；应当根据公安机关、国家安全机关或者保密行政管理部门的要求，删除涉及泄露国家秘密的信息。

第二十九条　机关、单位公开发布信息以及对涉及国家秘密的工程、货物、服务进行采购时，应当遵守保密规定。

第三十条　机关、单位对外交往与合作中需要提供国家秘密事项，或者任用、聘用的境外人员因工作需要知悉国家秘密的，应当报国务院有关主管部门或者省、自治区、直辖市人民政府有关主管部门批准，并与对方签订保密协议。

第三十一条　举办会议或者其他活动涉及国家秘密的，主办单位应当采取保密措施，并对参加人员进行保密教育，提出具体保密要求。

第三十二条　机关、单位应当将涉及绝密级或者较多机密级、秘密级国家秘密的机构确定为保密要害部门，将集中制作、存放、保管国家秘密载体的专门场所确定为保密要害部位，按照国家保密规定和标准配备、使用必要的技术防护设施、设备。

第三十三条　军事禁区和属于国家秘密不对外开放的其他场所、部位，应当采取保密措施，未经有关部门批准，不得擅自决定对外开放或者扩大开放范围。

第三十四条　从事国家秘密载体制作、复制、维修、销毁、涉密信息系统集成,或者武器装备科研生产等涉及国家秘密业务的企业事业单位,应当经过保密审查,具体办法由国务院规定。

机关、单位委托企业事业单位从事前款规定的业务,应当与其签订保密协议,提出保密要求,采取保密措施。

第三十五条　在涉密岗位工作的人员(以下简称涉密人员),按照涉密程度分为核心涉密人员、重要涉密人员和一般涉密人员,实行分类管理。

任用、聘用涉密人员应当按照有关规定进行审查。

涉密人员应当具有良好的政治素质和品行,具有胜任涉密岗位所要求的工作能力。

涉密人员的合法权益受法律保护。

第三十六条　涉密人员上岗应当经过保密教育培训,掌握保密知识技能,签订保密承诺书,严格遵守保密规章制度,不得以任何方式泄露国家秘密。

第三十七条　涉密人员出境应当经有关部门批准,有关机关认为涉密人员出境将对国家安全造成危害或者对国家利益造成重大损失的,不得批准出境。

第三十八条　涉密人员离岗离职实行脱密期管理。涉密人员在脱密期内,应当按照规定履行保密义务,不得违反规定就业,不得以任何方式泄露国家秘密。

第三十九条　机关、单位应当建立健全涉密人员管理制度,明确涉密人员的权利、岗位责任和要求,对涉密人员履行职责情况开展经常性的监督检查。

第四十条　国家工作人员或者其他公民发现国家秘密已经泄露或者可能泄露时,应当立即采取补救措施并及时报告有关机关、单位。机关、单位接到报告后,应当立即作出处理,并及时向保密行政管理部门报告。

第四章　监督管理

第四十一条　国家保密行政管理部门依照法律、行政法规的规定,制定保密规章和国家保密标准。

第四十二条　保密行政管理部门依法组织开展保密宣传教育、保密检查、保密技术防护和泄密案件查处工作,对机关、单位的保密工作进行指导和监督。

第四十三条　保密行政管理部门发现国家秘密确定、变更或者解除不当的,应当及时通知有关机关、单位予以纠正。

第四十四条　保密行政管理部门对机关、单位遵守保密制度的情况进行检查,有关机关、单位应当配合。保密行政管理部门发现机关、单位存在泄密隐患的,应当要求其采取措施,限期整改;对存在泄密隐患的设施、设备、场所,应当责令停止使用;对严重违反保密规定的涉密人员,应当建议有关机关、单位给予处分并调离涉密岗位;发现涉嫌泄露国家秘密的,应当督促、指导有关机关、单位进行调查处理。涉嫌犯罪的,移送司法机关处理。

第四十五条　保密行政管理部门对保密检查中发现的非法获取、持有的国家秘密载体,应当予以收缴。

第四十六条　办理涉嫌泄露国家秘密案件的机关,需要对有关事项是否属于国家秘密以及属于何种密级进行鉴定的,由国家保密行政管理部门或者省、自治区、直辖市保密行政管理部门鉴定。

第四十七条　机关、单位对违反保密规定的人员不依法给予处分的,保密行政管理部门应当建议纠正,对拒不纠正的,提请其上一级机关或者监察机关对该机关、单位负有责任的领导人员和直接责任人员依法予以处理。

第五章　法律责任

第四十八条　违反本法规定,有下列行为之一的,依法给

予处分;构成犯罪的,依法追究刑事责任:

(一)非法获取、持有国家秘密载体的;

(二)买卖、转送或者私自销毁国家秘密载体的;

(三)通过普通邮政、快递等无保密措施的渠道传递国家秘密载体的;

(四)邮寄、托运国家秘密载体出境,或者未经有关主管部门批准,携带、传递国家秘密载体出境的;

(五)非法复制、记录、存储国家秘密的;

(六)在私人交往和通信中涉及国家秘密的;

(七)在互联网及其他公共信息网络或者未采取保密措施的有线和无线通信中传递国家秘密的;

(八)将涉密计算机、涉密存储设备接入互联网及其他公共信息网络的;

(九)在未采取防护措施的情况下,在涉密信息系统与互联网及其他公共信息网络之间进行信息交换的;

(十)使用非涉密计算机、非涉密存储设备存储、处理国家秘密信息的;

(十一)擅自卸载、修改涉密信息系统的安全技术程序、管理程序的;

(十二)将未经安全技术处理的退出使用的涉密计算机、涉密存储设备赠送、出售、丢弃或者改作其他用途的。

有前款行为尚不构成犯罪,且不适用处分的人员,由保密行政管理部门督促其所在机关、单位予以处理。

第四十九条 机关、单位违反本法规定,发生重大泄密案件的,由有关机关、单位依法对直接负责的主管人员和其他直接责任人员给予处分;不适用处分的人员,由保密行政管理部门督促其主管部门予以处理。

机关、单位违反本法规定,对应当定密的事项不定密,或者对不应当定密的事项定密,造成严重后果的,由有关机关、单位依法对直接负责的主管人员和其他直接责任人员给予处分。

第五十条 互联网及其他公共信息网络运营商、服务商违反本法第二十八条规定的,由公安机关或者国家安全机关、信息产业主管部门按照各自职责分工依法予以处罚。

第五十一条　保密行政管理部门的工作人员在履行保密管理职责中滥用职权、玩忽职守、徇私舞弊的,依法给予处分;构成犯罪的,依法追究刑事责任。

第六章　附　则

第五十二条　中央军事委员会根据本法制定中国人民解放军保密条例。

第五十三条　本法自 2010 年 10 月 1 日起施行。

中华人民共和国专利法

（1984 年 3 月 12 日第六届全国人民代表大会常务委员会第四次会议通过 根据 1992 年 9 月 4 日第七届全国人民代表大会常务委员会第二十七次会议《关于修改〈中华人民共和国专利法〉的决定》第一次修正 根据 2000 年 8 月 25 日第九届全国人民代表大会常务委员会第十七次会议《关于修改〈中华人民共和国专利法〉的决定》第二次修正 根据 2008 年 12 月 27 日第十一届全国人民代表大会常务委员会第六次会议《关于修改〈中华人民共和国专利法〉的决定》第三次修正）

第一章 总 则

第一条 为了保护专利权人的合法权益，鼓励发明创造，推动发明创造的应用，提高创新能力，促进科学技术进步和经济社会发展，制定本法。

第二条 本法所称的发明创造是指发明、实用新型和外观设计。

发明，是指对产品、方法或者其改进所提出的新的技术方案。

实用新型，是指对产品的形状、构造或者其结合所提出的适于实用的新的技术方案。

外观设计，是指对产品的形状、图案或者其结合以及色彩与形状、图案的结合所作出的富有美感并适于工业应用的新设计。

第三条 国务院专利行政部门负责管理全国的专利工作；统一受理和审查专利申请，依法授予专利权。

省、自治区、直辖市人民政府管理专利工作的部门负责本行政区域内的专利管理工作。

第四条　申请专利的发明创造涉及国家安全或者重大利益需要保密的，按照国家有关规定办理。

第五条　对违反法律、社会公德或者妨害公共利益的发明创造，不授予专利权。

对违反法律、行政法规的规定获取或者利用遗传资源，并依赖该遗传资源完成的发明创造，不授予专利权。

第六条　执行本单位的任务或者主要是利用本单位的物质技术条件所完成的发明创造为职务发明创造。职务发明创造申请专利的权利属于该单位；申请被批准后，该单位为专利权人。

非职务发明创造，申请专利的权利属于发明人或者设计人；申请被批准后，该发明人或者设计人为专利权人。

利用本单位的物质技术条件所完成的发明创造，单位与发明人或者设计人订有合同，对申请专利的权利和专利权的归属作出约定的，从其约定。

第七条　对发明人或者设计人的非职务发明创造专利申请，任何单位或者个人不得压制。

第八条　两个以上单位或者个人合作完成的发明创造、一个单位或者个人接受其他单位或者个人委托所完成的发明创造，除另有协议的以外，申请专利的权利属于完成或者共同完成的单位或者个人；申请被批准后，申请的单位或者个人为专利权人。

第九条　同样的发明创造只能授予一项专利权。但是，同一申请人同日对同样的发明创造既申请实用新型专利又申请发明专利，先获得的实用新型专利权尚未终止，且申请人声明放弃该实用新型专利权的，可以授予发明专利权。

两个以上的申请人分别就同样的发明创造申请专利的，专利权授予最先申请的人。

第十条　专利申请权和专利权可以转让。

中国单位或者个人向外国人、外国企业或者外国其他组织转让专利申请权或者专利权的，应当依照有关法律、行政法规的规定办理手续。

转让专利申请权或者专利权的,当事人应当订立书面合同,并向国务院专利行政部门登记,由国务院专利行政部门予以公告。专利申请权或者专利权的转让自登记之日起生效。

第十一条 发明和实用新型专利权被授予后,除本法另有规定的以外,任何单位或者个人未经专利权人许可,都不得实施其专利,即不得为生产经营目的制造、使用、许诺销售、销售、进口其专利产品,或者使用其专利方法以及使用、许诺销售、销售、进口依照该专利方法直接获得的产品。

外观设计专利权被授予后,任何单位或者个人未经专利权人许可,都不得实施其专利,即不得为生产经营目的制造、许诺销售、销售、进口其外观设计专利产品。

第十二条 任何单位或者个人实施他人专利的,应当与专利权人订立实施许可合同,向专利权人支付专利使用费。被许可人无权允许合同规定以外的任何单位或者个人实施该专利。

第十三条 发明专利申请公布后,申请人可以要求实施其发明的单位或者个人支付适当的费用。

第十四条 国有企业事业单位的发明专利,对国家利益或者公共利益具有重大意义的,国务院有关主管部门和省、自治区、直辖市人民政府报经国务院批准,可以决定在批准的范围内推广应用,允许指定的单位实施,由实施单位按照国家规定向专利权人支付使用费。

第十五条 专利申请权或者专利权的共有人对权利的行使有约定的,从其约定。没有约定的,共有人可以单独实施或者以普通许可方式许可他人实施该专利;许可他人实施该专利的,收取的使用费应当在共有人之间分配。

除前款规定的情形外,行使共有的专利申请权或者专利权应当取得全体共有人的同意。

第十六条 被授予专利权的单位应当对职务发明创造的发明人或者设计人给予奖励;发明创造专利实施后,根据其推广应用的范围和取得的经济效益,对发明人或者设计人给予合理的报酬。

第十七条　发明人或者设计人有权在专利文件中写明自己是发明人或者设计人。

专利权人有权在其专利产品或者该产品的包装上标明专利标识。

第十八条　在中国没有经常居所或者营业所的外国人、外国企业或者外国其他组织在中国申请专利的,依照其所属国同中国签订的协议或者共同参加的国际条约,或者依照互惠原则,根据本法办理。

第十九条　在中国没有经常居所或者营业所的外国人、外国企业或者外国其他组织在中国申请专利和办理其他专利事务的,应当委托依法设立的专利代理机构办理。

中国单位或者个人在国内申请专利和办理其他专利事务的,可以委托依法设立的专利代理机构办理。

专利代理机构应当遵守法律、行政法规,按照被代理人的委托办理专利申请或者其他专利事务;对被代理人发明创造的内容,除专利申请已经公布或者公告的以外,负有保密责任。专利代理机构的具体管理办法由国务院规定。

第二十条　任何单位或者个人将在中国完成的发明或者实用新型向外国申请专利的,应当事先报经国务院专利行政部门进行保密审查。保密审查的程序、期限等按照国务院的规定执行。

中国单位或者个人可以根据中华人民共和国参加的有关国际条约提出专利国际申请。申请人提出专利国际申请的,应当遵守前款规定。

国务院专利行政部门依照中华人民共和国参加的有关国际条约、本法和国务院有关规定处理专利国际申请。

对违反本条第一款规定向外国申请专利的发明或者实用新型,在中国申请专利的,不授予专利权。

第二十一条　国务院专利行政部门及其专利复审委员会应当按照客观、公正、准确、及时的要求,依法处理有关专利的申请和请求。

国务院专利行政部门应当完整、准确、及时发布专利信息,定期出版专利公报。

在专利申请公布或者公告前,国务院专利行政部门的工作人员及有关人员对其内容负有保密责任。

第二章 授予专利权的条件

第二十二条 授予专利权的发明和实用新型,应当具备新颖性、创造性和实用性。

新颖性,是指该发明或者实用新型不属于现有技术;也没有任何单位或者个人就同样的发明或者实用新型在申请日以前向国务院专利行政部门提出过申请,并记载在申请日以后公布的专利申请文件或者公告的专利文件中。

创造性,是指与现有技术相比,该发明具有突出的实质性特点和显著的进步,该实用新型具有实质性特点和进步。

实用性,是指该发明或者实用新型能够制造或者使用,并且能够产生积极效果。

本法所称现有技术,是指申请日以前在国内外为公众所知的技术。

第二十三条 授予专利权的外观设计,应当不属于现有设计;也没有任何单位或者个人就同样的外观设计在申请日以前向国务院专利行政部门提出过申请,并记载在申请日以后公告的专利文件中。

授予专利权的外观设计与现有设计或者现有设计特征的组合相比,应当具有明显区别。

授予专利权的外观设计不得与他人在申请日以前已经取得的合法权利相冲突。

本法所称现有设计,是指申请日以前在国内外为公众所知的设计。

第二十四条 申请专利的发明创造在申请日以前六个月内,有下列情形之一的,不丧失新颖性:

(一)在中国政府主办或者承认的国际展览会上首次展出的;

（二）在规定的学术会议或者技术会议上首次发表的；

（三）他人未经申请人同意而泄露其内容的。

第二十五条　对下列各项，不授予专利权：

（一）科学发现；

（二）智力活动的规则和方法；

（三）疾病的诊断和治疗方法；

（四）动物和植物品种；

（五）用原子核变换方法获得的物质；

（六）对平面印刷品的图案、色彩或者二者的结合作出的主要起标识作用的设计。

对前款第（四）项所列产品的生产方法，可以依照本法规定授予专利权。

第三章　专利的申请

第二十六条　申请发明或者实用新型专利的，应当提交请求书、说明书及其摘要和权利要求书等文件。

请求书应当写明发明或者实用新型的名称，发明人的姓名，申请人姓名或者名称、地址，以及其他事项。

说明书应当对发明或者实用新型作出清楚、完整的说明，以所属技术领域的技术人员能够实现为准；必要的时候，应当有附图。摘要应当简要说明发明或者实用新型的技术要点。

权利要求书应当以说明书为依据，清楚、简要地限定要求专利保护的范围。

依赖遗传资源完成的发明创造，申请人应当在专利申请文件中说明该遗传资源的直接来源和原始来源；申请人无法说明原始来源的，应当陈述理由。

第二十七条　申请外观设计专利的，应当提交请求书、该外观设计的图片或者照片以及对该外观设计的简要说明等文件。

申请人提交的有关图片或者照片应当清楚地显示要求专利保护的产品的外观设计。

第二十八条 国务院专利行政部门收到专利申请文件之日为申请日。如果申请文件是邮寄的,以寄出的邮戳日为申请日。

第二十九条 申请人自发明或者实用新型在外国第一次提出专利申请之日起十二个月内,或者自外观设计在外国第一次提出专利申请之日起六个月内,又在中国就相同主题提出专利申请的,依照该外国同中国签订的协议或者共同参加的国际条约,或者依照相互承认优先权的原则,可以享有优先权。

申请人自发明或者实用新型在中国第一次提出专利申请之日起十二个月内,又向国务院专利行政部门就相同主题提出专利申请的,可以享有优先权。

第三十条 申请人要求优先权的,应当在申请的时候提出书面声明,并且在三个月内提交第一次提出的专利申请文件的副本;未提出书面声明或者逾期未提交专利申请文件副本的,视为未要求优先权。

第三十一条 一件发明或者实用新型专利申请应当限于一项发明或者实用新型。属于一个总的发明构思的两项以上的发明或者实用新型,可以作为一件申请提出。

一件外观设计专利申请应当限于一项外观设计。同一产品两项以上的相似外观设计,或者用于同一类别并且成套出售或者使用的产品的两项以上外观设计,可以作为一件申请提出。

第三十二条 申请人可以在被授予专利权之前随时撤回其专利申请。

第三十三条 申请人可以对其专利申请文件进行修改,但是,对发明和实用新型专利申请文件的修改不得超出原说明书和权利要求书记载的范围,对外观设计专利申请文件的修改不得超出原图片或者照片表示的范围。

第四章　专利申请的审查和批准

第三十四条　国务院专利行政部门收到发明专利申请后，经初步审查认为符合本法要求的，自申请日起满十八个月，即行公布。国务院专利行政部门可以根据申请人的请求早日公布其申请。

第三十五条　发明专利申请自申请日起三年内，国务院专利行政部门可以根据申请人随时提出的请求，对其申请进行实质审查；申请人无正当理由逾期不请求实质审查的，该申请即被视为撤回。

国务院专利行政部门认为必要的时候，可以自行对发明专利申请进行实质审查。

第三十六条　发明专利的申请人请求实质审查的时候，应当提交在申请日前与其发明有关的参考资料。

发明专利已经在外国提出过申请的，国务院专利行政部门可以要求申请人在指定期限内提交该国为审查其申请进行检索的资料或者审查结果的资料；无正当理由逾期不提交的，该申请即被视为撤回。

第三十七条　国务院专利行政部门对发明专利申请进行实质审查后，认为不符合本法规定的，应当通知申请人，要求其在指定的期限内陈述意见，或者对其申请进行修改；无正当理由逾期不答复的，该申请即被视为撤回。

第三十八条　发明专利申请经申请人陈述意见或者进行修改后，国务院专利行政部门仍然认为不符合本法规定的，应当予以驳回。

第三十九条　发明专利申请经实质审查没有发现驳回理由的，由国务院专利行政部门作出授予发明专利权的决定，发给发明专利证书，同时予以登记和公告。发明专利权自公告之日起生效。

第四十条　实用新型和外观设计专利申请经初步审查没有发现驳回理由的，由国务院专利行政部门作出授予实用新型专利权或者外观设计专利权的决定,发给相应的专利证书,同时予以登记和公告。实用新型专利权和外观设计专利权自公告之日起生效。

第四十一条 国务院专利行政部门设立专利复审委员会。专利申请人对国务院专利行政部门驳回申请的决定不服的,可以自收到通知之日起三个月内,向专利复审委员会请求复审。专利复审委员会复审后,作出决定,并通知专利申请人。

专利申请人对专利复审委员会的复审决定不服的,可以自收到通知之日起三个月内向人民法院起诉。

第五章 专利权的期限、终止和无效

第四十二条 发明专利权的期限为二十年,实用新型专利权和外观设计专利权的期限为十年,均自申请日起计算。

第四十三条 专利权人应当自被授予专利权的当年开始缴纳年费。

第四十四条 有下列情形之一的,专利权在期限届满前终止:

(一)没有按照规定缴纳年费的;

(二)专利权人以书面声明放弃其专利权的。

专利权在期限届满前终止的,由国务院专利行政部门登记和公告。

第四十五条 自国务院专利行政部门公告授予专利权之日起,任何单位或者个人认为该专利权的授予不符合本法有关规定的,可以请求专利复审委员会宣告该专利权无效。

第四十六条 专利复审委员会对宣告专利权无效的请求应当及时审查和作出决定,并通知请求人和专利权人。宣告专利权无效的决定,由国务院专利行政部门登记和公告。

对专利复审委员会宣告专利权无效或者维持专利权的决定不服的,可以自收到通知之日起三个月内向人民法院起诉。人民法院应当通知无效宣告请求程序的对方当事人作为第三人参加诉讼。

第四十七条　宣告无效的专利权视为自始即不存在。

宣告专利权无效的决定，对在宣告专利权无效前人民法院作出并已执行的专利侵权的判决、调解书，已经履行或者强制执行的专利侵权纠纷处理决定，以及已经履行的专利实施许可合同和专利权转让合同，不具有追溯力。但是因专利权人的恶意给他人造成的损失，应当给予赔偿。

依照前款规定不返还专利侵权赔偿金、专利使用费、专利权转让费，明显违反公平原则的，应当全部或者部分返还。

第六章　专利实施的强制许可

第四十八条　有下列情形之一的，国务院专利行政部门根据具备实施条件的单位或者个人的申请，可以给予实施发明专利或者实用新型专利的强制许可：

（一）专利权人自专利权被授予之日起满三年，且自提出专利申请之日起满四年，无正当理由未实施或者未充分实施其专利的；

（二）专利权人行使专利权的行为被依法认定为垄断行为，为消除或者减少该行为对竞争产生的不利影响的。

第四十九条　在国家出现紧急状态或者非常情况时，或者为了公共利益的目的，国务院专利行政部门可以给予实施发明专利或者实用新型专利的强制许可。

第五十条　为了公共健康目的，对取得专利权的药品，国务院专利行政部门可以给予制造并将其出口到符合中华人民共和国参加的有关国际条约规定的国家或者地区的强制许可。

第五十一条　一项取得专利权的发明或者实用新型比前已经取得专利权的发明或者实用新型具有显著经济意义的重大技术进步，其实施又有赖于前一发明或者实用新型的实施的，国务院专利行政部门根据后一专利权人的申请，可以给予实施前一发明或者实用新型的强制许可。

在依照前款规定给予实施强制许可的情形下,国务院专利行政部门根据前一专利权人的申请,也可以给予实施后一发明或者实用新型的强制许可。

第五十二条 强制许可涉及的发明创造为半导体技术的,其实施限于公共利益的目的和本法第四十八条第(二)项规定的情形。

第五十三条 除依照本法第四十八条第(二)项、第五十条规定给予的强制许可外,强制许可的实施应当主要为了供应国内市场。

第五十四条 依照本法第四十八条第(一)项、第五十一条规定申请强制许可的单位或者个人应当提供证据,证明其以合理的条件请求专利权人许可其实施专利,但未能在合理的时间内获得许可。

第五十五条 国务院专利行政部门作出的给予实施强制许可的决定,应当及时通知专利权人,并予以登记和公告。

给予实施强制许可的决定,应当根据强制许可的理由规定实施的范围和时间。强制许可的理由消除并不再发生时,国务院专利行政部门应当根据专利权人的请求,经审查后作出终止实施强制许可的决定。

第五十六条 取得实施强制许可的单位或者个人不享有独占的实施权,并且无权允许他人实施。

第五十七条 取得实施强制许可的单位或者个人应当付给专利权人合理的使用费,或者依照中华人民共和国参加的有关国际条约的规定处理使用费问题。付给使用费的,其数额由双方协商;双方不能达成协议的,由国务院专利行政部门裁决。

第五十八条 专利权人对国务院专利行政部门关于实施强制许可的决定不服的,专利权人和取得实施强制许可的单位或者个人对国务院专利行政部门关于实施强制许可的使用费的裁决不服的,可以自收到通知之日起三个月内向人民法院起诉。

第七章　专利权的保护

第五十九条　发明或者实用新型专利权的保护范围以其权利要求的内容为准,说明书及附图可以用于解释权利要求的内容。

外观设计专利权的保护范围以表示在图片或者照片中的该产品的外观设计为准,简要说明可以用于解释图片或者照片所表示的该产品的外观设计。

第六十条　未经专利权人许可,实施其专利,即侵犯其专利权,引起纠纷的,由当事人协商解决;不愿协商或者协商不成的,专利权人或者利害关系人可以向人民法院起诉,也可以请求管理专利工作的部门处理。管理专利工作的部门处理时,认定侵权行为成立的,可以责令侵权人立即停止侵权行为,当事人不服的,可以自收到处理通知之日起十五日内依照《中华人民共和国行政诉讼法》向人民法院起诉;侵权人期满不起诉又不停止侵权行为的,管理专利工作的部门可以申请人民法院强制执行。进行处理的管理专利工作的部门应当事人的请求,可以就侵犯专利权的赔偿数额进行调解;调解不成的,当事人可以依照《中华人民共和国民事诉讼法》向人民法院起诉。

第六十一条　专利侵权纠纷涉及新产品制造方法的发明专利的,制造同样产品的单位或者个人应当提供其产品制造方法不同于专利方法的证明。

专利侵权纠纷涉及实用新型专利或者外观设计专利的,人民法院或者管理专利工作的部门可以要求专利权人或者利害关系人出具由国务院专利行政部门对相关实用新型或者外观设计进行检索、分析和评价后作出的专利权评价报告,作为审理、处理专利侵权纠纷的证据。

第六十二条　在专利侵权纠纷中,被控侵权人有证据证明其实施的技术或者设计属于现有技术或者现有设计的,不构成侵犯专利权。

第六十三条 假冒专利的,除依法承担民事责任外,由管理专利工作的部门责令改正并予公告,没收违法所得,可以并处违法所得四倍以下的罚款;没有违法所得的,可以处二十万元以下的罚款;构成犯罪的,依法追究刑事责任。

第六十四条 管理专利工作的部门根据已经取得的证据,对涉嫌假冒专利行为进行查处时,可以询问有关当事人,调查与涉嫌违法行为有关的情况;对当事人涉嫌违法行为的场所实施现场检查;查阅、复制与涉嫌违法行为有关的合同、发票、账簿以及其他有关资料;检查与涉嫌违法行为有关的产品,对有证据证明是假冒专利的产品,可以查封或者扣押。

管理专利工作的部门依法行使前款规定的职权时,当事人应当予以协助、配合,不得拒绝、阻挠。

第六十五条 侵犯专利权的赔偿数额按照权利人因被侵权所受到的实际损失确定;实际损失难以确定的,可以按照侵权人因侵权所获得的利益确定。权利人的损失或者侵权人获得的利益难以确定的,参照该专利许可使用费的倍数合理确定。赔偿数额还应当包括权利人为制止侵权行为所支付的合理开支。

权利人的损失、侵权人获得的利益和专利许可使用费均难以确定的,人民法院可以根据专利权的类型、侵权行为的性质和情节等因素,确定给予一万元以上一百万元以下的赔偿。

第六十六条 专利权人或者利害关系人有证据证明他人正在实施或者即将实施侵犯专利权的行为,如不及时制止将会使其合法权益受到难以弥补的损害的,可以在起诉前向人民法院申请采取责令停止有关行为的措施。

申请人提出申请时,应当提供担保;不提供担保的,驳回申请。

人民法院应当自接受申请之时起四十八小时内作出裁定;有特殊情况需要延长的,可以延长四十八小时。裁定责令停止有关行为的,应当立即执行。当事人对裁定不服的,可以申请复议一次;复议期间不停止裁定的执行。

申请人自人民法院采取责令停止有关行为的措施之日起

十五日内不起诉的,人民法院应当解除该措施。

申请有错误的,申请人应当赔偿被申请人因停止有关行为所遭受的损失。

第六十七条　为了制止专利侵权行为,在证据可能灭失或者以后难以取得的情况下,专利权人或者利害关系人可以在起诉前向人民法院申请保全证据。

人民法院采取保全措施,可以责令申请人提供担保;申请人不提供担保的,驳回申请。

人民法院应当自接受申请之时起四十八小时内作出裁定;裁定采取保全措施的,应当立即执行。

申请人自人民法院采取保全措施之日起十五日内不起诉的,人民法院应当解除该措施。

第六十八条　侵犯专利权的诉讼时效为二年,自专利权人或者利害关系人得知或者应当得知侵权行为之日起计算。

发明专利申请公布后至专利权授予前使用该发明未支付适当使用费的,专利权人要求支付使用费的诉讼时效为二年,自专利权人得知或者应当得知他人使用其发明之日起计算,但是,专利权人于专利权授予之日前即已得知或者应当得知的,自专利权授予之日起计算。

第六十九条　有下列情形之一的,不视为侵犯专利权:

(一)专利产品或者依照专利方法直接获得的产品,由专利权人或者经其许可的单位、个人售出后,使用、许诺销售、销售、进口该产品的;

(二)在专利申请日前已经制造相同产品、使用相同方法或者已经作好制造、使用的必要准备,并且仅在原有范围内继续制造、使用的;

(三)临时通过中国领陆、领水、领空的外国运输工具,依照其所属国同中国签订的协议或者共同参加的国际条约,或者依照互惠原则,为运输工具自身需要而在其装置和设备中使用有关专利的;

(四)专为科学研究和实验而使用有关专利的;

(五)为提供行政审批所需要的信息,制造、使用、进口专利药品或者专利医疗器械的,以及专门为其制造、进口专利药品或者专利医疗器械的。

第七十条 为生产经营目的使用、许诺销售或者销售不知道是未经专利权人许可而制造并售出的专利侵权产品,能证明该产品合法来源的,不承担赔偿责任。

第七十一条 违反本法第二十条规定向外国申请专利,泄露国家秘密的,由所在单位或者上级主管机关给予行政处分;构成犯罪的,依法追究刑事责任。

第七十二条 侵夺发明人或者设计人的非职务发明创造专利申请权和本法规定的其他权益的,由所在单位或者上级主管机关给予行政处分。

第七十三条 管理专利工作的部门不得参与向社会推荐专利产品等经营活动。

管理专利工作的部门违反前款规定的,由其上级机关或者监察机关责令改正,消除影响,有违法收入的予以没收;情节严重的,对直接负责的主管人员和其他直接责任人员依法给予行政处分。

第七十四条 从事专利管理工作的国家机关工作人员以及其他有关国家机关工作人员玩忽职守、滥用职权、徇私舞弊,构成犯罪的,依法追究刑事责任;尚不构成犯罪的,依法给予行政处分。

第八章 附 则

第七十五条 向国务院专利行政部门申请专利和办理其他手续,应当按照规定缴纳费用。

常用电力
法律法规手册

（下）

主编　李善武　韩晓光　李绚丽

山东人民出版社

国家一级出版社　全国百佳图书出版单位

目 录
CONTENTS

下 册

二、司法解释

五、通知复函

二、司法解释

最高人民法院关于适用《中华人民共和国合同法》若干问题的解释(一)

为了正确审理合同纠纷案件,根据《中华人民共和国合同法》(以下简称合同法)的规定,对人民法院适用合同法的有关问题作出如下解释:

一、法律适用范围

第一条 合同法实施以后成立的合同发生纠纷起诉到人民法院的,适用合同法的规定;合同法实施以前成立的合同发生纠纷起诉到人民法院的,除本解释另有规定的以外,适用当时的法律规定,当时没有法律规定的,可以适用合同法的有关规定。

第二条 合同成立于合同法实施之前,但合同约定的履行期限跨越合同法实施之日或者履行期限在合同法实施之后,因履行合同发生的纠纷,适用合同法第四章的有关规定。

第三条 人民法院确认合同效力时,对合同法实施以前成立的合同,适用当时的法律合同无效而适用合同法合同有效的,则适用合同法。

第四条 合同法实施以后,人民法院确认合同无效,应当以全国人大及其常委会制定的法律和国务院制定的行政法规为依据,不得以地方性法规、行政规章为依据。

第五条 人民法院对合同法实施以前已经作出终审裁决的案件进行再审,不适用合同法。

二、诉讼时效

第六条 技术合同争议当事人的权利受到侵害的事实发

生在合同法实施之前,自当事人知道或者应当知道其权利受到侵害之日起至合同法实施之日超过一年的,人民法院不予保护;尚未超过一年的,其提起诉讼的时效期间为两年。

第七条 技术进出口合同争议当事人的权利受到侵害的事实发生在合同法实施之前,自当事人知道或者应当知道其权利受到侵害之日起至合同法施行之日超过两年的,人民法院不予保护;尚未超过两年的,其提起诉讼的时效期间为四年。

第八条 合同法第五十五条规定的"一年"、第七十五条和第一百零四条第二款规定的"五年"为不变期间,不适用诉讼时效中止、中断或者延长的规定。

三、合同效力

第九条 依照合同法第四十四条第二款的规定,法律、行政法规规定合同应当办理批准手续,或者办理批准、登记等手续才生效,在一审法庭辩论终结前当事人仍未办理批准手续的,或者仍未办理批准、登记等手续的,人民法院应当认定该合同未生效;法律、行政法规规定合同应当办理登记手续,但未规定登记后生效的,当事人未办理登记手续不影响合同的效力,合同标的物所有权及其他物权不能转移。

合同法第七十七条第二款、第八十七条、第九十六条第二款所列合同变更、转让、解除等情形,依照前款规定处理。

第十条 当事人超越经营范围订立合同,人民法院不因此认定合同无效。但违反国家限制经营、特许经营以及法律、行政法规禁止经营规定的除外。

四、代位权

第十一条 债权人依照合同法第七十三条的规定提起代位权诉讼,应当符合下列条件:

(一)债权人对债务人的债权合法;

（二）债务人怠于行使其到期债权，对债权人造成损害；

（三）债务人的债权已到期；

（四）债务人的债权不是专属于债务人自身的债权。

第十二条 合同法第七十三条第一款规定的专属于债务人自身的债权，是指基于扶养关系、抚养关系、赡养关系、继承关系产生的给付请求权和劳动报酬、退休金、养老金、抚恤金、安置费、人寿保险、人身伤害赔偿请求权等权利。

第十三条 合同法第七十三条规定的"债务人怠于行使其到期债权，对债权人造成损害的"，是指债务人不履行其对债权人的到期债务，又不以诉讼方式或者仲裁方式向其债务人主张其享有的具有金钱给付内容的到期债权，致使债权人的到期债权未能实现。

次债务人（即债务人的债务人）不认为债务人有怠于行使其到期债权情况的，应当承担举证责任。

第十四条 债权人依照合同法第七十三条的规定提起代位权诉讼的，由被告住所地人民法院管辖。

第十五条 债权人向人民法院起诉债务人以后，又向同一人民法院对次债务人提起代位权诉讼，符合本解释第十三条的规定和《中华人民共和国民事诉讼法》第一百零八条规定的起诉条件的，应当立案受理；不符合本解释第十三条规定的，告知债权人向次债务人住所地人民法院另行起诉。

受理代位权诉讼的人民法院在债权人起诉债务人的诉讼裁决发生法律效力以前，应当依照《中华人民共和国民事诉讼法》第一百三十六条第（五）项的规定中止代位权诉讼。

第十六条 债权人以次债务人为被告向人民法院提起代位权诉讼，未将债务人列为第三人的，人民法院可以追加债务人为第三人。

两个或者两个以上债权人以同一次债务人为被告提起代位权诉讼的，人民法院可以合并审理。

第十七条 在代位权诉讼中，债权人请求人民法院对次债务人的财产采取保全措施的，应当提供相应的财产担保。

第十八条 在代位权诉讼中，次债务人对债务人的抗辩，可以向债权人主张。

债务人在代位权诉讼中对债权人的债权提出异议,经审查异议成立的,人民法院应当裁定驳回债权人的起诉。

第十九条 在代位权诉讼中,债权人胜诉的,诉讼费由次债务人负担,从实现的债权中优先支付。

第二十条 债权人向次债务人提起的代位权诉讼经人民法院审理后认定代位权成立的,由次债务人向债权人履行清偿义务,债权人与债务人、债务人与次债务人之间相应的债权债务关系即予消灭。

第二十一条 在代位权诉讼中,债权人行使代位权的请求数额超过债务人所负债务额或者超过次债务人对债务人所负债务额的,对超出部分人民法院不予支持。

第二十二条 债务人在代位权诉讼中,对超过债权人代位请求数额的债权部分起诉次债务人的,人民法院应当告知其向有管辖权的人民法院另行起诉。

债务人的起诉符合法定条件的,人民法院应当受理;受理债务人起诉的人民法院在代位权诉讼裁决发生法律效力以前,应当依法中止。

五、撤销权

第二十三条 债权人依照合同法第七十四条的规定提起撤销权诉讼的,由被告住所地人民法院管辖。

第二十四条 债权人依照合同法第七十四条的规定提起撤销权诉讼时只以债务人为被告,未将受益人或者受让人列为第三人的,人民法院可以追加该受益人或者受让人为第三人。

第二十五条 债权人依照合同法第七十四条的规定提起撤销权诉讼,请求人民法院撤销债务人放弃债权或转让财产的行为,人民法院应当就债权人主张的部分进行审理,依法撤销的,该行为自始无效。

两个或者两个以上债权人以同一债务人为被告,就同一标的提起撤销权诉讼的,人民法院可以合并审理。

第二十六条　债权人行使撤销权所支付的律师代理费、差旅费等必要费用,由债务人负担;第三人有过错的,应当适当分担。

六、合同转让中的第三人

第二十七条　债权人转让合同权利后,债务人与受让人之间因履行合同发生纠纷诉至人民法院,债务人对债权人的权利提出抗辩的,可以将债权人列为第三人。

第二十八条　经债权人同意,债务人转移合同义务后,受让人与债权人之间因履行合同发生纠纷诉至人民法院,受让人就债务人对债权人的权利提出抗辩的,可以将债务人列为第三人。

第二十九条　合同当事人一方经对方同意将其在合同中的权利义务一并转让给受让人,对方与受让人因履行合同发生纠纷诉至人民法院,对方就合同权利义务提出抗辩的,可以将出让方列为第三人。

七、请求权竞合

第三十条　债权人依照合同法第一百二十二条的规定向人民法院起诉时作出选择后,在一审开庭以前又变更诉讼请求的,人民法院应当准许。对方当事人提出管辖权异议,经审查异议成立的,人民法院应当驳回起诉。

最高人民法院关于适用《中华人民共和国合同法》若干问题的解释(二)

(2009年2月9日最高人民法院审判委员会第1462次会议通过)

为了正确审理合同纠纷案件,根据《中华人民共和国合同法》的规定,对人民法院适用合同法的有关问题作出如下解释:

一、合同的订立

第一条 当事人对合同是否成立存在争议,人民法院能够确定当事人名称或者姓名、标的和数量的,一般应当认定合同成立。但法律另有规定或者当事人另有约定的除外。

对合同欠缺的前款规定以外的其他内容,当事人达不成协议的,人民法院依照合同法第六十一条、第六十二条、第一百二十五条等有关规定予以确定。

第二条 当事人未以书面形式或者口头形式订立合同,但从双方从事的民事行为能够推定双方有订立合同意愿的,人民法院可以认定是以合同法第十条第一款中的"其他形式"订立的合同。但法律另有规定的除外。

第三条 悬赏人以公开方式声明对完成一定行为的人支付报酬,完成特定行为的人请求悬赏人支付报酬的,人民法院依法予以支持。但悬赏有合同法第五十二条规定情形的除外。

第四条 采用书面形式订立合同,合同约定的签订地与实际签字或者盖章地点不符的,人民法院应当认定约定的签订地为合同签订地；合同没有约定签订地，双方当事人签字或者盖章不在同一地点的，人民法院应当认定最后签字或者盖章的地点为合同签订地。

第五条 当事人采用合同书形式订立合同的，应当签字或者盖章。当事人在合同书上摁手印的，人民法院应当认定其具有与签字或者盖章同等的法律效力。

第六条 提供格式条款的一方对格式条款中免除或者限制其责任的内容，在合同订立时采用足以引起对方注意的文字、符号、字体等特别标识，并按照对方的要求对该格式条款予以说明的，人民法院应当认定符合合同法第三十九条所称"采取合理的方式"。

提供格式条款一方对已尽合理提示及说明义务承担举证责任。

第七条 下列情形，不违反法律、行政法规强制性规定的，人民法院可以认定为合同法所称"交易习惯"：

（一）在交易行为当地或者某一领域、某一行业通常采用并为交易对方订立合同时所知道或者应当知道的做法；

（二）当事人双方经常使用的习惯做法。

对于交易习惯，由提出主张的一方当事人承担举证责任。

第八条 依照法律、行政法规的规定经批准或者登记才能生效的合同成立后，有义务办理申请批准或者申请登记等手续的一方当事人未按照法律规定或者合同约定办理申请批准或者未申请登记的，属于合同法第四十二条第（三）项规定的"其他违背诚实信用原则的行为"，人民法院可以根据案件的具体情况和相对人的请求，判决相对人自己办理有关手续；对方当事人对由此产生的费用和给相对人造成的实际损失，应当承担损害赔偿责任。

二、合同的效力

第九条 提供格式条款的一方当事人违反合同法第三十九条第一款关于提示和说明义务的规定，导致对方没有注意免除或者限制其责任的条款,对方当事人申请撤销该格式条款的,人民法院应当支持。

　　第十条　提供格式条款的一方当事人违反合同法第三十九条第一款的规定,并具有合同法第四十条规定的情形之一的,人民法院应当认定该格式条款无效。

　　第十一条　根据合同法第四十七条、第四十八条的规定,追认的意思表示自到达相对人时生效,合同自订立时起生效。

　　第十二条　无权代理人以被代理人的名义订立合同,被代理人已经开始履行合同义务的,视为对合同的追认。

　　第十三条　被代理人依照合同法第四十九条的规定承担有效代理行为所产生的责任后,可以向无权代理人追偿因代理行为而遭受的损失。

　　第十四条　合同法第五十二条第(五)项规定的"强制性规定",是指效力性强制性规定。

　　第十五条　出卖人就同一标的物订立多重买卖合同,合同均不具有合同法第五十二条规定的无效情形,买受人因不能按照合同约定取得标的物所有权,请求追究出卖人违约责任的,人民法院应予支持。

三、合同的履行

　　第十六条　人民法院根据具体案情可以将合同法第六十四条、第六十五条规定的第三人列为无独立请求权的第三人,但不得依职权将其列为该合同诉讼案件的被告或者有独立请求权的第三人。

　　第十七条　债权人以境外当事人为被告提起的代位权诉讼,人民法院根据《中华人民共和国民事诉讼法》第二百四十一条的规定确定管辖。

　　第十八条　债务人放弃其未到期的债权或者放弃债权担保,或者恶意延长到期债权的履行期,对债权人造成损害,债权人依照合同法第七十四条的规定提起撤销权诉讼的,人民法院应当支持。

第十九条 对于合同法第七十四条规定的"明显不合理的低价",人民法院应当以交易当地一般经营者的判断,并参考交易当时交易地的物价部门指导价或者市场交易价,结合其他相关因素综合考虑予以确认。

转让价格达不到交易时交易地的指导价或者市场交易价百分之七十的,一般可以视为明显不合理的低价;对转让价格高于当地指导价或者市场交易价百分之三十的,一般可以视为明显不合理的高价。

债务人以明显不合理的高价收购他人财产,人民法院可以根据债权人的申请,参照合同法第七十四条的规定予以撤销。

第二十条 债务人的给付不足以清偿其对同一债权人所负的数笔相同种类的全部债务,应当优先抵充已到期的债务;几项债务均到期的,优先抵充对债权人缺乏担保或者担保数额最少的债务;担保数额相同的,优先抵充债务负担较重的债务;负担相同的,按照债务到期的先后顺序抵充;到期时间相同的,按比例抵充。但是,债权人与债务人对清偿的债务或者清偿抵充顺序有约定的除外。

第二十一条 债务人除主债务之外还应当支付利息和费用,当其给付不足以清偿全部债务时,并且当事人没有约定的,人民法院应当按照下列顺序抵充:

(一)实现债权的有关费用;

(二)利息;

(三)主债务。

四、合同的权利义务终止

第二十二条 当事人一方违反合同法第九十二条规定的义务,给对方当事人造成损失,对方当事人请求赔偿实际损失的,人民法院应当支持。

第二十三条 对于依照合同法第九十九条的规定可以抵销的到期债权,当事人约定不得抵销的,人民法院可以认定该约定有效。

第二十四条 当事人对合同法第九十六条、第九十九条规定的合同解除或者债务抵销虽有异议，但在约定的异议期限届满后才提出异议并向人民法院起诉的，人民法院不予支持；当事人没有约定异议期间，在解除合同或者债务抵销通知到达之日起三个月以后才向人民法院起诉的，人民法院不予支持。

第二十五条 依照合同法第一百零一条的规定，债务人将合同标的物或者标的物拍卖、变卖所得价款交付提存部门时，人民法院应当认定提存成立。

提存成立的，视为债务人在其提存范围内已经履行债务。

第二十六条 合同成立以后客观情况发生了当事人在订立合同时无法预见的、非不可抗力造成的不属于商业风险的重大变化，继续履行合同对于一方当事人明显不公平或者不能实现合同目的，当事人请求人民法院变更或者解除合同的，人民法院应当根据公平原则，并结合案件的实际情况确定是否变更或者解除。

五、违约责任

第二十七条 当事人通过反诉或者抗辩的方式，请求人民法院依照合同法第一百一十四条第二款的规定调整违约金的，人民法院应予支持。

第二十八条 当事人依照合同法第一百一十四条第二款的规定，请求人民法院增加违约金的，增加后的违约金数额以不超过实际损失额为限。增加违约金以后，当事人又请求对方赔偿损失的，人民法院不予支持。

第二十九条 当事人主张约定的违约金过高请求予以适当减少的，人民法院应当以实际损失为基础，兼顾合同的履行情况、当事人的过错程度以及预期利益等综合因素，根据公平原则和诚实信用原则予以衡量，并作出裁决。

当事人约定的违约金超过造成损失的百分之三十的，一般可以认定为合同法第一百一十四条第二款规定的"过分高于造成的损失"。

六、附　则

第三十条　合同法施行后成立的合同发生纠纷的案件,本解释施行后尚未终审的,适用本解释;本解释施行前已经终审,当事人申请再审或者按照审判监督程序决定再审的,不适用本解释。

最高人民法院关于适用《中华人民共和国物权法》若干问题的解释(一)

(2015 年 12 月 10 日最高人民法院审判委员会第 1670 次会议通过,自 2016 年 3 月 1 日起施行 法释[2016]5 号)

为正确审理物权纠纷案件,根据《中华人民共和国物权法》的相关规定,结合民事审判实践,制定本解释。

第一条 因不动产物权的归属,以及作为不动产物权登记基础的买卖、赠与、抵押等产生争议,当事人提起民事诉讼的,应当依法受理。当事人已经在行政诉讼中申请一并解决上述民事争议,且人民法院一并审理的除外。

第二条 当事人有证据证明不动产登记簿的记载与真实权利状态不符、其为该不动产物权的真实权利人,请求确认其享有物权的,应予支持。

第三条 异议登记因物权法第十九条第二款规定的事由失效后,当事人提起民事诉讼,请求确认物权归属的,应当依法受理。异议登记失效不影响人民法院对案件的实体审理。

第四条 未经预告登记的权利人同意,转移不动产所有权,或者设定建设用地使用权、地役权、抵押权等其他物权的,应当依照物权法第二十条第一款的规定,认定其不发生物权效力。

第五条 买卖不动产物权的协议被认定无效、被撤销、被解除,或者预告登记的权利人放弃债权的,应当认定为物权法第二十条第二款所称的"债权消灭"。

第六条 转让人转移船舶、航空器和机动车等所有权,受让人已经支付对价并取得占有,虽未经登记,但转让人的债权人主张其为物权法第二十四条所称的"善意第三人"的,不予支持,法律另有规定的除外。

第七条 人民法院、仲裁委员会在分割共有不动产或者动产等案件中作出并依法生效的改变原有物权关系的判决书、裁决书、调解书,以及人民法院在执行程序中作出的拍卖成交裁定书、以物抵债裁定书,应当认定为物权法第二十八条所称导致物权设立、变更、转让或者消灭的人民法院、仲裁委员会的法律文书。

第八条 依照物权法第二十八条至第三十条规定享有物权,但尚未完成动产交付或者不动产登记的物权人,根据物权法第三十四条至第三十七条的规定,请求保护其物权的,应予支持。

第九条 共有份额的权利主体因继承、遗赠等原因发生变化时,其他按份共有人主张优先购买的,不予支持,但按份共有人之间另有约定的除外。

第十条 物权法第一百零一条所称的"同等条件",应当综合共有份额的转让价格、价款履行方式及期限等因素确定。

第十一条 优先购买权的行使期间,按份共有人之间有约定的,按照约定处理;没有约定或者约定不明的,按照下列情形确定:

(一)转让人向其他按份共有人发出的包含同等条件内容的通知中载明行使期间的,以该期间为准;

(二)通知中未载明行使期间,或者载明的期间短于通知送达之日起十五日的,为十五日;

(三)转让人未通知的,为其他按份共有人知道或者应当知道最终确定的同等条件之日起十五日;

(四)转让人未通知,且无法确定其他按份共有人知道或者应当知道最终确定的同等条件的,为共有份额权属转移之日起六个月。

第十二条 按份共有人向共有人之外的人转让其份额,其他按份共有人根据法律、司法解释规定,请求按照同等条件购买该共有份额的,应予支持。

其他按份共有人的请求具有下列情形之一的,不予支持:

（一）未在本解释第十一条规定的期间内主张优先购买，或者虽主张优先购买，但提出减少转让价款、增加转让人负担等实质性变更要求；

（二）以其优先购买权受到侵害为由，仅请求撤销共有份额转让合同或者认定该合同无效。

第十三条 按份共有人之间转让共有份额，其他按份共有人主张根据物权法第一百零一条规定优先购买的，不予支持，但按份共有人之间另有约定的除外。

第十四条 两个以上按份共有人主张优先购买且协商不成时，请求按照转让时各自份额比例行使优先购买权的，应予支持。

第十五条 受让人受让不动产或者动产时，不知道转让人无处分权，且无重大过失的，应当认定受让人为善意。

真实权利人主张受让人不构成善意的，应当承担举证证明责任。

第十六条 具有下列情形之一的，应当认定不动产受让人知道转让人无处分权：

（一）登记簿上存在有效的异议登记；

（二）预告登记有效期内，未经预告登记的权利人同意；

（三）登记簿上已经记载司法机关或者行政机关依法裁定、决定查封或者以其他形式限制不动产权利的有关事项；

（四）受让人知道登记簿上记载的权利主体错误；

（五）受让人知道他人已经依法享有不动产物权。

真实权利人有证据证明不动产受让人应当知道转让人无处分权的，应当认定受让人具有重大过失。

第十七条 受让人受让动产时，交易的对象、场所或者时机等不符合交易习惯的，应当认定受让人具有重大过失。

第十八条 物权法第一百零六条第一款第一项所称的"受让人受让该不动产或者动产时"，是指依法完成不动产物权转移登记或者动产交付之时。

当事人以物权法第二十五条规定的方式交付动产的，转让动产法律行为生效时为动产交付之时；当事人以物权法第二十六条规定的方式交付动产的,转让人与受让人之间有关转让返还原物请求权的协议生效时为动产交付之时。

法律对不动产、动产物权的设立另有规定的,应当按照法律规定的时间认定权利人是否为善意。

第十九条 物权法第一百零六条第一款第二项所称"合理的价格",应当根据转让标的物的性质、数量以及付款方式等具体情况,参考转让时交易地市场价格以及交易习惯等因素综合认定。

第二十条 转让人将物权法第二十四条规定的船舶、航空器和机动车等交付给受让人的,应当认定符合物权法第一百零六条第一款第三项规定的善意取得的条件。

第二十一条 具有下列情形之一,受让人主张根据物权法第一百零六条规定取得所有权的,不予支持:

(一)转让合同因违反合同法第五十二条规定被认定无效;

(二)转让合同因受让人存在欺诈、胁迫或者乘人之危等法定事由被撤销。

第二十二条 本解释自 2016 年 3 月 1 日起施行。

本解释施行后人民法院新受理的一审案件,适用本解释。

本解释施行前人民法院已经受理、施行后尚未审结的一审、二审案件,以及本解释施行前已经终审、施行后当事人申请再审或者按照审判监督程序决定再审的案件,不适用本解释。

最高人民法院关于适用《中华人民共和国担保法》若干问题的解释

（2000 年 9 月 29 日最高人民法院审判委员会第 1133 次会议通过　法释〔2000〕44 号）

为了正确适用《中华人民共和国担保法》（以下简称担保法），结合审判实践经验，对人民法院审理担保纠纷案件适用法律问题作出如下解释。

一、关于总则部分的解释

第一条　当事人对由民事关系产生的债权，在不违反法律、法规强制性规定的情况下，以担保法规定的方式设定担保的，可以认定为有效。

第二条　反担保人可以是债务人，也可以是债务人之外的其他人。

反担保方式可以是债务人提供的抵押或者质押，也可以是其他人提供的保证、抵押或者质押。

第三条　国家机关和以公益为目的的事业单位、社会团体违反法律规定提供担保的，担保合同无效。因此给债权人造成损失的，应当根据担保法第五条第二款的规定处理。

第四条　董事、经理违反《中华人民共和国公司法》第六十条的规定，以公司资产为本公司的股东或者其他个人债务提供担保的，担保合同无效。除债权人知道或者应当知道的外，债务人、担保人应当对债权人的损失承担连带赔偿责任。

第五条　以法律、法规禁止流通的财产或者不可转让的财产设定担保的，担保合同无效。

以法律、法规限制流通的财产设定担保的,在实现债权时,人民法院应当按照有关法律、法规的规定对该财产进行处理。

第六条 有下列情形之一的,对外担保合同无效:

(一)未经国家有关主管部门批准或者登记对外担保的;

(二)未经国家有关主管部门批准或者登记,为境外机构向境内债权人提供担保的;

(三)为外商投资企业注册资本、外商投资企业中的外方投资部分的对外债务提供担保的;

(四)无权经营外汇担保业务的金融机构、无外汇收入的非金融性质的企业法人提供外汇担保的;

(五)主合同变更或者债权人将对外担保合同项下的权利转让,未经担保人同意和国家有关主管部门批准,担保人不再承担担保责任。但法律、法规另有规定的除外。

第七条 主合同有效而担保合同无效,债权人无过错的,担保人与债务人对主合同债权人的经济损失,承担连带赔偿责任;债权人、担保人有过错的,担保人承担民事责任的部分,不应超过债务人不能清偿部分的二分之一。

第八条 主合同无效而导致担保合同无效,担保人无过错的,担保人不承担民事责任;担保人有过错的,担保人承担民事责任的部分,不应超过债务人不能清偿部分的三分之一。

第九条 担保人因无效担保合同向债权人承担赔偿责任后,可以向债务人追偿,或者在承担赔偿责任的范围内,要求有过错的反担保人承担赔偿责任。

担保人可以根据承担赔偿责任的事实对债务人或者反担保人另行提起诉讼。

第十条 主合同解除后,担保人对债务人应当承担的民事责任仍应承担担保责任。但是,担保合同另有约定的除外。

第十一条 法人或者其他组织的法定代表人、负责人超越权限订立的担保合同,除相对人知道或者应当知道其超越权限的以外,该代表行为有效。

第十二条 当事人约定的或者登记部门要求登记的担保

期间,对担保物权的存续不具有法律约束力。

担保物权所担保的债权的诉讼时效结束后,担保权人在诉讼时效结束后的二年内行使担保物权的,人民法院应当予以支持。

二、关于保证部分的解释

第十三条 保证合同中约定保证人代为履行非金钱债务的,如果保证人不能实际代为履行,对债权人因此造成的损失,保证人应当承担赔偿责任。

第十四条 不具有完全代偿能力的法人、其他组织或者自然人,以保证人身份订立保证合同后,又以自己没有代偿能力要求免除保证责任的,人民法院不予支持。

第十五条 担保法第七条规定的其他组织主要包括:

(一)依法登记领取营业执照的独资企业、合伙企业;

(二)依法登记领取营业执照的联营企业;

(三)依法登记领取营业执照的中外合作经营企业;

(四)经民政部门核准登记的社会团体;

(五)经核准登记领取营业执照的乡镇、街道、村办企业。

第十六条 从事经营活动的事业单位、社会团体为保证人的,如无其他导致保证合同无效的情况,其所签定的保证合同应当认定为有效。

第十七条 企业法人的分支机构未经法人书面授权提供保证的,保证合同无效。因此给债权人造成损失的,应当根据担保法第五条第二款的规定处理。

企业法人的分支机构经法人书面授权提供保证的,如果法人的书面授权范围不明,法人的分支机构应当对保证合同约定的全部债务承担保证责任。

企业法人的分支机构经营管理的财产不足以承担保证责任的,由企业法人承担民事责任。

企业法人的分支机构提供的保证无效后应当承担赔偿责任的,由分支机构经营管理的财产承担。企业法人有过错的,按照担保法第二十九条的规定处理。

第十八条 企业法人的职能部门提供保证的,保证合同无效。债权人知道或者应当知道保证人为企业法人的职能部门的,因此造成的损失由债权人自行承担。

债权人不知保证人为企业法人的职能部门,因此造成的损失,可以参照担保法第五条第二款的规定和第二十九条的规定处理。

第十九条 两个以上保证人对同一债务同时或者分别提供保证时,各保证人与债权人没有约定保证份额的,应当认定为连带共同保证。

连带共同保证的保证人以其相互之间约定各自承担的份额对抗债权人的,人民法院不予支持。

第二十条 连带共同保证的债务人在主合同规定的债务履行期届满没有履行债务的,债权人可以要求债务人履行债务,也可以要求任何一个保证人承担全部保证责任。

连带共同保证的保证人承担保证责任后,向债务人不能追偿的部分,由各连带保证人按其内部约定的比例分担。没有约定的,平均分担。

第二十一条 按份共同保证的保证人按照保证合同约定的保证份额承担保证责任后,在其履行保证责任的范围内对债务人行使追偿权。

第二十二条 第三人单方以书面形式向债权人出具担保书,债权人接受且未提出异议的,保证合同成立。

主合同中虽然没有保证条款,但是,保证人在主合同上以保证人的身份签字或者盖章的,保证合同成立。

第二十三条 最高额保证合同的不特定债权确定后,保证人应当对在最高债权额限度内就一定期间连续发生的债权余额承担保证责任。

第二十四条 一般保证的保证人在主债权履行期间届满后,向债权人提供了债务人可供执行财产的真实情况的,债权人放弃或者怠于行使权利致使该财产不能被执行,保证人可以请求人民法院在其提供可供执行财产的实际价值范围内免除保证责任。

第二十五条 担保法第十七条第三款第(一)项规定的债权人要求债务人履行债务发生的重大困难情形,包括债务人下落不明、移居境外,且无财产可供执行。

第二十六条 第三人向债权人保证监督支付专款专用的,在履行了监督支付专款专用的义务后,不再承担责任。未尽监督义务造成资金流失的,应当对流失的资金承担补充赔偿责任。

第二十七条 保证人对债务人的注册资金提供保证的,债务人的实际投资与注册资金不符,或者抽逃转移注册资金的,保证人在注册资金不足或者抽逃转移注册资金的范围内承担连带保证责任。

第二十八条 保证期间,债权人依法将主债权转让给第三人的,保证债权同时转让,保证人在原保证担保的范围内对受让人承担保证责任。但是保证人与债权人事先约定仅对特定的债权人承担保证责任或者禁止债权转让的,保证人不再承担保证责任。

第二十九条 保证期间,债权人许可债务人转让部分债务未经保证人书面同意的,保证人对未经其同意转让部分的债务,不再承担保证责任。但是,保证人仍应当对未转让部分的债务承担保证责任。

第三十条 保证期间,债权人与债务人对主合同数量、价款、币种、利率等内容作了变动,未经保证人同意的,如果减轻债务人的债务的,保证人仍应当对变更后的合同承担保证责任;如果加重债务人的债务的,保证人对加重的部分不承担保证责任。

债权人与债务人对主合同履行期限作了变动,未经保证人书面同意的,保证期间为原合同约定的或者法律规定的期间。

债权人与债务人协议变动主合同内容,但并未实际履行的,保证人仍应当承担保证责任。

第三十一条 保证期间不因任何事由发生中断、中止、延长的法律后果。

第三十二条 保证合同约定的保证期间早于或者等于主债务履行期限的,视为没有约定,保证期间为主债务履行期届满之日起六个月。

保证合同约定保证人承担保证责任直至主债务本息还清时为止等类似内容的,视为约定不明,保证期间为主债务履行期届满之日起二年。

第三十三条 主合同对主债务履行期限没有约定或者约定不明的,保证期间自债权人要求债务人履行义务的宽限期届满之日起计算。

第三十四条 一般保证的债权人在保证期间届满前对债务人提起诉讼或者申请仲裁的,从判决或者仲裁裁决生效之日起,开始计算保证合同的诉讼时效。

连带责任保证的债权人在保证期间届满前要求保证人承担保证责任的,从债权人要求保证人承担保证责任之日起,开始计算保证合同的诉讼时效。

第三十五条 保证人对已经超过诉讼时效期间的债务承担保证责任或者提供保证的,又以超过诉讼时效为由抗辩的,人民法院不予支持。

第三十六条 一般保证中,主债务诉讼时效中断,保证债务诉讼时效中断;连带责任保证中,主债务诉讼时效中断,保证债务诉讼时效不中断。

一般保证和连带责任保证中,主债务诉讼时效中止的,保证债务的诉讼时效同时中止。

第三十七条 最高额保证合同对保证期间没有约定或者约定不明的,如最高额保证合同约定有保证人清偿债务期限的,保证期间为清偿期限届满之日起六个月。没有约定债务清偿期限的,保证期间自最高额保证终止之日或自债权人收到保证人终止保证合同的书面通知到达之日起六个月。

第三十八条 同一债权既有保证又有第三人提供物的担保的,债权人可以请求保证人或者物的担保人承担担保责任。当事人对保证担保的范围或者物的担保的范围没有约定或者约定不明的，承担了担保责任的担保人，可以向债务人追偿，也可以要求其他担保人清偿其应当分担的份额。

同一债权既有保证又有物的担保的，物的担保合同被确认无效或者被撤销，或者担保物因不可抗力的原因灭失而没有代位物的，保证人仍应当按合同的约定或者法律的规定承担保证责任。

债权人在主合同履行期届满后怠于行使担保物权，致使担保物的价值减少或者毁损、灭失的，视为债权人放弃部分或者全部物的担保。保证人在债权人放弃权利的范围内减轻或者免除保证责任。

第三十九条 主合同当事人双方协议以新贷偿还旧贷，除保证人知道或者应当知道的外，保证人不承担民事责任。

新贷与旧贷系同一保证人的，不适用前款的规定。

第四十条 主合同债务人采取欺诈、胁迫等手段，使保证人在违背真实意思的情况下提供保证的，债权人知道或者应当知道欺诈、胁迫事实的，按照担保法第三十条的规定处理。

第四十一条 债务人与保证人共同欺骗债权人，订立主合同和保证合同的，债权人可以请求人民法院予以撤销。因此给债权人造成损失的，由保证人与债务人承担连带赔偿责任。

第四十二条 人民法院判决保证人承担保证责任或者赔偿责任的，应当在判决书主文中明确保证人享有担保法第三十一条规定的权利。判决书中未予明确追偿权的，保证人只能按照承担责任的事实，另行提起诉讼。

保证人对债务人行使追偿权的诉讼时效，自保证人向债权人承担责任之日起开始计算。

第四十三条 保证人自行履行保证责任时，其实际清偿额大于主债权范围的，保证人只能在主债权范围内对债务人行使追偿权。

第四十四条 保证期间，人民法院受理债务人破产案件的，债权人既可以向人民法院申报债权，也可以向保证人主张权利。

债权人申报债权后在破产程序中未受清偿的部分,保证人仍应当承担保证责任。债权人要求保证人承担保证责任的,应当在破产程序终结后六个月内提出。

第四十五条 债权人知道或者应当知道债务人破产,既未申报债权也未通知保证人,致使保证人不能预先行使追偿权的,保证人在该债权在破产程序中可能受偿的范围内免除保证责任。

第四十六条 人民法院受理债务人破产案件后,债权人未申报债权的,各连带共同保证的保证人应当作为一个主体申报债权,预先行使追偿权。

三、关于抵押部分的解释

第四十七条 以依法获准尚未建造的或者正在建造中的房屋或者其他建筑物抵押的,当事人办理了抵押物登记,人民法院可以认定抵押有效。

第四十八条 以法定程序确认为违法、违章的建筑物抵押的,抵押无效。

第四十九条 以尚未办理权属证书的财产抵押的,在第一审法庭辩论终结前能够提供权利证书或者补办登记手续的,可以认定抵押有效。

当事人未办理抵押物登记手续的,不得对抗第三人。

第五十条 以担保法第三十四条第一款所列财产一并抵押的,抵押财产的范围应当以登记的财产为准。抵押财产的价值在抵押权实现时予以确定。

第五十一条 抵押人所担保的债权超出其抵押物价值的,超出的部分不具有优先受偿的效力。

第五十二条 当事人以农作物和与其尚未分离的土地使用权同时抵押的,土地使用权部分的抵押无效。

第五十三条 学校、幼儿园、医院等以公益为目的的事业单位、社会团体,以其教育设施、医疗卫生设施和其他社会公益设施以外的财产为自身债务设定抵押的,人民法院可以认定抵押有效。

第五十四条 按份共有人以其共有财产中享有的份额设定抵押的,抵押有效。

共同共有人以其共有财产设定抵押,未经其他共有人的同意,抵押无效。但是,其他共有人知道或者应当知道而未提出异议的视为同意,抵押有效。

第五十五条 已经设定抵押的财产被采取查封、扣押等财产保全或者执行措施的,不影响抵押权的效力。

第五十六条 抵押合同对被担保的主债权种类、抵押财产没有约定或者约定不明,根据主合同和抵押合同不能补正或者无法推定的,抵押不成立。

法律规定登记生效的抵押合同签订后,抵押人违背诚实信用原则拒绝办理抵押登记致使债权人受到损失的,抵押人应当承担赔偿责任。

第五十七条 当事人在抵押合同中约定,债务履行期届满抵押权人未受清偿时,抵押物的所有权转移为债权人所有的内容无效。该内容的无效不影响抵押合同其他部分内容的效力。

债务履行期届满后抵押权人未受清偿时,抵押权人和抵押人可以协议以抵押物折价取得抵押物。但是,损害顺序在后的担保物权人和其他债权人利益的,人民法院可以适用合同法第七十四条、第七十五条的有关规定。

第五十八条 当事人同一天在不同的法定登记部门办理抵押物登记的,视为顺序相同。

因登记部门的原因致使抵押物进行连续登记的,抵押物第一次登记的日期,视为抵押登记的日期,并依此确定抵押权的顺序。

第五十九条 当事人办理抵押物登记手续时,因登记部门的原因致使其无法办理抵押物登记,抵押人向债权人交付权利凭证的,可以认定债权人对该财产有优先受偿权。但是,未办理抵押物登记的,不得对抗第三人。

第六十条 以担保法第四十二条第(二)项规定的不动产

抵押的,县级以上地方人民政府对登记部门未作规定,当事人在土地管理部门或者房产管理部门办理了抵押物登记手续,人民法院可以确认其登记的效力。

第六十一条 抵押物登记记载的内容与抵押合同约定的内容不一致的,以登记记载的内容为准。

第六十二条 抵押物因附合、混合或者加工使抵押物的所有权为第三人所有的,抵押权的效力及于补偿金;抵押物所有人为附合物、混合或者加工物的所有人的,抵押权的效力及于附合物、混合物或者加工物;第三人与抵押物所有人为附合物、混合物或者加工物的共有人的,抵押权的效力及于抵押人对共有物享有的份额。

第六十三条 抵押权设定前为抵押物的从物的,抵押权的效力及于抵押物的从物。但是,抵押物与其从物为两个以上的人分别所有时,抵押权的效力不及于抵押物的从物。

第六十四条 债务履行期届满,债务人不履行债务致使抵押物被人民法院依法扣押的,自扣押之日起抵押权人收取的由抵押物分离的天然孳息和法定孳息,按照下列顺序清偿:

(一)收取孳息的费用;

(二)主债权的利息;

(三)主债权。

第六十五条 抵押人将已出租的财产抵押的,抵押权实现后,租赁合同在有效期内对抵押物的受让人继续有效。

第六十六条 抵押人将已抵押的财产出租的,抵押权实现后,租赁合同对受让人不具有约束力。

抵押人将已抵押的财产出租时,如果抵押人未书面告知承租人该财产已抵押的,抵押人对出租抵押物造成承租人的损失承担赔偿责任;如果抵押人已书面告知承租人该财产已抵押的,抵押权实现造成承租人的损失,由承租人自己承担。

第六十七条 抵押权存续期间,抵押人转让抵押物未通知抵押权人或者未告知受让人的,如果抵押物已经登记的,抵押权人仍可以行使抵押权;取得抵押物所有权的受让人,可以代替债务人清偿其全部债务,使抵押权消灭。受让人清偿债务后可以向抵押人追偿。

如果抵押物未经登记的,抵押权不得对抗受让人,因此给抵押权人造成损失的,由抵押人承担赔偿责任。

第六十八条 抵押物依法被继承或者赠与的,抵押权不受影响。

第六十九条 债务人有多个普通债权人的,在清偿债务时,债务人与其中一个债权人恶意串通,将其全部或者部分财产抵押给该债权人,因此丧失了履行其他债务的能力,损害了其他债权人的合法权益,受损害的其他债权人可以请求人民法院撤销该抵押行为。

第七十条 抵押人的行为足以使抵押物价值减少的,抵押权人请求抵押人恢复原状或提供担保遭到拒绝时,抵押权人可以请求债务人履行债务,也可以请求提前行使抵押权。

第七十一条 主债权未受全部清偿的,抵押权人可以就抵押物的全部行使其抵押权。

抵押物被分割或者部分转让的,抵押权人可以就分割或者转让后的抵押物行使抵押权。

第七十二条 主债权被分割或者部分转让的,各债权人可以就其享有的债权份额行使抵押权。

主债务被分割或者部分转让的,抵押人仍以其抵押物担保数个债务人履行债务。但是,第三人提供抵押的,债权人许可债务人转让债务未经抵押人书面同意的,抵押人对未经其同意转让的债务,不再承担担保责任。

第七十三条 抵押物折价或者拍卖、变卖该抵押物的价款低于抵押权设定时约定价值的,应当按照抵押物实现的价值进行清偿。不足清偿的剩余部分,由债务人清偿。

第七十四条 抵押物折价或者拍卖、变卖所得的价款,当事人没有约定的,按下列顺序清偿:

(一)实现抵押权的费用;

(二)主债权的利息;

(三)主债权。

第七十五条 同一债权有两个以上抵押人的,债权人放弃债务人提供的抵押担保的,其他抵押人可以请求人民法院减轻或者免除其应当承担的担保责任。

同一债权有两个以上抵押人的,当事人对其提供的抵押财产所担保的债权份额或者顺序没有约定或者约定不明的,抵押权人可以就其中任一或者各个财产行使抵押权。

抵押人承担担保责任后,可以向债务人追偿,也可以要求其他抵押人清偿其应当承担的份额。

第七十六条 同一动产向两个以上债权人抵押的,当事人未办理抵押物登记,实现抵押权时,各抵押权人按照债权比例受偿。

第七十七条 同一财产向两个以上债权人抵押的,顺序在先的抵押权与该财产的所有权归属一人时,该财产的所有权人可以以其抵押权对抗顺序在后的抵押权。

第七十八条 同一财产向两个以上债权人抵押的,顺序在后的抵押权所担保的债权先到期的,抵押权人只能就抵押物价值超出顺序在先的抵押担保债权的部分受偿。

顺序在先的抵押权所担保的债权先到期的,抵押权实现后的剩余价款应予提存,留待清偿顺序在后的抵押担保债权。

第七十九条 同一财产法定登记的抵押权与质权并存时,抵押权人优先于质权人受偿。

同一财产抵押权与留置权并存时,留置权人优先于抵押权人受偿。

第八十条 在抵押物灭失、毁损或者被征用的情况下,抵押权人可以就该抵押物的保险金、赔偿金或者补偿金优先受偿。

抵押物灭失、毁损或者被征用的情况下,抵押权所担保的债权未届清偿期的,抵押权人可以请求人民法院对保险金、赔偿金或补偿金等采取保全措施。

第八十一条 最高额抵押权所担保的债权范围,不包括抵押物因财产保全或者执行程序被查封后或债务人、抵押人破产后发生的债权。

第八十二条 当事人对最高额抵押合同的最高限额、最高额抵押期间进行变更,以其变更对抗顺序在后的抵押权人的,人民法院不予支持。

第八十三条 最高额抵押权所担保的不特定债权,在特定后,债权已届清偿期的,最高额抵押权人可以根据普通抵押权的规定行使其抵押权。

抵押权人实现最高额抵押权时,如果实际发生的债权余额高于最高限额的,以最高限额为限,超过部分不具有优先受偿的效力;如果实际发生的债权余额低于最高限额的,以实际发生的债权余额为限对抵押物优先受偿。

四、关于质押部分的解释

(一)动产质押

第八十四条 出质人以其不具有所有权但合法占有的动产出质的,不知出质人无处分权的质权人行使质权后,因此给动产所有人造成损失的,由出质人承担赔偿责任。

第八十五条 债务人或者第三人将其金钱以特户、封金、保证金等形式特定化后,移交债权人占有作为债权的担保,债务人不履行债务时,债权人可以以该金钱优先受偿。

第八十六条 债务人或者第三人未按质押合同约定的时间移交质物的,因此给质权人造成损失的,出质人应当根据其过错承担赔偿责任。

第八十七条 出质人代质权人占有质物的,质押合同不生效;质权人将质物返还于出质人后,以其质权对抗第三人的,人民法院不予支持。

因不可归责于质权人的事由而丧失对质物的占有,质权人可以向不当占有人请求停止侵害、恢复原状、返还质物。

第八十八条 出质人以间接占有的财产出质的,质押合同自书面通知送达占有人时视为移交。占有人收到出质通知后,仍接受出质人的指示处分出质财产的,该行为无效。

第八十九条 质押合同中对质押的财产约定不明,或者约定的出质财产与实际移交的财产不一致的,以实际交付占有的财产为准。

第九十条 质物有隐蔽瑕疵造成质权人其他财产损害的,应由出质人承担赔偿责任。但是,质权人在质物移交时明知质物有瑕疵而予以接受的除外。

第九十一条 动产质权的效力及于质物的从物。但是,从物未随同质物移交质权人占有的,质权的效力不及于从物。

第九十二条 按照担保法第六十九条的规定将质物提存的,质物提存费用由质权人负担;出质人提前清偿债权的,应当扣除未到期部分的利息。

第九十三条 质权人在质权存续期间,未经出质人同意,擅自使用、出租、处分质物,因此给出质人造成损失的,由质权人承担赔偿责任。

第九十四条 质权人在质权存续期间,为担保自己的债务,经出质人同意,以其所占有的质物为第三人设定质权的,应当在原质权所担保的债权范围之内,超过的部分不具有优先受偿的效力。转质权的效力优于原质权。

质权人在质权存续期间,未经出质人同意,为担保自己的债务,在其所占有的质物上为第三人设定质权的无效。质权人对因转质而发生的损害承担赔偿责任。

第九十五条 债务履行期届满质权人未受清偿的,质权人可以继续留置质物,并以质物的全部行使权利。出质人清偿所担保的债权后,质权人应当返还质物。

债务履行期届满,出质人请求质权人及时行使权利,而质权人怠于行使权利致使质物价格下跌的,由此造成的损失,质权人应当承担赔偿责任。

第九十六条 本解释第五十七条、第六十二条、第六十四条、第七十一条、第七十二条、第七十三条、第七十四条、第八十条之规定,适用于动产质押。

（二）权利质押

第九十七条 以公路桥梁、公路隧道或者公路渡口等不动产收益权出质的，按照担保法第七十五条第（四）项的规定处理。

第九十八条 以汇票、支票、本票出质，出质人与质权人没有背书记载"质押"字样，以票据出质对抗善意第三人的，人民法院不予支持。

第九十九条 以公司债券出质的，出质人与质权人没有背书记载"质押"字样，以债券出质对抗公司和第三人的，人民法院不予支持。

第一百条 以存款单出质的，签发银行核押后又受理挂失并造成存款流失的，应当承担民事责任。

第一百零一条 以票据、债券、存款单、仓单、提单出质的，质权人再转让或者质押的无效。

第一百零二条 以载明兑现或者提货日期的汇票、支票、本票、债券、存款单、仓单、提单出质的，其兑现或者提货日期后于债务履行期的，质权人只能在兑现或者提货日期届满时兑现款项或者提取货物。

第一百零三条 以股份有限公司的股份出质的，适用《中华人民共和国公司法》有关股份转让的规定。

以上市公司的股份出质的，质押合同自股份出质向证券登记机构办理出质登记之日起生效。

以非上市公司的股份出质的，质押合同自股份出质记载于股东名册之日起生效。

第一百零四条 以依法可以转让的股份、股票出质的，质权的效力及于股份、股票的法定孳息。

第一百零五条 以依法可以转让的商标专用权，专利权、著作权中的财产权出质的，出质人未经质权人同意而转让或者许可他人使用已出质权利的，应当认定为无效。因此给质权人或者第三人造成损失的，由出质人承担民事责任。

第一百零六条　质权人向出质人、出质债权的债务人行使质权时，出质人、出质债权的债务人拒绝的，质权人可以起诉出质人和出质债权的债务人，也可以单独起诉出质债权的债务人。

五、关于留置部分的解释

第一百零七条　当事人在合同中约定排除留置权，债务履行期届满，债权人行使留置权的，人民法院不予支持。

第一百零八条　债权人合法占有债务人交付的动产时，不知债务人无处分该动产的权利，债权人可以按照担保法第八十二条的规定行使留置权。

第一百零九条　债权人的债权已届清偿期，债权人对动产的占有与其债权的发生有牵连关系，债权人可以留置其所占有的动产。

第一百一十条　留置权人在债权未受全部清偿前，留置物为不可分物的，留置权人可以就其留置物的全部行使留置权。

第一百一十一条　债权人行使留置权与其承担的义务或者合同的特殊约定相抵触的，人民法院不予支持。

第一百一十二条　债权人的债权未届清偿期，其交付占有标的物的义务已届履行期的，不能行使留置权。但是，债权人能够证明债务人无支付能力的除外。

第一百一十三条　债权人未按担保法第八十七条规定的期限通知债务人履行义务，直接变价处分留置物的，应当对此造成的损失承担赔偿责任。债权人与债务人按照担保法第八十七条的规定在合同中约定宽限期的，债权人可以不经通知，直接行使留置权。

第一百一十四条　本解释第六十四条、第八十条、第八十七条、第九十一条、第九十三条的规定，适用于留置。

六、关于定金部分的解释

第一百一十五条 当事人约定以交付定金作为订立主合同担保的,给付定金的一方拒绝订立主合同的,无权要求返还定金;收受定金的一方拒绝订立合同的,应当双倍返还定金。

第一百一十六条 当事人约定以交付定金作为主合同成立或者生效要件的,给付定金的一方未支付定金,但主合同已经履行或者已经履行主要部分的,不影响主合同的成立或者生效。

第一百一十七条 定金交付后,交付定金的一方可以按照合同的约定以丧失定金为代价而解除主合同,收受定金的一方可以双倍返还定金为代价而解除主合同。对解除主合同后责任的处理,适用《中华人民共和国合同法》的规定。

第一百一十八条 当事人交付留置金、担保金、保证金、订约金、押金或者订金等,但没有约定定金性质的,当事人主张定金权利的,人民法院不予支持。

第一百一十九条 实际交付的定金数额多于或者少于约定数额,视为变更定金合同;收受定金一方提出异议并拒绝接受定金的,定金合同不生效。

第一百二十条 因当事人一方迟延履行或者其他违约行为,致使合同目的不能实现,可以适用定金罚则。但法律另有规定或者当事人另有约定的除外。

当事人一方不完全履行合同的,应当按照未履行部分所占合同约定内容的比例,适用定金罚则。

第一百二十一条 当事人约定的定金数额超过主合同标的额百分之二十的,超过的部分,人民法院不予支持。

第一百二十二条 因不可抗力、意外事件致使主合同不能履行的,不适用定金罚则。因合同关系以外第三人的过错,致使主合同不能履行的,适用定金罚则。受定金处罚的一方当事人,可以依法向第三人追偿。

七、关于其他问题的解释

第一百二十三条 同一债权上数个担保物权并存时,债权人放弃债务人提供的物的担保的,其他担保人在其放弃权利的范围内减轻或者免除担保责任。

第一百二十四条 企业法人的分支机构为他人提供保证的,人民法院在审理保证纠纷案件中可以将该企业法人作为共同被告参加诉讼。但是商业银行、保险公司的分支机构提供保证的除外。

第一百二十五条 一般保证的债权人向债务人和保证人一并提起诉讼的,人民法院可以将债务人和保证人列为共同被告参加诉讼。但是,应当在判决书中明确在对债务人财产依法强制执行后仍不能履行债务时,由保证人承担保证责任。

第一百二十六条 连带责任保证的债权人可以将债务人或者保证人作为被告提起诉讼,也可以将债务人和保证人作为共同被告提起诉讼。

第一百二十七条 债务人对债权人提起诉讼,债权人提起反诉的,保证人可以作为第三人参加诉讼。

第一百二十八条 债权人向人民法院请求行使担保物权时,债务人和担保人应当作为共同被告参加诉讼。

同一债权既有保证又有物的担保的,当事人发生纠纷提起诉讼的,债务人与保证人、抵押人或者出质人可以作为共同被告参加诉讼。

第一百二十九条 主合同和担保合同发生纠纷提起诉讼的,应当根据主合同确定案件管辖。担保人承担连带责任的担保合同发生纠纷,债权人向担保人主张权利的,应当由担保人住所地的法院管辖。

主合同和担保合同选择管辖的法院不一致的,应当根据主合同确定案件管辖。

第一百三十条 在主合同纠纷案件中,对担保合同未经审判,人民法院不应当依据对主合同当事人所作出的判决或者裁定,直接执行担保人的财产。

第一百三十一条 本解释所称"不能清偿"指对债务人的存款、现金、有价证券、成品、半成品、原材料、交通工具等可以执行的动产和其他方便执行的财产执行完毕后,债务仍未能得到清偿的状态。

第一百三十二条 在案件审理或者执行程序中,当事人提供财产担保的,人民法院应当对该财产的权属证书予以扣押,同时向有关部门发出协助执行通知书,要求其在规定的时间内不予办理担保财产的转移手续。

第一百三十三条 担保法施行以前发生的担保行为,适用担保行为发生时的法律、法规和有关司法解释。

担保法施行以后因担保行为发生的纠纷案件,在本解释公布施行前已经终审,当事人申请再审或者按审判监督程序决定再审的,不适用本解释。

担保法施行以后因担保行为发生的纠纷案件,在本解释公布施行后尚在一审或二审阶段的,适用担保法和本解释。

第一百三十四条 最高人民法院在担保法施行以前作出的有关担保问题的司法解释,与担保法和本解释相抵触的,不再适用。

最高人民法院关于审理破坏电力设备刑事案件具体应用法律若干问题的解释

(2007 年 8 月 13 日最高人民法院审判委员会第 1435 次会议通过 法释〔2007〕15 号)

为维护公共安全,依法惩治破坏电力设备等犯罪活动,根据刑法有关规定,现就审理这类刑事案件具体应用法律的若干问题解释如下:

第一条 破坏电力设备,具有下列情形之一的,属于刑法第一百一十九条第一款规定的"造成严重后果",以破坏电力设备罪判处十年以上有期徒刑、无期徒刑或者死刑:

(一)造成一人以上死亡、三人以上重伤或者十人以上轻伤的;

(二)造成一万以上用户电力供应中断六小时以上,致使生产、生活受到严重影响的;

(三)造成直接经济损失一百万元以上的;

(四)造成其他危害公共安全严重后果的。

第二条 过失损坏电力设备,造成本解释第一条规定的严重后果的,依照刑法第一百一十九条第二款的规定,以过失损坏电力设备罪判处三年以上七年以下有期徒刑;情节较轻的,处三年以下有期徒刑或者拘役。

第三条 盗窃电力设备,危害公共安全,但不构成盗窃罪的,以破坏电力设备罪定罪处罚;同时构成盗窃罪和破坏电力设备罪的,依照刑法处罚较重的规定定罪处罚。

盗窃电力设备,没有危及公共安全,但应当追究刑事责任的,可以根据案件的不同情况,按照盗窃罪等犯罪处理。

第四条 本解释所称电力设备,是指处于运行、应急等使用中的电力设备;已经通电使用,只是由于枯水季节或电力不足等原因暂停使用的电力设备;已经交付使用但尚未通电的电力设备。不包括尚未安装完毕,或者已经安装完毕但尚未交付使用的电力设备。

本解释中直接经济损失的计算范围,包括电量损失金额,被毁损设备材料的购置、更换、修复费用,以及因停电给用户造成的直接经济损失等。

最高人民法院关于人民法院办理执行异议和复议案件若干问题的规定

（2014 年 12 月 29 日最高人民法院审判委员会第 1638 次会议通过　法释〔2015〕10 号）

为了规范人民法院办理执行异议和复议案件，维护当事人、利害关系人和案外人的合法权益，根据民事诉讼法等法律规定，结合人民法院执行工作实际，制定本规定。

第一条　异议人提出执行异议或者复议申请人申请复议，应当向人民法院提交申请书。申请书应当载明具体的异议或者复议请求、事实、理由等内容，并附下列材料：

（一）异议人或者复议申请人的身份证明；

（二）相关证据材料；

（三）送达地址和联系方式。

第二条　执行异议符合民事诉讼法第二百二十五条或者第二百二十七条规定条件的，人民法院应当在三日内立案，并在立案后三日内通知异议人和相关当事人。不符合受理条件的，裁定不予受理；立案后发现不符合受理条件的，裁定驳回申请。

执行异议申请材料不齐备的，人民法院应当一次性告知异议人在三日内补足，逾期未补足的，不予受理。

异议人对不予受理或者驳回申请裁定不服的，可以自裁定送达之日起十日内向上一级人民法院申请复议。上一级人民法院审查后认为符合受理条件的，应当裁定撤销原裁定，指令执行法院立案或者对执行异议进行审查。

第三条　执行法院收到执行异议后三日内既不立案又不作出不予受理裁定，或者受理后无正当理由超过法定期限不作出异议裁定的,异议人可以向上一级人民法院提出异议。上一级人民法院审查后认为理由成立的,应当指令执行法院在三日内立案或者在十五日内作出异议裁定。

第四条 执行案件被指定执行、提级执行、委托执行后,当事人、利害关系人对原执行法院的执行行为提出异议的,由提出异议时负责该案件执行的人民法院审查处理;受指定或者受委托的人民法院是原执行法院的下级人民法院的,仍由原执行法院审查处理。

执行案件被指定执行、提级执行、委托执行后,案外人对原执行法院的执行标的提出异议的,参照前款规定处理。

第五条 有下列情形之一的,当事人以外的公民、法人和其他组织,可以作为利害关系人提出执行行为异议:

(一)认为人民法院的执行行为违法,妨碍其轮候查封、扣押、冻结的债权受偿的;

(二)认为人民法院的拍卖措施违法,妨碍其参与公平竞价的;

(三)认为人民法院的拍卖、变卖或者以物抵债措施违法,侵害其对执行标的的优先购买权的;

(四)认为人民法院要求协助执行的事项超出其协助范围或者违反法律规定的;

(五)认为其他合法权益受到人民法院违法执行行为侵害的。

第六条 当事人、利害关系人依照民事诉讼法第二百二十五条规定提出异议的,应当在执行程序终结之前提出,但对终结执行措施提出异议的除外。

案外人依照民事诉讼法第二百二十七条规定提出异议的,应当在异议指向的执行标的执行终结之前提出;执行标的由当事人受让的,应当在执行程序终结之前提出。

第七条 当事人、利害关系人认为执行过程中或者执行保全、先予执行裁定过程中的下列行为违法提出异议的,人民法院应当依照民事诉讼法第二百二十五条规定进行审查:

(一)查封、扣押、冻结、拍卖、变卖、以物抵债、暂缓执行、中止执行、终结执行等执行措施；

（二）执行的期间、顺序等应当遵守的法定程序；

（三）人民法院作出的侵害当事人、利害关系人合法权益的其他行为。

被执行人以债权消灭、丧失强制执行效力等执行依据生效之后的实体事由提出排除执行异议的，人民法院应当参照民事诉讼法第二百二十五条规定进行审查。

除本规定第十九条规定的情形外，被执行人以执行依据生效之前的实体事由提出排除执行异议的，人民法院应当告知其依法申请再审或者通过其他程序解决。

第八条 案外人基于实体权利既对执行标的提出排除执行异议又作为利害关系人提出执行行为异议的，人民法院应当依照民事诉讼法第二百二十七条规定进行审查。

案外人既基于实体权利对执行标的提出排除执行异议又作为利害关系人提出与实体权利无关的执行行为异议的，人民法院应当分别依照民事诉讼法第二百二十七条和第二百二十五条规定进行审查。

第九条 被限制出境的人认为对其限制出境错误的，可以自收到限制出境决定之日起十日内向上一级人民法院申请复议。上一级人民法院应当自收到复议申请之日起十五日内作出决定。复议期间，不停止原决定的执行。

第十条 当事人不服驳回不予执行公证债权文书申请的裁定的，可以自收到裁定之日起十日内向上一级人民法院申请复议。上一级人民法院应当自收到复议申请之日起三十日内审查，理由成立的，裁定撤销原裁定，不予执行该公证债权文书；理由不成立的，裁定驳回复议申请。复议期间，不停止执行。

第十一条 人民法院审查执行异议或者复议案件，应当依法组成合议庭。

指令重新审查的执行异议案件，应当另行组成合议庭。

办理执行实施案件的人员不得参与相关执行异议和复议案件的审查。

第十二条　人民法院对执行异议和复议案件实行书面审查。案情复杂、争议较大的,应当进行听证。

第十三条　执行异议、复议案件审查期间,异议人、复议申请人申请撤回异议、复议申请的,是否准许由人民法院裁定。

第十四条　异议人或者复议申请人经合法传唤,无正当理由拒不参加听证,或者未经法庭许可中途退出听证,致使人民法院无法查清相关事实,由其自行承担不利后果。

第十五条　当事人、利害关系人对同一执行行为有多个异议事由,但未在异议审查过程中一并提出,撤回异议或者被裁定驳回异议后,再次就该执行行为提出异议的,人民法院不予受理。

案外人撤回异议或者被裁定驳回异议后,再次就同一执行标的提出异议的,人民法院不予受理。

第十六条　人民法院依照民事诉讼法第二百二十五条规定作出裁定时,应当告知相关权利人申请复议的权利和期限。

人民法院依照民事诉讼法第二百二十七条规定作出裁定时,应当告知相关权利人提起执行异议之诉的权利和期限。

人民法院作出其他裁定和决定时,法律、司法解释规定了相关权利人申请复议的权利和期限的,应当进行告知。

第十七条　人民法院对执行行为异议,应当按照下列情形,分别处理:

(一)异议不成立的,裁定驳回异议;

(二)异议成立的,裁定撤销相关执行行为;

(三)异议部分成立的,裁定变更相关执行行为;

(四)异议成立或者部分成立,但执行行为无撤销、变更内容的,裁定异议成立或者相应部分异议成立。

第十八条　执行过程中,第三人因书面承诺自愿代被执行人偿还债务而被追加为被执行人后,无正当理由反悔并提出异议的,人民法院不予支持。

第十九条　当事人互负到期债务,被执行人请求抵销,请求抵销的债务符合下列情形的,除依照法律规定或者按照债

务性质不得抵销的以外,人民法院应予支持:

(一)已经生效法律文书确定或者经申请执行人认可;

(二)与被执行人所负债务的标的物种类、品质相同。

第二十条 金钱债权执行中,符合下列情形之一,被执行人以执行标的系本人及所扶养家属维持生活必需的居住房屋为由提出异议的,人民法院不予支持:

(一)对被执行人有扶养义务的人名下有其他能够维持生活必需的居住房屋的;

(二)执行依据生效后,被执行人为逃避债务转让其名下其他房屋的;

(三)申请执行人按照当地廉租住房保障面积标准为被执行人及所扶养家属提供居住房屋,或者同意参照当地房屋租赁市场平均租金标准从该房屋的变价款中扣除五至八年租金的。

执行依据确定被执行人交付居住的房屋,自执行通知送达之日起,已经给予三个月的宽限期,被执行人以该房屋系本人及所扶养家属维持生活的必需品为由提出异议的,人民法院不予支持。

第二十一条 当事人、利害关系人提出异议请求撤销拍卖,符合下列情形之一的,人民法院应予支持:

(一)竞买人之间、竞买人与拍卖机构之间恶意串通,损害当事人或者其他竞买人利益的;

(二)买受人不具备法律规定的竞买资格的;

(三)违法限制竞买人参加竞买或者对不同的竞买人规定不同竞买条件的;

(四)未按照法律、司法解释的规定对拍卖标的物进行公告的;

(五)其他严重违反拍卖程序且损害当事人或者竞买人利益的情形。

当事人、利害关系人请求撤销变卖的,参照前款规定处理。

第二十二条 公证债权文书对主债务和担保债务同时赋

予强制执行效力的,人民法院应予执行;仅对主债务赋予强制执行效力未涉及担保债务的,对担保债务的执行申请不予受理;仅对担保债务赋予强制执行效力未涉及主债务的,对主债务的执行申请不予受理。

人民法院受理担保债务的执行申请后,被执行人仅以担保合同不属于赋予强制执行效力的公证债权文书范围为由申请不予执行的,不予支持。

第二十三条 上一级人民法院对不服异议裁定的复议申请审查后,应当按照下列情形,分别处理:

(一)异议裁定认定事实清楚,适用法律正确,结果应予维持的,裁定驳回复议申请,维持异议裁定;

(二)异议裁定认定事实错误,或者适用法律错误,结果应予纠正的,裁定撤销或者变更异议裁定;

(三)异议裁定认定基本事实不清、证据不足的,裁定撤销异议裁定,发回作出裁定的人民法院重新审查,或者查清事实后作出相应裁定;

(四)异议裁定遗漏异议请求或者存在其他严重违反法定程序的情形,裁定撤销异议裁定,发回作出裁定的人民法院重新审查;

(五)异议裁定对应当适用民事诉讼法第二百二十七条规定审查处理的异议,错误适用民事诉讼法第二百二十五条规定审查处理的,裁定撤销异议裁定,发回作出裁定的人民法院重新作出裁定。

除依照本条第一款第三、四、五项发回重新审查或者重新作出裁定的情形外,裁定撤销或者变更异议裁定且执行行为可撤销、变更的,应当同时撤销或者变更该裁定维持的执行行为。

人民法院对发回重新审查的案件作出裁定后,当事人、利害关系人申请复议的,上一级人民法院复议后不得再次发回重新审查。

第二十四条 对案外人提出的排除执行异议,人民法院应当审查下列内容:

（一）案外人是否系权利人；

（二）该权利的合法性与真实性；

（三）该权利能否排除执行。

第二十五条 对案外人的异议，人民法院应当按照下列标准判断其是否系权利人：

（一）已登记的不动产，按照不动产登记簿判断；未登记的建筑物、构筑物及其附属设施，按照土地使用权登记簿、建设工程规划许可、施工许可等相关证据判断；

（二）已登记的机动车、船舶、航空器等特定动产，按照相关管理部门的登记判断；未登记的特定动产和其他动产，按照实际占有情况判断；

（三）银行存款和存管在金融机构的有价证券，按照金融机构和登记结算机构登记的账户名称判断；有价证券由具备合法经营资质的托管机构名义持有的，按照该机构登记的实际投资人账户名称判断；

（四）股权按照工商行政管理机关的登记和企业信用信息公示系统公示的信息判断；

（五）其他财产和权利，有登记的，按照登记机构的登记判断；无登记的，按照合同等证明财产权属或者权利人的证据判断。

案外人依据另案生效法律文书提出排除执行异议，该法律文书认定的执行标的权利人与依照前款规定得出的判断不一致的，依照本规定第二十六条规定处理。

第二十六条 金钱债权执行中，案外人依据执行标的被查封、扣押、冻结前作出的另案生效法律文书提出排除执行异议，人民法院应当按照下列情形，分别处理：

（一）该法律文书就案外人与被执行人之间的权属纠纷以及租赁、借用、保管等不以转移财产权属为目的的合同纠纷，判决、裁决执行标的的归属于案外人或者向其返还执行标的的且其权利能够排除执行的，应予支持；

（二）该法律文书系就案外人与被执行人之间除前项所列合同之外的债权纠纷，判决、裁决执行标的的归属于案外人或者向其交付、返还执行标的的,不予支持。

(三)该法律文书系案外人受让执行标的的拍卖、变卖成交裁定或者以物抵债裁定且其权利能够排除执行的,应予支持。

金钱债权执行中,案外人依据执行标的被查封、扣押、冻结后作出的另案生效法律文书提出排除执行异议的,人民法院不予支持。

非金钱债权执行中,案外人依据另案生效法律文书提出排除执行异议,该法律文书对执行标的权属作出不同认定的,人民法院应当告知案外人依法申请再审或者通过其他程序解决。

申请执行人或者案外人不服人民法院依照本条第一、二款规定作出的裁定,可以依照民事诉讼法第二百二十七条规定提起执行异议之诉。

第二十七条 申请执行人对执行标的依法享有对抗案外人的担保物权等优先受偿权,人民法院对案外人提出的排除执行异议不予支持,但法律、司法解释另有规定的除外。

第二十八条 金钱债权执行中,买受人对登记在被执行人名下的不动产提出异议,符合下列情形且其权利能够排除执行的,人民法院应予支持:

(一)在人民法院查封之前已签订合法有效的书面买卖合同;

(二)在人民法院查封之前已合法占有该不动产;

(三)已支付全部价款,或者已按照合同约定支付部分价款且将剩余价款按照人民法院的要求交付执行;

(四)非因买受人自身原因未办理过户登记。

第二十九条 金钱债权执行中,买受人对登记在被执行的房地产开发企业名下的商品房提出异议,符合下列情形且其权利能够排除执行的,人民法院应予支持:

(一)在人民法院查封之前已签订合法有效的书面买卖合同;

(二)所购商品房系用于居住且买受人名下无其他用于居

住的房屋;

(三)已支付的价款超过合同约定总价款的百分之五十。

第三十条　金钱债权执行中,对被查封的办理了受让物权预告登记的不动产,受让人提出停止处分异议的,人民法院应予支持;符合物权登记条件,受让人提出排除执行异议的,应予支持。

第三十一条　承租人请求在租赁期内阻止向受让人移交占有被执行的不动产,在人民法院查封之前已签订合法有效的书面租赁合同并占有使用该不动产的,人民法院应予支持。

承租人与被执行人恶意串通,以明显不合理的低价承租被执行的不动产或者伪造交付租金证据的,对其提出的阻止移交占有的请求,人民法院不予支持。

第三十二条　本规定施行后尚未审查终结的执行异议和复议案件,适用本规定。本规定施行前已经审查终结的执行异议和复议案件,人民法院依法提起执行监督程序的,不适用本规定。

最高人民法院关于审理环境侵权责任纠纷案件适用法律若干问题的解释

（2015 年 2 月 9 日最高人民法院审判委员会第 1644 次会议通过　法释〔2015〕12 号）

为正确审理环境侵权责任纠纷案件，根据《中华人民共和国侵权责任法》《中华人民共和国环境保护法》《中华人民共和国民事诉讼法》等法律的规定，结合审判实践，制定本解释。

第一条　因污染环境造成损害，不论污染者有无过错，污染者应当承担侵权责任。污染者以排污符合国家或者地方污染物排放标准为由主张不承担责任的，人民法院不予支持。

污染者不承担责任或者减轻责任的情形，适用海洋环境保护法、水污染防治法、大气污染防治法等环境保护单行法的规定；相关环境保护单行法没有规定的，适用侵权责任法的规定。

第二条　两个以上污染者共同实施污染行为造成损害，被侵权人根据侵权责任法第八条规定请求污染者承担连带责任的，人民法院应予支持。

第三条　两个以上污染者分别实施污染行为造成同一损害，每一个污染者的污染行为都足以造成全部损害，被侵权人根据侵权责任法第十一条规定请求污染者承担连带责任的，人民法院应予支持。

两个以上污染者分别实施污染行为造成同一损害，每一个污染者的污染行为都不足以造成全部损害，被侵权人根据侵权责任法第十二条规定请求污染者承担责任的，人民法院应予支持。

两个以上污染者分别实施污染行为造成同一损害，部分污染者的污染行为足以造成全部损害,部分污染者的污染行为只造成部分损害,被侵权人根据侵权责任法第十一条规定请求足以造成全部损害的污染者与其他污染者就共同造成的损害部分承担连带责任,并对全部损害承担责任的,人民法院应予支持。

第四条 两个以上污染者污染环境,对污染者承担责任的大小,人民法院应当根据污染物的种类、排放量、危害性以及有无排污许可证、是否超过污染物排放标准、是否超过重点污染物排放总量控制指标等因素确定。

第五条 被侵权人根据侵权责任法第六十八条规定分别或者同时起诉污染者、第三人的,人民法院应予受理。

被侵权人请求第三人承担赔偿责任的,人民法院应当根据第三人的过错程度确定其相应赔偿责任。

污染者以第三人的过错污染环境造成损害为由主张不承担责任或者减轻责任的,人民法院不予支持。

第六条 被侵权人根据侵权责任法第六十五条规定请求赔偿的,应当提供证明以下事实的证据材料:

(一)污染者排放了污染物;

(二)被侵权人的损害;

(三)污染者排放的污染物或者其次生污染物与损害之间具有关联性。

第七条 污染者举证证明下列情形之一的,人民法院应当认定其污染行为与损害之间不存在因果关系:

(一)排放的污染物没有造成该损害可能的;

(二)排放的可造成该损害的污染物未到达该损害发生地的;

(三)该损害于排放污染物之前已发生的;

(四)其他可以认定污染行为与损害之间不存在因果关系的情形。

第八条 对查明环境污染案件事实的专门性问题,可以委托具备相关资格的司法鉴定机构出具鉴定意见或者由国务院环境保护主管部门推荐的机构出具检验报告、检测报告、评估报告或者监测数据。

第九条 当事人申请通知一至两名具有专门知识的人出庭,就鉴定意见或者污染物认定、损害结果、因果关系等专业问题提出意见的,人民法院可以准许。当事人未申请,人民法院认为有必要的,可以进行释明。

具有专门知识的人在法庭上提出的意见,经当事人质证,可以作为认定案件事实的根据。

第十条 负有环境保护监督管理职责的部门或者其委托的机构出具的环境污染事件调查报告、检验报告、检测报告、评估报告或者监测数据等,经当事人质证,可以作为认定案件事实的根据。

第十一条 对于突发性或者持续时间较短的环境污染行为,在证据可能灭失或者以后难以取得的情况下,当事人或者利害关系人根据民事诉讼法第八十一条规定申请证据保全的,人民法院应当准许。

第十二条 被申请人具有环境保护法第六十三条规定情形之一,当事人或者利害关系人根据民事诉讼法第一百条或者第一百零一条规定申请保全的,人民法院可以裁定责令被申请人立即停止侵害行为或者采取污染防治措施。

第十三条 人民法院应当根据被侵权人的诉讼请求以及具体案情,合理判定污染者承担停止侵害、排除妨碍、消除危险、恢复原状、赔礼道歉、赔偿损失等民事责任。

第十四条 被侵权人请求恢复原状的,人民法院可以依法裁判污染者承担环境修复责任,并同时确定被告不履行环境修复义务时应当承担的环境修复费用。

污染者在生效裁判确定的期限内未履行环境修复义务的,人民法院可以委托其他人进行环境修复,所需费用由污染者承担。

第十五条 被侵权人起诉请求污染者赔偿因污染造成的财产损失、人身损害以及为防止污染扩大、消除污染而采取必要措施所支出的合理费用的,人民法院应予支持。

第十六条 下列情形之一,应当认定为环境保护法第六十五条规定的弄虚作假：

（一）环境影响评价机构明知委托人提供的材料虚假而出具严重失实的评价文件的；

（二）环境监测机构或者从事环境监测设备维护、运营的机构故意隐瞒委托人超过污染物排放标准或者超过重点污染物排放总量控制指标的事实的；

（三）从事防治污染设施维护、运营的机构故意不运行或者不正常运行环境监测设备或者防治污染设施的；

（四）有关机构在环境服务活动中其他弄虚作假的情形。

第十七条 被侵权人提起诉讼，请求污染者停止侵害、排除妨碍、消除危险的，不受环境保护法第六十六条规定的时效期间的限制。

第十八条 本解释适用于审理因污染环境、破坏生态造成损害的民事案件，但法律和司法解释对环境民事公益诉讼案件另有规定的除外。

相邻污染侵害纠纷、劳动者在职业活动中因受污染损害发生的纠纷，不适用本解释。

第十九条 本解释施行后，人民法院尚未审结的一审、二审案件适用本解释规定。本解释施行前已经作出生效裁判的案件，本解释施行后依法再审的，不适用本解释。

本解释施行后，最高人民法院以前颁布的司法解释与本解释不一致的，不再适用。

最高人民法院关于审理破坏电力设备刑事案件具体应用法律若干问题的解释

(2007 年 8 月 13 日最高人民法院审判委员会第 1435 次会议通过 法释〔2007〕15 号)

为维护公共安全,依法惩治破坏电力设备等犯罪活动,根据刑法有关规定,现就审理这类刑事案件具体应用法律的若干问题解释如下:

第一条 破坏电力设备,具有下列情形之一的,属于刑法第一百一十九条第一款规定的"造成严重后果",以破坏电力设备罪判处十年以上有期徒刑、无期徒刑或者死刑:

(一)造成一人以上死亡、三人以上重伤或者十人以上轻伤的;

(二)造成一万以上用户电力供应中断六小时以上,致使生产、生活受到严重影响的;

(三)造成直接经济损失一百万元以上的;

(四)造成其他危害公共安全严重后果的。

第二条 过失损坏电力设备,造成本解释第一条规定的严重后果的,依照刑法第一百一十九条第二款的规定,以过失损坏电力设备罪判处三年以上七年以下有期徒刑;情节较轻的,处三年以下有期徒刑或者拘役。

第三条 盗窃电力设备,危害公共安全,但不构成盗窃罪的,以破坏电力设备罪定罪处罚;同时构成盗窃罪和破坏电力设备罪的,依照刑法处罚较重的规定定罪处罚。

盗窃电力设备,没有危及公共安全,但应当追究刑事责任的,可以根据案件的不同情况,按照盗窃罪等犯罪处理。

第四条 本解释所称电力设备,是指处于运行、应急等使用中的电力设备;已经通电使用,只是由于枯水季节或电力不足等原因暂停使用的电力设备;已经交付使用但尚未通电的电力设备。不包括尚未安装完毕,或者已经安装完毕但尚未交付使用的电力设备。

本解释中直接经济损失的计算范围,包括电量损失金额,被毁损设备材料的购置、更换、修复费用,以及因停电给用户造成的直接经济损失等。

最高人民法院、最高人民检察院关于
办理盗窃刑事案件适用法律若干问题的解释

（2013 年 3 月 8 日最高人民法院审判委员会第 1571 次会议、2013 年 3 月 18 日最高人民检察院第十二届检察委员会第一次会议通过 2013 年 4 月 2 日最高人民法院、最高人民检察院公告公布，自 2013 年 4 月 4 日起施行 法释〔2013〕8 号）

为依法惩治盗窃犯罪活动，保护公私财产，根据《中华人民共和国刑法》《中华人民共和国刑事诉讼法》的有关规定，现就办理盗窃刑事案件适用法律的若干问题解释如下：

第一条 盗窃公私财物价值一千元至三千元以上、三万元至十万元以上、三十万元至五十万元以上的，应当分别认定为刑法第二百六十四条规定的"数额较大"、"数额巨大"、"数额特别巨大"。

各省、自治区、直辖市高级人民法院、人民检察院可以根据本地区经济发展状况，并考虑社会治安状况，在前款规定的数额幅度内，确定本地区执行的具体数额标准，报最高人民法院、最高人民检察院批准。

在跨地区运行的公共交通工具上盗窃，盗窃地点无法查证的，盗窃数额是否达到"数额较大"、"数额巨大"、"数额特别巨大"，应当根据受理案件所在地省、自治区、直辖市高级人民法院、人民检察院确定的有关数额标准认定。

盗窃毒品等违禁品，应当按照盗窃罪处理的，根据情节轻重量刑。

第二条 盗窃公私财物，具有下列情形之一的，"数额较大"的标准可以按照前条规定标准的百分之五十确定：

（一）曾因盗窃受过刑事处罚的；

（二）一年内曾因盗窃受过行政处罚的；

（三）组织、控制未成年人盗窃的；

（四）自然灾害、事故灾害、社会安全事件等突发事件期间，在事件发生地盗窃的；

（五）盗窃残疾人、孤寡老人、丧失劳动能力人的财物的；

（六）在医院盗窃病人或者其亲友财物的；

（七）盗窃救灾、抢险、防汛、优抚、扶贫、移民、救济款物的；

（八）因盗窃造成严重后果的。

第三条 二年内盗窃三次以上的，应当认定为"多次盗窃"。

非法进入供他人家庭生活，与外界相对隔离的住所盗窃的，应当认定为"入户盗窃"。

携带枪支、爆炸物、管制刀具等国家禁止个人携带的器械盗窃，或者为了实施违法犯罪携带其他足以危害他人人身安全的器械盗窃的，应当认定为"携带凶器盗窃"。

在公共场所或者公共交通工具上盗窃他人随身携带的财物的，应当认定为"扒窃"。

第四条 盗窃的数额，按照下列方法认定：

（一）被盗财物有有效价格证明的，根据有效价格证明认定；无有效价格证明，或者根据价格证明认定盗窃数额明显不合理的，应当按照有关规定委托估价机构估价；

（二）盗窃外币的，按照盗窃时中国外汇交易中心或者中国人民银行授权机构公布的人民币对该货币的中间价折合成人民币计算；中国外汇交易中心或者中国人民银行授权机构未公布汇率中间价的外币，按照盗窃时境内银行人民币对该货币的中间价折算成人民币，或者该货币在境内银行、国际外汇市场对美元汇率，与人民币对美元汇率中间价进行套算；

（三）盗窃电力、燃气、自来水等财物，盗窃数量能够查实的，按照查实的数量计算盗窃数额；盗窃数量无法查实的，以盗窃前六个月月均正常用量减去盗窃后计量仪表显示的月均用量推算盗窃数额；盗窃前正常使用不足六个月的，按照正常

使用期间的月均用量减去盗窃后计量仪表显示的月均用量推算盗窃数额;

（四）明知是盗接他人通信线路、复制他人电信码号的电信设备、设施而使用的,按照合法用户为其支付的费用认定盗窃数额;无法直接确认的,以合法用户的电信设备、设施被盗接、复制后的月缴费额减去被盗接、复制前六个月的月均电话费推算盗窃数额;合法用户使用电信设备、设施不足六个月的,按照实际使用的月均电话费推算盗窃数额;

（五）盗接他人通信线路、复制他人电信码号出售的,按照销赃数额认定盗窃数额。

盗窃行为给失主造成的损失大于盗窃数额的,损失数额可以作为量刑情节考虑。

第五条　盗窃有价支付凭证、有价证券、有价票证的,按照下列方法认定盗窃数额:

（一）盗窃不记名、不挂失的有价支付凭证、有价证券、有价票证的,应当按票面数额和盗窃时应得的孳息、奖金或者奖品等可得收益一并计算盗窃数额;

（二）盗窃记名的有价支付凭证、有价证券、有价票证,已经兑现的,按照兑现部分的财物价值计算盗窃数额;没有兑现,但失主无法通过挂失、补领、补办手续等方式避免损失的,按照给失主造成的实际损失计算盗窃数额。

第六条　盗窃公私财物,具有本解释第二条第三项至第八项规定情形之一,或者入户盗窃、携带凶器盗窃,数额达到本解释第一条规定的"数额巨大"、"数额特别巨大"百分之五十的,可以分别认定为刑法第二百六十四条规定的"其他严重情节"或者"其他特别严重情节"。

第七条　盗窃公私财物数额较大,行为人认罪、悔罪,退赃、退赔,且具有下列情形之一,情节轻微的,可以不起诉或者免予刑事处罚;必要时,由有关部门予以行政处罚:

（一）具有法定从宽处罚情节的;

（二）没有参与分赃或者获赃较少且不是主犯的;

（三）被害人谅解的;

（四）其他情节轻微、危害不大的。

第八条　偷拿家庭成员或者近亲属的财物，获得谅解的，一般可不认为是犯罪；追究刑事责任的，应当酌情从宽。

第九条　盗窃国有馆藏一般文物、三级文物、二级以上文物的，应当分别认定为刑法第二百六十四条规定的"数额较大"、"数额巨大"、"数额特别巨大"。

盗窃多件不同等级国有馆藏文物的，三件同级文物可以视为一件高一级文物。

盗窃民间收藏的文物的，根据本解释第四条第一款第一项的规定认定盗窃数额。

第十条　偷开他人机动车的，按照下列规定处理：

（一）偷开机动车，导致车辆丢失的，以盗窃罪定罪处罚；

（二）为盗窃其他财物，偷开机动车作为犯罪工具使用后非法占有车辆，或者将车辆遗弃导致丢失的，被盗车辆的价值计入盗窃数额；

（三）为实施其他犯罪，偷开机动车作为犯罪工具使用后非法占有车辆，或者将车辆遗弃导致丢失的，以盗窃罪和其他犯罪数罪并罚；将车辆送回未造成丢失的，按照其所实施的其他犯罪从重处罚。

第十一条　盗窃公私财物并造成财物损毁的，按照下列规定处理：

（一）采用破坏性手段盗窃公私财物，造成其他财物损毁的，以盗窃罪从重处罚；同时构成盗窃罪和其他犯罪的，择一重罪从重处罚；

（二）实施盗窃犯罪后，为掩盖罪行或者报复等，故意毁坏其他财物构成犯罪的，以盗窃罪和构成的其他犯罪数罪并罚；

（三）盗窃行为未构成犯罪，但损毁财物构成其他犯罪的，以其他犯罪定罪处罚。

第十二条　盗窃未遂，具有下列情形之一的，应当依法追究刑事责任：

（一）以数额巨大的财物为盗窃目标的；

（二）以珍贵文物为盗窃目标的；

（三）其他情节严重的情形。

盗窃既有既遂，又有未遂，分别达到不同量刑幅度的，依照处罚较重的规定处罚；达到同一量刑幅度的，以盗窃罪既遂处罚。

第十三条 单位组织、指使盗窃，符合刑法第二百六十四条及本解释有关规定的，以盗窃罪追究组织者、指使者、直接实施者的刑事责任。

第十四条 因犯盗窃罪，依法判处罚金刑的，应当在一千元以上盗窃数额的二倍以下判处罚金；没有盗窃数额或者盗窃数额无法计算的，应当在一千元以上十万元以下判处罚金。

第十五条 本解释发布实施后，《最高人民法院关于审理盗窃案件具体应用法律若干问题的解释》（法释〔1998〕4号）同时废止；之前发布的司法解释和规范性文件与本解释不一致的，以本解释为准。

三、行政法规

电力供应与使用条例

第一章 总 则

第一条 为了加强电力供应与使用的管理,保障供电、用电双方的合法权益,维护供电、用电秩序,安全、经济、合理地供电和用电,根据《中华人民共和国电力法》制定本条例。

第二条 在中华人民共和国境内,电力供应企业(以下称供电企业)和电力使用者(以下称用户)以及与电力供应、使用有关的单位和个人,必须遵守本条例。

第三条 国务院电力管理部门负责全国电力供应与使用的监督管理工作。

县级以上地方人民政府电力管理部门负责本行政区域内电力供应与使用的监督管理工作。

第四条 电网经营企业依法负责本供区内的电力供应与使用的业务工作,并接受电力管理部门的监督。

第五条 国家对电力供应和使用实行安全用电、节约用电、计划用电的管理原则。

供电企业和用户应当遵守国家有关规定,采取有效措施,做好安全用电、节约用电、计划用电工作。

第六条 供电企业和用户应当根据平等自愿、协商一致的原则签订供用电合同。

第七条 电力管理部门应当加强对供用电的监督管理,协调供用电各方关系,禁止危害供用电安全和非法侵占电能的行为。

第二章　供电营业区

第八条　供电企业在批准的供电营业区内向用户供电。

供电营业区的划分,应当考虑电网的结构和供电合理性等因素。一个供电营业区内只设立一个供电营业机构。

第九条　省、自治区、直辖市范围内的供电营业区的设立、变更,由供电企业提出申请,经省、自治区、直辖市人民政府电力管理部门会同同级有关部门审查批准后,由省、自治区、直辖市人民政府电力管理部门发给《供电营业许可证》。跨省、自治区、直辖市的供电营业区的设立、变更,由国务院电力管理部门审查批准并发给《供电营业许可证》。供电营业机构持《供电营业许可证》向工商行政管理部门申请领取营业执照,方可营业。

电网经营企业应当根据电网结构和供电合理性的原则协助电力管理部门划分供电营业区。

供电营业区的划分和管理办法,由国务院电力管理部门制定。

第十条　并网运行的电力生产企业按照并网协议运行后,送入电网的电力、电量由供电营业机构统一经销。

第十一条　用户用电容量超过其所在的供电营业区内供电企业供电能力的,由省级以上电力管理部门指定的其他供电企业供电。

第三章　供电设施

第十二条　县级以上各级人民政府应当将城乡电网的建设与改造规划,纳入城市建设和乡村建设的总体规划。各级电力管理部门应当会同有关行政主管部门和电网经营企业做好城乡电网建设和改造的规划。供电企业应当按照规划做好供电设施建设和运行管理工作。

第十三条　地方各级人民政府应当按照城市建设和乡村

建设的总体规划统筹安排城乡供电线路走廊、电缆通道、区域变电所、区域配电所和营业网点的用地。

供电企业可以按照国家有关规定在规划的线路走廊、电缆通道、区域变电所、区域配电所和营业网点的用地上,架线、敷设电缆和建设公用供电设施。

第十四条 公用路灯由乡、民族乡、镇人民政府或者县级以上地方人民政府有关部门负责建设,并负责运行维护和交付电费,也可以委托供电企业代为有偿设计、施工和维护管理。

第十五条 供电设施、受电设施的设计、施工、试验和运行,应当符合国家标准或者电力行业标准。

第十六条 供电企业和用户对供电设施、受电设施进行建设和维护时,作业区域内的有关单位和个人应当给予协助,提供方便;因作业对建筑物或者农作物造成损坏的,应当依照有关法律、行政法规的规定负责修复或者给予合理的补偿。

第十七条 公用供电设施建成投产后,由供电单位统一维护管理。经电力管理部门批准,供电企业可以使用、改造、扩建该供电设施。

共用供电设施的维护管理,由产权单位协商确定,产权单位可自行维护管理,也可以委托供电企业维护管理。

用户专用的供电设施建成投产后,由用户维护管理或者委托供电企业维护管理。

第十八条 因建设需要,必须对已建成的供电设施进行迁移、改造或者采取防护措施时,建设单位应当事先与该供电设施管理单位协商,所需工程费用由建设单位负担。

第四章 电力供应

第十九条 用户受电端的供电质量应当符合国家标准或者电力行业标准。

第二十条 供电方式应当按照安全、可靠、经济、合理和便于管理的原则,由电力供应与使用双方根据国家有关规定以及电网规划、用电需求和当地供电条件等因素协商确定。

在公用供电设施未到达的地区,供电企业可以委托有供电能力的单位就近供电。非经供电企业委托,任何单位不得擅自向外供电。

第二十一条 因抢险救灾需要紧急供电时,供电企业必须尽速安排供电。所需工程费用和应付电费由有关地方人民政府有关部门从抢险救灾经费中支出,但是抗旱用电应当由用户交付电费。

第二十二条 用户对供电质量有特殊要求的,供电企业应当根据其必要性和电网的可能,提供相应的电力。

第二十三条 申请新装用电、临时用电、增加用电容量、变更用电和终止用电,均应当到当地供电企业办理手续,并按照国家有关规定交付费用;供电企业没有不予供电的合理理由的,应当供电。供电企业应当在其营业场所公告用电的程序、制度和收费标准。

第二十四条 供电企业应当按照国家标准或者电力行业标准参与用户受送电装置设计图纸的审核,对用户受送电装置隐蔽工程的施工过程实施监督,并在该受送电装置工程竣工后进行检验;检验合格的,方可投入使用。

第二十五条 供电企业应当按照国家有关规定实行分类电价、分时电价。

第二十六条 用户应当安装用户计量装置。用户使用的电力、电量,以计量检定机构依法认可的用电计量装置的记录为准。用电计量装置,应当安装在供电设施与受电设施的产权分界处。

安装在用户外的用电计量装置,由用户负责保护。

第二十七条 供电企业应当按照国家核准的电价和用电计量装置的记录,向用户计收电费。

用户应当按照国家批准的电价,并按照规定的期限、方式或者合同约定的办法,交付电费。

第二十八条 除本条例另有规定外,在发电、供电系统正常运行的情况下,供电企业应当连续向用户供电;因故需要停

止供电时,应当按照下列要求事先通知用户或者进行公告:

(一)因供电设施计划检修需要停电时,供电企业应当提前 7 天通知用户或者进行公告;

(二)因供电设施临时检修需要停止供电时,供电企业应当提前 24 小时通知重要用户;

(三)因发电、供电系统发生故障需要停电、限电时,供电企业应当按事先确定的限电序位进行停电或者限电。引起停电或者限电的原因消除后,供电企业应当尽快恢复供电。

第五章　电力使用

第二十九条　县级以上人民政府电力管理部门应当遵照国家产业政策,按照统筹兼顾、保证重点、择优供应的原则,做好计划用电工作。

供电企业和用户应当制订节约用电计划,推广和采用节约用电的新技术、新材料、新工艺、新设备,降低电能消耗。

供电企业和用户应当采用先进技术、采取科学管理措施,安全供电、用电,避免发生事故,维护公共安全。

第三十条　用户不得有下列危害供电、用电安全,扰乱正常供电、用电秩序的行为:

(一)擅自改变用电类别;

(二)擅自超过合同约定的容量用电;

(三)擅自超过计划分配的用电指标的;

(四)擅自使用已经在供电企业办理暂停使用手续的电力设备,或者擅自启用已经被供电企业查封的电力设备;

(五)擅自迁移、更动或者擅自操作供电企业的用电计量装置、电力负荷控制装置、供电设施以及约定由供电企业调度的用户受电设备;

(六)未经供电企业许可,擅自引入,供出电源或者将自备电源擅自并网。

第三十一条　禁止窃电行为。窃电行为包括:

(一)在供电企业的供电设施上,擅自接线用电;

（二）绕越供电的用电计量装置用电；

（三）伪造或者开启法定的或者授权的计量检定机构加封的用电计量装置封印用电；

（四）故意损坏供电企业用电计量装置；

（五）故意使供电企业的用电计量装置计量不准或者失效；

（六）采用其他方法窃电。

第六章　供用电合同

第三十二条　供电企业和用户应当在供电前根据用户需要和供电企业的供电能力签订供用电合同。

第三十三条　供用电合同应当具备以下条款：

（一）供电方式、供电质量和供电时间；

（二）用电容量和用电地址、用电性质；

（三）计量方式和电价、电费结算方式；

（四）供用电设施维护责任的划分；

（五）合同的有效期限；

（六）违约责任；

（七）双方共同认为应当约定的其他条款。

第三十四条　供电企业应当按照合同约定的数量、质量、时间、方式，合理调度和安全供电。

用户应当按照合同约定的数量、条件用电，交付电费和国家规定的其他费用。

第三十五条　供用电合同的变更或者解除，应当依照有关法律、行政法规和本条例的规定办理。

第七章　监督与管理

第三十六条　电力管理部门应当加强对供电、用电的监督和管理。供电、用电监督检查人员必须具备相应的条件。供电、用电监督检查工作人员执行公务时，应当出示证件。

供电、用电监督检查管理的具体办法,由国务院电力管理部门另行制定。

第三十七条 在用户受送电装置上作业的电工,必须经电力管理部门考核合格,取得电力管理部门颁发的《电工进网作业许可证》,方可上岗作业。

承装、承修、承试供电设施和受电设施的单位,必须经电力管理部门审核合格,取得电力管理部门颁发的《承装(修)电力设施许可证》后,方可向工商行政管理部门申请领取营业执照。

第八章　法律责任

第三十八条 违反本条例规定,有下列行为之一的,由电力管理部门责令改正,没收违法所得,可以并处违法所得 5 倍以下的罚款:

(一)未按照规定取得《供电营业许可证》。从事电力供应业务的;

(二)擅自伸入或者跨越供电营业区供电的;

(三)擅自向外转供电的。

第三十九条 违反本条例第二十七条规定,逾期未交付电费的,供电企业可以从逾期之日起,每日按照电费总额的千分之一至千元之三加收违约金,具体比例由供用电双方在供用电合同中约定;自逾期之日起计算超过 30 日,经催交仍未交付电费的,供电企业可以按照国家规定的程序停止供电。

第四十条 违反本条例第三十条规定,违章用电的,供电企业可以根据违章事实和造成的后果追缴电费,并按照国务院电力管理部门的规定加收电费和国家规定的其他费用;情节严重的,可以按照国家规定的程序停止供电。

第四十一条 违反本条例第三十一条规定,盗窃电能的,由电力管理部门责令停止违法行为,追缴电费并处应交电费 5 倍以下的罚款;构成犯罪的,依法追究刑事责任。

第四十二条 供电企业或者用户违反供用电合同,给对方造成损失的,应当依法承担赔偿责任。

第四十三条 因电力运行事故给用户或者第三人造成损害的,供电企业应当依法承担赔偿责任。

因用户或者第三人的过错给供电企业或者其他用户造成损害的,该用户或者第三人应当依法承担赔偿责任。

第四十四条 供电企业职工违反规章制度造成供电事故的,或者滥用职权、利用职务之便谋取私利的,依法给予行政处分;构成犯罪的,依法追究刑事责任。

第九章 附 则

第四十五条 本条例自 1996 年 9 月 1 日起施行。

电力设施保护条例

(1987年9月15日国务院发布　根据1998年1月7日
《国务院关于修改〈电力设施保护条例〉的决定》第一次修订
　根据2011年1月8日国务院令第588号《国务院关于废止
和修改部分行政法规的决定》第二次修订)

第一章　总　　则

第一条　为保障电力生产和建设的顺利进行,维护公共
安全,特制定本条例。

第二条　本条例适用于中华人民共和国境内已建或在建
的电力设施(包括发电设施、变电设施和电力线路设施及其有
关辅助设施,下同)。

第三条　电力设施的保护,实行电力管理部门、公安部
门、电力企业和人民群众相结合的原则。

第四条　电力设施受国家法律保护,禁止任何单位或个
人从事危害电力设施的行为。任何单位和个人都有保护电力
设施的义务,对危害电力设施的行为,有权制止并向电力管理
部门、公安部门报告。

电力企业应加强对电力设施的保护工作,对危害电力设
施安全的行为,应采取适当措施,予以制止。

第五条　国务院电力管理部门对电力设施的保护负责监
督、检查、指导和协调。

第六条　县以上地方各级电力管理部门保护电力设施的
职责是:

(一)监督、检查本条例及根据本条例制定的规章的贯彻
执行;

(二)开展保护电力设施的宣传教育工作;

（三）会同有关部门及沿电力线路各单位，建立群众护线组织并健全责任制；

（四）会同当地公安部门，负责所辖地区电力设施的安全保卫工作。

第七条 各级公安部门负责依法查处破坏电力设施或哄抢、盗窃电力设施器材的案件。

第二章 电力设施的保护范围和保护区

第八条 发电设施、变电设施的保护范围：

（一）发电厂、变电站、换流站、开关站等厂、站内的设施；

（二）发电厂、变电站外各种专用的管道（沟）、储灰场、水井、泵站、冷却水塔、油库、堤坝、铁路、道路、桥梁、码头、燃料装卸设施、避雷装置、消防设施及其有关辅助设施；

（三）水力发电厂使用的水库、大坝、取水口、引水隧洞（含支洞口）、引水渠道、调压井（塔）、露天高压管道、厂房、尾水渠、厂房与大坝间的通信设施及其有关辅助设施。

第九条 电力线路设施的保护范围：

（一）架空电力线路：杆塔、基础、拉线、接地装置、导线、避雷线、金具、绝缘子、登杆塔的爬梯和脚钉，导线跨越航道的保护设施，巡（保）线站，巡视检修专用道路、船舶和桥梁，标志牌及其有关辅助设施；

（二）电力电缆线路：架空、地下、水底电力电缆和电缆联结装置，电缆管道、电缆隧道、电缆沟、电缆桥，电缆井、盖板、入孔、标石、水线标志牌及其有关辅助设施；

（三）电力线路上的变压器、电容器、电抗器、断路器、隔离开关、避雷器、互感器、熔断器、计量仪表装置、配电室、箱式变电站及其有关辅助设施；

（四）电力调度设施：电力调度场所、电力调度通信设施、电网调度自动化设施、电网运行控制设施。

第十条 电力线路保护区：

（一）架空电力线路保护区：导线边线向外侧水平延伸并

垂直于地面所形成的两平行面内的区域,在一般地区各级电压导线的边线延伸距离如下:

1—10 千伏　　　5 米

35—110 千伏　　10 米

154—330 千伏　15 米

500 千伏　　　　20 米

在厂矿、城镇等人口密集地区,架空电力线路保护区的区域可略小于上述规定。但各级电压导线边线延伸的距离,不应小于导线边线在最大计算弧垂及最大计算风偏后的水平距离和风偏后距建筑物的安全距离之和。

(二)电力电缆线路保护区:地下电缆为电缆线路地面标桩两侧各 0.75 米所形成的两平行线内的区域;海底电缆一般为线路两侧各 2 海里(港内为两侧各 100 米),江河电缆一般不小于线路两侧各 100 米(中、小河流一般不小于各 50 米)所形成的两平行线内的水域。

第三章　电力设施的保护

第十一条　县以上地方各级电力管理部门应采取以下措施,保护电力设施:

(一)在必要的架空电力线路保护区的区界上,应设立标志,并标明保护区的宽度和保护规定;

(二)在架空电力线路导线跨越重要公路和航道的区段,应设立标志,并标明导线距穿越物体之间的安全距离;

(三)地下电缆铺设后,应设立永久性标志,并将地下电缆所在位置书面通知有关部门;

(四)水底电缆敷设后,应设立永久性标志,并将水底电缆所在位置书面通知有关部门。

第十二条　任何单位或个人在电力设施周围进行爆破作业,必须按照国家有关规定,确保电力设施的安全。

第十三条　任何单位或个人不得从事下列危害发电设施、变电设施的行为:

（一）闯入发电厂、变电站内扰乱生产和工作秩序，移动、损害标志物；

（二）危及输水、输油、供热、排灰等管道（沟）的安全运行；

（三）影响专用铁路、公路、桥梁、码头的使用；

（四）在用于水力发电的水库内，进入距水工建筑物300米区域内炸鱼、捕鱼、游泳、划船及其他可能危及水工建筑物安全的行为；

（五）其他危害发电、变电设施的行为。

第十四条 任何单位或个人，不得从事下列危害电力线路设施的行为：

（一）向电力线路设施射击；

（二）向导线抛掷物体；

（三）在架空电力线路导线两侧各300米的区域内放风筝；

（四）擅自在导线上接用电器设备；

（五）擅自攀登杆塔或在杆塔上架设电力线、通信线、广播线，安装广播喇叭；

（六）利用杆塔、拉线作起重牵引地锚；

（七）在杆塔、拉线上拴牲畜、悬挂物体、攀附农作物；

（八）在杆塔、拉线基础的规定范围内取土、打桩、钻探、开挖或倾倒酸、碱、盐及其他有害化学物品；

（九）在杆塔内（不含杆塔与杆塔之间）或杆塔与拉线之间修筑道路；

（十）拆卸杆塔或拉线上的器材，移动、损坏永久性标志或标志牌；

（十一）其他危害电力线路设施的行为。

第十五条 任何单位或个人在架空电力线路保护区内，必须遵守下列规定：

（一）不得堆放谷物、草料、垃圾、矿渣、易燃物、易爆物及其他影响安全供电的物品；

（二）不得烧窑、烧荒；

（三）不得兴建建筑物、构筑物；

（四）不得种植可能危及电力设施安全的植物。

第十六条 任何单位或个人在电力电缆线路保护区内，必须遵守下列规定：

（一）不得在地下电缆保护区内堆放垃圾、矿渣、易燃物、易爆物，倾倒酸、碱、盐及其他有害化学物品，兴建建筑物、构筑物或种植树木、竹子；

（二）不得在海底电缆保护区内抛锚、拖锚；

（三）不得在江河电缆保护区内抛锚、拖锚、炸鱼、挖沙。

第十七条 任何单位或个人必须经县级以上地方电力管理部门批准，并采取安全措施后，方可进行下列作业或活动：

（一）在架空电力线路保护区内进行农田水利基本建设工程及打桩、钻探、开挖等作业；

（二）起重机械的任何部位进入架空电力线路保护区进行施工；

（三）小于导线距穿越物体之间的安全距离，通过架空电力线路保护区；

（四）在电力电缆线路保护区内进行作业。

第十八条 任何单位或个人不得从事下列危害电力设施建设的行为：

（一）非法侵占电力设施建设项目依法征收的土地；

（二）涂改、移动、损害、拔除电力设施建设的测量标桩和标记；

（三）破坏、封堵施工道路，截断施工水源或电源。

第十九条 未经有关部门依照国家有关规定批准，任何单位和个人不得收购电力设施器材。

第四章　对电力设施与其他设施互相妨碍的处理

第二十条 电力设施的建设和保护应尽量避免或减少给国家、集体和个人造成的损失。

第二十一条 新建架空电力线路不得跨越储存易燃、易爆物品仓库的区域;一般不得跨越房屋,特殊情况需要跨越房屋时,电力建设企业应采取安全措施,并与有关单位达成协议。

第二十二条 公用工程、城市绿化和其他工程在新建、改建或扩建中妨碍电力设施时,或电力设施在新建、改建或扩建中妨碍公用工程、城市绿化和其他工程时,双方有关单位必须按照本条例和国家有关规定协商,就迁移、采取必要的防护措施和补偿等问题达成协议后方可施工。

第二十三条 电力管理部门应将经批准的电力设施新建、改建或扩建的规划和计划通知城乡建设规划主管部门,并划定保护区域。

城乡建设规划主管部门应将电力设施的新建、改建或扩建的规划和计划纳入城乡建设规划。

第二十四条 新建、改建或扩建电力设施,需要损害农作物,砍伐树木、竹子,或拆迁建筑物及其他设施的,电力建设企业应按照国家有关规定给予一次性补偿。

在依法划定的电力设施保护区内种植的或自然生长的可能危及电力设施安全的树木、竹子,电力企业应依法予以修剪或砍伐。

第五章 奖励与惩罚

第二十五条 任何单位或个人有下列行为之一,电力管理部门应给予表彰或一次性物质奖励:

(一)对破坏电力设施或哄抢、盗窃电力设施器材的行为检举、揭发有功;

(二)对破坏电力设施或哄抢、盗窃电力设施器材的行为进行斗争,有效地防止事故发生;

(三)为保护电力设施而同自然灾害做斗争,成绩突出;

(四)为维护电力设施安全,做出显著成绩。

第二十六条 违反本条例规定,未经批准或未采取安全措施,在电力设施周围或在依法划定的电力设施保护区内进行爆破或其他作业,危及电力设施安全的,由电力管理部门责令停止作业、恢复原状并赔偿损失。

第二十七条 违反本条例规定,危害发电设施、变电设施和电力线路设施的,由电力管理部门责令改正;拒不改正的,处 1 万元以下的罚款。

第二十八条 违反本条例规定,在依法划定的电力设施保护区内进行烧窑、烧荒、抛锚、拖锚、炸鱼、挖沙作业,危及电力设施安全的,由电力管理部门责令停止作业、恢复原状并赔偿损失。

第二十九条 违反本条例规定,危害电力设施建设的,由电力管理部门责令改正、恢复原状并赔偿损失。

第三十条 凡违反本条例规定而构成违反治安管理行为的单位或个人,由公安部门根据《中华人民共和国治安管理处罚法》予以处罚;构成犯罪的,由司法机关依法追究刑事责任。

第六章 附　则

第三十一条 国务院电力管理部门可以会同国务院有关部门制定本条例的实施细则。

第三十二条 本条例自发布之日起施行。

电力监管条例

第一章 总 则

第一条 为了加强电力监管,规范电力监管行为,完善电力监管制度,制定本条例。

第二条 电力监管的任务是维护电力市场秩序,依法保护电力投资者、经营者、使用者的合法权益和社会公共利益,保障电力系统安全稳定运行,促进电力事业健康发展。

第三条 电力监管应当依法进行,并遵循公开、公正和效率的原则。

第四条 国务院电力监管机构依照本条例和国务院有关规定,履行电力监管和行政执法职能;国务院有关部门依照有关法律、行政法规和国务院有关规定,履行相关的监管职能和行政执法职能。

第五条 任何单位和个人对违反本条例和国家有关电力监管规定的行为有权向电力监管机构和政府有关部门举报,电力监管机构和政府有关部门应当及时处理,并依照有关规定对举报有功人员给予奖励。

第二章 监管机构

第六条 国务院电力监管机构根据履行职责的需要,经国务院批准,设立派出机构。国务院电力监管机构对派出机构实行统一领导和管理。

国务院电力监管机构的派出机构在国务院电力监管机构的授权范围内,履行电力监管职责。

第七条 电力监管机构从事监管工作的人员,应当具备与电力监管工作相适应的专业知识和业务工作经验。

第八条　电力监管机构从事监管工作的人员,应当忠于职守,依法办事,公正廉洁,不得利用职务便利谋取不正当利益,不得在电力企业、电力调度交易机构兼任职务。

第九条　电力监管机构应当建立监管责任制度和监管信息公开制度。

第十条　电力监管机构及其从事监管工作的人员依法履行电力监管职责,有关单位和人员应当予以配合和协助。

第十一条　电力监管机构应当接受国务院财政、监察、审计等部门依法实施的监督。

第三章　监管职责

第十二条　国务院电力监管机构依照有关法律、行政法规和本条例的规定,在其职责范围内制定并发布电力监管规章、规则。

第十三条　电力监管机构依照有关法律和国务院有关规定,颁发和管理电力业务许可证。

第十四条　电力监管机构按照国家有关规定,对发电企业在各电力市场中所占份额的比例实施监管。

第十五条　电力监管机构对发电厂并网、电网互联以及发电厂与电网协调运行中执行有关规章、规则的情况实施监管。

第十六条　电力监管机构对电力市场向从事电力交易的主体公平、无歧视开放的情况以及输电企业公平开放电网的情况依法实施监管。

第十七条　电力监管机构对电力企业、电力调度交易机构执行电力市场运行规则的情况,以及电力调度交易机构执行电力调度规则的情况实施监管。

第十八条　电力监管机构对供电企业按照国家规定的电能质量和供电服务质量标准向用户提供供电服务的情况实施监管。

第十九条 电力监管机构具体负责电力安全监督管理工作。

国务院电力监管机构经商国务院发展改革部门、国务院安全生产监督管理部门等有关部门后,制订重大电力生产安全事故处置预案,建立重大电力生产安全事故应急处置制度。

第二十条 国务院价格主管部门、国务院电力监管机构依照法律、行政法规和国务院的规定,对电价实施监管。

第四章 监管措施

第二十一条 电力监管机构根据履行监管职责的需要,有权要求电力企业、电力调度交易机构报送与监管事项相关的文件、资料。

电力企业、电力调度交易机构应当如实提供有关文件、资料。

第二十二条 国务院电力监管机构应当建立电力监管信息系统。

电力企业、电力调度交易机构应当按照国务院电力监管机构的规定将与监管相关的信息系统接入电力监管信息系统。

第二十三条 电力监管机构有权责令电力企业、电力调度交易机构按照国家有关电力监管规章、规则的规定如实披露有关信息。

第二十四条 电力监管机构依法履行职责,可以采取下列措施,进行现场检查:

(一)进入电力企业、电力调度交易机构进行检查;

(二)询问电力企业、电力调度交易机构的工作人员,要求其对有关检查事项作出说明;

(三)查阅、复制与检查事项有关的文件、资料,对可能被转移、隐匿、损毁的文件、资料予以封存;

(四)对检查中发现的违法行为,有权当场予以纠正或者要求限期改正。

第二十五条　依法从事电力监管工作的人员在进行现场检查时,应当出示有效执法证件;未出示有效执法证件的,电力企业、电力调度交易机构有权拒绝检查。

第二十六条　发电厂与电网并网、电网与电网互联,并网双方或者互联双方达不成协议,影响电力交易正常进行的,电力监管机构应当进行协调;经协调仍不能达成协议的,由电力监管机构作出裁决。

第二十七条　电力企业发生电力生产安全事故,应当及时采取措施,防止事故扩大,并向电力监管机构和其他有关部门报告。电力监管机构接到发生重大电力生产安全事故报告后,应当按照重大电力生产安全事故处置预案,及时采取处置措施。

电力监管机构按照国家有关规定组织或者参加电力生产安全事故的调查处理。

第二十八条　电力监管机构对电力企业、电力调度交易机构违反有关电力监管的法律、行政法规或者有关电力监管规章、规则,损害社会公共利益的行为及其处理情况,可以向社会公布。

第五章　法律责任

第二十九条　电力监管机构从事监管工作的人员有下列情形之一的,依法给予行政处分;构成犯罪的,依法追究刑事责任:

(一)违反有关法律和国务院有关规定颁发电力业务许可证的;

(二)发现未经许可擅自经营电力业务的行为,不依法进行处理的;

(三)发现违法行为或者接到对违法行为的举报后,不及时进行处理的;

(四)利用职务便利谋取不正当利益的。

电力监管机构从事监管工作的人员在电力企业、电力调度交易机构兼任职务的,由电力监管机构责令改正,没收兼职所得;拒不改正的,予以辞退或者开除。

第三十条 违反规定未取得电力业务许可证擅自经营电力业务的,由电力监管机构责令改正,没收违法所得,可以并处违法所得 5 倍以下的罚款;构成犯罪的,依法追究刑事责任。

第三十一条 电力企业违反本条例规定,有下列情形之一的,由电力监管机构责令改正;拒不改正的,处 10 万元以上100 万元以下的罚款;对直接负责的主管人员和其他直接责任人员,依法给予处分;情节严重的,可以吊销电力业务许可证:

(一)不遵守电力市场运行规则的;

(二)发电厂并网、电网互联不遵守有关规章、规则的;

(三)不向从事电力交易的主体公平、无歧视开放电力市场或者不按照规定公平开放电网的。

第三十二条 供电企业未按照国家规定的电能质量和供电服务质量标准向用户提供供电服务的,由电力监管机构责令改正,给予警告;情节严重的,对直接负责的主管人员和其他直接责任人员,依法给予处分。

第三十三条 电力调度交易机构违反本条例规定,不按照电力市场运行规则组织交易的,由电力监管机构责令改正;拒不改正的,处 10 万元以上100 万元以下的罚款;对直接负责的主管人员和其他直接责任人员,依法给予处分。

电力调度交易机构工作人员泄露电力交易内幕信息的,由电力监管机构责令改正,并依法给予处分。

第三十四条 电力企业、电力调度交易机构有下列情形之一的,由电力监管机构责令改正;拒不改正的,处 5 万元以上 50 万元以下的罚款,对直接负责的主管人员和其他直接责任人员,依法给予处分;构成犯罪的,依法追究刑事责任:

(一)拒绝或者阻碍电力监管机构及其从事监管工作的人员依法履行监管职责的;

(二)提供虚假或者隐瞒重要事实的文件、资料的;

(三)未按照国家有关电力监管规章、规则的规定披露有关信息的。

第三十五条 本条例规定的罚款和没收的违法所得,按照国家有关规定上缴国库。

第六章 附 则

第三十六条 电力企业应当按照国务院价格主管部门、财政部门的有关规定缴纳电力监管费。

第三十七条 本条例自2005年5月1日起施行。

电网调度管理条例

(1993 年 6 月 29 日中华人民共和国国务院令第 115 号发布　根据 2011 年 1 月 8 日国务院令第 588 号《国务院关于废止和修改部分行政法规的决定》修订)

第一章　总　则

第一条　为了加强电网调度管理,保障电网安全,保护用户利益,适应经济建设和人民生活的需要,制定本条例。

第二条　本条例所称电网调度,是指电网调度机构(以下简称调度机构)为保障电网的安全、优质、经济运行,对电网运行进行的组织、指挥、指导和协调。

电网调度应当符合社会主义市场经济的要求和电网运行的客观规律。

第三条　中华人民共和国境内的发电、供电、用电单位以及其他有关单位和个人,必须遵守本条例。

第四条　电网运行实行统一调度、分级管理的原则。

第五条　任何单位和个人不得超计划分配电力和电量,不得超计划使用电力和电量;遇有特殊情况,需要变更计划的,须经用电计划下达部门批准。

第六条　国务院电力行政主管部门主管电网调度工作。

第二章　调度系统

第七条　调度机构的职权及其调度管辖范围的划分原则,由国务院电力行政主管部门确定。

第八条　调度机构直接调度的发电厂的划定原则,由国务院电力行政主管部门确定。

第九条 调度系统包括各级调度机构和电网内的发电厂、变电站的运行值班单位。

下级调度机构必须服从上级调度机构的调度。

调度机构调度管辖范围内的发电厂、变电站的运行值班单位,必须服从该级调度机构的调度。

第十条 调度机构分为五级:国家调度机构,跨省、自治区、直辖市调度机构,省、自治区、直辖市级调度机构,省辖市级调度机构,县级调度机构。

第十一条 调度系统值班人员须经培训、考核并取得合格证书方得上岗。

调度系统值班人员的培训、考核办法由国务院电力行政主管部门制定。

第三章　调度计划

第十二条 跨省电网管理部门和省级电网管理部门应当编制发电、供电计划,并将发电、供电计划报送国务院电力行政主管部门备案。

调度机构应当编制下达发电、供电调度计划。

值班调度人员可以按照有关规定,根据电网运行情况,调整日发电、供电调度计划。值班调度人员调整日发电、供电调度计划时,必须填写调度值班日志。

第十三条 跨省电网管理部门和省级电网管理部门编制发电、供电计划,调度机构编制发电、供电调度计划时,应当根据国家下达的计划、有关的供电协议和并网协议、电网的设备能力,并留有备用容量。

对具有综合效益的水电厂(站)的水库,应当根据批准的水电厂(站)的设计文件,并考虑防洪、灌溉、发电、环保、航运等要求,合理运用水库蓄水。

第十四条 跨省电网管理部门和省级电网管理部门遇有下列情形之一,需要调整发电、供电计划时,应当通知有关地方人民政府的有关部门:

（一）大中型水电厂（站）入库水量不足；

（二）火电厂的燃料短缺；

（三）其他需要调整发电、供电计划的情形。

第四章　调度规则

第十五条　调度机构必须执行国家下达的供电计划，不得克扣电力、电量，并保证供电质量。

第十六条　发电厂必须按照调度机构下达的调度计划和规定的电压范围运行，并根据调度指令调整功率和电压。

第十七条　发电、供电设备的检修，应当服从调度机构的统一安排。

第十八条　出现下列紧急情况之一的，值班调度人员可以调整日发电、供电调度计划，发布限电、调整发电厂功率、开或者停发电机组等指令；可以向本电网内的发电厂、变电站的运行值班单位发布调度指令：

（一）发电、供电设备发生重大事故或者电网发生事故；

（二）电网频率或者电压超过规定范围；

（三）输变电设备负载超过规定值；

（四）主干线路功率值超过规定的稳定限额；

（五）其他威胁电网安全运行的紧急情况。

第十九条　省级电网管理部门、省辖市级电网管理部门、县级电网管理部门应当根据本级人民政府的生产调度部门的要求、用户的特点和电网安全运行的需要，提出事故及超计划用电的限电序位表，经本级人民政府的生产调度部门审核，报本级人民政府批准后，由调度机构执行。

限电及整个电网调度工作应当逐步实现自动化管理。

第二十条　未经值班调度人员许可，任何人不得操作调度机构调度管辖范围内的设备。

电网运行遇有危及人身及设备安全的情况时，发电厂、变电站的运行值班单位的值班人员可以按照有关规定处理，处理后应当立即报告有关调度机构的值班人员。

第五章　调度指令

第二十一条　值班调度人员必须按照规定发布各种调度指令。

第二十二条　在调度系统中,必须执行调度指令。调度系统的值班人员认为执行调度指令将危及人身及设备安全的,应当立即向发布指令的值班调度人员报告,由其决定调度指令的执行或者撤销。

第二十三条　电网管理部门的负责人,调度机构的负责人以及发电厂、变电站的负责人,对上级调度机构的值班人员发布的调度指令有不同意见时,可以向上级电网电力行政主管部门或者上级调度机构提出,但是在其未作出答复前,调度系统的值班人员必须按照上级调度机构的值班人员发布的调度指令执行。

第二十四条　任何单位和个人不得违反本条例干预调度系统的值班人员发布或者执行调度指令;调度系统的值班人员依法执行公务,有权拒绝各种非法干预。

第六章　并网与调度

第二十五条　并网运行的发电厂或者电网,必须服从调度机构的统一调度。

第二十六条　需要并网运行的发电厂与电网之间以及电网与电网之间,应当在并网前根据平等互利、协商一致的原则签订并网协议并严格执行。

第七章　罚　则

第二十七条　违反本条例规定,有下列行为之一的,对主管人员和直接责任人员由其所在单位或者上级机关给予行政处分:

（一）未经上级调度机构许可，不按照上级调度机构下达的发电、供电调度计划执行的；

（二）不执行有关调度机构批准的检修计划的；

（三）不执行调度指令和调度机构下达的保证电网安全的措施的；

（四）不如实反映电网运行情况的；

（五）不如实反映执行调度指令情况的；

（六）调度系统的值班人员玩忽职守、徇私舞弊，尚不构成犯罪的。

第二十八条 调度机构对于超计划用电的用户应当予以警告；经警告，仍未按照计划用电的，调度机构可以发布限电指令，并可以强行扣还电力、电量；当超计划用电威胁电网安全运行时，调度机构可以部分或者全部暂时停止供电。

第二十九条 违反本条例规定，未按照计划供电或者无故调整供电计划的，电网应当根据用户的需要补给少供的电力、电量。

第三十条 违反本条例规定，构成违反治安管理行为的，依照《中华人民共和国治安管理处罚法》的有关规定给予处罚；构成犯罪的，依法追究刑事责任。

第八章 附　则

第三十一条 国务院电力行政主管部门可以根据本条例制定实施办法。

省、自治区、直辖市人民政府可以根据本条例制定小电网管理办法。

第三十二条 本条例由国务院电力行政主管部门负责解释。

第三十三条 本条例自 1993 年 11 月 1 日起施行。

电力安全事故应急处置和调查处理条例

第一章 总 则

第一条 为了加强电力安全事故的应急处置工作,规范电力安全事故的调查处理,控制、减轻和消除电力安全事故损害,制定本条例。

第二条 本条例所称电力安全事故,是指电力生产或者电网运行过程中发生的影响电力系统安全稳定运行或者影响电力正常供应的事故(包括热电厂发生的影响热力正常供应的事故)。

第三条 根据电力安全事故(以下简称事故)影响电力系统安全稳定运行或者影响电力(热力)正常供应的程度,事故分为特别重大事故、重大事故、较大事故和一般事故。事故等级划分标准由本条例附表列示。事故等级划分标准的部分项目需要调整的,由国务院电力监管机构提出方案,报国务院批准。

由独立的或者通过单一输电线路与外省连接的省级电网供电的省级人民政府所在地城市,以及由单一输电线路或者单一变电站供电的其他设区的市、县级市,其电网减供负荷或者造成供电用户停电的事故等级划分标准,由国务院电力监管机构另行制定,报国务院批准。

第四条 国务院电力监管机构应当加强电力安全监督管理,依法建立健全事故应急处置和调查处理的各项制度,组织或者参与事故的调查处理。

国务院电力监管机构、国务院能源主管部门和国务院其他有关部门、地方人民政府及有关部门按照国家规定的权限和程序,组织、协调、参与事故的应急处置工作。

第五条　电力企业、电力用户以及其他有关单位和个人，应当遵守电力安全管理规定，落实事故预防措施，防止和避免事故发生。

县级以上地方人民政府有关部门确定的重要电力用户，应当按照国务院电力监管机构的规定配置自备应急电源，并加强安全使用管理。

第六条　事故发生后，电力企业和其他有关单位应当按照规定及时、准确报告事故情况，开展应急处置工作，防止事故扩大，减轻事故损害。电力企业应当尽快恢复电力生产、电网运行和电力(热力)正常供应。

第七条　任何单位和个人不得阻挠和干涉对事故的报告、应急处置和依法调查处理。

第二章　事故报告

第八条　事故发生后，事故现场有关人员应当立即向发电厂、变电站运行值班人员、电力调度机构值班人员或者本企业现场负责人报告。有关人员接到报告后，应当立即向上一级电力调度机构和本企业负责人报告。本企业负责人接到报告后，应当立即向国务院电力监管机构设在当地的派出机构(以下称事故发生地电力监管机构)。县级以上人民政府安全生产监督管理部门报告;热电厂事故影响热力正常供应的，还应当向供热管理部门报告;事故涉及水电厂(站)大坝安全的，还应当同时向有管辖权的水行政主管部门或者流域管理机构报告。

电力企业及其有关人员不得迟报、漏报或者瞒报、谎报事故情况。

第九条　事故发生地电力监管机构接到事故报告后，应当立即核实有关情况，向国务院电力监管机构报告;事故造成供电用户停电的，应当同时通报事故发生地县级以上地方人民政府。

对特别重大事故、重大事故，国务院电力监管机构接到事故报告后应当立即报告国务院,并通报国务院安全生产监督管理部门、国务院能源主管部门等有关部门。

第十条 事故报告应当包括下列内容:

(一)事故发生的时间、地点(区域)以及事故发生单位;

(二)已知的电力设备、设施损坏情况,停运的发电(供热)机组数量、电网减供负荷或者发电厂减少出力的数值、停电(停热)范围;

(三)事故原因的初步判断;

(四)事故发生后采取的措施、电网运行方式、发电机组运行状况以及事故控制情况;

(五)其他应当报告的情况。

事故报告后出现新情况的,应当及时补报。

第十一条 事故发生后,有关单位和人员应当妥善保护事故现场以及工作日志、工作票、操作票等相关材料,及时保存故障录波图、电力调度数据、发电机组运行数据和输变电设备运行数据等相关资料,并在事故调查组成立后将相关材料、资料移交事故调查组。

因抢救人员或者采取恢复电力生产、电网运行和电力供应等紧急措施,需要改变事故现场、移动电力设备的,应当作出标记、绘制现场简图,妥善保存重要痕迹、物证,并作出书面记录。

任何单位和个人不得故意破坏事故现场,不得伪造、隐匿或者毁灭相关证据。

第三章 事故应急处置

第十二条 国务院电力监管机构依照《中华人民共和国突发事件应对法》和《国家突发公共事件总体应急预案》,组织编制国家处置电网大面积停电事件应急预案,报国务院批准。

有关地方人民政府应当依照法律、行政法规和国家处置电网大面积停电事件应急预案,组织制定本行政区域处置电网大面积停电事件应急预案。

处置电网大面积停电事件应急预案应当对应急组织指挥体系及职责,应急处置的各项措施,以及人员、资金、物资、技术等应急保障作出具体规定。

第十三条 电力企业应当按照国家有关规定,制定本企业事故应急预案。

电力监管机构应当指导电力企业加强电力应急救援队伍建设,完善应急物资储备制度。

第十四条 事故发生后,有关电力企业应当立即采取相应的紧急处置措施,控制事故范围,防止发生电网系统性崩溃和瓦解;事故危及人身和设备安全的,发电厂、变电站运行值班人员可以按照有关规定,立即采取停运发电机组和输变电设备等紧急处置措施。

事故造成电力设备、设施损坏的,有关电力企业应当立即组织抢修。

第十五条 根据事故的具体情况,电力调度机构可以发布开启或者关停发电机组、调整发电机组有功和无功负荷、调整电网运行方式、调整供电调度计划等电力调度命令,发电企业、电力用户应当执行。

事故可能导致破坏电力系统稳定和电网大面积停电的,电力调度机构有权决定采取拉限负荷、解列电网、解列发电机组等必要措施。

第十六条 事故造成电网大面积停电的,国务院电力监管机构和国务院其他有关部门、有关地方人民政府、电力企业应当按照国家有关规定,启动相应的应急预案,成立应急指挥机构,尽快恢复电网运行和电力供应,防止各种次生灾害的发生。

第十七条 事故造成电网大面积停电的,有关地方人民政府及有关部门应当立即组织开展下列应急处置工作:

(一)加强对停电地区关系国计民生、国家安全和公共安全的重点单位的安全保卫,防范破坏社会秩序的行为,维护社会稳定;

(二)及时排除因停电发生的各种险情;

(三)事故造成重大人员伤亡或者需要紧急转移、安置受困人员的,及时组织实施救治、转移、安置工作;

(四)加强停电地区道路交通指挥和疏导,做好铁路、民航运输以及通信保障工作;

(五)组织应急物资的紧急生产和调用,保证电网恢复运行所需物资和居民基本生活资料的供给。

第十八条 事故造成重要电力用户供电中断的,重要电力用户应当按照有关技术要求迅速启动自备应急电源;启动自备应急电源无效的,电网企业应当提供必要的支援。

事故造成地铁、机场、高层建筑、商场、影剧院、体育场馆等人员聚集场所停电的,应当迅速启用应急照明,组织人员有序疏散。

第十九条 恢复电网运行和电力供应,应当优先保证重要电厂厂用电源、重要输变电设备、电力主干网架的恢复,优先恢复重要电力用户、重要城市、重点地区的电力供应。

第二十条 事故应急指挥机构或者电力监管机构应当按照有关规定,统一、准确、及时发布有关事故影响范围、处置工作进度、预计恢复供电时间等信息。

第四章　事故调查处理

第二十一条 特别重大事故由国务院或者国务院授权的部门组织事故调查组进行调查。

重大事故由国务院电力监管机构组织事故调查组进行调查。

较大事故、一般事故由事故发生地电力监管机构组织事故调查组进行调查。国务院电力监管机构认为必要的,可以组织事故调查组对较大事故进行调查。

未造成供电用户停电的一般事故,事故发生地电力监管机构也可以委托事故发生单位调查处理。

第二十二条 根据事故的具体情况,事故调查组由电力监管机构、有关地方人民政府、安全生产监督管理部门、负有安全生产监督管理职责的有关部门派人组成;有关人员涉嫌失职、渎职或者涉嫌犯罪的,应当邀请监察机关、公安机关、人民检察院派人参加。

根据事故调查工作的需要,事故调查组可以聘请有关专家协助调查。

事故调查组组长由组织事故调查组的机关指定。

第二十三条 事故调查组应当按照国家有关规定开展事故调查,并在下列期限内向组织事故调查组的机关提交事故调查报告:

(一)特别重大事故和重大事故的调查期限为60日;特殊情况下,经组织事故调查组的机关批准,可以适当延长,但延长的期限不得超过60日。

(二)较大事故和一般事故的调查期限为45日;特殊情况下,经组织事故调查组的机关批准,可以适当延长,但延长的期限不得超过45日。

事故调查期限自事故发生之日起计算。

第二十四条 事故调查报告应当包括下列内容:

(一)事故发生单位概况和事故发生经过;

(二)事故造成的直接经济损失和事故对电网运行、电力(热力)正常供应的影响情况;

(三)事故发生的原因和事故性质;

(四)事故应急处置和恢复电力生产、电网运行的情况;

(五)事故责任认定和对事故责任单位、责任人的处理建议;

(六)事故防范和整改措施。

事故调查报告应当附具有关证据材料和技术分析报告。事故调查组成员应当在事故调查报告上签字。

第二十五条 事故调查报告报经组织事故调查组的机关同意,事故调查工作即告结束;委托事故发生单位调查的一般事故,事故调查报告应当报经事故发生地电力监管机构同意。

有关机关应当依法对事故发生单位和有关人员进行处罚,对负有事故责任的国家工作人员给予处分。

事故发生单位应当对本单位负有事故责任的人员进行处理。

第二十六条 事故发生单位和有关人员应当认真吸取事故教训,落实事故防范和整改措施,防止事故再次发生。

电力监管机构、安全生产监督管理部门和负有安全生产监督管理职责的有关部门应当对事故发生单位和有关人员落实事故防范和整改措施的情况进行监督检查。

第五章 法律责任

第二十七条 发生事故的电力企业主要负责人有下列行为之一的,由电力监管机构处其上一年年收入40%至80%的罚款;属于国家工作人员的,并依法给予处分;构成犯罪的,依法追究刑事责任:

(一)不立即组织事故抢救的;

(二)迟报或者漏报事故的;

(三)在事故调查处理期间擅离职守的。

第二十八条 发生事故的电力企业及其有关人员有下列行为之一的,由电力监管机构对电力企业处100万元以上500万元以下的罚款;对主要负责人、直接负责的主管人员和其他直接责任人员处其上一年年收入60%至100%的罚款,属于国家工作人员的,并依法给予处分;构成违反治安管理行为的,由公安机关依法给予治安管理处罚;构成犯罪的,依法追究刑事责任:

(一)谎报或者瞒报事故的;

(二)伪造或者故意破坏事故现场的;

(三)转移、隐匿资金、财产,或者销毁有关证据、资料的;

(四)拒绝接受调查或者拒绝提供有关情况和资料的;

(五)在事故调查中作伪证或者指使他人作伪证的;

(六)事故发生后逃匿的。

第二十九条 电力企业对事故发生负有责任的,由电力监管机构依照下列规定处以罚款:

（一）发生一般事故的，处 10 万元以上 20 万元以下的罚款；

（二）发生较大事故的，处 20 万元以上 50 万元以下的罚款；

（三）发生重大事故的，处 50 万元以上 200 万元以下的罚款；

（四）发生特别重大事故的，处 200 万元以上 500 万元以下的罚款。

第三十条 电力企业主要负责人未依法履行安全生产管理职责，导致事故发生的，由电力监管机构依照下列规定处以罚款；属于国家工作人员的，并依法给予处分；构成犯罪的，依法追究刑事责任：

（一）发生一般事故的，处其上一年年收入 30% 的罚款；

（二）发生较大事故的，处其上一年年收入 40% 的罚款；

（三）发生重大事故的，处其上一年年收入 60% 的罚款；

（四）发生特别重大事故的，处其上一年年收入 80% 的罚款。

第三十一条 电力企业主要负责人依照本条例第二十七条、第二十八条、第三十条规定受到撤职处分或者刑事处罚的，自受处分之日或者刑罚执行完毕之日起 5 年内，不得担任任何生产经营单位主要负责人。

第三十二条 电力监管机构、有关地方人民政府以及其他负有安全生产监督管理职责的有关部门有下列行为之一的，对直接负责的主管人员和其他直接责任人员依法给予处分；直接负责的主管人员和其他直接责任人员构成犯罪的，依法追究刑事责任：

（一）不立即组织事故抢救的；

（二）迟报、漏报或者瞒报、谎报事故的；

（三）阻碍、干涉事故调查工作的；

（四）在事故调查中作伪证或者指使他人作伪证的。

第三十三条 参与事故调查的人员在事故调查中有下列行为之一的，依法给予处分；构成犯罪的，依法追究刑事责任：

（一）对事故调查工作不负责任，致使事故调查工作有重大疏漏的；

（二）包庇、祖护负有事故责任的人员或者借机打击报复的。

第六章　附　则

第三十四条　发生本条例规定的事故，同时造成人员伤亡或者直接经济损失，依照本条例确定的事故等级与依照《生产安全事故报告和调查处理条例》确定的事故等级不相同的，按事故等级较高者确定事故等级，依照本条例的规定调查处理；事故造成人员伤亡，构成《生产安全事故报告和调查处理条例》规定的重大事故或者特别重大事故的，依照《生产安全事故报告和调查处理条例》的规定调查处理。

电力生产或者电网运行过程中发生发电设备或者输变电设备损坏，造成直接经济损失的事故，未影响电力系统安全稳定运行以及电力正常供应的，由电力监管机构依照《生产安全事故报告和调查处理条例》的规定组成事故调查组对重大事故、较大事故、一般事故进行调查处理。

第三十五条　本条例对事故报告和调查处理未作规定的，适用《生产安全事故报告和调查处理条例》的规定。

第三十六条　核电厂核事故的应急处置和调查处理，依照《核电厂核事故应急管理条例》的规定执行。

第三十七条　本条例自 2011 年 9 月 1 日起施行。

附:

电力安全事故等级划分标准

事故等级 ＼ 判定项	造成电网减供负荷的比例	造成城市供电用户停电的比例	发电厂或者变电站因安全故障造成对外停电的影响和持续时间	发电机组因安全故障停运的时间和后果	供热机组对外停止供热的时间
特别重大事故	区域性电网减供负荷 30% 以上，电网负荷 20000 兆瓦以上的省、自治区电网，减供负荷 30% 以上；电网负荷 5000 兆瓦以上 20000 兆瓦以下的省、自治区电网，减供负荷 40% 以上；直辖市电网减供负荷 50% 以上，电网负荷 2000 兆瓦以上的省、自治区人民政府所在地城市电网减供负荷 60% 以上	直辖市 60% 以上供电用户停电，电网负荷 2000 兆瓦以上的省、自治区人民政府所在地城市 70% 以上供电用户停电			

续表

| 重大事故 | 区域性电网减供负荷10%以上30%以下
电网负荷20000兆瓦以上的省、自治区电网，减供负荷13%以上30%以下
电网负荷5000兆瓦以上20000兆瓦以下的省、自治区电网，减供负荷16%以上40%以下
电网负荷1000兆瓦以上5000兆瓦以下的省、自治区电网，减供负荷50%以上
直辖市电网减供负荷20%以上50%以下
省、自治区人民政府所在地城市电网减供负荷40%以上（电网负荷2000兆瓦以上的，减供负荷40%以上60%以下）
电网负荷600兆瓦以上的其他设区的市电网减供负荷60%以上 | 直辖市30%以上60%以下供电用户停电
省、自治区人民政府所在地城市50%以上供电用户停电（电网负荷2000兆瓦以上的，50%以上70%以下）
电网负荷600兆瓦以上的其他设区的市70%以上供电用户停电 | | | |

续表

较大事故	区域性电网减供负荷7%以上10%以下 电网负荷20000兆瓦以上的省、自治区电网,减供负荷10%以上13%以下 电网负荷5000兆瓦以上20000兆瓦以下的省、自治区电网,减供负荷12%以上16%以下 电网负荷1000兆瓦以上5000兆瓦以下的省、自治区电网,减供负荷20%以上50%以下 电网负荷1000兆瓦以下的省、自治区电网,减供负荷40%以上 直辖市电网减供负荷10%以上20%以下 省、自治区人民政府所在地城市电网减供负荷20%以上40%以上 其他设区的市电网减供负荷40%以上 (电网负荷600兆瓦以上的,减供负荷40%以上60%以下) 电网负荷150兆瓦以上的县级市电网减供负荷60%以上	直辖市15%以上30%以下供电用户停电 省、自治区人民政府所在地城市30%以下供电用户停电 其他设区的市50%以上供电用户停电(电网负荷600兆瓦以上的,50%以上70%以下) 电网负荷150兆瓦以上的县级市以上供电用户停电	发电厂或者220千伏以上变电站因安全故障造成全厂(站)对外停电,导致周边电压监视控制点电压低于调度机构规定的电压曲线值20%并且持续时间30分钟以上,或者导致周边电压监视控制点电压低于调度机构规定的电压曲线值10%并且持续时间1小时以上	发电机组因安全故障停止运行超过行业标准规定的大修时间两周,并导致电网减供负荷	供热机组装机容量200兆瓦以上的热电厂,在当地人民政府规定的采暖期内同时发生2台以上供热机组因安全故障停止运行,并导致全厂对外停止供热时间48小时以上

续表

一般事故	区域性电网减供负荷4%以上7%以下的省、自治区电网,减供负荷20000兆瓦以下电网负荷20000兆瓦以上的省、自治区电网,减供负荷5%以上10%以下电网负荷5000兆瓦以上20000兆瓦以下的省、自治区电网,减供负荷6%以上12%以下电网负荷1000兆瓦以上5000兆瓦以下的省、自治区电网,减供负荷10%以上20%以下电网负荷1000兆瓦以下的省、自治区电网,减供负荷25%以上40%以下直辖市电网减供负荷5%以上10%以下省、自治区人民政府所在地城市电网减供负荷10%以上20%以下其他设区的市电网减供负荷20%以上40%以下县级市电网减供负荷40%以上的,减供负荷150兆瓦以上的,减供负荷40%以上60%以下	直辖市10%以上15%以下供电用户停电,省、自治区人民政府所在地城市15%以上30%以下供电用户停电其他设区的市30%以上50%以下供电用户停电县级市50%以上供电用户停电(电网负荷150兆瓦以上的,50%以上70%以下)	发电厂或者220千伏以上变电站因安全故障造成全厂(站)对外停电,导致周边送电电,监视整点电压低于电压曲线值5%以上10%以下并且持续时间2小时以上	发电机组因安全故障停止运行超过行业标准规定的小修两周时间两周,并导致电网减供负荷	供热机组装机容量200兆瓦以上的热电厂,在当地人民政府规定的采暖期内同时发生2台以上供热机组因安全故障停止运行,造成全厂对外停止供热持续时间24小时以上

注:1.符合本表所列情形之一的,即构成相应等级的电力安全事故。

2.本表中所称的"以上"包括本数,"以下"不包括本数。

3.本表下列用语的含义:

(1)电网负荷,是指电力调度机构统一调度的电网在事故发生起始时刻的实际负荷;

(2)电网减供负荷,是指电力调度机构统一调度的电网在事故发生期间的实际负荷最大减少量;

(3)全厂对外停电,是指发电厂对外有功负荷降到零(虽电网经发电厂母线传送的负荷没有停止,仍视为全厂对外停电);

(4)发电机组因安全故障停止运行,是指并网运行的发电机组(包括各种类型的电站锅炉、汽轮机、燃气轮机、水轮机、发电机和主变压器等主要发电设备),在未经电力调度机构允许的情况下,因安全故障需要停止运行的状态。

国家大面积停电事件应急预案

1 总 则

1.1 编制目的

建立健全大面积停电事件应对工作机制,提高应对效率,最大程度减少人员伤亡和财产损失,维护国家安全和社会稳定。

1.2 编制依据

依据《中华人民共和国突发事件应对法》、《中华人民共和国安全生产法》、《中华人民共和国电力法》、《生产安全事故报告和调查处理条例》、《电力安全事故应急处置和调查处理条例》、《电网调度管理条例》、《国家突发公共事件总体应急预案》及相关法律法规等,制定本预案。

1.3 适用范围

本预案适用于我国境内发生的大面积停电事件应对工作。

大面积停电事件是指由于自然灾害、电力安全事故和外力破坏等原因造成区域性电网、省级电网或城市电网大量减供负荷,对国家安全、社会稳定以及人民群众生产生活造成影响和威胁的停电事件。

1.4 工作原则

大面积停电事件应对工作坚持统一领导、综合协调,属地为主、分工负责,保障民生、维护安全,全社会共同参与的原则。大面积停电事件发生后,地方人民政府及其有关部门、能源局相关派出机构、电力企业、重要电力用户应立即按照职责分工和相关预案开展处置工作。

1.5 事件分级

按照事件严重性和受影响程度,大面积停电事件分为特别重大、重大、较大和一般四级。分级标准见附件1。

2 组织体系

2.1 国家层面组织指挥机构

能源局负责大面积停电事件应对的指导协调和组织管理工作。当发生重大、特别重大大面积停电事件时,能源局或事发地省级人民政府按程序报请国务院批准,或根据国务院领导同志指示,成立国务院工作组,负责指导、协调、支持有关地方人民政府开展大面积停电事件应对工作。必要时,由国务院或国务院授权发展改革委成立国家大面积停电事件应急指挥部,统一领导、组织和指挥大面积停电事件应对工作。应急指挥部组成及工作组职责见附件2。

2.2 地方层面组织指挥机构

县级以上地方人民政府负责指挥、协调本行政区域内大面积停电事件应对工作,要结合本地实际,明确相应组织指挥机构,建立健全应急联动机制。

发生跨行政区域的大面积停电事件时,有关地方人民政府应根据需要建立跨区域大面积停电事件应急合作机制。

2.3 现场指挥机构

负责大面积停电事件应对的人民政府根据需要成立现场指挥部,负责现场组织指挥工作。参与现场处置的有关单位和人员应服从现场指挥部的统一指挥。

2.4 电力企业

电力企业(包括电网企业、发电企业等,下同)建立健全应急指挥机构,在政府组织指挥机构领导下开展大面积停电事件应对工作。电网调度工作按照《电网调度管理条例》及相关规程执行。

2.5 专家组

各级组织指挥机构根据需要成立大面积停电事件应急专

家组,成员由电力、气象、地质、水文等领域相关专家组成,对大面积停电事件应对工作提供技术咨询和建议。

3 监测预警和信息报告

3.1 监测和风险分析

电力企业要结合实际加强对重要电力设施设备运行、发电燃料供应等情况的监测,建立与气象、水利、林业、地震、公安、交通运输、国土资源、工业和信息化等部门的信息共享机制,及时分析各类情况对电力运行可能造成的影响,预估可能影响的范围和程度。

3.2 预警

3.2.1 预警信息发布

电力企业研判可能造成大面积停电事件时,要及时将有关情况报告受影响区域地方人民政府电力运行主管部门和能源局相关派出机构,提出预警信息发布建议,并视情通知重要电力用户。地方人民政府电力运行主管部门应及时组织研判,必要时报请当地人民政府批准后向社会公众发布预警,并通报同级其他相关部门和单位。当可能发生重大以上大面积停电事件时,中央电力企业同时报告能源局。

3.2.2 预警行动

预警信息发布后,电力企业要加强设备巡查检修和运行监测,采取有效措施控制事态发展;组织相关应急救援队伍和人员进入待命状态,动员后备人员做好参加应急救援和处置工作准备,并做好大面积停电事件应急所需物资、装备和设备等应急保障准备工作。重要电力用户做好自备应急电源启用准备。受影响区域地方人民政府启动应急联动机制,组织有关部门和单位做好维持公共秩序、供水供气供热、商品供应、交通物流等方面的应急准备;加强相关舆情监测,主动回应社会公众关注的热点问题,及时澄清谣言传言,做好舆论引导工作。

3.2.3 预警解除

根据事态发展,经研判不会发生大面积停电事件时,按照

"谁发布、谁解除"的原则,由发布单位宣布解除预警,适时终止相关措施。

3.3 信息报告

大面积停电事件发生后,相关电力企业应立即向受影响区域地方人民政府电力运行主管部门和能源局相关派出机构报告,中央电力企业同时报告能源局。

事发地人民政府电力运行主管部门接到大面积停电事件信息报告或者监测到相关信息后,应当立即进行核实,对大面积停电事件的性质和类别作出初步认定,按照国家规定的时限、程序和要求向上级电力运行主管部门和同级人民政府报告,并通报同级其他相关部门和单位。地方各级人民政府及其电力运行主管部门应当按照有关规定逐级上报,必要时可越级上报。能源局相关派出机构接到大面积停电事件报告后,应当立即核实有关情况并向能源局报告,同时通报事发地县级以上地方人民政府。对初判为重大以上的大面积停电事件,省级人民政府和能源局要立即按程序向国务院报告。

4 应急响应

4.1 响应分级

根据大面积停电事件的严重程度和发展态势,将应急响应设定为Ⅰ级、Ⅱ级、Ⅲ级和Ⅳ级四个等级。初判发生特别重大大面积停电事件,启动Ⅰ级应急响应,由事发地省级人民政府负责指挥应对工作。必要时,由国务院或国务院授权发展改革委成立国家大面积停电事件应急指挥部,统一领导、组织和指挥大面积停电事件应对工作。初判发生重大大面积停电事件,启动Ⅱ级应急响应,由事发地省级人民政府负责指挥应对工作。初判发生较大、一般大面积停电事件,分别启动Ⅲ级、Ⅳ级应急响应,根据事件影响范围,由事发地县级或市级人民政府负责指挥应对工作。

对于尚未达到一般大面积停电事件标准,但对社会产生较大影响的其他停电事件,地方人民政府可结合实际情况启动应急响应。

应急响应启动后，可视事件造成损失情况及其发展趋势调整响应级别，避免响应不足或响应过度。

4.2 响应措施

大面积停电事件发生后，相关电力企业和重要电力用户要立即实施先期处置，全力控制事件发展态势，减少损失。各有关地方、部门和单位根据工作需要，组织采取以下措施。

4.2.1 抢修电网并恢复运行

电力调度机构合理安排运行方式，控制停电范围；尽快恢复重要输变电设备、电力主干网架运行；在条件具备时，优先恢复重要电力用户、重要城市和重点地区的电力供应。

电网企业迅速组织力量抢修受损电网设备设施，根据应急指挥机构要求，向重要电力用户及重要设施提供必要的电力支援。

发电企业保证设备安全，抢修受损设备，做好发电机组并网运行准备，按照电力调度指令恢复运行。

4.2.2 防范次生衍生事故

重要电力用户按照有关技术要求迅速启动自备应急电源，加强重大危险源、重要目标、重大关键基础设施隐患排查与监测预警，及时采取防范措施，防止发生次生衍生事故。

4.2.3 保障居民基本生活

启用应急供水措施，保障居民用水需求；采用多种方式，保障燃气供应和采暖期内居民生活热力供应；组织生活必需品的应急生产、调配和运输，保障停电期间居民基本生活。

4.2.4 维护社会稳定

加强涉及国家安全和公共安全的重点单位安全保卫工作，严密防范和严厉打击违法犯罪活动。加强对停电区域内繁华街区、大型居民区、大型商场、学校、医院、金融机构、机场、城市轨道交通设施、车站、码头及其他重要生产经营场所等重点地区、重点部位、人员密集场所的治安巡逻，及时疏散人员，解救被困人员，防范治安事件。加强交通疏导，维护道路交通秩序。尽快恢复企业生产经营活动。严厉打击造谣惑众、囤积居奇、哄抬物价等各种违法行为。

4.2.5 加强信息发布

按照及时准确、公开透明、客观统一的原则，加强信息发布和舆论引导，主动向社会发布停电相关信息和应对工作情况，提示相关注意事项和安全措施。加强舆情收集分析，及时回应社会关切，澄清不实信息，正确引导社会舆论，稳定公众情绪。

4.2.6 组织事态评估

及时组织对大面积停电事件影响范围、影响程度、发展趋势及恢复进度进行评估，为进一步做好应对工作提供依据。

4.3 国家层面应对

4.3.1 部门应对

初判发生一般或较大大面积停电事件时，能源局开展以下工作：

（1）密切跟踪事态发展，督促相关电力企业迅速开展电力抢修恢复等工作，指导督促地方有关部门做好应对工作；

（2）视情派出部门工作组赴现场指导协调事件应对等工作；

（3）根据中央电力企业和地方请求，协调有关方面为应对工作提供支援和技术支持；

（4）指导做好舆情信息收集、分析和应对工作。

4.3.2 国务院工作组应对

初判发生重大或特别重大大面积停电事件时，国务院工作组主要开展以下工作：

（1）传达国务院领导同志指示批示精神，督促地方人民政府、有关部门和中央电力企业贯彻落实；

（2）了解事件基本情况、造成的损失和影响、应对进展及当地需求等，根据地方和中央电力企业请求，协调有关方面派出应急队伍、调运应急物资和装备、安排专家和技术人员等，为应对工作提供支援和技术支持；

（3）对跨省级行政区域大面积停电事件应对工作进行协调；

（4）赶赴现场指导地方开展事件应对工作；

（5）指导开展事件处置评估；

（6）协调指导大面积停电事件宣传报道工作；

（7）及时向国务院报告相关情况。

4.3.3 国家大面积停电事件应急指挥部应对

根据事件应对工作需要和国务院决策部署，成立国家大面积停电事件应急指挥部。主要开展以下工作：

（1）组织有关部门和单位、专家组进行会商，研究分析事态，部署应对工作；

（2）根据需要赴事发现场，或派出前方工作组赴事发现场，协调开展应对工作；

（3）研究决定地方人民政府、有关部门和中央电力企业提出的请求事项，重要事项报国务院决策；

（4）统一组织信息发布和舆论引导工作；

（5）组织开展事件处置评估；

（6）对事件处置工作进行总结并报告国务院。

4.4 响应终止

同时满足以下条件时，由启动响应的人民政府终止应急响应：

（1）电网主干网架基本恢复正常，电网运行参数保持在稳定限额之内，主要发电厂机组运行稳定；

（2）减供负荷恢复80%以上，受停电影响的重点地区、重要城市负荷恢复90%以上；

（3）造成大面积停电事件的隐患基本消除；

（4）大面积停电事件造成的重特大次生衍生事故基本处置完成。

5 后期处置

5.1 处置评估

大面积停电事件应急响应终止后，履行统一领导职责的人民政府要及时组织对事件处置工作进行评估，总结经验教训,分析查找问题,提出改进措施,形成处置评估报告。鼓励开展第三方评估。

5.2 事件调查

大面积停电事件发生后,根据有关规定成立调查组,查明事件原因、性质、影响范围、经济损失等情况,提出防范、整改措施和处理处置建议。

5.3 善后处置

事发地人民政府要及时组织制订善后工作方案并组织实施。保险机构要及时开展相关理赔工作,尽快消除大面积停电事件的影响。

5.4 恢复重建

大面积停电事件应急响应终止后,需对电网网架结构和设备设施进行修复或重建的,由能源局或事发地省级人民政府根据实际工作需要组织编制恢复重建规划。相关电力企业和受影响区域地方各级人民政府应当根据规划做好受损电力系统恢复重建工作。

6 保障措施

6.1 队伍保障

电力企业应建立健全电力抢修应急专业队伍,加强设备维护和应急抢修技能方面的人员培训,定期开展应急演练,提高应急救援能力。地方各级人民政府根据需要组织动员其他专业应急队伍和志愿者等参与大面积停电事件及其次生衍生灾害处置工作。军队、武警部队、公安消防等要做好应急力量支援保障。

6.2 装备物资保障

电力企业应储备必要的专业应急装备及物资,建立和完善相应保障体系。国家有关部门和地方各级人民政府要加强应急救援装备物资及生产生活物资的紧急生产、储备调拨和紧急配送工作,保障支援大面积停电事件应对工作需要。鼓励支持社会化储备。

6.3 通信、交通与运输保障

地方各级人民政府及通信主管部门要建立健全大面积停电事件应急通信保障体系,形成可靠的通信保障能力,确保应急期间通信联络和信息传递需要。交通运输部门要健全紧急运输保障体系,保障应急响应所需人员、物资、装备、器材等的运输;公安部门要加强交通应急管理,保障应急救援车辆优先通行;根据全面推进公务用车制度改革有关规定,有关单位应配备必要的应急车辆,保障应急救援需要。

6.4 技术保障

电力行业要加强大面积停电事件应对和监测先进技术、装备的研发,制定电力应急技术标准,加强电网、电厂安全应急信息化平台建设。有关部门要为电力日常监测预警及电力应急抢险提供必要的气象、地质、水文等服务。

6.5 应急电源保障

提高电力系统快速恢复能力,加强电网"黑启动"能力建设。国家有关部门和电力企业应充分考虑电源规划布局,保障各地区"黑启动"电源。电力企业应配备适量的应急发电装备,必要时提供应急电源支援。重要电力用户应按照国家有关技术要求配置应急电源,并加强维护和管理,确保应急状态下能够投入运行。

6.6 资金保障

发展改革委、财政部、民政部、国资委、能源局等有关部门和地方各级人民政府以及各相关电力企业应按照有关规定,对大面积停电事件处置工作提供必要的资金保障。

7 附　则

7.1 预案管理

本预案实施后,能源局要会同有关部门组织预案宣传、培训和演练,并根据实际情况,适时组织评估和修订。地方各级人民政府要结合当地实际制定或修订本级大面积停电事件应急预案。

7.2 预案解释

本预案由能源局负责解释。

7.3 预案实施时间

本预案自印发之日起实施。

承装(修、试)电力设施许可证管理办法

第一章 总 则

第一条 为了加强承装(修、试)电力设施许可管理,规范承装(修、试)电力设施许可行为,维护承装、承修、承试电力设施市场秩序,保障电力安全,根据《电力供应与使用条例》、《电力监管条例》和国家有关规定,制定本办法。

第二条 承装(修、试)电力设施许可证(以下简称许可证)的申请、受理、审查、颁发、管理和监督,适用本办法。

第三条 国家电力监管委员会(以下简称电监会)负责指导、监督全国许可证的颁发和管理。

电监会派出机构(以下简称派出机构)负责辖区内许可证的受理、审查、颁发和日常监督管理。

第四条 在中华人民共和国境内从事承装、承修、承试电力设施活动的,应当按照本办法的规定取得许可证。除电监会另有规定外,任何单位或者个人未取得许可证,不得从事承装、承修、承试电力设施活动。

本办法所称承装、承修、承试电力设施,是指对输电、供电、受电电力设施的安装、维修和试验。

第五条 取得许可证的单位依法开展活动,受法律保护。

第二章 分类与分级

第六条 许可证分为承装、承修、承试三个类别。

取得承装类许可证的,可以从事电力设施的安装活动。

取得承修类许可证的,可以从事电力设施的维修活动。

取得承试类许可证的,可以从事电力设施的试验活动。

第七条 许可证分为一级、二级、三级、四级和五级。

取得一级许可证的,可以从事所有电压等级电力设施的安装、维修或者试验活动。

取得二级许可证的,可以从事 220 千伏以下电压等级电力设施的安装、维修或者试验活动。

取得三级许可证的,可以从事 110 千伏以下电压等级电力设施的安装、维修或者试验活动。

取得四级许可证的,可以从事 35 千伏以下电压等级电力设施的安装、维修或者试验活动。

取得五级许可证的,可以从事 10 千伏以下电压等级电力设施的安装、维修或者试验活动。

第三章　申请、受理、审查与决定

第八条 申请许可证,应当向申请人所在地的派出机构提出。

申请人取得许可证后,方可向工商行政管理部门申请营业执照或者变更经营范围。

第九条 申请许可证应当具备下列条件:

(一)具有法人资格;

(二)具有与申请的许可证类别和等级相适应的注册资本;

(三)具有与申请的许可证类别和等级相适应的设备、经营场所;

(四)技术负责人、安全负责人具有与申请的许可证类别和等级相适应的任职资格,且不能同时在其他单位任职;

(五)具有与申请的许可证类别和等级相适应的专职专业人员;

(六)具有健全有效的安全生产组织和制度。

申请一级至三级许可证的,还应当具有与申请的许可证类别和等级相适应的业绩。

许可证不同类别、不同等级的具体申请条件,由电监会另行制定并向社会公布。

第十条 申请许可证应当提交下列材料：

（一）许可证申请表；

（二）法人证明材料和净资产证明材料；

（三）主要设备及机具清单、经营场所证明材料；

（四）技术负责人、安全负责人的简历、专业技术任职资格证书等证明材料；

（五）专业技术人员明细表、专业技术任职资格证书或者任职培训合格证书等证明材料；

（六）电工作业人员登记表；

（七）安全生产组织和制度的证明材料。

申请一级至三级许可证的，还需要提交相关业绩报告以及证明材料。

第十一条 合并后新设单位申请许可证的，除应当提交第十条规定的材料外，还应当提交下列材料：

（一）合并的证明材料；

（二）合并前各单位的许可证。

第十二条 分立后新设单位申请许可证的，除应当提交第十条规定的材料外，还应当提交下列材料：

（一）分立的证明材料；

（二）业绩证明材料；

（三）分立前单位的许可证。

分立后至多一个单位部分或者全部延续分立前单位从事同类活动的业绩。

第十三条 派出机构收到申请，应当对申请材料是否齐全、是否符合法定形式进行审查。派出机构有权要求申请人就申请事项作出解释或者说明。

第十四条 派出机构对申请人提出的申请，应当根据下列情况分别作出处理：

（一）申请材料存在可以当场更正的错误的，应当允许申请人当场更正；

（二）申请材料不齐全或者不符合法定形式的，应当当场或者五日内向申请人发出申请材料补正通知书，并一次告知需要补正的全部内容；

（三）申请材料齐全并符合法定形式的，或者申请人按照派出机构的要求提交全部补正申请材料的，应当向申请人发出受理通知书。

第十五条　派出机构应当自受理之日起二十日内完成申请审查，并按下列规定作出是否许可的决定：

（一）经审查，申请人的条件符合法定条件、标准的，派出机构应当依法作出准予许可的书面决定，并自作出决定之日起十日内向申请人颁发、送达许可证；

（二）经审查，申请人的条件不符合法定条件、标准的，派出机构应当依法作出不予许可的决定，以书面形式通知申请人，通知书中应当说明不予许可的理由。

第十六条　派出机构在审查过程中认为需要对申请材料的实质性内容进行核实的，应当指派两名以上的工作人员进行现场核查。

第十七条　派出机构自受理通知书发出之日起二十日内不能作出决定的，经派出机构负责人批准，可以延长十日，并将延长期限的理由告知申请人。

第十八条　派出机构应当按照国家有关规定建立信息公开工作制度，向社会公开承装（修、试）电力设施许可的依据、条件、程序、期限、办理情况以及申请材料目录、申请材料示范文本等信息。

第四章　变更与延续

第十九条　许可证的变更分为许可事项变更和登记事项变更。

许可事项变更是指许可证类别和等级的变更。

登记事项变更是指承装（修、试）电力设施单位名称、住所、法定代表人等事项的变更。

变更后的许可证，有效期限不变。

第二十条 申请许可事项变更,应当提交本办法第十条规定的材料和许可证原件。

有下列情形之一,申请增加许可证类别或者提高许可证等级的,一年内不予受理:

(一)发生较大生产安全事故或者发生二次以上一般生产安全事故的;

(二)发生重大质量责任事故的。

有下列情形之一,申请增加许可证类别或者提高许可证等级的,二年内不予受理:

(一)超越许可范围从事承装(修、试)电力设施活动的;

(二)涂改、倒卖、出租、出借许可证,或者以其他形式非法转让许可证的;

(三)违反国家有关规定将本单位承包的承装(修、试)电力设施业务转包或者分包的;

(四)发生重大以上生产安全事故的。

第二十一条 派出机构应当按照本办法第三章规定的程序办理许可事项变更。

许可事项变更后,承装(修、试)电力设施单位应当依法向工商行政管理部门办理有关变更手续。

第二十二条 承装(修、试)电力设施单位名称、住所或者法定代表人发生变化的,应当自工商行政管理部门依法办理变更登记之日起三十日内,提出登记事项变更申请,并提交下列材料:

(一)登记事项变更申请表;

(二)许可证原件;

(三)变更后的法人证明材料;

(四)涉及修改单位章程的,应当提交修改后的单位章程。

变更后的住所与原住所属于不同派出机构管辖的,应当向变更后住所地的派出机构提出登记事项变更申请。

派出机构应当自收到登记事项变更申请之日起十五日内,办理变更手续。

第二十三条 许可证有效期为六年。

有效期届满需要延续的,应当在有效期届满三十日前提出申请,提交本办法第十条规定的材料和许可证原件。派出机构应当按照本办法第三章规定的程序,在许可证有效期届满前作出是否准予延续的决定。逾期未作出决定的,视为同意延续并补办相应手续。

第二十四条 许可证损毁的,应当及时向颁发许可证的派出机构申请补办;许可证遗失的,应当立即在规定的媒体上刊登遗失声明,刊登遗失声明十日后方可向颁发许可证的派出机构申请补办。

申请补办许可证,应当提交下列材料:

(一)许可证补办申请表;

(二)法定代表人身份证明材料;

(三)法人证明材料;

(四)损毁许可证原件或者许可证遗失声明。

派出机构应当自收到许可证补办申请之日起十五日内,按照有关规定补发许可证。

第五章 监督检查

第二十五条 电监会对派出机构实施承装(修、试)电力设施许可工作进行监督检查,及时纠正工作中的违法行为。

第二十六条 派出机构依法对辖区内从事承装(修、试)电力设施活动的单位或者个人的下列事项实施监督检查:

(一)依法取得许可证的情况;

(二)在许可范围内从事承装(修、试)电力设施活动的情况;

(三)依法使用许可证的情况;

(四)遵守国家有关转包或者分包承装(修、试)电力设施业务规定的情况;

(五)遵守国家有关安全生产管理规定的情况;

(六)遵守相关电力技术、安全、定额和质量标准的情况;

(七)遵守国家其他有关规定的情况。

第二十七条 承装(修、试)电力设施单位有下列情形之一的,应当按照规定向有关派出机构报送信息:

(一)人员、资产、设备等情况发生重大变化,已不符合许可证法定条件、标准的,应当自发生重大变化之日起三十日内向颁发许可证的派出机构报告;

(二)解散、破产、倒闭、歇业、合并或者分立的,应当自工商行政管理部门办理相关手续之日起十日内向颁发许可证的派出机构报告;

(三)发生生产安全事故的,应当按照国家有关规定向事故发生地派出机构报告;

(四)发生重大质量责任事故的,应当自有关主管机关作出事故结论之日起十日内,向事故发生地派出机构报告。

前款第(三)项、第(四)项规定事项,事故发生地不属于颁发许可证的派出机构管辖的,事故发生地派出机构应当及时将有关情况通报颁发许可证的派出机构。

第二十八条 承装(修、试)电力设施单位在颁发许可证的派出机构辖区以外承揽工程的,应当自工程开工之日起十日内,向工程所在地派出机构报告,依法接受其监督检查。

工程所在地派出机构应当按照规定将监督检查情况及时通报颁发许可证的派出机构。

第二十九条 派出机构对电力企业遵守承装(修、试)电力设施许可制度的情况实施监督检查。

电网企业对用户受电工程依法实施中期检查、竣工检验,应当查验施工企业是否具有许可证,对未经许可或者超越许可范围承揽用户受电工程的,应当立即向派出机构报告。

第三十条 承装(修、试)电力设施单位应当按照规定建立自查制度,报送自查结果。派出机构应当按照规定程序对自查报告进行抽查。

第三十一条 派出机构履行监督检查职责,可以采取下列措施:

(一)进入被检查单位的生产经营场所进行检查;

(二)询问被检查单位的工作人员,要求其对有关检查事项作出说明；

（三）查阅、复制与检查事项有关的文件、资料，对可能被转移、隐匿、损毁的文件、资料予以封存；

（四）对与检查事项有关的业务组织技术鉴定；

（五）对检查中发现的违法行为，有权当场予以纠正或者要求限期改正。

派出机构实施监督检查，被检查单位应当依法予以配合。

第三十二条　派出机构应当建立承装（修、试）电力设施单位定期综合评价制度，定期对承装（修、试）电力设施单位遵守国家有关规定的情况给予综合评价。

定期综合评价等次分为良好、一般和差。派出机构应当及时将定期综合评价等次结果告知承装（修、试）电力设施单位。定期综合评价等次结果为差的单位，派出机构应当责令其限期整改。

第三十三条　派出机构应当建立承装（修、试）电力设施单位的许可证信用档案，记录其基本情况、重大生产经营情况、良好行为、违规情况等，并按照规定向社会公开。

第三十四条　承装（修、试）电力设施单位的人员、资产、设备等情况发生重大变化，已不符合相应许可证条件、标准的，派出机构应当根据其实际具有的条件，重新核定其许可证的类别和等级。

第三十五条　有下列情形之一的，电监会及其派出机构可以依法撤销承装（修、试）电力设施许可：

（一）派出机构工作人员滥用职权、玩忽职守作出准予许可决定的；

（二）超越法定职权作出准予许可决定的；

（三）违反法定程序作出准予许可决定的；

（四）对不具备申请资格或者不符合法定条件的申请人准予许可的；

（五）依法可以撤销许可的其他情形。

承装（修、试）电力设施单位以欺骗、贿赂等不正当手段取得许可的，应当予以撤销。

依照本条第一款的规定撤销许可,承装(修、试)电力设施单位的合法权益受到损害的,派出机构应当依法给予赔偿。依照本条第二款的规定撤销许可的,承装(修、试)电力设施单位基于许可取得的利益不受保护。

第三十六条 有下列情形之一的,派出机构应当依法办理承装(修、试)电力设施许可注销手续:

(一)许可有效期届满未按照本办法规定申请延续或者延续申请未批准的;

(二)承装(修、试)电力设施单位因解散、破产、倒闭、歇业、合并、分立等原因依法终止的;

(三)许可依法被撤销、撤回,或者许可证被依法收缴或者吊销的;

(四)法律、法规规定的应当注销许可的其他情形。

第三十七条 派出机构在承装(修、试)电力设施单位的营业执照有效期内撤销、撤回许可,或者收缴、吊销许可证的,应当自作出决定之日起五日内通知工商行政管理部门,并责令当事人向工商行政管理部门办理变更登记手续。

第六章 法律责任

第三十八条 申请人隐瞒有关情况或者提供虚假申请材料申请许可证的,派出机构不予受理或者不予许可,并给予警告,一年内不再受理其许可申请;情节严重的,二年内不再受理其许可申请。

承装(修、试)电力设施单位隐瞒有关情况或者提供虚假申请材料申请许可事项变更的,派出机构不予受理或者不予批准,并给予警告,一年内不再受理其许可事项变更申请。

第三十九条 承装(修、试)电力设施单位采取欺骗、贿赂等不正当手段取得许可证的,由派出机构撤销许可,给予警告,处一万元以上三万元以下罚款,三年内不再受理其许可申请;构成犯罪的,依法追究刑事责任。

承装(修、试)电力设施单位采取欺骗、贿赂等不正当手段变更许可事项的，由派出机构撤销许可事项变更，给予警告，处一万元以上三万元以下罚款，三年内不再受理其许可事项变更申请；构成犯罪的，依法追究刑事责任。

第四十条 承装(修、试)电力设施单位涂改、倒卖、出租、出借许可证，或者以其他形式非法转让许可证的，由派出机构责令其改正，给予警告，处一万元以上三万元以下罚款；情节严重的，收缴其许可证；构成犯罪的，依法追究刑事责任。

第四十一条 违反规定未取得许可证或者超越许可范围，非法从事承装、承修、承试电力设施活动的，由派出机构责令其停止相关的经营活动，没收违法所得，处一万元以上三万元以下罚款；违法经营行为规模较大、社会危害严重的，可以并处三万元以上二十万元以下罚款；违法经营行为存在重大安全隐患、威胁公共安全的，处五万元以上五十万元以下罚款，并可以没收从事无证经营的工具设备。

第四十二条 承装(修、试)电力设施单位在从事承装、承修、承试电力设施活动中发生重大以上生产安全事故或者重大质量责任事故的，由派出机构给予警告，责令其限期整改，在规定限期内未整改的或者整改后仍不合格的，处一万元以下罚款，降低许可证等级；情节严重的，收缴其许可证。

第四十三条 承装(修、试)电力设施单位未按照本办法规定办理许可证登记事项变更手续的，由派出机构责令其限期办理；逾期未办理的，处五千元以下罚款。

第四十四条 电力企业违反国家有关规定，将承装(修、试)电力设施业务发包给未取得许可证或者超越许可范围承揽工程的单位或者个人的，由派出机构责令其限期改正，给予警告，处一万元以上三万元以下罚款。

电网企业发现未取得许可证或者超越许可范围承揽用户受电工程的单位或者个人，未按照本办法规定及时报告的，由派出机构给予警告，处一万元以上三万元以下罚款。

第四十五条 违反本办法第二十六条、第二十七条、第二十八条、第二十九条、第三十条、第三十一条规定，向派出机构提供虚假或者隐瞒重要事实的文件、资料，或者拒绝、阻碍派

出机构及其从事监管工作的人员依法履行监管职责的,依照
《电力监管条例》第三十四条的有关规定追究其责任。

  第四十六条 电监会及其派出机构工作人员玩忽职守、
滥用职权、徇私舞弊的,对直接负责的主管人员和其他直接责
任人员依法给予处分;构成犯罪的,依法追究刑事责任。

第七章 附 则

  第四十七条 许可证分为正本和副本,正本、副本具有同
等法律效力。许可证由电监会统一印制。

  第四十八条 本办法自 2010 年 3 月 1 日起施行。

铺设海底电缆管道管理规定

第一条 为维护中华人民共和国国家主权和权益,合理开发利用海洋,有秩序地铺设和保护海底电缆、管道,制定本规定。

第二条 本规定适用于在中华人民共和国内海、领海及大陆架上铺设海底电缆、管道以及为铺设所进行的路由调查、勘测及其他有关活动。

第三条 在中华人民共和国内海、领海及大陆架上铺设海底电缆、管道以及为铺设所进行的路由调查、勘测及其他有关活动的主管机关是中华人民共和国国家海洋局(以下简称主管机关)。

第四条 中国的企业、事业单位铺设海底电缆、管道,经其上级业务主管部门审批同意后,为铺设所进行的路由调查、勘测等活动,依照本规定执行。

外国的公司、企业和其他经济组织或者个人需要在中华人民共和国内海、领海铺设海底电缆、管道以及为铺设所进行的路由调查、勘测等活动,应当依照本规定报经主管机关批准;需要在中华人民共和国大陆架上进行上述活动的,应当事先通知主管机关,但其确定的海底电缆、管道路由,需经主管机关同意。

第五条 海底电缆、管道所有者(以下简称所有者),须在为铺设所进行的路由调查、勘测实施六十天前,向主管机关提出书面申请。申请书应当包括以下内容:

(一)所有者的名称、国籍、住所;

(二)海底电缆、管道路由调查、勘测单位的名称、国籍、住所及主要负责人;

(三)海底电缆、管道路由调查、勘测的精确地理区域;

(四)海底电缆、管道路由调查、勘测的时间、内容、方法和设备,包括所用船舶的船名、国籍、吨位及其主要装备和性能。

主管机关应当自收到申请之日起三十天内作出答复。

第六条 海底电缆、管道路由调查、勘测完成后,所有者应当在计划铺设施工六十天前,将最后确定的海底电缆、管道路由报主管机关审批,并附具以下资料:

(一)海底电缆、管道的用途、使用材料及其特性;

(二)精确的海底电缆、管道路线图和位置表以及起止点、中继点(站)和总长度;

(三)铺设工程的施工单位、施工时间、施工计划、技术设备等;

(四)铺设海底管道工程对海洋资源和环境影响报告书;

(五)其他有关说明资料。

主管机关应当自收到申请之日起三十天内作出答复。

第七条 铺设施工完毕后,所有者应当将海底电缆、管道的路线图、位置表等说明资料报送主管机关备案,并抄送港监机关。

在国家进行海洋开发利用、管理需要时,所有者有义务向主管机关进一步提供海底电缆、管道的准确资料。

第八条 海底电缆、管道的铺设和为铺设所进行的路由调查、勘测活动,不得在获准作业区域以外的海域作业,也不得在获准区域内进行未经批准的作业。

第九条 获准施工的海底电缆、管道在施工前或施工中如需变动,所有者应当及时向主管机关报告。如该项变动重大,主管机关可采取相应措施,直至责令其停止施工。

第十条 海底电缆、管道的维修、改造、拆除和废弃,所有者应当提前向主管机关报告。路由变动较大的改造,依照本规定重新办理有关手续。

外国船舶需要进入中国内海、领海进行海底电缆、管道的维修、改造、拆除活动时,除履条本条第一款规定的程序外,还应当依照中国法律的规定,报经中国有关机关批准。

铺设在中国大陆架上的海底电缆、管道遭受损害,需要紧急修理时,外国维修船可在向主管机关报告的同时进入现场作业,但不得妨害中国的主权权利和管辖权。

第十一条 海底电缆、管道的路由调查、勘测和铺设、维修、拆除等施工作业,不得妨害海上正常秩序。

海底电缆、管道的铺设或者拆除工程的遗留物,应当妥善处理,不得妨害海上正常秩序。

第十二条 铺设海底电缆、管道及其他海上作业,需要移动已铺设的海底电缆、管道时,应当先与所有者协商,并经主管机关批准后方可施工。

第十三条 从事海上各种活动的作业者,必须保护已铺设的海底电缆、管道。造成损害的应当依法赔偿。

其他海洋开发利用和已铺设的海底电缆、管道的正常使用发生纠纷时,由主管机关调解解决。

第十四条 主管机关有权对海底电缆、管道的铺设、维修、改造、拆除、废弃以及为铺设所进行的路由调查、勘测活动进行监督和检查。对违反本规定的,主管机关可处以警告、罚款直至责令其停止海上作业。

前款所列处罚的具体办法,由主管机关商国务院有关主管部门制定。

第十五条 为海洋石油开发所铺设的超出石油开发区的海底电缆、管道的路由,应当在油(气)田总体开发方案审批前报主管机关,由主管机关商国家能源主管部门批准。

在海洋石油开发区内铺设平台间或者平台与单点系泊间的海底电缆、管道,所有者应当在为铺设所进行的路由调查、勘测和施工前,分别将本规定第五条、第六条规定提供的内容,报主管机关备案。

第十六条 铺设、维修、改造、拆除、废弃海底电缆、管道以及为铺设所进行的路由调查、勘测活动,本规定未作规定的,适用国家其他有关法律、法规的规定。

第十七条 中华人民共和国军用海底电缆、管道的铺设依照本规定执行。军队可以制定具体实施办法。

第十八条 主管机关应当收集海底地形、海上构筑物分布等方面的资料,为海底电缆、管道的铺设及其调查、勘测活动提供咨询服务。

第十九条 本规定中的"电缆"系批通信电缆及电力电缆;"管道"系指输水、输气、输油及输送其他物质的管状输送设施。

第二十条 本规定由中华人民共和国国家海洋局负责解释。

第二十一条 本规定自1989年3月1日起施行。

物业管理条例

(2003 年 6 月 8 日中华人民共和国国务院令第 379 号公布　根据 2007 年 8 月 26 日《国务院关于修改〈物业管理条例〉的决定》修订)

第一章　总　则

第一条　为了规范物业管理活动,维护业主和物业服务企业的合法权益,改善人民群众的生活和工作环境,制定本条例。

第二条　本条例所称物业管理,是指业主通过选聘物业服务企业,由业主和物业服务企业按照物业服务合同约定,对房屋及配套的设施设备和相关场地进行维修、养护、管理,维护物业管理区域内的环境卫生和相关秩序的活动。

第三条　国家提倡业主通过公开、公平、公正的市场竞争机制选择物业服务企业。

第四条　国家鼓励采用新技术、新方法,依靠科技进步提高物业管理和服务水平。

第五条　国务院建设行政主管部门负责全国物业管理活动的监督管理工作。

县级以上地方人民政府房地产行政主管部门负责本行政区域内物业管理活动的监督管理工作。

第二章　业主及业主大会

第六条　房屋的所有权人为业主。

业主在物业管理活动中,享有下列权利:

(一)按照物业服务合同的约定,接受物业服务企业提供

的服务;

(二)提议召开业主大会会议,并就物业管理的有关事项提出建议;

(三)提出制定和修改管理规约、业主大会议事规则的建议;

(四)参加业主大会会议,行使投票权;

(五)选举业主委员会成员,并享有被选举权;

(六)监督业主委员会的工作;

(七)监督物业服务企业履行物业服务合同;

(八)对物业共用部位、共用设施设备和相关场地使用情况享有知情权和监督权;

(九)监督物业共用部位、共用设施设备专项维修资金(以下简称专项维修资金)的管理和使用;

(十)法律、法规规定的其他权利。

第七条 业主在物业管理活动中,履行下列义务:

(一)遵守管理规约、业主大会议事规则;

(二)遵守物业管理区域内物业共用部位和共用设施设备的使用、公共秩序和环境卫生的维护等方面的规章制度;

(三)执行业主大会的决定和业主大会授权业主委员会作出的决定;

(四)按照国家有关规定交纳专项维修资金;

(五)按时交纳物业服务费用;

(六)法律、法规规定的其他义务。

第八条 物业管理区域内全体业主组成业主大会。

业主大会应当代表和维护物业管理区域内全体业主在物业管理活动中的合法权益。

第九条 一个物业管理区域成立一个业主大会。

物业管理区域的划分应当考虑物业的共用设施设备、建筑物规模、社区建设等因素。具体办法由省、自治区、直辖市制定。

第十条 同一个物业管理区域内的业主,应当在物业所在地的区、县人民政府房地产行政主管部门或者街道办事处、乡镇人民政府的指导下成立业主大会，并选举产生业主委员会。但是，只有一个业主的，或者业主人数较少且经全体业主一致同意，决定不成立业主大会的，由业主共同履行业主大会、业主委员会职责。

第十一条 下列事项由业主共同决定：

（一）制定和修改业主大会议事规则；

（二）制定和修改管理规约；

（三）选举业主委员会或者更换业主委员会成员；

（四）选聘和解聘物业服务企业；

（五）筹集和使用专项维修资金；

（六）改建、重建建筑物及其附属设施；

（七）有关共有和共同管理权利的其他重大事项。

第十二条 业主大会会议可以采用集体讨论的形式，也可以采用书面征求意见的形式；但是，应当有物业管理区域内专有部分占建筑物总面积过半数的业主且占总人数过半数的业主参加。

业主可以委托代理人参加业主大会会议。

业主大会决定本条例第十一条第（五）项和第（六）项规定的事项，应当经专有部分占建筑物总面积 2/3 以上的业主且占总人数 2/3 以上的业主同意；决定本条例第十一条规定的其他事项，应当经专有部分占建筑物总面积过半数的业主且占总人数过半数的业主同意。

业主大会或者业主委员会的决定，对业主具有约束力。

业主大会或者业主委员会作出的决定侵害业主合法权益的，受侵害的业主可以请求人民法院予以撤销。

第十三条 业主大会会议分为定期会议和临时会议。

业主大会定期会议应当按照业主大会议事规则的规定召开。经 20% 以上的业主提议，业主委员会应当组织召开业主大会临时会议。

第十四条 召开业主大会会议，应当于会议召开 15 日以前通知全体业主。

住宅小区的业主大会会议，应当同时告知相关的居民委员会。

业主委员会应当做好业主大会会议记录。

第十五条 业主委员会执行业主大会的决定事项,履行下列职责:

(一)召集业主大会会议,报告物业管理的实施情况;

(二)代表业主与业主大会选聘的物业服务企业签订物业服务合同;

(三)及时了解业主、物业使用人的意见和建议,监督和协助物业服务企业履行物业服务合同;

(四)监督管理规约的实施;

(五)业主大会赋予的其他职责。

第十六条 业主委员会应当自选举产生之日起 30 日内,向物业所在地的区、县人民政府房地产行政主管部门和街道办事处、乡镇人民政府备案。

业主委员会委员应当由热心公益事业、责任心强、具有一定组织能力的业主担任。

业主委员会主任、副主任在业主委员会成员中推选产生。

第十七条 管理规约应当对有关物业的使用、维护、管理,业主的共同利益,业主应当履行的义务,违反管理规约应当承担的责任等事项依法作出约定。

管理规约应当尊重社会公德,不得违反法律、法规或者损害社会公共利益。

管理规约对全体业主具有约束力。

第十八条 业主大会议事规则应当就业主大会的议事方式、表决程序、业主委员会的组成和成员任期等事项作出约定。

第十九条 业主大会、业主委员会应当依法履行职责,不得作出与物业管理无关的决定,不得从事与物业管理无关的活动。

业主大会、业主委员会作出的决定违反法律、法规的,物业所在地的区、县人民政府房地产行政主管部门或者街道办事处、乡镇人民政府,应当责令限期改正或者撤销其决定,并通告全体业主。

第二十条 业主大会、业主委员会应当配合公安机关，与居民委员会相互协作，共同做好维护物业管理区域内的社会治安等相关工作。

在物业管理区域内，业主大会、业主委员会应当积极配合相关居民委员会依法履行自治管理职责，支持居民委员会开展工作，并接受其指导和监督。

住宅小区的业主大会、业主委员会作出的决定，应当告知相关的居民委员会，并认真听取居民委员会的建议。

第三章 前期物业管理

第二十一条 在业主、业主大会选聘物业服务企业之前，建设单位选聘物业服务企业的，应当签订书面的前期物业服务合同。

第二十二条 建设单位应当在销售物业之前，制定临时管理规约，对有关物业的使用、维护、管理，业主的共同利益，业主应当履行的义务，违反临时管理规约应当承担的责任等事项依法作出约定。

建设单位制定的临时管理规约，不得侵害物业买受人的合法权益。

第二十三条 建设单位应当在物业销售前将临时管理规约向物业买受人明示，并予以说明。

物业买受人在与建设单位签订物业买卖合同时，应当对遵守临时管理规约予以书面承诺。

第二十四条 国家提倡建设单位按照房地产开发与物业管理相分离的原则，通过招投标的方式选聘具有相应资质的物业服务企业。

住宅物业的建设单位，应当通过招投标的方式选聘具有相应资质的物业服务企业；投标人少于3个或者住宅规模较小的，经物业所在地的区、县人民政府房地产行政主管部门批准，可以采用协议方式选聘具有相应资质的物业服务企业。

第二十五条　建设单位与物业买受人签订的买卖合同应当包含前期物业服务合同约定的内容。

第二十六条　前期物业服务合同可以约定期限；但是，期限未满、业主委员会与物业服务企业签订的物业服务合同生效的，前期物业服务合同终止。

第二十七条　业主依法享有的物业共用部位、共用设施设备的所有权或者使用权，建设单位不得擅自处分。

第二十八条　物业服务企业承接物业时，应当对物业共用部位、共用设施设备进行查验。

第二十九条　在办理物业承接验收手续时，建设单位应当向物业服务企业移交下列资料：

（一）竣工总平面图，单体建筑、结构、设备竣工图，配套设施、地下管网工程竣工图等竣工验收资料；

（二）设施设备的安装、使用和维护保养等技术资料；

（三）物业质量保修文件和物业使用说明文件；

（四）物业管理所必需的其他资料。

物业服务企业应当在前期物业服务合同终止时将上述资料移交给业主委员会。

第三十条　建设单位应当按照规定在物业管理区域内配置必要的物业管理用房。

第三十一条　建设单位应当按照国家规定的保修期限和保修范围，承担物业的保修责任。

第四章　物业管理服务

第三十二条　从事物业管理活动的企业应当具有独立的法人资格。

国家对从事物业管理活动的企业实行资质管理制度。具体办法由国务院建设行政主管部门制定。

第三十三条　从事物业管理的人员应当按照国家有关规定，取得职业资格证书。

第三十四条　一个物业管理区域由一个物业服务企业实

施物业管理。

第三十五条 业主委员会应当与业主大会选聘的物业服务企业订立书面的物业服务合同。

物业服务合同应当对物业管理事项、服务质量、服务费用、双方的权利义务、专项维修资金的管理与使用、物业管理用房、合同期限、违约责任等内容进行约定。

第三十六条 物业服务企业应当按照物业服务合同的约定,提供相应的服务。

物业服务企业未能履行物业服务合同的约定,导致业主人身、财产安全受到损害的,应当依法承担相应的法律责任。

第三十七条 物业服务企业承接物业时,应当与业主委员会办理物业验收手续。

业主委员会应当向物业服务企业移交本条例第二十九条第一款规定的资料。

第三十八条 物业管理用房的所有权依法属于业主。未经业主大会同意,物业服务企业不得改变物业管理用房的用途。

第三十九条 物业服务合同终止时,物业服务企业应当将物业管理用房和本条例第二十九条第一款规定的资料交还给业主委员会。

物业服务合同终止时,业主大会选聘了新的物业服务企业的,物业服务企业之间应当做好交接工作。

第四十条 物业服务企业可以将物业管理区域内的专项服务业务委托给专业性服务企业,但不得将该区域内的全部物业管理一并委托给他人。

第四十一条 物业服务收费应当遵循合理、公开以及费用与服务水平相适应的原则,区别不同物业的性质和特点,由业主和物业服务企业按照国务院价格主管部门会同国务院建设行政主管部门制定的物业服务收费办法,在物业服务合同中约定。

第四十二条 业主应当根据物业服务合同的约定交纳物业服务费用。业主与物业使用人约定由物业使用人交纳物业服务费用的,从其约定,业主负连带交纳责任。

已竣工但尚未出售或者尚未交给物业买受人的物业,物业服务费用由建设单位交纳。

第四十三条 县级以上人民政府价格主管部门会同同级房地产行政主管部门,应当加强对物业服务收费的监督。

第四十四条 物业服务企业可以根据业主的委托提供物业服务合同约定以外的服务项目,服务报酬由双方约定。

第四十五条 物业管理区域内,供水、供电、供气、供热、通信、有线电视等单位应当向最终用户收取有关费用。

物业服务企业接受委托代收前款费用的,不得向业主收取手续费等额外费用。

第四十六条 对物业管理区域内违反有关治安、环保、物业装饰装修和使用等方面法律、法规规定的行为,物业服务企业应当制止,并及时向有关行政管理部门报告。

有关行政管理部门在接到物业服务企业的报告后,应当依法对违法行为予以制止或者依法处理。

第四十七条 物业服务企业应当协助做好物业管理区域内的安全防范工作。发生安全事故时,物业服务企业在采取应急措施的同时,应当及时向有关行政管理部门报告,协助做好救助工作。

物业服务企业雇请保安人员的,应当遵守国家有关规定。保安人员在维护物业管理区域内的公共秩序时,应当履行职责,不得侵害公民的合法权益。

第四十八条 物业使用人在物业管理活动中的权利义务由业主和物业使用人约定,但不得违反法律、法规和管理规约的有关规定。

物业使用人违反本条例和管理规约的规定,有关业主应当承担连带责任。

第四十九条 县级以上地方人民政府房地产行政主管部门应当及时处理业主、业主委员会、物业使用人和物业服务企业在物业管理活动中的投诉。

第五章 物业的使用与维护

第五十条 物业管理区域内按照规划建设的公共建筑和共用设施,不得改变用途。

业主依法确需改变公共建筑和共用设施用途的,应当在依法办理有关手续后告知物业服务企业;物业服务企业确需改变公共建筑和共用设施用途的,应当提请业主大会讨论决定同意后,由业主依法办理有关手续。

第五十一条 业主、物业服务企业不得擅自占用、挖掘物业管理区域内的道路、场地,损害业主的共同利益。

因维修物业或者公共利益,业主确需临时占用、挖掘道路、场地的,应当征得业主委员会和物业服务企业的同意;物业服务企业确需临时占用、挖掘道路、场地的,应当征得业主委员会的同意。

业主、物业服务企业应当将临时占用、挖掘的道路、场地,在约定期限内恢复原状。

第五十二条 供水、供电、供气、供热、通信、有线电视等单位,应当依法承担物业管理区域内相关管线和设施设备维修、养护的责任。

前款规定的单位因维修、养护等需要,临时占用、挖掘道路、场地的,应当及时恢复原状。

第五十三条 业主需要装饰装修房屋的,应当事先告知物业服务企业。

物业服务企业应当将房屋装饰装修中的禁止行为和注意事项告知业主。

第五十四条 住宅物业、住宅小区内的非住宅物业或者与单幢住宅楼结构相连的非住宅物业的业主,应当按照国家有关规定交纳专项维修资金。

专项维修资金属于业主所有,专项用于物业保修期满后物业共用部位、共用设施设备的维修和更新、改造,不得挪作他用。

专项维修资金收取、使用、管理的办法由国务院建设行政主管部门会同国务院财政部门制定。

第五十五条 利用物业共用部位、共用设施设备进行经营的,应当在征得相关业主、业主大会、物业服务企业的同意后,按照规定办理有关手续。业主所得收益应当主要用于补充专项维修资金,也可以按照业主大会的决定使用。

第五十六条 物业存在安全隐患,危及公共利益及他人合法权益时,责任人应当及时维修养护,有关业主应当给予配合。

责任人不履行维修养护义务的,经业主大会同意,可以由物业服务企业维修养护,费用由责任人承担。

第六章　法律责任

第五十七条 违反本条例的规定,住宅物业的建设单位未通过招投标的方式选聘物业服务企业或者未经批准,擅自采用协议方式选聘物业服务企业的,由县级以上地方人民政府房地产行政主管部门责令限期改正,给予警告,可以并处10万元以下的罚款。

第五十八条 违反本条例的规定,建设单位擅自处分属于业主的物业共用部位、共用设施设备的所有权或者使用权的,由县级以上地方人民政府房地产行政主管部门处5万元以上20万元以下的罚款;给业主造成损失的,依法承担赔偿责任。

第五十九条 违反本条例的规定,不移交有关资料的,由县级以上地方人民政府房地产行政主管部门责令限期改正;逾期仍不移交有关资料的,对建设单位、物业服务企业予以通报,处1万元以上10万元以下的罚款。

第六十条 违反本条例的规定,未取得资质证书从事物业管理的,由县级以上地方人民政府房地产行政主管部门没收违法所得,并处5万元以上20万元以下的罚款;给业主造成损失的,依法承担赔偿责任。

以欺骗手段取得资质证书的,依照本条第一款规定处罚,并由颁发资质证书的部门吊销资质证书。

第六十一条 违反本条例的规定,物业服务企业聘用未取得物业管理职业资格证书的人员从事物业管理活动的,由县级以上地方人民政府房地产行政主管部门责令停止违法行为,处5万元以上20万元以下的罚款;给业主造成损失的,依法承担赔偿责任。

第六十二条 违反本条例的规定,物业服务企业将一个物业管理区域内的全部物业管理一并委托给他人的,由县级以上地方人民政府房地产行政主管部门责令限期改正,处委托合同价款30%以上50%以下的罚款;情节严重的,由颁发资质证书的部门吊销资质证书。委托所得收益,用于物业管理区域内物业共用部位、共用设施设备的维修、养护,剩余部分按照业主大会的决定使用;给业主造成损失的,依法承担赔偿责任。

第六十三条 违反本条例的规定,挪用专项维修资金的,由县级以上地方人民政府房地产行政主管部门追回挪用的专项维修资金,给予警告,没收违法所得,可以并处挪用数额2倍以下的罚款;物业服务企业挪用专项维修资金,情节严重的,并由颁发资质证书的部门吊销资质证书;构成犯罪的,依法追究直接负责的主管人员和其他直接责任人员的刑事责任。

第六十四条 违反本条例的规定,建设单位在物业管理区域内不按照规定配置必要的物业管理用房的,由县级以上地方人民政府房地产行政主管部门责令限期改正,给予警告,没收违法所得,并处10万元以上50万元以下的罚款。

第六十五条 违反本条例的规定,未经业主大会同意,物业服务企业擅自改变物业管理用房的用途的,由县级以上地方人民政府房地产行政主管部门责令限期改正,给予警告,并处1万元以上10万元以下的罚款;有收益的,所得收益用于物业管理区域内物业共用部位、共用设施设备的维修、养护,剩余部分按照业主大会的决定使用。

第六十六条 违反本条例的规定,有下列行为之一的,由县级以上地方人民政府房地产行政主管部门责令限期改正,给予警告,并按照本条第二款的规定处以罚款;所得收益,用于物业管理区域内物业共用部位、共用设施设备的维修、养护,剩余部分按照业主大会的决定使用:

(一)擅自改变物业管理区域内按照规划建设的公共建筑和共用设施用途的;

(二)擅自占用、挖掘物业管理区域内道路、场地,损害业主共同利益的;

(三)擅自利用物业共用部位、共用设施设备进行经营的。

个人有前款规定行为之一的,处 1000 元以上 1 万元以下的罚款;单位有前款规定行为之一的,处 5 万元以上 20 万元以下的罚款。

第六十七条 违反物业服务合同约定,业主逾期不交纳物业服务费用的,业主委员会应当督促其限期交纳;逾期仍不交纳的,物业服务企业可以向人民法院起诉。

第六十八条 业主以业主大会或者业主委员会的名义,从事违反法律、法规的活动,构成犯罪的,依法追究刑事责任;尚不构成犯罪的,依法给予治安管理处罚。

第六十九条 违反本条例的规定,国务院建设行政主管部门、县级以上地方人民政府房地产行政主管部门或者其他有关行政管理部门的工作人员利用职务上的便利,收受他人财物或者其他好处,不依法履行监督管理职责,或者发现违法行为不予查处,构成犯罪的,依法追究刑事责任;尚不构成犯罪的,依法给予行政处分。

第七章 附 则

第七十条 本条例自 2003 年 9 月 1 日起施行。

山东省物业管理条例

第一章 总 则

第一条 为了规范物业管理活动,维护业主、物业使用人、物业服务企业、其他管理人的合法权益,改善人民群众的居住和工作环境,促进和谐社区建设,根据《中华人民共和国物权法》和《物业管理条例》等法律、行政法规,结合本省实际,制定本条例。

第二条 本条例所称物业管理,是指业主通过自治管理,选聘物业服务企业或者其他管理人,按照物业服务合同约定,对物业进行维修、养护、管理,维护物业管理区域内的环境卫生及相关秩序的活动。

第三条 本条例适用于本省行政区域内物业的管理、使用、维护、服务及监督管理活动。

第四条 物业管理应当坚持以人为本,实行业主自治与专业服务、社区管理相结合的原则。

第五条 省人民政府建设行政主管部门负责全省物业管理活动的监督管理工作。

设区的市、县(市、区)人民政府房地产管理部门或者建设行政主管部门(以下统称物业主管部门),负责本行政区域内物业管理活动的监督管理工作。

城管执法、房地产开发、财政、民政、价格、公安、城乡规划、市政公用、环境保护、工商行政管理等有关部门按照各自职责,做好与物业管理有关的工作。

第六条 街道办事处、乡(镇)人民政府负责组织、指导本辖区业主大会成立和业主委员会换届工作,监督业主大会和业主委员会依法履行职责,调解处理物业管理纠纷。

社区居民委员会负责指导、监督业主大会、业主委员会依法开展业主自治管理,协助街道办事处、乡(镇)人民政府开展社区管理、社区服务中与物业管理有关的工作。

第七条 县级以上人民政府应当制定扶持政策,采取措施,推动住宅区、商业区、工矿区及机关、学校、医院等实行社会化、专业化、市场化的物业服务,促进物业服务行业发展。

鼓励采用节能、环保的新技术、新方法,依靠科技进步提高物业管理和服务水平。

第二章　新建物业与前期物业管理

第一节　物业管理区域

第八条 物业管理区域的划分,应当以建设用地规划许可证确定的红线图范围为基础,并考虑建筑物规模、共用设施设备、社区建设等因素。

分期开发建设或者两个以上建设单位开发建设的物业,其配套设施设备是共用的,应当划定为一个物业管理区域;配套设施设备能够分割并独立使用的,可以划定为不同的物业管理区域。

第九条 建设单位办理商品房预售许可证或者商品房现售备案前,应当持房地产项目开发经营权证明、建设用地规划许可证、建设用地使用权证书、项目规划设计方案和地名核准文件等资料,向物业主管部门申请划分物业管理区域。

物业主管部门应当自受理申请之日起二十日内,在征求街道办事处、乡(镇)人民政府、房地产开发主管部门等单位的意见后进行划分登记,并告知建设单位。建设单位应当将划定的物业管理区域向物业买受人明示。

第十条 物业管理区域划定后,确需调整的,由物业主管部门按照本条例的规定重新进行划分登记,但应当经相关物业管理区域内已入住面积且已入住户数的比例达到百分之五十以上的业主同意。

第二节　配套建筑与设施设备

第十一条　物业管理区域内的各类配套建筑与设施设备,应当严格按照国家和省有关住宅小区规划、设计规范和工程标准进行建设。

物业管理区域内的配套建筑应当依法办理权属登记手续,不得擅自改变用途。

第十二条　物业服务用房的配置应当符合下列规定:

(一)建筑面积按照建设工程项目总建筑面积的千分之三至千分之五配置,最少不低于一百平方米;

(二)具备水、电、采光、通风等正常使用功能。

业主委员会办公用房从物业服务用房中调剂,其建筑面积不低于二十平方米。

物业服务用房由建设单位无偿提供,属于全体业主共有。

第十三条　住宅小区内城管执法、治安管理等政务管理用房的建筑面积不低于五十平方米;住宅小区内的社区居民委员会用房,应当按照规划要求进行配套建设。

住宅小区内按照规划配套建设的政务管理用房、社区居民委员会用房和承担义务教育的中小学校,属于政府所有,建设投资由政府承担,具体投资来源应当在项目建设条件意见书中载明。

第十四条　按照规划要求在住宅小区内配套建设的会所、幼儿园的归属,应当在商品房买卖合同中约定。约定属于建设单位所有的,建设单位应当提供产权归其所有的证明文件,并优先为业主提供服务。

第十五条　物业管理区域内规划用于停放汽车的车库(包括专用车库和共用车库内的车位,下同)的归属,由建设单位与物业买受人在商品房买卖合同中约定属于建设单位所有或者相关业主共有。约定属于建设单位所有的,建设单位应当提供产权归其所有的证明文件,并可以附赠、出售或者出租给业主。

占用业主共有的道路或者其他场地用于停放汽车的车位,属于全体业主共有,建设单位不得销售。

第十六条 住宅小区内的专业经营设施设备,由专业经营单位负责设计、建设、维护和管理。建设单位应当协调配合专业经营设施设备的施工,并承担相关管沟、设备用房等土建工程的配套建设。

住宅小区内供水、供电、供气、供热分户计量装置或者入户端口以外设施设备的各类建设资金,统一并入城市基础设施配套费(含综合开发费),并根据公用事业价格改革和调整情况逐步核减,交由专业经营单位专项用于住宅小区内专业经营设施设备的投资建设。住宅小区内专业经营设施设备归专业经营单位所有。具体办法由省建设行政主管部门会同有关部门制定,城市基础设施配套费的收取标准由设区的市人民政府合理确定。

专业经营设施设备包括变电、二次供水、换热、燃气调压等设施设备及相关管线和计量装置。

第十七条 本条例实施前建设的住宅小区内专业经营设施设备,由业主大会决定移交给专业经营单位,专业经营单位应当接收。具体办法由设区的市人民政府制定。

第十八条 专业经营单位应当依法履行专业经营设施设备的维修养护责任,按照与业主签订的服务合同服务到最终用户,保证服务质量。

各级人民政府和有关主管部门应当加强对专业经营单位的监督管理,督促专业经营单位履行投资、建设和维护管理义务。

第十九条 物业管理区域内封闭运行的太阳能热水、中水处理、直饮水、地源热泵、区域锅炉等设施设备,属于相关业主共有,但由经营单位投资经营的除外。

第二十条 城乡规划、建设行政主管部门在进行建设工程规划审批和设计审查时,应当就住宅小区配套建筑及设施设备的配置、专业经营设施设备的建设标准征求房地产开发、物业管理等部门和专业经营单位的意见。

第三节 前期物业管理与物业交付

第二十一条 建设单位应当依法通过招标的方式选聘前期物业服务企业。

招标人应当在发布招标公告或者发出投标邀请书十日前,持招标公告或者投标邀请书、招标文件等有关资料,向物业主管部门备案。

第二十二条 鼓励前期物业服务企业提前介入项目的开发建设,对项目的规划设计方案、配套设施建设、工程质量控制、设备运行管理等事项,提出与物业管理有关的建议。

建设单位组织单位工程竣工验收和分户验收时,应当通知前期物业服务企业参与监督。

第二十三条 建设单位在申请办理商品房预售许可证或者商品房现售备案前,应当将前期物业服务合同、临时管理规约、住宅小区配套建筑和设施设备的清单及其产权归属等资料报物业主管部门备案,并在商品房销售时将上述资料作为商品房买卖合同约定的内容。

前期物业服务合同应当对物业服务内容、服务标准、收费标准、收费方式及收费起始时间、合同终止情形等内容进行约定;涉及物业买受人共同利益的,其约定应当一致。

第二十四条 新建住宅小区的配套建筑及设施设备符合下列条件后,建设单位方可办理物业交付手续:

(一)生活用水纳入城市公共供水管网,并安装分户计量装置;

(二)雨水、污水排放纳入城市雨水、污水排放系统;

(三)小区用电纳入城市供电网络,并安装分户计量装置;

(四)在城市管道燃气、集中供热主管网覆盖的区域,完成住宅室内、室外燃气、供热管道的敷设且与相应管网连接,并安装燃气分户计量装置和供热分户控制装置;

(五)电话通信线、有线电视线和宽带数据传输信息端口

敷设到户,安全监控装置及其他安全防范设施设备、信报箱等按规划设计要求配置到位;

(六)按照规划要求完成消防供水、消防自动报警装置、消防车通道等共用消防设施建设;

(七)小区道路与城市道路或者公路之间有直达的道路相连;

(八)按照规划要求完成教育、文化、卫生、体育、邮政、环境卫生、商业网点、物业服务和政务管理等配套建筑及设施建设;

(九)按照规划要求完成绿化建设及车库、车位的配置;

(十)住宅小区分期建设的,已建成的住宅周边场地与施工工地之间设置有效的隔离设施;

(十一)法律、法规规定的其他条件。

建设单位应当组织有关部门及专业经营单位按照前款规定,对住宅小区进行综合验收,接受房地产开发、城乡规划、物业管理等有关部门的监管,并向房地产开发主管部门办理综合验收备案手续。

第二十五条 建设单位应当自住宅小区综合验收合格之日起三十日内,与相关专业经营单位办理专业经营设施设备接收管理手续,并协助物业买受人与相关专业经营单位分别签订供水、供电、供气、供热等服务合同。

第二十六条 建设单位交付住宅物业时,应当向业主提供住宅质量保证书、住宅使用说明书等资料。

前期物业服务企业应当向业主提供物业服务手册,并可以接受建设单位的委托,协助建设单位办理住宅物业交付的有关具体事宜。

第二十七条 建设单位应当在物业主管部门、街道办事处、乡(镇)人民政府的监督下,按规定向前期物业服务企业移交物业服务用房和下列资料:

(一)竣工总平面图,单体建筑、结构、设备竣工图,配套设施、地下管网工程竣工图、分户验收等竣工验收资料;

(二)设施设备的安装、使用和维护保养等技术资料;

（三）物业质量保修文件和物业使用说明文件；

（四）业主名册；

（五）物业管理必需的其他资料。

前期物业服务企业应当在前期物业服务合同终止时，将物业服务用房及有关资料移交给业主委员会。

鼓励建设单位为其开发的住宅小区的物业管理，提供部分经营用房或者给予资金支持。

第三章 业主大会与业主委员会

第一节 业主大会筹备组

第二十八条 房屋的所有权人为业主。建设单位或者前期物业服务企业应当将业主入住情况及时报告物业主管部门和街道办事处、乡（镇）人民政府。

符合下列条件之一的，应当召开首次业主大会会议：

（一）业主已入住面积的比例达到百分之五十以上；

（二）业主已入住户数的比例达到百分之五十以上；

（三）自首位业主入住之日起满两年且已入住户数的比例达到百分之二十五以上。

第二十九条 符合首次业主大会会议召开条件的，街道办事处、乡（镇）人民政府应当在三十日内组建业主大会筹备组。

筹备组由七人以上单数组成，由建设单位、前期物业服务企业、业主和街道办事处、乡（镇）人民政府、社区居民委员会等派员组成，其中业主所占比例不得低于筹备组总人数的二分之一。

筹备组应当自成立之日起十日内，将其成员名单和工作职责在物业管理区域内进行书面公告。

第三十条 筹备组履行下列职责：

（一）确定首次业主大会会议召开的时间、地点和内容；

（二）草拟管理规约、业主大会议事规则、业主委员会工作规则；

（三）确认业主身份，确定业主在首次业主大会会议上的投票权数；

（四）提出首届业主委员会委员候选人条件、名单和选举办法；

（五）召开首次业主大会会议的其他准备工作。

对前款规定的内容，筹备组应当在首次业主大会会议召开十五日前，在物业管理区域内公告，并书面通知全体业主。业主对业主身份和投票权数等提出异议的，筹备组应当予以复核并告知异议人复核结果。

筹备组应当自成立之日起六十日内组织召开首次业主大会会议。

第二节　业主大会

第三十一条　一个物业管理区域成立一个业主大会。

物业管理区域内业主人数较少且经全体业主一致同意决定不成立业主大会的，由全体业主共同履行业主大会职责。

第三十二条　业主大会履行下列职责：

（一）制定和修改业主大会议事规则及管理规约；

（二）选举业主委员会或者更换业主委员会成员；

（三）监督业主委员会工作，听取业主委员会的工作报告，改变或者撤销业主委员会不适当的决定；

（四）选聘、解聘物业服务企业；

（五）筹集和使用共用部位、共用设施设备专项维修资金（以下简称专项维修资金）；

（六）决定改建、重建建筑物及其附属设施；

（七）决定物业管理区域内的其他物业管理事项。

第三十三条　业主大会对业主投票权的计算有约定的，从其约定。未作约定的，按照下列规定确定：

（一）按照业主户数计算的，一户计算为一票；建设单位未

售出的专有部分,计算为一票;

(二)按照建筑面积计算的,每一平方米建筑面积计算为一票;建筑面积不足一平方米的按一票计算。

业主身份以及建筑面积的确认,以不动产登记簿或者其他能够证明其权属的合法有效文件为依据。

第三十四条 业主大会会议可以采用集体讨论的形式,也可以采用书面征求意见的形式。采用书面征求意见形式的,应当将征求意见书送交每一位业主;无法送达的,应当在物业管理区域内公告。

不参加投票业主的投票权数是否计入已表决的多数票数,由管理规约或者临时管理规约规定。

第三十五条 物业管理区域内业主人数较多的,可以以幢、单元、楼层为单位,推选业主代表参加业主大会会议。业主代表参加业主大会会议前,应当事先书面征求其所代表的业主意见,并将经业主本人签字的书面意见在业主大会会议上如实反映。

第三十六条 业主大会会议由业主委员会负责召集,每年至少召开一次。

有下列情形之一的,业主委员会应当召集业主大会临时会议:

(一)有百分之二十以上业主提议的;

(二)发生重大事故或者紧急事件需要及时处理的;

(三)业主大会议事规则或者管理规约规定的其他情形。

业主委员会不履行召集义务的,经业主申请,由街道办事处、乡(镇)人民政府负责组织业主召开业主大会。

第三节 业主委员会

第三十七条 业主委员会是业主大会的执行机构,业主委员会依照国家有关法律、法规和业主大会的授权开展活动。

业主委员会履行下列职责:

(一)召集并主持业主大会会议,报告物业管理的实施情况；

（二）代表业主与业主大会选聘的物业服务企业签订物业服务合同；

（三）执行业主大会的决议、决定；

（四）及时了解业主、物业使用人的意见和建议，督促业主按时交纳物业服务费，监督和协助物业服务企业履行物业服务合同；

（五）监督管理规约的实施；

（六）业主大会赋予的其他职责。

第三十八条 业主委员会由业主大会会议选举产生，由三人以上单数组成。业主委员会委员应当由物业管理区域内的业主担任，每届任期不超过五年，可连选连任。

业主委员会应当自选举产生之日起三日内召开首次会议，在业主委员会委员中推选主任、副主任和执行委员，主任、副主任可以兼任执行委员。

执行委员负责业主委员会的日常事务工作，经推荐可以依照法定程序进入所在地社区居民委员会任职。

第三十九条 业主委员会应当自选举产生之日起三十日内，持下列资料向物业主管部门和街道办事处、乡（镇）人民政府备案：

（一）业主大会会议决议；

（二）业主大会议事规则；

（三）管理规约；

（四）业主委员会委员名单和基本情况；

（五）法律、法规规定的其他资料。

物业主管部门应当自收到前款规定资料之日起十日内，对符合条件的发业主委员会备案证明，并出具业主委员会刻制印章证明。业主委员会应当依法刻制、使用、管理印章和开立账户。业主大会议事规则、管理规约、业主委员会委员发生变更的，业主委员会应当自变更之日起三十日内书面告知物业主管部门和街道办事处、乡（镇）人民政府。

第四十条 业主委员会应当按照业主大会的决定及议事

规则召开会议。

业主委员会会议由主任或者执行委员负责召集,可以邀请社区居民委员会派人参加会议。

业主委员会会议应当有三分之二以上委员出席,作出决定时应当经全体委员过半数同意。

业主委员会应当自业主大会、业主委员会作出决定之日起三日内,将业主大会、业主委员会的决定以书面形式在物业管理区域内公告。

业主可以查阅业主委员会会议资料,并有权就涉及自身利益的事项向业主委员会提出询问,业主委员会应当予以答复。

第四十一条 业主委员会任期届满六十日前,应当召开业主大会会议进行换届选举。

业主委员会应当及时将业主委员会印章、档案资料以及属于全体业主的财物等移交给新一届业主委员会;不及时移交的,街道办事处、乡(镇)人民政府应当协调督促其移交。

第四十二条 业主委员会委员有下列情形之一的,由业主大会或者业主委员会根据业主大会的授权,决定是否终止其委员资格:

(一)以书面方式向业主大会提出辞职请求的;

(二)拒不履行委员职责的;

(三)业主委员会过半数委员或者百分之二十以上业主提议撤销其委员资格的;

(四)违章搭建建筑物和构筑物、拒付物业服务费以及有其他违反管理规约和侵害业主合法权益行为的;

(五)因其他原因不适合继续担任业主委员会委员的。

第四十三条 业主大会与业主委员会的活动经费及执行委员、委员的报酬,从业主共有部分的收益中提取或者由全体业主承担,具体办法与标准由业主大会决定。

第四章　物业的使用与业主自治管理

第一节　一般规定

第四十四条　业主或者物业使用人使用物业应当遵守有关法律、法规和管理规约、临时管理规约的规定，不得有下列行为：

（一）损坏房屋承重结构等违反房屋装饰装修规定的行为；

（二）违章搭建建筑物和构筑物、私开门窗等违反规划规定的行为；

（三）侵占、损坏楼道、绿地等物业共用部位、共用设施设备等违反物业管理规定的行为；

（四）擅自改变房屋用途等违反房屋管理规定的行为；

（五）随意倾倒垃圾、杂物等违反市容环境卫生规定的行为；

（六）堆放易燃、易爆、剧毒、放射性物品，排放有毒、有害物质或者超过规定标准的噪声等违反环境保护规定的行为；

（七）占用消防通道等违反消防管理规定的行为；

（八）赌博、利用迷信活动危害社会、饲养动物干扰他人正常生活等违反治安管理规定的行为；

（九）法律、法规和管理规约、临时管理规约禁止的其他行为。

物业服务企业、业主委员会发现有前款规定行为的，应当予以劝阻、制止，并报告有关部门。

第四十五条　业主或者物业使用人封闭阳台以及安装空调外机、太阳能热水器、防盗网、遮阳罩等设施的，应当遵守管理规约、临时管理规约和物业管理的有关规定，保持物业的整洁、美观。

业主利用屋面安装太阳能热水器等设施的，不得破坏屋面，影响房屋安全，物业顶层的业主和物业服务企业应当予以配合。

业主应当按照垃圾分类收集的有关规定倾倒垃圾。

第四十六条 业主出租房屋的，应当告知业主委员会和物业服务企业。

业主不得违反法律、法规和管理规约、临时管理规约，将住宅、车库或者其他附属设施改变为经营性用房。业主因特殊情况需要将住宅、车库或者其他附属设施改变为经营性用房的，应当向业主委员会或者社区居民委员会提出书面申请，并经有利害关系的业主同意后，方可依法向有关部门办理相关手续。

第二节 住宅物业的装饰装修

第四十七条 业主或者物业使用人在住宅装饰装修工程开工前，应当持有关资料向物业服务企业办理登记手续；按照规定需要报有关部门批准的，应当依法办理批准手续。

业主拒不办理登记、批准手续的，物业服务企业有权按照管理规约或者临时管理规约，禁止装饰装修施工人员进入物业管理区域。

第四十八条 业主或者物业使用人应当与物业服务企业签订住宅装饰装修服务协议。

住宅装饰装修服务协议应当包括下列内容：

（一）装饰装修工程的实施内容和实施期限；

（二）允许施工的时间；

（三）废弃物的清运与处置；

（四）住宅外立面设施及防盗设施的安装要求；

（五）禁止行为和注意事项；

（六）装修保证金的收取和退还；

（七）违约责任；

（八）其他需要约定的事项。

第四十九条 业主或者物业使用人在住宅装饰装修工程开工前，应当告知相邻业主。

物业服务企业对住宅装饰装修活动进行巡查时，业主不得拒绝和阻碍。

第三节　车库与车位的使用

第五十条　车库应当优先满足业主、物业使用人停车需要。业主、物业使用人要求承租车库的，建设单位不得以只售不租为由拒绝，车库租赁费的标准按照有关部门发布的指导价格确定。在满足业主、物业使用人需要后，建设单位将车库出租给物业管理区域外的单位和个人的，其每次租赁合同期限最长不得超过六个月。

物业管理区域内规划用于停放汽车的车库应当优先投入使用；车库尚未充分利用的，不得在物业管理区域内占用业主共有的道路或者其他场地设置规划以外的车位。

第五十一条　占用物业管理区域内业主共有的道路或者其他场地停放汽车的，应当交纳车位场地使用费，收费标准由业主大会综合考虑车库租赁费的价格等因素确定。车位场地使用费属于全体业主共有。

第五十二条　鼓励建设单位或者其他投资人在住宅小区规划条件允许，并经业主大会和城乡规划主管部门同意的情况下，建设、经营车库和立体停车设施，满足业主停车需求。

利用地下空间建设、经营车库的，县级以上人民政府应当在容积率的认定等方面给予优惠。

第五十三条　业主需要在物业管理区域内停放汽车的，应当事先与物业服务企业商定停车位置，不得擅自占用道路或者其他场地。

业主对汽车有看管要求的，应当与物业服务企业另行约定。

第四节　业主自治管理

第五十四条　业主在物业管理活动中，享有下列权利：

（一）按照物业服务合同的约定，接受物业服务企业提供的服务；

（二）提议召开业主大会会议，并就物业管理的有关事项提出建议；

（三）提出制定和修改管理规约、临时管理规约、业主大会议事规则的建议；

（四）参加业主大会会议，行使投票权；

（五）选举业主委员会成员，并享有被选举权；

（六）监督业主委员会的工作；

（七）监督物业服务企业履行物业服务合同；

（八）对物业共用部位、共用设施设备使用情况享有知情权和监督权；

（九）监督专项维修资金的管理和使用；

（十）法律、法规规定的其他权利。

第五十五条 业主在物业管理活动中，履行下列义务：

（一）遵守管理规约、临时管理规约、业主大会议事规则；

（二）遵守物业管理区域内物业共用部位、共用设施设备的使用、公共秩序和环境卫生的维护等方面的规章制度；

（三）执行业主大会的决定和业主大会授权业主委员会作出的决定；

（四）按照国家有关规定交纳专项维修资金；

（五）按时交纳物业服务费；

（六）法律、法规规定的其他义务。

第五十六条 管理规约、临时管理规约应当对物业的使用、管理、业主公共利益、业主的权利义务、物业服务费的收交方式、违反规定应当承担的责任等事项作出规定。

管理规约、临时管理规约对全体业主及物业使用人具有约束力。对拒不交纳物业服务费的业主，由业主委员会督促其交纳，并可以在物业管理区域内的显著位置予以公示。

第五十七条 提倡业主委员会直接向业主收取物业服务费，并按照合同约定将物业服务费支付给物业服务企业；业主委员会直接向业主收取物业服务费的，物业服务企业应当予以协助。

业主对物业共有部分使用所产生收益的分配,由业主大会决定;未作决定的,主要用于补充专项维修资金,也可以作为业主委员会、业主大会的活动经费或者折抵物业服务费。

第五十八条 业主委员会应当定期在物业管理区域内的显著位置书面公告专项维修资金的筹集使用及共有部分收益的账目等情况;业主委员会直接向业主收取物业服务费或者采用酬金制收费方式的,还应当将物业服务费的收支情况予以公告。

第五章 物业服务企业

第一节 物业服务企业

第五十九条 物业服务企业,是指依法设立、取得相应资质从事物业管理活动的企业法人。

物业服务企业应当在其资质等级许可的范围内从事物业管理活动。

物业服务企业不得转让或者以出租、出借、挂靠等形式变相转让物业服务企业资质证书。

第六十条 物业服务企业应当具有相应的专业工程技术人员,具备为业主提供专项服务的能力。

从事物业管理的人员应当按照国家有关规定,取得职业资格证书。

第六十一条 物业服务企业可以聘请专业服务单位承担设施设备维修养护、清洁卫生、园林绿化、房屋修缮、秩序维护等专项服务,但不得将物业管理区域内的全部物业管理一并委托给其他单位或者个人。

第六十二条 物业主管部门应当加强对物业服务企业的监督管理,定期对其服务质量进行考核,促进物业服务企业提高服务水平。

物业服务企业应当向物业主管部门定期报送信用档案信息、统计报表等相关资料。

第六十三条 物业服务企业的合法权益受法律保护。任何单位和个人不得强制物业服务企业代收有关费用和提供无偿服务。

第二节 行业自律

第六十四条 物业服务企业应当在物业主管部门的指导下,建立行业自律组织,规范行业行为,促进诚信经营,提高物业服务水平,维护物业服务企业的合法权益。

第六十五条 物业行业自律组织可以依照国家和省有关规定,制定物业服务规范和等级标准,建立和完善物业服务企业以及物业服务从业人员的自律制度,配合物业主管部门建立健全信用档案。

第六章 物业服务

第一节 物业服务内容与合同

第六十六条 物业服务内容主要包括下列事项:

(一)物业共用部位及共用设施设备的使用、管理和维护;

(二)公共绿化的维护;

(三)公共区域环境卫生的维护;

(四)公共区域的秩序维护、安全防范等事项的协助管理服务;

(五)物业使用中对禁止行为的告知、劝阻、报告等义务;

(六)物业维修、更新、改造费用的账务管理;

(七)物业服务档案和物业档案的保管;

(八)其他物业管理事项。

第六十七条 业主委员会经业主大会授权,与通过招投标或者协议方式选聘的物业服务企业或者其他管理人签订物业服务合同。

物业服务合同应当对物业服务内容、服务标准、收费标准、物业服务用房、专项维修资金的管理与使用、合同期限以及双方的权利义务、违约责任等内容进行约定。

物业服务合同应当对物业服务企业在有关业主、物业使用人人身、财产安全防范方面的义务和责任作出约定。

物业服务合同签订后,业主有权进行查询。

物业服务企业应当自签订物业服务合同之日起十日内,向物业主管部门备案。

第六十八条 解除或者终止物业服务合同,应当依据合同履行必要的通知义务;合同未约定通知期限的,应当提前六十日通知。

物业服务合同解除或者终止后,物业服务企业应当与业主委员会按照法律规定和合同约定办理退出手续,并履行下列交接义务:

(一)移交保管的物业档案、物业服务档案;

(二)提供物业服务期间形成的有关物业及设施设备改造、维修、运行、保养的有关资料;

(三)移交物业服务用房;

(四)清算预收、代收的有关费用;

(五)法律、法规规定的其他事项。

物业服务企业未依据合同履行通知义务并办理退出交接手续的,不得擅自撤离物业管理区域或者停止物业服务。

第二节 物业服务收费

第六十九条 物业服务收费实行政府指导价和市场调节价。普通住宅类物业服务收费,实行政府指导价;其他物业的物业服务收费,实行市场调节价。

实行政府指导价的,价格主管部门应当会同物业主管部门,根据住宅物业种类、服务内容、服务等级和物价指数变动情况等,制定相应的基准价和浮动幅度,并每年向社会公布。具体收费标准由业主与物业服务企业根据基准价和浮动幅度在物业服务合同中约定。

物业服务企业为业主或者物业使用人提供物业服务合同约定以外的专项服务的,其收费标准可以另行约定。

第七十条 物业服务费可以采取包干制或者酬金制等方式,具体收费方式由物业服务合同约定。实行酬金制收费方式的,物业服务企业应当按照规定对物业服务的各项资金的收支建立台账,并接受业主委员会的核查。

第七十一条 已竣工尚未出售或者尚未交付的物业,物业服务费由建设单位承担。已交付的物业,物业服务费由业主承担,建设单位与业主另有约定的除外。

物业交付后长期空置的,其物业服务费收费标准应当在物业服务合同中约定。

第七十二条 物业服务企业违反规定及物业服务合同,擅自扩大收费范围、提高收费标准、重复收费的,业主委员会或者业主有权拒绝。

物业服务企业依约履行义务的,业主应当按时交纳物业服务费,不得以放弃共有权利为由拒绝交纳。物业产权转移时,业主应当结清物业服务费。

第七十三条 专业经营单位应当按照与业主签订的服务合同,向最终用户收取费用。

物业服务企业接受专业经营单位委托代收费用的,不得向业主收取手续费等额外费用,但可以根据约定向专业经营单位收取报酬。

专业经营单位不得强制物业服务企业代收费用,不得因物业服务企业拒绝代收有关费用而停止向最终用户提供服务。

第七章　物业的维护

第一节　建设单位的保修责任

第七十四条　建设单位应当建立健全物业售后维修服务体系,按照国家和省有关规定的保修期限、范围,承担物业的保修责任。

建设单位可以将物业保修的有关事宜委托物业服务企业承担,并签订委托合同,向物业服务企业支付相应的报酬。

第七十五条　新建物业实行质量保修金制度。

建设单位应当在新建物业交付前,按照物业建筑安装总造价百分之三至百分之五的比例,一次性向物业主管部门设立的账户交存物业质量保修金。

建设单位购买了工程质量责任保险的,所承保物业可不交存物业质量保修金。

通过住宅性能认定的物业,建设单位交存物业质量保修金的比例可以适当降低。

第七十六条　建设单位不履行保修义务的,业主、业主委员会或者其委托的物业服务企业可以提出申请,经物业主管部门核实后,维修费用在物业质量保修金中列支。

第七十七条　物业分部工程质量保修期限届满后,建设单位履行了法定保修责任的,物业主管部门应当与分部工程相对应的物业质量保修金本息余额及时退还建设单位。

第七十八条　物业主管部门应当对物业质量保修金的交存、使用、管理和退还实施统一监督管理。具体办法由省建设行政主管部门制定。

第二节　专有部分的维护

第七十九条　物业保修期届满后,业主专有部分的养护、维修,由业主负责。

业主专有部分出现危害安全、影响观瞻、妨碍公共利益及其他影响物业正常使用情形时,业主或者物业使用人应当及时养护、维修,相邻物业业主应当提供便利。

第八十条 业主长期空置物业时,应当告知物业服务企业,并与物业服务企业就专有部分的养护、维修、管理等事项进行协商,采取措施防止漏水、漏气等事故的发生。

第三节 共用部位及共用设施设备的维护

第八十一条 物业保修期届满后,物业管理区域内共用部位及共用设施设备的维护和管理责任,由业主共同承担;业主可以将其委托给物业服务企业承担。

共用部位主要包括住宅的基础、承重墙体、柱、梁、楼板、屋顶以及户外的墙面、门厅、楼梯间、走廊通道等;共用设施设备主要包括电梯、天线、照明、消防设施、绿地、道路、路灯、沟渠、池、井、公益性文体设施和共用设施设备使用的房屋等。

电梯、区域锅炉等属于业主共有的特种设备,由物业服务企业或者业主根据物业服务合同约定,按照特种设备管理法律、法规的有关规定,委托专业服务单位负责维护、保养。

第八十二条 住宅物业和住宅小区内的非住宅物业的业主,应当在入住前将首期专项维修资金存入专项维修资金专户。专项维修资金的交存、使用、管理,按照国家和省有关规定执行。

其他非住宅物业参照住宅物业交纳专项维修资金。

第四节 专业经营设施设备的维护

第八十三条 住宅小区内供水、供电、供气、供热、通信、有线电视、宽带数据传输等专业经营单位,应当承担分户计量装置或者入户端口以外设施设备的维修、养护、更新等责任及相关费用。

专业经营单位对专业经营设施设备进行维修、养护、更新时,业主应当予以配合。

第八十四条　专业经营单位可以将专业经营设施设备的维护、保养等事宜委托给物业服务企业承担,物业服务企业可以按照委托合同向专业经营单位收取报酬。

专业经营设施设备的维护、保养等费用,不得从专项维修资金中列支。

第八章　社区物业管理与旧住宅区物业管理

第一节　社区物业管理

第八十五条　街道办事处、乡(镇)人民政府的社区管理机构,具体指导、协调物业管理的有关工作。

第八十六条　物业管理、城管执法、公安、城乡规划、环境保护等部门应当建立违法行为投诉登记制度,并在物业管理区域公布联系人姓名和联系方式,对违法行为及时作出处理。

第八十七条　实行物业管理联席会议制度。

物业管理联席会议由街道办事处、乡(镇)人民政府负责召集,由社区居民委员会、公安派出所、物业服务企业、业主委员会或者业主代表、专业经营单位和城管执法、物业管理等部门参加。

联席会议主要协调下列事项:

(一)业主委员会和有关部门不依法履行职责的情况;

(二)物业服务企业在履行退出程序以及交接工作中出现的问题;

(三)物业管理区域内发生的突发事件;

(四)物业管理与社区管理的衔接和配合;

(五)需要协调的其他物业管理事项。

第八十八条　业主、业主大会、业主委员会、物业服务企业、专业经营单位、建设单位之间因物业管理发生争议的,应当自行协商解决;协商不成的,可以向社区居民委员会或者联席会议申请调解,也可以申请仲裁或者依法向人民法院起诉。

第八十九条 有关部门、单位在物业管理区域内开展文化教育、医疗卫生、体育健身、计划生育等社区服务活动以及突发事件应急知识的宣传普及和应急演练活动,业主、业主委员会、物业服务企业和专业经营单位应当给予协助、配合。

第二节 旧住宅区物业管理

第九十条 设区的市、县(市、区)人民政府对已建成交付使用,但配套设施不齐全、环境质量较差的旧住宅区,应当采取措施进行改造整治,并将改造整治规划和年度计划向社会公布。

旧住宅区的范围,由设区的市、县(市、区)人民政府划定。

旧住宅区内的道路、照明、绿地及社区服务、文化体育、安全防范、物业服务用房等配套建筑及设施设备改造建设资金,由政府承担;开发项目设施不配套等遗留问题由原建设单位投资解决;供水、供电、供气、供热、通信、有线电视、宽带数据传输等专业经营设施设备改造应当达到分户计量、分户控制条件,其建设支出由相关专业经营单位承担;业主专有部分的设施设备改造支出,由业主承担。设区的市、县(市、区)人民政府对投资责任另有规定的,从其规定。

第九十一条 旧住宅区改造整治中,经有利害关系的业主同意,在规划许可的情况下,可以按照有关规定建设物业服务用房和一定比例的经营性用房。经营性用房可用于出租经营,经营收益作为旧住宅区维护管理费用的补充资金,由业主大会监督使用。

改造整治前由相关部门、单位承担的环卫绿化、市政设施养护等费用,改造整治后仍由其给予补助。

第九十二条 旧住宅区改造整治完成后,街道办事处、乡(镇)人民政府应当组织业主成立业主大会,由业主大会决定选聘物业服务企业或者其他管理人管理物业。业主大会成立前的物业管理,由社区居民委员会组织实施。

第九十三条 未建立专项维修资金制度的旧住宅区,业主应当按照国家和省有关规定交纳专项维修资金;物业服务企业可以根据物业服务合同约定,代业主归集专项维修资金。有车位场地使用费等共有部分收益的,主要用于补充专项维修资金。

第九章 法律责任

第九十四条 违反本条例规定的行为,法律、法规已作出处罚规定的,按照其规定执行;法律、法规未作出处罚规定的,按照本条例的规定执行。

第九十五条 违反本条例规定,有下列行为之一的,由物业主管部门予以处罚:

(一)物业服务企业未按照规定报送信用档案信息、统计报表等相关资料的,责令限期改正;逾期未改正的,处以三千元以上一万元以下的罚款;

(二)物业服务企业擅自撤离物业管理区域、停止物业服务或者未办理退出手续、履行相应义务的,处以五万元以下的罚款;情节严重的,由颁发资质证书的部门吊销其资质证书;

(三)建设单位未依法交存物业质量保修金的,责令限期改正;逾期未改正的,处以十万元以上三十万元以下的罚款。

第九十六条 违反本条例规定,专业经营单位无正当理由拒绝、拖延投资建设或者接收专业经营设施设备的,由设区的市、县(市、区)人民政府责令限期改正。影响房屋交付使用、业主正常生活或者造成人身、财产损害的,专业经营单位应当承担相应的赔偿责任。

第九十七条 业主或者物业使用人违反本条例第四十四条、第四十五条规定的,由物业主管部门或者其他有关部门给予警告,责令限期改正;逾期未改正的,处以两千元以上一万元以下的罚款。给其他业主造成损失的,应当依法承担民事责任。

第九十八条 业主大会、业主委员会作出的决定违反法律、法规的,物业主管部门或者街道办事处、乡(镇)人民政府,应当责令限期改正或者撤销其决定,并通告全体业主。

第九十九条 物业主管部门、街道办事处、乡(镇)人民政府和其他有关部门的工作人员在物业管理工作中,有下列行为之一的,依法给予处分;构成犯罪的,依法追究刑事责任:

(一)在进行建设工程规划审批和设计审查时,未就住宅小区配套建筑及设施设备的配置、专业经营设施设备的建设标准征求房地产开发、物业管理等部门和专业经营单位意见的;

(二)未按照本条例规定对住宅小区综合验收、交接进行监管的;

(三)未按照本条例规定筹备、组织召开业主大会会议的;

(四)挪用物业质量保修金和专项维修资金的;

(五)未按照本条例规定召集或者参加物业管理联席会议的;

(六)发现违法行为或者接到违法行为报告、投诉不及时作出处理的;

(七)其他滥用职权、玩忽职守、徇私舞弊的行为。

第十章 附 则

第一百条 业主自行管理物业的,参照本条例的有关规定执行。

第一百零一条 本条例自 2009 年 5 月 1 日起施行。

信访条例

第一章 总 则

第一条 为了保持各级人民政府同人民群众的密切联系,保护信访人的合法权益,维护信访秩序,制定本条例。

第二条 本条例所称信访,是指公民、法人或者其他组织采用书信、电子邮件、传真、电话、走访等形式,向各级人民政府、县级以上人民政府工作部门反映情况,提出建议、意见或者投诉请求,依法由有关行政机关处理的活动。

采用前款规定的形式,反映情况,提出建议、意见或者投诉请求的公民、法人或者其他组织,称信访人。

第三条 各级人民政府、县级以上人民政府工作部门应当做好信访工作,认真处理来信、接待来访,倾听人民群众的意见、建议和要求,接受人民群众的监督,努力为人民群众服务。

各级人民政府、县级以上人民政府工作部门应当畅通信访渠道,为信访人采用本条例规定的形式反映情况,提出建议、意见或者投诉请求提供便利条件。

任何组织和个人不得打击报复信访人。

第四条 信访工作应当在各级人民政府领导下,坚持属地管理、分级负责,谁主管、谁负责,依法、及时、就地解决问题与疏导教育相结合的原则。

第五条 各级人民政府、县级以上人民政府工作部门应当科学、民主决策,依法履行职责,从源头上预防导致信访事项的矛盾和纠纷。

县级以上人民政府应当建立统一领导、部门协调,统筹兼顾、标本兼治,各负其责、齐抓共管的信访工作格局,通过联席会议、建立排查调处机制、建立信访督查工作制度等方式,及时化解矛盾和纠纷。

各级人民政府、县级以上人民政府各工作部门的负责人应当阅批重要来信、接待重要来访、听取信访工作汇报,研究解决信访工作中的突出问题。

第六条 县级以上人民政府应当设立信访工作机构;县级以上人民政府工作部门及乡、镇人民政府应当按照有利工作、方便信访人的原则,确定负责信访工作的机构(以下简称信访工作机构)或者人员,具体负责信访工作。

县级以上人民政府信访工作机构是本级人民政府负责信访工作的行政机构,履行下列职责:

(一)受理、交办、转送信访人提出的信访事项;

(二)承办上级和本级人民政府交由处理的信访事项;

(三)协调处理重要信访事项;

(四)督促检查信访事项的处理;

(五)研究、分析信访情况,开展调查研究,及时向本级人民政府提出完善政策和改进工作的建议;

(六)对本级人民政府其他工作部门和下级人民政府信访工作机构的信访工作进行指导。

第七条 各级人民政府应当建立健全信访工作责任制,对信访工作中的失职、渎职行为,严格依照有关法律、行政法规和本条例的规定,追究有关责任人员的责任,并在一定范围内予以通报。

各级人民政府应当将信访工作绩效纳入公务员考核体系。

第八条 信访人反映的情况,提出的建议、意见,对国民经济和社会发展或者对改进国家机关工作以及保护社会公共利益有贡献的,由有关行政机关或者单位给予奖励。

对在信访工作中做出优异成绩的单位或者个人,由有关行政机关给予奖励。

第二章　信访渠道

第九条　各级人民政府、县级以上人民政府工作部门应当向社会公布信访工作机构的通信地址、电子信箱、投诉电话、信访接待的时间和地点、查询信访事项处理进展及结果的方式等相关事项。

各级人民政府、县级以上人民政府工作部门应当在其信访接待场所或者网站公布与信访工作有关的法律、法规、规章,信访事项的处理程序,以及其他为信访人提供便利的相关事项。

第十条　设区的市级、县级人民政府及其工作部门,乡、镇人民政府应当建立行政机关负责人信访接待日制度,由行政机关负责人协调处理信访事项。信访人可以在公布的接待日和接待地点向有关行政机关负责人当面反映信访事项。

县级以上人民政府及其工作部门负责人或者其指定的人员,可以就信访人反映突出的问题到信访人居住地与信访人面谈沟通。

第十一条　国家信访工作机构充分利用现有政务信息网络资源,建立全国信访信息系统,为信访人在当地提出信访事项、查询信访事项办理情况提供便利。

县级以上地方人民政府应当充分利用现有政务信息网络资源,建立或者确定本行政区域的信访信息系统,并与上级人民政府、政府有关部门、下级人民政府的信访信息系统实现互联互通。

第十二条　县级以上各级人民政府的信访工作机构或者有关工作部门应当及时将信访人的投诉请求输入信访信息系统,信访人可以持行政机关出具的投诉请求受理凭证到当地人民政府的信访工作机构或者有关工作部门的接待场所查询其所提出的投诉请求的办理情况。具体实施办法和步骤由省、自治区、直辖市人民政府规定。

第十三条　设区的市、县两级人民政府可以根据信访工作的实际需要,建立政府主导、社会参与、有利于迅速解决纠纷的工作机制。

信访工作机构应当组织相关社会团体、法律援助机构、相关专业人员、社会志愿者等共同参与,运用咨询、教育、协商、调解、听证等方法,依法、及时、合理处理信访人的投诉请求。

第三章　信访事项的提出

第十四条　信访人对下列组织、人员的职务行为反映情况,提出建议、意见,或者不服下列组织、人员的职务行为,可以向有关行政机关提出信访事项:

(一)行政机关及其工作人员;

(二)法律、法规授权的具有管理公共事务职能的组织及其工作人员;

(三)提供公共服务的企业、事业单位及其工作人员;

(四)社会团体或者其他企业、事业单位中由国家行政机关任命、派出的人员;

(五)村民委员会、居民委员会及其成员。

对依法应当通过诉讼、仲裁、行政复议等法定途径解决的投诉请求,信访人应当依照有关法律、行政法规规定的程序向有关机关提出。

第十五条　信访人对各级人民代表大会以及县级以上各级人民代表大会常务委员会、人民法院、人民检察院职权范围内的信访事项,应当分别向有关的人民代表大会及其常务委员会、人民法院、人民检察院提出,并遵守本条例第十六条、第十七条、第十八条、第十九条、第二十条的规定。

第十六条　信访人采用走访形式提出信访事项,应当向依法有权处理的本级或者上一级机关提出;信访事项已经受理或者正在办理的,信访人在规定期限内向受理、办理机关的上级机关再提出同一信访事项的,该上级机关不予受理。

第十七条　信访人提出信访事项,一般应当采用书信、电子邮件、传真等书面形式;信访人提出投诉请求的,还应当载明信访人的姓名(名称)、住址和请求、事实、理由。

有关机关对采用口头形式提出的投诉请求,应当记录信访人的姓名(名称)、住址和请求、事实、理由。

第十八条 信访人采用走访形式提出信访事项的,应当到有关机关设立或者指定的接待场所提出。

多人采用走访形式提出共同的信访事项的,应当推选代表,代表人数不得超过5人。

第十九条 信访人提出信访事项,应当客观真实,对其所提供材料内容的真实性负责,不得捏造、歪曲事实,不得诬告、陷害他人。

第二十条 信访人在信访过程中应当遵守法律、法规,不得损害国家、社会、集体的利益和其他公民的合法权利,自觉维护社会公共秩序和信访秩序,不得有下列行为:

(一)在国家机关办公场所周围、公共场所非法聚集,围堵、冲击国家机关,拦截公务车辆,或者堵塞、阻断交通的;

(二)携带危险物品、管制器具的;

(三)侮辱、殴打、威胁国家机关工作人员,或者非法限制他人人身自由的;

(四)在信访接待场所滞留、滋事,或者将生活不能自理的人弃留在信访接待场所的;

(五)煽动、串联、胁迫、以财物诱使、幕后操纵他人信访或者以信访为名借机敛财的;

(六)扰乱公共秩序、妨害国家和公共安全的其他行为。

第四章 信访事项的受理

第二十一条 县级以上人民政府信访工作机构收到信访事项,应当予以登记,并区分情况,在 15 日内分别按下列方式处理:

(一)对本条例第十五条规定的信访事项,应当告知信访人分别向有关的人民代表大会及其常务委员会、人民法院、人民检察院提出。对已经或者依法应当通过诉讼、仲裁、行政复议等法定途径解决的,不予受理,但应当告知信访人依照有关法律、行政法规规定程序向有关机关提出。

(二)对依照法定职责属于本级人民政府或者其工作部门处理决定的信访事项,应当转送有权处理的行政机关;情况重大、紧急的,应当及时提出建议,报请本级人民政府决定。

(三)信访事项涉及下级行政机关或者其工作人员的,按照"属地管理、分级负责,谁主管、谁负责"的原则,直接转送有权处理的行政机关,并抄送下一级人民政府信访工作机构。

县级以上人民政府信访工作机构要定期向下一级人民政府信访工作机构通报转送情况,下级人民政府信访工作机构要定期向上一级人民政府信访工作机构报告转送信访事项的办理情况。

(四)对转送信访事项中的重要情况需要反馈办理结果的,可以直接交由有权处理的行政机关办理,要求其在指定办理期限内反馈结果,提交办结报告。

按照前款第(二)项至第(四)项规定,有关行政机关应当自收到转送、交办的信访事项之日起15日内决定是否受理并书面告知信访人,并按要求通报信访工作机构。

第二十二条 信访人按照本条例规定直接向各级人民政府信访工作机构以外的行政机关提出的信访事项,有关行政机关应当予以登记;对符合本条例第十四条第一款规定并属于本机关法定职权范围的信访事项,应当受理,不得推诿、敷衍、拖延;对不属于本机关职权范围的信访事项,应当告知信访人向有权的机关提出。

有关行政机关收到信访事项后,能够当场答复是否受理的,应当当场书面答复;不能当场答复的,应当自收到信访事项之日起15日内书面告知信访人。但是,信访人的姓名(名称)、住址不清的除外。

有关行政机关应当相互通报信访事项的受理情况。

第二十三条 行政机关及其工作人员不得将信访人的检举、揭发材料及有关情况透露或者转给被检举、揭发的人员或者单位。

第二十四条 涉及两个或者两个以上行政机关的信访事项,由所涉及的行政机关协商受理;受理有争议的,由其共同的上一级行政机关决定受理机关。

第二十五条 应当对信访事项作出处理的行政机关分立、合并、撤销的,由继续行使其职权的行政机关受理;职责不清的,由本级人民政府或者其指定的机关受理。

第二十六条 公民、法人或者其他组织发现可能造成社会影响的重大、紧急信访事项和信访信息时,可以就近向有关行政机关报告。地方各级人民政府接到报告后,应当立即报告上一级人民政府;必要时,通报有关主管部门。县级以上地方人民政府有关部门接到报告后,应当立即报告本级人民政府和上一级主管部门;必要时,通报有关主管部门。国务院有关部门接到报告后,应当立即报告国务院;必要时,通报有关主管部门。

行政机关对重大、紧急信访事项和信访信息不得隐瞒、谎报、缓报,或者授意他人隐瞒、谎报、缓报。

第二十七条 对于可能造成社会影响的重大、紧急信访事项和信访信息,有关行政机关应当在职责范围内依法及时采取措施,防止不良影响的产生、扩大。

第五章 信访事项的办理和督办

第二十八条 行政机关及其工作人员办理信访事项,应当恪尽职守、秉公办事,查明事实、分清责任,宣传法制、教育疏导,及时妥善处理,不得推诿、敷衍、拖延。

第二十九条 信访人反映的情况,提出的建议、意见,有利于行政机关改进工作、促进国民经济和社会发展的,有关行政机关应当认真研究论证并积极采纳。

第三十条 行政机关工作人员与信访事项或者信访人有直接利害关系的,应当回避。

第三十一条 对信访事项有权处理的行政机关办理信访事项,应当听取信访人陈述事实和理由;必要时可以要求信访人、有关组织和人员说明情况;需要进一步核实有关情况的,可以向其他组织和人员调查。

对重大、复杂、疑难的信访事项,可以举行听证。听证应当公开举行,通过质询、辩论、评议、合议等方式,查明事实,分清责任。听证范围、主持人、参加人、程序等由省、自治区、直辖市人民政府规定。

第三十二条 对信访事项有权处理的行政机关经调查核实,应当依照有关法律、法规、规章及其他有关规定,分别作出以下处理,并书面答复信访人:

(一)请求事实清楚,符合法律、法规、规章或者其他有关规定的,予以支持;

(二)请求事由合理但缺乏法律依据的,应当对信访人做好解释工作;

(三)请求缺乏事实根据或者不符合法律、法规、规章或者其他有关规定的,不予支持。

有权处理的行政机关依照前款第(一)项规定作出支持信访请求意见的,应当督促有关机关或者单位执行。

第三十三条 信访事项应当自受理之日起 60 日内办结;情况复杂的,经本行政机关负责人批准,可以适当延长办理期限,但延长期限不得超过 30 日,并告知信访人延期理由。法律、行政法规另有规定的,从其规定。

第三十四条 信访人对行政机关作出的信访事项处理意见不服的,可以自收到书面答复之日起 30 日内请求原办理行政机关的上一级行政机关复查。收到复查请求的行政机关应当自收到复查请求之日起 30 日内提出复查意见,并予以书面答复。

第三十五条 信访人对复查意见不服的,可以自收到书面答复之日起 30 日内向复查机关的上一级行政机关请求复核。收到复核请求的行政机关应当自收到复核请求之日起 30 日内提出复核意见。

复核机关可以按照本条例第三十一条第二款的规定举行听证,经过听证的复核意见可以依法向社会公示。听证所需时间不计算在前款规定的期限内。

信访人对复核意见不服，仍然以同一事实和理由提出投诉请求的，各级人民政府信访工作机构和其他行政机关不再受理。

第三十六条 县级以上人民政府信访工作机构发现有关行政机关有下列情形之一的，应当及时督办，并提出改进建议：

（一）无正当理由未按规定的办理期限办结信访事项的；

（二）未按规定反馈信访事项办理结果的；

（三）未按规定程序办理信访事项的；

（四）办理信访事项推诿、敷衍、拖延的；

（五）不执行信访处理意见的；

（六）其他需要督办的情形。

收到改进建议的行政机关应当在 30 日内书面反馈情况；未采纳改进建议的，应当说明理由。

第三十七条 县级以上人民政府信访工作机构对于信访人反映的有关政策性问题，应当及时向本级人民政府报告，并提出完善政策、解决问题的建议。

第三十八条 县级以上人民政府信访工作机构对在信访工作中推诿、敷衍、拖延、弄虚作假造成严重后果的行政机关工作人员，可以向有关行政机关提出给予行政处分的建议。

第三十九条 县级以上人民政府信访工作机构应当就以下事项向本级人民政府定期提交信访情况分析报告：

（一）受理信访事项的数据统计、信访事项涉及领域以及被投诉较多的机关；

（二）转送、督办情况以及各部门采纳改进建议的情况；

（三）提出的政策性建议及其被采纳情况。

第六章　法律责任

第四十条 因下列情形之一导致信访事项发生，造成严重后果的，对直接负责的主管人员和其他直接责任人员，依照

有关法律、行政法规的规定给予行政处分;构成犯罪的,依法追究刑事责任:

（一）超越或者滥用职权,侵害信访人合法权益的;

（二）行政机关应当作为而不作为,侵害信访人合法权益的;

（三）适用法律、法规错误或者违反法定程序,侵害信访人合法权益的;

（四）拒不执行有权处理的行政机关作出的支持信访请求意见的。

第四十一条　县级以上人民政府信访工作机构对收到的信访事项应当登记、转送、交办而未按规定登记、转送、交办,或者应当履行督办职责而未履行的,由其上级行政机关责令改正;造成严重后果的,对直接负责的主管人员和其他直接责任人员依法给予行政处分。

第四十二条　负有受理信访事项职责的行政机关在受理信访事项过程中违反本条例的规定,有下列情形之一的,由其上级行政机关责令改正;造成严重后果的,对直接负责的主管人员和其他直接责任人员依法给予行政处分:

（一）对收到的信访事项不按规定登记的;

（二）对属于其法定职权范围的信访事项不予受理的;

（三）行政机关未在规定期限内书面告知信访人是否受理信访事项的。

第四十三条　对信访事项有权处理的行政机关在办理信访事项过程中,有下列行为之一的,由其上级行政机关责令改正;造成严重后果的,对直接负责的主管人员和其他直接责任人员依法给予行政处分:

（一）推诿、敷衍、拖延信访事项办理或者未在法定期限内办结信访事项的;

（二）对事实清楚,符合法律、法规、规章或者其他有关规定的投诉请求未予支持的。

第四十四条　行政机关工作人员违反本条例规定,将信访人的检举、揭发材料或者有关情况透露、转给被检举、揭发的人员或者单位的,依法给予行政处分。

行政机关工作人员在处理信访事项过程中,作风粗暴,激化矛盾并造成严重后果的,依法给予行政处分。

第四十五条 行政机关及其工作人员违反本条例第二十六条规定,对可能造成社会影响的重大、紧急信访事项和信访信息,隐瞒、谎报、缓报,或者授意他人隐瞒、谎报、缓报,造成严重后果的,对直接负责的主管人员和其他直接责任人员依法给予行政处分;构成犯罪的,依法追究刑事责任。

第四十六条 打击报复信访人,构成犯罪的,依法追究刑事责任;尚不构成犯罪的,依法给予行政处分或者纪律处分。

第四十七条 违反本条例第十八条、第二十条规定的,有关国家机关工作人员应当对信访人进行劝阻、批评或者教育。

经劝阻、批评和教育无效的,由公安机关予以警告、训诫或者制止;违反集会游行示威的法律、行政法规,或者构成违反治安管理行为的,由公安机关依法采取必要的现场处置措施、给予治安管理处罚;构成犯罪的,依法追究刑事责任。

第四十八条 信访人捏造歪曲事实、诬告陷害他人,构成犯罪的,依法追究刑事责任;尚不构成犯罪的,由公安机关依法给予治安管理处罚。

第七章 附 则

第四十九条 社会团体、企业事业单位的信访工作参照本条例执行。

第五十条 对外国人、无国籍人、外国组织信访事项的处理,参照本条例执行。

第五十一条 本条例自 2005 年 5 月 1 日起施行。1995年 10 月 28 日国务院发布的《信访条例》同时废止。

山东省电力设施和电能保护条例

(2010 年 11 月 25 日山东省第十一届人民代表大会常务委员会第二十次会议通过)

第一章 总 则

第一条 为了保护电力设施和电能,规范供用电秩序,保障电力生产和建设的正常进行,维护公共安全和公共利益,根据《中华人民共和国电力法》等法律、行政法规,结合本省实际,制定本条例。

第二条 在本省管辖范围内的电力设施和电能保护以及相关管理活动,适用本条例。

第三条 电力设施和电能保护工作,应当坚持预防为主、防治结合、综合治理的方针,实行政府、电力设施产权人和群众相结合的原则。

第四条 电力设施和电能受法律保护。

任何单位和个人不得危害电力设施安全,不得非法侵占、使用电能。

第五条 县级以上人民政府应当加强对电力设施和电能保护工作的组织领导和行政执法队伍建设,建立健全工作协调机制,解决电力设施和电能保护中的重大问题。

乡(镇)人民政府、街道办事处应当协助县级以上人民政府有关部门做好电力设施和电能保护工作。

第六条 省、设区的市的经济和信息化行政主管部门和县(市、区)人民政府确定的部门(以下统称电力行政管理部门),负责本行政区域内电力设施和电能保护的监督管理工作。

沿海县级以上人民政府海洋与渔业行政主管部门负责海

底电缆的保护工作。

发展改革、公安、规划、住房城乡建设、国土资源、交通运输、水利、林业、工商行政管理、安全生产监督、价格等部门和电力监管机构按照各自职责,做好电力设施和电能保护的相关工作。

第七条 县级以上人民政府及其有关部门应当组织开展电力设施和电能保护的宣传、教育活动,增强全社会电力设施和电能保护意识,对保护电力设施和电能做出突出贡献的单位和个人,给予表彰奖励。

第二章 电力设施保护

第一节 保护范围和保护区

第八条 电力设施包括已建和在建的发电设施、变电设施、电力线路设施和电力交易设施及其有关辅助设施。

发电设施、变电设施、电力线路设施及其有关辅助设施的保护范围按照国务院《电力设施保护条例》的规定执行。

电力交易设施的保护范围包括电力交易场所和计量、报价、信息发布等与电力交易有关的设施。

第九条 电力线路保护区按照国务院《电力设施保护条例》等国家有关规定确定。

直流输电线路和特高压线路保护区的宽度以及计算最大弧垂、最大风偏后的安全距离,按照相关技术规范确定的范围执行。

第十条 发电、供电专用的输水、输油、供热、冲灰管道(沟)的保护区(以下统称输送管路保护区)为距管道(沟)两侧各一点五米内的区域。

第二节 保护措施

第十一条 电力设施产权人应当在电力设施易受损坏地

段或者位置采取下列安全措施：

（一）在架空电力线路保护区和输送管路保护区的显著位置，设置电力设施保护标志，标明保护区的宽度和相应的保护规定；

（二）在地下电缆和水底电缆保护区的显著位置设置永久性保护标志，并将电缆具体位置及时书面报送住房城乡建设、水利、海洋与渔业等有关部门；

（三）在架空电力线路跨越重要公路和航道区段的显著位置，设置安全标志，标明导线距跨越物体之间的安全距离；

（四）在架空电力线路穿越人口密集以及人员、车辆（机械）活动频繁地段的显著位置设置安全标志；

（五）在架空电力线路杆塔及变压器平台的显著位置设置安全标志。

任何单位和个人不得破坏和擅自移动电力设施保护标志、安全标志。

第十二条　任何单位和个人不得从事下列危害发电设施、变电设施、电力交易设施的行为：

（一）扰乱发电、变电、电力交易场所生产和工作秩序；

（二）利用发电、变电场所修建建筑物、构筑物，堆放易燃易爆等危险物品；

（三）影响电力专用铁路、公路、桥梁、码头的使用；

（四）破坏输水、输油、供热、冲灰管道（沟）、水井、电厂灰坝、水库、泵站等设施；

（五）在电厂灰坝、水库大坝上挖掘、取土，修建建筑物、构筑物或者种植农作物；

（六）在用于水力发电的水库、电力专用码头内，进入距水工建筑物三百米区域和火力发电循环水入口和出口划定区域游泳、划船以及从事捕捞、养殖等作业；

（七）其他危害发电设施、变电设施、电力交易设施及其辅助设施的行为。

第十三条　任何单位和个人不得从事下列危害电力线路设施的行为：

（一）盗拆或者破坏杆塔、变压器材，盗割电力导线、拉线；

（二）利用杆塔、拉线作起重牵引地锚、悬挂物体、拴牲畜、攀附农作物；

（三）向电力导线抛掷物体；

（四）在架空电力线路两侧各三百米的区域内放风筝或者其他放飞物；

（五）擅自在电力导线上接用电器设备或者在柱上变压器下堆放物品；

（六）擅自攀登杆塔或者在杆塔上架设电力、通信、广播等线路，安装广播喇叭、照明灯具、广告牌等；

（七）擅自开启井盖进入电力电缆沟或者在电力电缆沟内敷设其他管线；

（八）在杆塔内（不含杆塔与杆塔之间）或者杆塔与拉线之间修筑道路；

（九）挖掘接地极，破坏、堵塞、占压接地极检测井、渗水井、注水系统等设施；

（十）其他危害电力线路设施的行为。

第十四条　任何单位和个人不得在电力线路保护区及输送管路保护区内实施下列行为：

（一）在架空电力线路保护区内烧窑、烧荒、焚烧秸秆，修建建筑物、构筑物，种植可能危及电力设施安全的植物，堆放谷物、草料、易燃易爆物品和垃圾、矿渣及其他堆积物，垂钓、燃放烟花爆竹或者制作、存放、悬挂气球等易漂浮的物体；

（二）在地下电缆保护区内堆放垃圾、矿渣、易燃易爆物品，倾倒酸、碱、盐及其他有害化学物品，修建建筑物、构筑物或者种植树木；

（三）在水底电缆保护区内挖砂、钻探、打桩、抛锚、拖锚、底拖捕捞、张网、养殖；

（四）在输送管路保护区内采石、取土、钻探、挖掘，倾倒酸、碱、盐及其他有害化学物品，堆放垃圾和矿渣，放置易燃易爆物品，修建建筑物、构筑物；在水底冲灰管道保护区抛锚、拖锚、捕捞。

第十五条 禁止在距三十五千伏及以下架空电力线路杆塔、拉线基础、接地极外缘五米的区域内和距三十五千伏以上架空电力线路杆塔、拉线基础、接地极外缘十米的区域内取土、打桩、钻探、挖掘或者倾倒酸、碱、盐及其他有害化学物品。

第十六条 单位和个人从事下列活动，应当制定安全措施并经县级以上人民政府电力行政管理部门批准：

（一）在电力线路保护区内进行农田水利基本建设，从事起重、升降机械作业及打桩、钻探、挖掘等可能危及电力线路设施安全的作业；

（二）在电力设施周围水平距离五百米范围内从事爆破作业；

（三）与架空电力导线的垂直距离小于安全距离的运输机械及装载物通过架空电力线路保护区。

第十七条 在发生自然灾害或者突发性事件等可能危及电力设施安全的紧急情况时，电力设施产权人可以先行采取紧急措施，防止危害电力设施安全的事故发生或者最大程度减轻事故危害，并及时报告电力行政管理部门，告知相关利害关系人。

第十八条 电力设施产权人应当加强对电力设施的保护。对危害电力设施安全的行为，电力设施产权人应当予以制止并有权要求恢复原状、排除妨害、赔偿损失，或者请求电力行政管理部门和公安机关依法处理。

第十九条 禁止非法出售、收购废旧电力设施器材设备。

单位出售废旧电力设施器材设备的，经办人应当出具单位证明和本人身份证件；个人出售废旧电力设施器材设备的，应当出示本人身份证件。

再生资源回收经营者应当查验废旧电力设施器材设备出售人出具的相关证明材料，建立收购台账，如实登记经办人或者出售人身份证号码以及所售物品的名称、数量、规格和来源，收购台账的保存期不得少于两年；发现有赃物嫌疑的，应当立即报告当地公安机关。

第三节　相遇关系处理

第二十条　县级以上人民政府及其有关部门应当遵循节约集约利用资源的原则，按照城乡总体规划，合理安排相应的电力设施用地、架空电力线路走廊和地下电缆通道，不得在架空电力线路走廊和地下电缆通道内批准其他妨碍电力设施安全的建设项目。

第二十一条　公用工程、城市绿化工程和其他工程在建设中与电力设施相遇的，或者电力设施在建设中与公用工程、城市绿化工程和其他工程相遇的，双方单位应当按照国家有关规定协商，就迁移、跨越、安全防护措施和补偿等达成协议后方可施工。

第二十二条　新建、改建、扩建电力设施需损毁农作物、修剪或者砍伐树木等植物的，电力设施建设单位应当与所有人或者管理人达成协议，并按照国家和省有关规定给予补偿。

第二十三条　电力设施产权人对电力线路保护区内可能危及电力设施安全的树木等植物，应当通知其所有人或者管理人修剪或者砍伐；不及时修剪或者砍伐的，电力设施产权人可以依法修剪或者砍伐，对修剪或者砍伐的植物，不予补偿。

第二十四条　新建、改建、扩建架空电力线路穿越林区需砍伐出通道时，电力设施建设单位应当按照国家有关规定办理采伐手续。通道宽度为拟建架空电力线路两边线间的距离与林区主要树种自然生长最终高度两倍之和。

第二十五条　因外力因素导致树木倾倒、倾斜危及架空电力线路安全的，电力设施产权人可以先行修剪或者砍伐，砍伐后应当及时通知树木所有人或者管理人，并及时告知林业、园林等部门。

第二十六条　新建、改建、扩建架空电力线路不得跨越储存易燃易爆物品仓库的区域。新建、改建、扩建架空电力线路一般不得跨越房屋；确需跨越的，电力设施建设单位应当与房屋所有人达成补偿协议，并采取安全措施。

被架空电力线路跨越的房屋不得再行增加高度。超越房屋的物体高度或者房屋周边延伸出的物体长度应当符合安全距离的要求。

第二十七条 任何单位和个人不得妨碍电力设施产权人巡视、维护、抢修电力设施。需要利用相邻不动产的,该不动产权利人应当提供必要的便利。电力设施产权人应当避免对相邻的不动产权利人造成损害;造成损害的,应当依法给予赔偿。

第三章 电能保护

第二十八条 县级以上人民政府及其有关部门应当优化电能资源配置,推行电力需求侧管理,实行科学用电、安全用电和节约用电。

供电企业应当加大电能保护资金投入,采用先进的科学技术和管理方法,降低电能损耗,优化供电方式,提高服务质量。

第二十九条 电力行政管理部门应当制定并公布有序用电方案,优先保证城乡居民生活和关系公共安全、公共利益单位的用电需要。

发电企业、供电企业和用户应当遵守有序用电方案,维护正常供用电秩序。

第三十条 因自然灾害等原因造成断电事故的,供电企业应当按照国家有关规定及时抢修,尽快恢复正常供电。未及时抢修,给用户造成损害的,应当依法承担赔偿责任。

第三十一条 供电企业应当按照国家规定的电能质量向用户供电,在其营业场所公示用电办理程序、服务规范、收费项目和标准,并公开报修电话,合理设置收费网点,为用户提供方便。

第三十二条 用电计量装置应当经法定或者授权的计量检定机构检定合格。用户发现用电计量装置及相关装置发生故障、损坏或者丢失,应当及时通知供电企业,由供电企业按规定予以处理。

任何单位和个人不得毁损、改装或者擅自移动用电计量装置及相关装置。

第三十三条 任何单位和个人不得以非法占有电能为目的,实施下列窃电行为:

(一)擅自在供电企业的供电设施或者他人的电力设施上接线用电;

(二)绕越法定的用电计量装置用电;

(三)伪造或者开启计量检定机构加封的用电计量装置封印用电;

(四)以改变接线等方式故意使用电计量装置计量不准或者失效用电;

(五)擅自变更计量用电压互感器和电流互感器变比等计量设备参数,造成电费损失;

(六)擅自改变用电类别用电;

(七)使用电费卡非法充值后用电;

(八)采用其他手段实施的窃电行为。

禁止教唆、胁迫、指使、协助他人窃电或者向他人传授窃电方法。

禁止生产、销售或者使用窃电装置。

第三十四条 窃电量按照下列方法确定:

(一)按照私接用电设备额定容量乘以实际窃电时间计算;

(二)按照用电计量装置标定电流值(装有限流器的,按限流器整定电流值)所指的容量乘以实际窃电时间计算;通过互感器窃电的,应当再乘以相应的互感器倍率计算确定。

窃电时间无法查明的,窃电日数以一百八十日计算,用电时间不足一百八十日的,窃电日数以实际用电日数计算。每日窃电时间:居民用户按照六小时计算,其他用户按照十二小时计算。

用电信息采集设备所记录的相关数据可以作为窃电时间和窃电量计算的依据。

第三十五条 供电企业发现涉嫌窃电行为时,有权制止并收集、提取有关窃电行为的证据,报电力行政管理部门或者公安机关依法处理。

第三十六条 供电企业在发电、供电系统运行正常的情况下,应当连续向用户供电,不得擅自中止。确需中止供电的,供电企业应当事先通知用户。供用电双方应当采取安全措施,防止对人身和财产造成损害。

用户对供电企业中止供电有异议的,可以向电力行政管理部门投诉。电力行政管理部门接到投诉后,应当依法及时处理。

第三十七条 供电企业因检修等原因需要中止供电或者限电的,应当按照下列规定事先通知用户或者进行公告:

(一)因供电设施计划检修的,应当提前七日通知用户或者公告;

(二)因供电设施临时检修的,应当提前二十四小时公告,并通知关系公共安全、公共利益的重要用户;

(三)因发电、供电系统发生故障的,应当按照有序用电方案确定的限电序位中止供电或者限电。

引起中止供电或者限电的原因消除后,供电企业应当在二十四小时内恢复供电。

第三十八条 供电企业对下列严重影响电网安全和电能供应的用户,可以中止供电:

(一)用户接入电网的用电设备影响电网供电质量或者对电网的安全运行构成干扰、妨碍;

(二)擅自向外转供电;

(三)其他严重影响电网安全和电能供应,确需中止供电的。

被中止供电的用户消除对电网安全和电能供应的影响,且具备安全用电条件的,供电企业应当在二十四小时内恢复供电。

第三十九条 有证据表明用户有窃电行为的,供电企业可以中止供电。

被中止供电的用户停止窃电行为并承担了相应民事责任或者依法提供了担保的,供电企业应当在二十四小时内恢复供电。

第四十条 对逾期未交付电费的用户,供电企业应当及时催交。用户自逾期之日起超过三十日,经催交仍未交付电费的,对居民用户,供电企业应当至少提前七日通知后,方可中止供电;对非居民用户,供电企业应当至少提前三日通知,并在中止供电前一小时再行通知后,方可中止供电。

用户交付所欠电费及违约金后,供电企业应当在二十四小时内恢复供电。

第四十一条 供电企业不得实施下列损害用户合法权益的行为:

(一)无正当理由拒绝供电或者擅自中止供电;

(二)不执行国家规定的电价,擅自设立收费项目或者变更收费标准;

(三)不按照规定序位限电;

(四)擅自增设供电条件或者变相增加用户负担;

(五)其他损害用户合法权益的行为。

第四章 监督管理

第四十二条 电力行政管理部门应当加强电力设施和电能保护执法工作的监督管理,规范电力设施和电能保护执法行为。

第四十三条 电力行政管理部门依法履行职责时,可以行使下列职权:

(一)进入电力设施遭受破坏现场进行调查;

(二)进入供电企业或者用户的供用电现场进行检查;

(三)查阅、调取和复制有关资料;

(四)调查、询问当事人或者证人;

(五)采用录音、录相、拍照、笔录、检测等手段收集证据;

(六)对涉嫌窃电人使用的工具、装置和有关资料先行登记保存。

第四十四条 电力行政执法人员应当依法履行职责,忠于职守,文明执法,不得泄露检查中获知的当事人的商业秘密。

电力行政执法人员与当事人有直接利害关系的,应当回避。

第四十五条 电力行政管理部门应当建立投诉、举报受理制度,公开投诉、举报电话和电子邮箱,受理相关的投诉和举报,并及时作出处理。

第四十六条 公安机关应当依法查处破坏电力设施、哄抢或者盗窃电力设施器材设备,非法出售、收购废旧电力设施器材设备和盗窃电能的违法行为。

第四十七条 电力设施产权人应当建立健全电力设施和电能保护制度,建立专业保护队伍,依法履行电力设施和电能保护的义务,保障群众生活和经济社会发展安全用电。

第四十八条 任何单位和个人都有保护电力设施和电能的义务,对危害电力设施和盗窃电能等违法行为有权制止,并向电力行政管理部门或者公安机关举报。

第五章　法律责任

第四十九条 违反本条例第十一条第一款规定,电力设施产权人未设立电力设施安全标志的,由电力行政管理部门责令限期改正;逾期不改正的,处一万元以上五万元以下罚款。

违反本条例第十一条第二款规定,破坏或者擅自移动电力设施保护标志、安全标志的,由电力行政管理部门处五百元以上五千元以下罚款。

第五十条 违反本条例第十二条、第十三条、第十四条、第十五条规定的,由电力行政管理部门责令停止违法行为或者责令改正;拒不停止违法行为或者改正的,对个人处一千元以上五千元以下罚款,对单位处五千元以上一万元以下罚款。

对擅自修建的建筑物和构筑物、堆积的物品以及种植的可能危及电力设施安全的植物等,电力行政管理部门可以依法予以拆除、清理或者砍伐。构成违反治安管理行为的,由公安机关依法处罚;构成犯罪的,依法追究刑事责任。

第五十一条 违反本条例第十六条规定,未经批准或者未采取安全措施进行作业,危及电力设施安全的,由电力行政管理部门责令停止作业、恢复原状并赔偿损失。

第五十二条 违反本条例第十九条规定,非法出售、收购废旧电力设施器材设备的,由公安机关依法处罚。构成犯罪的,依法追究刑事责任。

第五十三条 违反本条例第三十二条规定,不安装使用经检定合格的用电计量装置,或者毁损、改装、擅自移动用电计量装置及相关装置的,由电力行政管理部门责令限期改正并赔偿损失;逾期不改正的,处一万元以下罚款。

第五十四条 违反本条例第三十三条第一款规定窃电的,由电力行政管理部门责令停止违法行为,没收窃电装置,限期补交电费,并处应交电费五倍以下的罚款;因窃电造成电力设施损坏或者他人人身财产损害的,窃电者应当依法承担赔偿责任。构成违反治安管理行为的,由公安机关依法处罚;构成犯罪的,依法追究刑事责任。

违反本条例第三十三条第二、三款规定,教唆、胁迫、指使、协助他人窃电、传授窃电方法或者生产、销售窃电装置的,由公安机关依法查处。构成犯罪的,依法追究刑事责任。

第五十五条 违反本条例第四十一条第一、三、四、五项规定的,由电力行政管理部门责令改正,并处一万元以上五万元以下罚款。给用户造成人身财产损害的,依法承担赔偿责任。

违反本条例第四十一条第二项规定的,由价格行政主管部门给予警告,责令返还违法收取的费用,并处违法收取费用一倍以上五倍以下的罚款。

第五十六条 电力行政管理部门和其他有关部门的工作人员在电力设施和电能保护监督管理工作中,有下列行为之

一的,依法给予处分;构成犯罪的,依法追究刑事责任:

（一）违反规定的条件和程序实施行政许可的;

（二）对于受理的举报、投诉案件,未按照规定及时处理的;

（三）泄露检查中知悉的商业秘密或者举报人情况的;

（四）将收缴、罚没的财物据为己有的;

（五）发现违法行为不予查处的;

（六）利用职权侵害他人合法权益的;

（七）其他滥用职权、玩忽职守、徇私舞弊的行为。

第六章　附　则

第五十七条　本条例自 2011 年 3 月 1 日起施行。1995 年 10 月 12 日山东省第八届人民代表大会常务委员会第十八次会议通过,2002 年 7 月 27 日山东省第九届人民代表大会常务委员会第三十次会议修正的《山东省电力设施保护条例》同时废止。

济南市电力管理条例

(1994年8月19日济南市第十届人民代表大会常务委员会第九次会议通过 1994年10月13日山东省第八届人民代表大会常务委员会第十次会议批准 根据1997年9月19日济南市第十一届人民代表大会常务委员会第二十九次会议通过并经1997年10月15日山东省第八届人民代表大会常务委员会第三十次会议批准的《济南市人民代表大会常务委员会关于修改〈济南市电力管理条例〉的决定》修正 2011年5月25日济南市第十四届人民代表大会常务委员会第三十次会议修订通过 2011年7月29日山东省第十一届人民代表大会常务委员会第二十五次会议批准)

第一章 总 则

第一条 为了保障电力事业的发展,满足经济社会和人民生活不断增长的用电需求,保证电力安全运行,规范电力管理秩序,维护电力企业和用户的合法权益,根据《中华人民共和国电力法》、《电力供应与使用条例》、《山东省电力设施和电能保护条例》等法律、法规规定,结合本市实际,制定本条例。

第二条 本市行政区域内的电力规划、建设、生产、供应、使用、用户权益保障和监督管理,适用本条例。

第三条 电力规划、建设、生产、供应和使用应当遵循安全、有序、环保、节约的原则。

第四条 市、县(市、区)人民政府应当加强对电力管理工作的组织领导和行政执法队伍建设,建立健全工作协调机制,解决电力规划与建设、电力设施与电能保护、电力供应与使用中的重大问题,并将电力设施与电能保护纳入社会治安综合治理。

乡(镇)人民政府、街道办事处应当协助县级以上人民政府及有关部门做好电力设施与电能保护、电力供应与使用等工作。

第五条　市经济和信息化委员会是本市电力行政主管部门,负责全市电力事业的监督管理。

县(市、区)电力行政主管部门负责本行政区域内电力事业的监督管理。

发展改革、城乡建设、公安、国土资源、规划、环保、交通运输、水利、农业、林业、安全生产监督、住房保障管理、价格、市政公用、质监、园林、工商行政管理、铁路等部门应当按照各自职责,做好电力管理的相关工作。

第六条　电力企业依法实行自主经营、自负盈亏,并接受电力行政主管部门和相关部门的监督管理。

第七条　鼓励国内外的经济组织和个人依法投资电厂和电力设施建设,其投资权益受法律保护。

第八条　电力企业和用户应当执行国家有关的技术规程和技术标准,采用先进技术和管理方法,防治污染和其他公害。

第九条　任何单位和个人有依法用电的权利,有权举报和制止违反电力管理法律、法规的行为。

第十条　市、县(市、区)人民政府应当组织开展安全用电、有序用电、节约用电的宣传活动,并对为电力事业做出突出贡献的单位和个人给予表彰和奖励。

第二章　电力规划与建设

第十一条　市发展改革部门应当会同政府有关部门组织编制全市电力发展规划,并纳入全市国民经济和社会发展规划。

市电力行政主管部门应当会同有关部门根据全市电力发展规划,组织编制全市电网专项规划,报市人民政府批准后公布实施。

县(市、区)人民政府应当根据全市电网专项规划的要求，组织编制本行政区域内的电网专项规划，报市电力行政主管部门和规划主管部门备案。

未经法定程序，任何单位和个人不得变更电力发展规划和电网专项规划。

第十二条 市、县(市)人民政府应当按照土地利用总体规划、城乡规划、电力发展规划、电网专项规划，依法组织安排预留相应的电力设施用地、架空电力线路走廊和地下电缆通道(含管线共同沟)。

市、县(市)人民政府有关部门不得在架空电力线路走廊和地下电缆通道(含管线共同沟)内批准其他妨碍电力设施安全的建设项目。

任何单位和个人不得违法占用电力设施用地、架空电力线路走廊和地下电缆通道(含管线共同沟)。

第十三条 电力建设项目取得建设工程规划许可证后，电力企业应当向其所在地电力行政主管部门提出申请，电力行政主管部门应当依法对需要划定的电力设施的保护范围和保护区进行公告。

对公告前已有的农作物、树木等植物，需损毁、修剪、砍伐的，电力企业应当依法办理相关手续，并按照国家和省有关规定进行补偿。

对公告后新增的可能危及电力设施安全的树木等植物，电力企业应当通知其所有人或者管理人修剪或者砍伐；不及时修剪或者砍伐的，电力企业可以依法修剪或者砍伐，对修剪或者砍伐的植物，不予补偿。

第十四条 公用工程、城市绿化工程和其他工程在建设中与电力设施相遇的，或者电力设施在建设中与公用工程、城市绿化工程和其他工程相遇的，双方应当按照国家有关规定协商，就迁移、跨越、安全防护措施和补偿等达成协议后施工。

第十五条 架空电力线路跨越铁路、公路、航道，依法需经铁路、交通、公安等相关部门或者单位同意的，应当事先取得同意。同意后,任何单位和个人不得收取费用,法律、法规另有规定的除外。

架空电力线路跨越林区,需要砍伐林木的,应当依法办理手续并交纳林木补偿费、林地补偿费和森林植被恢复费等费用。

架空电力线路不得跨越储存易燃易爆物品仓库的区域。新建、改建、扩建架空电力线路一般不得跨越房屋;确需跨越的,电力企业应当与房屋所有人达成补偿协议,并采取安全措施。被架空电力线路跨越的房屋不得再行增加高度。超越房屋的物体高度或者房屋周边延伸出的物体长度应当符合安全距离的要求。

第十六条 电力建设项目使用土地,应当依照有关法律、法规的规定办理。

架空电力线路走廊和杆、塔基础以及地下电缆通道建设,不实行征地。电力企业应当对杆、塔基础用地的土地承包经营权人或者集体土地所有权人或者建设用地使用权人依法给予补偿,具体补偿办法和标准由市人民政府制定。法律、行政法规另有规定的从其规定。

第十七条 架空电力线路的杆、塔基础占用土地的面积,按照以下规定计算:

(一)塔以其基础外露部分外侧向外延伸一米所形成的四边形;

(二)拉线杆、塔的主坑和拉线坑,以每坑二至三平方米;

(三)用以保护杆、塔基础的围堰或者挡土墙,以其实际占用面积。

第十八条 新建住宅小区交付使用时,其用电应当纳入城市供电网络,并安装电力供应企业直接对最终用户供电的分户控制计量装置。

房地产开发企业应当承担符合城市规划要求及建筑设计规范的新建住宅小区配电设施用房等土建工程的配套设施,在售房合同中明示并保证提供永久用电及用电容量。

电力建设企业应当根据《山东省物业管理条例》等规定,

根据国家标准和行业标准进行新建住宅小区内供电经营设施、设备的建设,并经电力供应企业验收合格后方可投入使用。

第十九条 本条例实施前已建成和使用的住宅小区供电经营设施、设备未达到电力供应企业直接对最终用户实行分户控制计量供电条件的,由市、县(市、区)人民政府按照国家《物业管理条例》和《山东省物业管理条例》等相关规定制定具体实施办法予以解决。

第二十条 城市中心区进行电力线路建设时,条件许可的,应当实施地下敷设建设方案。

第二十一条 电力工程设计、施工、试验和运行应当符合国家标准。尚无国家标准的,应当符合行业标准。

输变电、调度通信自动化等电网配套工程、环境保护工程和安全设施应当与发电工程项目同时设计、同时建设、同时验收、同时使用。

第三章 电力供应与使用

第二十二条 市、县(市、区)人民政府及有关部门应当提倡节约用电,加强监督管理。

电力企业和用户应当依据国家的标准和有关规定,制定节电计划,推广和采用节电的新技术、新设备和新工艺。

对于高能耗、环境污染严重、超耗能标准企业以及列入国家限制类、淘汰类生产设备的用电,应当按照国家和省有关规定实行差别电价或者惩罚性电价,依法限制用电或者终止供电。

第二十三条 市、县(市、区)人民政府应当组织制定电力需求侧管理标准和规划,积极筹措电力需求侧管理资金,推动电力需求侧管理工作。

电力行政主管部门应当建立健全安全、有序、高效的运行机制,组织实施电力需求侧管理,定期开展用电管理评价工作。

电力供应企业应当按照电力需求侧管理要求,加大电能保护资金投入,采用先进的科学技术和管理方法,降低电能损耗,优化供电方式,提高服务质量。

用户应当按照电力需求侧管理有关要求,加强受用电设备安全管理,配合电力行政主管部门做好用电管理评价工作。

第二十四条 电力行政主管部门应当按照国家政策和规定制定发电量计划。

电力生产企业(包括地方公用电厂和企业自备电厂)应当执行经批准的发电量计划,并服从全市电网统一调度。

第二十五条 电力行政主管部门应当制定并公布有序用电方案,优先保证居民生活和重要用户用电。

电力生产企业、电力供应企业和用户应当遵守有序用电方案,维护正常供用电秩序。

第二十六条 电力供应企业应当与用户依法签订供用电合同,明确双方的权利和义务。对合同约定的义务,双方都应当严格履行。

第二十七条 用户新装用电、临时用电、增加用电容量、变更用电和终止用电的,应当向电力供应企业提出申请,电力供应企业应当按照有关规定程序办理。

电力供应企业不得违反国家规定对符合条件申请用电的单位和个人拒绝供电。

第二十八条 在公共用电供电设施未到达的地区,电力供应企业可以委托有供电能力的用户就近供电,并签订协议。电力供应企业不得委托重要国防、军工用户向外转供电。用户不经电力供应企业同意,不得擅自向外转供电。

第二十九条 用户投资建设受送电设施,电力供应企业不得指定设计单位、施工单位、设备材料供应单位。用户投资建设受送电设施应当由有相应资质的设计、施工单位进行,并使用符合国家规定标准的设备或材料。用户投资建设的受送电设施由电力供应企业按照国家规定标准进行验收。验收合格的予以供电,验收不合格的,应当将不合格原因一次性书面通知用户。用户对验收结果有异议的,可申请其所在地的电力行政主管部门组织复验。电力行政主管部门应当组织具有相应资质的机构复验。经复验,异议成立的,电力供应企业应当供电,并承担检验费用;异议不成立的,由用户承担检验费用。

电力供应企业应当按照国家标准或者电力行业标准参与用户受送电装置设计图纸的审核,对用户受送电装置隐蔽工程的施工过程实施监督。如有不符合规定的,应以书面形式向用户提出意见,用户应当按设计和施工标准的规定予以改正。

第三十条 重要用户根据国家有关规定配备了双电源、多电源、自备应急电源以及非电性质的应急装置等设施,并符合供电条件的,电力供应企业应当予以供电。

第三十一条 任何单位和个人不得损毁、改装或者擅自移动用电计量装置及相关装置。

第三十二条 任何单位和个人不得以非法占有电能为目的,实施下列窃电行为:

(一)在电力供应企业的供电设施或者他人的电力设施上擅自接线用电;

(二)绕越法定的用电计量装置用电;

(三)伪造或者开启计量检定机构加封的用电计量装置封印用电;

(四)以改变接线等方式故意使用电计量装置计量不准或者失效用电;

(五)擅自变更计量用电压互感器和电流互感器变比等计量设备参数,造成电费损失;

(六)擅自改变用电类别用电;

(七)使用电费卡非法充值后用电;

(八)其他窃电行为。

禁止胁迫、指使、协助他人窃电或者向他人传授窃电方法。

禁止生产、销售、出租窃电装置。

第三十三条 电力供应企业应当按照国家有关用电检查

管理的规定对用户用电情况进行检查。

用电检查人员进行检查时,不得少于两人,并应当出示由电力行政主管部门颁发的《用电检查证》,制作用电安全检查记录。被检查的用户应当予以配合。

用电检查人员在检查时发现窃电行为的,应当予以制止,可以通过录像、拍照、现场保存窃电装置等方式保存窃电的证据,并应当及时报告电力行政主管部门或者公安机关依法处理。

第三十四条 电力企业应当保障电能质量符合国家标准,在发、供电系统正常运行的情况下,应当按照供用电合同的规定连续向用户供电,不得无故中断。但有下列情形之一的,电力供应企业按照国家有关规定可以中止供电:

(一)遭遇不可抗力或者紧急避险的;

(二)有证据表明用户有窃电行为的;

(三)用户运行中的受电设施不符合有关安全规范和标准,经整改仍不合格的;

(四)用户的用电设备对电能质量产生干扰与妨碍,经整改仍不合格的;

(五)用户在限期内不拆除私增用电容量设施或者设备的;

(六)用户擅自转供电的;

(七)用户违反安全用电规定用电,危害供用电安全,扰乱供用电秩序拒绝接受检查或者拒不改正的;

(八)电力设施计划检修、临时故障检修的;

(九)用户在电力设施保护区内实施违法作业的;

(十)其他严重影响供电质量、电网安全或者破坏正常供用电秩序的情形。

第三十五条 电力供应企业实施中止供电,应当遵守下列规定:

(一)因供电设施计划检修的,应当提前七日通知用户或者进行公告;

(二)因供电设施临时检修的,应当提前二十四小时向社

会公告并通知重要用户;

(三)因本条例第三十四条第三、四项情形需要中止供电的,应当提前七日通知用户;

(四)采取防范设备重大损失、人身伤害的措施;

(五)不影响其他用户正常用电;

(六)不影响社会公共利益或者社会公共安全。

对高危行业和连续性生产企业中止供电,应当报请所在地电力行政主管部门批准。

因发电、供电系统发生故障的,应当按照有序用电方案确定的限电序位中止供电或者限电。

第三十六条 用户对电力供应企业中止供电有异议的,可以向电力供应企业查询,也可以向所在地县(市、区)人民政府电力行政主管部门投诉。电力行政主管部门应当依法受理,并在三个工作日内予以答复。

第三十七条 在电力供应企业实施中止供电后,具备下列情形之一的,电力供应企业应当在二十四小时内恢复供电:

(一)被中止供电的用户消除对电网安全和电能供应影响,且具备安全用电条件的;

(二)停止窃电行为并承担了相应民事责任或者依法提供了担保的;

(三)其他引起中止供电或者限电原因消除的,且具备安全用电条件。

第四章　电力设施保护

第三十八条 电力设施保护范围和保护区按照国家和省有关规定进行保护。

第三十九条 电力设施产权人应当根据国家和省的规定建立健全安全管理制度和内部治安保卫工作制度,设立并维护电力设施安全警示标志;按照国家规范和技术标准对电力设施进行巡视、维护、检修,及时消除隐患。

对危害电力设施安全的行为,电力设施产权人应当予以制止并有权要求恢复原状、排除妨害、赔偿损失,或者请求电力行政主管部门和公安机关依法处理。

第四十条 在发生自然灾害或者其他突发事件可能危及电力设施安全的紧急情况时,电力设施产权人可以先行采取措施,防止危害电力设施安全的事故发生或者最大程度减轻事故危害;采取紧急措施后,应当及时报告电力行政主管部门并告知利害关系人。

第四十一条 任何单位和个人不得实施下列危害电力设施的行为:

(一)盗窃、破坏、哄抢电力设施及器材;

(二)损坏发电厂、变电站、水电站的建(构)筑物;

(三)拆卸变压器及其附属设施,堵塞发电设施附属的输油、供水、供热、排灰、送汽等管道;

(四)损坏、封堵发电厂、变电站的铁路专用线、专用公路或者专用码头;

(五)损坏、擅自移动、涂改电力设施标志;

(六)在火力发电厂冷却池、输水管道、沟渠的进出水口禁区范围内游泳、捕鱼;

(七)在水底电缆和水电厂禁区范围内游泳、捕鱼、停泊船筏、抛锚、拖锚、挖沙取土;

(八)在电力线路杆塔、拉线基础规定范围内和地下电缆保护区内取土、开挖、打桩、钻探、堆放物品,修建建(构)筑物或者倾倒酸、碱、盐及其他有害化学物品;

(九)违章攀爬变压器台架、电力杆塔,擅自在电力杆塔上搭挂各类缆线、广播器材和广告牌等外挂装置,未经电力设施产权人许可在电力设施上安装其他设施;

(十)向导线抛掷物体;

(十一)擅自在电缆沟道中铺设各类缆线,向电缆沟内排放污水,在电缆井盖附近堆放易燃易爆物品;

(十二)在电力设施保护范围或者保护区内钓鱼、燃放烟花爆竹或者放风筝、气球及其他空中物体;

（十三）更改、涂抹电杆警示、标志符号或者利用变电所、配电室为依托搭建房屋等；

（十四）法律、法规禁止的危害电力设施的其他行为。

第四十二条　任何单位和个人不得在架空电力线路保护区内实施下列行为：

（一）新建、改建、扩建可能危及电力设施安全的建（构）筑物；

（二）种植可能危及电力设施安全的植物；

（三）实施影响导线对地安全距离的填埋、铺垫；

（四）堆放谷物、草料、垃圾、矿渣、易燃物、易爆物及其他影响安全供电的物品。

第四十三条　单位和个人从事下列活动，应当制定安全措施并经县级以上人民政府电力行政主管部门同意：

（一）在架空电力线路保护区和电力电缆线路保护区内从事起重机械施工作业，或者进行农田水利基本建设及打桩、钻探、挖掘等作业；

（二）与架空电力导线的垂直距离小于国家规定安全距离的或者超过四米高度的运输机械及装载物通过架空电力线路保护区。

前款规定的作业事项需要电力设施产权人提供协助的，电力设施产权人应当予以配合，产生的费用由作业单位或者个人承担。

第四十四条　在距电力设施周围五百米范围内（指水平距离）进行爆破作业，应当制定安全措施并经电力行政主管部门批准。

第四十五条　因建设需要，必须对已建成的电力设施及其附属设施迁移、改造的，建设单位应当事先与电力设施产权人协商，并依法办理有关手续。建设单位与电力设施产权人协商不一致的，可以提请电力行政主管部门处理。

第四十六条　电网调度管理按照国家有关规定执行。未经值班调度人员许可，任何人不得操作调度机构调度管辖范围内的设备。

电网运行遇有危及人身及设备安全的情况时,发电厂、变电站的运行值班单位的值班人员可以按照有关规定处理,处理后应当立即报告有关调度机构的值班人员。

第五章　用户权益保护

第四十七条　电力供应企业应当在营业场所公示用电办理程序、服务规范、收费项目和标准,并提供用电量、电价、电费以及相关事项的查询服务,用户对查询结果有异议的,电力供应企业应当自提出异议之日起三个工作日内予以处理并答复。

第四十八条　住宅用户达到电力供应企业直接对最终用户实行分户控制计量供电条件的,电力供应企业应当抄表到户,并承担分户控制计量装置以外供电设施、设备的维修、养护、更新等责任及相关费用。

第四十九条　电力供应企业应当按照价格行政主管部门核准的电价和国家法定计量检定机构检定的用电计量装置的记录,按照合同约定的期限和方式向用户收取电费。

任何单位和个人不得擅自变更电价、加价收取电费。

第五十条　电力供应企业定期检验、轮换用于结算收费的用电计量装置时,费用由电力供应企业承担,用户应当予以配合。

用户发现用于结算收费的用电计量装置发生故障、损坏或者丢失,应当及时告知电力供应企业;电力供应企业应当及时处理。因用电计量装置故障造成计量值不准的,应当按照国家《供电营业规则》的规定退补电费。

第五十一条　电力供应企业不得实施下列损害用户合法权益的行为:

(一)违反规定中止供电,无故拖延供电;

(二)自立收费项目,擅自更改收费标准;

(三)对用户投诉、咨询推诿塞责,不及时处理;

(四)不按照规定序位限电;

（五）其他损害用户合法权益的行为。

第五十二条 物业服务企业或者其他负有管理职责的单位，不得以用户欠交物业管理费用或者其他原因中止对用户的供电。

第五十三条 电力行政主管部门应当建立投诉、举报受理制度，公开投诉、举报电话和电子邮件，受理有关的投诉和举报，并及时作出处理。

电力行政主管部门及其工作人员应当为举报人、投诉人保密。

第六章 监督管理

第五十四条 电力行政主管部门应当建立健全监督检查机制，依法对电力企业和用户遵守电力法律、法规的情况进行监督检查，协调处理电力设施保护和供用电秩序方面的纠纷，维护公共安全、公共利益以及电力企业和用户的合法权益。

第五十五条 电力行政主管部门依法监督电力市场，及时检查电力设施建设、发电量计划执行和电网统一调配情况，并采取相应措施，保护市场公平竞争。

第五十六条 电力行政主管部门执法人员进行监督检查时，应当出示执法证件，有权向电力企业或者用户了解有关执行电力法律、法规的情况，查阅有关资料，进入现场进行检查，为被检查单位和个人保守商业秘密和技术秘密。电力企业和用户应当予以配合。

第五十七条 电力行政主管部门应当建立与发展改革、规划、城乡建设、价格、林业、公安等相关部门的配合协作机制，就电力管理中的重大问题及时会商处理。

第五十八条 公安机关应当依法查处破坏电力设施、哄抢或者盗窃电力设施器材设备，非法出售、收购废旧电力设施器材设备和盗窃电能的违法行为。

第五十九条 电力供应企业应当依法取得供电营业许可证后从事供电业务，并接受电力行政主管部门的监督管理。

第六十条　电力突发事件发生后,电力企业应当按照国家有关规定立即向县(市、区)人民政府和电力监管机构及其他有关部门报告。县(市、区)人民政府应当启动本级电力突发事件应急预案,组织开展救援工作。

电力企业和重要用户应当按照应急预案,开展组织排险抢修,尽快恢复电力正常运行。

第七章　法律责任

第六十一条　违反本条例第十二条第三款规定,违法占用电力设施用地、架空电力线路走廊和地下电缆通道(含管线共同沟)的,由国土资源管理部门、城市管理行政执法部门依照有关法律、法规的规定给予处罚。

第六十二条　违反本条例第二十七条第二款、第三十四条、第三十五条、第三十七条、第五十一条第一项和第四项规定,电力供应企业无故中断供电、拒绝供电或者未在规定时间内恢复供电的,由电力行政主管部门依法给予处罚。给用户造成损失的,依法承担赔偿责任。

第六十三条　违反第四十七条、第五十一条第三款规定,电力供应企业未实施规范公示或者未提供相应查询服务,对用户投诉、咨询推诿塞责,不及时处理的,由电力行政主管部门责令改正;情节严重的,依法给予处罚。

第六十四条　违反本条例第二十八条规定,擅自向外转供电的,由电力行政主管部门责令改正,没收违法所得,可以并处违法所得五倍以下的罚款。

第六十五条　违反本条例第二十九条规定,电力供应企业指定设计、施工和设备材料供应单位的,由市工商行政主管部门根据《中华人民共和国反不正当竞争法》等规定依法给予处罚。

第六十六条　违反本条例第四十九条第一款规定,用电计量装置未经国家法定计量检定机构检定的,由质量技术监督部门依法给予处罚。

第六十七条 违反本条例第三十一条规定,损毁、改装、擅自移动用电计量装置及相关装置的,由电力行政主管部门责令限期改正并赔偿损失;逾期不改正的,处一万元以下罚款。

第六十八条 违反本条例第三十二条第一款规定窃电的,由电力行政主管部门责令停止违法行为,限期补交电费,并处应交电费五倍以下的罚款;因窃电造成电力设施损坏或者他人人身财产伤害的,窃电者应当依法承担赔偿责任;构成违反治安管理行为的,由公安机关依法处罚;构成犯罪的,依法追究刑事责任。

违反本条例第三十二条第二、三款规定,胁迫、指使、协助他人窃电、传授窃电方法或者生产、销售、出租窃电装置的,由公安机关依法查处。构成犯罪的,依法追究刑事责任。

第六十九条 违反本条例第四十九条第二款、第五十一条第二项规定,自立收费项目、擅自更改收费标准或者加价收取电费的,由价格行政主管部门依法给予处罚。

第七十条 违反本条例第三十九条第一款规定,电力设施产权人未设立电力设施安全警示标志的,由电力行政主管部门责令限期改正;逾期不改正的,处一万元以上五万元以下罚款。

第七十一条 违反本条例第四十一条、第四十二条规定,有危害电力设施行为的,按照国务院《电力设施保护条例》和《山东省电力设施和电能保护条例》的有关规定处理。

擅自在电力设施上安装其他设施的,电力设施产权人可以拆除,费用由安装人承担。

第七十二条 违反第四十三条、第四十四条规定,未经批准或者未采取安全措施进行作业,危及电力设施安全的,由电力行政主管部门责令停止作业、恢复原状并赔偿损失。

第七十三条 电力行政主管部门和其他有关部门及其工作人员在电力管理工作中有下列行为之一的,依法给予处分;构成犯罪的,依法追究刑事责任。

(一)擅自变更电力发展规划和电网专项规划的;

（二）在架空电力线路走廊和地下电缆通道（含管线共同沟）内批准其他妨碍电力设施安全的建设项目的；

（三）受理举报、投诉案件未及时处理的；

（四）徇私舞弊，对电力违法行为不予查处的；

（五）利用职权侵犯他人合法权益的；

（六）泄露检查中知悉的商业秘密或者举报人情况的；

（七）将罚没财物据为己有的；

（八）其他滥用职权、玩忽职守、徇私舞弊的行为。

第八章　附　则

第七十四条　本条例下列用语的含义：

电力企业，是指电力建设企业、电力生产企业、电力供应企业。

用户，是指与电力供应企业订立供用电合同的用电人，或者虽没有订立供用电合同但与电力供应企业存在事实供用电关系的用电人。

重要用户，是指在本市的社会、政治、经济生活中占有重要地位，对其中断供电将可能造成人身伤亡、较大环境污染、较大政治影响、较大经济损失、社会公共秩序严重混乱的用电单位或者对供电可靠性有特殊要求的用电场所的用电单位。

电力需求侧管理，是指通过提高电力资源利用效率和优化用电方式，在完成同样用电功能的同时减少电量消耗和电力需求，达到节约能源和保护环境，实现低成本电力服务所进行的用电管理活动。

第七十五条　本条例自 2011 年 10 月 1 日起施行。

四、部门规章

电力设施保护条例实施细则

第一条 根据《电力设施保护条例》(以下简称《条例》)第三十一条规定,制定本实施细则。

第二条 本细则适用于中华人民共和国境内国有、集体、外资、合资、个人已建或在建的电力设施。

第三条 电力管理部门、公安部门、电力企业和人民群众都有保护电力设施的义务。各级地方人民政府设立的由同级人民政府所属有关部门和电力企业(包括:电网经营企业、供电企业、发电企业)负责人组成的电力设施保护领导小组,负责领导所辖行政区域内电力设施的保护工作,其办事机构设在相应的电网经营企业,负责电力设施保护的日常工作。

电力设施保护领导小组,应当在有关电力线路沿线组织群众护线,群众护线组织成员由相应的电力设施保护领导小组发给护线证件。

各省(自治区、直辖市)电力管理部门可制定办法,规定群众护线组织形式、权利、义务、责任等。

第四条 电力企业必须加强对电力设施的保护工作。对危害电力设施安全的行为,电力企业有权制止并可以劝其改正、责其恢复原状、强行排除妨害,责令赔偿损失、请求有关行政主管部门和司法机关处理,以及采取法律、法规或政府授权的其他必要手段。

第五条 架空电力线路保护区,是为了保证已建架空电力线路的安全运行和保障人民生活的正常供电而必须设置的安全区域。在厂矿、城镇、集镇、村庄等人口密集地区,架空电力线路保护区为导线边线在最大计算风偏后的水平距离和风偏后距建筑物的水平安全距离之和所形成的两平行线内的区域。各级电压导线边线在计算导线最大风偏情况下,距建筑物的水平安全距离如下:

1 千伏以下	1.0 米
1—10 千伏	1.5 米
35 千伏	3.0 米
66—110 千伏	4.0 米
154—220 千伏	5.0 米
330 千伏	6.0 米
500 千伏	8.5 米

第六条 江河电缆保护区的宽度为：

（一）敷设于二级及以上航道时，为线路两侧各 100 米所形成的两平行线内的水域；

（二）敷设于三级及以下航道时，为线路两侧各 50 米所形成的两平行线内的水域。

第七条 地下电力电缆保护区的宽度为地下电力电缆线路地面标桩两侧各 0.75 米所形成两平行线内区域。

发电设施附属的输油、输灰、输水管线的保护区依本条规定确定。

在保护区内禁止使用机械掘土、种植林木；禁止挖坑、取土、兴建建筑物和构筑物；不得堆放杂物或倾倒酸、碱、盐及其他有害化学物品。

第八条 禁止在电力电缆沟内同时埋设其他管道。未经电力企业同意，不准在地下电力电缆沟内埋设输油、输气等易燃易爆管道。管道交叉通过时，有关单位应当协商，并采取安全措施，达成协议后方可施工。

第九条 电力管理部门应在下列地点设置安全标志：

（一）架空电力线路穿越的人口密集地段；

（二）架空电力线路穿越的人员活动频繁的地区；

（三）车辆、机械频繁穿越架空电力线路的地段；

（四）电力线路上的变压器平台。

第十条 任何单位和个人不得在距电力设施周围五百米范围内（指水平距离）进行爆破作业。因工作需要必须进行爆破作业时，应当按国家颁发的有关爆破作业的法律法规，采取可靠的安全防范措施，确保电力设施安全，并征得当地电力设施产权单位或管理部门的书面同意,报经政府有关管理部门批准。

在规定范围外进行的爆破作业必须确保电力设施的安全。

第十一条 任何单位或个人不得冲击、扰乱发电、供电企业的生产和工作秩序,不得移动、损害生产场所的生产设施及标志物。

第十二条 任何单位或个人不得在距架空电力线路杆塔、拉线基础外缘的下列范围内进行取土、打桩、钻探、开挖或倾倒酸、碱、盐及其他有害化学物品的活动:

(一)35 千伏及以下电力线路杆塔、拉线周围 5 米的区域;

(二)66 千伏及以上电力线路杆塔、拉线周围 10 米的区域。

在杆塔、拉线基础的上述距离范围外进行取土、堆物、打桩、钻探、开挖活动时,必须遵守下列要求:

(一)预留出通往杆塔、拉线基础供巡视和检修人员、车辆通行的道路;

(二)不得影响基础的稳定,如可能引起基础周围土壤、砂石滑坡,进行上述活动的单位或个人应当负责修筑护坡加固;

(三)不得损坏电力设施接地装置或改变其埋设深度。

第十三条 在架空电力线路保护区内,任何单位或个人不得种植可能危及电力设施和供电安全的树木、竹子等高杆植物。

第十四条 超过 4 米高度的车辆或机械通过架空电力线路时,必须采取安全措施,并经县级以上的电力管理部门批准。

第十五条 架空电力线路一般不得跨越房屋。对架空电力线路通道内的原有房屋,架空电力线路建设单位应当与房屋产权所有者协商搬迁,拆迁费不得超出国家规定标准;特殊情况需要跨越房屋时,设计建设单位应当采取增加杆塔高度、缩短档距等安全措施,以保证被跨越房屋的安全。被跨越房屋不得再行增加高度。超越房屋的物体高度或房屋周边延伸出的物体长度必须符合安全距离的要求。

第十六条 架空电力线路建设项目和公用工程、城市绿化及其他工程之间发生妨碍时,按下述原则处理:

(一)新建架空电力线路建设工程、项目需穿过林区时,应当按国家有关电力设计的规程砍伐出通道,通道内不得再种植树木;对需砍伐的树木由架空电力线路建设单位按国家的规定办理手续和付给树木所有者一次性补偿费用,并与其签定不再在通道内种植树木的协议。

(二)架空电力线路建设项目、计划已经当地城市建设规划主管部门批准的,园林部门对影响架空电力线路安全运行的树木,应当负责修剪,并保持今后树木自然生长最终高度和架空电力线路导线之间的距离符合安全距离的要求。

(三)根据城市绿化规划的要求,必须在已建架空电力线路保护区内种植树木时,园林部门需与电力管理部门协商,征得同意后,可种植低矮树种,并由园林部门负责修剪以保持树木自然生长最终高度和架空电力线路导线之间的距离符合安全距离的要求。

(四)架空电力线路导线在最大弧垂或最大风偏后与树木之间的安全距离为:

电压等级	最大风偏距离	最大垂直距离
35—110 千伏	3.5 米	4.0 米
154—220 千伏	4.0 米	4.5 米
330 千伏	5.0 米	5.5 米
500 千伏	7.0 米	7.0 米

对不符合上述要求的树木应当依法进行修剪或砍伐,所需费用由树木所有者负担。

第十七条 城乡建设规划主管部门审批或规划已建电力设施(或已经批准新建、改建、扩建、规划的电力设施)两侧的新建建筑物时,应当会同当地电力管理部门审查后批准。

第十八条 在依法划定的电力设施保护区内,任何单位和个人不得种植危及电力设施安全的树木、竹子或高杆植物。

电力企业对已划定的电力设施保护区域内新种植或自然生长的可能危及电力设施安全的树木、竹子，应当予以砍伐，并不予支付林木补偿费、林地补偿费、植被恢复费等任何费用。

第十九条 电力管理部门对检举、揭发破坏电力设施或哄抢、盗窃电力设施器材的行为符合事实的单位或个人，给予2000元以下的奖励；对同破坏电力设施或哄抢、盗窃电力设施器材的行为进行斗争并防止事故发生的单位或个人，给予2000元以上的奖励；对为保护电力设施与自然灾害作斗争，成绩突出或为维护电力设施安全做出显著成绩的单位或个人，根据贡献大小，给予相应物质奖励。

对维护、保护电力设施作出重大贡献的单位或个人，除按以上规定给予物质奖励外，还可由电力管理部门、公安部门或当地人民政府根据各自的权限给予表彰或荣誉奖励。

第二十条 下列危害电力设施的行为，情节显著轻微的，由电力管理部门责令改正；拒不改正的，处1000元以上10000元以下罚款：

（一）损坏使用中的杆塔基础的；

（二）损坏、拆卸、盗窃使用中或备用塔材、导线等电力设施的；

（三）拆卸、盗窃使用中或备用变压器等电力设备的。破坏电力设备、危害公共安全构成犯罪的，依法追究其刑事责任。

第二十一条 下列违反《电力设施保护条例》和本细则的行为，尚不构成犯罪的，由公安机关依据《中华人民共和国治安管理处罚条例》予以处理：

（一）盗窃、哄抢库存或者已废弃停止使用的电力设施器材的；

（二）盗窃、哄抢尚未安装完毕或尚未交付使用单位验收的电力设施的。

（三）其他违反治安管理的行为。

第二十二条 电力管理部门为保护电力设施安全，对违法行为予以行政处罚,应当依照法定程序进行。

　　第二十三条　本实施细则自发布之日起施行,原能源部、公安部 1992 年 12 月 2 日发布的《电力设施保护条例实施细则》同时废止。

供电营业规则

第一章 总 则

第一条 为加强供电营业管理,建立正常的供电营业秩序,保障供用双方的合法权益,根据《电力供应与使用条例》和国家有关规定,制定本规则。

第二条 供电企业和用户在进行电业供应与使用活动中,应遵守本规则的规定。

第三条 供电企业和用户应当遵守国家有关规定,服从电网统一调度,严格按指标供电和用电。

第四条 本规则应放置在供电企业的用电营业场所,供用户查阅。

第二章 供电方式

第五条 供电企业供电的额定频率为交流50赫兹。

第六条 供电企业供电的额定电压:

1. 低压供电:单相为220伏,三相为380伏;

2. 高压供电:为10、35(63)、110、220千伏。

除发电厂直配电压可采用3千伏或6千伏外,其他等级的电压应逐步过渡到上列额定电压。

用户需要的电压等级不在上列范围时,应自行采取变压措施解决。

用户需要的电压等级在110千伏及以上时,其受电装置应作为终端变电站设计,方案需经省电网经营企业审批。

第七条 供电企业对申请用电的用户提供的供电方式,应从供用电的安全、经济、合理和便于管理出发,依据国家的有关政策和规定、电网的规划、用电需求以及当地供电条件等因素，进行技术经济比较，与用户协商确定。

第八条 用户单相用电设备总容量不足 10 千瓦的可采用低压 220 伏供电。但有单台设备容量超过 1 千瓦的单相电焊机、换流设备时，用户必须采取有效的技术措施以消除对电能质量的影响，否则应改为其他方式供电。

第九条 用户用电设备容量在 100 千瓦及以下或需用变压器容量在 50 千伏安及以下者，可采用低压三相四线制供电，特殊情况也可采用高压供电。

用电负荷密度较高的地区，经过技术经济比较，采用低压供电的技术经济性明显优于高压供电时，低压供电的容量界限可适当提高。具体容量界限由省电网经营企业作出规定。

第十条 供电企业可以对距离发电厂较近的用户，采用发电厂直配供电方式，但不得以发电厂的厂用电源或变电站（所）的站用电源对用户供电。

第十一条 用户需要备用、保安电源时，供电企业应按其负荷重要性、用电容量和供电的可能性，与用户协商确定。

用户重要负荷的保安电源，可由供电企业提供，也可由用户自备。遇有下列情况之一者，保安电源应由用户自备：

1. 在电力系统瓦解或不可抗力造成供电中断时，仍需保证供电的；

2. 用户自备电源比从电力系统供给更为经济合理的。

供电企业向有重要负荷的用户提供的保安电源，应符合独立电源的条件。有重要负荷的用户在取得供电企业供给的保安电源的同时，还应有非电性质的应急措施，以满足安全的需要。

第十二条 对基建工地、农田水利、市政建设等非永久性用电，可供给临时电源。临时用电期限除经供电企业准许外，一般不得超过六个月，逾期不办理延期或永久性正式用电手续的，供电企业应终止供电。

使用临时电源的用户不得向外转供电，也不得转让给其他用户，供电企业也不受理其变更用电事宜。如需改为正式用电,应按新装用电办理。

因抢险救灾需要紧急供电时,供电企业应迅速组织力量,架设临时电源供电。架设临时电源所需的工程费用和应付的电费,由地方人民政府有关部门负责从救灾经费中拨付。

第十三条 供电企业一般不采用趸售方式供电,以减少中间环节。特殊情况需开放趸售供电时,应由省级电网经营企业报国务院电力管理部门批准。

趸购转售电单位应服从电网的统一调度,按国家规定的电价向用户售电,不得再向乡、村层层趸售。

电网经营企业与趸购转售电单位应就趸购转售事宜签订供用电合同,明确双方的权利和义务。

趸购转售电单位需新装或增加趸购容量时,应按本规则的规定办理新装增容手续。

第十四条 用户不得自行转供电。在公用供电设施尚未到达的地区,供电企业征得该地区有供电能力的直供用户同意,可采用委托方式向其附近的用户转供电力,但不得委托重要的国防军工用户转供电。

委托转供电应遵守下列规定:

1. 供电企业与委托转供户(以下简称转供户)应就转供范围、转供容量、转供期限、转供费用、转供用电指标、计量方式、电费计算、转供电设施建设、产权划分、运行维护、调度通信、违约责任等事项签订协议。

2. 转供区域内的用户(以下简称被转供户),视同供电企业的直供户,与直供户享有同样的用电权利,其一切用电事宜按直供户的规定办理。

3. 向被转供户供电的公用线路与变压器的损耗电量应由供电企业负担,不得摊入被转供户用电量中。

4. 在计算转供户用电量、最大需量及功率因数调整电费时,应扣除被转供户、公用线路与变压器消耗的有功、无功电量。

最大需量按下列规定折算:

(1)照明及一班制:每月用电量180千瓦时,折合为1

千瓦；

(2)二班制：每月用电量 360 千瓦时,折合为 1 千瓦;

(3)三班制：每月用电量 540 千瓦时,折合为 1 千瓦;

(4)农业用电：每月用电量 270 千瓦时,折合为 1 千瓦。

5.委托的费用,按委托的业务项目的多少,由双方协商确定。

第十五条 为保障用电安全,便于管理,用户应将重要负荷与非重要负荷、生产用电与生活区用电分开配电。

新装或增加用电的用户应按上述规定确定内部的配电方式,对目前尚未达到上述要求的用户应逐步进行改造。

第三章 新装、增容与变更用电

第十六条 任何单位或个人需新装用电或增加用电容量、变更用电都必须按本规则规定,事先到供电企业用电营业场所提出申请,办理手续。

供电企业应在用电营业场所公告办理各项用电业务的程序、制度和收费标准。

第十七条 供电企业的用电营业机构统一归口办理用户的用电申请和报装接电工作,包括用电申请书的发放及审核、供电条件勘查、供电方案确定及批复、有关费用收取、受电工程设计的审核、施工中间检查、竣工检验、供用电合同(协议)签约、装表接电等项业务。

第十八条 用户申请新装或增加用电时,应向供电企业提供用电工程项目批准的文件及有关的用电资料,包括用电地点、电力用途、用电性质、用电设备清单、用电负荷、保安电力、用电规划等,并依照供电企业规定的格式如实填写用电申请书及办理所需手续。

新建受电工程项目在立项阶段,用户应与供电企业联系,就工程供电的可能性、用电容量和供电条件等达成意向性协议,方可定址,确定项目。

未按前款规定办理的,供电企业有权拒绝受理其用电申请。

如因供电企业供电能力不足或政府规定限制的用电项目,供电企业可通知用户暂缓办理。

第十九条 供电企业对已受理的用电申请,应尽速确定供电方案,在下列期限内正式书面通知用户:

居民用户最长不超过五天;低压电力用户最长不超过十天;高压单电源用户最长不超过一个月;高压双电源用户最长不超过二个月。若不能如期确定供电方案时,供电企业应向用户说明原因。用户对供电企业答复的供电方案有不同意见时,应在一个月内提出意见,双方可再行协商确定。用户应根据确定的供电方案进行受电工程设计。

第二十条 用户新装或增加用电,在供电方案确定后,应按国家的有关规定向供电企业交纳新装增容供电工程贴费(以下简称供电贴费)。

第二十一条 供电方案的有效期,是指从供电方案正式通知书发出之日起至交纳供电贴费并受电工程开工日为止。高压供电方案的有效期为一年,低压供电方案的有效期为三个月,逾期注销。

用户遇有特殊情况,需延长供电方案有效期的,应在有效期到期前十天向供电企业提出申请,供电企业应视情况予以办理延长手续。但延长时间不得超过前款规定期限。

第二十二条 有下列情况之一者,为变更用电。用户需变更用电时,应事先提出申请,并携带有关证明文件,到供电企业用电营业场所办理手续,变更供用电合同:

1. 减少合同约定的用电容量(简称减容);

2. 暂时停止全部或部分受电设备的用电(简称暂停);

3. 临时更换大容量变压器(简称暂换);

4. 迁移受电装置用电地址(简称迁址);

5. 移动用电计量装置安装位置(简称移表);

6. 暂时停止用电并拆表(简称暂拆);

7. 改变用户的名称(简称更名或过户);

8. 一户分列为两户及以上的用户(简称分户);

9. 两户及以上用户合并为一户(简称并户);

10. 合同到期终止用电(简称销户);

11. 改变供电电压等级(简称改压);

12. 改变用电类别(简称改类)。

第二十三条 用户减容,须在五天前向供电企业提出申请。供电企业应按下列规定办理:

1. 减容必须是整台或整组变压器的停止或更换小容量变压器用电。供电企业在受理之日后,根据用户申请减容的日期对设备进行加封。从加封之日起,按原计费方式减收其相应容量的基本电费。但用户申明为永久性减容的或从加封之日起期满二年又不办理恢复用电手续的,其减容后的容量已达不到实施两部制电价规定容量标准时,应改为单一制电价计费;

2. 减少用电容量的期限,应根据用户所提出的申请确定,但最短期限不得少于六个月,最长期限不得超过二年;

3. 在减容期限内,供电企业应保留用户减少容量的使用权。用户要求恢复用电,不再交付供电贴费;超过减容期限要求恢复用电时,应按新装或增容手续办理;

4. 在减容期限内要求恢复用电时,应在五天前向供电企业办理恢复用电手续,基本电费从启封之日起计收;

5. 减容期满后的用户以及新装、增容用户,二年内不得申办减容或暂停。如确需继续办理减容或暂停的,减少或暂停部分容量的基本电费应按百分之五十计算收取。

第二十四条 用户暂停,须在五天前向供电企业提出申请。供电企业应按下列规定办理:

1. 用户在每一日历年内,可申请全部(含不通过受电变压器的高压电动机)或部分用电容量的暂时停止用电两次,每次不得少于十五天,一年累计暂停时间不得超过六个月。季节性用电或国家另有规定的用户,累计暂停时间可以另议;

2. 按变压器容量计收基本电费的用户,暂停用电必须是整台或整组变压器停止运行。供电企业在受理暂停申请后,根据用户申请暂停的日期对暂停设备加封。从加封之日起,

按原计费方式减收其相应容量的基本电费;

3. 暂停期满或每一日历年内累计暂停用电时间超过六个月者,不论用户是否申请恢复用电,供电企业须从期满之日起,按合同约定的容量计收其基本电费;

4. 在暂停期限内,用户申请恢复暂停用电容量用电时,须在预定恢复日前五天向供电企业提出申请。暂停时间少于十五天者,暂停期间基本电费照收;

5. 按最大需量计收基本电费的用户,申请暂停用电必须是全部容量(含不通过受电变压器的高压电动机)的暂停,并遵守本条 1 至 4 项的有关规定。

第二十五条 用户暂换(因受电变压器故障而无相同容量变压器替代,需要临时更换大容量变压器),须在更换前向供电企业提出申请。供电企业应按下列规定办理:

1. 必须在原受电地点内整台的暂换受电变压器;

2. 暂换变压器的使用时间,10 千伏及以下的不得超过二个月,35 千伏及以上的不得超过三个月。逾期不办理手续的,供电企业可中止供电;

3. 暂换的变压器经检验合格后才能投入运行;

4. 暂换变压器增加的容量不收取供电贴费,但对两部制电价用户须在暂换之日起,按替换后的变压器容量计收基本电费。

第二十六条 用户迁址,须在五天前向供电企业提出申请。供电企业应按下列规定办理:

1. 原址按终止用电办理,供电企业予以销户。新址用电优先受理;

2. 迁移后的新址不在原供电点供电的,新址用电按新装用电办理;

3. 迁移后的新址在原供电点供电的,且新址用电容量不超过原址容量,新址用电不再收取供电贴费。新址用电引起的工程费用由用户负担;

4. 迁移后的新址仍在原供电点,但新址用电容量超过原址用电容量的,超过部分按增容办理;

5. 私自迁移用电地址而用电者,除按本规则第一百条第 5 项处理外,自迁新址不论是否引起供电点变动,一律按新装用电办理。

第二十七条 用户移表(因修缮房屋或其他原因需要移动用电计量装置安装位置),须向供电企业提出申请。供电企业应按下列规定办理:

1. 在用电地址、用电容量、用电类别、供电点等不变情况下,可办理移表手续;

2. 移表所需的费用由用户负担;

3. 用户不论何种原因,不得自行移动表位,否则,可按本规则第一百条第 5 项处理。

第二十八条 用户暂拆(因修缮房屋等原因需要暂时停止用电并拆表),应持有关证明向供电企业提出申请。供电企业应按下列规定办理:

1. 用户办理暂拆手续后,供电企业应在五天内执行暂拆;

2. 暂拆时间最长不得超过六个月。暂拆期间,供电企业保留该用户原容量的使用权;

3. 暂拆原因消除,用户要求复装接电时,须向供电企业办理复装接电手续并按规定交付费用。上述手续完成后,供电企业应在五天内为该用户复装接电;

4. 超过暂拆规定时间要求复装接电者,按新装手续办理。

第二十九条 用户更名或过户(依法变更用户名称或居民用户房屋变更户主),应持有关证明向供电企业提出申请。供电企业应按下列规定办理:

1. 在用电地址、用电容量、用电类别不变条件下,允许办理更名或过户;

2. 原用户应与供电企业结清债务,才能解除原供用电关系;

3. 不申请办理过户手续而私自过户者,新用户应承担原用户所负债务。经供电企业检查发现用户私自过户时,供电企业应通知该户补办手续,必要时可中止供电。

第三十条 用户分户,应持有关证明向供电企业提出申请。供电企业应按下列规定办理：

1. 在用地地址、供电点、用电容量不变，且其受电装置具备分装的条件时，允许办理分户；

2. 在原用户与供电企业结清债务的情况下，再办理分户手续；

3. 分立后的新用户应与供电企业重新建立供用电关系；

4. 原用户的用电容量由分户者自行协商分割，需要增容者，分户后另行向供电企业办理增容手续；

5. 分户引起的工程费用由分户者负担；

6. 分户后受电装置应经供电企业检验合格，由供电企业分别装表计费。

第三十一条 用户并户，应持有关证明向供电企业提出申请，供电企业应按下列规定办理：

1. 在同一供电点，同一用电地址的相邻两个及以上用户允许办理并户；

2. 原用户应在并户前向供电企业结清债务；

3. 新用户用电容量不得超过并户前各户容量之总和；

4. 并户引起的工程费用由并户者负担；

5. 并户的受电装置应经检验合格，由供电企业重新装表计费。

第三十二条 用户销户，须向供电企业提出申请。供电企业应按下列规定办理：

1. 销户必须停止全部用电容量的使用；

2. 用户已向供电企业结清电费；

3. 查验用电计量装置完好性后，拆除接户线和用电计量装置；

4. 用户持供电企业出具的凭证，领还电能表保证金与电费保证金；

办完上述事宜，即解除供用电关系。

第三十三条 用户连续六个月不用电，也不申请办理暂停用电手续者，供电企业须以销户终止其用电。用户需再用电时，按新装用电办理。

第三十四条　用户改压(因用户原因需要在原址改变供电电压等级),应向供电企业提出申请。供电企业应按下列规定办理:

1.改为高一等级电压供电,且容量不变者,免收其供电贴费。超过原容量者,超过部分按增容手续办理;

2.改为低一等级电压供电时,改压后的容量不大于原容量者,应收取两级电压供电贴费标准差额的供电贴费。超过原容量者,超过部分按增容手续办理;

3.改压引起的工程费用由用户负担。

由于供电企业的原因引起用户供电电压等级变化的,改压引起的用户外部工程费用由供电企业负担。

第三十五条　用户改类,须向供电企业提出申请,供电企业应按下列规定办理:

1.在同一受电装置内,电力用途发生变化而引起用电电价类别改变时,允许办理改类手续;

2.擅自改变用电类别,应按本规则第一百条第1项处理。

第三十六条　用户依法破产时,供电企业应按下列规定办理:

1.供电企业应予销户,终止供电;

2.在破产用户原址上用电的,按新装用电办理;

3.从破产用户分离出去的新用户,必须在偿清原破产用户电费和其他债务后,方可办理变更用电手续,否则,供电企业可按违约用电处理。

第四章　受电设施建设与维护管理

第三十七条　用户受电设施的建设与改造应当符合城乡电网建设与改造规划。对规划中安排的线路走廊和变电站建设用地,应当优先满足公用供电设施建设的需要,确保土地和空间资源得到有效利用。

第三十八条　用户新装、增装或改装受电工程的设计安装、试验与运行应符合国家有关标准;国家尚未制订标准的,应符合电力行业标准;国家和电力行业尚未制定标准的,应符合省(自治区、直辖市)电力管理部门的规定和规程。

第三十九条 用户受电工程设计文件和有关资料应一式两份送交供电企业审核。高压供电的用户应提供:

1. 受电工程设计及说明书;

2. 用电负荷分布图;

3. 负荷组成、性质及保安负荷;

4. 影响电能质量的用电设备清单;

5. 主要电气设备一览表;

6. 节能篇及主要生产设备、生产工艺耗电以及允许中断供电时间;

7. 高压受电装置一、二次接线图与平面布置图;

8. 用电功率因数计算及无功补偿方式;

9. 继电保护、过电压保护及电能计量装置的方式;

10. 隐蔽工程设计资料;

11. 配电网络布置图;

12. 自备电源及接线方式;

13. 供电企业认为必须提供的其他资料。

低压供电的用户应提供负荷组成和用电设备清单。

第四十条 供电企业对用户送审的受电工程设计文件和有关资料,应根据本规则的有关规定进行审核。审核的时间,对高压供电的用户最长不超过一个月;对低压供电的用户最长不超过十天。供电企业对用户的受电工程设计文件和有关资料的审核意见应以书面形式连同审核过的一份受电工程设计文件和有关资料一并退还用户,以便用户据以施工。用户若更改审核后的设计文件时,应将变更后的设计再送供电企业复核。

用户受电工程的设计文件,未经供电企业审核同意,用户不得据以施工,否则,供电企业将不予检验和接电。

第四十一条 无功电力应就地平衡。用户应在提高用电自然功率因数的基础上,按有关标准设计和安装无功补偿设备,并做到随其负荷和电压变动及时投入或切除,防止无功电

力倒送。除电网有特殊要求的用户外,用户在当地供电企业规定的电网高峰负荷时的功率因数,应达到下列规定:

100千伏安及以上高压供电的用户功率因数为0.90以上。

其他电力用户和大、中型电力排灌站、趸购转售电企业,功率因数为0.85以上。

农业用电,功率因数为0.80。

凡功率因数不能达到上述规定的新用户,供电企业可拒绝接电。对已送电的用户,供电企业应督促和帮助用户采取措施,提高功率因数。对在规定期限内仍未采取措施达到上述要求的用户,供电企业可中止或限制供电。

功率因数调整电费办法按国家规定执行。

第四十二条　用户受电工程在施工期间,供电企业应根据审核同意的设计和有关施工标准,对用户受电工程中的隐蔽工程进行中间检查。如有不符合规定的,应以书面形式向用户提出意见,用户应按设计和施工标准的规定予以改正。

第四十三条　用户受电工程施工、试验完工后,应向供电企业提出工程竣工报告,报告应包括:

1. 工程竣工图及说明;

2. 电气试验及保护整定调试记录;

3. 安全用具的试验报告;

4. 隐蔽工程的施工及试验记录;

5. 运行管理的有关规定和制度;

6. 值班人员名单及资格;

7. 供电企业认为必要的其他资料或记录。

供电企业接到用户的受电装置竣工报告及检验申请后,应及时组织检验。对检验不合格的,供电企业应以书面形式一次性通知用户改正,改正后方予以再次检验,直至合格。但自第二次检验起,每次检验前用户须按规定交纳重复检验费。检验合格后的十天内,供电企业应派员装表接电。

重复检验收费标准,由省电网经营企业提出,报经省有关部门批准后执行。

第四十四条 公用路灯、交通信号灯是公用设施,应由当地人民政府及有关管理部门投资建设,并负责维护管理和交纳电费等事项。供电企业可接受地方有关部门的委托,代为设计、施工与维护管理公用路灯,并照章收取费用,具体事项由双方协商确定。

第四十五条 用户建设临时性受电设施,需要供电企业施工的,其施工费用应由用户负担。

第四十六条 用户独资、合资或集资建设的输电、变电、配电等供电设施建成后,其运行维护管理按以下规定确定:

1. 属于公用性质或占用公用线路规划走廊的,由供电企业统一管理。供电企业应在交接前,与用户协商,就供电设施运行维护管理达成协议。对统一运行维护管理的公用供电设施,供电企业应保留原所有者在上述协议中确认的容量。

2. 属于用户专用性质,但不在公用变电站内的供电设施,由用户运行维护管理。如用户运行维护管理确有困难,可与供电企业协商,就委托供电企业代为运行维护管理有关事项签订协议。

3. 属于用户共用性质的供电设施,由拥有产权的用户共同运行维护管理。如用户共同运行维护管理确有困难,可与供电企业协商,就委托供电企业代为运行维护管理有关事项签订协议。

4. 在公用变电站内由用户投资建设的供电设备,如变压器、通信设备、开关、刀闸等,由供电企业统一经营管理。建成投运前,双方应就运行维护、检修、备品备件等项事宜签订交接协议。

5. 属于临时用电等其他性质的供电设施,原则上由产权所有者运行维护管理,或由双方协商确定,并签订协议。

第四十七条 供电设施的运行维护管理范围,按产权归属确定。责任分界点按下列各项确定:

1. 公用低压线路供电的,以供电接户线用户端最后支持物为分界点,支持物属供电企业。

2. 10千伏及以下公用高压线路供电的,以用户厂界外或配电室前的第一断路器或第一支持物为分界点,第一断路器或第一支持物属供电企业。

3.35千伏及以上公用高压线路供电的,以用户厂界外或用户变电站外第一基电杆为分界点。第一基电杆属供电企业。

4.采用电缆供电的,本着便于维护管理的原则,分界点由供电企业与用户协商确定。

5.产权属于用户且由用户运行维护的线路,以公用线路分支杆或专用线路接引的公用变电站外第一基电杆为分界点,专用线路第一基电杆属用户。

在电气上的具体分界点,由供用双方协商确定。

第四十八条 供电企业和用户分工维护管理的供电和受电设备,除另有约定者外,未经管辖单位同意,对方不得操作或更动;如因紧急事故必须操作或更动者,事后应迅速通知管辖单位。

第四十九条 由于工程施工或线路维护上的需要,供电企业须在用户处进行凿墙、挖沟、掘坑、巡线等作业时,用户应给予方便,供电企业工作人员应遵守用户的有关安全保卫制度。用户到供电企业维护的设备区作业时,应征得供电企业同意,并在供电企业人员监护下进行工作。作业完工后,双方均应及时予以修复。

第五十条 因建设引起建筑物、构筑物与供电设施相互妨碍,需要迁移供电设施或采取防护措施时,应按建设先后的原则,确定其担负的责任。如供电设施建设在先,建筑物、构筑物建设在后,由后续建设单位负担供电设施迁移、防护所需的费用;如建筑物、构筑物的建设在先,供电设施建设在后,由供电设施建设单位负担建筑物、构筑物的迁移所需的费用;不能确定建设的先后者,由双方协商解决。

供电企业需要迁移用户或其他供电企业的设施时,也按上述原则办理。

城乡建设与改造需迁移供电设施时,供电企业和用户都应积极配合,迁移所需的材料和费用,应在城乡建设与改造投资中解决。

第五十一条 在供电设施上发生事故引起的法律责任，按供电设施产权归属确定。产权归属于谁，谁就承担其拥有的供电设施上发生事故引起的法律责任。但产权所有者不承担受害者因违反安全或其他规章制度，擅自进入供电设施非安全区域内而发生事故引起的法律责任，以及在委托维护的供电设施上，因代理维护不当所发生事故引起的法律责任。

第五章　供电质量与安全供用电

第五十二条 供电企业和用户都应加强供电和用电的运行管理，切实执行国家和电力行业制订的有关安全供用电的规程制度。用户执行其上级主管机关颁发的电气规程制度，除特殊专用的设备外，如与电力行业标准或规定有矛盾时，应以国家和电力行业标准或规定为准。

供电企业和用户在必要时应制订本单位的现场规程。

第五十三条 在电力系统正常状况下，供电频率的允许偏差为：

1. 电网装机容量在 300 万千瓦及以上的，为 ±0.2 赫兹；

2. 电网装机容量在 300 万千瓦以下的，为 ±0.5 赫兹。

在电力系统非正常状况下，供电频率允许偏差不应超过 ±1.0 赫兹。

第五十四条 在电力系统正常状况下，供电企业供到用户受电端的供电电压允许偏差为：

1. 35 千伏及以上电压供电的，电压正、负偏差的绝对值之和不超过额定值的 10%；

2. 10 千伏及以下三相供电的，为额定值的 ±7%；

3. 220 伏单相供电的，为额定值的 +7%，-10%。

在电力系统非正常状况下，用户受电端的电压最大允许偏差不应超过额定值的 ±10%。

用户用电功率因数达不到本规则第四十一条规定的，其受电端的电压偏差不受此限制。

第五十五条　电网公共连接点电压正弦波畸变率和用户注入电网的谐波电流不得超过国家标准 GB/T14549－93 的规定。

用户的非线性阻抗特性的用电设备接入电网运行所注入电网的谐波电流和引起公共连接点电压正弦波畸变率超过标准时,用户必须采取措施予以消除。否则,供电企业可中止对其供电。

第五十六条　用户的冲击负荷、波动负荷、非对称负荷对供电质量产生影响或对安全运行构成干扰和妨碍时,用户必须采取措施予以消除。如不采取措施或采取措施不力,达不到国家标准 GB12326－90 或 GB/T15543－1995 规定的要求时,供电企业可中止对其供电。

第五十七条　供电企业应不断改善供电可靠性,减少设备检修和电力系统事故对用户的停电次数及每次停电持续时间。供用电设备计划检修应做到统一安排。供用电设备计划检修时,对 35 千伏及以上电压供电的用户的停电次数,每年不应超过一次;对 10 千伏供电的用户,每年不应超过三次。

第五十八条　供电企业和用户应共同加强对电能质量的管理。因电能质量某项指标不合格而引起责任纠纷时,不合格的质量责任由电力管理部门认定的电能质量技术检测机构负责技术仲裁。

第五十九条　供电企业和用户的供用电设备计划检修应相互配合,尽量做到统一检修。用电负荷较大,开停对电网有影响的设备,其停开时间,用户应提前与供电企业联系。

遇有紧急检修需停电时,供电企业应按规定提前通知重要用户,用户应予以配合;事故断电,应尽速修复。

第六十条　供电企业应根据电力系统情况和电力负荷的重要性,编制事故限电序位方案,并报电力管理部门审批或备案后执行。

第六十一条　用户应定期进行电气设备和保护装置的检查、检修和试验,消除设备隐患,预防电气设备事故和误动作发生。

用户电气设备危及人身和运行安全时,应立即检修。

多路电源供电的用户应加装连锁装置,或按照供用双方签订的协议进行调度操作。

第六十二条 用户发生下列用电事故,应及时向供电企业报告:(1)人身触电死亡;(2)导致电力系统停电;(3)专线掉闸或全停电;(4)电气火灾;(5)重要或大型电气设备损坏;(6)停电期间向电力系统倒送电。

供电企业接到用户上述事故报告后,应派员赴现场调查,在七天内协助用户提出事故调查报告。

第六十三条 用户受电装置应当与电力系统的继电保护方式相互配合,并按照电力行业有关标准或规程进行整定和检验。由供电企业整定、加封的继电保护装置及其二次回路和供电企业规定的继电保护整定值,用户不得擅自变动。

第六十四条 承装、承修、承试受电工程的单位,必须经电力管理部门审核合格,并取得电力管理部门颁发的《承装(修)电力设施许可证》。

在用户受电装置上作业的电工,应经过电工专业技能的培训,必须取得电力管理部门颁发的《电工进网作业许可证》,方准上岗作业。

第六十五条 供电企业和用户都应经常开展安全供用电宣传教育,普及安全用电常识。

第六十六条 在发供电系统正常情况下,供电企业应连续向用户供应电力。但是,有下列情形之一的,须经批准方可中止供电:

1. 对危害供用电安全,扰乱供用电秩序,拒绝检查者;

2. 拖欠电费经通知催交仍不交者;

3. 受电装置经检验不合格,在指定期间未改善者;

4. 用户注入电网的谐波电流超过标准,以及冲击负荷、非对称负荷等对电能质量产生干扰与妨碍,在规定限期内不采取措施者;

5. 拒不在限期内拆除私增用电容量者;

6. 拒不在限期内交付违约用电引起的费用者;

7. 违反安全用电、计划用电有关规定,拒不改正者;

8. 私自向外转供电力者。

有下列情形之一的,不经批准即可中止供电,但事后应报告本单位负责人:

1. 不可抗力和紧急避险;

2. 确有窃电行为。

第六十七条 除因故中止供电外,供电企业需对用户停止供电时,应按下列程序办理停电手续:

1. 应将停电的用户、原因、时间报本单位负责人批准。批准权限和程序由省电网经营企业制定;

2. 在停电前三至七天内,将停电通知书送达用户,对重要用户的停电,应将停电通知书报送同级电力管理部门;

3. 在停电前 30 分钟,将停电时间再通知用户一次,方可在通知规定时间实施停电。

第六十八条 因故需要中止供电时,供电企业应按下列要求事先通知用户或进行公告:

1. 因供电设施计划检修需要停电时,应提前七天通知用户或进行公告;

2. 因供电设施临时检修需要停止供电时,应当提前 24 小时通知重要用户或进行公告;

3. 发供电系统发生故障需要停电、限电或者计划限、停电时,供电企业应按确定的限电序位进行停电或限电。但限电序位应事前公告用户。

第六十九条 引起停电或限电的原因消除后,供电企业应在三日内恢复供电。不能在三日内恢复供电的,供电企业应向用户说明原因。

第六章 用电计量与电费计收

第七十条 供电企业应在用户每一个受电点内按不同电价类别,分别安装用电计量装置。每个受电点作为用户的一个计费单位。

用户为满足内部核算的需要,可自行在其内部装设考核能耗用的电能表,但该表所示读数不得作为供电企业计费依据。

第七十一条　在用户受电点内难以按电价类别分别装设用电计量装置时,可装设总的用电计量装置,然后按其不同电价类别的用电设备容量的比例或实际可能的用电量,确定不同电价类别用电量的比例或定量进行分算,分别计价。供电企业每年至少对上述比例或定量核定一次,用户不得拒绝。

第七十二条　用电计量装置包括计费电能表(有功、无功电能表及最大需量表)和电压、电流互感器及二次连接线导线。计费电能表及附件的购置、安装、移动、更换、校验、拆除、加封、启封及表计接线等,均由供电企业负责办理,用户应提供工作上的方便。

高压用户的成套设备中装有自备电能表及附件时,经供电企业检验合格、加封并移交供电企业维护管理的,可作为计费电能表。用户销户时,供电企业应将该设备交还用户。

供电企业在新装、换装及现场校验后应对用电计量装置加封,并请用户在工作凭证上签章。

第七十三条　对10千伏及以下电压供电的用户,应配置专用的电能计量柜(箱);对35千伏及以上电压供电的用户,应有专用的电流互感器二次线圈和专用的电压互感器二次连接线,并不得与保护、测量回路共用。电压互感器专用回路的电压降不得超过允许值。超过允许值时,应予以改造或采取必要的技术措施予以更正。

第七十四条　用电计量装置原则上应装在供电设施的产权分界处。如产权分界处不适宜装表的,对专线供电的高压用户,可在供电变压器出口装表计量;对公用线路供电的高压用户,可在用户受电装置的低压侧计量。当用电计量装置不安装在产权分界处时,线路与变压器损耗的有功与无功电量均须由产权所有者负担。在计算用户基本电费(按最大需量计收时)、电度电费及功率因数调整电费时,应将上述损耗电量计算在内。

第七十五条　城镇居民用电一般应实行一户一表。因特殊原因不能实行一户一表计费时,供电企业可根据其容量按公安门牌或楼门单元、楼层安装共用的计费电能表,居民用户不得拒绝合用。共用计费电能表内的各用户,可自行装设分户电能表,自行分算电费,供电企业在技术上予以指导。

第七十六条　临时用电的用户,应安装用电计量装置。对不具备安装条件的,可按其用电容量、使用时间、规定的电价计收电费。

第七十七条　计费电能表装设后,用户应妥为保护,不应在表前堆放影响抄表或计量准确及安全的物品。如发生计费电能表丢失、损坏或过负荷烧坏等情况,用户应及时告知供电企业,以便供电企业采取措施。如因供电企业责任或不可抗力致使计费电能表出现或发生故障的,供电企业应负责换表,不收费用;其他原因引起的,用户应负担赔偿费或修理费。

第七十八条　用户应按国家有关规定,向供电企业存出电能表保证金。供电企业对存入保证金的用户出具保证金凭证,用户应妥为保存。

第七十九条　供电企业必须按规定的周期校验、轮换计费电能表,并对计费电能表进行不定期检查。发现计量失常时,应查明原因。用户认为供电企业装设的计费电能表不准时,有权向供电企业提出检验申请,在用户交付验表费后,供电企业应在七天内检验,并将检验结果通知用户。如计费电能表的误差在允许范围内,验表费不退;如计费电能表的误差超出允许范围时,除退还验表费外,并应按本规则第八十条规定退补电费。用户对检验结果有异议时,可向供电企业上级计量检定机构申请检定。用户在申请验表期间,其电费仍应按期交纳,验表结果确认后,再行退补电费。

第八十条　由于计费计量的互感器、电能表的误差及其连接线电压降超出允许范围或其他非人为原因致使计量记录不准时,供电企业应按下列规定退补相应电量的电费:

1.互感器或电能表误差超出允许范围时,以"0"误差为基准,按验证后的误差值退补电量。退补时间从上次校验或换装后投入之日起至误差更正之日止的二分之一时间计算。

2. 连接线的电压降超出允许范围时,以允许电压降为基准,按验证后实际值与允许值之差补收电量。补收时间从连接线投入或负荷增加之日起至电压降更正之日止。

3. 其他非人为原因致使计量记录不准时,以用户正常月份的用电量为基准,退补电量,退补时间按抄表记录确定。

退补期间,用户先按抄见电量如期交纳电费,误差确定后,再行退补。

第八十一条 用电计量装置接线错误、保险熔断、倍率不符等原因,使电能计量或计算出现差错时,供电企业应按下列规定退补相应电量的电费:

1. 计费计量装置接线错误的,以其实际记录的电量为基数,按正确与错误接线的差额率退补电量,退补时间从上次校验或换装投入之日起至接线错误更正之日止。

2. 电压互感器保险熔断的,按规定计算方法计算值补收相应电量的电费;无法计算的,以用户正常月份用电量为基准,按正常月与故障月的差额补收相应电量的电费,补收时间按抄表记录或按失压自动记录仪记录确定。

3. 计算电量的倍率或铭牌倍率与实际不符的,以实际倍率为基准,按正确与错误倍率的差值退补电量,退补时间以抄表记录为准确定。

退补电量未正式确定前,用户应先按正常月用电量交付电费。

第八十二条 供电企业应当按国家批准的电价,依据用电计量装置的记录计算电费,按期向用户收取或通知用户按期交纳电费。供电企业可根据具体情况,确定向用户收取电费的方式。

用户应按供电企业规定的期限和交费方式交清电费,不得拖延或拒交电费。

用户应按国家规定向供电企业存出电费保证金。

第八十三条 供电企业应在规定的日期抄录计费电能表读数。

由于用户的原因未能如期抄录计费电能表读数时,可通知用户待期补抄或暂按前次用电量计收电费,待下次抄表时一并结清。因用户原因连续六个月不能如期抄到计费电能表读数时,供电企业应通知该用户得终止供电。

第八十四条 基本电费以月计算,但新装、增容、变更与终止用电当月的基本电费,可按实用天数(日用电不足 24 小时的,按一天计算)每日按全月基本电费三十分之一计算。事故停电、检修停电、计划限电不扣减基本电费。

第八十五条 以变压器容量计算基本电费的用户,其备用的变压器(含高压电动机),属冷备用状态并经供电企业加封的,不收基本电费;属热备用状态的或未经加封的,不论使用与否都计收基本电费。用户专门为调整用电功率因数的设备,如电容器、调相机等,不计收基本电费。

在受电装置一次侧装有连锁装置互为备用的变压器(含高压电动机),按可能同时使用的变压器(含高压电动机)容量之和的最大值计算其基本电费。

第八十六条 对月用电量较大的用户,供电企业可按用户月电费确定每月分若干次收费,并于抄表后结清当月电费。收费次数由供电企业与用户协商确定,一般每月不少于三次。对于银行划拨电费的,供电企业、用户、银行三方应签订电费划拨和结清的协议书。

供用双方改变开户银行或帐号时,应及时通知对方。

第八十七条 临时用电用户未装用电计量装置的,供电企业应根据其用电容量,按双方约定的每日使用时数和使用期限预收全部电费。用电终止时,如实际使用时间不足约定期限二分之一的,可退还预收电费的二分之一;超过约定期限二分之一的,预收电费不退;到约定期限时,得终止供电。

第八十八条 供电企业依法对用户终止供电时,用户必须结清全部电费和与供电企业相关的其他债务。否则,供电企业有权依法追缴。

第七章　并网电厂

第八十九条　在供电营业区内建设的各类发电厂，未经许可，不得从事电力供应与电能经销业务。

并网运行的发电厂，应在发电厂建设项目立项前，与并网的电网经营企业联系，就并网容量、发电时间、上网电价、上网电量等达成电量购销意向性协议。

第九十条　电网经营企业与并网发电厂应根据国家法律、行政法规和有关规定，签订并网协议，并在并网发电前签订并网电量购销合同。合同应当具备下列条款：

1. 并网方式、电能质量和发电时间；
2. 并网发电容量、年发电利用小时和年上网电量；
3. 计量方式和上网电价、电费结算方式；
4. 电网提供的备用容量及计费标准；
5. 合同的有效期限；
6. 违约责任；
7. 双方认为必须规定的其他事宜。

第九十一条　用户自备电厂应自发自供厂区内的用电，不得将自备电厂的电力向厂区外供电。自发自用有余的电量可与供电企业签订电量购销合同。

自备电厂如需伸入或跨越供电企业所属的供电营业区供电的，应经省电网经营企业同意。

第八章　供用电合同与违约责任

第九十二条　供电企业和用户应当在正式供电前，根据用户用电需求和供电企业的供电能力以及办理用电申请时双方已认可或协商一致的下列文件，签订供用电合同：

1. 用户的用电申请报告或用电申请书；
2. 新建项目立项前双方签订的供电意向性协议；
3. 供电企业批复的供电方案；

4.用户受电装置施工竣工检验报告;

5.用电计量装置安装完工报告;

6.供电设施运行维护管理协议;

7.其他双方事先约定的有关文件。

对用电量大的用户或供电有特殊要求的用户,在签订供用电合同时,可单独签订电费结算协议和电力调度协议等。

第九十三条 供用电合同应采用书面形式。经双方协商同意的有关修改合同的文书、电报、电传和图表也是合同的组成部分。

供用电合同书面形式可分为标准格式和非标准格式两类。标准格式合同适用于供电方式简单、一般性用电需求的用户;非标准格式合同适用于供用电方式特殊的用户。

省电网经营企业可根据用电类别、用电容量、电压等级的不同,分类制定出适应不同类型用户需要的标准格式的供用电合同。

第九十四条 供用电合同的变更或者解除,必须依法进行。有下列情形之一的,允许变更或解除供用电合同:

1.当事人双方经过协商同意,并且不因此损害国家利益和扰乱供用电秩序;

2.由于供电能力的变化或国家对电力供应与使用管理的政策调整,使订立供用电合同时的依据被修改或取消;

3.当事人一方依照法律程序确定确实无法履行合同;

4.由于不可抗力或一方当事人虽无过失,但无法防止的外因,致使合同无法履行。

第九十五条 供用双方在合同中订有电力运行事故责任条款的,按下列规定办理:

1.由于供电企业电力运行事故造成用户停电的,供电企业应按用户在停电时间内可能用电量的电度电费的五倍(单一制电价为四倍)给予赔偿。用户在停电时间内可能用电量,按照停电前用户正常用电月份或正常用电一定天数内的每小时平均用电量乘以停电小时求得。

2.由于用户的责任造成供电企业对外停电,用户应按供电企业对外停电时间少供电量,乘以上月份供电企业平均售电单价给予赔偿。

因用户过错造成其他用户损害的,受害用户要求赔偿时,该用户应当依法承担赔偿责任。

虽因用户过错,但由于供电企业责任而使事故扩大造成其他用户损害的,该用户不承担事故扩大部分的赔偿责任。

3. 对停电责任的分析和停电时间及少供电量的计算,均按供电企业的事故记录及《电业生产事故调查规程》办理。停电时间不足 1 小时按 1 小时计算,超过 1 小时按实际时间计算。

4. 本条所指的电度电费按国家规定的目录电价计算。

第九十六条 供用电双方在合同中订有电压质量责任条款的,按下列规定办理:

1. 用户用电功率因数达到规定标准,而供电电压超出本规则规定的变动幅度,给用户造成损失的,供电企业应按用户每月在电压不合格的累计时间内所用的电量,乘以用户当月用电的平均电价的百分之二十给予赔偿。

2. 用户用电的功率因数未达到规定标准或其他用户原因引起的电压质量不合格的,供电企业不负赔偿责任。

3. 电压变动超出允许变动幅度的时间,以用户自备并经供电企业认可的电压自动记录仪表的记录为准,如用户未装此项仪表,则以供电企业的电压记录为准。

第九十七条 供用电双方在合同中订有频率质量责任条款的,按下列规定办理:

1. 供电频率超出允许偏差,给用户造成损失的,供电企业应按用户每月在频率不合格的累计时间内所用的电量,乘以当月用电的平均电价的百分之二十给予赔偿。

2. 频率变动超出允许偏差的时间,以用户自备并经供电企业认可的频率自动记录仪表的记录为准,如用户未装此项仪表,则以供电企业的频率记录为准。

第九十八条 用户在供电企业规定的期限内未交清电费时,应承担电费滞纳的违约责任。电费违约金从逾期之日起计算至交纳日止。每日电费违约金按下列规定计算：

1.居民用户每日按欠费总额的千分之一计算；

2.其他用户：

（1）当年欠费部分，每日按欠费总额的千分之二计算；

（2）跨年度欠费部分，每日按欠费总额的千分之三计算。

电费违约金收取总额按日累加计收，总额不足1元者按1元收取。

第九十九条 因电力运行事故引起城乡居民用户家用电器损坏的，供电企业应按《居民用户家用电器损坏处理办法》进行处理。

第一百条 危害供用电安全、扰乱正常供用电秩序的行为，属于违约用电行为。供电企业对查获的违约用电行为应及时予以制止。有下列违约用电行为者，应承担其相应的违约责任：

1.在电价低的供电线路上，擅自接用电价高的用电设备或私自改变用电类别的，应按实际使用日期补交其差额电费，并承担二倍差额电费的违约使用电费。使用起迄日期难以确定的，实际使用时间按三个月计算。

2.私自超过合同约定的容量用电的，除应拆除私增容设备外，属于两部制电价的用户，应补交私增设备容量使用月数的基本电费，并承担三倍私增容量基本电费的违约使用电费；其他用户应承担私增容量每千瓦（千伏安）50元的违约使用电费。如用户要求继续使用者，按新装增容办理手续。

3.擅自超过计划分配的用电指标的，应承担高峰超用电力每次每千瓦1元和超用电量与现行电价电费五倍的违约使用电费。

4.擅自使用已在供电企业办理暂停手续的电力设备或启用供电企业封存的电力设备的，应停用违约使用的设备。属于两部制电价的用户，应补交擅自使用或启用封存设备容量和使用月数的基本电费，并承担二倍补交基本电费的违约使用电费；其他用户应承担擅自使用或启用封存设备容量每次每千瓦（千伏安）30元的违约使用电费。启用属于私增容被封存的设备的,违约使用者还应承担本条第2项规定的违约责任。

5. 私自迁移、更动和擅自操作供电企业的用电计量装置、电力负荷管理装置、供电设施以及约定由供电企业调度的用户受电设备者,属于居民用户的,应承担每次500元的违约使用电费;属于其他用户的,应承担每次5000元的违约使用电费。

6. 未经供电企业同意,擅自引入(供出)电源或将备用电源和其他电源私自并网的,除当即拆除接线外,应承担其引入(供出)或并网电源容量每千瓦(千伏安)500元的违约使用电费。

第九章 窃电的制止与处理

第一百零一条 禁止窃电行为。窃电行为包括:

1. 在供电企业的供电设施上,擅自接线用电;

2. 绕越供电企业用电计量装置用电;

3. 伪造或者开启供电企业加封的用电计量装置封印用电;

4. 故意损坏供电企业用电计量装置;

5. 故意使供电企业用电计量装置不准或者失效;

6. 采用其他方法窃电。

第一百零二条 供电企业对查获的窃电者,应予制止并可当场中止供电。窃电者应按所窃电量补交电费,并承担补交电费三倍的违约使用电费。拒绝承担窃电责任的,供电企业应报请电力管理部门依法处理。窃电数额较大或情节严重的,供电企业应提请司法机关依法追究刑事责任。

第一百零三条 窃电量按下列方法确定:

1. 在供电企业的供电设施上,擅自接线用电的,所窃电量按私接设备额定容量(千伏安视同千瓦)乘以实际使用时间计算确定;

2. 以其他行为窃电的,所窃电量按计费电能表标定电流值(对装有限流器的,按限流器整定电流值)所指的容量(千伏安视同千瓦)乘以实际窃用的时间计算确定。

窃电时间无法查明时,窃电日数至少以一百八十天计算,每日窃电时间:电力用户按 12 小时计算;照明用户按 6 小时计算。

第一百零四条 因违约用电或窃电造成供电企业的供电设施损坏的,责任者必须承担供电设施的修复费用或进行赔偿。

因违约用电或窃电导致他人财产、人身安全受到侵害的,受害人有权要求违约用电或窃电者停止侵害,赔偿损失。供电企业应予协助。

第一百零五条 供电企业对检举、查获窃电或违约用电的有关人员应给予奖励。奖励办法由省电网经营企业规定。

第十章 附 则

第一百零六条 跨省电网经营企业、省电网经营企业可根据本规则,在业务上作出补充规定。

第一百零七条 本规则自发布之日起施行。

电网调度管理条例实施办法

第一章 总 则

第一条 根据《电网调度管理条例》(以下简称《条例》)第三十一条规定,特制定本实施办法。

第二条 电网包括发电、供电(输电、变电、配电)、受电设施和为保证这些设施正常运行所需的继电保护和安全自动装置、计量装置、电力通信设施、电网调度自动化设施等。电网运行必须实行统一调度、分级管理,以保障电网安全、保护用户利益、适应经济建设和人民生活的用电需要。

第二章 调度组织管理

第三条 电网调度管理的任务是组织、指挥、指导和协调电网的运行,保证实现下列基本要求:

(一)充分发挥本电网内发、供电设备能力,以有计划地满足本网的用电需要;

(二)使电网按照有关规定连续、稳定、正常运行,保证供电可靠性;

(三)使电网供电的质量(频率、电压和谐波分量等)指标符合国家规定的标准;

(四)根据本电网的实际情况,充分合理利用一次能源,使全电网在供电成本最低或者发电能源消耗率及网损率最小的条件下运行;

(五)按照有关合同或者协议,保护发电、供电、用电等各有关方面的合法权益。

第四条 电网调度机构一般应当进行下列主要工作:

（一）组织编制和执行电网的调度计划（运行方式）；

（二）指挥调度管辖范围内的设备的操作；

（三）指挥电网的频率调整和电压调整；

（四）指挥电网事故的处理，负责进行电网事故分析，制订并组织实施提高电网安全运行水平的措施；

（五）编制调度管辖范围内的设备的检修进度表，批准其按计划进行检修；

（六）负责本调度机构管辖的继电保护和安全自动装置以及电力通信和电网调度自动化设备的运行管理；负责对下级调度机构管辖的上述设备和装置的配置和运行进行技术指导；

（七）组织电力通信和电网调度自动化规划的编制工作，组织继电保护及安全自动装置规划的编制工作；

（八）参与电网规划编制工作，参与电网工程设计审查工作；

（九）参加编制发电、供电计划，监督发电、供电计划执行情况，严格控制按计划指标发电、用电；

（十）负责指挥全电网的经济运行；

（十一）组织调度系统有关人员的业务培训；

（十二）统一协调水电厂水库的合理运用；

（十三）协调有关所辖电网运行的其他关系。

第五条　电网调度机构是电网运行的组织、指挥、指导和协调机构，各级调度机构分别由本级电网管理部门直接领导。调度机构既是生产运行单位，又是电网管理部门的职能机构，代表本级电网管理部门在电网运行中行使调度权。

电网调度机构分为五级，依次为：

国家电网调度机构；

跨省、自治区、直辖市电网调度机构；

省、自治区、直辖市级电网调度机构；

省辖市级电网调度机构；

县级电网调度机构。

各级调度机构在电网调度业务活动中是上、下级关系，下级调度机构必须服从上级调度机构的调度。

第六条 调度系统值班人员应当由专业技术素质较高、工作能力较强和职业道德高尚的人员担任。调度系统值班人员在上岗值班之前必须经过培训,经考核取得合格证书并由相应主管部门批准后,方可正式上岗值班,并通知有关单位。

第七条 各级电网调度机构的值班调度员在其值班期间是电网运行和操作的指挥人员,按照批准的调度管辖范围行使调度权。值班调度人员必须按照规定发布调度指令。

发布调度指令的值班调度员应当对其发布的调度指令的正确性负责。

本条所称"规定",包括《条例》及电力行政主管部门、电网管理部门的规程、规范等,省、自治区、直辖市制定的小电网管理办法。下级电力行政主管部门(或者电网管理部门)颁布的规程、规范等,不得与《条例》以及上级电力行政主管部门(或者电网管理部门)的有关规程、规范等相抵触;省、自治区、直辖市制定的小电网管理办法不得与《条例》相抵触。

第八条 下级调度机构的值班调度员、发电厂值班长、变电站值班长在电网调度业务方面受上级调度机构值班调度员的指挥,接受上级调度机构值班调度员的调度指令。

调度系统的值班人员,接受上级调度机构值班调度员的调度指令后,应当复诵调度指令,经核实无误后方可执行。

任何单位和个人不得违反《条例》,干预调度系统的值班人员发布或者执行调度指令。调度系统的值班人员依法执行公务,有权利和义务拒绝各种非法干预。

调度系统的值班人员不执行或者延迟执行上级调度机构值班调度员的调度指令,则未执行调度指令的值班人员以及不允许执行或者允许不执行调度指令的领导人均应当对此负责。

第九条 调度系统值班人员在接到上级调度机构值班调度人员发布的调度指令时或者在执行调度指令过程中,认为调度指令不正确,应当立即向发布该调度指令的值班调度人员报告,由发令的值班调度员决定该调度指令的执行或者撤销。如果发令的值班调度员重复该指令时,接令值班人员原则上必须执行,但执行该指令确将危及人身、设备或者电网安全时,值班人员应当拒绝执行,同时将拒绝执行的理由及改正指令内容的建议报告发令的值班调度员和本单位直接领导人。

第十条　电岗管理部门的主管领导发布的一切有关调度业务的指示,应当通过调度机构负责人(指调度局(所)长(主任)、总工程师,调度处(科、组)长,下同)转达给值班调度员。非上述人员,不得直接要求值班调度人员发布任何调度指令。任何人均不得阻挠值班人员执行上级值班调度员的调度指令。

电网管理部门的负责人,调度机构的负责人以及发电厂、变电站的负责人,对上级调度机构的值班调度人员发布的调度指令有不同意见时,只能向上级电力行政主管部门(或者电网管理部门)或者上级调度机构提出,不得要求所属调度系统值班人员拒绝或者拖延执行调度指令;在上级电力行政主管部门(或者电网管理部门)或者上级调度机构对其所提意见未作出答复前,接令的值班人员仍然必须按照上级调度机构的值班调度人员发布的该调度指令执行;上级电力行政主管部门(或者电网管理部门)或者上级调度机构采纳或者部分采纳所提意见,由该调度机构的负责人将意见通知值班调度员,由值班调度员更改调度指令并由其发布。

第十一条　除电力行政主管部门、电网管理部门、调度机构负责人所作出的不违反《条例》和其它有关法规、规程、规范等的指示以及调度机构内有关专业部门按规定所提的要求,并按本实施办法第十条规定的传达程序传达给值班调度员外,其它任何人直接对调度系统值班人员发布或者执行调度指令提出的任何要求,均视为非法干预。

第十二条　发电厂、变电站等运行值班单位,必须按其所纳入的调度管辖范围,服从有直接调度管辖权的调度机构的调度。在电网出现《条例》第十八条所列紧急情况时,接到更高一级调度机构的调度指令,也必须执行,并且必须将执行情况分别报告发布指令的调度机构和直接管辖的调度机构的值班调度人员。

第十三条 发电厂必须按照调度机构下达的调度计划（发电有功、无功功率或者电压曲线，机、炉开、停方式等）和规定的电压变化范围运行，并根据调度指令开、停机、炉，调整功率和电压。不允许以任何借口拒绝或者拖延执行调度指令或者不执行调度指令。

变电站必须严格执行调度机构下达的调度计划（运行方式），依照规定或者调度指令调整（或者操作）电压（无功或者电压调节设备）。

第十四条 各级调度机构必须按照调度管辖范围，按审批或者许可权限统一安排好发、供电设备的检修进度。

各发、供电单位必须按照相应调度机构统一安排的设备检修进度组织设备检修。未经调度机构的批准，不能自行改变检修进度。

第十五条 属于调度管辖范围内的任何设备，未获相应调度机构值班调度员的指令，发电厂、变电站或者下级调度机构的值班人员均不得自行操作或者自行命令操作。但在电网出现紧急情况时上级调度机构值班调度员越级下令的，或者对人身、设备以及电网安全有威胁的除外。遇有危及人身、设备以及电网安全的情况时，发电厂、变电站的运行值班单位的值班人员应当按照有关规定处理，处理后应当立即报告有关调度机构的值班调度员。

第十六条 在电网中出现了威胁电网安全，不采取紧急措施就可能造成严重后果的情况下，必要时值班调度员可以直接（或者通过下级调度机构的值班调度员）越级向电网内下级调度机构管辖的发电厂、变电站等运行值班单位发布调度指令。

下级调度机构的值班调度员发布的调度指令，不得与上级调度机构的值班调度员越级发布的调度指令相抵触。

第三章　调度计划管理

第十七条　跨省电网管理部门和省级电网管理部门应当编制本地区、电网和企业的年度发电、供电计划。

各地区年度发电预期计划,由各跨省电网、省电网管理部门负责商有关省、自治区、直辖市人民政府的有关部门进行编制,报国务院电力行政主管部门进行审核后报国家计划主管部门,并抄报国家经济综合主管部门,由国家计划主管部门审核下达。

各跨省电网的年度用电计划由各跨省电网管理部门组织有关省电网管理部门编制,报送国家计划主管部门、国家经济综合主管部门和国务院电力行政主管部门审核下达;其他省级电网的年度用电计划由该省级电网管理部门商所在省、自治区、直辖市人民政府有关部门编制下达,报国务院电力行政主管部门备案。

在现行体制下,本实施办法所称国务院电力行政主管部门是指电力工业部,跨省电网管理部门是指电业管理局,省级电网管理部门是指省电力工业局,国家计划主管部门是指国家计委,国家经济综合主管部门是指国家经贸委。

第十八条　调度机构应当按年、月、日编制并下达发电调度计划。

凡由调度机构统一调度并纳入电网进行电力、电量平衡的发电设备,不论其产权归属和管理形式,均必须纳入发电调度计划的范围。

月度发电调度计划,须在年度发电预期计划的基础上,综合考虑用电负荷需求、月度水情、燃料供应、核燃料的燃耗、供热机组供热等情况和电网设备能力、设备检修情况等因素进行编制。

日发电调度计划在月发电调度计划的基础上,综合考虑日用电负荷需求、近其内水情、燃料供应情况和电网设备能力、设备检修情况等因素后,编制出日发电(有功、无功功率或者电压)曲线,下达各发电厂执行。

第十九条 调度机构应当参与(或者负责)编制下达月度供电(电力、电量)计划。

实行省电网间联络运行控制的电网的调度机构,应当按跨省电网管理部门编制下达的计划,并根据电网实际情况按年、月、日编制联络线送(受)电力、电量调度计划。

第二十条 任何单位和个人都应当按照跨省电网管理部门和省级电网管理部门编制下达的用电计划分配电力和电量,不得超分或者扣减(含不得留有缺口)。调度机构发现超计划分配电力或者电量时,应当立即报告计划下达部门,计划下达部门应当通知超分者限期纠正;对于拒不纠正者,计划下达部门应当通知有关调度机构不执行超分计划。

调度机构对因超计划分配电力或者电量而引起的超过跨省电网、省电网管理部门下达的用电计划用电的地区要实施限电,产生的后果,由分配电力或者电量的单位和个人负责。

第二十一条 值班调度员根据电网运行情况,可以按照有关规定调整本调度机构下达的日发电、供电调度计划;需调整其他调度机构下达的日发电、供电调度计划时,必须事先征得下达该调度计划的调度机构的同意。调整之后,必须将调整的原因及数量等填入调度值班日志。

第二十二条 跨省电网管理部门和省级电网管理部门编制发电、供电计划以及调度机构编制发电、供电调度计划时,对具有综合效益的水电厂(站)的水库,不论其产权归属和管理形式,均应当根据批准的水电厂(站)的设计文件,合理运用水库蓄水,保证其正常运用,不允许发生水库长期处于降低出力区运行的情况。

多年调节水库在蓄至正常蓄水位后,供水期末水位一般应当控制在年消落水位附近。遭遇连续枯水年时,需降至死水位运行,必须按规定报批。年调节水库一般在每年汛末应当蓄至正常蓄水位。多年调节水库和年调节水库的最低运行水位,均不允许低于死水位,不得破坏水库的调节能力。调节性能差的水库一般也不能低于死水位运行。

第二十三条 跨省电网管理部门和省级电网管理部门编制发电、供电计划以及调度机构编制发电、供电调度计划时，应当留有备用发电设备容量，分配备用容量时应当考虑电网的送(受)电能力。备用容量包括负荷备用容量、事故备用容量、检修备用容量。电网的总备用容量不宜低于最大发电负荷的20%，各种备用容量宜采用如下标准：

1. 负荷备用容量：一般为最大发电负荷的2%—5%，低值适用于大电网，高值适用于小电网；

2. 事故备用容量：一般为最大发电负荷的10%左右，但不小于电网中一台最大机组的容量；

3. 检修备用容量：一般应当结合电网负荷特点，水、火电比例，设备质量，检修水平等情况确定，一般宜为最大发电负荷的8%—15%。

电网如果不能按上述要求留足备用容量运行时，应当经电网管理部门同意。

第二十四条 跨省电网管理部门和省级电网管理部门遇有下列情形之一，而且不能在短期内解决，需要调整年、月度发电、供电计划指标时，可以适当调整。调整后，应当立即通报有关地方人民政府的有关部门，并与上述有关部门共同研究协调，采取有效措施：

1. 大、中型水电厂(站)水库实际来水与编制发电计划依据的来水预计相差较大；

2. 火电厂的燃料库存低于规定的火电厂最低燃料库存量"警戒线"；

3. 其他需调整发电、供电计划的情形。

第二十五条 任何单位和个人均不得超过调度机构下达的供电调度计划指标使用电力、电量。调度机构对超计划使用电力或者电量的地区实施限电，由此产生的后果由超计划使用电力或者电量的单位和个人负责。

第二十六条 省级电网管理部门、省辖市级电网管理部门、县级电网管理部门应当根据本级人民政府的生产调度部门的要求、用户的特点和电网安全运行的需要，提出事故及超计划用电的限电序位表,经本级人民政府的生产调度部门审核,报本级人民政府批准后(自报送本级人民政府的生产调度部门起,如果三十天内没有批复,即可按电网管理部门上报的序位表执行),由有关电网调度机构执行,并抄送该电网管理部门的上一级电网管理部门。

事故和超计划用电限电序位表的负荷总量,应当满足电网安全运行的需要。

各级调度机构的值班调度员,可以在电网发生事故或者用电地区(单位)超计划用电时,分别按照事故和超计划用电限电序位表发布拉闸限电指令,受令单位必须立即执行,不得拒绝或者拖延执行。

事故限电序位表内所列负荷(或者线路),应当包括自动限电负荷和人工限电负荷两部分,自动限电负荷包括装有低频减负荷装置与连锁切负荷装置等自动限电装置的负荷,装有低频减负荷装置和连锁切负荷装置等安全自动装置的线路的负荷,其限电序位可以按轮次排列,同轮次的线路(或者负荷)在序位表中不分先后。

限电序位表应当每年修订一次(或者视电网实际需要及时修订),新的限电序位表生效后,原有的限电序位表自行作废。

事故限电与超计划用电限电二个限电序位表批准后,批准部门应当通告有关用户。

事故限电与超计划用电限电二个限电序位表中所列用电负荷,不得擅自转移。

第二十七条 对于未列入超计划用电限电序位表的超用电单位,调度值班人员应当予以警告,责令其在十五分钟内自行限电;届时未自行限至计划值者,调度值班人员可以对其发布限电指令,当超计划用电威胁电网安全运行时,可以部分或者全部暂时停止其供电。

第四章 并网管理

第二十八条 并网运行的发电厂、机组、变电站均必须纳入调度管辖范围,服从调度机构的统一调度;两个或者两个以上电网并网运行,互联电网中必须确定一个最高电网调度机构,按统一调度、分级管理的原则,明确其他调度机构的层级关系,下级调度机构必须服从上级调度机构的统一调度。

第二十九条 需要并网运行的发电厂、机组、变电站或者电网与所接入的电网之间,应当在并网前按国家有关法规,根据平等互利、协商一致的原则签订并网协议,只有签订了并网协议才能并网运行;并网运行的各方必须严格执行协议。

协商一致必须以服从统一调度为前提,以《条例》为依据,以电网安全、优质、经济运行为目的,并符合国家有关电网管理的法律、行政法规、电力行政主管部门和电网管理部门的规章制度、规程、规定、规范等。

第三十条 需并网运行的发电厂、机组、变电站或者电网,在与有关电网管理部门签订并网协议之前,应当提出并网申请,由有关电网管理部门审查其是否符合并网运行的条例。

需并网运行的发电厂、机组、变电站或者电网必须具有接受电网统一调度的技术装备和管理设施,应当具备以下基本条件:

(一)新投产设备已通过试运行和启动验收(必须有有关电网管理部门的代表参加);

(二)接受电网统一调度的技术装备和管理设施齐备;

(三)已向有关电网管理部门提交齐全的技术资料;

(四)与有关电网调度机构间的通信通道符合规定,并已具备投运条件;

(五)按电力行业标准、规程设计安装的继电保护、安全自动装置已具备投运条例,电网运行所需的安全措施已落实;

(六)远动设施已按电力行业标准、规程设计建成,远动信息具备送入有关电网调度机构的电网调度自动化系统的条件；

（七）与并网运行有关的计量装置安装齐备并经验收合格；

（八）具备正常生产运行的其它条件。

第三十一条 满足并网运行条件的发电厂、机组、变电站或者电网申请并网运行，有关电网管理部门应当予以受理，按规定签订并网协议。并网协议应当包括以下基本内容：

（一）经济内容：

（1）电量购、销办法；

（2）电价和结算办法；

（3）计量和考核办法；

（4）违约责任和奖惩办法；

（5）意外灾害的处理办法；

（6）纠纷处理办法；

（7）并网双方协商一致的其他内容条款。

（二）调度内容：

（1）界定调度管辖范围的条款；

（2）按统一的规程、规章、规定施行调度和服从电网统一调度的条款；

（3）有关运行方式的条款；

（4）按规定履行调峰、调频、调压的义务条款；

（5）设备检修的条款；

（6）布置和实施电网安全稳定措施的条款；

（7）编制和执行发电、送（受）电调度计划条款，该计划原则上应当能满足发电厂完成协议规定的发电量的运行条件（电厂自身原因除外）；

（8）通信、自动化设备运行及维护条款；

（9）违约责任和奖惩条款；

（10）纠纷处理等条款。

第五章 罚 则

第三十二条 对违反《条例》规定的责任人员,其所在单位,即有人事管辖权的同级单位,依照《条例》第二十七条规定给予责任人行政处分。如果其所在单位不予处分,与其所在单位有行政隶属关系的上级单位可以直接给予责任人行政处分。

行政处分按行政管理权限作出,调度机构及其他单位和个人可以提出控告和建议。

第三十三条 依照《条例》第二十八条规定,该条中所列的有关措施,调度机构是唯一的行使职权的单位。电力行政主管部门、电网管理部门,可以向调度机构提出要求或者建议,不可以超越或者代替调度机构行使该职权。

第三十四条 对违反《条例》规定,未按照调度计划供电或者无故调减供电计划的,有关供电部门应当根据用户的需要补给少供的电力、电量。

各级电网调度机构应当模范遵守《条例》。调度系统的值班人员玩忽职守、徇私舞弊、以权谋私等,由电网调度机构或者电网管理部门或者其所在单位给予行政处分。

第三十五条 违反《条例》规定,有构成违反治安管理行为的,由公安机关处罚;构成犯罪的,由司法机关依法追究刑事责任。

电力行政主管部门、电网管理部门、调度机构负责举报和提出追诉请求。

第六章 附 则

第三十六条 各省、市、自治区人民政府依照《条例》制订的小电网管理办法,可以由当地电力行政主管部门与各有关部门共同参预协调,其内容不得违反《条例》规定。

第三十七条 本实施办法自公布之日起施行。

中央企业节能减排监督管理暂行办法

第一章 总 则

第一条 为督促中央企业落实节能减排社会责任,建设资源节约型和环境友好型企业,根据《中华人民共和国节约能源法》《中华人民共和国环境保护法》《中华人民共和国循环经济促进法》《中央企业负责人经营业绩考核暂行办法》等有关法律法规和规章,制定本办法。

第二条 本办法所称中央企业,是指国务院国有资产监督管理委员会(以下简称国资委)根据国务院授权履行出资人职责的国家出资企业。

第三条 中央企业应当严格遵守国家节能减排法律法规和有关政策,依法接受国家节能减排主管部门的监督管理。中央企业各级子企业依法接受所在地县级以上地方人民政府节能减排主管部门的监督管理。

第四条 国资委联系中央企业节能减排工作,履行以下职责:

(一)指导监督中央企业贯彻落实国家节能减排有关法律法规、政策和标准,研究制定中央企业节能减排工作意见;

(二)指导监督中央企业统筹规划,建立健全科学、规范的节能减排组织管理、统计监测和考核奖惩体系,切实履行社会责任;

(三)建立健全中央企业负责人节能减排考核奖惩制度,将节能减排目标完成情况纳入中央企业负责人经营业绩考核体系;

(四)组织或参与对中央企业节能减排的监督检查,配合有关部门开展专项审计,建立问责制度;

（五）组织对中央企业节能减排工作的宣传、培训、交流。

第五条 国资委对中央企业节能减排实行分类监督管理。按照企业能源消耗及主要污染物排放情况，将中央企业划分为三类（附件1）。

（一）重点类企业。主业处于石油石化、钢铁、有色金属、电力、化工、煤炭、建材、交通运输、机械行业，且具备以下三个条件之一的：

1. 年耗能超过 200 万吨标准煤；

2. 年二氧化硫排放量超过 50000 吨；

3. 年化学需氧量排放量超过 5000 吨。

（二）关注类企业。重点类企业之外具备以下三个条件之一的：

1. 年耗能在 10 万吨标准煤以上；

2. 年二氧化硫排放量在 1000 吨以上；

3. 年化学需氧量排放量在 200 吨以上。

（三）一般类企业。前两项以外的中央企业为一般类企业。

国资委对前款规定的三类企业分类实行动态监管。根据中央企业所处行业、企业能耗和污染物排放量的变化进行适时调整并对外公布。

第六条 中央企业应当制订节能减排工作专项规划并纳入企业发展规划和年度计划，健全节能减排规章制度，落实节能减排责任。

第二章 节能减排工作基本要求

第七条 中央企业应当建立健全节能减排组织管理体系。

中央企业应当建立健全节能减排领导机构，负责本企业节能减排总体工作，研究决定节能减排重大事项，建立工作制度和例会制度。

中央企业根据分类管理的要求建立与生产经营相适应的

节能减排协调、监督管理机构。

（一）重点类企业应当设置负责节能减排协调、监督管理的职能部门，或者在有关职能部门中设置专职负责协调、监督管理工作的内部机构，负责节能减排日常管理和监督工作。

（二）关注类企业应当在有关职能部门中设置负责协调、监督管理工作的内部机构，配备专职管理人员。

（三）一般类企业应当设立节能减排管理岗位，配备节能减排管理人员，负责节能减排工作的计量、统计、分析和监督检查。

第八条 企业主要负责人对本企业节能减排工作负主要领导责任。企业分管节能减排工作的负责人统筹组织各项节能减排制度和措施的落实，对节能减排工作负分管领导责任。

第九条 中央企业应当建立和完善企业内部节能减排考核奖惩体系，层层分解落实节能减排责任。考核结果应当作为相关领导和人员综合考核评价的重要内容。

第十条 中央企业应当加强节能减排专业队伍建设，建立健全节能减排教育培训制度，落实对企业负责人、节能减排监督管理人员、节能减排重点岗位人员的培训。

第十一条 中央企业应当把节能减排与企业发展战略、结构调整紧密结合，优化产业结构、产品结构和能源消费结构，优化生产工艺和流程，淘汰高污染、高耗能落后生产技术、工艺和装备，推广应用节能减排新技术、新材料、新工艺、新产品。

中央企业应当按照国家产业发展规划，科学有序推进风能、太阳能、生物质能等可再生能源的开发与利用，提高能源综合利用效率。

第十二条 中央企业应当认真编制节能减排年度经费预算，多方筹集资金，加大科研投入力度，加快技术改造，在节能减排重点领域形成一批具有自主知识产权的核心技术，开发新型高效节能环保产品。

第十三条 中央企业新建和改扩建项目应当符合国家产业政策和节能环保标准，依照有关政策，实行环境影响评价和节能评估审查制度。

第三章 节能减排统计监测与报告制度

第十四条 中央企业应当建立健全节能减排统计监测体系,加强对生产过程中能源消耗和污染物排放的统计监测,提升节能减排信息化水平。

第十五条 中央企业应当加强节能减排计量、定额、统计等基础管理工作,建立能源消耗及污染物排放统计台账,严格按照国家规定的口径、范围、折算标准和方法对能源消耗指标和污染物排放指标进行定期收集、汇总和分析。

第十六条 中央企业应当确保节能减排统计数据的完整性和准确性,通过企业自我检查、第三方检测、内部审计、外部审计等多种形式对节能减排效果进行评估和核定。

第十七条 中央企业应当建立健全节能减排工作报告制度。

中央企业应当建立内部节能减排工作逐级汇总报告制度,并定期将本企业节能减排汇总报表和总结分析报告报送国资委。

重点类、关注类和一般类企业分别按季度、半年度和年度上报汇总报表和总结分析报告。年度汇总报表和总结分析报告应当于次年 2 月 28 日前报送;季度报表、半年报表和总结分析报告应当于报告期满之次月 20 日前报送。

中央企业节能减排总结分析报告应当包括本企业能耗和主要污染物排放状况及变化、节能减排管理情况、节能减排措施、节能减排成效、存在的问题及改进措施等内容。重点类和关注类企业应当开展与同行业节能减排技术指标的对标和分析。

第十八条 中央企业应当将本企业节能减排重要科研成果、重大违规和环保事故、各级政府有关部门对本企业及其所属企业年度考核情况等重要事项及时报告国资委。

第四章　节能减排考核

第十九条　国资委将中央企业节能减排工作纳入中央企业负责人经营业绩考核体系,作为对中央企业负责人经营业绩考核的内容。

第二十条　国资委对中央企业节能减排实行分类考核。重点类和关注类企业考核反映企业行业特点的综合性能耗指标和主要污染物排放指标。一般类企业根据行业特点确定定量或定性考核指标。

第二十一条　中央企业应当根据国家节能减排有关政策、企业所处行业特点和节能减排水平,对照同行业国际国内先进水平,提出科学合理的节能减排考核目标。

第二十二条　国资委对中央企业节能减排考核目标进行审核,并在中央企业负责人任期经营业绩考核责任书中明确。

第二十三条　国资委对中央企业节能减排考核目标执行情况实施动态监控。

第二十四条　中央企业节能减排按照下列程序进行考核:

(一)中央企业负责人任期经营业绩考核期末,中央企业对任期节能减排考核目标完成情况进行审查和总结分析,对本企业及其所属企业与政府主管部门签订的节能减排考核目标完成情况进行专项说明,并将审查结果和分析报告报送国资委。

(二)国资委对企业报送的节能减排考核目标完成情况进行审核。对于经过国家节能减排主管部门考核和监测的企业,国资委依据节能减排主管部门审查的相关数据进行核实;对于其他企业,国资委通过审核企业节能减排总结分析报告、现场核查、委托中介机构专项审计等方式,对节能减排目标完成情况进行审核确认。

(三)国资委将中央企业节能减排考核情况与企业负责人经营业绩考核结果一并对外公布。

第五章 节能减排奖惩

第二十五条 中央企业发生下列情形之一的,对中央企业负责人经营业绩考核结果予以降级处理(附件2):

(一)节能减排数据严重不实,弄虚作假的;

(二)发生重大(含重大)以上环境责任事故,造成重大社会影响的;

(三)发生节能减排重大违法违规事件,造成恶劣影响的。

第二十六条 中央企业发生下列情形之一的,对中央企业负责人经营业绩考核结果给予扣分处理(附件2):

(一)未完成任期节能减排考核目标的;

(二)发生较大和一般环境责任事故的;

(三)被国家节能减排主管部门通报,造成较大负面影响的。

第二十七条 对节能减排成效突出的中央企业,国资委授予"节能减排优秀企业奖",并给予适当奖励。

第二十八条 授予"节能减排优秀企业奖"的中央企业应当符合下列条件:

(一)完成与国资委签订的任期节能减排考核目标和与政府主管部门签订的节能减排考核目标;

(二)建立较为完善的节能减排组织管理、统计监测和考核奖惩体系;

(三)中央企业负责人任期经营业绩考核结果为 C 级及以上;

(四)除符合以上三项基本条件外,还应当具备下列条件之一:

1. 中央企业负责人任期经营业绩考核期末,企业主要产品单位能耗、污染物排放水平达到国内同行业最好水平,接近或达到国际同行业先进水平;

2. 中央企业负责人任期经营业绩考核期内,能源利用效率、单位综合能耗降低率、主要污染物排放总量降低率在中央企业居于前列；

3. 中央企业负责人任期经营业绩考核期内,在节能减排技术创新方面取得重大突破,在推动全行业、全社会节能减排方面作出突出贡献。

第二十九条 国资委对节能减排工作成绩突出的企业和个人予以表彰。

第六章 附 则

第三十条 本办法所指环境责任事故,依据《国家突发环境事件应急预案》确定。

第三十一条 本办法由国资委负责解释。

第三十二条 本办法自公布之日起施行。

附件1

中央企业节能减排监督管理分类表

重点类企业(32 户)

1	中国石油天然气集团公司
2	中国石油化工集团公司
3	中国海洋石油总公司
4	国家电网公司
5	中国南方电网有限责任公司
6	中国华能集团公司
7	中国大唐集团公司
8	中国国电集团公司
9	中国华电集团公司
10	中国电力投资集团公司
11	鞍山钢铁集团公司
12	宝钢集团有限公司
13	武汉钢铁(集团)公司
14	中国铝业公司
15	攀钢集团有限公司
16	新兴铸管集团有限公司
17	神华集团有限责任公司
18	中国中煤能源集团有限公司
19	中国建筑材料集团有限公司
20	中国中材集团有限公司
21	中国化工集团公司
22	中国五矿集团公司

续表

23	华润(集团)有限公司
24	国家开发投资公司
25	中国航空集团公司
26	中国东方航空集团公司
27	中国南方航空集团公司
28	中国海运(集团)总公司
29	中国远洋运输集团总公司
30	中国兵器工业集团公司
31	中国港中旅集团公司
32	中粮集团有限公司

关注类企业(51户)

1	中国核工业集团公司
2	中国核工业建设集团公司
3	中国航天科技集团公司
4	中国航天科工集团公司
5	中国航空工业集团公司
6	中国船舶工业集团公司
7	中国船舶重工集团公司
8	中国兵器装备集团公司
9	中国电子科技集团公司
10	中国电子信息产业集团有限公司
11	中国黄金集团公司
12	中国建筑工程总公司
13	中国铁道建筑总公司

14	中国交通建设集团有限公司
15	中国水利水电建设集团公司
16	中国冶金科工集团有限公司
17	中国铁路工程总公司
18	中国葛洲坝集团公司
19	中国第一汽车集团公司
20	东风汽车公司
21	中国第一重型机械集团公司
22	中国第二重型机械集团公司
23	哈尔滨电气集团公司
24	中国东方电气集团公司
25	中国北方机车车辆工业集团公司
26	中国南方机车车辆工业集团公司
27	中国中钢集团公司
28	中国盐业总公司
29	中国中化集团公司
30	中国节能投资公司
31	中国化学工程集团公司
32	彩虹集团公司
33	中国广东核电集团有限公司
34	中国煤炭地质总局
35	中国恒天集团有限公司
36	华侨城集团公司
37	中国西电集团公司
38	中国移动通信集团公司

39	中国联合网络通信集团有限公司
40	中国电信集团公司
41	招商局集团有限公司
42	中国有色矿业集团有限公司
43	中国机械工业集团有限公司
44	中国诚通控股集团有限公司
45	中国铁路物资总公司
46	中国房地产开发集团公司
47	中国外运长航集团有限公司
48	中国储备粮管理总公司
49	中国通用技术(集团)控股有限责任公司
50	中国农业发展集团总公司
51	中国保利集团公司

一般类企业(45户)

1	中国医药集团总公司
2	中国乐凯胶片集团公司
3	中国高新投资集团公司
4	中国煤炭科工集团有限公司
5	中国国旅集团有限公司
6	中国冶金地质总局
7	中国航空油料集团公司
8	中国钢研科技集团有限公司
9	中国中纺集团公司
10	北京矿冶研究总院

续表

11	中国水电工程顾问集团公司
12	中国铁路通信信号集团公司
13	北京有色金属研究总院
14	中国普天信息产业集团公司
15	机械科学研究总院
16	南光(集团)有限公司
17	武汉邮电科学研究院
18	中国商用飞机有限责任公司
19	中国长江三峡集团公司
20	上海贝尔股份有限公司
21	中国华录集团有限公司
22	电信科学技术研究院
23	中国林业集团公司
24	中国电力工程顾问集团公司
25	中国出国人员服务总公司
26	中国印刷集团公司
27	中国华星集团公司
28	中国工艺(集团)公司
29	中国轻工集团公司
30	中国民航信息集团公司
31	中国建筑科学研究院
32	中国华孚贸易发展集团公司
33	中国建筑设计研究院
34	中国国际工程咨询公司
35	国家核电技术有限公司

36	中国储备棉管理总公司
37	上海船舶运输科学研究所
38	中国国际技术智力合作公司
39	中商企业集团公司
40	中国丝绸进出口总公司
41	中国航空器材进出口集团公司
42	上海医药工业研究院
43	华诚投资管理有限公司
44	珠海振戎公司
45	中国汽车技术研究中心

附件2

中央企业节能减排考核细则

一、任期考核

（一）节能减排数据严重不实、弄虚作假的，对中央企业负责人任期经营业绩考核结果给予降级处理。

（二）未完成核定的任期节能减排考核目标，对中央企业负责人任期经营业绩考核结果按以下方式进行扣分处理：

1. 按考核指标个数分摊 2 分分值，根据未完成指标个数和未完成程度扣减相应分值。未完成考核指标的，实际完成值与目标值相比，每相差 10% 扣减 0.1 分，最多扣减该指标分摊的相应分值。

2. 核定的考核指标目标值为该行业国内先进水平的，减半扣分。

二、年度考核

（一）年度内发生下列情形之一的，对中央企业负责人年度经营业绩考核结果给予降级处理：

1. 发生重大以上（含重大）环境责任事故，造成重大社会影响的；

2. 经节能减排主管或者监管部门认定，发生节能减排重大违法违规事件，造成恶劣影响的。

（二）年度内发生下列情形之一的，对中央企业负责人年度经营业绩考核结果给予扣分处理：

1. 发生较大和一般环境责任事故的，按以下方式进行扣分：

（1）每发生一次较大环境责任事故（Ⅲ级），重点类、关注类和一般类企业分别扣减 0.3 分、0.5 分和 0.7 分；

（2）每发生一次一般环境责任事故（Ⅳ级），重点类、关注类和一般类企业分别扣减 0.1 分、0.3 分和 0.5 分；

（3）在当年不能认定的环境责任事故顺延处理。

2. 被国家节能减排主管部门通报，造成较大负面影响的，每通报一次扣减 0.2 分，最多扣 1 分。

电力企业信息披露规定

第一章 总 则

第一条 为了加强电力监管,规范电力企业、电力调度交易机构的信息披露行为,维护电力市场秩序,根据《电力监管条例》,制定本规定。

第二条 电力企业、电力调度交易机构披露有关电力建设、生产、经营、价格和服务等方面的信息,适用本规定。

第三条 电力企业、电力调度交易机构披露信息遵循真实、及时、透明的原则。

第四条 国家电力监管委员会及其派出机构(以下简称电力监管机构)对电力企业、电力调度交易机构如实披露有关信息的情况实施监管。

第二章 披露内容

第五条 从事发电业务的企业应当向电力调度交易机构披露下列信息:

(一)发电机组基础参数;

(二)新增或者退役发电机组、装机容量;

(三)机组运行检修情况;

(四)机组设备改造情况;

(五)火电厂燃料情况或者水电厂来水情况;

(六)电力市场运行规则要求披露的信息;

(七)电力监管机构要求披露的其他信息。

第六条 从事输电业务的企业应当向从事发电业务的企业披露下列信息:

（一）输电网结构情况,输电线路和变电站规划、建设、投产的情况;

（二）电网内发电装机情况;

（三）网内负荷和大用户负荷的情况;

（四）电力供需情况;

（五）主要输电通道的构成和关键断面的输电能力,网内发电厂送出线的输电能力;

（六）输变电设备检修计划和检修执行情况;

（七）电力安全生产情况;

（八）输电损耗情况;

（九）国家批准的输电电价;跨区域、跨省(自治区、直辖市)电能交易输电电价;大用户直购电输电配电价;国家批准的收费标准;

（十）发电机组、直接供电用户并网接入情况,电网互联情况;

（十一）电力监管机构要求披露的其他信息。

第七条 从事供电业务的企业应当向电力用户披露下列信息:

（一）国家规定的供电质量标准;

（二）国家批准的配电电价、销售电价和收费标准;

（三）用电业务的办理程序;

（四）停电、限电和事故抢修处理情况;

（五）用电投诉处理情况;

（六）电力监管机构要求披露的其他信息。

第八条 电力调度交易机构应当向从事发电业务的企业披露下列信息:

（一）电网结构情况,并网运行机组技术性能等基础资料,新建或者改建发电设备、输电设备投产运行情况;

（二）电网安全运行的主要约束条件,电网重要运行方式的变化情况;

（三）发电设备、重要输变电设备的检修计划和执行情况;

（四）年度电力电量需求预测和电网中长期运行方式,电

网年度分月负荷预测;电网总发电量、最高最低负荷和负荷变化情况;年、季、月发电量计划安排和执行情况;

（五）跨区域、跨省（自治区、直辖市）电力电量交换情况;

（六）并网发电厂机组的上网电量、年度合同电量和其他电量完成情况,发电利用小时数;实行峰谷分时电价的,各机组峰、谷、平段发电量情况;

（七）并网发电厂执行调度指令、调度纪律情况,发电机组非计划停运情况,提供调峰、调频、无功调节、备用等辅助服务的情况;

（八）并网发电厂运行考核情况,考核所得电量、资金的使用情况;

（九）电力市场运行规则要求披露的有关信息;

（十）电力监管机构要求披露的其他信息。

第九条 电力监管机构根据监管工作的需要适时调整电力企业、电力调度交易机构披露信息的范围和内容。

第三章 披露方式

第十条 电力监管机构根据电力企业、电力调度交易机构披露信息的范围和内容,确定相应的披露方式和期限。

第十一条 电力企业、电力调度交易机构披露信息可以采取下列方式:

（一）电力企业的门户网站及其子网站;

（二）报刊、广播、电视等媒体;

（三）信息发布会;

（四）简报、公告;

（五）便于及时披露信息的其他方式。

第十二条 电力企业、电力调度交易机构披露信息应当保证所披露信息的真实性、及时性,并方便相关电力企业和用户获取。

第十三条 电力企业、电力调度交易机构应当指定具体负责信息披露的机构和人员,公开咨询电话和电子咨询邮箱,并报电力监管机构备案。

第四章 监督管理

第十四条 电力监管机构对电力企业、电力调度交易机构披露信息的情况进行监督检查。

电力监管机构根据工作需要,对电力企业、电力调度交易机构披露信息的情况进行不定期抽查,并将抽查情况向社会公布。

第十五条 电力监管机构每年对在信息披露工作中取得突出成绩的单位和个人给予表彰。

第十六条 电力企业、电力调度交易机构未按照本规定披露有关信息或者披露虚假信息的,由电力监管机构给予批评,责令改正;拒不改正的,处 5 万元以上 50 万元以下的罚款,对直接负责的主管人员和其他直接责任人员,依法给予处分。

第五章 附 则

第十七条 国家电力监管委员会区域监管局根据本规定制定实施办法,报国家电力监管委员会批准后施行。

第十八条 本规定自 2006 年 1 月 1 日起施行。

电力监管机构现场检查规定

第一条 为了加强电力监管,规范电力监管机构现场检查行为,维护电力投资者、经营者、使用者的合法权益和社会公共利益,根据《电力监管条例》和有关法律、行政法规的规定,制定本规定。

第二条 本规定适用于国家电力监管委员会及其派出机构(以下简称电力监管机构)进入电力企业或者电力调度交易机构的工作场所、用户的用电场所或者其他有关场所,对电力企业、电力调度交易机构、用户或者其他有关单位(以下简称被检查单位)遵守国家有关电力监管规定的情况进行检查。

电力监管机构进行电力事故调查、对涉嫌违法行为的立案调查、对有关事实或者行为的核查,法律、法规、规章另有规定的,从其规定。

国务院决定或者批准进行的专项检查,其范围、内容、时限和程序另有规定的,从其规定。

第三条 电力监管机构进行现场检查应当统筹安排、注重实效。

第四条 电力监管机构进行现场检查应当事先拟定现场检查方案,经电力监管机构负责人审核批准后,制作现场检查通知书。

现场检查方案应当包括检查依据、检查时间、检查对象、检查事项等内容。

现场检查通知书应当包括检查依据、检查时间安排、检查事项、检查人员名单、被检查单位配合和协助的事项等内容。

第五条 电力监管机构应当事先将现场检查通知书的内容告知被检查单位。必要时,可以持现场检查通知书直接进行现场检查。

电力监管机构进行现场检查时,应当出具现场检查通知书。

第六条 电力监管机构进行现场检查时,检查人员不得少于 2 人。

检查人员进行现场检查时,应当出示电力监管执法证;未出示电力监管执法证的,被检查单位有权拒绝检查。

第七条 电力监管机构可以根据需要聘请具有相关专业知识的人员协助检查。

第八条 被检查单位及其工作人员应当配合和协助电力监管机构进行现场检查。

第九条 检查人员可以根据需要,询问被检查单位的工作人员,要求其对有关事项作出说明。询问时,检查人员不得少于 2 人。

被询问人应当客观、如实地向检查人员作出说明,不得隐瞒、捏造事实。

检查人员应当做好询问笔录。询问结束时,被询问人应当场校核询问笔录并签字。

第十条 检查人员根据需要可以查阅、复制与检查事项有关的文件、资料,对可能被转移、隐匿、损毁的文件、资料予以封存。

被检查单位应当按照检查人员的要求提供有关资料、文件。

检查人员查阅、复制有关文件、资料,应当办理相关手续并妥善保存。

第十一条 检查人员进行现场检查时,发现被检查单位有违反国家有关电力监管规定的行为的,应当责令其当场改正或者限期改正,并制作笔录,由检查人员和被检查单位负责人签字确认。

责令期限改正的,被检查单位应当在规定的期限内提交限期改正的情况报告。逾期未改正的,电力监管机构可以继续进行现场检查。

第十二条 现场检查结束后,检查人员应当向电力监管机构提交现场检查报告。现场检查报告应当包括现场检查的基本情况、基本结论以及有关问题的处理情况等内容。

第十三条 现场检查结束后,电力监管机构应当及时向被检查单位反馈检查结果;必要时,可以按照有关规定向社会公开检查结果。

第十四条 电力监管机构对现场检查中发现的违法行为,依法应当给予行政处罚的,按照有关规定给予行政处罚。

第十五条 检查人员应当严肃执法、廉洁奉公。

检查人员有下列情形之一的,根据情节轻重,给予批评教育或者行政处分;构成犯罪的,依法追究刑事责任:

(一)违反规定的程序进行现场检查的;

(二)干预被检查单位正常的生产经营活动的;

(三)利用检查工作为本人、亲友或者他人谋取利益的;

(四)泄露检查工作中知悉的国家秘密、商业秘密、个人隐私的;

(五)其他违反现场检查规定的行为。

第十六条 被检查单位及其工作人员有下列情形之一的,按照《电力监管条例》第三十四条和国家有关规定处理:

(一)拒绝或者阻碍检查人员依法履行监管职责的;

(二)提供虚假或者隐瞒重要事实的文件、资料的。

第十七条 本规定自 2006 年 5 月 15 日起施行。

电力监管机构举报处理规定

第一条 为了保障公民、法人和其他组织依法行使举报权利,规范举报处理工作,根据《电力监管条例》,制定本规定。

第二条 本规定适用于国家电力监管委员会及其派出机构(以下简称电力监管机构)处理公民、法人或者其他组织对违反有关电力监管法律、法规、规章和其他规范性文件的行为的举报。

第三条 电力监管机构处理举报应当依法、公正、及时。

第四条 电力监管机构应当向社会公布举报电话、电子信箱、举报接待的时间和地点、查询举报事项进展及结果的方式等相关事项。

第五条 公民、法人或者其他组织可以采用书信、电子邮件、传真、电话、走访等方式向电力监管机构举报。

多人采用走访形式举报的,应当推选代表,代表人数不得超过 5 人。

第六条 电力监管机构接到通过邮寄信件、发送电子邮件、传真、登录电力监管机构网站等方式进行的举报,应当保存原始材料。举报材料是电子形式的,应当打印。能够与举报人取得联系的,应当与举报人确认举报事项;不能与举报人取得联系,应当注明情况。

电力监管机构接听电话举报,应当填写电话举报记录。有条件的,可以录音。

电力监管机构接待来访举报,应当填写来访接待记录,经举报人核对后签字;举报人不愿签字的,接待人员应当注明情况。

电力监管机构接到国务院交办或者国务院有关部门、地方人民政府及其工作部门移送的举报,应当指定专人处理。

第七条 电力监管机构应当对举报信件、举报材料打印件、电话举报记录或者录音、举报来访接待记录、交办或者移送的举报材料进行登记、编号。

第八条　电力监管机构对被举报人基本情况清楚、有具体的违法事实、线索清晰并附带相关证据材料的举报,应当受理。

第九条　举报有下列情形之一的,电力监管机构不予受理:

(一)举报事项不属于电力监管机构职责范围的;

(二)没有明确的被举报人或者被举报人无法查找;

(三)没有具体的违法事实或者查案线索不清晰的。

第十条　电力监管机构受理的举报,由被举报人所在地的国家电力监管委员会派出机构负责办理。

国家电力监管委员会派出机构认为举报案件重大、情况复杂的,可以报请国家电力监管委员会办理。

第十一条　电力监管机构处理举报的工作人员应当恪尽职守、秉公办事,查明事实、分清责任,及时妥善处理,不得推诿、敷衍、拖延。

电力监管机构处理举报的工作人员有下列情形之一的,应当回避:

(一)与举报事项有利害关系的;

(二)与当事人有利害关系的;

(三)其他电力监管机构认为应当回避的情形。

第十二条　电力监管机构按照下列规定作出举报处理决定:

(一)经调查核实,被举报人违法事实清楚、证据确凿的,依法给予行政处罚、行政处分或者其他处理;涉嫌构成犯罪,依法需要追究刑事责任的,移送司法机关依法处理;

(二)经调查核实,被举报人的行为未违法的,终止办理,予以结案;

(三)举报事项证据不足,无法查明的,终止办理,予以结案。

第十三条　举报应当自受理之日起60日内办结。有下列情形之一的,经电力监管机构负责人批准后,可以延长办理期限,但延长期限不得超过 30 日,对具名举报的举报人,应当告知其延期理由:

(一)举报事项复杂,涉及多方主体的;

(二)举报事项调查取证困难的;

(三)举报事项需要专业鉴定的;

(四)其他需要延长办理期限的。

第十四条 举报办结后,电力监管机构有举报人的联系地址、联系电话的,应当及时告知举报人处理结果。

第十五条 举报事项性质恶劣、社会影响较大的,电力监管机构可以将被举报人的违法行为及其处理情况向社会公布。

第十六条 电力监管机构应当依法保护举报人的合法权益,不得泄露举报人的举报材料和相关信息。

第十七条 电力监管机构按照有关规定对举报有功的人员和单位给予奖励。

第十八条 电力监管机构工作人员泄露举报信息或者隐匿、销毁举报材料,滥用职权、徇私舞弊的,视其情节轻重给予批评教育或者行政处分;构成犯罪的,依法追究刑事责任。

第十九条 举报人应当对自己所举报的内容负责。诬告、诽谤被举报人,或者以举报为名制造事端,干扰电力监管工作正常进行的,按照有关规定处理。

第二十条 本规定自 2006 年 4 月 1 日起施行。

电力监管机构投诉处理规定

第一条 为了保护公民、法人和其他组织的合法权益,维护电力市场秩序,规范投诉处理工作,根据有关法律、行政法规,制定本规定。

第二条 本规定适用于国家电力监管委员会及其派出机构(以下简称电力监管机构)处理公民、法人或者其他组织向电力监管机构提出的投诉请求。

第三条 电力监管机构处理投诉应当依法、公正、及时。

第四条 电力监管机构应当向社会公布投诉电话、电子信箱、投诉接待的时间和地点、查询投诉事项进展及结果的方式等相关事项。

第五条 公民、法人或者其他组织认为电力监管机构、电力企业、电力调度交易机构侵害其合法权益,可以采用书信、电子邮件、传真、电话、走访等方式向电力监管机构提出投诉请求。

多人采用走访形式投诉的,应当推选代表,代表人数不得超过 5 人。

第六条 投诉人提出投诉请求,应当向电力监管机构提交下列材料:

(一)投诉书,内容包括投诉人的姓名或者名称、住所和联系方式,被投诉人的名称、住所和联系方式,投诉事项,投诉请求等;

(二)与投诉事项相关的证明资料,包括书面资料、照片、录音、录像等。

第七条 电力监管机构应当对投诉事项进行登记、编号。

第八条 电力监管机构应当自收到投诉事项之日起 7 日内作出是否受理的决定;作出不予受理决定的,应当向投诉人说明理由。

第九条 投诉请求符合下列条件的,电力监管机构应当受理:

(一)有明确的投诉人和被投诉人的;

(二)有明确的投诉请求、事实和理由的;

(三)属于电力监管机构的职责范围的。

第十条 有下列情形之一的,电力监管机构不予受理:

(一)投诉人与投诉事项没有利害关系;

(二)投诉事项不属于电力监管机构的职责范围的;

(三)投诉事项已经或者依法应当通过诉讼、仲裁或者行政复议等法定途径解决的;

(四)依照法律、法规或者国家有关规定应当由电力企业或者其他组织先行处理的;

(五)投诉事项的内容不符合有关法律、法规规定的;

(六)电力监管机构已经作出处理,投诉人又以同一事实或者理由再次投诉的。

第十一条 电力监管机构受理的投诉,由被投诉人所在地的国家电力监管委员会派出机构负责办理。

国家电力监管委员会派出机构认为投诉情况重大、复杂的,可以报请国家电力监管委员会办理。

第十二条 电力监管机构处理投诉的工作人员应当恪尽职守、秉公办事,查明事实、分清责任,宣传法制、教育疏导,及时妥善处理,不得推诿、敷衍、拖延。

电力监管机构处理投诉的工作人员有下列情形之一的,应当回避:

(一)与投诉事项有利害关系的;

(二)与当事人有利害关系的;

(三)其他电力监管机构认为应当回避的情形。

第十三条 电力监管机构办理投诉事项,发现投诉事项不属于受理范围的,应当终止办理,并告知投诉人终止办理的理由。

第十四条 电力监管机构办理投诉事项期间,投诉人与被投诉人自行和解或者通过其他方式和解的,可以向电力监管机构申请撤回投诉。

电力监管机构作出是否准予撤回投诉,按照下列规定办理:

(一)已经查明有违法行为的,不予撤回投诉,并继续调查处理;

(二)撤回投诉不损害国家利益、社会公共利益或者其他当事人合法权益的,准予撤回投诉,终止办理。

第十五条 电力监管机构办理投诉事项期间,发现投诉人、被投诉人有违反有关电力监管法律、法规、规章和其他规范性文件的行为,需要立案调查的,应当按照有关规定立案调查处理。

电力监管机构办理投诉事项期间,发现投诉人、被投诉人有违法行为,但不属于电力监管机构查处范围的,应当移送有关部门进行处理。电力监管机构应当自作出移送决定之日起5日内告知投诉人。

第十六条 电力监管机构经调查核实,应当依照有关电力监管的法律、法规、规章和其他规范性文件,分别作出下列处理决定:

(一)投诉请求事实清楚,符合法律、法规、规章和其他规范性文件的,予以支持;

(二)投诉请求事由合理但缺乏法律依据的,应当对投诉人做好解释工作;

(三)投诉请求缺乏事实根据或者不符合法律、法规、规章和其他规范性文件的,不予支持。

电力监管机构依照前款第(一)项规定作出支持投诉请求决定的,本机构可以直接执行的,予以执行;本机构不能直接执行的,督促有关单位执行。

第十七条 投诉事项应当自受理之日起60日内办结。有下列情形之一的,经电力监管机构负责人批准后,可以延长办理期间,但延长期限不得超过30日,并告知投诉人延期理由:

(一)投诉事项复杂,涉及多方主体的;

(二)投诉事项调查取证困难的;

(三)投诉事项需要专业鉴定的;

（四）其他需要延长办理期间的。

第十八条 电力监管机构办结投诉事项,应当自作出投诉处理决定之日起 5 日内告知投诉人;对多人采用走访形式投诉的,电力监管机构应当将投诉处理结果告知其选出的代表。

第十九条 投诉事项社会影响较大的,电力监管机构可以将投诉事项及其处理情况向社会公布。

第二十条 电力监管机构处理投诉的工作人员滥用职权、徇私舞弊、以权谋私,视其情节轻重给予批评或者行政处分;构成犯罪的,依法追究刑事责任。

第二十一条 投诉人应当对自己所投诉的内容负责。诬告、诽谤被投诉人,或者以投诉为名制造事端,干扰电力监管工作正常进行的,按照有关规定处理。

第二十二条 本办法自 2006 年 4 月 1 日起施行。

电力监管机构行政处罚程序规定

第一章 总 则

第一条 为了加强电力监管,规范电力监管行政处罚工作,维护电力投资者、经营者、使用者的合法权益和社会公共利益,根据《中华人民共和国行政处罚法》、《电力监管条例》和国家有关规定,制定本规定。

第二条 国家电力监管委员会及其派出机构(以下简称电力监管机构)在其职责范围内对违反电力监管法律、法规和规章的行为(以下简称违法行为),实施行政处罚,适用本规定。

第三条 电力监管机构实施行政处罚,以法律、法规和规章为依据。

没有法定依据或者不遵守法定程序的,行政处罚无效。

第四条 当事人对电力监管机构给予的行政处罚,享有陈述权、申辩权;对行政处罚不服的,有权依法申请行政复议或者提起行政诉讼。

当事人因电力监管机构违法给予行政处罚受到损害的,有权依法提出赔偿要求。

第二章 管 辖

第五条 行政处罚由违法行为发生地的国家电力监管委员会区域监管局城市监管办公室(以下简称城市电监办)管辖。未设立城市电监办的,由所在区域的国家电力监管委员会区域监管局(以下简称区域电监局)管辖。

区域电监局负责对本区域内跨省、自治区、直辖市的违法行为的行政处罚。

国家电力监管委员会(以下简称电监会)负责对跨区域的或者在全国范围内有重大影响的违法行为的行政处罚。吊销电力业务许可证的行政处罚,由电监会实施。

第六条 区域电监局、城市电监办对行政处罚管辖权发生争议的,由电监会指定管辖。

电力监管机构发现违法案件不属于自己管辖时,应当移送有管辖权的电力监管机构。受移送的电力监管机构认为移送案件不属于自己管辖的,不得再自行移送,由电监会指定管辖。

第七条 电监会认为有必要时,可以直接查处区域电监局、城市电监办辖区内的有重大影响的违法行为,或者指定区域电监局、城市电监办查处应当由电监会查处的违法行为。

区域电监局、城市电监办认为应当由其查处的违法行为情节严重、有重大影响的,可以请求电监会进行查处。

第三章 简易程序

第八条 违法事实确凿并有法定依据,对个人处以50元以下罚款、对从事电力业务的企业或者电力调度交易机构处以1000元以下罚款或者警告的行政处罚的,电力监管机构从事现场执法的人员(以下简称执法人员)可以当场作出行政处罚决定。

当场作出行政处罚决定,有下列情形之一的,执法人员可以当场收缴罚款:

(一)依法给予20元以下的罚款的;

(二)不当场收缴事后难以执行的。

第九条 执法人员当场作出行政处罚决定的,应当向当事人出示电力监管执法证,填写行政处罚决定书。行政处罚决定书应当当场交付当事人。

前款规定的行政处罚决定书应当载明当事人的违法行为、行政处罚依据、罚款数额、时间、地点以及电力监管机构名称,并由执法人员签名或者盖章。

执法人员当场作出行政处罚决定,必须最迟在 5 日内报所属电力监管机构备案。

第十条 执法人员在当场作出行政处罚之前,应当告知当事人违法的事实、给予行政处罚的理由及依据,并告知当事人依法享有的权利。

第四章 一般程序

第一节 立案和调查

第十一条 除按照本规定当场作出行政处罚外,电力监管机构发现涉嫌违法行为,符合下列条件的,应当予以立案:

(一)有明确的违法嫌疑人;

(二)有违法事实;

(三)依法应当给予行政处罚;

(四)属于本机构管辖。

第十二条 电力监管机构有关监管部门在进行日常监督检查或者处理其他机关移送案件的过程中,发现涉嫌违法行为,应当进行初步核查。经初步核查后认为涉嫌违法行为符合本规定第十一条规定条件的,应当提出立案建议,送电力监管机构稽查工作部门(以下简称稽查工作部门)审核,经电力监管机构负责人批准,予以立案。

稽查工作部门发现符合本规定第十一条规定条件的涉嫌违法行为,应当进行核查,经电力监管机构负责人批准,予以立案。

立案日期为电力监管机构负责人批准日期。

第十三条 稽查工作部门对已经立案的涉嫌违法行为,应当组织调查。

调查应当全面、客观、公正,做到事实清楚,证据确凿、充分。

第十四条 调查应当收集有关证据的原件或者原物。因客观原因不能收集原件或者原物,或者收集原件、原物确有困难的,可以收集与原件、原物核对无误的复印件、复制品、抄录件、部分样品或者证明该原件、原物的照片、录像等其他证据。

第十五条 在调查过程中,稽查工作部门发现立案事由以外的涉嫌违法行为的,应当及时报请电力监管机构负责人决定是否对新发现的涉嫌违法行为一并进行调查。

第十六条 调查终结,稽查工作部门应当提出调查报告。调查报告应当包括被调查当事人的基本情况、经调查核实的事实和证据、对涉嫌违法行为的定性意见、处理建议及其法律依据等内容。

第十七条 调查应当自批准立案之日起 60 日内终结。案情复杂,60 日内不能终结的,经电力监管机构负责人批准,可以延长 30 日。

第十八条 稽查工作部门应当自调查终结之日起 10 日内,将调查报告、相关证据和其他有关材料送电力监管机构法制工作部门(以下简称法制工作部门)审查。

第十九条 已经移送法制工作部门审查的案件,法制工作部门要求补充调查或者重新调查的,稽查工作部门应当及时组织补充调查或者重新调查。补充调查或者重新调查应当自法制工作部门要求调查之日起 30 日内终结。

第二节 审查和决定

第二十条 法制工作部门应当对稽查工作部门移送的调查报告、相关证据和其他有关材料进行审查。审查包括下列内容:

(一)事实是否清楚;

(二)证据是否确凿、充分;

(三)定性是否准确;

(四)调查程序是否合法;

(五)适用法律、法规、规章是否正确;

(六)处理建议是否适当。

第二十一条　法制工作部门审查完毕,应当出具审查报告。审查报告应当按照下列规定提出审查意见:

(一)事实清楚,证据确凿、充分,定性准确,程序合法,适用法律、法规和规章正确,处罚种类、幅度适当的,提出审查同意意见,送行政处罚委员会决定;

(二)事实清楚,证据确凿、充分,程序合法,但定性不准,适用法律、法规和规章错误,处罚种类或者幅度不当的,提出审查修改意见,送行政处罚委员会决定;

(三)事实不清,证据不足,程序不合法的,提出纠正意见,退回稽查工作部门重新调查或者补充调查。

第二十二条　审查应当自稽查工作部门移送案件之日起30日内完毕。30日内不能审查完毕的,经电力监管机构负责人批准,可以延长30日。

第二十三条　电力监管机构设立行政处罚委员会,负责作出行政处罚决定。

行政处罚委员会由电力监管机构负责人、稽查工作部门负责人、法制工作部门负责人和其他有关监管部门的负责人组成。

行政处罚委员会设立办事机构,负责行政处罚委员会的日常事务。

第二十四条　行政处罚委员会审查稽查工作部门提交的调查报告、法制工作部门提交的审查报告和其他材料,根据不同情况,分别作出下列决定:

(一)确有应受行政处罚的违法行为的,根据情节轻重及具体情况,作出行政处罚决定;

(二)违法行为轻微,依法可以不予行政处罚的,不予行政处罚;

(三)违法事实不能成立的,不得给予行政处罚;

(四)违法行为已构成犯罪的,移送司法机关。

第二十五条　行政处罚委员会作出行政处罚决定的,经电力监管机构负责人签署,制作行政处罚决定书。行政处罚决定书应当载明下列事项:

（一）当事人的姓名或者名称、地址；

（二）违反法律、法规或者规章的事实和证据；

（三）行政处罚的种类和依据；

（四）行政处罚的履行方式和期限；

（五）不服行政处罚决定，申请行政复议或者提起行政诉讼的途径和期限；

（六）作出行政处罚决定的电力监管机构的名称和作出决定的日期。

行政处罚决定书必须盖有作出行政处罚决定的电力监管机构的印章。

第二十六条 电力监管机构在作出行政处罚决定之前，未依法向当事人告知其违法的事实、给予行政处罚的理由及依据，或者拒绝听取当事人的陈述、申辩，行政处罚决定不能成立；当事人放弃陈述或者申辩权利的除外。

第二十七条 电力监管机构作出的行政处罚决定，可以向社会公告。

第三节 听 证

第二十八条 行政处罚委员会作出吊销电力业务许可证、较大数额罚款等行政处罚决定之前，应当告知当事人有要求举行听证的权利；当事人要求听证的，电力监管机构应当组织听证。

前款所称较大数额罚款，是指对个人作出 5000 元以上罚款，对从事电力业务的企业和电力调度交易机构作出 50 万元以上罚款。

第二十九条 听证应当在当事人提出听证要求后 20 日内组织。行政处罚委员会举行听证会，应当指定一名非本案调查人员的行政处罚委员会委员主持。

第三十条 听证结束后，行政处罚委员会依据本规定第二十四条的规定，作出决定。

第五章 附 则

第三十一条 本规定未尽事宜,按照国家有关规定执行。

第三十二条 本规定自 2006 年 4 月 1 日起施行。

电力争议纠纷调解规定

第一条 为了规范电力争议纠纷调解行为,完善电力争议纠纷调解制度,及时解决电力争议纠纷,根据国家有关规定,制定本规定。

第二条 国家电力监管委员会及其派出机构(以下简称电力监管机构)调解电力争议纠纷,适用本规定。

第三条 电力监管机构调解电力争议纠纷,遵循下列原则:

(一)在当事人自愿、平等基础上进行调解;

(二)不违背法律、行政法规和国家政策,公平合理;

(三)尊重当事人的权利,不得因调解而阻止当事人依法通过仲裁、司法等途径维护自己的权利。

第四条 当事人可以向电力监管机构申请调解,电力监管机构也可以主动调解。当事人一方明确拒绝调解的,不得调解。

第五条 当事人向电力监管机构申请调解,应当符合下列条件:

(一)申请人与电力争议纠纷有直接利害关系;

(二)有明确的被申请人;

(三)有具体的调解请求、事实和理由;

(四)争议纠纷事项属于电力监管机构管辖。

第六条 电力监管机构收到调解申请后,应当在七日内决定是否受理并且通知当事人。

第七条 符合本规定第五条规定条件的调解申请,被申请人同意调解的,电力监管机构应当受理。电力监管机构主动调解的,双方当事人同意即为受理。

第八条 调解申请有下列情形之一的,电力监管机构不予受理:

(一)被申请人明确拒绝调解的;

(二)已经就争议纠纷事项提起仲裁或者诉讼的;

(三)不符合本规定第五条规定条件的。

电力监管机构决定不予受理的,应当向当事人说明理由。

第九条 电力监管机构调解电力争议纠纷,应当根据争议纠纷复杂程度和争议纠纷标的大小,指定一名或者三名调解员进行调解。

第十条 调解员进行调解工作,不得偏袒一方当事人,不得利用调解工作的便利牟取不正当利益,不得泄露当事人的商业秘密和个人隐私。

调解员应当由公道正派、熟悉电力、法律、经济等业务知识的人员担任。

调解员的具体管理办法另行规定。

第十一条 当事人认为调解员与电力争议纠纷有利害关系或者其他关系可能影响公正调解的,可以向电力监管机构申请调解员回避。调解员认为自己与电力争议纠纷有利害关系或者其他关系,可能影响公正调解的,应当自行申请回避。

调解员是否回避,由电力监管机构负责人决定。

第十二条 当事人可以委托代理人参加调解。委托代理人代理的,被委托人应当提交授权委托书。授权委托书应当由委托人签名或者盖章,载明委托代理人姓名、性别、年龄、身份证明、联系方式、委托期限和代理权限。

第十三条 电力争议纠纷涉及第三人的,应当通知第三人参加。

第十四条 调解员可以采取下列方式调解电力争议纠纷:

(一)根据已掌握的情况向当事人提出争议纠纷解决建议;

(二)单独会见一方当事人或者同时会见各方当事人;

(三)以书面或者口头方式征求一方当事人或者各方当事人的意见;

(四)要求当事人提出争议纠纷解决建议或者方案;

（五）经当事人同意,聘请与争议纠纷各方无利害关系的专家或者机构对争议纠纷事项提供咨询建议或者鉴定意见;

（六）有利于当事人达成一致的其他方式。

第十五条 调解过程中,当事人应当如实陈述事实,遵守调解秩序,尊重调解员和对方当事人。

第十六条 调解过程中,当事人有下列情形之一的,电力监管机构可以终止调解:

（一）隐瞒重要事实、提供虚假情况的;

（二）故意拖延时间的;

（三）无正当理由缺席或者以其他方式表明退出调解的;

（四）就电力争议纠纷事项提起仲裁或者诉讼的;

（五）影响调解正常进行的其他情况。

第十七条 调解结果涉及第三人利益的,应当征得第三人同意。第三人不同意的,终止调解。

第十八条 调解应当自受理之日起三个月内结案。因情况复杂,在规定时间内不能结案的,可以适当延长,但最长不超过六个月。

第十九条 调解达不成协议的,终止调解。

第二十条 调解达成协议的,电力监管机构可以制作调解书。调解书可以载明下列事项:

（一）当事人的基本情况;

（二）电力争议纠纷的主要事实、争议纠纷事项以及各方当事人的责任;

（三）当事人达成调解协议的内容,履行的方式、期限。

调解书应当由调解员以及当事人签名或者盖章,并且加盖电力监管机构印章。电力监管机构应当将调解书及时送达当事人。

第二十一条 当事人应当履行调解书。调解书中有关民事权利义务的内容,具有民事合同的性质,法律另有规定的除外。

具有民事权利义务内容的调解书,当事人可以申请有管辖权的人民法院确认其效力。

第二十二条 具有给付内容的调解书,当事人可以按照《中华人民共和国公证法》的规定申请公证机关依法赋予强制执行效力。债务人不履行或者不适当履行具有强制执行效力的公证文书的,债权人可以依法向有管辖权的人民法院申请执行。

第二十三条 具有给付内容的调解书,债权人可以依据《中华人民共和国民事诉讼法》,向有管辖权的人民法院申请支付令。

第二十四条 参与调解的人员应当依法保守在调解过程中获知的涉及国家秘密、商业秘密和个人隐私的信息。

第二十五条 电力监管机构调解电力争议纠纷不收取任何费用。

第二十六条 发电厂与电网并网、电网与电网互联,并网双方或者互联双方达不成协议引起的争议纠纷,依照《电力并网互联争议处理规定》处理。

第二十七条 本规定自 2012 年 1 月 1 日起施行。2005年 3 月 28 日国家电力监管委员会发布的《电力争议调解暂行办法》同时废止。

电力安全事故调查程序规定

第一条 为了规范电力安全事故调查工作,根据《电力安全事故应急处置和调查处理条例》和《生产安全事故报告和调查处理条例》,制定本规定。

第二条 国家电力监管委员会及其派出机构(以下简称电力监管机构)组织调查电力安全事故(以下简称事故),适用本规定。

国务院授权国家电力监管委员会(以下简称电监会)组织调查特别重大事故,国家另有规定的,从其规定。

第三条 事故调查应当按照依法依规、实事求是、科学严谨、注重实效的原则,及时、准确地查清事故原因,查明事故性质和责任,总结事故教训,提出整改措施和处理意见。

第四条 任何单位和个人不得阻挠和干涉对事故的依法调查。

第五条 电力监管机构调查事故,应当及时组织事故调查组。

第六条 下列事故由电监会组织事故调查组:

(一)国务院授权组织调查的特别重大事故;

(二)重大事故;

(三)电监会认为有必要调查的较大事故。

第七条 较大事故、一般事故由事故发生地派出机构组织事故调查组。

较大事故、一般事故跨省(自治区、直辖市)的,由事故发生地电监会区域监管局组织事故调查组;较大事故、一般事故跨区域的,由电监会指定派出机构组织事故调查组。

电监会认为必要的,可以指令派出机构组织事故调查组调查一般事故。

第八条 组织事故调查组应当遵循精简、高效的原则。

根据事故的具体情况,事故调查组由电力监管机构、有关地方人民政府、安全生产监督管理部门、负有安全生产监督管理职责的有关部门派人组成。

事故有关人员涉嫌失职、渎职或者涉嫌犯罪的,电力监管机构应当邀请监察机关、公安机关、人民检察院派人参加。

电力监管机构可以聘请有关专家参加事故调查组,协助事故调查。

第九条 事故有关单位、人员涉嫌违法,电力监管机构依法予以立案的,电力监管机构稽查工作部门应当派人参加事故调查组。

第十条 事故调查组成员应当具有事故调查所需要的知识和专长,与所调查的事故、事故发生单位及其主要负责人、主管人员、有关责任人员没有直接利害关系。

第十一条 事故调查组成员名单和组长建议人选由电力监管机构安全监管部门提出,报电力监管机构负责人批准。

事故调查组组长主持事故调查组的工作。

第十二条 根据事故调查需要,电力监管机构可以重新组织事故调查组或者调整事故调查组成员。

第十三条 事故调查组应当制定事故调查方案。事故调查方案包括事故调查的职责分工、方法步骤、时间安排等内容。

第十四条 事故调查组进行事故调查,应当制作事故调查通知书。事故调查通知书应当向事故发生单位、事故涉及单位出示。

第十五条 事故调查组勘查事故现场,可以采取照相、录像、绘制现场图、采集电子数据、制作现场勘查笔录等方法记录现场情况,提取与事故有关的痕迹、物品等证据材料。事故调查组应当要求事故发生单位移交事故应急处置形成的有关资料、材料。

第十六条 事故调查组可以进入事故发生单位、事故涉及单位的工作场所或者其他有关场所,查阅、复制与事故有关的工作日志、工作票、操作票等文件、资料,对可能被转移、隐匿、销毁的文件、资料予以封存。

第十七条 事故调查组应当根据事故调查需要，对事故发生单位有关人员、应急处置人员等知情人员进行询问。询问应当制作询问笔录。

事故发生单位负责人和有关人员在事故调查期间不得擅离职守，并随时接受事故调查组的询问，如实提供有关情况。

第十八条 事故调查组进行现场勘查、检查或者询问知情人员，调查人员不得少于2人。

第十九条 事故调查需要进行技术鉴定的，事故调查组应当委托具有国家规定资质的单位进行。必要时，事故调查组可以直接组织专家进行。技术鉴定所需时间不计入事故调查期限。

第二十条 事故调查组应当收集与事故有关的原始资料、材料。因客观原因不能收集原始资料、材料，或者收集原始资料、材料有困难的，可以收集与原始资料、材料核对无误的复印件、复制品、抄录件、部分样品或者证明该原件、原物的照片、录像等其他证据。

现场勘查笔录、检查笔录、询问笔录和鉴定意见应当由调查人员、勘查现场有关人员、被询问人员和鉴定人签名。

事故调查组应当依照法定程序收集与事故有关的资料、材料，并妥善保存。

第二十一条 事故调查组成员在事故调查工作中应当诚信公正，恪尽职守，遵守纪律，保守秘密。

未经事故调查组组长允许，事故调查组成员不得擅自发布有关事故的信息。

第二十二条 事故调查组应当查明下列情况：

（一）事故发生单位的基本情况；

（二）事故发生的时间、地点、现场环境、气象等情况，事故发生前电力系统的运行情况；

（三）事故经过、事故应急处置情况，事故现场有关人员的工作内容、作业时间、作业程序、从业资格等情况；

（四）与事故有关的仪表、自动装置、断路器、继电保护装置、故障录波器、调整装置等设备和监控系统、调度自动化系统的记录、动作情况；

（五）事故影响范围，电网减供负荷比例、城市供电用户停电比例、停电持续时间、停止供热持续时间、发电机组停运时间、设施设备损坏等情况；

（六）事故涉及设施设备的规划、设计、选型、制造、加工、采购、施工安装、调试、运行、检修等方面的情况；

（七）电力监管机构认为应当查明的其他情况。

第二十三条 事故调查组应当查明事故发生单位执行国家有关安全生产规定，加强安全生产管理，建立健全安全生产责任制度，完善安全生产条件等情况。

第二十四条 涉及人身伤亡的事故，事故调查组除应查明本规定第二十二条、第二十三条规定的情况外，还应当查明：

（一）人员伤亡数量、人身伤害程度等情况；

（二）伤亡人员的单位、姓名、文化程度、工种等基本情况；

（三）事故发生前伤亡人员的技术水平、安全教育记录、从业资格、健康状况等情况；

（四）事故发生时采取安全防护措施的情况和伤亡人员使用个人防护用品的情况；

（五）电力监管机构认为应当查明的其他情况。

第二十五条 事故调查组应当在查明事故情况的基础上，确定事故发生的直接原因、间接原因和其他原因，判断事故性质并做出责任认定。

第二十六条 事故调查组应当根据现场调查、原因分析、性质判断和责任认定等情况，撰写事故调查报告。

事故调查报告的内容应当符合《电力安全事故应急处置和调查处理条例》的规定，并附具有关证据材料和技术分析报告。

第二十七条 事故调查组成员应当在事故调查报告上签名。事故调查组成员对事故调查报告的内容有不同意见的，应当在事故调查报告中注明。

第二十八条 事故调查报告经电力监管机构负责人办公会议审查同意，事故调查工作即告结束。事故发生地派出机构组织调查的较大事故,事故调查报告应当先经电监会安全监管部门审核。

由事故发生地派出机构组织调查的一般事故和较大事故,事故调查报告应当报电监会安全监管部门备案。

第二十九条 事故调查应当按照《电力安全事故应急处置和调查处理条例》规定的期限进行。

第三十条 事故调查涉及行政处罚的,应当符合行政处罚案件立案、调查、审查和决定的有关规定。

第三十一条 电力监管机构应当依据事故调查报告,对事故发生单位及其有关人员依法给予行政处罚。

第三十二条 电力监管机构应当依据事故调查报告,制作监管意见书,对有关人员提出给予处分或者其他处理的意见,送达有关单位。有关单位应当依据监管意见书依法处理,并将处理情况报告电力监管机构。

第三十三条 事故调查过程中发现违法行为和安全隐患,电力监管机构有权予以纠正或者要求限期整改。要求限期整改的,电力监管机构应当及时制作整改通知书。

被责令整改的单位应当按照电力监管机构的要求进行整改,并将整改情况以书面形式报电力监管机构。

第三十四条 电力监管机构应当加强监督检查,督促事故发生单位和有关人员落实事故防范和整改措施,必要时进行专项督办。

第三十五条 电力生产或者电网运行过程中发生发电设备或者输变电设备损坏,造成直接经济损失的事故,未影响电力系统安全稳定运行以及电力正常供应的,由电力监管机构依照本规定组织事故调查组对重大事故、较大事故和一般事故进行调查。

第三十六条 未造成供电用户停电的一般事故,电力监管机构委托事故发生单位组织事故调查的,电力监管机构应当制作事故调查委托书,确定事故调查组组长,审查事故调查报告。事故发生单位组织事故调查,参照本规定执行。

第三十七条 本规定自 2012 年 8 月 1 日起施行。

电力并网互联争议处理规定

第一条 为了规范电力并网互联争议处理行为,促进电网公平、无歧视开放,保证电力交易正常进行,保障电力系统安全稳定运行,维护电力企业合法权益和社会公共利益,根据《电力监管条例》,制定本规定。

第二条 本规定所称电力并网互联争议,包括电力并网争议和电力互联争议。电力并网争议是指发电企业与电网企业达不成并网调度协议,影响电力交易正常进行的争议;电力互联争议是指电网企业之间达不成互联调度协议,影响电力交易正常进行的争议。

第三条 国家电力监管委员会及其派出机构(以下简称电力监管机构)处理电力并网互联争议应当遵循合理、合法、公正、高效的原则。

电力并网互联争议可能危及电力系统安全稳定运行或者造成其他重大影响的,电力监管机构应当采取措施防止影响扩大。

第四条 电力监管机构工作人员处理电力并网互联争议,应当忠于职守,依法办事,公正廉洁,不得利用职务便利牟取不正当利益。

第五条 电力并网争议由电网企业所在地的国家电力监管委员会区域监管局城市监管办公室负责处理;未设立城市监管办公室的,由所在区域的国家电力监管委员会区域监管局负责处理。本区域内跨省、自治区、直辖市的电力并网争议由电网企业所在地的国家电力监管委员会区域监管局负责处理。跨区域的或者在全国范围内有重大影响的电力并网争议由国家电力监管委员会负责处理。

电力互联争议由国家电力监管委员会区域监管局负责处理。跨区域的或者在全国范围内有重大影响的电力互联争议由国家电力监管委员会负责处理。

第六条 发电企业与电网企业之间、电网企业与电网企业之间发生电力并网互联争议,双方当事人应当协商解决;协商不成的,任何一方可以申请电力监管机构处理。

第七条 发电企业或者电网企业申请电力监管机构处理电力并网互联争议,应当提交书面申请书,并按照被申请人人数提交申请书副本。

申请书应当载明下列事项:

(一)当事人名称、住所和法定代表人姓名、职务;

(二)争议具体事项;

(三)具体的处理请求、事实及理由;

(四)相关证据材料及其目录。

第八条 电力监管机构收到电力并网互联争议处理申请书后,应当对申请书的内容进行初步审查,按照下列规定办理:

(一)符合本规定第二条、第五条规定的,应当予以受理,并自决定受理之日起 7 日内书面通知当事人,并将申请书副本送达被申请人;

(二)不符合本规定第二条、第五条规定的,不予受理,书面通知申请人,并说明不予受理的理由。

第九条 电力监管机构发现发电企业与电网企业之间、电网企业与电网企业之间发生电力并网互联争议的,应当由有管辖权的电力监管机构进行核查,对符合本规定第二条、第五条规定的,应当受理,并自决定受理之日起 7 日内书面通知当事人。

第十条 被申请人应当自收到受理通知之日起 10 日内向电力监管机构提交答辩书和有关证据材料。

电力监管机构依照本规定第九条受理的,当事人应当自收到受理通知之日起 10 日内向电力监管机构提交书面陈述和有关证据材料。

第十一条 电力监管机构办理电力并网互联争议,可以组成争议处理小组。

争议处理小组具体负责联系双方当事人,促进双方当事人意见交流,组织必要的调查研究和论证会,提出协调意见和裁决意见以及处理有关事项。

第十二条 电力监管机构办理电力并网互联争议,应当查明事实,充分听取双方的意见,审查当事人提供的书面材料和有关证据。必要时,电力监管机构可以组织当事人相互质证和辩论,也可以依法进行调查、检查或者核查。

电力监管机构办理电力并网互联争议,应当研究确定双方当事人的主要分歧,促使双方当事人围绕主要分歧交换意见。

第十三条 电力监管机构办理电力并网互联争议应当进行协调,在查明事实的基础上,依据法律、法规和规章,提出电力并网互联争议协调意见。

第十四条 当事人接受电力并网互联争议协调意见的,电力监管机构应当制作电力并网互联争议协调意见书,争议处理终止。

当事人应当根据电力并网互联争议协调意见书签署并网调度协议或者互联调度协议。

协调应当自争议受理之日起 60 日内终结。

第十五条 当事人一方或者双方不接受电力并网互联争议协调意见的,协调终结。电力监管机构应当自协调终结之日起 15 日内作出裁决。

第十六条 电力监管机构作出裁决,应当制作电力并网互联争议裁决书。电力并网互联争议裁决书应当包括下列内容:

(一)当事人的名称、住所、法定代表人的姓名和职务;

(二)争议的事项、理由和请求;

(三)裁决认定的事实和适用的法律、行政法规和规章等;

(四)裁决结果;

(五)不服裁决结果的救济途径和法定期限;

(六)作出裁决的机构名称、印章和日期。

第十七条 电力并网互联争议裁决书应当自电力监管机构作出裁决后 10 日内送达当事人。

第十八条 电力并网互联争议情况复杂的,经当事人申请或者电力监管机构认为必要,可以根据争议的不同类型,邀请与当事人无利害关系的电力技术、经济、法律方面的专家,举行专家论证会。每次论证会邀请的专家不得少于 5 人。

专家论证会作出的结论或者争议解决方案,应当作为电力并网互联争议协调意见或者裁决决定的依据。

第十九条 当事人在电力监管机构作出裁决前,可以自行依法达成协议,并报电力监管机构备案。

当事人自行达成协议的,视为撤销申请,争议处理终止。

第二十条 电力并网互联争议裁决依法作出后,当事人应当在裁决规定的时限内履行。逾期不履行的,由电力监管机构责令履行,并向社会公布;拒不履行的,电力监管机构依法申请人民法院强制执行。

第二十一条 当事人对电力监管机构作出的裁决不服的,可以依法提起行政复议或者行政诉讼。

第二十二条 当事人不遵守有关规章、规则的,根据《电力监管条例》第三十一条的规定依法予以处理。

第二十三条 当事人拒绝或者阻碍电力监管机构及其从事监管工作的人员依法履行监管职责,或者提供虚假或者隐瞒重要事实的文件、资料的,根据《电力监管条例》第三十四条的规定依法予以处理。

第二十四条 电力监管机构工作人员处理电力并网互联争议滥用职权、徇私舞弊、玩忽职守的,依法给予行政处分;构成犯罪的,依法追究刑事责任。

第二十五条 本规定自 2007 年 1 月 1 日起施行。

电力业务许可证管理规定

第一章 总 则

第一条 为了加强电力业务许可证的管理,规范电力业务许可行为,维护电力市场秩序,保障电力系统安全、优质、经济运行,根据《中华人民共和国行政许可法》、《电力监管条例》和有关法律、行政法规的规定,制定本规定。

第二条 本规定适用于电力业务许可证的申请、受理、审查、决定和管理。国家另有规定的,从其规定。

第三条 国家电力监管委员会(以下简称电监会)负责电力业务许可证的颁发和管理。

电监会遵循依法、公开、公正、便民、高效的原则,建立电力业务许可证监督管理制度和组织管理体系。

第四条 在中华人民共和国境内从事电力业务,应当按照本规定取得电力业务许可证。除电监会规定的特殊情况外,任何单位或者个人未取得电力业务许可证,不得从事电力业务。

本规定所称电力业务,是指发电、输电、供电业务。其中,供电业务包括配电业务和售电业务。

第五条 取得电力业务许可证的单位(以下简称被许可人)按照本规定享有权利、承担义务,接受电监会及其派出机构(以下简称电力监管机构)的监督管理。被许可人依法开展电力业务,受法律保护。

第六条 任何单位和个人不得伪造、变造电力业务许可证;被许可人不得涂改、倒卖、出租、出借电力业务许可证,或者以其他形式非法转让电力业务许可。

第二章　类别和条件

第七条　电力业务许可证分为发电、输电、供电三个类别。

从事发电业务的,应当取得发电类电力业务许可证。

从事输电业务的,应当取得输电类电力业务许可证。

从事供电业务的,应当取得供电类电力业务许可证。

从事两类以上电力业务的,应当分别取得两类以上电力业务许可证。

从事配电或者售电业务的许可管理办法,由电监会另行规定。

第八条　下列从事发电业务的企业应当申请发电类电力业务许可证:

(一)公用电厂;

(二)并网运行的自备电厂;

(三)电监会规定的其他企业。

第九条　下列从事输电业务的企业应当申请输电类电力业务许可证:

(一)跨区域经营的电网企业;

(二)跨省、自治区、直辖市经营的电网企业;

(三)省、自治区、直辖市电网企业;

(四)电监会规定的其他企业。

第十条　下列从事供电业务的企业应当申请供电类电力业务许可证:

(一)省辖市、自治州、盟、地区供电企业;

(二)县、自治县、县级市供电企业;

(三)电监会规定的其他企业。

第十一条　申请电力业务许可证的,应当具备下列基本条件:

(一)具有法人资格;

(二)具有与申请从事的电力业务相适应的财务能力;

（三）生产运行负责人、技术负责人、安全负责人和财务负责人具有 3 年以上与申请从事的电力业务相适应的工作经历，具有中级以上专业技术任职资格或者岗位培训合格证书；

（四）法律、法规规定的其他条件。

第十二条　申请发电类电力业务许可证的，除具备本规定第十一条所列基本条件外，还应当具备下列条件：

（一）发电项目建设经有关主管部门审批或者核准；

（二）发电设施具备发电运行的能力；

（三）发电项目符合环境保护的有关规定和要求。

第十三条　申请输电类电力业务许可证的，除具备本规定第十一条所列基本条件外，还应当具备下列条件：

（一）输电项目建设经有关主管部门审批或者核准；

（二）具有与申请从事的输电业务相适应的输电网络；

（三）输电项目按照有关规定通过竣工验收；

（四）输电项目符合环境保护的有关规定和要求。

第十四条　申请供电类电力业务许可证的，除具备本规定第十一条所列基本条件外，还应当具备下列条件：

（一）具有经有关主管部门批准的供电营业区；

（二）具有与申请从事供电业务相适应的供电网络和营业网点；

（三）承诺履行电力社会普遍服务义务；

（四）供电项目符合环境保护的有关规定和要求。

第三章　申请和受理

第十五条　申请电力业务许可证，应当向电监会提出，并按照规定的要求提交申请材料。

第十六条　本规定第八条、第九条、第十条所列企业，具有法人资格的，由本企业提出申请；不具有法人资格的，按照隶属关系由其法人企业提出申请。

第十七条　申请电力业务许可证的，应当提供下列材料：

（一）法定代表人签署的许可证申请表；

（二）法人营业执照副本及其复印件；

（三）企业最近 2 年的年度财务报告；成立不足 2 年的，出具企业成立以来的年度财务报告或者验资报告；

（四）由具有合格资质的会计师事务所出具的最近 2 年的财务状况审计报告和对营运资金状况的说明；成立不足 2 年的，出具企业成立以来的财务状况审计报告和对营运资金状况的说明；

（五）企业生产运行负责人、技术负责人、安全负责人、财务负责人的简历、专业技术任职资格证书等有关证明材料。

第十八条 申请发电类电力业务许可证的，除提供本规定第十七条所列材料外，还应当提供下列材料：

（一）发电项目建设经有关主管部门审批或者核准的证明材料；

（二）发电项目通过竣工验收的证明材料；尚未组织竣工验收的，提供发电机组通过启动验收的证明材料或者有关主管部门认可的质量监督机构同意整套启动的质量监督检查报告；

（三）发电项目符合环境保护有关规定和要求的证明材料。

第十九条 申请输电类电力业务许可证的，除提供本规定第十七条所列材料外，还应当提供下列材料：

（一）输电项目建设经有关主管部门审批或者核准的证明材料；

（二）输电项目通过竣工验收的证明材料；

（三）输电项目符合环境保护有关规定和要求的证明材料；

（四）电能质量和服务质量承诺书。

第二十条 申请供电类电力业务许可证的，除提供本规定第十七条所列材料外，还应当提供下列材料：

（一）供电营业区域的证明材料及其地理平面图；

（二）供电网络分布概况；

（三）设立的供电营业分支机构及其相应的供电营业区域

概况；

（四）履行电力社会普遍服务义务的承诺书；

（五）供电项目符合环境保护有关规定和要求的证明材料。

第二十一条 电监会对申请人提出的许可申请，应当根据下列情况分别作出处理：

（一）申请事项不属于电监会职权范围，应当即时作出不予受理的决定，向申请人发出《不予受理通知书》，并告知申请人向有关行政机关申请；

（二）申请材料存在可以当场更正的错误的，应当允许申请人当场更正；

（三）申请材料不齐全或者不符合法定形式的，应当当场或者在5日内一次告知申请人需要补正的全部内容，逾期不告知的，自收到申请材料之日起即为受理；

（四）申请材料齐全、符合法定形式的，向申请人发出《受理通知书》。

第四章　审查与决定

第二十二条 电监会应当对申请人提交的申请材料进行审查。

电监会根据需要，可以对申请材料的实质内容进行核实。

第二十三条 电监会作出电力业务许可决定，依法需要举行听证的，应当按照有关规定举行听证。

第二十四条 电监会应当自受理申请之日起20日内作出许可决定。20日内不能作出决定的，经本机关负责人批准，可以延长10日，并将延长期限的理由告知申请人。

作出准予许可决定的，自作出决定之日起10日内向申请人颁发、送达许可证。

作出不予许可决定的，自作出决定之日起10日内以书面形式通知申请人，说明不予许可的理由，并告知申请人享有依法申请行政复议或者提起行政诉讼的权利。

第二十五条　电力业务许可证由正文和附页组成。

正文载明许可证编号、登记名称、住所、法定代表人、许可类别、有效期限、发证机关、发证日期等内容。

附页包括许可证使用规定，被许可人的权利和义务，发电机组、输电网络或者供电营业区情况登记，检查情况记录，特别规定事项等内容。

电力业务许可证的有效期为 20 年。

第五章　变更与延续

第二十六条　有下列情形之一的，被许可人应当在规定时限内向电监会提出变更申请；经审查符合法定条件的，电监会应当依法办理变更手续：

（一）新建、改建发电机组投入运营，取得或者转让已运营的发电机组，发电机组退役；

（二）新建、改建输电线路或者变电设施投入运营，终止运营输电线路或者变电设施；

（三）供电营业区变更。

第二十七条　因新建、改建发电机组投入运营，申请变更许可事项的，应当提供下列材料：

（一）变更申请表；

（二）电力业务许可证；

（三）发电项目建设经有关主管部门审批或者核准的证明材料；

（四）有关主管部门认可的质量监督机构同意整套启动的质量监督检查报告；

（五）发电项目符合环境保护有关规定和要求的证明材料。

因取得或者转让已运营机组，申请变更许可事项的，除提供前款第（一）项、第（二）项所列材料外，还应当提供机组所有权合法转移的证明材料。

因机组退役，申请变更许可事项的，除提供本条第一款第

(一)项、第(二)项所列材料外,还应当提供机组退役符合国家有关规定的证明材料。

第二十八条 因新建、改建输电线路或者变电设施投入运营,申请变更许可事项的,应当提供下列材料:

(一)变更申请表;

(二)电力业务许可证;

(三)输电项目建设经有关主管部门审批或者核准的证明材料;

(四)输电项目通过竣工验收的证明材料;

(五)输电项目符合环境保护有关规定和要求的证明材料。

因终止运营输电线路或者变电设施,申请变更许可事项的,除提供前款第(一)项、第(二)项所列材料外,还应当提供有关主管部门批准终止运营输电线路或者变电设施的证明材料。

第二十九条 因供电营业区变更,申请变更许可事项的,应当提供下列材料:

(一)变更申请表;

(二)电力业务许可证;

(三)供电营业区变更的证明材料;

(四)供电营业区变更的范围图例。

第三十条 电力业务许可证有效期届满需要延续的,被许可人应当在有效期届满30日前向电监会提出申请。

电监会应当在电力业务许可证有效期届满前作出是否准予延续的决定。逾期未作出决定的,视为同意延续并补办相应手续。

第六章 监督管理

第三十一条 电力监管机构建立健全电力业务许可监督检查体系和制度,对被许可人按照电力业务许可证确定的条件、范围和义务从事电力业务的情况进行监督检查。

电力监管机构依法开展监督检查工作,被许可人应当予以配合。

第三十二条 被许可人应当按照规定的时间,向电力监管机构提供反映其从事许可事项活动能力和行为的材料。

电力监管机构应当对被许可人所报送的材料进行核查,将核查结果予以记录;对核查中发现的问题,应当责令限期改正。

第三十三条 电力监管机构依法对被许可人进行现场检查。检查中发现被许可人有违反本规定和不履行电力业务许可证规定义务的行为,应当责令其改正。

第三十四条 电力监管机构进行监督检查工作的人员应当如实记录监督检查情况和处理结果。

电力监管机构可以将监督检查情况和处理结果向社会公布。

第三十五条 任何组织和个人发现违反本规定的行为,有权向电力监管机构举报,电力监管机构应当进行核实,按照有关规定予以处理。

第三十六条 未经电监会批准,取得输电类或者供电类电力业务许可的企业不得擅自停业、歇业。

第三十七条 被许可人名称、住所或者法定代表人发生变化的,应当自变化之日起30日内到电监会办理相关手续。

第三十八条 有下列情形之一的,电监会应当按照规定办理电力业务许可证的注销手续:

(一)许可证有效期届满未延续的;

(二)被许可人不再具有发电机组、输电网络或者供电营业区的;

(三)被许可人申请停业、歇业被批准的;

(四)被许可人因解散、破产、倒闭等原因而依法终止的;

(五)电力业务许可证依法被吊销,或者电力业务许可被撤销、撤回的;

(六)经核查,被许可人已丧失从事许可事项活动能力的;

(七)法律、法规规定应当注销的其他情形。

第七章 罚 则

第三十九条 从事颁发和管理电力业务许可证的工作人员,违反法律、行政法规和本规定,擅自颁发电力业务许可证的,应当依法给予处分;构成犯罪的,依法追究刑事责任。

第四十条 未依法取得电力业务许可证非法从事电力业务的,应当责令改正,没收违法所得,可以并处以违法所得5倍以下的罚款;构成犯罪的,依法追究刑事责任。

第四十一条 被许可人以欺骗、贿赂等不正当手段获得电力业务许可证的,应当给予警告,处以1万元以下的罚款;构成犯罪的,依法追究刑事责任。

第四十二条 被许可人超出许可范围或者超过许可期限,从事电力业务的,应当给予警告,责令改正,并向社会公告;构成犯罪的,依法追究刑事责任。

第四十三条 被许可人有下列情形之一的,应当给予警告,责令改正,并可向社会公告:

(一)未经批准,擅自停业、歇业的;

(二)未在规定的期限内申请变更的。

第四十四条 被许可人有下列情形之一的,应当责令改正;拒不改正的,处以5万元以上50万元以下的罚款,对直接负责的主管人员和其他直接责任人员,依法给予处分;构成犯罪的,依法追究刑事责任:

(一)拒绝或者阻碍电力监管工作人员依法履行监管职责的;

(二)提供虚假或者隐瞒重要事实的文件、资料的。

第四十五条 涂改、倒卖、出租、出借电力业务许可证或者以其他形式非法转让电力业务许可的,应当依法给予行政处罚;构成犯罪的,依法追究刑事责任。

第八章　附　则

第四十六条　本规定颁布实施前已经从事电力业务的企业,应当按照电监会规定的期限申请办理电力业务许可证。

第四十七条　电力业务许可证由电监会统一印制和编号。

第四十八条　本规定自 2005 年 12 月 1 日起施行。

供电监督管理办法

第一章 总 则

第一条 为加强电力供应与使用的监督管理,根据《电力供应与使用条例》第三十六条规定,制定本办法。

第二条 从事供用电监督管理的机构和人员,在执行监督检查任务时,必须遵守本办法。

第三条 供用电监督管理必须以事实为依据,以电力法律和行政法规以及电力技术标准为准则,遵循本办法的规定进行。

第二章 监督管理

第四条 县以上电力管理部门负责本行政区域内供电、用电的监督工作。但上级电力管理部门认为工作必需,可指派供用电监督人员直接进行监督检查。

第五条 供用电监督管理的职责是:

1. 宣传、普及电力法律和行政法规知识;

2. 监督电力法律、行政法规和电力技术标准的执行;

3. 监督国家有关电力供应与使用政策、方针的执行;

4. 负责月用电计划审核和批准工作;

5. 协调处理供用电纠纷,依法保护电力投资者、供应者与使用者的合法权益;

6. 负责进网作业电工和承装(修、试)单位资格审查,并核发许可证;

7. 协助司法机关查处电力供应与使用中发生的治安、刑事案件;

8.依法查处电力违法行为,并作出行政处罚。

第六条 供用电监督人员在依法执行监督检查公务时,应出示《供用电监督证》。被检查的单位应接受检查,并根据监督人员依法提出的要求,提供有关情况、回答有关询问、协助提取证据、出示工作证件等。

第七条 供用电监督人员依法执行监督公务时,应遵守被检查单位的保卫保密规定;现场勘查不得直接或替代他人从事电工作业,也不得非法干预被检查单位正常的生产调度工作。

第三章　监督检查人员资格

第八条 各级电力管理部门应依法配备供用电监督管理人员。担任供用电监督管理工作的人员必须是经过国家考试合格,并取得相应任聘资格证书的人员。

第九条 供用电监督资格由个人提出书面申请,经申请人所在单位同意,县以上电力管理部门推荐,接受专门知识和技能的培训,参加全国统一组织的考试,合格后发给《供用电监督资格证》。

第十条 申请供用电监督资格者应具备下列条件:

1.作风正派,办事公道,廉洁奉公;

2.具有电气专业中专以上或相当学历的文化程度;

3.有三年以上从事供用电专业工作的实际经验和相应的管理能力;

4.经过法律知识培训,熟悉电力方面的法律、行政法规和电力技术的标准以及供用电管理规章。

第十一条 省级电力管理部门负责本行政区域内的供用电监督管理人员的资格申请、审查和专门知识及技能的培训工作。

国务院电力管理部门负责供用电监督资格的全国统一考试,并对合格者颁发《供用电监督资格证》。

《供用电监督资格证》由国务院电力管理部门统一制作。

第十二条　县以上电力管理部门必须从取得《供用电监督资格证》的人员中，择优聘用供用电监督人员，报经省电力管理部门批准，并取得《供用电监督证》后，方能从事电力监督管理工作。

《供用电监督证》由国务院电力管理部门统一制作。

第四章　电力违法行为查处

第十三条　各级电力管理部门负责本行政区域内发生的电力违法行为查处工作。上级电力管理部门认为必要时，可直接查处下级电力管理部门管辖的电力违法行为，也可将自己查处的电力违法事件交由下级电力管理部门查处。对电力违法行为情节复杂，需由上一级电力管理部门查处更为适宜时，下级电力管理部门可报请上一级电力管理部门查处。

第十四条　电力管理部门对下列方式要求处理的电力违法事件，应当受理：

1. 用户或群众举报的；
2. 供电企业提请处理的；
3. 上级电力管理部门交办的；
4. 其他部门移送的。

电力管理部门对受理的电力违法事件，可视电力违法事件性质和危及电网安全运行的紧迫程度，可依法在现场查处，也可立案处理。

第十五条　电力违法行为，可用书面和口头方式举报。口头方式举报的事件，受理人应详细记录并经核对无误后，由举报人签章。举报人举报的事件如不愿使用真实姓名的，电力管理部门应尊重举报人的意愿。

第十六条　电力管理部门发现受理的举报事件不属于本部门查处的，应及时向举报人说明，同时将举报信函或笔录移送有权处理的部门。对明显的治安违法行为或刑事违法行为，电力管理部门应主动协助公安、司法机关查处。

第十七条　符合下列条件之一的电力违法行为，电力管理部门应当立案：

1. 具有电力违法事实的；

2. 依照电力法规可能追究法律责任的；

3. 属于本部门管辖和职责范围内处理的。

第十八条 符合立案条件的，应填写《电力违法行为受理、立案呈批表》，经电力管理部门领导批准后立案。

经批准立案的事件，应及时指派承办人调查。现场调查时，调查承办人应填写《电力违法案件调查笔录》。调查结束后，承办人应提出《电力违法案件调查报告》。

第十九条 电力管理部门对危及电网运行安全或人身安全的违法行为，当供电企业在现场制止无效时，应当即指派供用电监督人员赶赴现场处理，制止违法行为，以确保电网和人身安全。

第二十条 案件调查结束后，应视案情可依法作出下列处理：

1. 对举报不实或证据不足，未构成违法事实的，应报请批准立案主管领导准予撤销。

2. 对违法事实清楚，证据确凿的，应依法作出行政处罚决定，并发出《违反电力法规行政处罚决定通知书》，并送达当事人。

3. 违法行为已构成犯罪的，应及时将案件移送司法机关，依法追究其刑事责任。

第二十一条 案件处理完毕后，承办人应及时填写《电力违法案件结案报告》，经主管领导批准后结案。案情重大或上级交办的案件结束后，应向上一级电力管理部门备案。

第二十二条 当事人对行政处罚决定不服的，可在接到《违反电力法规行政处罚决定通知书》之日起，十五日内向作出行政处罚决定机关的上一级机关申请复议；对复议决定不服的，可在接到复议决定之日起十五日内，向人民法院起诉。当事人也可在接到处罚决定通知书之日起的十五日内，直接向人民法院起诉。对不履行处罚决定的，由作出处罚决定的机关向人民法院申请强制执行。

第五章　行政处罚

第二十三条　违反《电力法》和国家有关规定,未取得《供电营业许可证》而从事电力供应业务者,电力管理部门应以书面形式责令其停止营业,没收其非法所得,并处以违法所得五倍以下的罚款。

第二十四条　违反《电力法》和国家有关规定,擅自伸入或跨越其他供电单位供电营业区供电者,电力管理部门应以书面形式责令其拆除深入或跨越的供电设施,作出书面检查,没收其非法所得,并处以违法所得四倍以下的罚款。

第二十五条　违反《电力法》和国家有关规定,擅自向外转供电者,电力管理部门应以书面形式责令其拆除转供电设施,作出书面检查,没收其非法所得,并处以违法所得三倍以下的罚款。

第二十六条　供电企业未按《电力法》和国家有关规定中规定的时间通知用户或进行公告,而对用户中断供电的,电力管理部门责令其改正,给予警告;情节严重的,对有关主管人员和直接责任人员给予行政处分。

第二十七条　供电企业违反规定,减少农业和农村用电指标的,电力管理部门责令改正;情况严重的,对有关主管人员和直接责任人员给予行政处分;造成损失的,责令赔偿损失。

第二十八条　电力管理部门对危害供电、用电安全,扰乱正常供电、用电秩序的行为,除协助供电企业追缴电费外,应分别给予下列处罚:

1. 擅自改变用电类别的,应责令其改正,给予警告;再次发生的,可下达中止供电命令,并处以一万元以下的罚款。

2. 擅自超过合同约定的容量用电的,应责令其改正,给予警告;拒绝改正的,可下达中止供电命令,并按私增容量每千瓦(或每千伏安)100元,累计总额不超过五万元的罚款。

3. 擅自超过计划分配的用电指标用电的,应责令其改正,给予警告,并按超用电力、电量分别处以每千瓦每次 5 元和每千瓦时 10 倍电度电价,累计总额不超过五万元的罚款;拒绝改正的,可下达中止供电命令。

4.擅自使用已经在供电企业办理暂停使用手续的电力设备,或者擅自启用已经被供电企业查封的电力设备的,应责令其改正,给予警告;启用电力设备危及电网安全的,可下达中止供电命令,并处以每次二万元以下的罚款。

5.擅自迁移、更动或者擅自操作供电企业的用电计量装置、电力负荷控制装置、供电设施以及约定由供电企业调度的用户受电设备,且不构成窃电和超指标用电的,应责令其改正,给予警告;造成他人损害的,还应责令其赔偿,危及电网安全的,可下达中止供电命令,并处以三万元以下的罚款。

6.未经供电企业许可,擅自引入、供出电力或者将自备电源擅自并网的,应责令其改正,给予警告;拒绝改正的,可下达中止供电命令,并处以五万元以下的罚款。

第二十九条　电力管理部门对盗窃电能的行为,应责令其停止违法行为,并处以应交电费五倍以下的罚款;构成违反治安管理行为的,由公安机关依照治安管理处罚条例的有关规定予以处罚;构成犯罪的,依照刑法第一百五十一条或者第一百五十二条的规定追究刑事责任。

第六章　附　则

第三十条　本办法自一九九六年九月一日起施行。

电力市场监管办法

第一章　总　则

第一条　为了维护电力市场秩序,保证电力市场的统一、开放、竞争、有序,根据《电力监管条例》和有关法律、行政法规,制定本办法。

第二条　本办法适用于中华人民共和国境内的电力市场监管。

第三条　国家电力监管委员会(以下简称电监会)履行全国电力市场监管职责。

国家电力监管委员会区域监管局(以下简称区域电监局)负责辖区内电力市场监管工作。国家电力监管委员会城市监管办公室协助区域电监局从事电力市场监管工作。

第四条　电力市场监管依法进行,并遵循公开、公正和效率的原则。

第五条　电力市场主体、电力调度交易机构应当自觉遵守有关电力市场的法规、规章。

第六条　任何单位和个人对违反本规定的行为有权向电力监管机构举报,电力监管机构应当及时处理,并为举报人保密。

第二章　监管对象与内容

第七条　电力市场监管的对象包括电力市场主体和电力调度交易机构。电力市场主体包括按照有关规定取得电力业务许可证的发电企业、输电企业、供电企业,以及经电力监管机构核准的用户。电力调度交易机构包括区域电力调度交易中心和省、自治区、直辖市电力调度机构。

前款所称供电企业包括独立配售电企业;前款所称区域电力调度交易中心包括区域电力调度中心、区域电力交易中心。

第八条 电力监管机构对电力市场主体和电力调度交易机构的下列情况实施监管:

(一)履行电力系统安全义务的情况;

(二)进入和退出电力市场的情况;

(三)参与电力市场交易资质的情况;

(四)执行电力市场运行规则的情况;

(五)进行交易和电费结算情况;

(六)披露信息的情况;

(七)执行国家标准、行业标准的情况;

(八)平衡资金账户管理和资金使用情况。

第九条 除本办法第八条所列情况外,电力监管机构还对发电企业的下列情况实施监管:

(一)在各电力市场中所占份额的比例;

(二)新增装机、兼并、重组、股权变动或者租赁经营的情况;

(三)不正当竞争、串通报价和违规交易行为;

(四)执行调度指令的情况;

(五)执行与用户签订的有关合同的情况。

第十条 除本办法第八条所列情况外,电力监管机构还对输电企业的下列情况实施监管:

(一)公平、无歧视地开放电网和提供输电服务的情况;

(二)电网互联的情况;

(三)所属发电企业的发电情况;

(四)执行输电价格的情况;

(五)对有偿辅助服务补偿的情况。

第十一条 除本办法第八条所列情况外,电力监管机构还对供电企业的下列情况实施监管:

（一）执行配电价格、售电价格的情况；

（二）按照国家规定的电能质量和供电服务质量标准向用户提供供电服务的情况。

第十二条 除本办法第八条所列情况外，电力监管机构还对电力调度交易机构的下列情况实施监管：

（一）公开、公平、公正地实施电力调度的情况；

（二）执行电力调度规则的情况；

（三）按照电力市场运营规则组织电力市场交易的情况；

（四）对电力市场实施干预的情况；

（五）对电力市场技术支持系统的建设、维护、运营和管理的情况；

（六）执行市场限价的情况。

第十三条 电力监管机构对用户履行与发电企业签订的有关合同的情况进行监管。

第三章　电力市场运营规则

第十四条 电力监管机构负责制定并组织实施电力市场运营规则。电力市场运营规则包括电力市场运营基本规则、区域电力市场运营规则和与区域电力市场运营规则相配套的相关细则。

第十五条 电监会制定电力市场运营基本规则；区域电监局拟定区域电力市场运营规则，报电监会批准后执行；区域电监局制定与区域电力市场运营规则配套的有关细则，报电监会备案。

第十六条 有下列情形之一的，电力监管机构应当修改电力市场运营规则：

（一）法律或者国家政策发生重大调整的；

（二）电力市场运行环境发生重大变化的；

（三）电力市场主体或者电力调度交易机构提出修改的意见和建议，电力监管机构认为确有必要的；

（四）电力监管机构认为必要的其他情形。

第十七条　电力监管机构制定或者修改电力市场运营规则,应当充分听取电力市场主体、电力调度交易机构、相关利益主体和社会有关方面的意见。

第四章　电力市场注册管理

第十八条　电力市场实行注册管理制度。进入或者退出电力市场应当办理相应的注册手续。电力调度交易机构具体负责电力市场注册管理工作。

第十九条　电力市场主体进入电力市场,应当向电力调度交易机构提出注册申请。经过批准后,方可参与电力市场交易。电力市场主体申请进入注册应当符合下列条件:

(一)取得电力业务许可证并在工商行政管理部门登记、注册;

(二)承诺遵守电力市场运营的法律法规并履行电力市场主体的责任和义务;

(三)具有符合电力市场要求的技术条件。

第二十条　电力市场主体申请进入注册应当提供与申请事项有关的经济、技术、安全等信息。

第二十一条　电力市场主体变更注册或者撤销注册,应当按照区域电力市场运营规则的规定,向电力调度交易机构提出书面申请。经过批准后,方可变更或者撤销注册。

第二十二条　电力调度交易机构应当按照电力市场运营规则规定的程序和时限,办理注册手续。注册审核情况应当向电力市场主体公布并报电力监管机构备案。

第五章　电力市场干预与中止

第二十三条　电力调度交易机构为保证电力市场安全运营,依据电力市场运营规则,可以进行市场干预。电力调度交易机构进行市场干预应当向电力市场主体公布干预原因。

第二十四条　有下列情形之一的,电力调度交易机构可

以进行市场干预:

（一）电力系统出力不足,无法保证电力市场正常运行的;

（二）电力系统内发生重大事故危及电网安全的;

（三）电力市场技术支持系统、自动化系统、数据通信系统等发生故障导致交易无法正常进行的;

（四）电力监管机构做出中止电力市场决定的;

（五）电力监管机构规定的其他情形。

第二十五条 有下列情形之一的,电力监管机构可以做出中止电力市场的决定,并向电力市场主体公布中止原因:

（一）电力市场未按照规则运行和管理的;

（二）电力市场运营规则不适应电力市场交易需要,必须进行重大修改的;

（三）电力市场交易发生恶意串通操纵市场的行为,并严重影响交易结果的;

（四）电力市场技术支持系统、自动化系统、数据通信系统等发生重大故障,导致交易长时间无法进行的;

（五）因不可抗力不能竞价交易的;

（六）电力监管机构规定的其他情形。

第二十六条 干预或者中止电力市场时,电力市场交易的方式按照区域电力市场运营规则执行。

第二十七条 干预或者中止电力市场期间,电力调度交易机构应当采取措施保证电力系统安全,记录干预或者中止过程,并向电力监管机构报告。电力监管机构应当向电力市场主体公布干预或中止过程。

第六章　电力市场争议处理

第二十八条 电力市场主体之间、电力市场主体与电力调度交易机构之间因电力市场交易发生争议,由电力监管机构依法协调或者裁决。其中,因履行合同发生的争议,可以由电力监管机构按照电力争议调解的有关规定进行调解。

第二十九条 电力市场主体、电力调度交易机构对电力监管机构的处理决定不服的,可以依法申请行政复议或者提起行政诉讼。

第七章 信息公开与披露

第三十条 电力监管机构按照电力监管信息公开的有关规定向电力投资者、经营者、使用者和社会公众公开电力市场监管信息。

第三十一条 电力市场主体、电力调度交易机构应当按照有关规定,及时、真实、准确和完整地披露有关信息。

第三十二条 电力监管机构、电力市场主体、电力调度交易机构不得泄露影响公平竞争的交易秘密。

第八章 法律责任

第三十三条 电力监管机构从事监管工作的人员违反有关规定的,按照《电力监管条例》第二十九条的规定处理。

第三十四条 电力市场主体违反本办法规定,有下列情形之一的,按照《电力监管条例》第三十一条的规定处理:

(一)未按照规定办理电力市场注册手续的;

(二)提供虚假注册资料的;

(三)未履行电力系统安全义务的;

(四)有关设备、设施不符合国家标准、行业标准的;

(五)行使市场操纵力的;

(六)有不正当竞争、串通报价等违规交易行为的;

(七)不执行调度指令的;

(八)发电厂并网、电网互联不遵守有关规章、规则的。

第三十五条 供电企业未按照国家规定的电能质量和供电服务质量标准向用户提供供电服务的,按照《电力监管条例》第三十二条的规定处理。

第三十六条 电力调度交易机构违反本办法规定,有下列情形之一的,按照《电力监管条例》第三十三条的规定处理:

（一）未按照规定办理电力市场注册的；

（二）未按照电力市场运行规则组织电力市场交易的；

（三）未按照规定公开、公平、公正地实施电力调度的；

（四）未执行电力调度规则的；

（五）未按照规定对电力市场进行干预的；

（六）泄露电力交易内幕信息的。

第三十七条　电力企业、电力调度交易机构未按照本办法和电力市场运行规则的规定披露有关信息的，按照《电力监管条例》第三十四条的有关规定处理。

第九章　附　则

第三十八条　电力业务许可证制度实施以前，电力企业进入电力市场的资格，由电力监管机构审查批准。

第三十九条　区域电监局应当根据本办法制定实施办法，报电监会批准后实施。

第四十条　本办法自 2005 年 12 月 1 日起施行。国家电力监管委员会 2003 年 7 月 24 日公布的《电力市场监管办法（试行）》同时废止。

电工进网作业许可证管理办法

第一章　总　则

第一条　为了加强进网作业电工的管理,规范电工进网作业许可行为,保障供用电安全,根据《电力供应与使用条例》和国家有关规定,制定本办法。

第二条　电工进网作业许可的考试、申请、受理、审查、决定、注册和监督检查,适用本办法。

第三条　国家电力监管委员会负责组织全国电工进网作业许可考试,指导、监督全国电工进网作业许可证的颁发和管理。

国家电力监管委员会派出机构(以下称许可机关)负责辖区内电工进网作业许可的考试、受理、审查、决定、注册和日常监督检查。

第四条　电工进网作业许可证是电工具有进网作业资格的有效证件。进网作业电工应当按照本办法的规定取得电工进网作业许可证并注册。未取得电工进网作业许可证或者电工进网作业许可证未注册的人员,不得进网作业。

本办法所称进网作业电工,是在用户的受电装置或者送电装置上,从事电气安装、试验、检修、运行等作业的人员。

第五条　许可机关颁发和管理电工进网作业许可证,应当遵循公开、公平、公正原则,接受社会监督。

第二章　分　类

第六条　电工进网作业许可证分为低压、高压、特种三个类别。

取得低压类电工进网作业许可证的,可以从事 0.4 千伏以下电压等级电气安装、检修、运行等低压作业。

取得高压类电工进网作业许可证的,可以从事所有电压等级电气安装、检修、运行等作业。

取得特种类电工进网作业许可证的,可以在受电装置或者送电装置上从事电气试验、二次安装调试、电缆作业等特种作业。

第七条 进网作业电工应当在电工进网作业许可证确定的作业范围内从事进网作业。

第三章 考 试

第八条 电工进网作业许可实行国家统一考试制度。

电工进网作业许可考试实行全国统一大纲、统一命题、统一组织。

第九条 国家电力监管委员会负责统一组织考试,审定考试科目、考试大纲和合格标准,对考试进行检查、监督和指导。

许可机关负责辖区内考试的具体组织和实施工作。

第十条 许可机关组织实施电工进网作业许可考试,应当公开举行,事先公布考试的报名条件、报考办法、考试科目、考试大纲和考试时间。

第十一条 电工进网作业许可考试包括笔试、实际操作考试两部分。

第十二条 参加电工进网作业许可考试的人员,考试成绩合格的,由许可机关颁发考试合格通知书。考试成绩有效期为 5 年。

第四章 申 请

第十三条 申请电工进网作业许可证,应当在许可机关规定的时间内以书面形式提出。

第十四条 申请电工进网作业许可证应当具备下列条件：

（一）年满十八周岁，且男不满六十周岁、女不满五十五周岁；

（二）初中以上文化程度；

（三）电工进网作业许可考试成绩合格且在有效期内；

（四）身体健康，没有妨碍进网作业的疾病或者生理缺陷。

第十五条 申请电工进网作业许可证应当提供下列材料：

（一）申请书；

（二）身份证复印件；

（三）1寸免冠正面彩色近照两张；

（四）电工进网作业许可考试合格通知书；

（五）学历证书复印件；

（六）二级以上医院提供的体检结果。

第五章 受理与决定

第十六条 许可机关收到申请，应当对申请材料是否齐全、是否符合法定形式进行审查，并根据下列情况分别作出处理：

（一）申请材料存在可以当场更正的错误的，应当允许申请人当场更正；

（二）申请材料不齐全或者不符合法定形式的，应当当场或者在5日内一次告知申请人需要补正的全部内容；

（三）申请材料齐全、符合法定形式的，或者申请人按照许可机关的要求提交全部补正申请材料的，向申请人发出受理通知书。

第十七条 许可机关应当自受理之日起20日内作出许可决定。作出准予许可决定的，应当自作出决定之日起10日内通知申请人，颁发许可证；作出不予许可决定的，以书面形式通知申请人，通知书中应当说明不予许可的理由，并告知申请人享有依法申请行政复议或者提起行政诉讼的权利。

第六章 注 册

第十八条 电工进网作业许可证应当到许可机关注册。注册分为初始注册和续期注册。注册有效期为 3 年。

第十九条 许可机关按照本办法第十七条作出准予许可决定时,应当同时办理初始注册手续。

第二十条 注册有效期届满,被许可人需要继续从事进网作业的,应当在注册有效期届满前 30 日内向许可机关提出续期注册申请。逾期未办理续期注册手续的,视为未注册,不得从事进网作业。

注册有效期届满,被许可人中止从事进网作业,需要再从事进网作业的,应当经许可机关续期注册,方可从事进网作业。

第二十一条 申请续期注册,应当提供下列材料:

(一)电工进网作业许可证;

(二)被许可人的进网作业行为记录;

(三)被许可人掌握进网作业规定、学习新技术和接受事故案例教学等情况的证明材料;

(四)二级以上医院提供的体检结果。

中止从事进网作业后,再申请续期注册的,应当向许可机关提供前款第(一)项、第(三)项、第(四)项规定的材料,并提供通过许可机关组织的实际操作考核的证明材料。

第二十二条 许可机关应当自收到续期注册申请材料之日起 15 日内作出是否准予续期注册的决定。作出准予续期注册决定的,办理续期注册手续。

作出不予续期注册决定的,以书面形式通知申请人,说明不予续期注册的理由,并告知申请人享有依法申请行政复议或者提起行政诉讼的权利。

第七章　监督检查

第二十三条　国家电力监管委员会应当加强对许可机关实施电工进网作业许可的监督检查,及时纠正实施许可中的违法行为。

许可机关应当对被许可人从事进网作业情况进行监督检查。

第二十四条　许可机关应当对辖区内从事进网作业的被许可人建立管理档案,实行跟踪管理,履行监督责任。

第二十五条　被许可人进网作业,应当随身携带电工进网作业许可证。

第二十六条　许可机关依法对从事进网作业人员进行下列检查:

(一)进网作业人员是否取得电工进网作业许可证并注册;

(二)进网作业范围是否符合许可的作业范围;

(三)进网作业行为、安全保障措施是否符合进网作业规定。

第二十七条　许可机关有权制止未取得电工进网作业许可证或者电工进网作业许可证未注册的人员进网作业,有权制止进网作业电工违章操作,有权对存在安全隐患的进网作业环境提出整改要求。

第二十八条　许可机关的检查情况和有关处理结果应当记录,由检查人员签字后归档。公众有权查阅许可机关的检查记录。

第二十九条　进网作业电工的用人单位应当配合许可机关对被许可人的监督检查工作,及时向许可机关通报被许可人的进网作业情况。

用人单位不得安排未取得电工进网作业许可证或者电工进网作业许可证未注册的人员进网作业,不得为被许可人提供虚假证明,不得打击报复拒绝违规进网作业的人员和举报进网作业存在安全隐患的人员。

第三十条 任何单位和个人不得伪造、变造电工进网作业许可证;被许可人不得涂改、倒卖、出租、出借、转让电工进网作业许可证。

第三十一条 电工进网作业许可证如有丢失、破损,被许可人应当及时向许可机关说明情况,并按照规定申请换发或者补发。

第三十二条 有下列情形之一的,许可机关应当依法办理电工进网作业许可证的注销手续:

(一)被许可人死亡的;

(二)被许可人身体状况不再适合进网作业的;

(三)电工进网作业许可被依法撤销、撤回,或者电工进网作业许可证被依法吊销的。

第三十三条 任何组织或者个人发现违法从事进网作业的行为,有权向许可机关举报,许可机关应当及时核实处理,并对举报有功人员予以奖励。

第八章 罚 则

第三十四条 许可机关工作人员滥用职权、玩忽职守、徇私舞弊,对直接负责的主管人员和其他直接责任人员依法给予行政处分;构成犯罪的,依法追究刑事责任。

第三十五条 未依法取得电工进网作业许可证或者未按照规定注册,从事进网作业的,许可机关应当责令其停止相关活动,并处500元以下罚款。

第三十六条 申请人隐瞒有关情况或者提供虚假申请材料的,许可机关不予受理并给予警告,1年内不再受理其许可申请。

第三十七条 被许可人采取欺骗、贿赂等不正当手段取得电工进网作业许可证或者注册的,许可机关应当撤销许可或者注册,3年内不再受理其许可申请或者注册申请;构成犯罪的,依法追究刑事责任。

第三十八条　被许可人未按照规定从事进网作业，或者超出许可范围从事进网作业的，许可机关责令改正，给予警告，并处 200 元以下罚款。

第三十九条　被许可人涂改、倒卖、出租、出借电工进网作业许可证，或者以其他形式非法转让电工进网作业许可的，许可机关应当给予警告，并处 500 元以下罚款；构成犯罪的，依法追究刑事责任。

第四十条　被许可人进网作业未随身携带电工进网作业许可证的，许可机关应当责令改正，给予警告，并处 100 元以下罚款。

第四十一条　用人单位招用或者安排未取得电工进网作业许可证或者电工进网作业许可证未注册的人员从事进网作业，或者不按照规定配合许可机关监督检查的，许可机关给予警告，并处 10000 元以下罚款。

第九章　附　则

第四十二条　电工进网作业许可证由国家电力监管委员会统一印制。

第四十三条　本办法自 2006 年 3 月 1 日起施行。

电力监管报告编制发布规定

第一条 为了完善电力监管制度,加强电力监管,规范电力监管报告编制和发布行为,根据《电力监管条例》和国家有关规定,制定本规定。

第二条 本规定所称电力监管报告,是指国家电力监管委员会及其派出机构(以下简称电力监管机构)履行电力监管职责向社会公开发布的文书。

电力监管报告适用于电力监管机构公布电力企业、电力调度交易机构和其他有关单位(以下统称监管相对人)执行有关电力监管法律、法规、规章和其他规范性文件的情况,违反有关电力监管法律、法规、规章和其他规范性文件的行为以及电力监管机构的处理结果。

第三条 编制电力监管报告应当依法进行,坚持实事求是、客观公正的原则。

第四条 编制和发布电力监管报告,应当依法保守国家秘密和企业商业秘密,并充分考虑可能产生的社会影响。

第五条 电力监管机构根据年度监管工作重点,制定电力监管报告年度计划。

电力监管报告年度计划由电力监管机构主席(局长、专员)办公会议决定。

电力监管报告年度计划应当明确电力监管报告的名称、起草单位、资料来源、完成时间等。

根据监管工作需要,经电力监管机构主席(局长、专员)批准,可以增加电力监管报告年度计划项目。

第六条 电力监管报告包括下列基本内容:

(一)标题,统一称为"××××××监管报告";

(二)监管依据,即实施监管所依据的有关电力监管法律、法规、规章和其他规范性文件的具体规定;

（三）基本情况，包括监管相对人的基本情况和监管相对人执行有关电力监管法律、法规、规章和其他规范性文件具体规定的基本情况；

（四）监管评价，即电力监管机构对监管相对人执行有关电力监管法律、法规、规章和其他规范性文件具体规定情况的评价意见；

（五）存在的违法违规问题，监管机构的处理结果和整改要求；

（六）监管建议，即对不属于电力监管机构直接处理的事项，可以向监管相对人或者政府有关部门提出建议。

第七条 电力监管报告由具体实施监管的部门、单位起草。

起草单位起草电力监管报告，应当如实反映监管相对人执行有关电力监管法律、法规、规章和其他规范性文件具体规定的情况，不得隐瞒实施监管中发现的监管相对人违反有关电力监管法律、法规、规章和其他规范性文件具体规定的行为。

起草单位引用监管相对人有关具体事实的，应当与监管相对人核实；发现相关信息事实不清或者相互矛盾的，应当进行调查。

第八条 监管相对人应当按照国家有关规定和电力监管机构的要求，及时提供有关文件、资料，并对有关文件、资料的真实性、完整性负责；配合和协助电力监管机构进行现场检查、电力事故调查、违法行为立案调查以及有关事实或者行为核查。

第九条 电力监管报告内容涉及其它单位或者部门职责的，起草单位应当征求相关单位或者部门的意见。

第十条 电力监管报告由电力监管机构主席（局长、专员）办公会议决定。

国家电力监管委员会派出机构编制的电力监管报告，涉及跨区域或者在全国有重大影响的事项，应当报国家电力监管委员会批准。

第十一条　电力监管报告以监管公告发布。

监管公告由电力监管机构主席（局长、专员）签署。

监管公告应当载明序号、编制单位、电力监管报告名称、发布日期。

第十二条　电力监管报告可以通过下列形式向社会公开发布：

（一）广播、电视；

（二）报纸、杂志等出版物；

（三）政府门户网站；

（四）新闻发布会；

（五）其他形式。

第十三条　电力监管机构向社会公开发布电力监管报告形成的有关材料，应当按照有关规定整理归档。

第十四条　电力监管机构工作人员在编制发布电力监管报告工作中有下列情形之一的，依法追究其责任：

（一）有意隐瞒或者夸大事实的；

（二）玩忽职守造成信息、数据严重失实的；

（三）违反规定擅自对外公布报告内容的；

（四）违反国家有关保密规定的。

第十五条　监管相对人有下列情形之一的，依法追究其责任：

（一）拒绝或者阻碍电力监管机构依法履行监管职责的；

（二）提供虚假或者隐瞒重要事实的文件、资料的。

第十六条　国家电力监管委员会派出机构发布监管报告，报国家电力监管委员会备案。

第十七条　本规定自 2007 年 5 月 10 日起施行。

供电监管办法

第一章　总　则

第一条　为了加强供电监管,规范供电行为,维护供电市场秩序,保护电力使用者的合法权益和社会公共利益,根据《电力监管条例》和国家有关规定,制定本办法。

第二条　国家电力监管委员会(以下简称电监会)依照本办法和国家有关规定,履行全国供电监管和行政执法职能。

电监会派出机构(以下简称派出机构)负责辖区内供电监管和行政执法工作。

第三条　供电监管应当依法进行,并遵循公开、公正和效率的原则。

第四条　供电企业应当依法从事供电业务,并接受电监会及其派出机构(以下简称电力监管机构)的监管。供电企业依法经营,其合法权益受法律保护。

本办法所称供电企业是指依法取得电力业务许可证、从事供电业务的企业。

第五条　任何单位和个人对供电企业违反本办法和国家有关供电监管规定的行为,有权向电力监管机构投诉和举报,电力监管机构应当依法处理。

第二章　监管内容

第六条　电力监管机构对供电企业的供电能力实施监管。

供电企业应当加强供电设施建设,具有能够满足其供电区域内用电需求的供电能力,保障供电设施的正常运行。

第七条 电力监管机构对供电企业的供电质量实施监管。

在电力系统正常的情况下,供电企业的供电质量应当符合下列规定:

(一)向用户提供的电能质量符合国家标准或者电力行业标准;

(二)城市地区年供电可靠率不低于99%,城市居民用户受电端电压合格率不低于95%,10千伏以上供电用户受电端电压合格率不低于98%;

(三)农村地区年供电可靠率和农村居民用户受电端电压合格率符合派出机构的规定。派出机构有关农村地区年供电可靠率和农村居民用户受电端电压合格率的规定,应当报电监会备案。

供电企业应当审核用电设施产生谐波、冲击负荷的情况,按照国家有关规定拒绝不符合规定的用电设施接入电网。用电设施产生谐波、冲击负荷影响供电质量或者干扰电力系统安全运行的,供电企业应当及时告知用户采取有效措施予以消除;用户不采取措施或者采取措施不力,产生的谐波、冲击负荷仍超过国家标准的,供电企业可以按照国家有关规定拒绝其接入电网或者中止供电。

第八条 电力监管机构对供电企业设置电压监测点的情况实施监管。

供电企业应当按照下列规定选择电压监测点:

(一)35千伏专线供电用户和110千伏以上供电用户应当设置电压监测点;

(二)35千伏非专线供电用户或者66千伏供电用户、10(6、20)千伏供电用户,每10000千瓦负荷选择具有代表性的用户设置1个以上电压监测点,所选用户应当包括对供电质量有较高要求的重要电力用户和变电站10(6、20)千伏母线所带具有代表性线路的末端用户;

(三)低压供电用户,每百台配电变压器选择具有代表性的用户设置1个以上电压监测点,所选用户应当是重要电力用户和低压配电网的首末两端用户。

供电企业应当于每年 3 月 31 日前将上一年度设置电压监测点的情况报送所在地派出机构。

供电企业应当按照国家有关规定选择、安装、校验电压监测装置，监测和统计用户电压情况。监测数据和统计数据应当及时、真实、完整。

第九条 电力监管机构对供电企业保障供电安全的情况实施监管。

供电企业应当坚持安全第一、预防为主、综合治理的方针，遵守有关供电安全的法律、法规和规章，加强供电安全管理，建立、健全供电安全责任制度，完善安全供电条件，维护电力系统安全稳定运行，依法处置供电突发事件，保障电力稳定、可靠供应。

供电企业应当按照国家有关规定加强重要电力用户安全供电管理，指导重要电力用户配置和使用自备应急电源，建立自备应急电源基础档案数据库。

供电企业发现用电设施存在安全隐患，应当及时告知用户采取有效措施进行治理。用户应当按照国家有关规定消除用电设施安全隐患。用电设施存在严重威胁电力系统安全运行和人身安全的隐患，用户拒不治理的，供电企业可以按照国家有关规定对该用户中止供电。

第十条 电力监管机构对供电企业履行电力社会普遍服务义务的情况实施监管。

供电企业应当按照国家规定履行电力社会普遍服务义务，依法保障任何人能够按照国家规定的价格获得最基本的供电服务。

第十一条 电力监管机构对供电企业办理用电业务的情况实施监管。

供电企业办理用电业务的期限应当符合下列规定：

（一）向用户提供供电方案的期限，自受理用户用电申请之日起，居民用户不超过 3 个工作日，其他低压供电用户不超过 8 个工作日，高压单电源供电用户不超过 20 个工作日，高压双电源供电用户不超过 45 个工作日；

（二）对用户受电工程设计文件和有关资料审核的期限，自受理之日起，低压供电用户不超过 8 个工作日，高压供电用户不超过 20 个工作日；

（三）对用户受电工程启动中间检查的期限，自接到用户申请之日起，低压供电用户不超过 3 个工作日，高压供电用户不超过 5 个工作日；

（四）对用户受电工程启动竣工检验的期限，自接到用户受电装置竣工报告和检验申请之日起，低压供电用户不超过 5 个工作日，高压供电用户不超过 7 个工作日；

（五）给用户装表接电的期限，自受电装置检验合格并办结相关手续之日起，居民用户不超过 3 个工作日，其他低压供电用户不超过 5 个工作日，高压供电用户不超过 7 个工作日。

前款第（二）项规定的受电工程设计，用户应当按照供电企业确定的供电方案进行。

第十二条 电力监管机构对供电企业向用户受电工程提供服务的情况实施监管。

供电企业应当对用户受电工程建设提供必要的业务咨询和技术标准咨询；对用户受电工程进行中间检查和竣工检验，应当执行国家有关标准；发现用户受电设施存在故障隐患时，应当及时一次性书面告知用户并指导其予以消除；发现用户受电设施存在严重威胁电力系统安全运行和人身安全的隐患时，应当指导其立即消除，在隐患消除前不得送电。

第十三条 电力监管机构对供电企业实施停电、限电或者中止供电的情况进行监管。

在电力系统正常的情况下，供电企业应当连续向用户供电。需要停电或者限电的，应当符合下列规定：

（一）因供电设施计划检修需要停电的，供电企业应当提前 7 日公告停电区域、停电线路、停电时间；

（二）因供电设施临时检修需要停电的，供电企业应当提前 24 小时公告停电区域、停电线路、停电时间；

（三）因电网发生故障或者电力供需紧张等原因需要停

电、限电的,供电企业应当按照所在地人民政府批准的有序用电方案或者事故应急处置方案执行。

引起停电或者限电的原因消除后,供电企业应当尽快恢复正常供电。

供电企业对用户中止供电应当按照国家有关规定执行。

供电企业对重要电力用户实施停电、限电、中止供电或者恢复供电,应当按照国家有关规定执行。

第十四条 电力监管机构对供电企业处理供电故障的情况实施监管。

供电企业应当建立完善的报修服务制度,公开报修电话,保持电话畅通,24小时受理供电故障报修。

供电企业应当迅速组织人员处理供电故障,尽快恢复正常供电。供电企业工作人员到达现场抢修的时限,自接到报修之时起,城区范围不超过60分钟,农村地区不超过120分钟,边远、交通不便地区不超过240分钟。因天气、交通等特殊原因无法在规定时限内到达现场的,应当向用户做出解释。

第十五条 电力监管机构对供电企业履行紧急供电义务的情况实施监管。

因抢险救灾、突发事件需要紧急供电时,供电企业应当及时提供电力供应。

第十六条 电力监管机构对供电企业处理用电投诉的情况实施监管。

供电企业应当建立用电投诉处理制度,公开投诉电话。对用户的投诉,供电企业应当自接到投诉之日起10个工作日内提出处理意见并答复用户。

供电企业应当在供电营业场所设置公布电力服务热线电话和电力监管投诉举报电话的标识,该标识应当固定在供电营业场所的显著位置。

第十七条 电力监管机构对供电企业执行国家有关电力行政许可规定的情况实施监管。

供电企业应当遵守国家有关供电营业区、供电业务许可、承装(修、试)电力设施许可和电工进网作业许可等规定。

第十八条 电力监管机构对供电企业公平、无歧视开放供电市场的情况实施监管。

供电企业不得从事下列行为：

（一）无正当理由拒绝用户用电申请；

（二）对趸购转售电企业符合国家规定条件的输配电设施，拒绝或者拖延接入系统；

（三）违反市场竞争规则，以不正当手段损害竞争对手的商业信誉或者排挤竞争对手；

（四）对用户受电工程指定设计单位、施工单位和设备材料供应单位；

（五）其他违反国家有关公平竞争规定的行为。

第十九条 电力监管机构对供电企业执行国家规定的电价政策和收费标准的情况实施监管。

供电企业应当严格执行国家电价政策，按照国家核准电价或者市场交易价，依据计量检定机构依法认可的用电计量装置的记录，向用户计收电费。

供电企业不得自定电价，不得擅自变更电价，不得擅自在电费中加收或者代收国家政策规定以外的其他费用。

供电企业不得自立项目或者自定标准收费；对国家已经明令取缔的收费项目，不得向用户收取费用。

供电企业应用户要求对产权属于用户的电气设备提供有偿服务时，应当执行政府定价或者政府指导价。没有政府定价和政府指导价的，参照市场价格协商确定。

第二十条 电力监管机构对供电企业签订供用电合同的情况实施监管。

供电企业应当按照国家有关规定，遵循平等自愿、协商一致、诚实信用的原则，与用户、趸购转售电单位签订供用电合同，并按照合同约定供电。

第二十一条 电力监管机构对供电企业执行国家规定的成本规则的情况实施监管。

供电企业应当按照国家有关成本的规定核算成本。

第二十二条 电力监管机构对供电企业信息公开的情况

实施监管。

供电企业应当依照《中华人民共和国政府信息公开条例》、《电力企业信息披露规定》，采取便于用户获取的方式，公开供电服务信息。供电企业公开信息应当真实、及时、完整。

供电企业应当方便用户查询下列信息：

（一）用电报装信息和办理进度；

（二）用电投诉处理情况；

（三）其他用电信息。

第二十三条 电力监管机构对供电企业报送信息的情况实施监管。

供电企业应当按照《电力企业信息报送规定》向电力监管机构报送信息。供电企业报送信息应当真实、及时、完整。

第二十四条 电力监管机构对供电企业执行国家有关节能减排和环境保护政策的情况实施监管。

供电企业应当减少电能输送和供应环节的损失和浪费。

供电企业应当严格执行政府有关部门依法作出的对淘汰企业、关停企业或者环境违法企业采取停限电措施的决定。未收到政府有关部门决定恢复送电的通知，供电企业不得擅自对政府有关部门责令限期整改的用户恢复送电。

第二十五条 电力监管机构对供电企业实施电力需求侧管理的情况实施监管。

供电企业应当按照国家有关电力需求侧管理规定，采取有效措施，指导用户科学、合理和节约用电，提高电能使用效率。

第三章 监管措施

第二十六条 电力监管机构根据履行监管职责的需要，可以要求供电企业报送与监管事项相关的文件、资料，并责令供电企业按照国家规定如实公开有关信息。

电力监管机构应当对供电企业报送信息和公开信息的情况进行监督检查，发现违法行为及时处理。

第二十七条　供电企业应当按照电力监管机构的规定将与监管相关的信息系统接入电力监管信息系统。

第二十八条　电力监管机构依法履行职责,可以采取下列措施,进行现场检查:

(一)进入供电企业进行检查;

(二)询问供电企业的工作人员,要求其对有关检查事项作出说明;

(三)查阅、复制与检查事项有关的文件、资料,对可能被转移、隐匿、损毁的文件、资料予以封存;

(四)对检查中发现的违法行为,可以当场予以纠正或者要求限期改正。

第二十九条　电力监管机构可以在用户中依法开展供电满意度调查等供电情况调查,并向社会公布调查结果。

第三十条　供电企业违反国家有关供电监管规定的,电力监管机构应当依法查处并予以记录;造成重大损失或者重大影响的,电力监管机构可以对供电企业的主管人员和其他直接责任人员依法提出处理意见和建议。

第三十一条　电力监管机构对供电企业违反国家有关供电监管规定,损害用户合法权益和社会公共利益的行为及其处理情况,可以向社会公布。

第四章　罚　则

第三十二条　电力监管机构从事监管工作的人员违反电力监管有关规定,损害供电企业、用户的合法权益以及社会公共利益的,依照国家有关规定追究其责任;应当承担纪律责任的,依法给予处分;构成犯罪的,依法追究刑事责任。

第三十三条　供电企业违反本办法第六条规定,没有能力对其供电区域内的用户提供供电服务并造成严重后果的,电力监管机构可以变更或者吊销电力业务许可证,指定其他供电企业供电。

第三十四条　供电企业违反本办法第七条、第八条、第九条、第十条、第十一条、第十二条、第十三条、第十四条、第十五条、第十六条、第二十一条、第二十四条规定的,由电力监管机构责令改正,给予警告;情节严重的,对直接负责的主管人员和其他直接责任人员,依法给予处分。

第三十五条 供电企业违反本办法第十八条规定,由电力监管机构责令改正,拒不改正的,处 10 万元以上 100 万元以下罚款;对直接负责的主管人员和其他直接责任人员,依法给予处分;情节严重的,可以吊销电力业务许可证。

第三十六条 供电企业违反本办法第十九条规定的,电力监管机构可以责令改正并向有关部门提出行政处罚建议。

第三十七条 供电企业有下列情形之一的,由电力监管机构责令改正;拒不改正的,处 5 万元以上 50 万元以下罚款,对直接负责的主管人员和其他直接责任人员,依法给予处分;构成犯罪的,依法追究刑事责任:

(一)拒绝或者阻碍电力监管机构及其从事监管工作的人员依法履行监管职责的;

(二)提供虚假或者隐瞒重要事实的文件、资料的;

(三)未按照国家有关电力监管规章、规则的规定公开有关信息的。

第三十八条 对于违反本办法并造成严重后果的供电企业主管人员或者直接责任人员,电力监管机构可以建议将其调离现任岗位,3 年内不得担任供电企业同类职务。

第五章 附 则

第三十九条 本办法所称以上、以下、不低于、不超过,包括本数。

第四十条 本办法自 2010 年 1 月 1 日起施行。2005 年 6 月 21 日电监会发布的《供电服务监管办法(试行)》同时废止。

供电营业区划分及管理办法

(1996 年 5 月 19 日电力工业部发布施行)

第一章 总 则

第一条 为划分和管理供电营业区域,依法保障电力供应与经销的专营权,保障向电力用户的安全供电和保护电力用户的合法权益,根据《电力供应与使用条例》第九条规定,制定本办法。

第二条 供电营业区是指向用户供应并销售电能的地域。经国家核准的供电营业区是电网经营企业或者供电企业依法专营电力的地域。

第三条 国家对供电营业区的设立、变更实行许可证管理制度。

《供电营业许可证》由国务院电力管理部门统一印制。

第四条 跨省电网经营企业、独立省电网经营企业、地方独立电网经营企业、趸购转售供电企业、以及兼售电能的地方发电厂都应按照本办法的规定申请供电营业区及《供电营业许可证》。

第二章 供电营业区划分原则及分类

第五条 根据电力生产供应特点,为确保电网安全经济运行和供电服务质量,在一个供电营业区域内,只准设一个供电营业机构。

第六条 供电营业区原则上以省、地(市)、县行政区划为基础,根据电网结构、供电能力、供电质量、供电的经济合理性等因素划分确定。

在《电力法》实施前,在同一个行政区域内,已形成多个供电企业供电的,应按上述原则协商核定其供电营业区。

第七条　供电营业区分为下列四类:

1. 跨省(自治区、直辖市)行政区划的供电营业区(简称跨省营业区);

2. 省(自治区、直辖市)内跨地(市)行政区划的供电营业区(简称省级营业区);

3. 地(自治州、省辖市)内跨县行政区划的供电营业区(简称地级营业区);

4. 县(市)内跨乡镇行政区划的供电营业区(简称县级营业区)。

第八条　为便于分级管理,根据电网结构和行政区划不同,一般可将跨省营业区分划为省、地、县三级营业区;省级营业区分划为地、县两级营业区;地级营业区分划为若干个县级营业区;并在每级营业区内设立相应的供电营业分支机构。

第三章　供电营业区申请与核准

第九条　跨省营业区的设立、变更由跨省电网经营企业向国务院电力管理部门提出申请;省级营业区的设立、变更由独立省电网经营企业向省电力管理部门提出申请;地级营业区的设立、变更由独立地方电网经营企业向省电力管理部门提出申请;县级营业区的设立、变更由具有独立企业法人资格的供电企业向省电力管理部门提出申请。

第十条　申请供电营业区者,须具备下列条件:

1. 具有独立企业法人资格的企业章程;

2. 具有能满足该地区用电需求的供电能力;

3. 具有与经营业务相适应的资金、场所、设施和技术手段;

4. 具有与经营业务相适应的专门技术与业务人员、管理制度、技术标准;

5. 具有与该地区社会与经济发展相适应的电力发展

规划；

6.国务院电力管理部门规定的其他条件。

第十一条 申请供电营业区者,应向主管机关提供下列资料：

1.能反映营业区域边界的供电区域地理平面图；

2.设立的供电营业分支机构及相应的供电营业区域；

3.电源容量及公布、供电网络及负荷分布图；

4.电源与电力网的改造与发展规划；

5.企业性质、组织机构、人员构成及数量、主要技术业务人员资格；

6.注册资本；

7.售电价格及其依据；

8.外购电的数量及协议文本；

9.保证安全生产必须的基础设施、工机具、计量、试验、调度、通讯及交通运输装备；

10.技术业务的规章制度；

11.供电营业区双边达成的划分协议书或意见；

12.其他认为必须的资料。

第十二条 跨省营业区在申请前,跨省电网经营企业应组织网内直属省电网经营企业就省内的供电营业区的划分,与相邻地方独立电网经营企业或供电企业进行协商,达成协议,方可向国务院电力管理部门提出申请,经核准后发给《供电营业许可证》。

跨省(自治区、直辖市)际间的供电营业区,有关双方对营业区划分未取得一致意见的,由两省电力管理部门协商并提出意见后,报国务院电力管理部门核准。

在跨省营业区内的省级营业区,由于某部分营业区的划分双方未取得一致意见的,由省电力管理部门进行协调,并提出划分意见,报国务院电力管理部门核准。

第十三条 省级营业区在申请前,省电网经营企业应就省内供电营业区的划分,与相邻地方独立电网经营企业或供电企业进行协商,达成协议,方可向省电力管理部门提出申请,经核准后发给《供电营业许可证》。

双方对某部分供电营业区的划分,未取得一致意见的,由省电力管理部门进行协调确定并核准。

对省电力管理部门核准的供电营业区,其中一方持有异议的,应在 30 日内向国务院电力管理部门提出复核请求。国务院电力管理部门应在接到复核请求之日后 60 天内作出复议裁定。

下级电力管理部门应当服从上级电力管理部门的裁定。

第十四条 地级或县级营业区在申请前,地方独立电网经营企业或供电企业,应与相邻供电企业就供电营业区的划分进行协商,达成协议,方可向省电力管理部门提出申请,经核准后发给《供电营业许可证》。

双方对供电营业区的划分未取得一致意见的,由省电力管理部门进行协调确定并核准。

第十五条 由于历史原因,大小电网已形成交叉供电的营业地区,有关双方应从确保供用电安全出发,本着互利互惠原则,协商确定供电营业区。协商不成的,由省级电力管理部门协调划定。协调不成时,可报请国务院电力管理部门直接核定。

第四章 供电营业区管理

第十六条 供电企业不得越出核准的供电营业区供电,下列情况不在此限:

1. 经省级以上电力管理部门同意在其他供电营业区设置的电力设施;

2. 经省级以上电力管理部门同意向其他供电企业供电营业区内用户实施的供电;

3. 应其他供电企业请求并经核准,而对其营业区内的用户实施的供电;

4. 根据国务院电力管理部门的规定实施的供电。

第十七条 由于政治、军事、安全等原因,对供电质量有特殊要求或用电对供电质量产生严重影响的用户,可由省级以上电力管理部门指定的供电企业供电。

第十八条 供电营业区自核准之日起,期满三年仍未对无电地区实施供电的,省级以上电力管理部门认为必要时,可缩减或供电营业区。

第十九条 供电企业因破产或其他原因需要停业时,必须在停业前一个月向省电力管理部门提出申请,并缴回《供电营业许可证》,经核准后,方可停业。

第二十条 供电营业区的变更,由原受理审批该供电营业区的电力管理部门办理。

第二十一条 供电营业区的扩展或合并、缩小、分立、更名等变更,需办理变更申请,并提供下列资料:

1. 变更理由及有关证明文件;

2. 与相邻供电企业就供电营业区变更所达成的协议或意见;

3. 供电营业区变动的地理平面图;

4. 实施供电营业区变动的工程及工程起迄日期;

5. 电力管理部门认为必须的资料。

第二十二条 用户自备电厂应自发自供厂区内的用电,自供有余的电量应上网销售。需要伸入或穿越供电营业区供电时,必须经过该供电营业区的电网经营企业同意并签订有关合同后才能实施。

第二十三条 跨省、省级、地级电网经营企业,在取得《供电营业许可证》后,应将在其批准的营业区内设立的供电营业机构的有关情况,向该行政区的电力管理部门备案,以便于进行监督管理。

第二十四条 未经许可,从事电力供应与销售业务或者擅自变更供电营业区的,由省级以上电力管理部门按照《电力法》第六十三条处理。

第五章 附 则

第二十五条 本办法一九九六年九月一日起实施。

供电企业信息公开实施办法

第一条 为了提高供电企业工作透明度,充分发挥供电企业信息公开对人民群众生产生活和经济社会活动的服务作用,切实保障广大电力用户的知情权、参与权、监督权,根据《中华人民共和国政府信息公开条例》、《电力监管条例》和《电力企业信息披露规定》,制定本办法。

第二条 本办法所称供电企业是指已取得供电类电力业务许可证,依法从事供电业务的企业。

第三条 供电企业信息公开应当遵循真实准确、规范及时、便民利民的原则,并对本企业发布的信息内容负责。

第四条 国务院能源主管部门及其派出机构对供电企业信息公开的情况实施监管。

第五条 供电企业信息公开的内容,分为主动公开的信息和依申请公开的信息。

第六条 供电企业应当依照本办法和国家有关规定,主动公开以下与人民群众利益密切相关的信息:

(一)供电企业基本情况。企业性质、办公地址、营业场所、联系方式、电力业务许可证(供电类)及编号等。如有变化需自发生变化之日起20个工作日内更新。

(二)供电企业办理用电业务的程序及时限。各类用户办理新装、增容与变更用电性质等用电业务的程序、时限要求等。如有变化需自发生变化之日起20个工作日内更新。

(三)供电企业执行的电价和收费标准。供电企业向各类用户计收电费时执行的电价标准以及供电企业向用户提供有偿服务时收费的项目、标准和依据等。如有变化需自发生变化之日起20个工作日内更新。

(四)供电质量和"两率"情况。供电企业执行的供电质量标准以及供电企业电压合格率、供电可靠率情况等。电压合格率和供电可靠率按季度公布,具体公布日期由各单位根据本单位情况确定。

(五)停限电有关信息。因供电设施计划检修需要停限电的,供电企业应当提前 7 日公告停电区域、停电线路和停电时间;因供电设施临时检修需要停限电的,供电企业应当提前 24 小时公告停电区域、停电线路和停电时间;其他情况发生停限电,包括供电营业区有序用电方案、限电序位等,供电企业应按国家规定将有关情况及时公布。

(六)供电企业供电服务所执行的法律法规以及供电企业制定的涉及用户利益的有关管理制度和技术标准。如有变化需自发生变化之日起 20 个工作日内更新。

(七)供电企业供电服务承诺以及投诉电话。如有变化需自发生变化之日起 20 个工作日内更新。

(八)供电企业应按照《国家能源局关于进一步规范用户受电工程市场的通知》(国能监管〔2013〕408 号)要求,公开用户受电工程相关信息。

(九)其他需要主动公开的信息。

第七条 除本办法第六条规定供电企业主动公开的信息外,电力用户还可以根据自身生产、生活、科研等特殊需要,向供电企业申请获取相关信息。

第八条 供电企业应当建立健全信息发布保密审查机制,明确审查的责任和程序,依照《中华人民共和国保守国家秘密法》以及有关规定对拟公开的信息进行保密审查和管理。

第九条 供电企业应当将主动公开的信息,通过企业网站、营业厅、公开栏、电子显示屏、便民资料手册、信息发布会、新闻媒体等多种便于公众知晓的方式公开,同时通过网站链接、开设专栏等方式在国务院能源主管部门派出机构的门户网站进行公开。

第十条 供电企业应当编制并公布信息公开指南和目录,如有变动应及时更新。

信息公开指南应当包括信息的分类、获取方式、信息公开工作机构的名称、办公地址、办公时间、联系电话、传真号码、电子邮箱等内容。

信息公开目录,应当包括信息索引、名称、内容概要、生成日期等内容。

第十一条 电力用户依照本办法第七条规定向供电企业申请获取信息的,应当采用书面形式。书面申请内容应当包括申请人的名称、身份证明及联系方式;申请公开的内容;申请公开内容的用途。

第十二条 供电企业收到信息公开申请,能够当场答复的,应当当场予以答复。不能当场答复的,应当自收到申请之日起 15 个工作日内予以答复;如需延长答复期限的,应当经供电企业信息公开工作机构负责人同意,并告知申请人,延长答复的期限不得超过 15 个工作日。如不能公开的,应当说明理由。

第十三条 供电企业依申请提供信息的,除可以收取检索、复制、邮寄等成本费用外,不得收取其他费用。供电企业不得通过其他组织、个人以有偿服务的方式提供信息。

供电企业收取检索、复制、邮寄等成本费用的标准,按照政府主管部门的相关规定执行。

第十四条 国务院能源主管部门及其派出机构采取以下措施对供电企业的信息公开工作进行监督、评议和考核:

(一)供电企业应每年 3 月 5 日前编写上一年度信息公开年报,并在其门户网站上发布,同时按要求报国务院能源主管部门派出机构。

(二)国务院能源主管部门派出机构于每年 3 月 31 日前,对辖区内所有供电企业上一年度通过企业门户网站主动公开信息情况进行统计、评价、形成年报,予以公布。

(三)国务院能源主管部门及其派出机构将供电企业信息公开工作纳入监管范围,对工作突出的企业和个人予以表彰,并通报当地政府和上级企业。

(四)供电企业未按照本办法公开有关信息或者公开虚假信息的,国务院能源主管部门及其派出机构依法追究其责任。

第十五条 公民、法人或者其他组织认为供电企业不依法履行信息公开义务的,可以拨打电话或发送短信至投诉举报热线12398向国务院能源主管部门及其派出机构投诉。

第十六条 本办法中未尽事项,参照《中华人民共和国政府信息公开条例》执行。

第十七条 本办法自发布之日起施行。

第十八条 自本办法发布之日起,原国家电力监管委员会发布的《供电企业信息公开实施办法》(试行)废止。

居民用户家用电器损坏处理办法

第一条 为保护供用电双方的合法权益,规范因电力运行事故引起的居民用户家用电器损坏的理赔处理,公正、合理地调解纠纷,根据《电力法》、《电力供应与使用条例》和国家有关规定,制定本办法。

第二条 本办法适用于由供电企业以 220/380 伏电压供电的居民用户,因发生电力运行事故导致电能质量劣化,引起居民用户家用电器损坏时的索赔处理。

第三条 本办法所称的电力运行事故,是指在供电企业负责运行维护的 220/380 伏供电线路或设备上因供电企业的责任发生的下列事件:

1. 在 220/380 伏供电线路上,发生相线与零线接错或三相相序接反;

2. 在 220/380 伏供电线路上,发生零线断线;

3. 在 220/380 伏供电线路上,发生相线与零线互碰;

4. 同杆架设或交叉跨越时,供电企业的高电压线路导线掉落到 220/380 伏线路上或供电企业高电压线路对 220/380 伏线路放电。

第四条 由于第三条列举的原因出现若干户家用电器同时损坏时,居民用户应及时向当地供电企业投诉,并保持家用电器损坏原状。供电企业在接到居民用户家用电器损坏投诉后,应在 24 小时内派员赴现场进行调查、核实。

第五条 属于本办法第三条所列事件引起家用电器损坏的,供电企业应会同居委会(村委会)或其他有关部门,共同对受害居民用户损坏的家用电器名称、型号、数量、使用年月、损坏现象等进行登记和取证。登记笔录材料应由受害居民用户签字确认,作为理赔处理的依据。

第六条 供电企业如能提供证明,居民用户家用电器的损坏是不可抗力、第三人责任、受害者自身过错或产品质量事故等原因引起,并经县级以上电力管理部门核实无误,供电企业不承担赔偿责任。

第七条 从家用电器损坏之日起七日内,受害居民用户未向供电企业投诉并提出索赔要求的,即视为受害者已自动放弃索赔权。超过七日的,供电企业不再负责其赔偿。

第八条 损坏的家用电器经供电企业指定的或双方认可的检修单位检定,认为可以修复的,按本办法第九条规定处理;认为不可修复的,按本办法第十条规定处理。

第九条 对损坏家用电器的修复,供电企业承担被损坏元件的修复责任。修复时应尽可能以原型号、规格的新元件修复;无原型号规格的新元件可供修复时,可采用相同功能的新元件替代。

修复所发生的元件购置费、检测费、修理费均由供电企业负担。

不属于责任损坏或未损坏的元件,受害居民用户也要求更换时,所发生的元件购置费与修理费应由提出要求者负担。

第十条 对不可修复的家用电器,其购买时间在六个月及以内的,按原购货发票价,供电企业全额予以赔偿;购置时间在六个月以上的,按原购货发票价,并按本规定第十二条规定的使用寿命折旧后的余额,予以赔偿。使用年限已超过本规定第十二条规定仍在使用的,或者折旧后的差额低于原价10%的,按原价的10%予以赔偿。使用时间以发货票开具的日期为准开始计算。

对无法提供购货发票的,应由受害居民用户负责举证,经供电企业核查无误后,以证明出具的购置日期时的国家定价为准,按前款规定清偿。

以外币购置的家用电器,按购置时国家外汇牌价折人民币计算其购置价,以人民币进行清偿。

清偿后,损坏的家用电器归属供电企业所有。

第十一条 在理赔处理中,供电企业与受害居民用户因赔偿问题达不成协议的,由县级以上电力管理部门调解,调解不成的,可向司法机关申请裁定。

第十二条 各类家用电器的平均使用年限为:

电子类:如电视机、音响、录像机、充电器等,使用寿命为10 年;

电机类:如电冰箱、空调器、洗衣机、电风扇、吸尘器等,使用寿命为12 年;

电阻电热类:如电饭煲、电热水器、电茶壶、电炒锅等,使用寿命为 5 年;

电光源类:白炽灯、气体放电灯、调光灯等,使用寿命为2 年。

第十三条 供电企业对居民用户家用电器损坏所支付的修理费用或赔偿费,由供电生产成本中列支。

第十四条 第三人责任致使居民用户家用电器损坏的,供电企业应协助受害居民用户向第三人索赔,并可比照本办法进行处理。

第十五条 本办法自 1996 年 9 月 1 日起施行。

国家电力监管委员会行政复议办法

第一条 为了防止和纠正违法或者不当的具体行政行为,保护公民、法人和其他组织的合法权益,保障电力监管依法进行,规范电力监管行政复议工作,根据《中华人民共和国行政复议法》(以下简称行政复议法)、《中华人民共和国行政复议法实施条例》(以下简称行政复议法实施条例)和《电力监管条例》,制定本办法。

第二条 公民、法人或者其他组织向国家电力监管委员会(以下简称电监会)提出行政复议申请,电监会办理行政复议案件,适用本办法。

公民、法人或者其他组织认为电监会及其派出机构(以下简称电力监管机构)的具体行政行为侵犯其合法权益,可以依照行政复议法、行政复议法实施条例和本办法向电监会申请行政复议。

第三条 电监会负责法制工作的部门(以下简称法制工作部门)是电监会行政复议机构,具体办理行政复议事项,履行行政复议法第三条、行政复议法实施条例第三条规定的职责。

第四条 有下列情形之一的,公民、法人或者其他组织可以依法向电监会申请行政复议:

(一)对电力监管机构作出的警告、罚款、没收违法所得、没收非法财物、吊销许可证等行政处罚决定不服的;

(二)对电力监管机构作出的封存文件资料等行政强制措施决定不服的;

(三)对电力监管机构作出的有关许可证等证书的变更、撤销的决定不服的;

(四)认为符合法定条件,申请电力监管机构颁发许可证等证书,或者申请电力监管机构审批、登记有关事项,电力监

管机构没有依法办理的;

(五)对电力监管机构作出的发电企业在电力市场中所占份额比例的处理决定不服的;

(六)对电力监管机构作出的发电厂并网、电网互联以及发电厂与电网协调运行的处理决定不服的;

(七)对电力监管机构作出的电力市场向从事电力交易的主体公平、无歧视开放以及输电企业公平开放电网的处理决定不服的;

(八)认为电力监管机构在电力监管信息公开工作中的具体行政行为侵犯其合法权益的;

(九)对电力监管机构作出的有关电力企业信息公开的决定不服的;

(十)对电力监管机构作出的水电站大坝安全等级决定不服的;

(十一)认为电力监管机构的其他具体行政行为侵犯其合法权益的。

第五条 电力监管机构对信访事项作出的处理意见,不属于行政复议范围;信访人不服电力监管机构作出的信访处理意见的,依照《信访条例》规定的复查、复核程序办理。

公民、法人或者其他组织在信访中提出不服电力监管机构作出的具体行政行为并且有行政复议请求的,电力监管机构信访工作人员应当告知信访人可以依法申请行政复议。

第六条 公民、法人或者其他组织向电监会提出行政复议申请,应当符合行政复议法第九条和行政复议法实施条例第十五条、第十六条有关申请期限的规定。

第七条 依照行政复议法、行政复议法实施条例和本办法申请行政复议的公民、法人或者其他组织是行政复议的申请人。作出具体行政行为的电力监管机构是被申请人。

第八条 申请人申请行政复议,可以书面申请,也可以口头申请。申请人书面申请的,应当依照行政复议法实施条例第十九条规定提交行政复议申请书。申请人口头申请的,法制工作部门应当依照行政复议法实施条例第二十条规定,当场制作行政复议申请笔录并由申请人签字确认。

第九条 法制工作部门收到行政复议申请后,应当在五日内进行审查,依照法定的权限、程序和期限予以处理。

法制工作机构收到行政复议申请的日期,依照下列规定确定:

(一)申请人当面递交行政复议申请书或者口头申请行政复议的,以当面递交或者口头申请的日期为收到行政复议申请的日期;

(二)申请人采取邮寄、传真或者电子邮件等方式提出行政复议申请的,以法制工作部门签收或者接收的日期为收到行政复议申请的日期;

(三)县级地方人民政府依照行政复议法第十八条规定转送行政复议申请的,以法制工作部门签收或者接收的日期为收到行政复议申请的日期。

第十条 行政复议申请符合行政复议法实施条例第二十八条规定的,法制工作部门应当受理并告知申请人。

第十一条 有下列情形之一,法制工作部门不予受理并书面告知申请人:

(一)申请人与具体行政行为没有利害关系的;

(二)没有正当理由,行政复议申请未在法定申请期限内提出的;

(三)申请人不服电力监管机构作出的电力争议调解决定的;

(四)申请人在向电监会申请行政复议前,已经向有关行政机关申请行政复议或者已经向人民法院提起行政诉讼,有关行政机关或者人民法院已经依法受理的;

(五)法律、行政法规规定的其他不予受理的情形。

第十二条 行政复议申请材料不齐全或者表述不清楚的,法制工作部门应当按照行政复议法实施条例第二十九条规定通知申请人补正。

有下列情形之一,法制工作部门可以认定为行政复议申请材料不齐全或者表述不清楚:

（一）未依照行政复议法实施条例第十九条第（一）项规定提供申请人基本情况的；

（二）没有申请人身份证明文件的；

（三）没有明确的被申请人的；

（四）行政复议请求不具体、不明确的；

（五）委托代理人参加行政复议的法律文书不齐全或者委托权限不明确的；

（六）未依照行政复议法实施条例第二十一条的规定提供证明材料或者证明材料明显不充分的；

（七）国家有关规定规定的其他情形。

第十三条 法制工作部门应当自受理行政复议申请之日起7日内，制作行政复议答复通知书，并将行政复议答复通知书、行政复议申请书副本或者行政复议申请笔录复印件以及申请人提交的有关证据、材料的副本发送被申请人；其中，电监会作为被申请人的，法制工作部门应当将行政复议答复通知书、行政复议申请书副本或者行政复议申请笔录复印件以及申请人提交的有关证据、材料的副本送交电监会原承办具体行政行为的部门或者机构。

被申请人应当自收到行政复议答复通知书、行政复议申请书副本或者行政复议申请笔录复印件以及申请人提交的有关证据、材料的副本之日起10日内，向法制工作部门提交行政复议答复意见书；其中，电监会作为被申请人的，由电监会原承办具体行政行为的部门或者机构负责提交行政复议答复意见书。

第十四条 行政复议答复意见书应当载明下列事项：

（一）被申请人当初作出具体行政行为的主要事实、证据、依据和其他有关材料；

（二）对申请人行政复议申请中陈述的事实和理由进行答辩；

（三）对申请人的请求提出意见、建议；

（四）答复单位盖章或者负责人签名；

（五）答复的日期。

第十五条 法制工作部门收到行政复议答复意见书后，应当依照行政复议法、行政复议法实施条例的有关规定，对被申请人当初作出具体行政行为的主要事实、证据、依据、程序等进行全面审理，提出审理意见。

第十六条 对于重大、复杂的行政复议案件或者社会影响较大的行政复议案件，法制工作部门应当提请电监会负责人集体讨论。

电监会负责人集体讨论行政复议案件时，法制工作部门应当介绍案件基本情况，提交审理意见。

第十七条 审理意见经电监会负责人同意或者集体讨论通过后，法制工作部门应当根据审理意见制作行政复议决定书。

第十八条 行政复议决定应当自行政复议申请受理之日起 60 日内作出。

根据行政复议法第三十一条规定，有下列情形之一的，经电监会负责人批准，可以适当延长行政复议期限；但是延长期限最多不超过 30 日：

（一）根据行政复议法实施条例第三十三条规定采取听证方式审理的；

（二）申请人、第三人提出新的事实、证据需要进行调查核实的；

（三）申请人与被申请人依照行政复议法实施条例第四十条规定和解，或者法制工作部门依照行政复议法实施条例第五十条规定进行调解的；

（四）情况复杂，不能在规定期限内作出行政复议决定的其他情况。

延长行政复议期限，应当制作行政复议延期通知书，告知申请人和被申请人。

第十九条 涉及行政复议的其他事项，本办法未作规定的，适用行政复议法、行政复议法实施条例和国家有关行政复议的其他规定。

第二十条 本办法自 2010 年 9 月 1 日起施行。

海底电缆管道保护规定

第一条 为加强海底电缆管道的保护,保障海底电缆管道的安全运行,维护海底电缆管道所有者的合法权益,根据《铺设海底电缆管道管理规定》和有关法律、法规,制定本规定。

第二条 中华人民共和国内海、领海、大陆架及管辖的其它海域内的海底电缆管道的保护活动,适用本规定。

军事电缆管道的保护活动,不适用本规定。

第三条 国务院海洋行政主管部门负责全国海底电缆管道的保护工作。

沿海县级以上地方人民政府海洋行政主管部门负责本行政区毗邻海域海底电缆管道的保护工作。

第四条 任何单位和个人都有保护海底电缆管道的义务,并有权对破坏海底电缆管道的行为进行检举和控告。

第五条 海底电缆管道所有者应当在海底电缆管道铺设竣工后 90 日内,将海底电缆管道的路线图、位置表等注册登记资料报送县级以上人民政府海洋行政主管部门备案,并同时抄报海事管理机构。

本规定公布施行前铺设竣工的海底电缆管道,应当在本规定生效后 90 日内,按照前款规定备案。

第六条 省级以上人民政府海洋行政主管部门应当每年向社会发布海底电缆管道公告。

海底电缆管道公告包括海底电缆管道的名称、编号、注册号、海底电缆管道所有者、用途、总长度(公里)、路由起止点(经纬度)、示意图、标识等。

第七条 国家实行海底电缆管道保护区制度。

省级以上人民政府海洋行政主管部门应当根据备案的注册登记资料,商同级有关部门划定海底电缆管道保护区,并向社会公告。

海底电缆管道保护区的范围,按照下列规定确定:

(一)沿海宽阔海域为海底电缆管道两侧各 500 米;

(二)海湾等狭窄海域为海底电缆管道两侧各 100 米;

(三)海港区内为海底电缆管道两侧各 50 米。

海底电缆管道保护区划定后,应当报送国务院海洋行政主管部门备案。

第八条 禁止在海底电缆管道保护区内从事挖砂、钻探、打桩、抛锚、拖锚、底拖捕捞、张网、养殖或者其它可能破坏海底电缆管道安全的海上作业。

第九条 县级以上人民政府海洋行政主管部门有权依照有关法律、法规以及本规定,对海底电缆管道保护区进行定期巡航检查;对违反本规定的行为有权制止。

第十条 国家鼓励海底电缆管道所有者对海底电缆管道保护区和海底电缆管道的线路等设置标识。

设置标识的,海底电缆管道所有者应当向县级以上人民政府海洋行政主管部门备案。

第十一条 海底电缆管道所有者在向县级以上人民政府海洋行政主管部门报告后,可以对海底电缆管道采取定期复查、监视和其它保护措施,也可以委托有关单位进行保护。

委托有关单位保护的,应当报县级以上人民政府海洋行政主管部门备案。

第十二条 海底电缆管道所有者进行海底电缆管道的路由调查、铺设施工,对海底电缆管道进行维修、改造、拆除、废弃时,应当在媒体上向社会发布公告。

公告费用由海底电缆管道所有者承担。

第十三条 海上作业者在从事海上作业前,应当了解作业海区海底电缆管道的铺设情况;可能破坏海底电缆管道安全的,应当采取有效的防护措施。

确需进入海底电缆管道保护区内从事海上作业的,海上作业者应当与海底电缆管道所有者协商,就相关的技术处理、保护措施和损害赔偿等事项达成协议。

海上作业钩住海底电缆管道的,海上作业者不得擅自将海底电缆管道拖起、拖断或者砍断,并应当立即报告所在地海洋行政主管部门或者海底电缆管道所有者采取相应措施。必要时,海上作业者应当放弃船锚或者其它钩挂物。

第十四条 海上作业者为保护海底电缆管道致使财产遭受损失,有证据证明的,海底电缆管道所有者应当给予适当的经济补偿;但擅自在海底电缆管道保护区内从事本规定第八条规定的作业除外。

第十五条 单位和个人造成海底电缆管道及附属保护设施损害的,应当依法承担赔偿责任。

因不可抗力或者紧急避险,采取必要的防护措施仍未能避免造成损害的,可以依法减轻或者免除赔偿责任。

第十六条 有下列情形之一的,当事人可以申请县级以上人民政府海洋行政主管部门调解:

(一)海上作业者需要移动、切断、跨越已铺设的海底电缆管道与所有者发生纠纷,或者已达成的协议在执行中发生纠纷的;

(二)海上作业与海底电缆管道的维修、改造、拆除发生纠纷的;

(三)海上作业者与海底电缆管道所有者间的经济补偿发生纠纷的;

(四)赔偿责任或赔偿金额发生纠纷的。

第十七条 海底电缆管道所有者有下列情形之一的,由县级以上人民政府海洋行政主管部门责令限期改正;逾期不改正的,处以1万元以下的罚款:

(一)海底电缆管道的路线图、位置表等注册登记资料未备案的;

(二)对海底电缆管道采取定期复查、监视和其它保护措施未报告的;

(三)进行海底电缆管道的路由调查、铺设施工,维修、改造、拆除、废弃海底电缆管道时未及时公告的;

(四)委托有关单位保护海底电缆管道未备案的。

第十八条 海上作业者有下列情形之一的,由县级以上人民政府海洋行政主管部门责令限期改正,停止海上作业,并处 1 万元以下的罚款:

(一)擅自在海底电缆管道保护区内从事本规定第八条规定的海上作业的;

(二)故意损坏海底电缆管道及附属保护设施的;

(三)钩住海底电缆管道后擅自拖起、拖断、砍断海底电缆管道的;

(四)未采取有效防护措施而造成海底电缆管道及其附属保护设施损害的。

第十九条 县级以上人民政府海洋行政主管部门工作人员在海底电缆管道的保护活动中玩忽职守、滥用职权、徇私舞弊的,依法给予行政处分;构成犯罪的,依法追究刑事责任。

第二十条 本规定自 2004 年 3 月 1 日起施行。本规定公布前制定的有关文件与本规定不一致的,依照本规定执行。

铺设海底电缆管道管理规定实施办法

第一条 为实施《铺设海底电缆管道管理规定》(以下简称《规定》),加强对海底电缆、管道的管理和保护,制定本实施办法。

第二条 本办法适用于在中华人民共和国的内海、领海及大陆架上进行海底电缆、管道铺设以及为铺设所进行的路由调查、勘测及其他有关活动的任何法人、自然人和其他经济实体。

第三条 中华人民共和国国家海洋局及其所属分局以及沿海省、自治区、直辖市人民政府海洋管理机构(以下简称地方海洋管理机构)是实施本办法的主管机关。

第四条 国家对铺设海底电缆、管道及其他有关活动的管理,实行统一领导、分级管理。

地方海洋管理机构负责其管理海域内海底电缆、管道的审批与监督管理(本条第五款第三项所指管道的审批除外)。

分局负责地方海洋管理机构管理海域之外的海底电缆、管道的审批与监督管理。

跨省、自治区、直辖市管理海域和超出省、自治区、直辖市管理海域的海底电缆、管道,由分局商有关地方海洋管理机构审批,并负责监督管理。

下列海底电缆、管道由国家海洋局负责审批:

一、路经中国管辖海域和大陆架的外国海底电缆、管道;

二、由中国铺向其他国家和地区的国际海底电缆、管道;

三、国内长距离(二百公里以上)的海底管道和污水排放量为二十万吨/日以上的海底排污管道。

第五条 海底电缆、管道的路由调查、勘测,所有者应依照《规定》第五条,将《路由调查、勘测申请书》一式五份按本办法第四条报相应的审批机关审批。

外国的公司、企业和其他经济组织或个人在中国大陆架上进行上述活动的,所有者应在实施作业六十天前,将《规定》第五条要求提供的资料一式五份按本办法第四条相应的审批机关,其确定的调查、勘测路由需经主管机关同意。

《路由调查、勘测申请书》应附具以下资料:

一、调查、勘测路由选择依据的详细说明;

二、调查、勘测单位的基本情况;

三、《铺设海底管道工程对海洋资源和环境影响报告书》的编写大纲和评价单位的基本情况;

四、《污水排海工程可行性研究报告》;

五、其他有关说明资料。

第六条 海底电缆、管道的铺设施工,所有者应依照《规定》第六条,将所确定的路由及《路由调查、勘测报告》等有关资料一式五份,按本办法第四条报相应的审批机关审批。审批机关审批后发给铺设施工许可证。

外国的公司、企业和其他经济组织或个人在中国大陆架上进行上述活动的,所有者应在实施作业六十天前,将《规定》第六条要求提供的资料一式五份按本办法第四条报相应的审批机关,其确定的路由需经主管机关同意。

第七条 所有者在选择海底电缆、管道路由时,应顾及其他海洋开发利用。当路由需穿越重要渔捞作业区、海洋油气开采区、军事区、锚地和海底电缆、管道等并发生矛盾时,所有者应与有关当事方协商或报请主管机关协调解决。

设置海底排污管道应充分考虑排放海域的使用功能,排污口的位置应选择在远离海洋自然保护区、重要渔业水域、海水浴场、海滨风景游览区等区域的具有足够水深、海面宽阔、水体交换能力强等条件适当的场点,并符合国家的有关规定和标准。

第八条 《路由调查、勘测报告》应包括以下内容:

一、调查概况;

二、路由海区的气象与水文动力状况;

三、路由海区的工程地质条件;

四、与该海底电缆、管道工程建设和维护有关的其他海洋开发活动和海底设施；

五、有关政府机构在路由海区的开发利用规划；

六、路由条件的综合评价及其结论；

七、有关图件及其他调查资料。

第九条 《铺设海底管道工程对海洋资源和环境影响报告书》的内容应包括：

一、海底管道途经海域海洋资源和环境的状况；

二、海底管道海上铺设施工作业阶段及其正常使用阶段对周围海域海洋资源和生态环境及其他海洋开发利用活动影响的综合评价及对上述影响的解决办法；

三、海底管道事故状态对海洋资源和环境产生影响的评价及其应急措施。

第十条 获准的海底电缆、管道路由调查、勘测和铺设施工，在实施作业前或实施作业中如需变动（包括：路由、作业时间、作业计划、作业方式等变动），所有者应及时报告主管机关。如路由等变动较大，应报经主管机关批准。

海上作业者应持有主管机关签发的铺设施工许可证。

第十一条 铺设海底电缆、管道及其他海上作业，需要移动、切断已铺设的海底电缆、管道时，应当先与所有者协商，就交越施工的技术处理及损失赔偿等问题达成协议，并报经主管机关批准后方可施工。在协商和执行过程中，双方如有纠纷，可由主管机关协调解决。

第十二条 海底电缆、管道铺设施工完毕后九十天内，所有者应将海底电缆、管道准确路线图、位置表等说明资料一式五份报送主管机关备案，并抄送有关港务监督机关。

第十三条 海底电缆、管道的维修、改造、拆除，所有者应在实施作业三十天前，将作业内容、原因、时间、海区及作业船只等情况书面报告主管机关。海底电缆、管道的紧急修理，所有者可在维修船进入现场作业的同时，按上述内容向主管机关报告并说明紧急修理的理由。

外国船舶需要在中国内海、领海进行前款所述作业的，应经主管机关批准。

海底电缆、管道路由变动较大的改造,所有者事先应经主管机关批准。

上述作业完毕后三十天内,所有者应将作业结果报告主管机关。

第十四条 海底电缆、管道的废弃,所有者应当在六十天前向主管机关书面报告,内容应包括:废弃的原因、废弃的准确时间、废弃部分的准确位置及处置办法、废弃部分对其他海洋开发利用可能产生的影响及采取的防治措施。

废弃的海底电缆、管道应当妥善处理,不得对正常的海洋开发利用活动构成威胁或妨碍。

第十五条 海底电缆、管道的铺设、维修、拆除等海上施工作业,应兼顾其他海上正常开发利用活动,当两者在作业时间和作业海区等方面发生矛盾时,所有者应当与有关当事方协商解决或报主管机关协调解决。

第十六条 主管机关应将所辖海区已铺设或废弃的海底电缆、管道的路由情况定期予以公告。

第十七条 从事海上各种活动的作业者,应了解作业海区海底电缆、管道的布设情况。凡需在海底电缆、管道路由两侧各两海里(港内为两侧各一百米)范围内从事可能危及海底电缆、管道安全和使用效能的作业的,应事先与所有者协商并报经主管机关批准。

第十八条 主管机关可对进行海底电缆、管道路由调查、勘测和铺设、维修、改造、拆除等活动的船舶进行监视或检查。进行上述活动的船舶应为主管机关海洋监察人员执行公务提供方便。

外国籍船舶在中国大陆架上进行前款所述的活动期间(包括作业、锚泊、检修、漂泊等),应于每天02时(格林威治时间)向主管机关报告船位;在中国的内海、领海进行前款所述的活动期间(包括作业、锚泊、检修、漂泊等),应于每天00、08时(格林威治时间)向主管机关报告船位。

第十九条 为海洋石油开发所铺设的海底电缆、管道,按

下列要求报主管机关审批或备案:

一、对包含在油(气)田总体开发方案中的路由超出石油开发区的海底电缆、管道,所有者应在该方案审批前,将初选路由等资料一式五份按本办法第四条报相应的审批机关,由审批机关商国家能源部门审定。在实施上述路由调查、勘测六十天前,所有者应将《规定》第五条要求提供的资料报主管机关备案。在实施铺设施工六十天前,所有者应将最后确定的路由等资料一式五份,依照《规定》第六条的有关要求报主管机关批准,由主管机关发给铺设施工许可证。

二、对在石油开发区内铺设平台间或者平台与单点系泊间的海底电缆、管道,在实施路由调查、勘测和铺设施工六十天前,所有者应分别将《规定》第五条、第六条要求提供的资料报主管机关备案。

《规定》第十五条未作规定的情况,所有者应按《规定》和本办法的其他有关条款执行。

第二十条 对违反《规定》及本办法的,主管机关有权依其情节轻重,给予下列一种或几种处罚:警告、罚款和责令停止海上作业。

罚款分为以下几种:

一、凡有下列行为之一者,罚款最高额为人民币一万元:

(一)海上作业者未持有主管机关已签发的铺设施工许可证的;

(二)阻挠或妨碍主管机关海洋监察人员执行公务的;

(三)未按本办法第十二条的要求,将有关资料报主管机关备案的。

二、凡有下列行为之一者,罚款最高额为人民币五万元:

(一)获准的路由调查、勘测或铺设施工发生变动,未按本办法第十条执行的;

(二)海底电缆、管道的铺设、维修、改造、拆除和废弃,未按本办法第十三条、第十四条、第十五条执行的;

(三)海底电缆、管道的铺设或者拆除等工程的遗留物未妥善处理,对正常的海洋开发利用活动构成威胁或妨碍的;

（四）违反本办法第十一条，移动已铺设的海底电缆、管道的；

（五）违反本办法第十七条，从事可能危及海底电缆、管道安全和使用效能的作业的；

（六）外国籍船舶未按本办法的要求报告船位的。

三、凡有下列行为之一者，罚款最高额为人民币十万元：

（一）外国籍船舶在未经批准的海域作业或在获准的海域内进行未经批准的作业的；

（二）未按《规定》和本办法报经主管机关批准和备案，擅自进行海底电缆、管道路由调查、勘测的。

四、未按《规定》和本办法报经主管机关批准和备案，擅自进行海底电缆、管道铺设施工的，罚款最高额为人民币二十万元。

第二十一条 当事人对处罚决定不服的，可以在接到处罚通知之日起 15 日内，向作出处罚决定的机关的上一级机关申请复议；对复议决定不服的，可以在接到复议决定书之日起 15 日内，向人民法院起诉。当事人也可以在接到处罚通知之日起 15 日内直接向人民法院起诉。当事人逾期不申请复议，也不向人民法院起诉，又不履行处罚决定的，由作出处罚决定的机关申请人民法院强制执行。

第二十二条 违反《规定》和本办法，造成海洋资源、环境或海底电缆、管道等公私财产损害和海上正常秩序危害的，肇事者应承担赔偿责任。赔偿责任包括：

一、受害方经济收入的损失金额及被破坏海底电缆、管道的修复、更新费用；

二、清除、治理由于海底管道遭受损害而引起的污染所支付的费用和由于污染而引起的海洋资源的损失金额及为防止损害所采取的应急措施所支付的费用；

三、调查、处理损害事件的费用。

第二十三条 赔偿责任和赔偿金额的纠纷，当事人可请求主管机关进行调解处理。当事人也可依照民事诉讼程序向人民法院提起诉讼。涉外案件可以按仲裁程序解决。

第二十四条　请求赔偿的诉讼时效期间为二年,从受害方知道或应当知道受损害之日开始计算。

赔偿纠纷处理结束后,受害方不得就同一损害事件再次提出索赔要求。

第二十五条　由于不可抗拒的自然灾害或仅为了保全人命或船舶的正当目的,在采取避免破坏或损害的一切必要预防措施后,仍然发生了任何海底电缆、管道损坏的,可减轻或免除赔偿责任。

请求免于承担或减轻赔偿责任的作业者,可向主管机关提交报告。主管机关对免除或减轻责任的条件调查属实后,可作出免除或减轻赔偿责任的决定。

完全是由于第三者的故意或过失造成海底电缆、管道破坏或损害的,由第三者承担赔偿责任。

第二十六条　中国军用海底电缆、管道的铺设依照《规定》执行,具体实施办法由中国人民解放军根据《规定》和本办法制定。

第二十七条　《规定》及本办法下列用语的含义是:

一、"海底电缆、管道"系指位于大潮高潮线以下的军用和民用的海底通信电缆(含光缆)和电力电缆及输水(含工业废水、城市污水等)、输气、输油和输送其他物质的管状设施。

二、"内海"系指领海基线内侧的全部海域(包括海湾、海峡、海港、河口湾);领海基线与海岸之间的海域;通过狭窄水道连接海洋的海域。

三、"所有者"系指对海底电缆、管道拥有产权和所有权的法人和其他经济实体。

四、"路由变动较大"系指出于主观要求而非定位误差和施工技术手段的原因,而改变批准的或原有的路由,暂定为:在潮间带五百米以上、领海线以内一公里以上、领海线以外五公里以上。

五、"移动"系指海底电缆、管道的水平移位或垂直移位。

第二十八条　本办法由国家海洋局负责解释。

第二十九条　本办法自颁布之日起施行。

五、通知复函

建设部关于印发《建筑工程安全防护、文明施工措施费用及使用管理规定》的通知

（建办〔2005〕89 号）

各省、自治区建设厅，直辖市建委，江苏省、山东省建管局，新疆生产建设兵团建设局：

现将《建筑工程安全防护、文明施工措施费用及使用管理规定》印发给你们，请结合本地区实际，认真贯彻执行。贯彻执行中的有关问题和情况及时反馈建设部。

建设部

二〇〇五年六月七日

电力工业部关于深入开展达标投产活动
提高工程建设质量的通知

(1997 年 7 月 2 日　电建〔1997〕384 号)

近年来,在电力建设战线全体干部职工的共同努力下,火电机组的建设质量和整体移交水平逐年提高。从 1991 年至 1994 年,新投产的 300MW 机组第一个运行年度(从机组完成 168 小时整套启动、移交试生产时开始计算)的平均等效可用系数每年以 10% 的速度递增。1994 年投产的 12 台 300MW 机组投运后第一个运行年度的平均可用系数达到了 81.30%。尤其是通过达标投产活动,有的达标投产机组,其等效可用系数高达 94%。

与此同时,从全国来看,电力建设的工程质量和机组的整体移交水平参差不齐,达标投产的发展也不平衡。在 1995 年投产的 300MW 及以上火电机组,有 5 台投运后第一个运行年度的等效可用系数低于 60%。这 5 台机组是:哈三 3#19.30%,湛江 1#30.98%,首阳山 3#35.86%,渭河 5#49.61%,盘山 1#51.53%。由于这 5 台机组的影响,1995 年投产的 14 台 300MW 及以上大型机组投运后第一个运行年度的平均等效可用系数仅为 68.91%。各管理单位及其主管的集团公司和省电力公司要认真总结工程的建设、设备、设计、施工、调试、运行等各方面的经验教训,重点分析机组可靠性差的原因,找出差距,制定措施,并请上述 5 台机组的主管单位于 7 月末将有关分析、总结情况报部建设协调司。现就进一步深化改革、深入开展达标投产活动,提高工程建设质量提出如下要求:

1. 部决定从 1997 年开始,要把达标投产作为一项制度推广到全部在建工程,到目前为止,还没有实现达标投产突破性进展的单位和地区更要认真地抓,下功夫做好启动工作,学习和借鉴已经实现达标投产工程的经验和做法,联系本单位、本地区的实际,切实抓好、抓紧、抓出成效。对于已初见成效的地区和单位,各级领导对达标投产在思想上应有更高、更明确的要求,建立制度,完善措施,使这项工作持之以恒地开展下去。

2.达标投产是个系统工程,必须实行全过程的管理。达标投产的过程就是一个治理质量通病、实施工程全过程优化、执行新启规的过程,少哪一个环节都难以奏效。不能靠在半年试生产期间搞突击,那只能是浪费人力、物力、财力。当前要下大力气从思想上和具体措施上解决好在达标投产当中仍然存在的形式主义的倾向,要在设备、设计、施工、调试、运行的质量上下功夫,要以设备整治并提高设备健康水平为主线,在建筑装修上要坚持"节俭、实用、美观、大方"的原则。

3.达标投产打的是整体战,必须实行全方位管理。工程的各参建单位必须通力合作。

(1)工程项目法人在履行法人权利的同时,要切实担负起工程的责任者、组织者、协调者、保证者的职责,强化工程建设的全过程管理,充分利用各种中介组织的力量,进行全方位的把关,确保机组投产后迅速形成生产能力。

(2)设计单位要采取优化措施,进行多方案比选,重点在系统的可靠性、实用性和合理性上下功夫;要特别注意杜绝在不同工程中出现相同或类似的设计错误;要积极推广标准设计和限额设计,落实控制造价的各项要求。

(3)施工单位要面向市场,积极参与竞争,加强管理,苦练内功,以质量求生存、求发展。从治理质量通病入手,严格工艺作风,提高人员素质和企业的管理水平,使施工质量始终处于受控状态。今后,机组移交水平的高低要逐步与施工企业的资质等级挂钩。

(4)调试单位要不折不扣地执行新启规,严格按规定的程序和项目搞好调试工作,积极探索、采用新工艺、新方法、新技术,提高调试质量。

（5）运行单位要以主人翁责任感,提前介入,尽早熟悉设备和有关系统,做好运行准备工作。机组进入试生产以后,要主动承担达标责任,以治理设备为突破口,努力提高设备的健康水平。

4.达标投产要实行动态考核,尤其要考核机组投运后第一个运行年度的等效可用系数,若低于70%,则取消达标命名。今后的部优和国优工程(鲁班奖)的评选将实行从达标投产的机组"优中选优"的原则。

5.造成机组非计划停运次数多、等效可用系数低的原因是多方面的,除了设计、施工、调试、运行和工程管理的问题外,设备的质量问题占了较大的比例。如何强化设备的合同管理、设备监造和制造厂对安装、调试的指导和监督就显得尤为重要。各单位要按部有关规定并结合工程的具体情况认真研究、贯彻落实。

6.各单位要按部"控制造价、合理工期、达标投产"的总体要求,认真处理好工期与质量的关系。对一些在四季度,特别是在年末投产的机组,必须排除来自各个方面的干扰,对投产标准不能有任何的放松或降低,对不具备投产条件或降低投产标准的机组,部将不予核准完成投产任务。

国务院办公厅关于实施
《中华人民共和国电力法》有关问题的通知

（国办发〔1996〕11 号）

各省、自治区、直辖市人民政府，国务院部委、各直属机构：

《中华人民共和国电力法》（以下简称《电力法》）于 1995 年 12 月 28 日由全国人大常委会通过，自 1996 年 4 月 1 日起施行。为了保障《电力法》的顺利施行，经国务院领导同志同意，现将有关问题通知如下：

《电力法》第六条规定："国务院电力管理部门负责全国电力事业的监督管理"；"县级以上地方人民政府经济综合主管部门是本行政区域内的电力管理部门，负责电力事业的监督管理。"这一规定体现了我国电力工业管理体制改革的要求。但是，按目前电力工业管理体制，电力工业部和现有的地方各级电力管理机构仍承担着电力事业的监督管理职责。为了保障电力建设、生产、供应的正常进行，保障《电力法》的贯彻实施，在现行电力工业管理体制改革前，仍由电力工业部和现有的地方各级电力管理机构履行《电力法》规定的电力管理部门的职责；在现行电力工业管理体制改革后，由县级以上地方人民政府指定的经济综合部门履行电力管理部门的职责。

中华人民共和国国务院办公厅
一九九六年四月二日

国家经贸委关于电力法规、
规章解释等有关事宜处理程序的通知

(1998 年 11 月 23 日　国经贸厅电力〔1998〕331 号)

各省、自治区、直辖市经贸委(经委、计经委)、电力工业局(厅),国家电力公司,各电管局:

根据第九届全国人民代表大会第一次会议通过的国务院机构改革方案,电力工业的政府管理职能并入国家经贸委。为保持工作的连续性、统一性和严肃性,保证电力法律法规的准确运用,经研究决定,今后凡涉及电力法规、规章和技术标准的条文解释、说明及适用范围等事宜,暂按以下程序办理:

一、提出要求的单位将书面申请及有关背景材料,报所在省(自治区、直辖市)电力行政管理部门。各地电力行政管理部门收到有关材料后转报国家经贸委,同时抄送国家电力公司。

二、国家电力公司收到抄送文件后,提出书面意见,送国家经贸委。

三、国家经贸委对国家电力公司的意见进行审核后,正式向有关省(自治区、直辖市)电力行政管理部门书面答复,同时抄送提出要求的单位和国家电力公司。

请各单位认真执行以上程序,并将执行中存在的问题及时向国家经贸委电力司反映。

一九九八年十一月二十三日

国务院办公厅关于征收水资源费
有关问题的通知

（国办发〔1995〕27号　一九九五年四月二十五日）

自1988年7月1日起施行的《中华人民共和国水法》规定,水资源费征收办法由国务院规定。在国务院未发布水资源费征收办法的情况下,一些省、自治区、直辖市先后制定了征收水资源费的办法,在本行政区域内开征了水资源费。经国务院同意,现就有关问题通知如下:

一、水资源费征收和使用办法已经列入国务院的立法工作计划,水利部和建设部应当抓紧起草,尽快报国务院审批。

二、在国务院发布水资源费征收和使用办法前,水资源费的征收工作暂按省、自治区、直辖市的规定执行。但是,对中央直属水电厂的发电用水和火电厂的循环冷却水暂不征收水资源费,已经征收的,不再重新处理;对在农村收取的水资源费,按照《中共中央办公厅、国务院办公厅关于涉及农民负担项目审核处理意见的通知》的规定,缓收5年。

劳动部关于企业工会主席签订
劳动合同问题的通知

（劳部发〔1996〕122 号）

各省、自治区、直辖市劳动（劳动人事）厅（局），国务院有关部委、直属机构，解放军总后勤生产管理部，新疆生产建设兵团：

1995 年全国已有 85%以上的企业职工签订了劳动合同，企业新型的劳动用人制度已基本确立。为了保证这项工作的顺利进行，现就一些地方和单位在企业工会主席签订劳动合同方式上反映的问题，经商全国总工会同意，提出如下意见。

《劳动法》规定："劳动合同是劳动者与用人单位确立劳动关系、明确双方权利和义务的协议。建立劳动关系应当订立劳动合同。"订立劳动合同的目的是为了更好地保证劳动者的合法权益，使劳动关系纳入法制管理的轨道。企业工会主席作为劳动者，也应当与用人单位签订劳动合同。但考虑到劳动制度转轨时期的实际情况，在订立劳动合同的方式上，对尚未签订劳动合同的工会主席，可以和党委书记、厂长、经理一样，与企业的上级主管部门签订劳动合同。已经与企业签订了劳动合同的工会主席，双方应继续履行劳动合同，不经本单位工会委员会和上级工会同意，企业不得解除劳动合同。

一九九六年四月十二日

国家税务总局关于供电企业收取的
免税农村电网维护费有关增值税问题的通知

(国税函〔2005〕778号)

各省、自治区、直辖市和计划单列市国家税务局:

近接部分地区反映,要求明确供电企业收取免税农村电网维护费,其进项税额是否转出问题,经研究,现明确如下:

一、对供电企业收取的免征增值税的农村电网维护费,不应分摊转出外购电力产品所支付的进项税额。

二、《国家税务总局关于农村体制改革中农村电网维护费征免增值税问题的批复》(国税函〔2002〕421号)第三条关于"供电企业应按规定计算农村电网维护费应分担的不得抵扣的进项税额,已计提进项税额的要做进项税额转出处理"的规定同时废止。

国家税务总局
二〇〇五年八月五日

财政部、国家发展改革委关于暂停征收电力监管费有关问题的通知

（2009 年 7 月 28 日　财综〔2009〕49 号）

国家电力监管委员会：

你会报来《关于继续收取电力监管费有关问题的函》（电监办函〔2009〕16 号）收悉。经研究，现将有关问题通知如下：

一、考虑到目前发电企业和电网企业经营困难的实际情况，为切实减轻企业和社会负担，决定在全国范围内暂停征收电力监管费。你会依法履行电力监管职能所需经费，由财政部通过部门预算统筹安排。

二、你会及各派出机构等执收单位应按规定到原核发《收费许可证》的价格主管部门办理《收费许可证》注销手续，并到财政部办理财政票据缴销手续。

三、你会应严格执行本通知规定，不得以任何理由变相继续收费，并自觉接受财政、价格、审计部门的监督检查。

四、随着电力企业经营状况的改善，若需恢复征收电力监管费，由你会重新报财政部、国家发展改革委审批。

国家工商行政管理总局对供电部门强行收取不该收取的费用行为定性处罚问题的答复

（工商公字〔2001〕175 号）

山东省工商行政管理局：

你局《关于供电部门在农村低压电网改造中违反国家规定向村委会和农民收取施工费、材料费是否属于滥收费用的不正当竞争行为的请示》（鲁工商公字〔2001〕96 号）收悉。经研究，答复如下：

一、根据有关规定，国家已安排专款用于农网改造，除电能表以下入户线由农民出资购买、部分改造资金不足地区电能表由农民集资购买外，严禁向农民收取任何形式的材料费、施工费、管理费、手续费、供电及配电贴费（增容费）等其他费用。

二、供电部门是提供电力服务的经营者，属于《反不正当竞争法》第六条规定的公用企业。供电部门在农网改造中，违反国家有关规定，在农民不知情的情况下，通过与村委会签订格式合同，向农民收取材料费、施工费等费用，其行为实质上是滥用其在农网改造中的独占地位，强行收取不该收取的费用，违反了《反不正当竞争法》第六条的规定，构成《关于禁止公用企业限制竞争行为的若干规定》第四条第六项所列"对不接受其不合理条件的用户、消费者拒绝、中断或者削减供应相应相关商品，或者滥收费用"的限制竞争行为，应当根据《反不正当竞争法》第二十三条的规定予以处罚。

二〇〇一年七月六日

国家发展改革委办公厅关于电力城市
公用事业附加费有关问题的复函

（二○○三年九月十八日　发改办价格〔2003〕882号）

甘肃省物价局：

你局《关于执行目录电价标准〈含城市公用事业附加〉的请示》（甘价函〔2003〕42号）收悉。经研究，现函复如下：

一、1998年以来，为规范电价管理，增加电价透明度，经国务院批准，我委将各地在电价外征收的城市公用事业附加费并入了电价，并明确未开征的地区一律不得开征。目前各地均是按上述规定执行的。

二、新开征城市公用事业附加费相当于提高用户销售电价，会加重用户不合理的电费负担，也不符合电价改革方向。因此，你省尚未开征电力城市公用事业附加费的市、县，不得新开征电力城市公用事业附加费，应继续执行不含城市公用事业附加费的销售电价标准。

国家工商行政管理局关于电力公司强制用户接受其不合理条件的行为定性处理问题的答复

（工商公字〔2000〕143号）

山西省工商行政管理局：

你局《关于对山西省电力公司太原供电分公司以收取"付费购电款"的方式强制收取用户用电押金一案的请示》（晋工商经检字〔2000〕第104号）收悉。现答复如下：

电力公司是《反不正当竞争法》第六条规定的公用企业。电力公司滥用其优势地位，在给用户正式送电之前，以收取"付费购电款"的方式（未将此款项抵顶电费、滚动结算，而是长期无偿占有），强行收取用电押金，否则拒绝提供供电服务的行为，违反了《反不正当竞争法》第六条规定，并构成国家工商行政管理局《关于禁止公用企业限制竞争行为的若干规定》第四条第（六）项所禁止的"对不接受其不合理条件的用户、消费者拒绝、中断或者削减供应相关商品，或者滥收费用"的限制竞争行为，应当依照《反不正当竞争法》第二十三条的规定予以处罚。

二〇〇〇年七月六日

国家环境保护总局关于确认 220KV
输变电工程环境影响评价文件审批权限的复函

（环函〔2006〕277 号）

浙江省环境保护局：

你局《关于要求确认 220KV 庆丰输变电工程环评审批权限的请示》（浙环〔2006〕26 号）收悉。经研究，现函复如下：

《中华人民共和国环境影响评价法》第二十三条和《建设项目环境保护管理条例》第十一条对建设项目的审批权限作了原则规定。为适应国家建设项目投资体制改革的需要，我局于 2002 年 11 月 1 日发布了《建设项目环境影响评价文件分级审批规定》（国家环境保护总局令第 15 号），进一步规范和细化了环境影响评价文件的分级审批管理。

根据《建设项目环境影响评价文件分级审批规定》，非政府财政性投资项目总投资在 2 亿元及以上的 330 千伏及以上输变电工程，其环境影响评价文件应当由我局负责审批。从你局反映的情况看，220 千伏庆丰输变电工程的电压等级为 220 千伏，不能同时满足非政府财政性投资项目总投资 2 亿元及以上和电压等级为 330 千伏及以上两个条件，因此该工程环境影响评价文件不属我局审批范围。

特此函复。

二〇〇六年七月十四日

劳动和社会保障部办公厅
关于处理工伤争议有关问题的复函

（劳社厅函〔2000〕52 号）

新疆维吾尔自治区劳动和社会保障厅：

你厅《关于处理工伤争议有关问题的请示》（新劳社字〔1994〕54 号）收悉，经研究，现答复如下：

一、关于参加工伤保险的职工因领取工伤保险经办机构支付的工伤保险待遇与用人单位发生争议时，可否通知工伤保险经办机构作为第三人的问题。根据《企业职工工伤保险试行办法》（劳部发〔1996〕266 号，以下简称《试行办法》）第五十六条规定："工伤职工及其亲属或者企业，对劳动行政部门作出的工伤认定和工伤保险经办机构的待遇支付决定不服的，按照行政复议和行政诉讼的有关法律、法规办理"，社会保险经办机构不在劳动争议仲裁当事人的范围内，不能作为第三人参加劳动争议仲裁。

二、关于劳动争议仲裁委员会能否裁决由工伤保险经办机构支付工伤职工各项工伤保险待遇问题。《试行办法》已对工伤保险各项保险费用的支付主体和方式作出明确规定，工伤保险经办机构因支付各项工伤保险待遇与工伤职工发生的争议不属于劳动争议仲裁委员会的受案范围，应当依法通过行政复议或者行政诉讼的方式解决。但是，工伤职工及其家属在申报工伤和处理工伤保险待遇时与用人单位发生争议的，按照劳动争议处理的有关规定办理。

三、关于个别地区工伤保险行业统筹向工伤保险社会统筹移交过程中，原参加工伤保险行业统筹单位的职工发生工伤后的工伤保险待遇支付问题，应按地方人民政府就工伤保险行业统筹移交地方工伤保险社会统筹确定的责任划分的规定处理。

二〇〇〇年四月十一日

图书在版编目（CIP）数据

常用电力法律法规手册/李善武，韩晓光，李绚丽主编 . -- 济南：山东人民出版社，2017.2（2022.8 重印）
ISBN 978 - 7 - 209 - 10471 - 5

Ⅰ.①常… Ⅱ.①李… ②韩… ③李… Ⅲ.①电力法—中国—手册 Ⅳ.①D922.292 - 62

中国版本图书馆 CIP 数据核字（2017）第 038576 号

常用电力法律法规手册

李善武 韩晓光 李绚丽 主编

主管单位 山东出版传媒股份有限公司
出版发行 山东人民出版社
出 版 人 胡长青
社　　址 济南市市中区舜耕路 517 号
邮　　编 250003
电　　话 总编室（0531）82098914
　　　　　市场部（0531）82098027
网　　址 http：//www.sd - book.com.cn
印　　装 济南百禾彩印有限公司
经　　销 新华书店

规　　格 32 开（182mm×115mm）
印　　张 28
字　　数 800 千字
版　　次 2017 年 2 月第 1 版
印　　次 2022 年 8 月第 2 次
ISBN 978 - 7 - 209 - 10471 - 5
定　　价 64.00 元（上下）

如有印装质量问题，请与出版社总编室联系调换。